横浜正金銀行の歴史理論

日本資本主義と
横浜正金銀行の対外業務

菊池 道男 著

現代図書

はしがき

　欧米帝国主義列強が東アジアに植民地争奪戦を展開する19世紀後半、日本は開国、開港後間もなく、後発資本主義化（産業資本の確立）を進め、さらにその後早熟的に帝国主義化の過程を推し進め、結局、朝鮮・台湾・満蒙・中国本部・南方諸地域に侵略を拡大、開国時以降日本が列国から迫られた不平等条約を、逆輸出することになった。こうした侵略は日本資本主義の要請、すなわち輸出市場の確保、利権獲得等の経済的な要請を併せ持ち、これが政治的・軍事的・経済的により合わせの関係を維持しつつ、推進された。

　それは、同時に、複雑な国際政治の枠組みの中で展開された。すなわち「日英同盟」時代は協調・支援下に、続く両大戦間期には「ヴェルサイユ体制」、「ワシントン体制」の国際的な制約の下に、各々関係国間で政治的・経済的摩擦を展開、激化させた。1930年代後半に至る世界情勢は、ブロック的解体と対立の中で、欧米では米・英・仏三国の通貨協定が締結されたものの、なおその後においても東欧諸国市場の再分割をめぐる英独の対立、これに社会主義経済圏を含めた未曾有の抗争を激化させ、結局、再び第二次世界大戦の勃発を見ることになった。

　一方、「ワシントン体制」下の東アジアにおいては、日満華ブロックの形成を目指す日本は、抗日民族戦線が進展する中で華北分離工作も行き詰まり、30年代後半には新たに日中戦争の勃発へ至ることとなった。ことに、日中戦争の全面化は政治的・軍事的・経済的にも完全に泥沼化し、膠着状態（長期化・消耗戦）を呈することになった。さらに中国への勢力維持・強化を図る米英との対立を深め、日本はこの局面打開策を南方諸地域（東南アジア）への侵略・拡大、いわゆる「大東亜共栄圏」の形成に求め、これを強力に推し進める。他方でヨーロッパの戦局に連動する日・独・伊三国同盟と、北方の後顧の憂いを断つ日ソ中立条約の締結を持って、ついには太平洋戦争へ突入し、「大東亜共栄圏」の確立を目指したが、その目的もかなえず、敗戦・戦後処理を迎えることとなった。

そしてまた、維新期の貨幣・金融事情も、近代化に大きく立ち遅れた。対外金融の決済は外国銀行の専横に委ねられていた。これに対して明治政府は、急きょ、貨幣・金融制度の整備に向かわざるを得なかった。政府は、まず貨幣・金融制度の整備に続いて1879（明治12）年、対外金融を取り扱う対外特殊金融機関（半官半民）として横浜正金銀行の創設を果たした。正金銀行は、後発日本資本主義に特有の原始的蓄積過程に要請された海外輸出市場の拡大、正貨吸収・供給、外国銀行への対抗と商権回復、外国為替・貿易金融などの対外業務を行い、続く「日英同盟」時代には特に第一次世界大戦期、東アジアにおいてヨーロッパ列強が後退する反面、日米の対抗的進出を契機に外国銀行が経営不振に陥る中で、その対外業務を拡大すると同時に、植民地金融に進出し、新たな業務を担当する。

　しかしながら、両大戦間期には、正金銀行は為替統制売り及び大陸植民地における「円銀」兌換の銀行券（鈔票）の発行のほか、資本輸出などの業務が加わったものの、米英の主導する「ワシントン体制」の下に封じ込められ、逆に業務の縮小を余儀なくされた。そして30年代後半に至る世界経済のブロック的解体とその再編が進む過程において、同行はいわゆる「大東亜共栄圏」の形成へと歩を進める日本資本主義の要請に応えて、対外特殊金融機関の立場から外国為替・貿易金融、植民地・占領地金融の諸問題に対応すべく、国際金融及び国策金融の推進にこの時代的役割を果たすことになる。

　続いて第二次世界大戦の一部となった太平洋戦時下で正金銀行は、「大東亜共栄圏」の確立を進める日本資本主義の要請に応えて、戦時「国防」経済統制に特有の為替管理、植民地・占領地金融上の新たな役割を果たすことになった。

　こうして、日本の敗戦後、正金銀行は日本の戦後処理を進める連合国軍最高司令官総司令部（SCAP/GHQ）の対日占領政策の下で、同行再組織の検討、新銀行設立準備、同行の閉鎖・整理等を余儀なくされ、結局、1879年の創建以来日本資本主義の転変と共にあった67年に及ぶ長期の歴史的役割を、日本の敗戦と戦後処理の過程の中で、終えたのであった。

目　次

はしがき ……………………………………………………………………………… iii

第Ⅰ部 日本資本主義の形成・確立と横浜正金銀行 …………………………… 1

第1章　幕末・維新期の日本経済と貨幣・金融 …………………………… 1
――「横浜正金銀行」前史――

はじめに …………………………………………………………………………… 1
第1節　日本の開港と貨幣制度 ……………………………………………… 3
　　1. 開港と幕末経済 ………………………………………………………… 3
　　2. 商品経済の拡大と貨幣制度 …………………………………………… 5
第2節　幕末開港と貨幣・金融 ……………………………………………… 7
　　1. 幕末開港と対外貿易 …………………………………………………… 7
　　2. 幕末の金貨流出と洋銀対策 ………………………………………… 10
　　3. 幕末の対外金融と外国銀行 ………………………………………… 12
第3節　維新期の日本経済と貨幣・金融 ………………………………… 14
　　1. 維新期の日本経済と対外貿易 ……………………………………… 14
　　2. 維新期の貨幣制度と洋銀対策 ……………………………………… 18
　　3. 国際的金相場と銀相場 ……………………………………………… 22
　　4. 維新期の対外金融と外国銀行 ……………………………………… 25
むすび …………………………………………………………………………… 28

第2章　日本資本主義の確立過程と横浜正金銀行の対外業務 ……… 33
――銀行制度の再編と横浜正金銀行の対外金融機関化――

はじめに ………………………………………………………………………… 33
第1節　日本資本主義の確立過程と対外貿易 …………………………… 35
　　1. 資本の原始的蓄積推進と政府財政の確立 ………………………… 35
　　2. 近代的産業の勃興と対外貿易 ……………………………………… 37

第 2 節　銀行制度の再編と横浜正金銀行の対外金融機関化 …………… 42
  1.　明治政府の通貨対策と横浜正金銀行の創設 …………… 42
  2.　銀行制度の再編と通貨・信用制度の整備 …………… 44
  3.　銀行制度の再編と横浜正金銀行の対外金融機関化 …………… 48
第 3 節　対外金融の増大と横浜正金銀行の対外業務 …………… 50
  1.　国際的金相場と銀相場 …………… 50
  2.　対外金融における外国銀行と横浜正金銀行 …………… 54
  3.　対外金融の増大と横浜正金銀行の対外業務 …………… 58
むすび …………… 62

第 II 部
日本資本主義の帝国主義的発展と横浜正金銀行 …………… 67

第 3 章　日本資本主義の帝国主義化と横浜正金銀行の対外業務 …………… 67

はじめに …………… 67
第 1 節　日本資本主義の帝国主義化過程と対外貿易 …………… 69
  1.　日本資本主義の帝国主義化過程と軍事財政 …………… 69
  2.　独占資本の形成過程と対外貿易 …………… 73
第 2 節　金本位制の維持と横浜正金銀行の対外業務 …………… 76
  1.　国際金融市場と国際金銀相場 …………… 76
  2.　金本位制の確立と横浜正金銀行の業務 …………… 82
  3.　金本位制の維持と横浜正金銀行の対外業務 …………… 85
第 3 節　対外金融の拡大と横浜正金銀行の対外業務 …………… 89
  1.　対外金融における外国銀行と横浜正金銀行 …………… 89
  2.　対外金融の拡大と横浜正金銀行の対外業務 …………… 94
第 4 節　大陸進出と横浜正金銀行の対外業務 …………… 100
  1.　大陸進出と横浜正金銀行の植民地金融機関化 …………… 100
  2.　大陸進出と横浜正金銀行の植民地金融業務 …………… 103
むすび …………… 106

第4章 日本資本主義の帝国主義的発展と横浜正金銀行の対外業務 ……………… 113

はじめに …………………………………………………………………………… 113
第1節 日本資本主義の帝国主義的発展と対外貿易 …………………………… 114
  1.日本資本主義の帝国主義的発展と積極財政 ………………………… 114
  2.日本産業の急膨張と対外貿易 ………………………………………… 119
第2節 通貨・為替の管理と横浜正金銀行の対外業務 ………………………… 125
  1.国際金融市場と国際金銀相場 ………………………………………… 125
  2.通貨・為替の管理と横浜正金銀行の対外業務 ……………………… 132
第3節 為替資金の梗塞と横浜正金銀行の対外業務 …………………………… 136
  1.本邦外国為替金融機関の再編と外国銀行 …………………………… 136
  2.為替資金の梗塞と横浜正金銀行の対外業務 ………………………… 142
第4節 大陸植民地金融における横浜正金銀行の対外業務 …………………… 148
  1.満州植民地金融における朝鮮銀行と横浜正金銀行 ………………… 148
  2.対中国資本輸出における朝鮮銀行と横浜正金銀行 ………………… 152
むすび ……………………………………………………………………………… 159

第Ⅲ部 両大戦間期日本資本主義と横浜正金銀行 …………………… 167

第5章 日本資本主義の沈滞・危機と横浜正金銀行の対外業務 …… 167

はじめに …………………………………………………………………………… 167
第1節 日本資本主義の沈滞・恐慌と対外貿易 ………………………………… 169
  1.日本資本主義の沈滞・恐慌と「緊縮財政」 ………………………… 169
  2.日本産業の合理化と対外貿易 ………………………………………… 173
第2節 通貨・為替の動揺と横浜正金銀行の対外業務 ………………………… 176
  1.国際金融市場と国際金銀相場 ………………………………………… 176
  2.通貨・為替の動揺と横浜正金銀行の対外業務 ……………………… 181
第3節 為替危機と横浜正金銀行の対外業務 …………………………………… 186
  1.本邦外国為替金融機関の消長と外国銀行 …………………………… 186
  2.為替危機と横浜正金銀行の対外業務 ………………………………… 191

第4節　大陸植民地における横浜正金銀行の対外業務 …………………… 197
　　　　　1. 中国の通貨・金融制度と横浜正金銀行の植民地金融業務 ……… 197
　　　　　2. 満州の通貨・金融事情と横浜正金銀行の植民地金融業務 ……… 201
　　むすび ……………………………………………………………………………… 207

第6章　日本の大陸膨張と横浜正金銀行の対外業務 ……………… 215

　　はじめに …………………………………………………………………………… 215
　　第1節　日本の大陸膨張と対外貿易 …………………………………………… 216
　　　　　1. 日本の大陸膨張と軍事財政 …………………………………………… 216
　　　　　2. 日本産業の軍事化と対外貿易 ………………………………………… 222
　　第2節　為替管理の強化と横浜正金銀行の対外業務 ………………………… 227
　　　　　1. 国際金融市場と国際金銀相場 ………………………………………… 227
　　　　　2. 為替管理の強化と横浜正金銀行の対外業務 ………………………… 234
　　第3節　日満ブロックと横浜正金銀行の対外業務 …………………………… 241
　　　　　1. 日満ブロックと経済開発 ……………………………………………… 241
　　　　　2. 日満通貨統一と横浜正金銀行の植民地金融業務 …………………… 248
　　第4節　中国の幣制改革と横浜正金銀行の対外業務 ………………………… 254
　　　　　1. 国の幣制事情と幣制改革の諸方策 …………………………………… 254
　　　　　2. 中国の幣制改革と横浜正金銀行の華北占領地金融業務 …………… 260
　　むすび ……………………………………………………………………………… 267

第7章　日中戦争期横浜正金銀行の対外業務 …………………………… 278

　　はじめに …………………………………………………………………………… 278
　　第1節　日中戦争期経済と対外貿易 …………………………………………… 279
　　　　　1. 日中戦争期と戦時財政 ………………………………………………… 279
　　　　　2. 戦時経済統制と対外貿易 ……………………………………………… 291
　　第2節　為替統制の強化と横浜正金銀行の対外業務 ………………………… 298
　　　　　1. 国際金融市場と国際金銀相場 ………………………………………… 298
　　　　　2. 為替統制の強化と横浜正金銀行の対外業務 ………………………… 308
　　第3節　「大東亜共栄圏」の形成と横浜正金銀行の対外業務 ……………… 318
　　　　　1. 「大東亜共栄圏」の形成と経済開発 ………………………………… 318

　　　　2. 満州国における為替管理の強化と横浜正金銀行の
　　　　　　植民地金融業務 ·· 334
　　　　3. 中国における通貨戦と横浜正金銀行の占領地金融業務 ········· 342
　　　　4. 南方諸地域における通貨・金融と横浜正金銀行の
　　　　　　占領地金融業務 ·· 356
　　むすび ·· 360

第Ⅳ部
太平洋戦争期・戦後の横浜正金銀行 ·· 374

第8章　太平洋戦争期横浜正金銀行の対外業務 ·· 374
　　はじめに ·· 374
　　第1節　太平洋戦争下の経済と横浜正金銀行の対外業務 ································ 376
　　　　1. 太平洋戦争と戦時「国防」経済統制 ······································· 376
　　　　2. 戦時貿易・為替統制と横浜正金銀行の対外業務 ····················· 378
　　第2節　「大東亜共栄圏」の確立・崩壊と横浜正金銀行の対外業務 ··············· 383
　　　　1. 「大東亜共栄圏」の確立・崩壊とアジア・太平洋 ················· 383
　　　　2. 満州国の通貨・金融統制と横浜正金銀行の植民地金融業務 ··· 386
　　第3節　「大東亜金融圏」の確立と横浜正金銀行の対外業務 ·························· 389
　　　　1. 中国における円系通貨・金融工作と横浜正金銀行の
　　　　　　占領地金融業務 ·· 389
　　　　2. 南方諸地域における円系通貨・金融工作と横浜正金銀行の
　　　　　　占領地金融業務 ·· 392
　　むすび ·· 396

第9章　日本の戦後処理と横浜正金銀行 ··· 400
　　はじめに ·· 400
　　第1節　日本の敗戦──アジア・円系通貨圏の終焉と横浜正金銀行 ············· 401
　　　　1. 日本の敗戦とアジア・太平洋 ·· 401
　　　　2. アジア・円系通貨圏の終焉と横浜正金銀行 ··························· 403

第2節　日本の戦後処理と横浜正金銀行 ·························· 406
　　　1．日本の戦後処理と経済の再建・復興 ·················· 406
　　　2．対日占領下の貿易・為替金融と横浜正金銀行 ········· 408
第3節　戦後金融制度改革と横浜正金銀行 ·························· 413
　　　1．金融制度改革と横浜正金銀行 ························· 413
　　　2．横浜正金銀行の閉鎖と東京銀行への譲渡 ············· 415
むすび ··· 417

第Ⅴ部
横浜正金銀行の経営制度 ――人物―― ··················· 422

第10章　横浜正金銀行の経営制度と人物 ··················· 422
はじめに ··· 422
第1節　日本資本主義の形成・確立期 ····························· 424
第2節　日本資本主義の帝国主義的発展期 ······················· 428
第3節　両大戦間期 ·· 441
第4節　太平洋戦争・戦後期 ······································ 447
むすび ··· 455

初出一覧 ··· 462
あとがき ··· 463

索引 ·· 464

第 I 部

日本資本主義の形成・確立と横浜正金銀行

第 1 章

幕末・維新期の日本経済と貨幣・金融
―「横浜正金銀行」前史―

はじめに

　19世紀後半、欧米資本主義列強の東アジア進出を背景に、日本の資本主義は明治維新の変革を媒介として後発、成立する。明治政府は、欧米列国との近代的格差を埋めると同時に、その圧力に対抗し得るための政治的かつ軍事的な整備を進める一方で、国内では封建制諸制限を撤廃し、急速な近代的諸制度の導入・育成こそが焦眉の課題となった。

後発した日本の資本主義は、資本の原始的蓄積が金融資本の形成を媒介する形で行わざるを得なかったことにその特殊性があるが、政府は、これを国家政策を基軸に極めて圧縮された資本主義化の方法を持って処理したのである。すなわち、近代的諸制度の導入・育成を急ぐ政府は、多くの官業を創出すると共に、他方資金の創設を図り、諸々の政策を実行した。まず、これを受けて実施された不換紙幣の発行と貸付は、政府の財政窮乏化と相まって不換紙幣の乱発を招き、その価値の動揺・低落を引き起こした。こうした事態に遭遇した政府は、これらの紙幣価値を安定させ、幕府から持ち越された混乱を極めた貨幣制度を整理し、そして新たに発行された貨幣が資金として機能することができるよう近代的貨幣制度の整備を進めた。さらにそれに関連して政府は、近代的金融（信用）制度を作り、それを通して資金の集積と供給を図ることとした。

　まず、政府は貨幣制度の整備に当たって、これを遡って幕末の貨幣制度を整理、検討した。この貨幣制度は金銀複本位制であり、鎖国経済・政策の下で金安銀高の特殊な形を呈していた。幕府は、開港を契機に洋銀対策を行ったが、外圧に屈してこれを停止し、金貨の流出を余儀なくされることになった。そして明治維新以降、政府は「新貨条例」を持って金本位制を成立させると同時に、貿易一円銀を地域的に流通させたことで、国内外に幣制混乱を起こし、また再び金貨の流出が起った。そこで、数次の洋銀対策が試みられたが結局、金銀複本位制に移行したのである。

　金融（信用）制度の整備に当たって、政府は「為替会社」及び「国立銀行」を設立し、預金・貸付・為替などの銀行業務を担わせ、とりわけ「横浜為替会社」及び「第二国立銀行」には外国銀行の洋銀券対策として、それぞれ洋銀券を発行させ洋銀相場の奪回を図った。いずれにせよ、外国資本の専横する中、政府は貨幣・信用制度の整備と同時に外圧への抵抗を画策したが、十分な成果を得ることはできなかった。

　以上、ここでは幕末から維新期の貨幣・金融事情（対外特殊金融機関「横浜正金銀行」前史として）を取り上げ、資本主義世界の世界史的発展の中へこれを位置づけ、その対外関係との関連で整理・検討することとしたい。

第1節　日本の開港と貨幣制度

1．開港と幕末経済

　19世紀中葉、イギリスの中国（清国）開国を契機として欧米列強は東アジア地域へ進出し、新たな市場に組み入れ資本主義世界市場を完成することになるが、日本の開国もこの最後の段階の一環であった。続く修好通商条約締結後保護貿易に代わって「自由貿易」が始まることになった。

　すなわち、この時期すでに産業革命を成立させ、自由主義時代の最盛期にあった欧米列国は、政治的・軍事的・経済的に指導的立場にあったイギリスを中心に自由競争を通した自国商品の販路及び原料の獲得という市場拡大に余念がなく、東アジア地域を新たに市場化せざるを得なかった。この東アジア地域においては、重要な市場として欧米列強の競争目標となった中国が、イギリスとのアヘン戦争（1840〜42年）の結果、南京条約を締結し、開国を余儀なくされた。その後、イギリスは海運・造船の黄金時代（1840〜50年）にあったアメリカと市場をめぐる抗争を演じたが、第二次アヘン戦争最中の1858（安政5）年5月、中国との間に不平等な天津条約を締結させた。しかしながら、欧米列国の日本進出は、イギリスではなく、1853年6月、アメリカのペリー（M.C.Perry、東洋艦隊司令長官）の浦賀入港に始まり、その武力を背景に幕府に開国を迫り、翌年3月、日米和親条約（神奈川条約）が結ばれるに至ったのである[1]。

　このような情勢の下で、徳川封建社会の崩壊過程にあった日本は、徳川幕府が封建的諸制限と封建制の強化を持って、その存続と維持を図った。徳川封建社会は、本百姓の自給農業経営を基礎に、領主が生産物地代として年貢を徴収する関係にあり、生産物あるいは貨幣地代の収奪を前提としていた。すなわち農民は、身分的に隷農として土地に緊縛され耕作を強制され、移転や職業の自由のない、ただ貢租を領主に支払うという「経済外的強制」の中にあったのである。幕府はこうした農民への諸制限を持って、封建的な貢納関係（本百姓の身分維持・経営面積の固定化）を確保し、同時に商品経済の農村への侵入を阻止し、自然（実物）経済的な農村経済の維持と存続を図る

ことにした。そして幕府はキリスト教の禁教と貿易統制を目的とした鎖国政策を打ち出し、1641年のオランダ商館の長崎出島への移管以来、日本と欧米諸国との関係は日蘭貿易を残して封建的に統制の強化を図った。この鎖国政策は、外国貿易を通じて封建社会を崩壊に導くとされる商品経済の発展及び商人資本の発達を抑止しようとするものであった。こうして幕府は、これらの政策を持って商品経済の発展を押さえると同時に、その農村への侵入をも阻止しようとしたのであった。しかし、この200余年の間に生産力発達の下に商品経済は一層発展し、さらにこれらの商品流通を媒介する貨幣制度が整備され、封建社会を崩壊に導くことになったのである[2]。

　ところで、アメリカの先鞭で始まった欧米列強の日本進出は、その後クリミア戦争（1854～56年）とその処理（講和）で遅れをとったイギリス及びフランスが対抗的に進出し、さらにクリミア戦争の敗戦の結果、東アジア地域への進出を強めるロシアとの抗争の下に展開されることとなった。こうした欧米列強の日本進出という事態に遭遇した幕府は、封建社会の存続に当たる一方、他方で来たるべき開港・貿易に備えて貿易対策を整えた。すなわち、封建社会の存続に基盤がある以上、幕府はその対策の中心に貿易の制限・統制を据え、仮に貿易が行われたとしても、商人資本の伸張を阻止する構えであった。幕府は、こうした貿易の制限・統制に沿って欧米列国と条約を結ぼうとしていたが、欧米列国の要求するところは「自由貿易」（商品の販路及び原料の確保）であり、幕府の策略とする制限・統制貿易を受け入れるはずはなかった[3]。

　こうして、56年、幕府は来日したハリス（T.Harris、総領事）と日米和親条約に基づき通商条約の交渉を開始し、58年7月、14条及び附属貿易章程7条よりなる「日米修好通商条約」に調印、締結した。この通商条約の内容は、神奈川（横浜）・下田・長崎・箱館・新潟・兵庫（神戸）の開港と、江戸・大坂の開市・自由貿易・通貨・領事裁判権・関税などに規定されている。これは基本的に「自由貿易」の強制であり、さらに領事裁判権及び協定税率に見られるように、日本にとって不平等な条約であった。

　その後2カ月の間に幕府はイギリス・フランス・オランダ・ロシアとの間

で、日米修好通商条約に準拠して通商条約を成立させ、1年後の59年7月、神奈川（横浜）・長崎・箱館を開港し、ここに本格的な「自由貿易」が開始されることになったのである。

2. 商品経済の拡大と貨幣制度

　日米和親条約締結の頃、金鉱が発見され、世界的な金安銀高傾向にあったものの、国際的金銀比価への影響はさほどなかった。しかし、この間日本の国内金銀比価は海外のそれと大きな格差を呈し、幕末の貨幣制度は、開港に向けて大きく混乱することとなる。

　まず、江戸徳川幕藩体制下の貨幣制度を概観しておこう。江戸時代において、商品経済の発展は幕府・諸侯貢租の商品化によって促進され、とりわけ大都市（江戸・大坂）においては貢租の商品化のため商品機構（領主的商品経済）が急速に発展してきた。そしてこの貢租運送のために（あるいは参勤交代のために）道路・水路等の交通網が整備されると同時に、これらの商品流通を媒介する貨幣制度が急速に発展を遂げたのである。徳川政権は、成立後間もなく貨幣鋳造権を独占して、金銀・銭の鋳貨と金銀比価を定めて全国統一的な貨幣制度を確立することを目指した。この幣制は、金銀・銭の三貨併用（三貨制度）で流通し、それぞれが本位貨幣（連立的貨幣制度・並行本位制度）と規定され、貨幣単位は両分朱の四進法とし、事実上は金銀複本位制であった。銀貨の法定貨幣は事実上金貨の補助貨幣となっていた[4]。

　1772（安永元）年、それまでの銀塊秤量貨幣（丁銀や豆板銀など）に代わって、少額銀貨（一分・二朱・一朱など名目価値を持つ）が鋳造され、金貨と銀貨とが共通の計算単位を持つことになった。これらの銀貨は、その名目価値が実質価値と無関係に公認された法定貨幣（金銀比価1対11.58）とされ、秤量貨幣（金銀比価1対13.03）と並行して流通していた。この場合、銀は秤量貨幣としては金と同様に本位貨幣として機能し、法定貨幣としては本位貨幣に対する補助貨幣として機能した。しかし、当時の貨幣制度においては、法制上、本位貨幣と補助貨幣との明確な区別がなく、従って本位貨幣の自由鋳造並びに補助貨幣の強制通用力制限も存在しなかったのである。鎖

国政策による世界市場からの隔離が、国内の金銀（法定・市場）比価と世界のそれとの相違による混乱から回避できたが、開港によりこの影響をまともに受けることになる。54年当時の内外金銀比価を見てみると、国内の法定金銀比価は1対8.57（金銀市場比価は1対9.58）で、国際的金銀比価は1対15.33であった。こうした貨幣としての銀貨の二面性（本位・補助貨幣の二面的機能）が、幕末開港に際会して外国貨幣との関係が出てくると、貨幣の交換をめぐり混乱を引き起こすことになる[5]。

　また、貨幣制度においては金属貨幣のほかにも藩札（藩紙幣）、手形（信用手形）が流通していた。幕府は財政の窮迫化の中で貨幣改鋳を行い莫大な出目（利益）を上げ収入不足を補ったが、鋳造権を持たない各藩は17世紀後半以降、自領内で通用させる藩札を発行し、これを財源として財政支出をまかなった。各藩が権力者であると同時に、商品取引者であったという事情を背景として、この藩札は価値章標としての紙幣であるよりは、むしろ信用貨幣（貨幣債務証書）として機能していたのである。しかし、幕末になると藩札は不換紙幣となり、とりわけ諸藩の財政が窮迫化する中でその発行高も増大すると同時に、他方その価値は下落の一途をたどることになる。また商品流通の拡大と共に商業機構も複雑化し、問屋・仲買・小売商へ分化が進み、そこに貨幣取引と信用機構が発展することとなった。貨幣取引は、両替商を中心に発達したが、彼らは異なる貨幣の交換（両替・金銀売買）のみでなく、そのほかに預金・貸付・為替・手形発行などの業務を行った。こうした中で、手形は江戸・大坂の両替商を中心として広い範囲に流通することになった。19世紀に入り、幕府・諸藩は財政支出の不均衡を調整するために貨幣の改鋳を繰り返し行ったため、名目は同じでも金属純分が異なる貨幣（悪貨）が流通することになり、これが藩札の氾濫と相乗効果を生み、幕末の貨幣制度を大きく混乱させることになった。こうした幕末の貨幣制度は、国内の要因によって混乱が生じたといえるが、安政の開港後には、世界市場との接触によって、さらに国際的な金銀比価の要件が加わり、内外金銀比価の格差の下に混乱を増幅することになるのである[6]。

　ところで、58年の修好通商条約における第5条は、①外国貨幣は日本貨幣

と同種同量の交換通用、②支払いは両国貨幣を自由に使用、③開港後 1 年間は国内貨幣・外貨交換を保証、④金銀貨・金銀地金の輸出は自由などの貨幣条項を規定していたが、これによって幕末の貨幣制度は大きな衝撃をこうむることになった。すなわち、開港貿易が開始されると、周知のように日本の貨幣が外国貨幣と制限なく交換され、本位貨幣の輸出が自由になる。しかし外国貨幣が日本国内を通用することを認めたことは、貨幣に関する主権の放棄であり、事実、不平等条約の一面をあらわにしたものにほかならない。つまり、鎖国経済体制の基盤となっていた特殊な貨幣制度はここに崩壊し、これまで流通銀の主体であった丁銀・豆板銀の銀相場は名目的なものとなり、洋銀（メキシコドル銀貨）が天保一分銀（1837 年以降、鋳造）の法定銀貨と並立し、さらに金貨に連係して、それぞれ量目を比較しながら流通する貨幣制度となる。ここに金銀比価の国際関係問題が生じ、わが国の貨幣制度は、洋銀を対象として根本的な改革が迫られることとなった。58 年当時の国内の金銀比価は、天保一両小判と天保一分銀の交換比率で 1 対 8.57（金銀市場比価は 1 対 10.34）であったが、国際的金銀比価は 1 対 15.38 であった。こうして、幕府の貨幣制度における金銀比価は、国際的金銀比価と比較すると銀を高く、金を安く評価していた[7]。

　これにより、洋銀と天保一分銀が量目により交換され（貨幣素材品位の相違に関係なく）、さらに天保一分銀は金貨と並行して無制限通用力が認められた。さらにその 4 個が一両小判と等価に通用するという、洋銀・天保一分銀・金貨の並行制度が出来上がることになる。これは外国側が天保一分銀を通じて金貨と交換する場合、2 倍も有利になる、という貨幣事情を示すものであった。

第 2 節　幕末開港と貨幣・金融

1.　幕末開港と対外貿易

　日本は修好通商条約に基づき、開港と同時に「自由貿易」が開始されるこ

とになったが、欧米強国のそれは世界の政治的・軍事的な情勢の下に展開され、条約締結時の不利な貿易はさらに拡大することとなった。

　すなわち、日本の開国に先鞭をつけたアメリカは、南北戦争（1861～65年）の間に持ち前の海運業が衰退した。他方、クリミア戦争（1854～56年）・第二次アヘン戦争（1856～60年、北京条約）などの処理に追われ日本進出に遅れをとったイギリスは、この間アジア市場及び日本市場において独占的地位を得ることになった。しかし、イギリスは、さらに太平天国の乱（1851～64年）・セポイの反乱（1857～59年）に遭遇した結果、これまで行っていた強引な武力介入を極力避けて、「自由貿易」を促進する政策を持って当たることとした。このように、日本では、幕末の動乱と欧米列強の圧倒的な勢力の下で「自由貿易」が開始されることになった[8]。

　こうして、1859（安政6）年7月、日本は修好通商条約に沿って、神奈川（横浜）・長崎・箱館の各港において「自由貿易」を開始したが、最も貿易額の大きかったのは横浜港であった。この「自由貿易」に対して、幕府は制限・統制を持って対抗することとしたが、それとは逆に資本制生産の廉価な商品が流入し、その貿易額も急速に増大することになった。開港当初における日

第1表　幕末輸出入貿易額（1859～1867年）

(単位：千円)

年次	貿易総額	輸出額	輸入額	差額	
1859（安政6）年	1,494,577	891,416	603,161	288,255	出超
1860（万延元）年	6,372,659	4,713,788	1,658,871	3,054,917	出超
1861（文久元）年	6,151,175	3,786,566	2,364,609	1,421,957	出超
1862（文久2）年	11,160,290	7,278,535	3,881,765	3,396,770	出超
1863（文久3）年	18,407,317	12,208,218	6,199,101	6,009,117	出超
1864（元治元）年	18,674,511	19,572,223	8,102,288	11,469,935	出超
1865（慶応元）年	33,634,602	18,490,331	15,144,271	3,346,060	出超
1866（慶応2）年	32,287,513	16,616,504	15,770,949	845,555	出超
1867（慶応3）年	38,796,994	12,123,675	21,673,369	9,549,644	入超

出典：石井孝『幕末貿易史の研究』日本評論社、1944年、50-54頁。

本の輸出入貿易は、生糸・茶・蚕卵紙などを持って輸出超過となっていたが、その後毛織物・綿糸・金属・艦船・武器などの輸入が増加し、幕末の貿易は入超基調に転換したのである（第1表）。この間の貿易構成を見てみると、日本の貿易市場は、欧米列強の資本制工業製品の販売市場である一方、原料・食料などの購入市場として位置づけられる。主要な貿易相手国としては、横浜の場合、輸出入共にイギリスが8～9割を占め、圧倒的な地位にあり、これにアメリカ・オランダ・フランスが続いている[9]。こうして、開港貿易によって世界市場形成の一環に組み込まれた日本の幕末経済は、この影響の下に転換を余儀なくされた。まず欧米列国の「自由貿易」によって商品経済がより一層発展した結果、幕府は自らの保護・統制の下にあった商品の流通機構（商人ギルド）が崩壊に瀕し、他方輸出品産地の領主による幕府の貿易対策の反対運動、さらには新興貿易商人の営業自由化要求などを背景として、国内産業と流通機構の再編を迫られることになった[10]。

ところが、イギリスは、この間の幕末動乱（日本国内の攘夷運動の混乱）で、兵庫・大坂の開港及び開市が実施できなかったことを取り上げ、幕府にこの代償として修好通商条約締結時の関税改正を迫った。その結果、66年、幕府はイギリスとの間で「改税約書」（Tariff Convention）に調印。これはアメリカ・フランス・オランダとも同様に調印することになった。これによって、修好通商条約締結時に従価20％とされていた輸入税（輸出入品共に価格に基づき課税される従価税）が改められ、大部分の商品が従価5％を基準とする従量税とすることになった。この結果、日本の輸出入税は、58年に中国が欧米列強との間に結んだ天津条約と同じ税率となった。日本の貿易条件は、修好通商条約の締結時にも増して不平等となり、欧米強国に有利な「自由貿易」がさらに拡大されることになったのである[11]。

いずれにせよ、後に見るように幕府は修好通商条約（貨幣条項）の対策として貨幣の改鋳を行った。その結果、貨幣制度を大きく混乱させ、ひいては物価騰貴の原因となった。物価騰貴は、対外貿易及び国内貨幣・商品経済の発展を促進する一方で幕府・諸藩の財政窮乏化を深め、これを原因として農民に対する搾取強化・下級武士の反抗・農民の一揆・都市の打ち壊し等が

頻発した。こうした情勢下封建社会を大きく動揺させることになったのである[12]。

2．幕末の金貨流出と洋銀対策

　59年、日本は幕末開港を迎えることになるが、この時期、欧米諸国は国際的金銀比価の安定と金銀複本位制の復活・維持を目指した貨幣制度の改革を進めるという情勢にあった。こうした中で幕府は、内外の金銀比価の調整に向けた諸対策を講じることになる。

　すなわち、幕府は国際的な金銀比価と国内のそれとの格差を調整するという問題について、開港を1年後に控えて、早急にその対策を講じなければならなかった。まず、幕府は国内の金銀比価を世界のそれにさや寄せするため方策の検討に入ったが、外国奉行と勘定奉行との間でその実施方法をめぐって議論の応酬があり、結局、58年12月、国内の金銀比価を世界のそれに一致させ（内外金銀比価格差の調整）、さらに金貨の流出を防止するために、安政二朱銀と安政一分金を発行することにした。この場合、安政二朱銀は、大型化して銀の価値（名目価値）を切り下げ、国内の金銀比価を1対17.204に引き下げることにした[13]。そして、59年6月、幕府は貨幣の改鋳・新鋳及びその通用について令達し、神奈川（横浜）と長崎の開港に備えて、安政一分金及び安政二朱銀を発行し、これを開港日の前日（7月1日）に通用させた。この場合、安政二朱銀（3匁6分）は、天保一分銀（2匁3分）の一倍半余りであると同時に、その2個で洋銀（7匁2分）と等しいものであった。こうして、安政二朱銀は外国貿易に、国内通用としては天保一分銀を持って当たることとしたが、この安政二朱銀と天保一分銀の同時併用は、国内的にも対外的にも矛盾を招くことになった[14]。

　言うまでもなく、このような安政二朱銀と天保一分銀の併用という措置は洋銀の価値が3分の1に切り下げられることになり、とりわけ輸出品にとってはとてつもない価格となる。これは以前に協定された天保一分銀3個＝洋銀1個の原則に反するもので、ほどなく幕府は外国商人及び欧米の外交官から強硬な抗議を受けることとなった。その結果、7月24日、幕府は安政二

朱銀の貿易通貨としての通用を停止すると同時に、従来どおり天保一分銀を持ってこれに当たることにした。こうして、内外金銀比価の調整は失敗に終わり、幕府はほかならぬ外圧のために造幣主権を行使することができなかったのである[15]。

しかしながら、輸出超過により洋銀の流入が増加傾向を呈する中で、天保一分銀が不足するという事態が生じ、9月、幕府は、外国資本の要求に対応して新たに一分銀（安政一分銀）を鋳造することとした。この際、幕府はこの安政一分銀の価値を引き上げ、その金銀法定比価は1対5.132（金銀市場比価10.34）としたため、これが実施されると、外国商人は安政一分銀の入手が容易になり、それを内外金銀比価の格差を利用した投機的貨幣取引に向けたのである[16]。こうした外国商人の投機的貨幣取引の結果、洋銀（悪貨）が国内に流入し、反対に大判、小判など日本の金貨（良貨）が流出することになり、ここにいわゆる安政の金貨流出が引き起こされることになった[17]。その原因は修好通商条約の締結時に天保一分銀が本位貨幣と誤認され、洋銀と対応するものとして取り扱われたところにあった。結果として、鎖国経済・政策によって長い間海外との交易関係を閉ざし、体制的に金銀法定比価を維持していた日本の金銀複本位制が、開港によって市場経済の原則の下に圧倒されたことにほかならず、ここに洋銀体制が成立し、幕府の貨幣制度は崩壊することになった。いずれにせよ、この時期国内の金銀法定比価は1対5.24（金銀市場比価は1対6.36）に対し国際的金銀比価は1対15.19と大幅な格差が生じることになったのである[18]。

こうした事態の下、60（万延元）年4月、早急なる国際的な金銀比価と国内のそれとの差の調整を迫られた幕府は、万延金貨の鋳造を持ってこれに対応することにした。この万延小判は、金貨実質価値を大幅に修正して発行された結果、安政一分銀との金銀法定比価は、1対15.58（金銀市場比価は1対18.93）となり、当時の国際的金銀比価1対15.29に近く、国際水準へ同化、調整されることとなった。この万延の幣制改革によって金貨の流出は一転して停止することになったが、結局、幕府は外国の抵抗・干渉を受けて、その意図を貫くことができなかったのである[19]。

ところで、6月、幕府は、洋銀と安政一分銀の法定相場を廃止して、市中銀相場に従って流通させることを布告した。それは幕末開港以来、洋銀は、日本の貨幣とは区別され、市場相場が立てられたため、これを利用して外国資本は、在日外国銀行を通して不当に変動させ（市場における洋銀の供給量を計画的に調整し）、洋銀相場の主権を掌握し、日本の商権を不法に侵したのである。そうこうするうちに、洋銀相場の自由化は、洋銀の貿易通貨としての流通量を増大させ、その相場は貿易収支による洋銀の需給関係（現銀外国為替）に従って変動することになった。その後においても、洋銀相場は莫大な輸出超過による洋銀の供給過剰などを原因として下落したが、61年から輸入増加に伴う洋銀需要の増大を反映して上昇し、66年には回復した[20]。その結果、こうした洋銀相場の堅調さを背景に、外国資本は、洋銀と安政一分銀の重量比較の原則をさらに一般取引の面においても適用させようと画策し、これが外交問題へと発展し、6月、幕府はこの原則を英・仏・米・蘭との間に締結した「改税約書」に組み入れることを余儀なくされたが、結局、その実施を見ないうちに幕府は倒壊することになったのである。

3. 幕末の対外金融と外国銀行

59年の幕末開港に伴い居留地における外国との「自由貿易」が開始され、対外金融の決済は外国商社及び外国銀行の専横するところとなったが、幕府はこれに対抗していかなければならなかった。

すなわち、開港と同時に神奈川（横浜）・長崎・箱館に、続いて兵庫・大坂にそれぞれ外国人居留地が設けられ、外国商館がすべてを代表して取り扱う商館貿易が始まり、外国の商社が進出した。最初に進出したのは、すでにアジア市場において貿易に従事していた欧米諸国の商社であった。横浜には、イギリスの商社ではジャーデン・マセソン商会、デント商会、アメリカ商社ではウォルシュ・ホール商会が進出して業務を始め、また長崎にはオランダ商社のグラバー商会が進出を果たした。これらの外国商社は、当時、銀行がなかったため付随業務として、自らの手で為替の決済を行わざるを得なかった。この対外決済は金銀地金及び貨幣の現送などで行っていた。外国商社は、

先に見たように開港後しばらくは、日本の輸出超過の中で、大量の洋銀を輸入し、それを輸出代金の決済に充てていた。そして、本邦商人との売買取引の決済は、当初本邦貨幣（安政一分金・一分銀）で行っていたが、ほどなく洋銀が使われることになった。いずれにせよ、この居留地貿易にあっては、外国商人の独壇場であり、本邦商人は開港場の外国商人との売買を通して、間接的に貿易業務を進めるほかなかった。また、本邦商人は輸出入における為替の知識が希薄であったことから、為替問題に関わることも少なく、もっぱら外国商社が外国為替・貿易金融を取り扱うところとなったのである[21]。

こうした情勢の下、63年以降、ヨーロッパ諸国の外国銀行が相次いで日本への進出を果たすことになった。この場合、外国銀行は、まず横浜にそれぞれ支店を構えた。63年3月、最初に支店を出したのはセントラル銀行（Central Bank of Western India）であり、これに続いて4月、マーカンタイル銀行（Chartered Mercantile Bank of India, London and China）、9月、コマーシャル銀行（Commercial Bank of India）、64年8月、東洋銀行（Oriental Bank Corporation）、65年2月、ヒンドスタン銀行（Bank of Hindustan, China and Japan）、66年5月、香港上海銀行（Hongkong and Shanghai Banking Company, Limited）、67年9月、パリ割引銀行（Comptoir d'Escompte de Paris）がそれぞれ支店を構え、営業を開始した。外国銀行の業務は、外国為替・預金・貸出・発券などであり、中でも外国為替は幕府や諸藩の対外支払をはじめ、外国商社の香港・上海・ヨーロッパ各地宛ての為替手形の買い取り及び売却で、わが国の対外決済の大半を扱い、外国資本の圧倒的な地位を占めることになった[22]。

ところで、修好通商条約は開港場において外国貨幣の国内通用を認めていたため、貿易取引には洋銀が利用されていたが、外国銀行はこの洋銀決済の不便を補うために、64年頃から、洋銀券（現金通貨＝紙幣）を発行し、これを貿易決済手段とすることにした。この洋銀券は、洋銀に比べて運搬・携帯に便利であり、その授受に当たっても品位の鑑定などが必要ない、という利便性を持つものであった。こうした洋銀券を発行したのは、横浜では香港上海銀行・マーカンタイル銀行・コマーシャル銀行・セントラル銀行の4銀行

と、神戸では香港上海銀行であった。これらの外国銀行は、当時、為替銀行として東アジア（香港・上海）、ヨーロッパ（ロンドン・パリ）向けの手形売買を業務とすると同時に、貿易通貨（洋銀・洋銀券）を供給する機関としての役割も果たしていた。貿易の拡大に伴って、本邦商人の間にもこの洋銀券に関わりを持つ機会が多くなってきた。本邦商人は洋銀券に不慣れであり、そのために思わぬ損失をこうむる恐れがあった[23]。こうした状況の中で、ヨーロッパ諸国の植民地銀行の活動に対抗し、かつまた、外国為替・貿易金融の逼迫に対処する方法として、67年、幕府は外国銀行の洋銀券に代わる本邦側の洋銀券を流通させようと画策し、横浜通用銀札（十万両）を発行し、貿易関係支出金の支払いに充てさせた。しかしながら、この横浜通用銀札は、これまで諸藩が発行していた銀札と変わらない、いわば本邦銀貨の代用証書ともいうべきものであって、決して洋銀の兌換券ではなかった[24]。この銀札発行の措置が横浜本邦商人の貿易にどれほど役立ち、また外国銀行洋銀券にどれほどの影響を与えたか、定かではないが、発行後、ほどなく幕府は倒壊するに至ったのである。

第3節　維新期の日本経済と貨幣・金融

1．維新期の日本経済と対外貿易

　1870年代、欧米列強は普仏戦争とその処理に続いて大恐慌に見舞われ、世界史的にも大きな変容を遂げるが、こうした情勢の中で日本は資本主義経済の急速な導入・育成と同時に輸出の増進を迫られることとなった。

　すなわち、1870（明治3）年7月、ドイツとフランスの間に普仏戦争が勃発（～1871年2月）、その講和の後、ほどなく欧米列国は激しい恐慌に見舞われることになった。この恐慌は、73年5月、オーストリア（ウィーン）の取引所の破綻を契機として、アメリカ・ドイツで恐慌が発生し、これがひいては翌年、欧州資本主義諸国へ波及し、各国は大恐慌に見舞われた。これ以降ほぼ20年間、欧米強国は大不況の経過を余儀なくされるが、この過程を通

して資本主義世界史的発展は帝国主義段階へ推転していくことになる[25]。そして、東アジア地域においては欧米列強の圧力に耐え、植民地化を免れた日本は、独立国家を目指し安政諸条約の改正に着手する一方、他方では、近隣諸国への進出を開始する。75年9月、いわゆる江華島事件はこうした国策が具現化したものであり、翌年2月、日朝修好条規（江華条約）を締結し、ここに大陸進出の足場を築くことになった。

　68年に成立した明治政府は、「富国強兵・殖産興業」の方針の下、翌年から版籍奉還・廃藩置県などを通して封建的な諸制度を撤廃し、他方で近代的な諸制度を取り入れて資本主義を導入・育成するという当面の課題を強力に推進することにした。しかし、これらの諸政策を進めるに当たって、政府は膨大な費用を必要とするものの、成立当初その財源は幕府から継承した封建貢租と政商からの借入に限定されていた。従って、政府にとって、この国家財政の物質的基礎を充足しうる財源を確保することが、ここに要請された最大の課題となったのである[26]。こうして、維新草創期の政府財政は、租税によることは不可能で極度の窮迫を遂げており、幕府討伐（戊辰戦争）の軍事費にも事欠く有様であった。こうした中で、5月に政府は政府紙幣（太政官札の発行後、民部省札、大蔵省兌換証券、開拓使兌換証券）を発行し、この一部を財政資金とする一方、残りを近代的産業の導入・育成政策（殖産興業）の貸付金に向けることにした。この場合、政府紙幣（不換紙幣）の発行は、財政の赤字補填の意味もあったが、それは同時に、商品経済の発展と貨幣流通及び農民等の収奪を促進し、資本の原始的蓄積を早める作用をもたらすことになった。こうした資金を持って近代産業が直接官営の形で導入・育成されると同時に、交通・通信などの整備をはじめ多くの施策が講じられて、近代的産業は急速な発達を成し遂げることになったのである[27]。

　また、政府は、73年、地租改正条例に基づき封建的貢租を近代的租税（土地の収益価格を課税標準とする金納定率）に編制替えし、これを持って近代国家の物質的基礎を整備する一方、他方で、この財源を持って秩禄処分（封建家臣団の解体）を強行し、旧封建体制の武士の俸禄を公債に代えることにした。この過程において土地を一個の私有財産とする近代的土地所有の

第2表　輸出入貿易額（1868〜1933年）

(単位：千円)

年次	貿易総額	輸出額	輸入額	差　　額	金銀貨流出入額	
1868（明治1）年	26,247	15,553	10,693	4,860 出超		
1869（〃 2）年	33,693	12,909	20,784	7,875 入超		
1870（〃 3）年	48,285	14,543	33,742	19,199 〃		
1871（〃 4）年	39,885	17,969	21,917	3,948 〃		
1872（〃 5）年	43,201	17,027	26,175	9,148 〃	－	789
1873（〃 6）年	49,743	21,635	28,107	6,472 〃	－	2,042
1874（〃 7）年	42,779	19,317	23,462	4,145 〃	－	12,923
1875（〃 8）年	48,585	18,611	29,976	11,365 〃	－	14,366
1876（〃 9）年	51,676	27,712	23,965	3,747 出超	－	2,408
1877（〃 10）年	50,769	23,349	27,421	4,072 入超	－	7,268
1878（〃 11）年	58,863	25,988	32,875	6,887 〃	－	6,140
1879（〃 12）年	61,129	28,176	32,953	4,777 〃	－	9,644
1880（〃 13）年	65,022	28,395	36,627	8,231 〃	－	9,585
1881（〃 14）年	62,250	31,059	31,191	132 〃	－	5,634
1882（〃 15）年	67,168	37,722	29,447	8,275 出超	＋	1,731
1883（〃 16）年	64,713	36,268	28,445	7,823 〃	＋	2,295
1884（〃 17）年	63,544	33,871	29,673	4,199 〃	＋	607
1885（〃 18）年	66,504	37,147	29,357	7,790 〃	＋	3,290
1886（〃 19）年	81,045	48,876	32,168	16,708 〃	－	455
1887（〃 20）年	96,712	52,408	44,304	8,103 〃	－	2,164
1888（〃 21）年	131,161	65,706	65,455	250 〃	＋	899
1889（〃 22）年	136,164	70,061	66,104	3,957 〃	＋	8,985
1890（〃 23）年	138,332	56,604	81,729	25,125 入超	－	12,578
1891（〃 24）年	142,455	79,527	62,927	16,600 出超	＋	12,436
1892（〃 25）年	162,429	91,103	71,326	19,777 〃	＋	13,154
1893（〃 26）年	177,970	89,713	88,257	1,456 〃	－	1,102
1894（〃 27）年	230,728	113,246	117,482	4,236 入超		7,595
1895（〃 28）年	265,373	136,112	129,261	6,852 出超		21,428
1896（〃 29）年	289,517	117,843	171,674	53,832 入超	＋	27,543
1897（〃 30）年	382,436	163,135	219,301	56,166 〃	＋	62,248
1898（〃 31）年	443,256	165,754	277,502	111,748 〃	－	44,424
1899（〃 32）年	435,332	214,930	220,402	5,472 〃	＋	8,985
1900（〃 33）年	491,692	204,430	287,262	82,831 〃	－	45,189
1901（〃 34）年	508,166	252,350	255,817	3,467 〃	－	3,088

年		総額	輸出	輸入	差額		正貨増減
1902	(〃35)年	530,034	258,303	271,731	13,428	〃	＋ 30,132
1903	(〃36)年	606,638	289,502	317,137	27,633	〃	＋ 8,806
1904	(〃37)年	690,622	319,261	371,361	52,100	〃	－ 73,849
1905	(〃38)年	810,072	321,534	488,538	167,004	〃	＋ 15,152
1906	(〃39)年	842,539	423,755	418,785	4,971	出超	＋ 21,427
1907	(〃40)年	926,880	432,413	491,467	62,054	入超	－ 10,503
1908	(〃41)年	814,503	378,246	436,257	58,012	〃	－ 13,772
1909	(〃42)年	807,311	413,113	394,199	18,914	出超	＋ 73,003
1910	(〃43)年	922,663	453,429	464,234	5,802	入超	－ 7,503
1911	(〃44)年	961,240	447,434	513,806	66,372	〃	－ 18,230
1912	(大正1)年	1,145,974	526,982	618,992	92,010	〃	－ 16,781
1913	(〃2)年	1,361,892	632,460	729,432	96,971	〃	－ 26,072
1914	(〃3)年	1,186,837	591,101	595,736	4,634	〃	－ 20,543
1915	(〃4)年	1,240,757	708,307	532,450	175,857	出超	－ 20,270
1916	(〃5)年	1,883,896	1,127,468	756,128	371,040	〃	＋ 72,950
1917	(〃6)年	2,638,816	1,603,005	1,035,811	567,194	〃	＋ 238,489
1918	(〃7)年	3,630,245	1,962,100	1,668,114	293,957	〃	＋ 4,078
1919	(〃8)年	4,272,332	2,099,873	2,173,460	74,588	入超	＋ 322,423
1920	(〃9)年	4,284,569	1,948,392	2,336,175	387,780	〃	＋ 400,829
1921	(〃10)年	2,886,993	1,252,838	1,614,155	361,317	〃	＋ 138,622
1922	(〃11)年	3,527,760	1,637,452	1,890,308	252,856	〃	－ 508
1923	(〃12)年	3,429,981	1,417,751	1,982,231	534,480	〃	－ 5,269
1924	(〃13)年	4,260,437	1,807,032	2,453,406	646,361	〃	＋ 4,101
1925	(〃14)年	4,878,248	2,305,590	2,572,658	267,068	〃	－ 22,128
1926	(昭和1)年	4,422,212	2,014,728	2,377,481	332,757	〃	－ 34,270
1927	(〃2)年	4,171,471	1,992,317	2,179,154	186,837	〃	－ 41,165
1928	(〃3)年	4,168,270	1,971,955	2,196,315	224,359	〃	－ 740
1929	(〃4)年	4,364,857	2,148,619	2,216,238	67,619	〃	－ 2,877
1930	(〃5)年	3,015,923	1,469,852	1,546,071	76,219	〃	－ 301,321
1931	(〃6)年	2,382,654	1,146,981	1,235,673	88,691	〃	－ 410,223
1932	(〃7)年	2,841,453	1,409,992	1,431,461	21,470	〃	－ 121,238
1933	(〃8)年	3,778,266	1,861,016	1,917,220	56,174	〃	－ 28,483

出典：東洋経済新報社編纂『日本貿易精覧』東洋経済新報社、1935年、2-3頁。

形成・確立が果たされ、同時に公債は旧武士の没落とプロレタリア化及び新たな資金創設を促進することになったのである[28]。

そして、政府は成立以来、対外貿易の拡大に、とりわけ輸出の増進に努力

を重ねた。例えば、73年から数度、欧米諸国で開催された万国博覧会に委員を派遣し、国産品を海外諸国に紹介することに努めた。また、1870年代に入ると、起立工商会社、大倉組など民間においても、外国貿易に進出する商社が出てきた。こうした諸情勢の中で、維新以降、日本の対外貿易は第2表のように着実に増進しつつあったが、不換紙幣の増発による物価騰貴の影響もあり、総体的には入超傾向にあった。この間の主要な貿易商品及び相手国を見てみると、輸出では生糸・製茶・水産物などがアメリカ・フランス・中国・イギリスなどの諸国へ向けられ、片や毛織物・綿織物・砂糖・鉄（条・板・線管など）・石油等がイギリス・アメリカ・中国・ドイツなどの国々から輸入されるという構成であった[29]。こうして後進国日本にとって、先進諸国の工業製品の輸入は、言うまでもなく在来の農村家内工業を急速に崩壊させる一方で、軍備生産及び機械工業の近代化を強力に推進するものとなったのである。

2．維新期の貨幣制度と洋銀対策
1）貨幣制度の確立と混乱

　1870年代、欧米諸国の金本位制への移行と銀生産の増加を背景に、国際的銀相場が下落に転じ、国際的金銀比価はその格差を増大させたが、この影響の下に日本は貨幣制度の確立を果たしたものの、貨幣間の混乱及び政府紙幣の増発によるインフレを引き起こし、混乱させることとなった。

　すなわち、政府は近代的統一国家の建設には幣制の確立が必要であるとし、68年2月、改鋳業務に続いて造幣官署を設けて、純正画一な貨幣を製造することにした。まず、維新後の内乱鎮圧のため多額の軍事費を必要としていた政府は、財政窮乏化の中で、政府紙幣を発行すると共に、硬貨については幕府から引き継いだ安政一分金及び安政一分銀等を鋳造した。しかし、従来よりも劣悪な貨幣ができ、さらに政府の粗雑な財政運営がこれに相乗されて、幕末以上に幣制を混乱させることとなった[30]。こうした混乱から抜け出し、乱雑になった通貨を整理して合理的な貨幣制度の整備に向かうのは、71

年以降のことである。まず、鋳造貨幣については、68年5月、旧来の丁銀・豆板銀の流通を停止し、69年3月、造幣局に続いて翌年10月に造幣所（大阪）を設けて、新貨幣の鋳造を開始した。この際、円及び銭という呼称も、また十進法も採り入れたが、当初政府は銀本位制を採用することにし、一円銀貨を本位貨幣とした[31]。

　しかし、間もなくアメリカ視察中の伊藤博文から金本位制採用の建言が届き、政府はこれに従って、71年6月、「新貨条例」を発布して（太政官布告第267号）金貨を本位貨幣とし、銀貨・銭貨を補助貨幣とする金本位制にすることを定め、ここに円を貨幣単位とする日本の近代貨幣制度が誕生することとなった。すなわち、これは貨幣単位に関しては幕府の「三貨制度」（及び両分朱の四進法）を廃止し、新たに円銭厘の十進法を採用し、通貨の全国的統一を図るものであった。と同時に金本位制の採用を表明したものの、他方で貿易一円銀を地域的本位貨幣とするという、実質的には金銀複本位制に近いものであった。この場合、本位貨幣の一円金貨はアメリカの1ドル金貨に、そして貿易一円銀はメキシコ・ドルに準じ、貿易通貨として開港場（地域）に限り、無制限法貨と公認されたのであった。こうして貿易一円銀は、各開港場において輸出入貿易代金の決済及び外国人の納税用に通用させると同時に、100円の価格を本位金貨101円と定め、金銀法定比価は1対16.01（金銀市場比価は1対15.55）と定められた。ちなみに、この71年の国際的金銀比価は、1対15.57を示しており、日本の金銀比価は国際的なそれに比べて銀をやや低く設定したものといえる。しかしながら、この金本位制は世界の情勢や日本の経済状況などを充分考慮して採用したものとは言いがたく、後に諸々の問題を頻発させた。とりわけ、洋銀対策として創設された貿易一円銀と本位貨幣との関り合いをめぐり、混乱を増幅するものとなった。政府はこの貿易一円銀を持って安政開港以降の金貨の海外流出を阻止すると同時に、東アジア市場における貿易通貨である洋銀に対抗しうる貿易通貨を供給しようとした。しかしその後の74年9月、旧金銀貨の流通が停止され、ここに鋳貨の統一は一応完了したのである[32]。

　そして、紙幣の方は、72年4月、政府は新紙幣を発行し、紙幣の整理とそ

の統一を図ることとした。まず、政府は藩札や政府紙幣等を新紙幣に引き替えることにしたが、通貨を安定させるまでには至らなかった。事実、政府の財政は相変わらず窮迫しており、この間（74～76年）の国内外の緊張の高まり（佐賀の乱・台湾出兵・江華事件・秋月の乱・萩の乱など）が軍事費を膨張させ、財政支出をさらに加速させることとなった[33]。その流れで政府はこれら諸々の施策を講じたものの紙幣の発行を停止できず、さらに通貨膨張を余儀なくされざるを得ないという状況の中で、ほどなく西南戦争に伴うインフレが始まることになる。

2）金貨流出と洋銀対策

ところで、後で見るように1870年代に入ると欧米諸国は、金本位制への移行を強めた結果、ロンドン銀塊相場の急落に次いで、国際的金銀比価が下落し、金貨の流出が加速することになった。こうした情況の下、政府は洋銀駆逐策を実施したが十分な成果が得られなかった。

こうした金高銀安の影響をまともに受けることになった日本は、74年以降、金銀比価が下落傾向を示すと同時に、その内外格差を拡大することとなった。こうした情勢を利用して、外国資本は投機的貨幣取引を有利に展開し（安い銀貨を輸入 ── 金貨に交換 ── 金貨輸出）、莫大な利益を得ることになった。また、この内外金銀比価の格差拡大に、69年以降輸入超過が相乗されたため、さらに外国へ金貨を流出させる条件が増幅され、ここに正貨（金貨・銀貨）の流出を一層加速させることになった。この場合、事実上本位貨幣と同じであった貿易一円銀は、洋銀と品位・量目を同じくするものであったことから、金貨の流出と同時に、洋銀の流入を招くことになり、事実上の金銀複本位制は、貿易一円銀＝洋銀本位の銀単本位制に転化したのである。いずれにせよ、貿易一円銀は日本の開港場はもちろんのこと、東アジア市場においても貿易通貨として通用させるという意図の下に発行されたのである。しかし発行されたほとんどのものが海外へ輸出され、つまり東アジアにおいては十分な機能を果たせなかったのである[34]。

ところが75年2月、政府は、大蔵省の意見に沿って、内外金銀比価の調整

を図るために貿易一円銀の量目をアメリカ貿易銀と同量に引き上げると同時に、貿易一円銀から貿易銀（増量貿易銀）に表示を改正して（布告第35号）、これを広く流通させ東アジア市場において洋銀と競合できる通貨とした。そして、6月、政府は「新貨条例」を改称して、「貨幣条例」（布告第108号）とし、この際、貿易一円銀及び増量貿易銀はそれぞれ本位貨幣101円と交換するものと定めたが、結局のところ、これらの改正によって、銀貨をめぐる混乱はさらに増幅されることになった。こうした事態の下、76年3月、政府は、「貨幣条例」の中の貨幣通用制限を改正して、本位貨幣と貿易一円銀及び増量貿易銀の価格比価を世界金銀比価の動きに合わせて見直し、貿易一円銀は1対16.17に、また増量貿易銀は1対16.33に修正した。これは、政府が貨幣の量目を増加すればその評価が高まると判断した結果の試みであるが、いずれにせよ、日本の貨幣制度に対する国際的信認の薄弱さを背景に、増量貿易銀はより一層退蔵される結果となり、ついに流通を旺盛にすることはできなかったのである[35)]。

　こうして、78年5月、政府（大蔵卿大隈重信）は、アメリカのブランド＝アリソン法（Bland-Allison Act、2月）の制定を受けて「貨幣条例」の改正を行い、増量貿易銀はついに無制限法貨の地位を付与されることとなり、ここに金本位制に代わって金銀複本位制が法制上確認されることになった。これに続いて政府は貿易の流通促進策として、増量貿易銀の鋳造及び発行を増加して通用力を強化させる一方、逆に開港場における増量貿易銀通用の地域的限定や支払高の制限を撤廃し、これを全国に無制限に通用させ、洋銀に対抗して東アジアにおける貿易通貨の流通促進を図ることとした[36)]。しかしながら、11月、政府は一転して増量貿易銀を廃止し（布告第35号）、日本の銀貨を洋銀と貿易一円銀のみに限ることにした結果、金銀法定比価は1対16.17（市場金銀比価は17.03）となり、国際的なそれは1対17.94となった。

　この結果、79年9月、円銀による洋銀駆逐策の断念を余儀なくされた政府は、洋銀と貿易一円銀の平価通用の布告を発したため、ここに法制上の金銀複本位制は、事実上、銀本位制に移ることになったのである。

3. 国際的金相場と銀相場

　以上のように、78年、明治政府は一円銀貨を法貨とし、金銀複本位制を導入することとしたが、この間欧米諸国においてはロンドン銀塊相場が急落する一方で本位制をめぐる抗争が展開され、ここに国際的金銀比価は低下傾向をたどり、金本位制が急速に普及することとなった。

　ここで、国際金銀相場の展開過程をややさかのぼって概観して置くことにしよう。まず、イギリスは、1790年代の銀価格の低落と金貨の退蔵が進んだ98年に銀貨の自由鋳造を停止し、金銀複本位制から跛行本位制へと移行したが、1814年からの不況と銀行券流通量の減少を契機として、16年、貨幣法を持って金本位制を確立した。こうしたイギリスの貨幣制度の推移を見守っていたフランスは、金銀貨幣の流通に苦心を強いられていたが、その後革命に伴った貨幣制度の混乱を収束するために、ナポレオンは、1803年3月、それまでのリーブル銀貨制度を廃止し、新たにフランを貨幣単位とする新貨幣法を制定した。これは、当時の1対15.5金銀比価（これ以降、1803～33年の間この金銀比価を維持した）を持って金銀貨幣に無制限法貨の資格と自由鋳造を許可するという、いわゆる金銀複本位制の確立であった。そしてアメリカは、1792年、鋳造法（合衆国造幣局法〈National Mint Act〉）に基づきドルを貨幣単位とする金銀複本位制（金銀比価1対15）を成立させ、1834年には鋳造法（Austro Act of 1834）によって、金銀の法定比価を1対16.002（1797～1833年の間の金銀比価の平均は、1対15.6）に修正した[37]。

　ところが、1848年以降、カルフォルニアとオーストラリアで金鉱が発見され、これを契機として金生産額が急増し、金価格は低落し、他方、銀塊相場は上昇することとなった。これがひいては、鋳造平価と市場価値が乖離し、この影響でフランス・スイス・イタリアなどの諸国は巨額の銀流出と金流入に遭遇し、混乱することになった。また、57年1月、ドイツとオーストリアは銀本位制に立脚した通貨同盟（Austro-German Monetary Union）を結成したが、67年、オーストリアの紙幣兌換の停止と紙幣本位制への移行によって、瓦解を余儀なくされた。そして、1860年代後半欧米諸国は、銀貨の自由鋳造を禁止し、跛行本位制及び金本位制へ向かう一方、これとは反対に、ア

メリカ・メキシコの銀生産額の急増に伴う新たな動きが見られた。そもそも銀と利害関係の深いアメリカ・フランスなどは、国際的な金銀比価の安定と金銀複本位制の復活を目指した運動を展開した。とりわけ、フランスを盟主としたベルギー・スイス・イタリアの4カ国は、65年、金銀複本位制を持ってラテン貨幣同盟（Latin Monetary Union）を結成したが、その後69年にギリシャが加盟し、金貨と5フラン銀貨を共通の無制限法貨と定め、このほかに補助貨幣の共同通貨を企画した。さらに同貨幣同盟の世界的な規模（列国）への拡大及び国際的な金銀複本位制の同盟結成を目指し、67年、欧米20カ国が参集してパリにおいて国際通貨会議（International Monetary Conference、第1回、パリ）を開催した。この運動は、この間銀の急激な増産と金生産の停滞を背景として展開されたこともあり、金本位制への移行を支持する気配の下に、また、来るべき機会に金本位制へ移行したいとするフランスの意向が理解されず、とうてい目的を達成するまでには至らなかった。いずれにせよ、48～71年に至る時期は戦争と革命の時代であったが、1816年にイギリスが金本位制を確立して以来、金本位制への積極的な移行運動は見られなかった。これは欧米諸国の経済関係の希薄化、ラテン貨幣同盟諸国の金銀法定比価（1対15.5）及びアメリカのそれ（1対16）が示すように金銀複本位制が奏功して、金銀市場価格の変動を抑制した結果によるものといえる[38]。

　ところで、1870年代に入ると、銀価の下落が始まり（金高銀安）、70年代初めに60ポンド台だったロンドン銀塊相場はその後急落し、またこれに伴って国際的金銀比価（1対15～16）は下落することになった。すなわち普仏戦争（1870～71年）後、この戦争処理に伴いフランスは戦後賠償（53億フラン）の支払いが生じ、金本位制の導入計画を挫折させる一方、ドイツは金本位制を基礎とする幣制統一の機会を得ることとなった。フランスの賠償金の支払いに伴って大量の銀が流入することになったドイツは、71年7月、銀の買い入れを中止し（ベルリン鋳造所）、銀本位制から金本位制へ移行することにした。こうして、73年、ドイツはマルクを貨幣単位とする金本位制を正式に確立し、余剰の貨幣用銀を売却した。また、ドイツと密接な経済関係を持っていたスカンジナビア貨幣同盟諸国（72年末、創設、Scandinavian

Monetary Union）のデンマークとスウェーデンが 76 年に銀の自由鋳造を停止し、クローネ本位の金本位制に移行したのである[39]。

　他方、フランスは普仏戦争の敗北によって金本位制への移行を延期せざるを得なかったのみならず、1870 年代における銀の増産と銀廃貨国の続出する中で、ラテン貨幣同盟自体も創設の目的とは逆に銀の流入を阻止せざるを得なくなった。74 年、ラテン貨幣同盟の 2 カ国（フランス・ベルギー）は、銀貨鋳造額の制限措置に入り、翌年オランダも銀貨の自由鋳造を停止し、グルデン（ギルダー）を貨幣単位とした金本位制に移行した。そしてアメリカでは、60 年まで金貨が大量に鋳造されたが、翌年の内戦（南北戦争）の勃発で正貨の支払いを停止し、これ以降 79 年まで紙幣本位（グリーンバック〈green-back standard〉）の時代を迎える。しかし、1870 年代前半、銀の自由鋳造を要求する自由銀運動（free silver movement）が展開され、これ以後金銀複本位制の下に金銀比価が激しく変動する激動の時代となった。こうして、73 年 2 月、銀の自由鋳造を停止し、鋳造法（1792 年以来の）に基づき金銀複本位制を廃止した[40]。

　こうした情勢の中で国際銀相場となっていたロンドン銀塊相場の急落を背景に、銀は本位制貨幣の座から転落が決定的なものとなった。まず、この動きに押されて、ラテン貨幣同盟の中心国フランスは、69 年以降イタリアやギリシャの紙幣価値の低落による共同補助貨幣の打歩とこれら銀のフランスへの流出によって同盟諸国の為替相場を攪乱したため、この対策として銀貨の鋳造に一定の制限を設けざるを得なかった。しかし、76 年 8 月、フランス（及びベルギー）は、5 フラン銀貨の自由鋳造停止に追い込まれ、ここにラテン貨幣同盟は変質して跛行本位制（Limping Standard）へと移行した。そしてアメリカは、73 年の金銀複本位制廃止の法律が発効しても、その後依然として紙幣本位制が存続し、79 年 1 月に正貨兌換復帰法が発効され、正貨支払いの再開及び金自由鋳造の公認によって、事実上、金本位制が形成されるかに見えたが、78 年 2 月、ドル銀貨を無制限法貨とするブランド＝アリソン法を制定して、金銀複本位制を法制上確立した。いずれにせよ、世界の諸国が金本位制に向かっているとき、アメリカのとった処置は時代に逆行したもので

あったといえる。そのためアメリカはさらに国際金銀複本位制（International Bimetallism）の体制を形成して金銀比価を国際的に安定させることに努力を尽くし、8月、その具体的運動として国際通貨会議の開催を提唱し、第2回の会議がパリで開催された。この会議において、各国は協同して金銀複本位制を採用し、世界の金銀相場を安定させると同時に、国際的に金銀比価を確定しようとしたが、本位の決定は各国の特殊事情があり、その利害が一致せず、国際的金銀比価を決定するまでには至らず、ついに解散となったのである[41]。

　こうして、ドイツ・オランダ・スカンジナビアの諸国が相次いで金本位制を採用し、フランス・ベルギーなどラテン貨幣同盟が跛行本位制に移行した。その後、欧州において依然として銀の自由鋳造を公認していたのはオーストリア＝ハンガリー帝国であったが、しかし79年、ここでも低落した銀が国内に大量に流入した結果、ついに銀自由鋳造の停止を余儀なくされることになった[42]。このように欧米諸国の貨幣制度は、1870年代に金銀複本位制から跛行本位制あるいは金本位制に移る傾向にあった。この結果、貨幣用銀の需要は急速に減少し、多額の銀が金との交換を求めて市場に提供され、これに加えて1860年代後半以降、アメリカ及びメキシコにおいて銀の生産額が急増したため、国際銀相場は急落すると同時に、国際的金銀比価も下落することになったのである。

4．維新期の対外金融と外国銀行

　幕末の開港場における「自由貿易」の開始とそれ以降の対外金融をめぐる外国資本の独占的支配に対し、明治政府は近代的金融制度の導入を進めると同時に、邦銀に洋銀券を発行させ、外国銀行洋銀券の排除を持って、外国資本に対抗することとした。

　すなわち、71年、普仏戦争終結後、欧米諸国は恐慌に見舞われ、これに加えて世界的な銀価格の低下が進み、国際銀相場となっていたロンドン銀塊相場は、73年には60オンスを割りその後急速に低落することになった。とりわけ金貨建の資金を銀貨圏であるアジア地域において運用していたヨーロッ

パ諸国の金融機関は、大きな打撃（損失）をこうむることになった。幕末に日本進出を果たしたマーカンタイル銀行、東洋銀行、香港上海銀行、パリ割引銀行等の外国銀行は、それぞれ横浜に支店を開設していた。そして明治維新後の70年、東洋銀行が大阪及び神戸支店を、同年、香港上海銀行が神戸支店に続き72年、大阪支店をそれぞれ開設した。さらに加えて、5月、ドイツ銀行（Deutsche Bank）が日本進出を果たし横浜支店を開設した。いずれにせよ、こうして1870年代に入りドイツ系の銀行もまた日本に進出し、東アジア市場における植民地銀行間の競争はさらに激しさを増すことになった。しかしこうした情勢の下、75年、ドイツ銀行は貿易の減退、外国銀行との競争激化の中で外国為替・貿易金融を停滞させ、横浜支店を閉鎖した。これに続いて、77年、パリ割引銀行が横浜支店を一時閉鎖し、また同様に、79年、マーカンタイル銀行が横浜支店を一時閉鎖することになった。こうして、世界的な銀価下落の影響の下に、ヨーロッパ諸国の銀行が日本進出後ほどなく撤退を余儀なくされたが、このことはこの間金貨建の資金を銀貨圏である日本（東アジア地域）で投資・運用することの難しさと同時に、国際金融の中心的位置にあったイギリス系の植民地銀行と欧州大陸系のそれとの競合の結果によるものであったといえる[43]。

　こうした外国資本の流入・独占支配という状況の中で、本邦資本は本邦商人が「自由貿易」の慣習の無知及び不慣れなことも手伝って、極めて脆弱であったことから、貿易関係の利益は外国資本に独占されるという状況にあった。こうした状況を打開すべく政府は、69年2月、通商司を設け、外国貿易を助長する目的で主要都市（東京・横浜・大阪・京都・大津・神戸・新潟・敦賀）に為替会社（Bank、わが国における最初の近代的金融機関）を設立し、この為替会社に預金・貸付・為替などの銀行業務を担わせることにした。これに加えて政府は、70年4月、「横浜為替会社」に、横浜商人が貿易上の決済にこうむる損害を防止し、その便を図る目的で洋銀券を発行させると同時に、これを持って外国銀行の発行する洋銀券に対抗し、洋銀相場の主権の奪回を図ることにした[44]。

　そしてその後の72年、政府は、政府紙幣の回収と兌換銀行券の流通を

持って通貨価値の安定を図る目的で「国立銀行条例」(太政官布告、第349号)を制定し、ほどなく第一(東京)・第二(横浜)・第四(新潟)・第五(大阪)国立銀行が近代的金融機関として設立されることとなった。74年に設立された「第二国立銀行」は、72年末に解散した「横浜為替会社」を継承し、引き続き洋銀券を発行する特権を与えられることになった。しかしながら、73年以降、世界的な銀価低落と貿易入超による正貨流出という状況の中で、洋銀及び洋銀券の供給は、依然として外国銀行横浜支店(香港上海銀行・マーカンタイル銀行)の掌中に握られていた。それゆえ、政府はこれらの外国銀行洋銀券を排除し、第二国立銀行洋銀券の流通拡大を図ろうとした。しかし、本邦商人の中には両替商のように手形業務を行っていた者もいたが、いわば外国銀行洋銀券をよく知らず、外国商人の振出し小切手と区別がつかない者が多かった[45]。これを受けて政府は、商慣習の改革、信用取引の助長などの施策を迫られることになったのである。

　こうした状況にあって、75年12月、大隈重信大蔵卿は政府の外国銀行洋銀券の排除策に基づき、太政官へその旨の稟議を提出した。太政官は外国銀行洋銀券の排除には同意をしたものの、その実施をめぐり苦慮したが、外交上の諸問題も含めて検討の結果、横浜・神戸など開港場へ省達を持って注意を促すことにした。76年3月、大蔵省は改正「国立銀行条例」(1876年制定、布告106号)を持って、東京・大阪・神奈川・兵庫・長崎・新潟の各府県へ省達を送付した。その内容は、開港場において外国銀行洋銀券が通貨として取引の決済に使用されているが、これは政府が認可したものではなく、万が一破綻・閉鎖した場合、不測の損害をこうむる恐れがある。それゆえ、わが国の政府及び銀行紙幣、第二国立銀行洋銀券などを決済に使用するように注意を促すという旨のものであった。この結果、外国資本の批判・非難が突然生じたのであったが、各開港場におけるその成果は一様ではなかった。すなわち、横浜では第二国立銀行洋銀券の流通が増加したが、神戸では外国銀行の洋銀券が流通していたものの、本邦銀行のそれは流通しなかった。長崎ではまだ外国銀行の支店もなく、外国銀行の洋銀券も流通しなかったのである[46]。

こうして、改正「国立銀行条例」をテコとした政府の外国銀行洋銀券排除策は、外国資本の強い反対運動と日本側の足並みの乱れの下に、その所期の目的を十全に達成することはできなかった。これを受けて、日本側にとっては、この時期外国銀行の協力がなければその信用を確保することができず、ここに改めて貨幣主権の確立さらには貨幣制度の整備・安定の必要性を強く刻印されることになった。事実、この時期には日本側の洋銀券は外国為替・貿易金融を独占的に支配していた外国銀行の保証によって、初めて通用させることができた[47]。そして 79 年、横浜の地に正金銀行が創設されることとなるが、それまでは外国為替市場及びその相場はすべて外国銀行（とりわけイギリス系植民地金融機関）の独占・支配下にあり、後発日本資本主義の未発達な貨幣・金融事情を称するものであったといえる。

むすび

　以上、幕末・維新期の貨幣・金融事情は、近代化に立ち遅れた日本に特有の混乱をもたらした。不平等条約を持って開港された幕末には外国資本の専横と外圧の中で、金貨の大量流出と共に悪貨・贋貨（がんか）が溢れ、維新後には不換紙幣の濫発による近代化、資金の創出が加わり、より一層の混乱を極めた。近代的貨幣・金融制度は、外国資本の強圧もあって、一旦金本位制が採用された。しかし日本経済では、紙幣インフレの進行、輸入超過の増大、正貨の流出及び退蔵などが進んだのであって、結局、政府は改めて貨幣・金融制度の整備と再編に向かわざるを得なかった。

　すなわち、幕末の貨幣制度は、金銀複本位制の下で銀貨の二重の機能、金安銀高などを要因としてすでに混乱していたが、不平等条約下の開港と共に幕府は安政二朱銀を鋳造・発行したものの、外圧に屈し、新たに安政一分銀の鋳造・発行でこれに対応することにした。しかし、外国資本はその内外金銀比価の格差を利用して投機的貨幣取引を始め、ここに安政の金貨大量流出が起こり、これに対して幕府は今度は万延金貨の鋳造・発行を持って対応し、

この大量流出をひとまず抑止した。こうして悪貨、ひいては贋貨が溢れてくる中、不換紙幣を濫発した後の政府は「新貨条例」を制定し、金本位制を採用してともかくも近代的貨幣制度を確立させたのであった。しかしこの際、貿易一円銀を地域的本位貨幣として開港地に通用させることにしたため、この制度は改めて混乱を内包するものでしかなかった。その後、紙幣インフレが進行する中でロンドン銀塊相場の急落と共に国際的金銀比価が下落し、ここに再び金貨の大量流出が現出した。そこで政府は、洋銀対策として増量させた貿易銀を鋳造・発行し、これと貿易一円銀を並行して流通させることとしたが、増量貿易銀の退蔵が増加し、その流通の拡大は果たせなかった。要するに、政府は増量貿易銀の流通・発行を取り止めると同時に、貿易一円銀のみの通用を布告し、洋銀駆逐策の断念を余儀なくされることになった。

他方、金融制度の整備においては、政府は「為替会社」、「国立銀行」（近代的金融機関）を創設し、これに預金・貸出・為替などの銀行業務を担わせ、また、「横浜為替会社」、「第二国立銀行」にはさらに洋銀券の発行を認め、外国銀行の洋銀券に対抗させることとした。しかしここでも外国資本の強い反対・抗議と日本側では流通拡大の地域的乱れもあって、その目的を容易に達成できなかったのである。

こうして、このような国際金融市場からの強圧の中で、政府は、改正「貨幣条例」を持って、事実上の銀本位制である金銀複本位制へ移行すると共に、紙幣整理を断行し改めて日本資本主義の発展により適合する貨幣・金融制度の整備と再編に向かうこととなったのである。

第Ⅰ部　日本資本主義の形成・確立と横浜正金銀行

【注】引用文献、参考文献

1) 吉岡昭彦「イギリス自由主義国家の展開」『岩波講座　世界歴史 20　近代 7 ――近代世界の展開Ⅳ』岩波書店、1971 年、3-42 頁。楫西光速・加藤俊彦・大島清・大内力『日本資本主義の成立Ⅰ』東京大学出版会、1954 年、128-130 頁。
2) 楫西他、上掲書・成立Ⅰ、15-32 頁。田代和生「徳川時代の貿易」速水融・宮本又郎編『日本経済史 1　経済社会の成立　17-18 世紀』岩波書店、1988 年、155-172 頁。
3) 楫西他、上掲書・成立Ⅰ、130-132 頁。
4) 大内力『大内力経済学大系　第七巻――日本経済論　上』東京大学出版会、2000 年、88-99 頁。岩橋勝「徳川経済の制度的枠組」速水融・宮本又郎編、上掲書、114-125 頁。
5) 岡崎次郎『貨幣論綱要　増訂版』法政大学出版局、1965 年、145-151 頁。鈴木武雄『円――その履歴と日本経済――』岩波書店、1963 年、32 頁。岡田俊平『幕末維新の貨幣政策』森山書店、1955 年、20-24 頁。
6) 松好貞夫『日本両替金融史論』柏書房、1965 年、第九章第三節。大内、上掲書、100 頁。岡崎、上掲書、151-152 頁。楫西他、上掲書・成立Ⅰ、28-33、37-41 頁。
7) 岡崎、上掲書、153-155 頁。鈴木、上掲書、34-35 頁。洞富雄『幕末維新期の外圧と抵抗』校倉書房、1977 年、148-149 頁。高垣寅次郎・吉田政治・岡田俊平『銀――本位通貨史における役割』清明会出版部、1969 年、235-239 頁。
8) 楫西他、上掲書・成立Ⅰ、130-133 頁。
9) 山口和雄『幕末貿易史』中央公論社、1943 年、第一章第三・四節、第三章第二節。上坂西蔵「開国時代における貿易と洋銀との交流関係」早稲田大学大隈研究室編『大隈研究』第 4 輯、1954 年、59 頁。
10) 楫西他、上掲書・成立Ⅰ、12、142-143 頁。上坂、上掲書、72-73 頁。
11) 楫西他、上掲書・成立Ⅰ、133-134、138-140 頁。杉山伸也「国際環境と外国貿易」梅村又次・山本有造編『日本経済史 3　開港と維新』岩波書店、1989 年、180 頁。
12) 楫西他、上掲書・成立Ⅰ、145-150 頁。
13) 岡田俊平『明治前期の正貨政策』東洋経済新報社、1958 年、9-13 頁。立脇和夫『在日外国銀行史――幕末開港から条約改正まで』日本経済評論社、1987 年、159 頁。
14) 高垣他、上掲書、241-243 頁。立脇、上掲書、160-161 頁。三上隆三『円の誕生――近代貨幣制度の成立』東洋経済新報社、1975 年、122-123 頁。阿部謙二『日本通貨経済史の研究』紀伊国屋書店、1972 年、115-127 頁。
15) 三上隆三『円の社会史――貨幣が語る近代』中央公論社、1992 年、67-69 頁。岡崎、上掲書、157-158 頁。洞、上掲書、149 頁。
16) 山本有造『両から円へ――幕末・明治前期貨幣問題研究』ミネルヴァ書房、1994 年、73-74 頁。岡崎、上掲書、156 頁。

17) 山本、上掲書、72 頁。池部駒男「安政ノ貨幣事情」国家学会編『国家学会雑誌』第九巻 78・79・82 号、東京大学大学院法学政治学研究科、1893 年 8・9・12 月。
18) 鈴木、上掲書、35-36 頁。洞、上掲書、152 頁。立脇、上掲書、63 頁。三上、上掲書『円の誕生』、140 頁。
19) 三上、上掲書『円の誕生』、144-145 頁。高垣他、上掲書、244 頁。岡田、上掲書『明治前期の正貨政策』、17-18 頁。
20) 洞、上掲書、157 頁。三上、上掲書『円の誕生』、173-174 頁。高垣他、上掲書、245-247 頁。
21) Satow, Ernest, Adiplomat in Japan, Londonp,,1921,, p.25. 立脇和夫『外国銀行と日本——在日外銀一四〇年の興亡』蒼天社出版、2004 年、2-3、25-29 頁。
22) 立脇、上掲書『在日外国銀行史』、116-123 頁。内田直作「安政開国とイギリス資本」成城大学経済学会『成城大学経済研究』第 8・9 合併号、1958 年。
23) 立脇、上掲書『外国銀行と日本』、41-42 頁。洞、上掲書、39-40 頁。
24) 立脇、上掲書『在日外国銀行史』、194 頁。洞、上掲書、243 頁。阿部、上掲書、131-132 頁。
25) エリ・ア・メンデリソン著、飯田貫一・池田顗昭訳『恐慌の理論と歴史 下巻——経済恐慌と経済循環の理論と歴史 第 3 巻』青木書店、1967 年、第 1 章。
26) 楫西光速・加藤俊彦・大島清・大内力『日本資本主義の成立Ⅱ』東京大学出版会、1956 年、第三章第二・三節。
27) 楫西他、上掲書・成立Ⅰ、62-65 頁。
28) 楫西他、上掲書・成立Ⅱ、268-269、306 頁。大内、上掲書、116-135 頁。
29) 楫西他、上掲書・成立Ⅰ、64-66 頁。
30) 岡崎、上掲書、174 頁。鈴木、上掲書、37 頁。高垣寅次郎『明治初期日本金融制度史研究』清明会出版部、1972 年、26-33 頁。
31) 岡田、上掲書『明治前期の正貨政策』、55 頁。
32) 鈴木、上掲書、44 頁。高垣他、上掲書、258-259 頁。岡田、上掲書『幕末維新の貨幣政策』、139-145 頁。堀江保蔵「明治四年の幣制改革」本庄栄治郎編『明治維新経済史研究』改造社、1930 年。
33) 大内、上掲書、144-145 頁。
34) 山本、上掲書; 316 頁。鈴木、上掲書、56-58 頁。洞、上掲書、180 頁。岡田、上掲書『明治前期の正貨政策』、64-67 頁。
35) 高垣他、上掲書、179-180 頁。岡田、上掲書『幕末維新の貨幣政策』、146-149 頁。
36) 立脇、上掲書『在日外国銀行史』、185-187 頁。高垣他、上掲書、264-266 頁。
37) James Banar, "Ricard's IngotPlan", The Economic Journal, Vol.XXXIII, No.131. 島崎久彌

『金と国際通貨──歴史的実証的考察』外国為替貿易研究会、1983 年、65-67 頁。金原賢之助『世界経済の動向と金本位制度』巖松堂書店、1934 年、16-19 頁。

38) Willis, H.P, History of the Latan Monetary Union, 1901. Lionel D.Edio, Money, Bank credite and Prices, p.34.　齋藤利三郎『国際貨幣制度の研究──ラテン貨幣同盟を中心として』日本評論社、1940 年、1-6、18、37 頁。三上、上掲書『円の誕生』、168 頁。高垣他、上掲書、140 頁。

39) Karl Helferich, Celd und Banken, I.Teil, 1923, S.159-162.　島崎、上掲書、54-60 頁。金原、上掲書、25-26 頁。

40) 島崎、上掲書、69-71 頁。金原、上掲書、22-24 頁。

41) A.Barton Hepburn, A History of Currency in United States, 1924, pp.268-280. Twyman O.Abbott, Sound and Unsound Money, 1934, p.83.　島崎、上掲書、71-74 頁。金原、上掲書、25 頁。齋藤、上掲書、91-99 頁。高垣他、上掲書、120-121、266 頁。

42) 島崎、上掲書、61 頁。

43) 立脇、上掲書『外国銀行と日本』、15 頁。洞、上掲書、241-243 頁。高垣、上掲書、110-117 頁。

44) 立脇、上掲書『在日外国銀行史』、196 頁。阿部、上掲書、219-227 頁。岡田、上掲書『幕末維新の貨幣政策』、84-92、136-138 頁。

45) 岡田、上掲書『幕末維新の貨幣政策』、93-99 頁。

46) 洞、上掲書、245 頁。岡田、上掲書『明治前期の正貨政策』、37-48 頁。

47) 洞、上掲書、246 頁。立脇、上掲書『外国銀行と日本』、50-51 頁。岡田、上掲書『幕末維新の貨幣政策』、100-101 頁。

第2章

日本資本主義の確立過程と横浜正金銀行の対外業務
——銀行制度の再編と横浜正金銀行の対外金融機関化——

はじめに

　大不況の下にあった1880年代の欧米列国は、帝国主義段階への推転を始め、植民地・勢力圏の拡大を図るという情勢に置かれつつあったが、この時期、日本の資本主義は、激化する紙幣インフレの進行を抑制し、紙幣価値の安定と近代的通貨や信用制度の再編・整備を目指して早急な紙幣整理を迫られることとなっていた。

　すなわち、国立銀行券の不換紙幣化、西南戦争などを契機として紙幣インフレは激進するに至っていたが、この対策として大隈重信大蔵卿は紙幣価値の安定を求め、洋銀相場騰貴の抑制に当たることとした。その方策の一つが、正貨供給の担当機関として創設された横浜正金銀行（以下、正金銀行と略す）にほかならず、同行の業務は、正貨の供給に加え、外国銀行への対抗と商権回復等を課題としていた。その後正金銀行はほどなく外国為替取組を開始し、御用外国荷為替制度の下に外国為替・貿易金融業務を促進させることになる。しかし、洋銀相場の騰貴はなお防止できず、紙幣価値の安定を得るに至らなかった。「明治14年の政変」を契機に大隈重信に代わって大蔵卿に就任した松方正義は、銀価騰貴抑制対策を増税と財政緊縮による不換紙幣整理対策へと転換し、一連のデフレ対策を強力に進めたが、ここで中心になった

のは中央銀行を中軸とした銀行制度の再編という問題にほかならなかった。1882（明治15）年、明治政府は日本銀行条例を制定し、日本銀行の設立、開業を果たすことになる。そして政府は、国立銀行を私立銀行に転化させ、紙幣消却を進め、銀紙の差が消滅した84年、兌換銀行条例を制定し、翌年5月に兌換銀行券の発行を開始した。ここに国立銀行制度の中央銀行制度への再編が成立し、信用制度の確立及び通貨制度の再編・整備を見ることになったのである。

　こうして、銀行制度の再編が進む中で正金銀行は、紙幣整理の影響の下で、いったん経営不振に陥り、改革を余儀なくされるが、これにより、国家機関的性格を決定的に強めるものとなった。87年7月、政府の「横浜正金銀行条例」の制定を受けて、正金銀行は外国為替・貿易金融を専門に担当する特殊銀行として、また政府の保護監督の下に置かれる対外特殊金融機関として法的に明確にされることとなった。88年9月、同行は日本銀行との間に協約を締結し、両行とも政府機関であり、対外金融は正金銀行が取り扱い、日本銀行はその後見役として資金を供給し、その返済は正貨で行うこととされた。さらに御用外国荷為替制度の廃止後、同行は日本銀行との間に外国為替手形割引契約を締結し、政府の保護政策と日本銀行の信用供与を背景に対外金融を強力に進めることになった。その結果、正金銀行は外国為替の取り扱い、とりわけ外国人為替取組を開始し、外国銀行に対抗して対外貿易における商権の回復に努めると同時に、対外的には海外出張所・支店を開設し、政府在外資金の取り扱い、外国為替取組、とりわけ輸入荷為替の取り扱いなどを一段と強化することとなったのである。

　以上ここでは、この時期における正金銀行の創設及び対外金融への進出とその業務を取り上げ、これを国際関係との関連で検討を加え、新たにその歴史的意義と役割を省察することとしたい。

第 2 章　日本資本主義の確立過程と横浜正金銀行の対外業務

第 1 節　日本資本主義の確立過程と対外貿易

1. 資本の原始的蓄積推進と政府財政の確立

　1880 年代大不況下の欧米資本主義列国は、帝国主義段階への移行期を迎えると同時に、アジア・アフリカなどへ植民地・勢力圏の拡大を強めつつあったが、東アジアでは朝鮮半島がその焦点と化しつつあった。こうした中で日本の資本主義は、1870 年代からの紙幣整理の強行、資本の原始的蓄積及び近代的信用制度の整備を果たし、産業資本の確立と同時に政府財政の確立を図らねばならない状況に置かれていた。

　すなわち、この間列国は露清イリ条約（81 年）、露独関税戦争（81 年）、独墺伊三国同盟（82 年）、イギリスのエジプト占領（82 年）、清仏戦争（84～87 年）などの諸事件を勃発させ、帝国主義段階へと向かっていたのである。そして、東アジアはアフリカの分割と並び、新たな列強の勢力圏拡張の対象として、ロシアの永興湾（朝鮮）租借要求に対するイギリスの巨文島占領事件（86 年）、ドイツによるマーシャル・カロリン諸島の占領（85 年）など激しく争われる現場となった。とりわけ、中国（清国）と朝鮮の分割問題は、日本を含む列強間の利害関係として現出した。事実、1876（明治 9）年 2 月、日本は大陸政策として、日朝修好条規（＝江華条約）を締結し朝鮮の開国を実現させたものの、ほどなく宗主国中国の反発と開国をめぐる朝鮮の国内政争を招き、やがて壬午軍乱（じんごぐんらん）（82 年）・甲申事変（しんごじへん）（84 年）を引き起こさせることになった。その後の数年間に朝鮮は、欧米列国と修好通商関係を樹立することとなった。その結果、1880 年代の東アジアは、欧米列強の帝国主義的世界政策の中に編入され、もとよりその中心となったのが朝鮮問題であった。甲申事変後、日本は不安定な国内政情の中、産業資本の確立に邁進する一方、対外的には対朝鮮政策を一層積極化させるが、中国の政治的・経済的進出や圧力によって、ついに朝鮮市場から相対的後退を余儀なくされることになった[1]。

　こうした国際情勢の中で、1870 年代末から紙幣インフレの激進下にあった日本資本主義は、その後紙幣整理の過程を経て、産業資本の確立期を迎え

ると同時に、財政機構・信用制度の整備が進められることとなった。すなわち、77年の西南戦争を契機に政府は、不換紙幣を濫発した結果、インフレを激化させた。この場合、インフレは、農村に商品経済を浸透せしめ農民層の分解を促進すると同時に、士族の解体を進め、資本の原始的蓄積を強力に促進させた。また、インフレは財政窮迫の結果によるものであったが、これは同時に政府の財政支出を急増させ、財政をさらに危機に追い込む状況をつくった。こうして、政府は、資本主義の確立のためには紙幣整理（消却）を断行しインフレの収束を図る一方で、ひとたび挫折した近代的兌換制度の確立と、その下での安定した通貨・信用制度の整備が焦眉の課題となったのである。

　これを受けて、81年10月、大蔵卿に就任した松方正義は、紙幣整理を開始するが、この場合、これまで大隈重信等によって進められてきた紙幣整理の方策が政府紙幣の全額消却を目指していたのに対し、銀紙の差額のなくなるところまで紙幣を消却・縮減し、紙幣価値の回復を図り、これを兌換券に切り換えようとしたのである。そして、紙幣整理はたんに紙幣消却（政府の借金返済）に終わらず、中央銀行の設立による通貨・信用制度及び財政機構の整備が結びつけられていた[2]。こうした紙幣整理の実施に当たって、松方大蔵卿は、まず一般財政収支の一部を紙幣消却と正貨購入に充て正貨準備の充実を図り、さらに「準備金」の運用を図り将来の正貨準備に充てることとした。これは後に見るように、「準備金」をもって正金銀行を通じて直輸出為替資金を供給し、その商品代金を海外で受け取り、これを正貨で持ち帰るといった方法をとった。そして、紙幣整理が進展する中で景気が沈滞し、租税収入が激減したため、82年、政府は売薬印紙・米商会所等の税を設け、酒税税則・煙草税則を改正し、また85年には醤油税・菓子税を設けて、歳入の増加を図って埋め合わせたのである[3]。

　ところが、紙幣整理は激しい物価の下落を生じさせ、各方面に深刻な影響を与えることとなった。このデフレの深化によって、地租の金納化と農家経済の商品経済化の圧力が増幅され、農民の多くは地租負担を加重されただけでなく、従前のいわば自給体制に後戻りすることが困難となり、結局、農家

経済を破綻に追いやることになった。その結果として、この間に大規模な農民の土地喪失＝プロレタリア化が生じ、資本の原始的蓄積が促進された。当時の日本財政は、その歳入の大部分を地租に求め、その負担が重圧となっていた。これに対して、その歳出の大部分が産業資本の保護育成に充てられ、一方、産業資本自体もかかる経費の支出なしには存立し得ない状態にあったという事情に基づくものであった[4]。こうした中で、政府は「地租改正条例」を制定し地租制度の改革を進め、財政的基礎を固め租税国家たる実を備えるに至った。地租改正事業は73〜81年の間に進められ、80年以降5年毎に地価の改訂が行われることになった。さらに85年、政府は「地租条例」を制定し、ここに近代国家としての物質的基礎を整えると同時に、財政的基礎を確立し、租税国家としての体裁を整えることとなったのである[5]。

他方、秩禄処分によって、公債を受けた士族は貧窮化し、急速にプロレタリアとなり、ここに資本の原始的蓄積が推進され、これが近代的産業勃興の前提条件を作り上げていくことにもなった。政府はこれまで巨額な公債を発行してきたが、不利な起債条件（金利、償還期間等）の下で処理されてきた。ここでこの改善を図らねばならなかったが、それには貨幣資本の集積、信用制度の整備・発展を待たねばならなかった。政府は、後で見るように82年、日本銀行の設立後、急速に通貨・信用制度を整備し、85年には利子率の低下を見るに至った。86年10月、政府は「整理公債条例」を公布し、整理公債を発行し、旧公債の整理・借換に当たり、ほどなく日本の近代的な公債制度が確立したのである[6]。

こうして、紙幣整理の過程を通して、農民層の分解及び士族の没落が進み、結果として資本の原始的蓄積が促進されると同時に、地租制度並びに公債制度が整備され、ここに政府財政の確立が図られることとなったのである。

2. 近代的産業の勃興と対外貿易

こうした中で、政府は産業政策の転換と共に、銀行制度の整備を図った結果、金融市場の諸条件が好転し、新企業の設立が促進された。さらに官営企

業の特権的政商への払い下げも進み、ここに企業勃興を迎え、対外貿易も激増することとなった。

　すなわち、政府は、81年に農商務省を設置し、産業政策の転換を図り、在来産業の改良・強化という視点を強く打ち出すと共に、紙幣整理過程において、後述のように日本銀行を設立し、近代的通貨制度の確立を図り、信用制度の整備を進めることになった。先に見たように、紙幣整理の進行は、一転してデフレ効果を通して企業倒産（中小）・物価下落・輸出超過・正貨流入・資金蓄積の促進・預貯金の増大など各方面へ影響を与えたが、その後銀行制度の整備が進むと、金融市場の資金は潤沢に蓄えられ、金利は下落傾向をたどることになった。政府は官営企業を特権的政商へ払い下げると共に、私企業の保護政策を強化するなど産業政策の推進方式を転換することとした。その結果、金融市場の緩慢、利子率の低下、輸出の好転といった諸条件の下、官営企業払い下げの進行と同時に、新企業の設立が進み、86年、紙幣の正貨兌換開始以降、企業勃興を迎えることになったのである[7]。

　ところで、この企業勃興は鉄道事業・紡績業・鉱山業など各種事業に及び、資本家的生産が確立され、その主導的役割を果たしたのは綿糸紡績業であった。この間綿糸紡績業は、83年に操業を開始した大阪紡績会社が、蒸気力を原動力として急速な発展を示し、これが86年を起点とする企業勃興を引き起こす役割を果たすことになったのであり、これ以降も東京紡績・鐘淵紡績など大紡績会社（1万錘以上の規模）が次々と生まれ、紡績業の発展は目覚ましいものがあった[8]。そしてまた、近代的産業が官営の形で輸入され、急激な発達を遂げたが、官営企業は厖大な財政負担と維持費用も大きく、81年以降財政整理が急がれる中で、民間へ払い下げられるようになった。すなわち80年11月、「工場払下概則」が制定され、軍需工場、鉄道、通信などの公益事業を除き大部分の官営企業が漸次民間に払い下げられていった。さらに84年、政府は従来の方針を変更し、経営成績の比較的良好であった鉱山部門などの官営企業の払い下げを先行させることとした。これ以降官営企業の払い下げは進み、88年までにその大部分が完了することになったが、この払い下げを受けて、産業資本家に転化したものが、主として特権的政商で

あった[9]。

　しかし、こうした企業の勃興も、90年には最初の資本主義恐慌に見舞われざるを得なかった。年来の企業熱や株式投機の反動と、公債募集による資金の吸収、凶作による米価の高騰とそれに伴う米穀輸入の増加による貿易の逆調等によって、金融市場は次第に引き締まりの傾向を示し、89年末には金融の逼迫が始まって90年前半において激しくなり、ここに恐慌状態を現出したのである[10]。さらに後に見るように、90年6月のアメリカのシャーマン銀買上法の制定に基づき銀価の騰貴は生糸輸出を減少させ、恐慌を悪化させたのであった。この結果、金利の高騰、株式市場の下落が激しくなり、政府はこれに対して金録公債の償還を行い、金融市場の緩和を図る一方で、日本銀行は見返担保品制度を設けて救済に乗り出した。このような対策がとられた後、恐慌は次第に鎮静した。90年の米作が豊作であったこと、銀価が再び下落し始めたこと、恐慌によって投機が終息し泡沫会社が整理されたことなどがその原因であった。

　この間の貿易関係を見てみると、輸出入貿易総額の増加率は80年代前半においては著しく低く、近代的産業の発達が軌道に乗らなかった結果によるものといえる。87年以降にはそれが軌道に乗り、それにつれて貿易額も激増することになった（第2表：16頁参照）。そして主要輸出商品は、第3表のように生糸・製茶・水産物が大宗であり、これらの商品がアメリカ（46.67％）・フランス（24.08％）・香港（8.46％）・中国（6.30％）などの諸国へ向け積み出された。また主要輸入商品は、第4表のように実棉及び操綿・毛織物・綿織物・石油などで、これらがイギリス（31.74％）・アメリカ（12.33％）・ドイツ（4.52％）・スイス（1.48％）などの国々から輸入された。

　この状況を経て、85年以来、銀価の世界的な下落傾向は漸次強くなる中、銀本位国日本はこれを追い風に、輸出を促進させると同時に、これが金本位国からの輸入を阻止する作用を持つことになり、こうした急激な変化は、輸出入貿易全体の伸張を阻止する方向に向かわせるものとなったのである。

第3表　主要商品目別・相手国別貿易構成表―輸出―

1889（明治22）年（単位：千円）

	イギリス	フランス	ドイツ	アメリカ	カナダ	香港	中国	計
生　　糸	287	10,287		15,455	19			26,620
製　　茶	27			5,450	616			6,156
絹 織 物	115			175				629
陶 磁 器	348						46	1,450
樟　　脳			225	340				1,391
制帽用真田	36			109				147
簿 荷 脳	19			1				31
植物性油脂	39			38				363
屑糸・真綿	45	1,940		78				2,347
マッチ						894	201	1,138
木　　材							159	187
石　　炭						1,233	1,277	2,750
綿 織 物						121	13	147
水 産 物						1,879	1,377	3,285
絹製手巾				1,106				2,104
計	916	12,227	225	22,751	635	4,127	3,073	48,745
％	1.87	24.08	0.52	46.67	1.30	8.46	6.30	100

出典：大道弘雄編『日本経済統計総観』朝日新聞社、1930年、278-285頁より作成。

第4表　主要商品目別・相手国別貿易構成表―輸入―

1889（明治22）年（単位：千円）

	イギリス	ドイツ	スイス	アメリカ	英領インド	フランス	オーストラリア	中国	計
綿　織　物	4,488								4,668
毛　織　物	2,582	1,375							5,455
毛　織　糸	64					12			256
建　設　材　料	563	38							687
革　　　類	23			284	227				730
懐中時計及部分品			523	70					647
機械及部分品	1,999		16	320		315			2,931
苛性ソーダ一灰	150								150
鉄（塊及錠）		47							164
鉄（条・竿・板・線）	1,551	161		19					2,238
石　　　油				3,783					4,587
紙　　　類	135	26							341
羊　　　毛							261		302
実棉・繰綿				13	48			5,433	5,669
苧麻類								55	94
油　　　槽								198	202
米及籾					5			23	173
豆　　　類								106	818
計	11,555	1,647	539	4,489	280	327	261	5,815	36,404
％	31.74	4.52	1.48	12.33	0.69	0.89	0.71	15.97	100

出典：大道編、上掲書『日本経済統計総観』、286-294頁より作成。

第 2 節　銀行制度の再編と横浜正金銀行の 対外金融機関化

1．明治政府の通貨対策と横浜正金銀行の創設

　西南戦争を契機に紙幣インフレが加速し、以前にも増して紙幣価値の下落、銀価騰貴が顕著となり、政府はこの対策として洋銀騰貴防止策を打ち出し、その対策の一つが正貨供給及び商権回復を目的とした特殊金融機関としての、横浜正金銀行の創設であった。そして同行は「紙幣貸付手続」制定後、外国為替・貿易金融業務を開始することとなった。

　すなわち、1877（明治 10）年、西南戦争に当たり政府はその征討費を第十五国立銀行からの借入と不換紙幣の発行でまかなったが、これがインフレを加速することになった。この間不換紙幣の濫発は、国家財政を著しく圧迫させ、また国内物価の騰貴、貿易入超、正貨流出、洋銀相場の騰貴を引き起こし、殖産興業の目標である産業の近代化を阻害する状況をもたらすこととなった。政府はこの原因を、輸入超過が洋銀需要を増大させ、洋銀相場を騰貴させたことにあるとし、その対策の一環として銀貨供給量の増加による洋銀相場の安定を目指すことにした。事実、大隈大蔵卿は不換紙幣の濫発により生じたインフレとは考えず、洋銀の投機取引防止、銀貨供給量の増大を図るべく洋銀相場の騰貴抑制策に邁進することにしたのである[11]。

　そこで、79 年 2 月、政府は横浜洋銀取引所の設立（渋沢栄一〈第一国立銀行頭取、武州国榛沢郡血洗島村出身〉らが設立申請）を許可し、銀相場に介入し洋銀の空売買（＝投機取引）を禁じる一方、4 月～翌年 9 月の間に「準備金」中の銀貨を市場へ売り出したことにより（第二国立銀行、三井銀行等を通して）、銀相場はやや下落したもののその効果は少なく、銀貨売出しが緩慢になると反騰に転じたため、これを 80 年 9 月をもって中止することにした[12]。そして次の対策として計画されたのが、正貨の需要を調整する金融機関の設置である。当初の構想は、開港場での貿易一円銀を中心とする金銀貨幣の供給と運用を図る（正貨供給と流通の円滑化）と同時に、外国銀行に対抗して輸出入品の取引上、本邦商人の利便を図ること（日本の商権回復）を目的とし

たものであった[13]。こうした構想を背景に、政府は「貿易銀行条例」の草案などを含め検討する一方、大隈大蔵卿は福沢諭吉と内密に「正金銀行」設立構想を進めていたようである。

それとは別に、79年12月、大蔵卿大隈・民間の丸屋商社・慶應義塾関係者の参画によって、国立銀行に準ずる私立銀行と同時に、貿易金融のための半官半民の特殊銀行たる性格を併せ持つ銀行として（正金〈金銀〉取引銀行、対外特殊銀行、紙幣発行権は除外）、横浜正金銀行が創設された。そして80年2月、正金銀行は開業することになったが、開業当初、政府出資（資本金比率三分の一）の影響の下大蔵省監理官の監督を受け、国家機関的側面を色濃く持つことになった[14]。同行の業務は当座預金並びに貸越定期預金、貸付金割引、代金取立手形、為替及び荷為替保護預かり、地銀金買入等を通して、正貨の適正相場による取引促進と正貨の供給であった。しかし開業と時を同じくして銀価騰貴、紙幣価値の下落が甚だしくなったため、邦銀の間で正貨資金の需要幅は狭くなり、逆に紙幣需要が増大した。従って、正貨取引のみに固執すると生糸、茶等の主要輸出品の出回り期を控え、紙幣不足による市価下落が必然となり、外国商人の買い叩きを防ぐため、邦人輸出商への紙幣融資が必要な状態となった[15]。5月、正金銀行は「紙幣貸付手続」が制定されたのを受けて、政府から紙幣（50万円）を借り入れ、この資金を茶・生糸等の邦人輸出商に貸し出し、正貨で返済する形を取り（輸出前貸制度）、ここに外国為替金融が始まることとなった。また7月、政府が銀・紙区分経理のため、「紙幣取扱規則」を制定したが、これによって同行はますます政府資金への依存を強めることになった（80年7月、同行は神戸支店を開設）。いずれにせよ正金銀行は1880年代はじめ、紙幣整理の影響を受けて経営的にはかなり苦しかった[16]。

ところで、80年10月、正金銀行は別段預金としての「準備金」中の紙幣を原資とする政府資金を受け入れ、外国為替業務を行い、これによって得た外貨を政府に納入する、いわゆる御用外国荷為替業務を開始した。この御用外国荷為替制度は、海外荷為替法の制定（80年10月、「預入金規制」）に基づき、当初の目的は貨幣対策や政府の対外支払のために必要な正貨を輸出奨

励を通して吸収すると同時に、直輸出貿易に便宜を与え、またこれによって日本の商権を回復することにあった[17]。この際、政府はこれらの国家資金の運用については「別段預金運転規程」、「在外国横浜正金銀行ヨリ別段預カリ金返納手続」を定め、監督を厳重にした。1880年代後半になると、同行は貿易の発達を背景に貿易金融における活動を発展させていき、その設立の目的を果たすようになった[18]。このように、正金銀行は政府の保護・育成策によって、その業務の重心を正貨供給から外国為替・貿易金融へと移行することとなったのである。

2. 銀行制度の再編と通貨・信用制度の整備

1) 紙幣整理と日本銀行の設立

大隈大蔵卿の紙幣整理に十分な成果が望めない状況の下、「明治14年の政変」により、大蔵卿に就任した松方は紙幣整理を不換紙幣の消却と中央銀行制度への再編をもって進め、通貨・信用制度の整備を図ることとした。

すなわち、この政変により大隈重信・佐野常民（佐賀藩出身）らが下野し、大蔵卿に就任した松方は、いわゆる銀価問題を検討した結果、経済混乱の中心が紙幣の増発にあり、不換紙幣の消却こそがこの問題を解決する方法であるとした。松方大蔵卿は、大隈等が単に公債・紙幣の整理に重点を置いたのに対して、紙幣消却と中央銀行の設立・兌換制度の確立を結び付けて、すなわち紙幣回収の機関として中央銀行を設立し、不換紙幣を兌換券に切り換えて近代的通貨・信用制度の中に位置付けることとした。この場合、松方大蔵卿は、「準備金」の運用をもって増殖する一方、海外荷為替法に基づき海外の金銀貨を吸収して正貨準備を増殖させ、さらに財政の緊縮を図り、財政収入の一部を紙幣消却に振り向け、兌換制度の基礎を確立しようとするものであった[19]。こうして、松方大蔵卿は中央銀行設立によって、近代的兌換制度及び信用制度を確立し、他方では低利資金の供給をもって殖産興業（産業資本の成立）を促進することにした。また、財政機構の整備の上からも、中央銀行と金融市場との関連からも中央銀行に統一することが不可欠と考え、ここに松方大蔵卿は、中央銀行を中心とした銀行制度の再編（国立銀行制度を廃

して中央銀行制度を採用する方針）を進めると同時に、国立銀行条例の改正、兌換銀行券条例の規程等の整備を図ることにしたのである[20]。

　ところで、政府が近代的金融機関の整備と金融の疎通を目指して成立させた日本の銀行制度は、明治初期にさかのぼる。財政窮乏の中で政府は、殖産興業資金の創出を金札（太政官札）の発行とその貸出に求め政府紙幣を濫発させた結果、通貨制度を混乱させた。こうした情勢の中、政府は、政府不換紙幣の整理の一環として近代的通貨制度の整備並びに銀行制度の導入を進めることにしたのである。

　ここで国立銀行制度の構想とその展開過程を概観しておこう。

　69年2月、政府は商法司の通貨対策の転換を受けて通商司を創設し、為替会社（不完全な株式会社、8社）を設立させたが、成果を得ぬまま、71年、通商司が廃止され、為替会社が衰運に向かう頃、諸々の銀行設立計画が起こることとなった。他方、政府は「新貨条例」を制定し、金本位制を採用し、貿易一円銀の鋳造とその無制限流通を認めることにした。大蔵省は、藩札・政府不換紙幣の消却及び金融の円滑化を目的として銀行制度の創設を計画し、72年11月、国立銀行条例を制定し銀行制度の整備に取り掛かると同時に、翌年3月、金札引換公債条例を公布した[21]。この国立銀行制度が発展すれば、不換紙幣は金札引換公債を通じて国立銀行兌換券となり、ここに兌換制度の確立が実現される。国立銀行の設立が増加すれば、不換紙幣は銀行経由で大蔵省に回収されて、正貨兌換の国立銀行紙幣が市場を流通する制度であった。こうして、国立銀行条例が施行され、第一・二・四・五の4国立銀行が設立された。これらの銀行は株式組織を執り、その業務は、官金出納、官公預金及び兌換券発行（金兌換）を資金源として貸付等で運営された[22]。

　ところが、国立銀行の設立以降においても政府紙幣の増発は続き、恒常的にインフレを進行させ、紙幣価値の動揺と共に連年の貿易入超という状況の中で、国立銀行は、経営資金不足、兌換銀行券の発行難、準備金の枯渇などを原因として経営不振に陥った。75年3月、国立銀行は、連署して政府に経営難を打開する方策として金兌換停止を請願した[23]。これを受けて、77年8月、政府は国立銀行条例を改正し、銀行券の不換券化、発行限度の引き上

げ、公債証書の拡大等の転換を図り、銀行の設立・運営を容易にすることにした。しかし、この改正の結果、国立銀行制度を通じて兌換制度を確立しようとした対策は後退し、銀行の設立・不換銀行券の発行が容易になり、ここに殖産興業の資金創出を目指した通貨膨張対策が顕れることとなった。これ以降、インフレの進行と共に国立銀行は増設され、とりわけ翌年8月、金禄公債証書の売買抵当約定が解禁されると設立が進み、79年末には153行となり、銀行券発行高も急膨張（信用膨張）し、これが西南戦争に伴う通貨膨張の一要因となったことから、政府は直ちに国立銀行の設立許可を停止することにしたのである[24]。

このようにして通貨膨張は、不換紙幣である国立銀行銀行券と政府紙幣とが相まって膨張し、インフレを加速させる役割を果たした。81年、松方大蔵卿は、これまでの銀価騰貴の抑制対策を増税と財政緊縮による不換紙幣整理対策へと転換し、幣制の統一・兌換制度の確立を目指して一連の紙幣整理対策を強力に進めるが（いわゆる松方デフレ）、その際中心となったのは中央銀行を中軸とした銀行制度の再編という問題であった。これ以降、松方デフレ政策が促進される中で、政府紙幣は大幅に圧縮されたが、国立銀行券はほとんど縮小されず、この対策と同時に、銀行制度の再編が急務となった。82年6月、政府は日本銀行条例を制定し、10月に日本銀行が設立され、同時に業務を開始した。その後国立銀行を私立銀行に転化させ、中央銀行制度を確立し、ここに通貨・信用制度の整備を図ることにしたのである[25]。

2) 兌換制度の確立と通貨・信用制度の整備

政府は日本銀行の設立を果たしたものの、兌換制度の確立には政府紙幣の消却、国立銀行の処遇、国立銀行券の消却などの諸条件の整備と同時に日本銀行の発券制度の整備を急がなければならなかった。

すなわち、日本銀行の設立は、中央銀行としての発券を統一し、兌換制度の確立を目的としたものであったが、同行設立当時、銀紙に価値の開きがあり、同行が兌換銀行券を発行した場合、正貨準備の取り付けを生ずる恐れがあった。こうした事態の中、政府は、政府紙幣の消却を進めると共に、83年

5月、国立銀行条例を改正し、国立銀行券の消却、新規発行の停止、既発行券の回収（日本銀行券に置き換え）を行なうことにした。また国立銀行の存続期間を設立後20年と定め、その間に私立銀行への転換、あるいは閉店のいずれかを選択することとした。いずれにせよ、日本銀行は兌換銀行券を発行して実際に営業を開始するまで、国庫・国債事務と国立銀行券の消却事務などを取り扱った。また日本銀行設立後、官公金の取り扱いは漸次同行に集中されることになったが、地方においては従来どおり国立銀行がその代理業務を行っていた[26]。

こうして国立銀行の処理方策を決定した後、紙幣消却の進行に伴って、ようやく銀紙の差が消滅し、日本銀行券発行の条件が整うことになった。84年5月、政府は正貨の蓄積が進んだことから、「兌換銀行券条例」（84年布告第18号）を制定し、日本銀行に発券の独占を与えると同時に、銀行券の発券集中を進め、中央銀行制度の確立を図ることとした。この場合、日本銀行券の兌換対象を一円銀貨とすることによって、通貨制度としては金本位制を制定し（71年）、事実上は金銀複本位制（78年）を採りながら、銀本位制で進むことが確定されることになった。85年5月、日本銀行はこの条例に基づき準備を進め、兌換銀行券の発行を開始することにした。なお、特別の事態が生じた場合には、政府の許可を得て制限外発行が認められ、ここにいわゆる保証準備屈伸制限制度が採用され、日本の近代通貨制度が確立されることになった。同時に国立銀行券の消却も進められ、政府紙幣も日本銀行券と交換される措置が取られ、日本の通貨は日本銀行券に統一されることになり、兌換制度が確立された。6月、政府は政府紙幣兌換（太政官布告第14号）を布告し、こうした中で紙幣整理が進み、紙幣の信認回復と銀紙の差の減少を受けて、86年1月、政府紙幣の兌換を開始するに至った[27]。

ところで、政府は東京・大阪・横浜・神戸の各取引所における金銀等の取引を禁止することとし（85年11月、太政官布告第39号）、これを86年1月より実施することにした。これによって洋銀及び円銀の相場取引は遂に消滅し、銀紙の価格差はなくなり、各取引所は金銀貨取引を禁止し、銀相場は消滅することとなった。ここに日本国内から外国銀行券は姿を消すことにな

り、幕末からの居留地貿易及び金融界を支配してきた外国資本の排除が一歩進展することになった[28]。こうして、88 年 6 月、松方大蔵大臣（85 年 12 月、内閣制採用）の兌換銀行券条例改正の建議を受けて、政府は「兌換銀行券条例」を改正した。この改正によって、日本銀行は 7,000 万円までは正貨準備を置かずに兌換券（公債・商業手形を保証）を発行できることになった。また、それ以上の場合は、正貨準備と同額まで発行を許可されることとなった。ここに日本銀行の発券制度の整備が図られたのである[29]。

なお、これに加えて 90 年に政府は、松方大蔵大臣の提出した「銀行条例制度の議」及び「普通銀行条例制度の議」を閣議決定し、4 月に「銀行条例」（法律第 72 号）を公布し、普通銀行の育成・整備を進めることにした[30]。この間日本銀行の設立から、同行券の発行、普通銀行の整備等の中央銀行制度への再編は、近代的通貨・信用制度の確立の第一歩を画したものといえる。

3. 銀行制度の再編と横浜正金銀行の対外金融機関化

横浜正金銀行の創設の経緯については、すでに略述したとおりであったが、その後同行は「準備金」を通した正貨吸収に努めるなど、政府の保護対策及び日本銀行の信用供与の下に対外特殊金融機関としての役割を果たしていくこととなった。

すなわち、81 年の政変後、松方大蔵卿は、上述のように銀価騰貴の抑制対策を増税と財政緊縮による不換紙幣整理対策へと転換を図り、銀行制度の再編、兌換制度の整備を進めることとした。さらに正貨の吸収に努める政府は、ロンドン・ニューヨーク・リヨンに領事館を設け、対外貿易の促進並びに対外金融を重視し、正金銀行を対外特殊金融機関として位置付け、その役割等の整備に当たることとした。82 年 2 月、松方大蔵卿は同行の監理官制度を廃止し、官選取締役制度（3 名）の設置など積極的な育成策を開始したが、この結果、同行は大蔵省の監督、強化を受けることになった。そして 3 月に「外国為換金取扱規程」（新荷為替法）が制定されたのを受けて、正金銀行は、通貨対策や政府の対外支払に充当するための正貨を吸収する役割が強化されることとなり、他方、これまでの本邦貿易商人（直輸出奨励）のための金融

機関としての性格が後退することになった[31]。

　一方、82年からの紙幣整理の結果、不況の打撃は正金銀行にも及び、同行自体が経営不振に陥ることになった。すなわち、この間正金銀行は、政府資金を紙幣で借り受け、銀貨をもって返納する条件の下に営業をしてきたが（「外国為替金取扱規程」）、取り扱いに当たって銀貨と紙幣が混同し、銀紙の両勘定に深刻な事態が生じると同時に、銀紙相場の変動に大きく作用されることになった。こうした状況を打開すべく、83年3月、松方大蔵卿は、原六郎を正金銀行頭取（第4代）に就任させ、5月、同行の改革を行わせた。正金銀行は銀貨本位の営業を取り止め、所有銀貨を売却して紙幣に換え、その差額により経営の安定を目指すことにした。この改革は銀行を破綻の危機より救出したが、同行の国家機関的性格をさらに強化するものとなったといえる。こうした中で、7月、正金銀行は、日本銀行とコレスポンデンス契約を締結した。これは為替取組・商業手形の取立・代金取立・一時融通貸の取引などを内容とするものであったが、この際同行に対して供与される貸付極度額（20万円）と一時融通貸の返済期限（6カ月内）が定められたのである[32]。

　ところが、86年、銀紙の差が消滅し、正貨交換が開始されてから、正金銀行は再び銀貨本位の営業に立ち返った。同行の業務は、創設後から海外関係が多く、特に欧米銀行との為替取引がその大半を占めており、国立銀行と異なっていた。こうした状況の下で、87年7月、政府は「横浜正金銀行条例」（勅令第29号）を制定した。つまり、この条例は、正金銀行が創設時の準拠法規である国立銀行条例に比べ、外国為替・貿易関係業務を担当する特殊銀行として、さらに政府の保護監督の下対外特殊金融機関（政府在外資金取扱銀行）であることを法的に明確にするものであった。もとより、この条例によって正金銀行に対する大蔵省の監督規程が明らかとなり、その後の営業活動の規制も強化されることになった。こうした中で、88年9月、同行と日本銀行は協約を締結し、両行共に政府の機関であるが、外国に関する業務（対外金融）は正金銀行が取り扱い、日本銀行はいわばその後見役として必要な円資金（年間300万円、年3分）を供給し、その返済は正貨で行うこととした[33]。

こうした中で、89年3月、政府資金による「御用外国荷為替制度」が廃止され、正金銀行は経営の転換を余儀なくされることとなった。事実、この制度の廃止により、外国為替相場の変動、為替資金の調達・貸出金利など外国為替業務における損益は同行に帰着することになった。正金銀行は、営利採算を考慮した経営を行うことが不可欠となり、こうした条件の下に外国為替・貿易金融を担当していくこととなったが、その後においても、同行の経営は依然として政府の強い規制（政府出資や大蔵省の管理機構、監督権の強化）の下に置かれていた。また、この間、富田鐡之助日本銀行総裁が日本銀行による外国為替の取り扱いを要求し、大蔵省や正金銀行と激しく対立した。しかし、6月、松方大蔵大臣は、日本銀行が正金銀行に資金を供給して、外国為替の取り扱い及び正貨吸収に当たらせることにした。富田はこれを拒否して日本銀行総裁を辞任したため、松方大蔵大臣はこの後任として、川田小一郎を登用することにした[34]。

　その結果、10月、「準備金」が紙幣交換基金特別会計に移されたが、政府は正金銀行を対外金融の直接の担当者とする方針を堅持し、日本銀行との間に外国為替手形再割引契約を締結させ（年額1,000万円を限度、2分）、日本銀行の信用供与さらには政府の保護政策を背景に対外進出を進め、外国為替・貿易金融を取り扱い、日本の対外貿易における商権の回復に努めることになった[35]。しかし、90年、正金銀行は凶作に伴う金融の逼迫や同行内部の紛争に加え、アメリカのシャーマン銀買上法に伴う銀価の暴騰、さらにはベアリング恐慌の影響の下、再び経営の危機に直面することになったのである。

第3節　対外金融の増大と横浜正金銀行の対外業務

1．国際的金相場と銀相場

　1873（明治6）年以降、欧米では大不況の深化と並行して国際的な銀価低落が進み、とりわけ1880年代半ば以降、銀価が急落すると同時に国際的金

銀比価が下落することになり、これに照応しつつ、各国では金銀複本位制の国際的再建・復活を志向する運動が展開されることとなった。

　すなわち、1860年代後半以降銀の生産額が急増傾向の中、73年ドイツが金本位制を採用したのを契機として、欧米諸国の通貨制度は金銀複本位制から跛行本位制あるいは金本位制に移行した。こうした状況の中で国際的銀価格は急落し、国際的金銀比価も下落することになった。

　まず、イギリスとドイツにおいては農業不況からの脱出策の一つとして、この国際金銀複本位制の再建・復活を目指す運動が展開されることになった。イギリスの場合、銀価の低落は英領インド（英印）の外国為替・貿易金融問題として発現した。銀価の落勢は、ルピー為替相場の低落を来し、東洋向け輸出産業＝ランカシャ綿業に深刻な影響を与えた。綿業資本はこれまで対英印向け輸出の阻害要因を英印の輸入関税としてきたが、この間その要因を銀価低落・ルピー相場の低下に求め、その打開策として国際金銀複本位制の導入を要求する運動を展開することになった。また、ドイツおいては73年に金本位制が実施されたが、1870年代末には租税＝政策改革者協会（Vereinigung der Steuer = und Wirtschaftsre Former）に結集するユンカー（ドイツの地方貴族）によって執拗な金銀複本位制の再建・復活運動が展開された。ユンカーは農産物価格の崩落原因を金価格の騰貴及び銀本位国の輸出に対する有利な作用に見出し、こうして金銀複本位制の再建・復活によって一般的物価騰貴の招来を期待し、運動を展開した[36]。そしてアメリカにおいては、すでに見たように、73年の「鋳貨法」（銀の自由鋳造を廃止）成立以降、75年に正貨兌換再開法、翌年に貿易ドルの自由鋳造停止、79年には金兌換（正貨）が再開された。こうした情勢の下、銀価下落に悩んでいた南部、西部の銀生産者、いわゆるシルバー・メンは民主党と組んで政府に金銀複本位制の実施を迫った。共和党は金本位制に固執してこれに対抗したのである[37]。

　いずれにせよ、79年、欧州諸国は正貨支払いの再開と景気の回復が進む中で、銀問題についての意識は薄れ、政策論争の焦点を一転して関税問題、財政問題へと旋回させていった。以後、欧州諸国は貿易収支改善のため保護関税政策と金打歩政策による金獲得競争を展開することとなった。この

競争の結果は、79〜82年の間に、ドイツ・フランス・ロシア・オーストリアの国々が関税を引き上げることになった。さらに、ドイツは金輸出国から輸入国（85年）へ、ロシアは貿易収支の改善と同時に金輸出を減少させ、フランスは貿易収支の赤字を縮小させることで、金輸入国へとそれぞれ転化を果たすことになった。この金獲得競争の圧力はイギリスとアメリカに集中し、これ以降両国における金銀複本位制の再建・復活運動をさらに強化させる要因となった。こうした情勢にあった81年4月、米仏のイニシアティブによって国際通貨会議（第3回、パリ）が開催され、多くの国は金銀複本位制を支持すると同時に、銀の自由鋳造の復活及び金銀複本位制の回復の必要を呼びかけたが、その運動はドイツの参加を得たものの、ついに決裂することになった[38]。

　ところが、イギリスはこの間若干の景気回復が見られ、銀価低落のすう勢も緩和されていたが、85年以降、再度不況が深刻化し、綿製品の対英印輸出額が低下し、金銀比価も低水準へと急落する情勢の下、綿業資本において金銀複本位制の復活運動が展開されることになった。85年7月、マンチェスター商業会議所は銀問題に関わる特別総会を開催し、翌年1月、貿易資本及び為替銀行と綿業資本との「金銀複本位制同盟」を結成し、独自の運動を展開した。またラテン貨幣同盟は、84年7月、スイスの同盟条約の破棄通告を契機に同盟会議を開催し、11月、新条約を締結することとなった。この条約は、金本位制への接近及び銀敗退などを内容とし、いわば同盟解散のための準備工作といえるものであると同時に、同盟国内において金による五法貨幣の清算を認めるものであった。これ以降、ラテン貨幣同盟はその関心を銀制限問題に向け、この規程に若干の補足が行われたに過ぎないという状況にあった[39]。そして、アメリカでは、86年に自由銀貨鋳造法案が下院で否決されたのに続いて、「銀ドル鋳造停止法案」をめぐる行政府と立法府との対立抗争が展開されたが、翌年貿易ドルの自由鋳造が停止されることになった。こうした情勢を受けてアメリカは、89年9月にフランスと共催で国際通貨会議（第4回、パリ）の開催にこぎ着けたが、イギリスの不参加など足並みの乱れもあり目標の達成に至らず、失敗を余儀なくされたのである[40]。

その結果、アメリカにおける銀問題は、90年7月、二大政党の政治的駆け引きの影響の下に、「マッキンレー関税法（Mackinley Tariff Act of 1890）」と引き換えに「シャーマン銀買上法（Sherman Silver Purchase Act of 1890）」が制定されたが、これは不合理かつ妥協的な対応の産物であり、多くの不安定要因を内蔵するものであった。いずれにせよ、財務省は、シャーマン銀買上法に基づき、毎月時価450万オンスの銀地金を買い上げ、これをもって「財務省紙幣」（無制限法貨）を発行することとした。シャーマン銀買上法の制定後、欧州諸国において銀投機が発生、とりわけロンドン銀市場における買い占めは銀価を一時的に騰貴させたが、90年11月、ベアリング恐慌（Baring Crisis）の勃発は、ほどなく銀貨の放出に転じると共に銀価の低落を加速させるものとなった。またアメリカにおいては、海外投資の引き上げから金流出に続き金準備の欠乏を来す中、多量の銀累積という状況を現出させ、その結果、92年以降銀輸出の急増を余儀なくされることになった。こうしてシャーマン銀買上法と90年恐慌の相乗作用は、その後の国際的金銀比価を急落させる要因となったのである[41]。

　しかし、東アジアにおける貨幣制度は、欧米諸国のように確然としたものではなかったものの、銀貨が尊重される情況にあった。中国の場合、19世紀後半期において銀が主要な流通手段であり、その貨幣制度は銀本位制と呼ぶにはほど遠く、まさに混乱したものであった。19世紀中頃から中国・日本・英印そのほか太平洋諸島において、広く貿易通貨としてメキシコドルが流通するに至った。こうした情勢の下、66年、イギリスが香港においてメキシコドルを基準としてイギリス弗（British Dollar）を鋳造し、また日本も同様に貿易一円銀を鋳造し、これらの外国貨幣が中国に流入する状態にあった。こうした外国貨幣に対抗・駆逐するため、銀元の鋳造を迫られた中国は、87年、両湖総督・張之洞のイニシアティブに基づき、広東に銀元局を設置し、90年、「龍洋」の鋳造を開始した。その後、福建・江蘇・湖水・直隷などにおいても銀元局が建設され、「龍洋」が鋳造されたが、各地において定めることに相異があり、統一的立法を欠く情況にあり、価値の一致を見ることはなかった[42]。いずれにせよ、87～90年市場においては、金銀比価（標準的）が、

アヘン戦争の勃発した 1840 年に 1 対 18、50 年に 1 対 14、75 年に 1 対 16、82 年に 1 対 18 という情況を呈し、国際的金銀比価の異なった相場が依然として継続されることになったのである。

2. 対外金融における外国銀行と横浜正金銀行

　1870 年代後半までの対外金融は、外国銀行によって独占的に取り扱われていたが、正金銀行は政府の監督の下に御用外国為替制度の整備が進められる一方、欧米大不況の影響もあって外国銀行が営業不振に陥る間隙を利用し、外国為替・貿易金融業務に進出することになった。

　すなわち 1870 年代後半における外国銀行の日本進出状況を見てみると、まず横浜には香港上海銀行・マーカンタイル銀行・東洋銀行が、そして神戸には香港上海銀行・東洋銀行がそれぞれ支店を置いていた。これらの外国銀行は「自由貿易」開始後、対外金融を独占的に取り扱い、洋銀券（貿易通貨）の発行に加えて、当座・定期預金・割引・貸付・貸出（外国商社・政府）の各業務を行っていた。こうした情勢の下、政府は近代的信用制度の導入、洋銀券の発行（横浜為替会社・第二国立銀行）とその流通拡大、「国立銀行条例」の改正をもって外国銀行洋銀券の排除対策を講じたが、逆に外国資本の反対運動を引き起こさせ、その独占・支配は続いていた。こうした状況の中で、79 年 3 月、マーカンタイル銀行が経営不振に陥り、一時横浜支店を閉鎖したが、9 月、再開し、85 年の日本からの撤退まで営業活動を行った。また、同年、東洋銀行は、セイロンのコーヒー生産の不振から貸付金の回収が不能となり、経営危機に陥ったといわれている。そして 8 月、パリ割引銀行は 5 カ月ぶりに横浜支店を再開した。さらに 80 年 8 月、チャータード銀行 (Chartered Bank of India, Australia and China) は、横浜に支店を開設したものの、営業資金の不足から香港上海銀行横浜支店に依存しつつ、営業活動を続けていたが、85 年には支店の閉鎖も考慮される状況にあった[43]。

　こうして外国銀行の営業不振が続く中で、正金銀行は業務の増大を図って行くこととなった。80 年 10 月、海外荷為替法の実施に伴い御用外国荷為替制度が制定されたのを受けて、同行は外国為替・貿易金融業務を開始し、外

国銀行に対応していくことになった。そして 81 年 12 月、正金銀行は、同行への政府預け金の拡大と引き換えに、内地為替業務の廃止要請（松方大蔵卿）に応えて、内地為替業務を廃止し、政府預託金（400 万円）をすべて外国為替業務に運用することにした。82 年 1 月、松方大蔵卿は、為替取り扱いの危険を除去するための御用荷為替法の改正を太政官に稟議し、2 月、これが許可された。間もなく従来の「預入金規則」に代わり、「外国為換金取扱規程」が制定され、これが同行に令達され、3 月 1 日に実施されることとなった。この規程により正金銀行は、外国荷為替に取り組むに際して、政府の監督が強化される一方、為替相場の変動による投機等が防止され、それまで以上に制度上の整備が進められることになった[44]。

ところが、82 年以降、日本の貿易は出超に転じ、83 年には横浜市中銀行の保有銀貨量が日本側に豊富となった。香港上海銀行が外国銀行の中心としてロンドン・上海・香港宛為替売却や銀行券発行により利益を上げていたが、日本の貿易出超が続く中で、外国商人の輸出資金需要に十分応じきれなかった。5 月に正金銀行（原頭取）は改革を断行し、同行と国家の結び付きを強めた結果、国家機関的性格が強くなり、同時に政府の資金援助が容易になった。事実、10 月、政府の「外国人為替取組手続」の制定に基づいて、正金銀行は、外国銀行の力が弱まったこの好機を利用して外国商人に対する為替取組、いわゆる外国人為替取組を開始した。これは同行が外国商人と外国為替取引を行って確実に外貨を得ようとするものであり、同行の国家正貨吸収機関としての性格をますます強化するものであった。この方策は、同時に日本の直輸出業者のための金融機関という性格を後退させるものであったが、いずれにせよ「外国人為替取組」開始後、この取組高は増大したのである（第 5 表）[45]。

しかしながら、84 年当時、横浜へ進出している外国銀行は、東洋銀行・香港上海銀行・チャータード銀行（以上、英国系）・パリ割引銀行（仏系）の 4 行であったが、5 月 2 日、東洋銀行は支払停止に陥り、破綻した結果、翌日横浜支店は閉鎖された。そして 7 月、破綻した東洋銀行の残余財産と共に業務を引き継いで新東洋銀行（New Oriental Bank Corporation, Ltd）が設立され、

第Ⅰ部 日本資本主義の形成・確立と横浜正金銀行

第5表 輸出入高と横浜正金銀行の外国為替取扱高

年　　次	輸出入貿易高 A	為替取扱高 B	B／A
	千円	千円	％
1880（明治13）年	65,021	670	1.0
1881（〃 14）年	62,250	3,783	6.1
1882（〃 15）年	67,168	2,491	3.7
1883（〃 16）年	64,721	5,334	8.2
1884（〃 17）年	63,544	9,191	14.5
1885（〃 18）年	66,503	15,254	22.9
1886（〃 19）年	81,014	25,130	31.0
1887（〃 20）年	96,711	49,374	51.1
1888（〃 21）年	131,160	54,330	41.4
1889（〃 22）年	136,164	53,105	39.0
1890（〃 23）年	138,332	50,666	36.6
1891（〃 24）年	142,454	46,245	32.5
1892（〃 25）年	162,428	41,173	25.3
1893（〃 26）年	177,970	47,981	27.0
1894（〃 27）年	230,728	75,258	32.6
1895（〃 28）年	265,372	80,999	30.5
1896（〃 29）年	289,517	151,329	52.3
1897（〃 30）年	382,435	176,511	46.2
1898（〃 31）年	443,255	256,082	57.8
1899（〃 32）年	435,331	227,502	52.3
1900（〃 33）年	491,691	259,971	52.8
1901（〃 34）年	508,166	260,823	51.3
1902（〃 35）年	530,034	270,846	51.1
1903（〃 36）年	606,637	251,585	41.5
1904（〃 37）年	690,551	3o3,494	44.0
1905（〃 38）年	810,071	493,589	60.9
1906（〃 39）年	842,539	463,723	55.0
1907（〃 40）年	926,880	549,125	59.2
1908（〃 41）年	814,053	481,832	59.2
1909（〃 42）年	807,311	470,714	58.3
1910（〃 43）年	922,662	529,423	57.4
1911（〃 44）年	961,239	601,143	62.5
1912（大正１）年	1,145,974	691,899	60.4

年					
1913 (〃 2) 年	1,361,891	835,754	61.4
1914 (〃 3) 年	1,186,837	737,338	62.1
1915 (〃 4) 年	1,240,756	1,026,804	82.8
1916 (〃 5) 年	1,883,896	1,598,494	84.9
1917 (〃 6) 年	2,638,816	2,267,875	84.9
1918 (〃 7) 年	3,630,244	3,238,602	89.2
1919 (〃 8) 年	4,272,332	3,135,635	73.4
1920 (〃 9) 年	4,284,569	3,048,182	71.1
1921 (〃 10) 年	2,866,992	2,028,103	70.7
1922 (〃 11) 年	3,527,760	2,399,825	68.0
1923 (〃 12) 年	3,429,981	2,595,613	75.7
1924 (〃 13) 年	4,260,437	2,922,120	68.6
1925 (〃 14) 年	4,878,244	3,206,456	65.7
1926 (昭和 1) 年	4,422,212	6,660,380	150.6

出典：横浜正金銀行編『横浜正金銀行史』西田書店、1976 年、515-517 頁。及び大蔵省編『明治大正財政史 第 15 巻』財政経済学会、1938 年、168 頁より作成。

横浜支店も再開し、92 年に清算に入るまで営業活動を続けた。この場合、同行は東洋銀行の拡大路線を引き継ぎ推進したことにより、経営規模は拡大したものの、経営改善は進まず、90 年 11 月、ベアリング恐慌の下に大欠損を余儀なくされた。また、86 年 3 月、チャータード銀行（横浜支店）は、前年に閉鎖したマーカンタイル銀行横浜支店の跡地に移り営業活動を展開することにした。そして、89 年 3 月、パリ割引銀行は破綻し横浜支店を閉鎖したが、4 月、フランスの特別融資の下に倒産銀行の清算と新銀行を設立。6 月にはパリ国立割引銀行（Comptoir National d' Escompte de Paris）が設立され、営業活動を展開することとなった[46]。

　こうした外国銀行の経営不振が続く中で、正金銀行は、まず東洋銀行の撤退に乗じ、外国銀行と競合する地位を築いた。さらに、10 月、日本銀行との間に外国為替再割引契約を締結し、これ以降も為替銀行の業務を継続的に行うことになったが、外国為替相場の変動によって外国為替売買、外国為替持高から生ずる損益を同行自らが負担することになり、為替相場変動による損失の危機をできるだけ回避しなければならなくなった[47]。その結果、正金銀

行は日本銀行からの低利資金に依存することによって、外国銀行に対抗して外国為替・貿易金融業務を継続的に行えるようになったのである。

3. 対外金融の増大と横浜正金銀行の対外業務

1880年に開業して半年ほど経過して、国内向け営業活動がようやく緒についた正金銀行は、営業範囲を海外に拡張し、外債元利支払、官金保管・回送、御用外国荷為替の取り扱い及び為替取立等の業務を果たすこととなった。

すなわち、輸出前貸資金の貸し出しなど国内向け業務が進み、海外業務への進出を図る正金銀行は、まずアメリカ・ニューヨークへ行員を派遣して、外国為替に関わる諸々の調査に着手すると同時に、出張員を現地に常駐させ、事実上のニューヨーク出張所の開設となった（80年8月）。また同様に、イギリス・ロンドンに行員2名を派遣して現地等の調査に当たらせた。そして81年1月、正金銀行は外国為替業務の拡張のために取締役（小泉信吉）を欧米に派遣し、各地を視察した結果、ロンドン出張所を開設することにした。82年5月にはフランス・リヨン及びオーストラリア・メルボルンとシドニーに出張員を派遣したが、オーストラリアは業務発展の見込みなしと判断した。フランス・リヨンは正金銀行が同地の本邦商社に為替取り立ての代理を委託しており、また政府の希望もあり、出張所を開設することにした（第6表）[48]。

こうした情勢にあった80年10月、海外荷為替法が制定され（「預入金規則」、資金、300万円を限度）、政府はこの規則に基づき、正金銀行に資金の預け入れを行った。同行はこの資金を日本の輸出商に貸し出し、輸出商はそれぞれの仕向地において売上代金（外貨）を、同行を経由して、在外公使館（領事館）に返還することにした。これまでは、アメリカやフランスの在外公使館が受け取った外貨はすべて外国銀行に預け入れられたが、そのほとんどはロンドンへ回送され、東洋銀行に預け入れられた。82年1月、政府は「外国為替取扱規程」と共に、「準備金」の外国預金の取り扱い等を定めた「海外預金規程」を制定し、さらに翌月に「海外預ケ金規程」を制定させた。これ

以降、これまで在外公館が受け取った外貨は、ロンドン東洋銀行に預け入れることが規定されていたが、正金銀行の出張所が開設されると、政府は外国銀行から海外預り金を引き出して、同行に預け替えることにした。政府海外預ケ金は、89年3月、「準備金」が閉鎖されるまで、外国債元利金や軍艦購入代等の支払いに、また国際金融市場の金銀地金購入代、回送としても用いられ、日本近代産業の勃興、軍事的整備を支援する資金となったのである[49]。

ところが、84年5月、日本政府の外債の発行・引き受け及びその元利払い等政府の在外官金取り扱いを委託していたロンドン東洋銀行が破綻し、閉店を余儀なくされた。これを受けて正金銀行が時を移さずロンドン出張所を支店に昇格させると、9月、海外政府資金の取り扱い、その上に翌月、政府在外資金のロンドンから日本への回送の取り扱いが許可されることとなった。そして85年4月には、日本から海外各地に向けられる政府資金の回送取り扱いを委託されることになった[50]。さらに12月、日本政府は、東洋銀行閉鎖後外国銀行に委託していた事務（外債元利支払事務、官金を日本に回送する事務等）を正金銀行へ移行することにしたが、これによって同行は信用を高めると同時に、その監督が強化されることとなった。また、大蔵省がロンドンで収入とする海外荷為替資金・送金為替などの回送金は、すべて同行ロンドン支店に預けられることとなった。それに加えて86年3月、正金銀行はニューヨークとリヨンから日本またはロンドンへ向ける資金のほか為替御用の取り扱いも委託され、ここに官金（政府資金）の海外における回送のすべてを取り扱うこととなった。5月に大蔵省は、正金銀行ニューヨーク及びリヨン出張所に政府預金の預け入れを行い、この中から回送や外国への預金等の支払いを行った。そして6月には、米国のサンフランシスコと日本との貿易が増加したのを受けて、サンフランシスコ出張所を開設することにした[51]。

しかしながら、87年1月、中国や英印で銀貨の需要が増加したことから、銀貨が外国へ流出する事態が生じた。正金銀行は、直接、輸入為替に取り組んで、銀貨流出の防止に努めた。そのため、同行は政府在外資金（英貨50万ポンド）に依存して、ロンドン支店が輸入荷為替取組等に当たった。これ

第Ⅰ部　日本資本主義の形成・確立と横浜正金銀行

第6表　横浜正金銀行支店及び出張所開設・閉鎖状況

年　　月	国　内		国　外	
	開　設	閉　鎖	開　設	閉　鎖
1880 (明治 13) 年 2 月	横浜 (本店)			
〃　　 7 月	神戸			
〃　　 8 月			ニューヨーク	
1881 (〃 14) 年 1 月			ロンドン	
1882 (〃 15) 年 5 月			リヨン	
1886 (〃 19) 年 6 月			サンフランシスコ	
1892 (〃 25) 年 8 月			ハワイ	
1893 (〃 26) 年 5 月			上海	
1894 (〃 27) 年 12 月			ボンベイ	
1896 (〃 29) 年 9 月			香港	
1899 (〃 32) 年 5 月	東京			
〃　　 7 月	長崎			
〃　　 8 月			天津	
1900 (〃 33) 年 1 月			牛荘 (営口)	
1902 (〃 35) 年 1 月			北京	
1904 (〃 37) 年 8 月			大連	
〃　　 11 月			遼陽	
1905 (〃 38) 年 4 月			旅順口	
〃　　 5 月			奉天	
〃　　 6 月			芝罘	
〃　　 8 月			鉄嶺	
〃　　 9 月	大阪			
1906 (〃 39) 年 7 月			安東県	
〃　　 8 月			漢口	
1907 (〃 40) 年 2 月			長春 (新京)	
〃　　 9 月				芝罘
1911 (〃 44) 年 10 月			カルカッタ	
〃　　 11 月			開原	
1912 (大正 1) 年 11 月			ハルビン	
1913 (〃 2) 年 11 月			青島	
1915 (〃 4) 年 8 月			シドニー	
〃　　 10 月			済南	
1916 (〃 5) 年 9 月			シンガポール	
1917 (〃 6) 年 9 月			シアトル	
〃　　 12 月				遼陽・旅順口・鉄嶺・安東県

第 2 章　日本資本主義の確立過程と横浜正金銀行の対外業務

年月					
1918 (大正 7) 年 1 月			ラングーン	
〃　　 3 月	下関		マニラ	
〃　　 4 月			スラバヤ	
〃　　 5 月			ブエノスアイレス	
〃　　 12 月			ウラジオストク	
1919 (〃 8) 年 2 月			バタヴィア	
〃　　 7 月			リオデジャネイロ	
1920 (〃 9) 年 4 月			サイゴン	
〃　　 9 月			ハンブルク	
1921 (〃 10) 年 7 月	名古屋			
1925 (〃 14) 年 7 月			カラチ	
1926 (昭和 1) 年 1 月			スマラン	
〃　　 7 月			アレキサンドリア	
1929 (〃 4) 年 10 月				ブエノスアイレス
1930 (〃 5) 年 12 月				サイゴン
1931 (〃 6) 年 3 月			ベルリン	ウラジオストク
〃　　 4 月				済南
〃　　 7 月			パリ	リヨン
1934 (〃 9) 年 4 月	門司			
1936 (〃 11) 年 7 月			バンコク	
〃　　 11 月	小樽			
1939 (〃 14) 年 3 月			広東	
〃　　 7 月			済南（再開）	
〃　　 11 月			張家口	
1940 (〃 15) 年 10 月			芝罘（再開）	
1941 (〃 16) 年 2 月			ハノイ	
〃　　 4 月			南京	
〃　　 6 月			サイゴン（再開）	
〃　　 7 月			海口（海南島）	
1942 (〃 17) 年 4 月			ラングーン	
〃　　 5 月			ハイフォン	
〃　　 5 月			バンドン	
〃　　 11 月			金華	
〃　　 12 月	福岡			
1944 (〃 19) 年 1 月			蚌埠	
〃　　 1 月			杭州	
〃　　 3 月			マカオ	
〃　　 8 月			徐州	

出典：横浜正金銀行編、上掲書『横浜正金銀行史』86、137-177、203-227、248-264、280-284、303、401-434、481-496 頁。東京銀行編、上掲書『横浜正金銀行全史　第二巻』25 頁。東京銀行編、上掲書・第三巻、109、168、498-502 頁。東京銀行編、上掲書・第六巻、60-64、107、124、139-141、150-153 頁より作成。

以来、ロンドンから日本に向けた荷為替及び逆為替等の取組が増大した。9月、正金銀行ニューヨーク出張所は米貨50万ドルの政府在外資金を、リヨン出張所は仏貨150万フランのそれを日本への輸入為替基金に使用し、ここに輸入荷為替取組を始めることになった。この輸入荷為替取組の開始を反映して、87年の正金銀行の外国為替取組高は大幅に増大し、同行の対外業務はより強化されたのである。こうした状況の中、89年11月、為替相場の変動が激しくなり、正金銀行は、この変動から生じる損失の予防対策として、ロンドン支店に為替基金（為替買入元勘定、50万ポンド）を設定し、営業損益の変動を最小限に止めることとした[52]。さらに6月、ロンドン支店の業務が増大し、為替基金が不足するという事態が生じたものの、すぐに60万ポンドを増額した結果、輸入為替取組を増大することになったのである。

むすび

　以上、日本資本主義の確立過程における正金銀行は、欧米列国の大不況の下で外国銀行が営業不振を来す中で、外国為替・貿易金融業務に進出すると同時に、対外金融を増大させ、新たな役割を担うことになった。

　すなわち、西南戦争を契機に紙幣インフレが進行し、輸入超過の増大、正貨の流出及び退蔵などが進み、その対策として大隈大蔵卿は、外国資本の専横と外圧の中で、洋銀投機取引の防止、銀貨供給量の増大を目指し、その際正貨供給機関として正金銀行が創設された。同行は、正貨供給、さらには輸出前貸制度、御用外国荷為替制度を通して、一連の洋銀騰貴の抑制策を展開したものの、その成果は得られずに、ほどなく正貨供給から外国為替・貿易金融業務へ重心を移行させることになった。

　「明治14年の政変」後、松方大蔵卿は紙幣整理を増税と財政緊縮による方策に転換すると同時に、紙幣回収の機関として中央銀行を設立し、不換紙幣を兌換券に切り替えて近代的通貨・信用制度の中に位置付けた。ここに日本銀行を中軸とした銀行制度の再編を進める一方、国立銀行条例の改正、兌換

銀行券条例の規程等の整備を図り、兌換銀行券の発行、政府紙幣の兌換が進み、中央銀行制度を確立し、通貨・信用制度の整備が実行された。そして正貨兌換の開始後、正金銀行は「横浜正金銀行条例」の制定をもって外国為替・貿易金融業務を担当する特殊銀行として、政府の保護政策、日本銀行の信用供与に基づき、海外金融を強力に進めることになった。

　こうして正金銀行は、長引く欧米大不況の中で外国銀行が経営不振に陥るなど消長を繰り返すという情勢の中で、外国為替・貿易金融を取り扱い、この間とりわけ外国人為替取組を開始し、外国銀行に対抗し、業務の増大と同時に商権の回復に努めた。こうした中、銀紙の価格差が無くなり、日本銀行が兌換銀行券の発行に続いて政府紙幣兌換が開始されると、洋銀・円銀の相場が消滅し、外国銀行銀行券は姿を消すこととなった。さらに同行は、政府の海外進出に伴い、出張所・支店を開設し、政府在外資金の取り扱い、外債元利支払、外国為替・貿易金融、とりわけ政府の輸入為替基金に基づいた輸入荷為替の取り扱いが新たに加わり、業務が増大されることとなった。ここに同行の外国為替取組高は大幅に増加し、対外金融業務の基礎が強化されることになったのである。

　以上、正金銀行は、後発日本資本主義に特有な原始的蓄積過程に要請された海外市場の拡大、正貨吸収・供給等の課題を果たすべく、国家的支援を背景に、対外金融機関という特殊銀行の立場を確立し、外国為替等の対外金融を中心にその業務を遂行することとなったのである。

【注】引用文献、参考文献

1) 安岡昭男「日清戦争前の大陸政策」日本国際政治学会編『日本外交史研究　日清・日露戦争』有斐閣、1962 年。松本重一「両大戦間期のアジアと日本資本主義（1）」中央学院大学『中央学院大学論叢』第 14 巻 1 号、1979 年、10-11、13-14 頁。
2) 楫西光速・加藤俊彦・大島清・大内力『日本資本主義の成立　Ⅱ』東京大学出版会、1956 年、433-434 頁。
3) 楫西他、上掲書・成立Ⅱ、304-305 頁。加藤俊彦『本邦銀行史論』東京大学出版会、1957 年、56 頁。
4) 大内力『大内力経済学大系　第七巻──日本経済論　上』東京大学出版会、2000 年、178-179 頁。楫西光速・加藤俊彦・大島清・大内力『日本資本主義の発展Ⅰ』東京大学出版会、1957 年、147 頁。
5) 大内、上掲書、125-129 頁。
6) 楫西他、上掲書・発展Ⅰ、156-157 頁。
7) 大内、上掲書、161 頁。
8) 大島清『日本恐慌史論　上──明治年代の諸恐慌』東京大学出版会、1952 年、49 頁。
9) 大内、上掲書、166-177 頁。楫西他、上掲書・成立Ⅱ、408-412 頁。原田三喜雄『日本の近代化と経済政策──明治工業化政策研究』東洋経済新報社、1972 年、272-275 頁。
10) 原田、上掲書、297 頁。
11) 渡辺佐平・北原道貫編『現代日本産業発達史　第二十六巻　銀行』交詢社出版局、1966 年、137 頁。
12) 原田、上掲書、148-152 頁。
13) 洞富雄『幕末維新期の外圧と抵抗　歴史科学叢書』校倉書房、1977 年、282 頁。
14) 大内、上掲書、150-160 頁。高垣寅次郎『明治初期　日本金融制度史研究　清明会叢書 8』清明会出版部、1972 年、322-355 頁。杉山和雄「金融制度の創設」楫西光速編『日本経済史大系　5　近代　上』東京大学出版会、1965 年、222-224 頁。
15) 桜井英治・中西聡編『新　体系日本史　12　流通経済史』山川出版社、2002 年、484、502 頁。
16) 杉山、上掲書、225-227 頁。古沢紘造「貿易・植民地金融機関立法」渋谷隆一編著『明治期日本特殊金融立法史』早稲田大学出版部、1977 年、70-76 頁。
17) 原司郎『明治前期金融史』東洋経済新報社、1965 年、第七章。
18) 日本銀行百年史編纂委員会編『日本銀行百年史　第二巻』日本銀行、1982 年、72-73 頁。
19) 楫西他、上掲書・成立Ⅱ、424-427 頁。渡辺他編、上掲書、55-56 頁。
20) 大島清・加藤俊彦・斉藤晴造・玉野井昌夫『金融論』東京大学出版会、1960 年、

326 頁。
21) 高垣、上掲書、第九章第一・二節。
22) 杉山、上掲書、180-186 頁。大内、上掲書、150 頁。楫西他、上掲書・成立Ⅱ、366-369、373 頁。渡辺他編、上掲書、29、44、97-97 頁。桜井・中西編、上掲書、480-482 頁。
23) 杉山、上掲書、187 頁。楫西他、上掲書・成立Ⅱ、371 頁。
24) 渡辺他編、上掲書、6、29、45、136-137 頁。楫西他、上掲書・成立Ⅱ、373 頁。
25) 大内、上掲書、153-157 頁。渡辺他編、上掲書、76-78 頁。楫西他、上掲書・成立Ⅱ、271-272 頁。
26) 楫西他、上掲書・成立Ⅱ、435 頁。渡辺他編、上掲書、78-82 頁。
27) 島崎久彌『金と国際通貨——歴史的・実証的考察』外国為替貿易研究会、1983 年、61-62 頁。杉山、上掲書、229 頁。桜井他編、上掲書、473、479 頁。
28) 洞、上掲書、306-309 頁。立脇和夫『在日外国銀行史　幕末開港から条約改正まで』日本評論社、1987 年、189 頁。山本有造『両から円へ——幕末・明治期貨幣問題研究』ミネルヴァ書房、1994 年、208-209 頁。
29) 楫西他、上掲書・成立Ⅱ、438-439 頁。桜井他編、上掲書、470-474 頁。杉山、上掲書、231 頁。
30) 渡辺他編、上掲書、79 頁。加藤俊彦、上掲書、123-124 頁。
31) 高垣寅次郎・荒木光太郎『貨幣制度』日本評論社、1929 年、139 頁。
32) 東京銀行編『横浜正金銀行全史　第二巻』東洋経済新報社、1981 年、41 頁。原、上掲書、第八章。
33) 渡辺他編、上掲書、146-147、382 頁。古沢、上掲書、95-99 頁。
34) 日本銀行百年史編纂委員会編、『日本銀行百年史　第一巻』日本銀行、1982 年、386-387 頁。東京銀行編、上掲書・第二巻、63-65 頁。原田、上掲書、288 頁。
35) 斉藤寿彦「外国為替銀行の成立」国際連合大学『人間と社会の開発プログラム研究報告』同、1983 年、57-58 頁。
36) 齋藤利三郎『国際貨幣制度の研究——ラテン貨幣同盟を中心として』日本評論社、1940 年、131 頁。佐藤恵一「19 世紀末葉アメリカにおける本位論争の一帰結——1878 年ブランド・アリソン法の成立をめぐって」『（茨城大学）政経学会雑誌』第 30 号、茨城大学経済学会、1973 年、53-54 頁。
37) 前田美稲『銀及銀政策』創造社、1936 年、330-332 頁。高垣寅次郎・吉田政治・岡田俊平『銀——本位通貨史における役割』清明会出版部、1969 年、121 頁。
38) 吉岡昭彦『帝国主義と国際通貨体制』名古屋大学出版会、1999 年、127-128 頁。高垣他、上掲書、123-124 頁。
39) 吉岡、上掲書、107-108、129 頁。齋藤利三郎、上掲書、131、134-135、159-160 頁。

40) 島崎、上掲書、74 頁。この間の国際通貨会議の経緯については、H.B.Russell, International Monetary Conferences, 1898. K.Helfferich, Das Geld, 1923, S.135-140, S.165-171. などを参照のこと。
41) 佐藤恵一「19 世紀末アメリカにおける本位制問題」鈴木圭介編『アメリカ独占資本主義』弘文堂、1980 年、182-284 頁。鈴木圭介「アメリカ資本主義の構造的特質 とくに金本位成立の問題に寄せて」都留重人・本田創造・宮野啓二編『アメリカ資本主義の成立と発展』岩波書店、1974 年、12-17 頁。エリ・ア・メンデリソン著、飯田貫一他訳『恐慌の理論と歴史 下巻（第 4 分冊）』青木書店、1961 年、第四章。
42) エドワード・カン著、谷口啓次訳『近代支那貨幣史』慶應書房、1940 年、22-23、131 頁。廣畑茂『支那貨幣・金融発達史』叢文閣、1939 年、23、46-47 頁。Paquan S.Hsu. Historical Review of China's Monetary, in Finance and Commerce, July 8, 1936, p.38.
43) Maurice Collis, Wayfoong, London, P.48. 山本義彦「The Oriental Bank Corporation, 1851-1884 年（下）――世界市場創設期におけるアジア為替と信用」『経済論叢』第 122 巻第 1・2 号、京都大学経済学会、1978 年 7・8 月、20-21 頁。立脇和夫『外国銀行と日本――在日外銀一四〇年の興亡』蒼天社出版、2004 年、17-18 頁。
44) 斉藤寿彦、上掲書、27 頁。原田、上掲書、20-27、203 頁。高橋誠「明治前期の貿易金融機構に関する小論」法政大学経済学会『経済志林』第 27 巻第 2 号、1959 年、34-36 頁。
45) 東京銀行、上掲書・第二巻、47-48 頁。Comptom Mackenze, Realms of Silver: One Hundred Years of Banking in the East, London, 1954, pp.99-100. 斉藤寿彦、上掲書、40-48 頁。
46) 立脇、上掲書『在日外国銀行史』、60 頁。
47) 横浜正金銀行編『横浜正金銀行史』西田書店、1976 年、116-117 頁。
48) 東京銀行編、上掲書・第二巻、36-40 頁。斉藤寿彦、上掲書、22 頁。吉野俊彦『日本銀行制度改革史』東京大学出版会、1962 年、15 頁。
49) 斉藤寿彦「金本位制下の在外正貨」国連大学『人間と社会の開発プログラム研究報告』、1981 年、9-10 頁。東京銀行編、上掲書・第二巻、49 頁。
50) 東京銀行編、上掲書・第二巻、51-53 頁。斉藤寿彦、上掲書「外国為替銀行の成立」、50-51 頁。横内正雄「第一次大戦前における横浜正金銀行ロンドン支店――準備的考察――」（東北大学経済学会・研究年報）『経済学』1984 年、第 46 巻第 3 号、31-34 頁。
51) 東京銀行編、上掲書・第二巻、55-56 頁。
52) 横浜正金銀行編、上掲書、117-118 頁。斉藤寿彦「横浜正金銀行の本来の外国為替銀行化過程」『三田商学研究』第 28 巻第 5 号、慶応義塾大学商学部、1985 年、79-81 頁。

第Ⅱ部

日本資本主義の帝国主義的発展と横浜正金銀行

第3章

日本資本主義の帝国主義化と横浜正金銀行の対外業務

はじめに

　第一次世界大戦前の欧米列国は、帝国主義段階の確立期を迎え、東アジアへの植民地及び勢力圏の拡大、とりわけ中国（清国）・朝鮮の分割と再分割が急激に強化されつつあった。この時期の日本資本主義は、シャーマン銀買上法廃止後の世界的な銀価低落の中で為替相場の動揺から貿易の伸張に大きな影響を受け、本位制の検討が迫られることになった。こうした中で貨幣制度

調査会が設置され、銀価低落の原因など通貨・信用制度の検討が進められる一方、世界はもとより東アジア情勢を背景に金本位制への改変の情況が次第に整いつつあった。

　日本の資本主義にとって、金本位制の採用には、金準備の不足という根本的な問題が横たわっていたが、その後日清戦争賠償金の受理で金準備の課題が解消したこと、銀価低落が銀本位制の利点を消滅させたことなどの条件が整った1897（明治30）年10月、大蔵大臣に就任した松方正義は金本位制を実施に移したのであった。この間、横浜正金銀行は賠償金の保管・回送に当たり、また金本位制確立後においては通貨制度の改変に伴う最終仕上げとして一円銀貨を金貨に交換する一方で、中国各地で外国銀行と共に一円銀貨を売却するなど正貨調整の業務に当たった。

　その後第一次世界大戦前夜にかけて、国際的に金本位制が普及する中で、日本は急速な経済発展と軍備の拡張及び積極的財政政策の展開を反映して、巨額の入超と同時に正貨流出を加速させた。この結果、日本銀行の正貨準備を急減させ、ここに新たに資金調達が課題となると共に金本位制崩壊の危機に直面することとなった。明治政府はこれに資金調達及び正貨節約などの正貨準備対策をもって局面の打開を図ることにしたが、正金銀行はまず政府の外債募集を受けて、外債の発行・引受け業務に当たり、外貨資金の導入を実現させたのであった。

　こうして政府の正貨準備維持対策が強力に推進される中で、正金銀行はさらに日本銀行との円資金供給方式による低利資金をもって、外国銀行に対抗して外国為替取組、在外正貨の売却など対外金融に当たった。これに加えて銀通貨圏中国への進出を強め、外国為替・貿易金融のほか一覧払手形・銀行券発行・銀資金の吸収・アジア＝欧米間の為替資金などの業務をもって金融調整に当たった。

　さらに、日露戦争後の大陸占領地において正金銀行は、政府の正貨準備維持対策を受けて国庫金・軍票（軍用切符）を取り扱い、銀行券の発行により正貨の節約に、その上に銀預金及び導入外資をもって長期特別貸付及び対中国国際借款の引受けなどに当たった。このようにして、同行はこの間金融

調整を進めることで、崩壊の危機に瀕した金本位制の維持と日本の経済力を超えた日露戦争の遂行とその戦後処理に際して決定的な役割を果たしたのであった。

なお以上に続いて、この第Ⅱ部では日本資本主義の帝国主義的発展期における正金銀行の外国為替・貿易金融及び植民地金融などの対外業務を取り上げ、これを国際関係との関連で検討を加え、新たにその歴史的意義と役割を省察することとしたい。

第 1 節　日本資本主義の帝国主義化過程と対外貿易

1．日本資本主義の帝国主義化過程と軍事財政

第一次世界大戦前の東アジア地域では、欧米列強の進出の下中国・朝鮮の分割と再分割をめぐる帝国主義的角逐が熾烈に展開された。この過程において日本資本主義の帝国主義的進出は、東アジアにおける列国勢力の枠組破壊要因の一つとして作用し続けることになった。こうした情勢の下日本の財政は軍事費の増大が急速に進み危機に瀕することとなったが、明治政府は数次の増税、外貨資金の導入などをもってこれに対応することにした。

すなわち甲申事変後、日本は朝鮮市場において相対的後退を余儀なくされていた。1891（明治24）年、ロシアの本格的な東進（ロシアのシベリア鉄道起工に続く朝鮮接近）とこれを警戒するイギリスの東アジア政策が展開されるという情勢の下で、94年5月、日本は甲午農民運動（東学党の乱）を機に、中国と共にこの運動鎮圧のため朝鮮に出兵したが、「日英新条約」（日英通商航海条約）締結後の8月、中国と朝鮮の帰属をめぐる戦端を開くことになった。日清戦争を契機として、列強勢力の均衡と利害対立を国際的条件とした日本資本主義は、国内の政治的統一をより強固とし、帝国主義的進出を促進することとなった（11月、日米通商航海条約に調印）。95年4月、日清講和条約を契機に列国の中国分割競争が開始されたが、敗戦により一層弱体化した中国に対する欧米強国の進出は、三国干渉を契機に国際借款の形を取った

資本輸出として推進され¹⁾、他方では中国の領土先取と権益の獲得をもって、これをそれぞれ自己の勢力範囲とする国家的分割競争として展開されることになった。こうした列強の中国分割競争は、中国国内環境の激変と共に民族的抵抗となって帰結し、義和団運動（北清事変）として展開されたが、この運動はロシア及び日本などの連合軍によって鎮圧され（1900年）、その結果、中国は北京議定書を受け入れることによって半植民地状態を一層強化させることとなった²⁾。

こうして東アジア大陸への展開を国策としてきた日本は、この出兵によって中国からの賠償金の一部と「極東の憲兵」としての地位を獲得することとなった。しかし他方で、ロシアは義和団運動を契機として満州における軍隊駐屯権を確保し、満州の恒久占領化を打ち出すことになった。ロシアの恒久占領化は、日本にとって三国干渉以来強国の政治的・経済的進出によって後退を余儀なくされてきた朝鮮市場の存否に関わる問題であると同時に、英米製品の進出が続く満州・華北支配の正否を賭けた問題であった。またこれは満州・朝鮮市場の維持と拡大を狙う英米にとっても、今後のこの地域への政治的・経済的支配をめぐる中枢問題にほかならなかった。その結果、「日英同盟」締結（02年1月）後、英米及び仏露の列強間の対立をも内包した日露戦争への伏線は、ここに敷かれることになったのである³⁾。

日露戦争は、日本の戦力消耗とロシア革命の危機（05年）を背景として、戦後満州の独占的確保を企図するアメリカの講和斡旋をもって、結局、日本の勝利のうちに終息した。そして8月、ポーツマス講和条約によって、日本は韓国保護権の承認、旅順口・大連の租借権及び長春～旅順間の鉄道、附属財産、利権譲渡などを獲得したものの、巨額の戦費費消にもかかわらず、ロシアからの賠償金を得ることができなかった（05年8月、第二次日英同盟に調印）。しかし、戦争最大の課題であった朝鮮問題に関しては、ポーツマス条約以降相次ぐ協約締結の末、日韓併合（10年8月）をもって植民地化を確立し、通貨・信用制度が整備され支配強化が図られることになった。また中国においては、清朝専制体制の動揺（11年10月、辛亥革命の開始）とその後の過程において、満蒙方面へ政治的・経済的進出を果たしたものの、中国

の再分割をめぐる国際争覇が欧米情勢と連動した対立関係の下に展開され、日本の中国市場における権益上の地位は行き詰まりを余儀なくされることになった[4]。

以上のような欧米列強による東アジア政策が展開される一方、ヨーロッパにおいてはイギリスを中心とする強国間の対立が一段と激化し、英独同盟交渉の不調後、英露協商・英仏協約などの成立の下に、いわゆる対独包囲網が形成され、三国同盟に対する三国協商の対立構図が明瞭となり、こうしてヨーロッパ、アジアを含む第一次世界大戦への大勢は、ここに整えられることとなったのである。

こうした世界史的には帝国主義段階の確立期にあった東アジア情勢の下で、経済成長を遂げることになった日本の資本主義は、極めて早熟的に帝国主義的転化の過程を歩むこととなった。すなわちこの時期日本資本主義は、その実体的基礎を欠くとはいえ、世界史的要請に媒介された日清・日露戦争の勝利と東アジア進出を基礎に、軍事を枢軸として展開されていった。従って、政府の政策自体もひたすら軍事力の増大に重心が置かれ、こうした事情を反映して、財政はその規模を増大させることになった。この場合、財政歳出は軍事費を中心に膨張の一途をたどり、それをまかなうために増税・専売の実施、さらに多額の公債が発行されたのである。加えて、日清戦争及び「戦後経営」のために巨額の公債発行が行われ、その累積は漸増をたどることとなったが、これは「安上がりの政府」が成立し得なかった事情に対応したものであった[5]。

なおこれに加えて、日露戦争は日本資本主義にとって一方で過重な経済負担を課すものとなったが、政府はこうした局面を打開するために、増税や政府支払の節約、占領地における軍票の使用、さらに公債（特に外債）募集などの方策をもって戦費の確保に当たることとしたのであった。すなわち政府は、まず戦時調達財源計画の下に租税収入をもって戦費に充てることにし、地租・営業税・所得税等の直接税が増徴される一方で、たばこ専売益金・砂糖消費税等の間接消費税の増徴も著しく行われ、ここに明治初期以降の地租中心の租税体系に代わって、間接消費税中心の租税体系が確立されることに

なった。しかし、日清戦争以降金本位制の確立、特殊銀行の組織的整備によって国内信用機構の整備及び資本の集積が促進されたとはいえ、戦費支弁のための戦時公債をすべて国内で募集することは、通貨膨張・信用拡大をもたらすほか、投機を助長し、物価を騰貴させる恐れがあり、到底不可能なことであった。結局、国内での調達資金ではまかない切れず、軍事外債の募集による外貨資金に依存せざるを得なかったのである[6]。

　ところで、日清戦争・北清事変等を経て、日本の地位が世界的にある程度認められてきたとはいえ外債募集はなかなか困難であったが、05 年 1 月、旅順陥落を機としてロンドンにおける日本公債の募集は容易になり、その条件も好転することになった。外債募集による調達資金は、その一部は軍需品の輸入代金に充てられ、ほかの部分は日本銀行正貨準備の補充に向けられた。その結果、戦争開始後、軍需品の輸入のための正貨流出によって急速に減少した日本銀行の正貨準備はここに維持され、その後日本銀行の信用膨張も可能になったのであった。そして日露戦争後、日本は講和条約によって朝鮮・樺太に対する支配権を確立し、かつ満蒙における特殊権益を獲得し、欧米資本主義諸国との対立を通して帝国主義政策を推し進めていくためには、なお一層軍備の大拡張を図らねばならなかった[7]。

　07 年反動恐慌の過程において日本資本主義は、大陸進出に対応した軍備拡張及びその補強として重工業基盤の育成、植民地経営などの帝国主義的積極政策を展開した。しかし、この積極政策は国力に比して過大な負担を強いることになり、貿易収支の不均衡や外資輸入あるいは膨大な外債支払による正貨準備の枯渇、さらに財政的危機などをもたらし、これがひいては政治的不安定性と対外均衡の破綻にまで波及するという深刻な状況にあった。こうしたことから積極政策の再検討を迫られた政府は、その後緊縮財政への転換を図り、これを新たに推進することとした。しかしまた、この緊縮財政はまさに大陸政策に対応した軍備拡張や植民地経営対策とした産業助成の強化などを目指すものであり、なお後発日本資本主義自身の脆弱性という要因からも十分な成果が得られず、当面している財政危機・国際収支の危機・金本位制崩壊の危機などの国民経済的危機を打開するには、再び政策転換を行い積

極政策を改めて推進することにならざるを得えなかった[8]。

そこで再度積極政策を遂行するため、政府は直接・間接税の強化を図り、財政資金の調達に当たったのであったが、これも十分な成果を上げることができず、後述のように国際金融資本との連係の中で外貨資金を導入し、ついにこの調達資金をもって財政支出に充てることとしたのである。

2．独占資本の形成過程と対外貿易

以上のとおり、この時期日本資本主義は早急な帝国主義化の過程にあったが、この過程において、資本の集中及び集積が促進され独占資本の形成が進み、対外貿易も関税自主権の確立に向けた外交・貿易政策が展開された。しかし輸入関税の改正、貿易商権の回復を実現したものの、貿易入超、国際収支の逆調の結果、正貨準備の枯渇に陥ることとなった。

すなわち90年、日本経済は、資本主義最初の恐慌に見舞われることとなったが、この恐慌は、その後国内的には政府と日本銀行の金融対策・投機の終息・泡沫企業の整理・米の豊作と英領インド（英印）の幣制改革（93年6月）に伴う銀価の急落などの条件の下に沈静化し、日本資本主義はほどなく輸出超過に転じ、正貨準備の増加・金融緩慢傾向の中で景気も上向くことになった。こうして日本資本主義は、景気の回復が加速されるところであったが、94年8月、日中両国の武力衝突の中で中断され、新たなる企業勃興は、改めて戦後の過程へ委ねることになったのであった。

日清戦争後、日本資本主義は、戦争の勝利による朝鮮・中国市場の確保と綿糸輸出税の撤廃（94年）を媒介として、重工業においては軍事工業の発展を除いてなお低調に止まったものの、とくに95～96年にかけては目覚ましい企業勃興期を迎えるに至った。しかしながら、この好況は長くは続かず、やがて物価・賃金の騰貴、輸入超過を原因とする金融市場の圧迫をもたらし、それはさらに金本位制の採用や米価騰貴、上海における金融逼迫、米西戦争の影響などによる97年～98年の反動恐慌を経て、1900～01年の本格的な恐慌へ帰結した。この恐慌は、紡績業の確立を主軸に展開された日本資本主義の内部矛盾の爆発であったと同時に、ニューヨーク金融市場における生糸

の相場変動をもって爆発した世界恐慌の一環をも構成するものにほかならなかった[9]。

　こうした情勢の中で勃発した日露戦争は、当時の日本資本主義にとっては過大な戦費を強制するものであったが、他方では重・軽両工業部門にわたって、戦時需要による産業の発展を大いに促進することとなった。重工業では、機械工業における造船業や機械器具工業などが民間工業の動員・下請けによって政府工廠・軍事工場との連係を強め、八幡製鉄所・民間鉄鋼会社による生産高も著しく上昇した。また、軽工業の場合、綿糸紡績や織物業、製紙業の発展が促され、さらに交通運輸業では戦時輸送に伴う海運業の成長が進んだ。もっとも、軍需の激増は日本資本主義の自給能力を図るものであり、大砲・砲弾・海軍艦艇など主要武器の大半や銑鉄・鋼材など軍需資材、さらに軍事輸送用船舶などは、英米など先進諸国からの輸入を待たねばならなかった。しかしいずれにせよ、こうした日露戦争による産業動員は、戦後の重工業をはじめとする日本資本主義の飛躍的発展の転機を成すことになったのである[10]。

　日露戦争後の日本資本主義は、「帝国国防方針」（06年10月）に沿った国家活動（戦後経営・資本輸出）に主導されて、巨額な戦時公債の遺産や戦後引き続く外資導入などによる財政困難と軍事製品の輸入増大に起因する貿易収支の逆調に帰着せざるを得なかった。しかし、他方では獲得した朝鮮・満州・中国本部における権益・勢力圏への帝国主義的進出とそれを基礎とする国内産業の飛躍的発展過程を迎えることとなったのであった。こうした近代産業の発展に加えて、戦後鉄道国有化の断行や南満州鉄道株式会社の設立などを媒介とする外資導入の成功は、日本産業に新たな企業勃興をもたらしたのであった。ところがこの好況は長くは続かず、結局、アメリカに始まる恐慌の余波を受けて07年の戦後恐慌に帰結することになった。この恐慌とその影響の下に、日本資本主義は企業勃興の機運も束の間、一転して慢性的不況と農業恐慌に陥らざるを得なかった。この過程において、国内的には鉄鉱・機械工業・造船業など戦後経営に連係した重工業が発展の途に着き、他方軽工業部門においては綿糸紡績業などで資本の集中と独占体の形成が進んだ。

また財閥は、事業各部門において特殊会社を中心に据えたコンツェルン的多角的形態を取り、産業資本の銀行資本への依存関係が具体化し、ここに金融独占体の実体的形成の過程が急速に進むことになった[11]。

一方、対外貿易は92〜93年の銀価下落につれて、輸出超過を続け、正貨準備は強化されたものの、一般市況はなお沈滞のまま推移し、景気好転への期待が強まるのはようやく94年のことである。日清戦争後の日本の貿易構成は、対欧貿易において重工業製品（軍器含む）を輸入し、原料用半製品である生糸を輸出するという後発的な貿易関係となっていたが、その後条約改正・日清戦争の勝利・金本位制の確立を通して著しい変化と発展が見られた。とりわけ条約改正による治外法権の撤廃と関税自主権の原則的確立は、幕末以来の低い輸入関税を改めることにより貿易商権の回復を実現し、綿糸輸出税（94年）・棉花輸入税（96年）の廃止とも相まって貿易の増進を促すこととなったのである[12]。

ところで99年7月、新条約実施後の対外貿易は、東アジア市場に対する綿糸と対米生糸の輸出増大によって綿・絹製品を中心に促進された。しかし貿易収支は依然として鉄鋼製品・機械類の輸入増大を原因に一貫して入超を余儀なくされたのであるが、これは言うまでもなく産業資本の設備拡大と東アジアの国際環境をめぐる来るべき対ロシア戦争に備えた軍備拡張のための輸入超過にほかならなかった。そしてこの際の条約改正では不十分であった協定税率は、財政膨張打開策として実施された関税定率法の改正（06年）を経て、11年7月の条約改正によって新輸入税率に変更され、これによって日本の関税自主権は完全に確立された。日本資本主義にとって、まさに帝国主義段階の確立期を迎えてここにそれを手中にすることになった[13]。こうしてこの間の貿易構成は、第2表（16頁参照）のように貿易収支総額は増大し、13年の輸出では生糸・綿織糸・絹織物・石炭が大宗を成しており、これらの商品がアメリカ（40.55％）・中国（24.30％）・フランス（8.32％）・香港（4.55％）・イギリス（3.48％）などの諸国へ向けられた。また輸入では、実棉及び繰棉・米及び籾（もみ）・鉄・油槽・砂糖が激増し、これらの商品が英印（27.29％）・アメリカ（16.75％）・イギリス（13.71％）・中国（7.27％）・蘭

領東インド(蘭印、5.27％)などの国々から輸入された。なお重工業の発達に伴って、その関係製品が東アジア輸出貿易上に表れているが、依然として十分なものではなく、輸出貿易全般に占める地位はなお極めて小さいものであった。

　その結果、輸出入貿易は関税自主権の確立によって、工業化の進展と東アジア進出を反映させて、従来の欧州市場に代わってアメリカ・東アジア市場の地位が増大することとなった。しかし、貿易入超を克服するまでには至らず、さらに莫大な外債の利払いなどが重なって、国際収支の逆調、正貨準備の枯渇に苦しむことになったのである。

第2節　金本位制の維持と横浜正金銀行の対外業務

1．国際金融市場と国際金銀相場

　この時期の国際金融市場は、1870年代からの世界的な銀価低落が続く中で、各国は金本位制への移行を始める一方、金銀複本位制の国際的再建・復帰運動を展開させたが、アメリカのシャーマン銀買上法の廃止を契機に銀価が急落し、金銀複本位制運動は終焉に向かうと同時に、各国は金本位制へ移行することとなり、世界的な規模で国際金本位制が完成を見ることとなった。

　すなわち、1890(明治23)年7月、アメリカにおいて制定されたシャーマン銀買上法とは、すでに見たように銀地金の買上げとその貨幣への鋳造を規程したブランド＝アリソン法に代わって、財務省を通して毎月450万オンスの銀地金を市場価格で買い上げることを規程し、かつ買い上げに対して「財務省紙幣」を発行することを定めたものである。そして、この紙幣は財務省の任意により金または銀に兌換されるものとし、銀価低落の防止に努めるものであった。

　この政策実施に伴い、ロンドン銀市場において買い占めが進み、一時的に銀価が騰貴することとなったが、90年11月に勃発したベアリング恐慌

(Baring Crisis）の影響の下銀価は惨落に反転し、92年4月以降、再び英米を中心に金銀複本位制運動が展開されることとなった。イギリスにおいては、この場合もマンチェスター商業会議所の英印・中国そのほかの銀本位国との外国為替・貿易金融問題をめぐって激烈な討議が交わされる一方、他方で国際金銀複本位制の再建とその運動が展開されることとなった。これに加えて英印側からもイギリス本国へ、アメリカ政府の金銀複本位制提案を支持する要求が出されるという情勢の中で、金銀複本位制論者は国際通貨会議の開催に期待を寄せることになった。また、ベアリング恐慌の影響の下ヨーロッパ金融界はアメリカに投資した金の一部を引き上げたが、アメリカは依然としてシャーマン銀買上法を施行したまま金流出防止の手段を講じることなく、その結果、金の流出及び銀インフレを誘発することになった。こうした事態に遭遇し早急に幣制混乱の安定を迫られることになったアメリカは、自ら提唱し欧州各国の賛同を得て、92年11月、国際通貨会議（第5回、参加国20カ国、ブリュッセル）の開催にこぎ着けた。会議においては国際金銀複本位制の再建、各国通貨制度における銀価維持政策案などが討議されたが、米・英・仏・独の意向が折り合わず、国際金銀複本位制に関する成果が得られぬまま、ついに閉会することとなった[14]。

　こうした結果を背景として、12月、アメリカは、金融市場の逼迫と信用機関や通貨の安定性に対する不信から金投機（金流出）を拡大させ、これが法貨紙幣の兌換請求さらに国庫準備金の減少という悪循環を激化させ、その結果、93年恐慌へと帰結することになった。この年以降、法貨の直接的兌換が急増し国庫準備金が急減すると同時に、金準備の激減に直面したクリーヴランド（Groves Cleveland）政権は、8月に特別議会を招集し、恐慌の原因はシャーマン銀買上法にあるとし、この「銀買上条項廃止法案」を討議し、10月、これを通過させ、11月1日に成立させた。ここに15年にも及ぶ銀買上政策に終止符が打たれることとなった[15]。しかし金投機は、簡単に終息せず、その後93～95年にかけて国庫保有の金準備は著しく減少することになった。他方、ラテン貨幣同盟は同盟国相互間の対立（三国同盟〈独墺伊〉結成後の仏対伊の危機的関係）と混乱（仏伊間の通商条約破棄後の関税戦争）を激化

させる中で、同盟国共通の対策、いわゆるイタリア銀制限貨幣の引き揚げ、送還の正常化を目指した同盟会議を開催し、その結果、11 月、イタリア銀制限貨幣の引揚げ送還をめぐる協定（1878 年）に比べ一層厳重化された内容の協定を成立させるに至った[16]。

　その上に、銀価の低落は、とりわけ銀本位諸国に対して、大きな混乱を与えた。この混乱を改革して銀貨国の本位政策転換の模範を示したのはインドであった。インドは、大航海時代以来、欧州諸国との貿易決済の手段として銀を用いていたことから、銀を累積していた。1835 年に金銀複本位制に代えて銀単本位制（silver monometalism ）を採り、70 年には英印鋳貨法（Indian Coinage Act）を制定し、銀の自由鋳造を規定すると同時に、ルピー銀貨（品位 12 分の 11、重量 180 グレイン）を法貨として流通させた。また国庫に対する支払いには自由にこれを受け入れることにした（この場合、金銀比価を 1 対 15 の割合に定めた）。しかし 1870 年代以降、各国の銀拝斥政策とその生産の増大とによって金銀比価は低落し、特に 92 年以降、その急落傾向の中で英印は銀の大量流入、さらにイギリス本国に対する財政負担（金貨公債の利子、輸入官用品の代金等金払い債務）の過重に苦慮することになった。この対策として英印政庁は、93 年 6 月、イギリス政府の任命した貨幣調査委員会（ハアセル〈Lord Herschell〉委員長）の報告に従って、ルピー銀貨の自由鋳造を停止すると同時に、金貨との交換ができることとした（1 ルピーに付き 1 シリング 4 ペンス、無制限）。この結果、英印において銀は価値基準としての地位を失い、一種の金銀複本位制を採ることになった。その後、ルピー銀貨はその価値を維持してきたが、98 年にはイギリス金貨の流入漸増傾向の下、ルピー為替相場が不安定となり、この対策を迫られることとなった。99 年 9 月、英印政庁は、貨幣調査委員会（The Committee appointed to inquire into the Indian Currency、ヘンリィ・ファウラー〈Sir henry Fowler〉）の報告に基づき、インド鋳貨・紙幣法（Indian Coinage and Paper Currency Act）を制定し、安定策を採ることにした。英印政庁は、まずイギリスの金貨を無制限法貨（1 ルピーに付き 1 シリング 4 ペンス）とすると共に、金貨の流通及びその自由鋳造を見ることなく、金本位制に対して安定させる通貨制度（国内

銀本位制、対外金本位制)、いわゆる金為替本位制 (Gold exchange standard) を成立させたのである[17]。

ところが95年以降、この金銀複本位制運動は国際的連帯という形を取り新たな局面を迎えることになった。まずドイツにおいては95年2月、帝国議会において金銀複本位制論者ミルバッハ (J.G.von Mirbach、ユンカーの代表者) が提案した国際通貨会議再開決議案が可決されたのを契機に、本位制論争が高揚することになった。フランスでは、3月、農業者及び保護主義団体が結集して国民金銀複本位制同盟 (総裁、保護主義者メリーヌ J.Méline) を結成し、活発な活動を展開することとなった。12月、同盟はパリに英独両国の金銀複本位制論者を招き国際通貨会議の再開をめぐって協議し、その決議案を翌年3月、国民会議に提出したが、しかし緊急性を欠くものとして取り上げられるに至らなかった。さらに9月、ヨーロッパ諸国の金銀複本位制論者が会合し (ブダペスト)、アメリカと協賛の下で国際金銀複本位制の再建を図ることを確認した。こうして金銀複本位制論者は農業者を取り込み、国際的連帯を形成し、各国の政府に国際金銀複本位制の実現を迫ることにした。これに加えて95年2月、イギリス議会においても国際通貨会議の再開をめぐる決議案が提出された。しかしこの場合、銀の使用増加に関する方途を討議すると同時に、英印の銀自由鋳造を再開することを提唱するものであり[18]、もとより国際金銀複本位制の再建を主張するものではなかった。

また、98年3月、ラテン貨幣同盟は露仏同盟の成立、英仏の接近・妥協等の情勢変化、さらにはビスマルク引退後の三国同盟の変質の下、伊仏間の新通商条約の締結と関税戦争の終焉という情勢変化をもたらすことになった。ここに両国間の協調関係が図られることになり、イタリア銀制限貨幣引き取りの条件付き正常化を確認することとなった。その後、08年11月、銀制限貨幣鋳造割当額の拡大が課題となったが、この間銀離脱化の傾向、銀貨移動に基づく非国際化、非協力化の傾向の中で、ラテン貨幣同盟内部には協調機構崩壊の危機、利害対立が表面化したのみで、健全な進展を遂げることは極めて困難な情況となったのであった[19]。そしてアメリカにおいては、本位制論争は1896年の大統領選挙を通して激化することになった。すなわち民主

党のブライアン（William Jamus Bryan、銀解放派）は金銀比価1対16をもって金銀複本位制を採るべきことを主張したのに対し、共和党は特に金銀複本位制に反対せず、国際的協力によってそれを維持すべきであることを主張した。この選挙の結果、共和党のマッキンレー（William Mackinley）が勝利することになった。その後南アフリカとアラスカにおける金の発見とそのアメリカへの大量流入に加え、関税改訂（97年）、米西戦争（98年）を背景に、アメリカ経済は好況に転じ、本位制論争も金本位制の勝利が認められる情勢となり、結局、国際的協力を得ても金銀複本位制支持が困難となった。こうした経過の後、1900年3月、金本位法（Gold Standard Act of 1900）が制定され、金本位制は法的に確認されると同時に、国際金銀複本位制（復活）運動は終末を告げたのである[20]。

以上のとおり、ドイツに端を発した金本位制確立の動向は、欧州大陸の主要国を巻き込み、そして遂に金銀複本位制に終焉をもたらした。すなわち1890年代以降、金の生産は再び増加の傾向を示し、一方において世界的な銀価下落と相まって、金本位国に対する通貨価値の安定を求める諸国を通して、幣制改革に向かわせることとなった。ヨーロッパにおいては、この間ロシア・オーストリア・ハンガリーが幣制改革を断行した。ロシアは、77年の露土戦争以降通貨制度の混乱を来していたが、87年以降、金の吸収に努めた結果、1890年代には金準備が増加すると共に不換紙幣の価値を持ち直し、94年には金貨と紙幣の割合を1対1.5と定めて金本位制への移行に着手し、99年6月、結局金貨兌換を開始し金本位制（ルーブル単位）を確立させた[21]。また92年、オーストリアに続いて96年、ハンガリーが金本位制（クローネ単位）を採用し、金本位国に加わることになった。そしてアジアにおいても、後に見るように97年10月、日本が金本位制を確立させた。こうして1900年、アメリカの貨幣法による金本位制の確立によって世界的規模で国際金本位制が完成することとなった。その結果、周辺各国の金本位制は、イギリスを中心とする国際金融市場へ連結することになった。これ以降国際金本位制の下で、資本蓄積が急速に進み、信用組織に基づき大規模な信用拡張が図られることとなった。

さて、ここで東アジアにおける通貨・信用制度について概観しておこう。

まず、朝鮮の通貨・信用制度は、1876年の李期末期、江華島開港以後、商品・貨幣経済の発達を見ることになり、葉銭のほか外国貨幣が流通していた。日清戦争中に日本の指導の下幣制（「新式貨幣章程」発布）の確立を図ったが、結局、幣制混乱をさらに加重するものとなった。しかし、この戦争の展開の中で日本軍隊が駐在して「円銀」を使用したこと、その後の日本の韓国政府に対する影響力が強まったことなど経済外的な日韓の特殊関係の下で、日本の金本位制確立後も「円銀」は流通し続けた。こうした情況の下、日露戦争開戦後の04年2月、日韓協約下に韓国が日本の指導下に入り、韓国政府財政顧問（当時、大蔵主計局長・目加田種太郎）が韓国においても日本と同じ通貨制度の確立を進めたのであった[22]。そして日露戦争後の05年11月、韓国は日本と保護条約を締結し、同時に金本位制を確立し、韓国内でも日本通貨を法貨として通用させることとなった。その後の07年1月、韓国新幣制が確立することになったが、この場合、日本の第一銀行（1878年8月、第一国立銀行釜山支店開業、96年9月、第一銀行に改組）は、韓国幣制の整理を担当すると同時に、同行の発行する銀行券は韓国政府より公認され、公私の取引に無制限に通用することとなり、また国庫金の取り扱いを行うことになった。これに加えて3月、第一銀行は韓国における銀行券発行の特権を認められ、韓国における中央銀行たる任務を遂行すべきことを命じられた。しかし09年10月、韓国銀行が創設され、11月、同行は第一銀行より中央銀行事務を引き継ぎ、銀行券を発行し、これが法貨として通用することになった。日韓合併後の11年3月、「朝鮮銀行法」公布により、8月、韓国銀行は朝鮮銀行と改称し、朝鮮における発券銀行として、日本銀行と等価の朝鮮銀行券を発行したのである[23]。

そして中国は、この間流入した外国銀貨を締め出そうとして1890年、「龍洋」という銀貨を鋳造したが各銀元局において重量を定めることに相異があり、統一性的立法を欠く情況の下、価値の一致を見ることはなかった。その後中国は、1910年4月、「幣制則例」を制定し、幣制は銀本位制度を採り、国幣の単位は「円」と名付けられ、本位貨幣「大清」の重量は庫平7銭2分

と定められ、その無制限通用を規定した。この「円」は外国銀貨に代わり、中国貨幣統一の端緒を担うことになった。次いで14年2月、国民革命直後に北京政府（袁世凱）は「国幣条例」を制定し、銀元本位制を確認し、12月から新貨幣「袁像」の鋳造を開始したのであった[24]。

また、満州は中国の一部であり、中国本部と同じ銀系通貨を中心とするが、農民や都市の下層階級の間では銅銭が流通するいわゆる「銀銅並行本位制」の下にあった。日清戦争前後の頃には、民間巨商の発行する「私帖」という一種の紙幣が取引に用いられた。しかしその弊害が顕著となる中、奉天・吉林・黒竜江省は鋳貨及び官帖・政府紙幣を発行したのであった。さらに05年12月、奉天官銀号が銅元・銀元・銀錠を基礎とする紙幣を発行したため、ここに私帖の発行が禁止されることになったのである[25]。

こうして世界的な銀価低落傾向の中で、その後シャム（02年）、英領マラヤ・フィリピン・アルゼンチン（03年）、パナマ・独領東アフリカ（04年）、メキシコ（05年）、ブラジル（07年）、ギリシャ（10年）の各国がそれぞれ金為替本位制を成立させ、銀は中国（満州）、英印のほか、若干の国を除いてほとんど通貨制度から排除されることになり、わずかに補助貨幣として名を残すに留まることになった。これに対して、金本位制は世界的な規模で普及の結果、一種の国際金本位制という国際通貨制度が形成され、金は世界経済の基礎としてその地位及び信用を確実に獲得して行ったのである。

2. 金本位制の確立と横浜正金銀行の業務

以上のように、国際金融市場では、1890年代に入ると再び世界的な銀価低落傾向をたどることになったが、こうした中で銀本位国であった日本は、日清戦争の賠償金の一部を基金として通貨制度を改変し、金本位制を確立させることになった。この際、正金銀行は日本銀行の代理店として賠償金の保管・回送、一円銀貨の売却・処理を通して正貨調整の業務に当たることとなった。

すなわち、ベアリング恐慌に続くシャーマン銀買上法の廃止さらに銀貨国英印の幣制改革（1893年、銀貨自由鋳造の停止）などによる世界的な銀価の低落は、銀本位国日本の輸出を促進し好影響をもたらすこともあったが、そ

の急激な動揺は反って貿易を阻害し、銀価の変動による為替相場の動揺と不安定は貿易の伸張にとって大幅なマイナスとなった。政府は1893年10月、貨幣制度調査会を設置し、この間銀価下落の原因と結果、さらには日本経済に及ぼす影響、通貨制度の整備（本位制の改変、幣制改革）等を攻究し、審議に当たったが、調査会の意見はまとまりを欠くものであった。調査会全体としてみれば、金本位制への改変意見は少数であったが（少数派は、金本位国からの輸入を重視する金本位論者〈阪谷芳郎大蔵官僚等〉であり、他方に紡績資本の立場を代表して銀価低落が輸出に有利であるとし現行の銀本位制を支持する〈渋沢栄一第一銀行頭取・園田孝吉正金銀行頭取等〉多数派があった）、日清戦争の勝利とその戦後処理過程における日本経済の情勢変化は、金本位制の推進に有利な状況をもたらすことになった。すなわち戦後の企業勃興期には物価・賃銀が騰貴し、欧米金本位国からの輸入超過が進む中、当時主導的産業であった紡績業は銀本位国である東洋諸国に綿糸輸出を促進しなければならないといった利害関係（銀価低落による輸出の増大、輸入の抑制、それによる国内産業の発展等）から銀本位制に強い執着を持っていたが、生産設備の高度化及び原料棉花の交替（清棉から印棉・米棉へ）、そしてこの時期、外資導入の渇望が増幅しつつあったことなどの事情を背景に、金本位制への改変を求める状況が整ったのである[26]。

　ところが、金本位制を採用するには、金準備の不足という大きな問題の解決が迫られるところであったものの、日清戦争賠償金（英貨約3,800万ポンド）の獲得がこの問題を決定的に解消することができた。つまりこの巨額な賠償金は、その大部分が陸海軍備拡張、官営八幡製鉄所建設など軍事工業の促進に充てられると共に、ほかの部分は国際金融市場に直結する金本位制の採用基金とされ、ここに金本位制の実施に必要な金準備の問題が解決されることになった。そしてこの際、正金銀行は日本銀行の代理店として、この賠償金の保管・回送の取り扱いを命じられ、96年2月、政府から日本銀行へ寄託の貨幣・金銀地金・有価証券等の保管、出納事務代理に関する契約を日本銀行との間に締結すると同時に、3月、ロンドン代理店を開設することとなった。日清戦争賠償金は、中国が欧州諸国との借款関係の下に募集（債

し、この資金をもって日本への支払いが行われ、正金銀行ロンドン支店に保管された。同支店はこの資金を政府の対外支払いに充てると共に、日本本国へ回送したのである[27]。

こうした状況の中で、91年9月に内閣総理大臣兼大蔵大臣に就任した松方正義は、賠償金の受け取りで金準備が整ったこと、銀価低落が銀本位制の利点を消滅させつつあった状況を見て取り、97年2月、金本位制の断行を決定し、この制度を規程した貨幣法と兌換銀行券条例改正案などを議会に提出し、3月、これらが可決、公布された（法律第16号）。ここに日本銀行の銀兌換券は、金兌換券に改められ、10月から金本位制が実施されることとなった。金本位制の採用は、そのことによって後発日本の国際的信用を急速に確保する必要があった一面、戦後の新たな積極的金融財政政策の展開資金を公債、特に外債に求めざるを得ない場合に重要な意味を持つものであった。そしてこのことは、後発日本資本主義がここにようやく欧米諸国と世界市場で角逐しうる段階に達したことを示す金融的指標であった。それと同時に、輸入外資をもって対外進出に臨むという、いわゆる依存と侵略の国際通貨上の機構的確立を意味するものにほかならなかった[28]。

ところが、この金本位制は、賠償金支払いがイギリスを経由してポンドで処理され、イギリスの要望やその為替金融事情によって必要な金額をすぐに日本に取り寄せることができないという、いわゆる償金預合法による制約を受け、賠償金はロンドンに置かれたまま、日本銀行がこれを正貨準備（在外正貨制度の「自動調節作用」を間接化する機構）として兌換券を発行する特殊な金本位制（金・ポンド為替金本位制）として発足したのであった。従って、日本銀行は正金銀行ロンドン支店と協議のすえ、政府がロンドンにおいてポンドをもって受け取る賠償金を日本銀行との間の在外正貨預け金勘定に繰り入れ、正貨準備として日本銀行券を発行したのである。このような賠償金を基礎とする金本位制の確立は、言うまでもなく世界史的には帝国主義段階の確立期を迎えた中で、軍事的成果によって世界市場に緊結し得た日本資本主義の特殊な後発性を金融的に端的に表現したものといえよう。こうして正金銀行は、この賠償金の取り扱いを命じられてからは外国為替業務が増大

し、国際的信用もさらに増加し、有力な外国為替銀行として認められることになった[29]。

　なお一方では、金本位制の確立後、通貨制度の改変に伴う最終仕上げとして一円銀貨の整理と処理問題が残された。すなわち通貨制度の改変により一円銀貨は、98年4月1日限りで法貨の性質を失って、その通用を禁止されることになり、97年10月1日よりその引き換えが開始され、翌年7月31日には終結されることになった。この場合、正金銀行（本店・神戸支店）は97年9月、金銀貨幣交換事務代理方について、日本銀行と契約を締結し、旧来の一円銀貨を金貨に交換することになった。この交換は、貨幣法施行に当たり大いに注意を要する業務であったが、横浜・神戸両地には外国銀行も多く、特に敏活の交換を要することから代理事務を引き受けることにした。また、この交換は金銀正貨の直接交換のみでなく、いったん日本銀行券に交換する場合もあったが、この代理契約は99年11月、廃止されることになった[30]。そして97年11月、正金銀行は政府の一円銀貨の整理に対応して、ロンドン銀塊相場及び上海・香港等の金融状況を見計らって、政府が払い下げた銀貨（3,337万円）を中国各地で売却することとなった。この際、同行は銀貨2,595万円を、残りは香港上海銀行・チャータード銀行などの外国銀行が取り扱い、98年末までには全部の売却を完了した。売却代金はロンドンを通じて回収され、償金特別会計の中に繰り込まれた。このようにして、通貨整理のため、銀塊輸入に尽力した同行は、ここにまた、売却に当たり正貨調整の役割を果たすことになった[31]。

　この間正金銀行は単なる外国為替・貿易金融機関に留まらず、通貨制度の改変に伴う賠償金の保管・回送及び円銀貨の売却を通して正貨調整の業務を担うこととなったのである。

3. 金本位制の維持と横浜正金銀行の対外業務

　日本の金本位制の確立は、円の対外為替相場の安定をもたらし、貿易の拡大・外資の導入に寄与することになったが、国際金本位制の下では、常に金平価を維持しながら経済成長を進めなければならない。日本銀行は金本位制

を維持するため内外金融の一元的調整、金融政策の弾力的運営確保など新たな課題に迫られることとなったが、これに対して政府は獲得外資をもって日本銀行の正貨準備の維持を図ることにした。この際、正金銀行は、まず外国銀行と協力の下に外債の発行と引き受け業務を通して正貨・金融の調整に当たることとした。

　すなわち金本位制の確立と世界的な金銀比価の低落傾向の中で、経済成長と積極的財政政策を強力に進めた日本は、貿易の逆調により正貨流出が拡大し、金本位国・銀本位国向け外国為替・貿易金融に対応した資金の調達・調整が大きな課題となった。それと同時に、成立間もない金本位制崩壊の危機に直面することになった。これに対して政府は、外貨資金をもって当面の危機を打開することにし、99年6月、まず「四分利付英貨公債（1,000万ポンド）」をロンドンにおいて募集することにした。その際、正金銀行は国債引受シンジケートを組織し（パース銀行・香港上海銀行・チャータード銀行）、この外債の発行・引き受けに当たり、その元利支払いはロンドン支店が日本銀行代理店として取り扱った。政府はこの獲得外資を日本銀行の正貨準備に充て、何としても金本位制の安定を保つことにしたのである（99年5月、同行は東京に、続いて7月、長崎に出張所を開設)[32]。

　1901年、北清事変の和議の成立とその処理の過程において、正金銀行は政府からその賠償金（4,895万円）の取り扱いを委任され、上海支店がその取り扱い事務を担当し、ロンドン支店が日本銀行代理店としてこの賠償金の保管に当たることになった。しかしその後、欧米貿易の入超から正貨流出が激増することになり、政府は早急な正貨吸収対策を迫られることとなった。そこで正金銀行も同様にロンドン支店において外貨資金を逼迫させ、この補充が急務とされることになった。また、この間銀価下落が激しくなり、同行は新たに対中国関係の金融不安に見舞われ、金銀比価の下落による銀資金の減価防止が不可欠となった[33]。以上に加えて04年2月、日本は日露開戦に伴う貿易入超により対外支払いが著しく膨張し、日本銀行の正貨準備は急減し、金本位制崩壊の危機に陥ることとなった。その結果、日本資本主義は過重な経済負担を課せられると同時に、金本位制の維持に加えて、新たに戦費調達

という課題が加わることになった。こうした情況の中で政府は、増税・海外支払の節約・公債の発行、さらに軍票の使用などの方策をもってこの局面打開に当たることにしたが、その資金調達に大きな役割を果たしたのが国際金融資本を通した外資の導入であった。5月、政府は戦費調達と日本銀行の正貨準備補充の緊急対策として、軍事外債の募集を決定し、総額8,200万ポンドに及ぶ巨額の外資を数次にわたって獲得することにした。この場合正金銀行は、日本銀行代理店として国債引受シンジケートを組織し、ロンドン・ニューヨーク・ベルリンにおいて発行と引き受けに当たり、元利支払いは同行ロンドン支店・ニューヨーク支店・独亜銀行（ベルリン）に取り扱わせることにした[34]。なおこの際、独亜銀行を復代理人とすることにつき、独亜銀行及び日本銀行との間にそれぞれ契約を締結した。こうして正金銀行はこの外貨資金を日本銀行代理店として英米に保管・回送、諸種の支払い、金銀地金などの購入及び一般的放資などの出納・運用業務に当たり、その結果、ロンドン支店とニューヨーク支店において自らの地位を国際的に向上させることになった[35]。政府はこの外貨資金を戦費及び日本銀行の正貨準備に充て、兌換制度の動揺を防止し危機に瀕した金本位制を維持する一方、その国力をはるかに超える日露戦争の遂行に充てると共に、またその結果として日本資本主義の飛躍的発展に一つの契機とさせることとなった[36]。

　事実、国力に劣る日本の公債は、当初ロシアのそれよりはるかに低位に置かれ、日本が軍事的優位に立った情勢下においてもそれは依然として変わらなかった。けれども、05年1月、旅順陥落を契機としてロンドンにおける日本公債の地位は急速に高まり、これ以降外債募集は容易になり、その条件も好転することとなった。それにしても、日露戦争後の日本資本主義にとって依然として正貨準備の枯渇問題は解決されず、政府はその対策として再び外貨資金の輸入を求めざるを得なかった。実際、日露戦争後の国際収支は、日本資本主義の急速な経済的発展と軍備の拡張を反映した巨額の入超を示し、これに外債の元利支払いが加わって極端な逆調に陥ることになった。こうした事情は、海外市場において低利の外資募集が可能となったことと相まって、戦時外債の整理（借換）や資本輸出のための外資導入の機運を急速に高

めることになり、正金銀行は外国銀行と共にこの外資導入に携わり、植民地向け資金調達に多大な役割を果たした。すなわち11月、政府は「四分利付英貨公債（2,500万ポンド）」をロンドン・ニューヨーク・ベルリン・パリにおいて募集することにした。これを受けて正金銀行は、日本銀行代理店として国債引受シンジケートを組織し（パース銀行・香港上海銀行・ロスチャイルド兄弟商会〈De Rothschild Freres〉等と共同）、この外債の発行・引き受けに当たることとした。この場合、元利支払いは、ロスチャイルド兄弟商会でも取り扱うことになり、06年1月、同行は同商会を復代理人とする契約を日本銀行との間に締結した。これに続いて07年3月、政府は「五分利付英貨公債（2,300万ポンド）」をロンドンとパリにおいて募集することにした。この際も正金銀行は前例のとおりそれぞれの割合で外債の発行・引き受けに当たった[37]。

　さらに10年5月、政府は公債借換及び償還のため、「四分利付英貨公債（1,100万ポンド）」を募集することとしたが、正金銀行は従前どおり国債引受シンジケートを組織し（パース銀行・香港上海銀行と共同）、これを引き受けることにした。この際ロンドンのほかスイス・ベルギー・オランダでもこの発行・引き受けに当たった。これと同時に同行は、政府の募集した「四分利付仏貨公債（4億500万フラン）」を発行・引き受け、取扱高でパース銀行と香港上海銀行を凌駕する成果を残すことになった。なお、この仏貨公債においては、ロスチャイルド兄弟商会が日本銀行の代理店である正金銀行の代理として、元利支払いに当たることとなった[38]。こうして、日露戦争前後、日本は国際収支の悪化、正貨流出に見舞われることになった。政府と日本銀行は金本位制を維持するため諸々の正貨準備維持の対策を講じたが、正金銀行は外国銀行の協力を得て英仏などの先進国資金の導入に当たり、金融の調整に努めると同時に、それを基礎とする大陸への資本輸出を日本興業銀行と共に新たな任務として担うこととなったのである。

第3節　対外金融の拡大と横浜正金銀行の対外業務

1．対外金融における外国銀行と横浜正金銀行

　幕末開港以来、日本の対外金融においては圧倒的地位を誇り、その後漸次後退を重ねてきた外国銀行は、日清戦争以降にはほぼその地位を喪失することになった。これを受けて正金銀行は外国為替・貿易金融業務を拡大し、外国銀行と競合関係を形勢する一方で政府の正貨維持対策に対応し在外正貨の売却業務に当たり、正貨調整の役割を果たすこととなった。

　すなわち、幕末開港以降日本に進出を果たした数多くの外国銀行は、1873年恐慌に始まる長期の世界的に起きた不況や銀価の低落傾向、そして金本位制への移行などの金融的変動の影響を受けて、1890年代の初めにはすでに4行に整理されていた。まず横浜には、香港上海銀行・チャータード銀行・パリ国立割引銀行・新東洋銀行の4行が、そして神戸には香港上海銀行がそれぞれ支店を開設していた。その後1892（明治25）年1月、香港上海銀行が長崎支店を開設したのに続いて、2月、香港及び中国の開港場で活動する中国商人の要請で、ラッセル商会を中心に設立されたチャイナ・ナショナル銀行（National Bank of China, Ltd）が、日本への進出を果たし横浜に支店を開設した。他方、90年ベアリング恐慌の下で新東洋銀行は、多数の支店を抱えて大欠損に陥る中で92年6月、横浜・神戸支店を閉鎖することとなった。また、パリ国立割引銀行も同様に横浜支店を閉鎖し、代理店を正金銀行に委託し（94年、香港支店はインドシナ銀行へ、また翌年、上海支店を露清銀行へ譲渡）、東洋から撤退することになった[39]。

　いずれにせよ、紙幣整理後正金銀行が洋銀問題を解決し、政府の強力な保護と支援の下に外国商人を対象に進出した当時、幕末以来外国銀行の勢力はようやく相対的に後退傾向の時期を迎えつつあったのであり、その要因の一つは、外国銀行が世界的な銀価下落の続く中で、為替取引上における問題（危険）を十分に回避しうる方策を生み出し得ず、経営上の不安定性を免れなかった。しかしこうした状況においても、もちろん日本政府は外国銀行を一挙に駆逐してしまおうとした訳ではなく、正金銀行による外国銀行専横の抑

制（一定程度）と同時に、その豊富な資金を利用することによって貿易の拡大と、資本不足の解消を図ることとした。しかし日清戦争後、欧米列強・日本による中国分割競争の本格的展開を迎えて、95年2月、チャータード銀行は神戸支店を開設し、その後97年8月、ロシア・フランス・中国の共同出資により設立された露清銀行（Banque Russo-Chinoise、英文名 Russo-Chinese Bank、国際合併銀行）が日本に進出を果たし、長崎支店、翌年に横浜支店を設立した。当時の外国銀行の外国為替・貿易金融力は、強力であって、正金銀行を中心とする本邦外国為替金融機関の資金力は、まだ圧倒的な格差の下にあったのである。

ところで政府は、修好通商条約の改正交渉を長年進めてきたのであったが、94年の日英通商航海条約の調印を皮切りにアメリカ・ロシア・フランス・オランダとの間に新通商条約を締結するに至った。新通商条約は、99年7月に発効し、その結果各開港場の外国人居留地は廃止され、外国銀行と外国商人は治外法権を消失することになった。これ以降、外国銀行（在日支店）には原則として日本の法令が適用され、本邦銀行と同様に日本政府の監督下に置かれることとなったが、この新条約発効に伴い、大蔵省令（新「銀行条例施行細則」第24号）に準拠して香港上海銀行、チャータード銀行、チャイナ・ナショナル銀行、露清銀行が認可申請書を提出し認可され、これ以降4行は日本政府の規制、監督の下に営業活動を続けることとなった[40]。

この時期、日本の対外貿易においては直輸出入を速やかに拡張することが緊急を要する重要な課題の一つであったが、この場合問題となったのは新たな貿易金融機関の拡張の件であった。政府はこれまで、正金銀行に対し日本銀行との間に「外国為替手形再割引制度」の特権を与える一方、貿易拡張に対応して支店の増設、業務拡張などに当たってきたが、当時（95年）外国為替取組高における同行の地位は輸出21％、輸入19％を占める程度のものでしかなかった。また、この時期の日本の貿易総額の四分の一は対中国貿易額であり、その輸出の第一は綿糸であった。こうした状況の下99年5月、新通商条約の発効を間近にした正金銀行は、日中貿易・為替金融の営業強化を図るべく、東京に、さらに7月には長崎にそれぞれ出張所を開設した[41]。そし

てこの頃から、紡績関連業者を中心として、神戸に日中貿易金融を目的とした「日清銀行」設立の構想が持ち上がり、1900 年の北清事変後さらに要求が高まった。政府は、ついに 02 年 12 月、第 17 回帝国議会に「日清銀行法案」を提出した。この場合、正金銀行は営業区域を特定しない貿易銀行として、「日清銀行法案」は外国銀行（香港上海銀行・露清銀行・独亜銀行）のような営業活動を想定したものであったが、この第 17 帝国議会が解散したため、廃案となったのである[42]。この「日清銀行法案」は、満州問題を未解決としていた当時の日本資本主義の大陸進出の度合いと資金の不足によって、実現しないで終わることとなり、植民地銀行としての機能は正金銀行の業務に合わせて委ねられることになったのであった。

この間、新通商条約の発効後の 1900 年、露清銀行は業務強化を図るべく神戸支店を開設し、さらに 02 年 10 月、インターナショナル銀行（International Banking Corporation、米系）が日本に進出し、横浜に支店を、1904 年には神戸支店を開設した。一方 03 年、チャイナ・ナショナル銀行は筆頭株主であったラッセル商会が破綻し、その存立基盤を喪失し、解散を余儀なくされ、その結果、横浜支店を閉鎖することになった。これらの外国銀行は、本拠地を本国に置き、東アジア地域においてその営業活動を推進した訳であるが、日本進出は言うまでもなくその一環にほかならなかった。外国銀行の日本における業務は、あくまでも従来からの外国為替取組を主体としていた。こうした点は、正金銀行による外国銀行対抗と資金力がようやく一定の力を得るに至ったものの、根本的には過剰資金の形成が未熟なため、依然として外国銀行に依存せざるを得ない日本資本主義の金融的脆弱性を、端的に示すものであったといえよう[43]。

しかし、04 年 2 月、日露開戦により、日本国内における露清銀行は各支店の閉鎖を余儀なくされたが、05 年講和条約調印後の 12 月、横浜支店のみを再開させた。また同年 10 月、独亜銀行（Deutsch-Asiatische Bank、ドイツ系）が新たに日本に進出し横浜支店を、06 年 5 月、神戸支店を開設した。そして 8 月、米国留邦人によって設立された金門銀行（KINMON GINKO、米系）が、また 07 年 10 月、日米銀行（Japanese-American Bank、米系）がそれ

ぞれ横浜に支店を開設した。続いて11月、日英銀行（Anglo-Japanese Bank、英系）が横浜支店を開設し、08年2月、為替業務を中心とした山西票荘の1つである合盛元銀行（中国の伝統的な金融機関）が神戸支店を、4月、東京出張所を開設した。こうした点は、列強間の角逐が本格化した東アジアにおいても、日本にとっても同様であったことはいうまでもない[44]。こうした状況の中で、05年9月、正金銀行は大阪に出張所を開設し（第6表：60頁参照）、外国為替取組の強化を図ることにしたのである。

ところが、07年10月、アメリカに勃発した恐慌とその欧州への波及の影響で世界の銀相場が落勢に転じる中で、09年4月、金門銀行は本店において預金の取り付けに遭い、横浜支店も支払いを停止し、ついに6月、閉鎖された。また10月、日米銀行は事務整理を理由として横浜支店の臨時休業を発表したが、横浜地方裁判所から破産宣告を受け、10年9月、銀行認可書を大蔵大臣に返納し、解散した。他方09年11月、日英銀行は東京支店を開設し、10年10月、露清銀行は北方銀行（Banque du Nord、フランス系）と合併し、露亜銀行（Russo-Asiatic Bank）と改称し、横浜支店の存続によって外国為替取組を開始することになった。いずれにせよ日露戦争後の東アジアをめぐる列強の対立は、新たにヨーロッパの勢力関係と連動して、とりわけ日米の対立と日露・日仏の協商を生み出すこととなったのであって、露清銀行の再編と露亜銀行としての進出もその一端を示すものにほかならなかった[45]。

なおこれに加えて、11年7月、合盛元銀行は近代的金融機関（中国通商銀行）の設立による為替に困難を来し、それに加えて辛亥革命の動乱過程において、山西票荘が相次ぎ倒産する中で、神戸支店及び東京出張所を閉鎖した。そして13年9月には日英銀行が業務不振のため日本から撤退を決意し、横浜・東京の両支店を閉鎖することになったのであった。こうした中、日仏両国銀行の協力の下に中国大陸への投資を主目的として設立された日仏銀行（Banque Franco-Japaise、フランス系）が12年11月、日本に新たに進出し、東京支店を開設した。以上のような外国銀行の消長が展開される中で、正金銀行の外国為替取組はこの間一貫して増大し、その取組高は1911年頃にはほぼ外国銀行と肩を並べ、この時点では香港上海銀行を凌駕するに至ったの

第 3 章　日本資本主義の帝国主義化と横浜正金銀行の対外業務

第 7 表　横浜正金銀行・国外銀行の外国為替取扱高　1911（明治 44）年　（単位：円）

銀　行　名	輸出為替	輸入為替	合計（対貿易額比）
横　浜　正　金　銀　行	202,302,486	230,289,860	432,592,346（45.0）
香　港　上　海　銀　行	137,084,221	146,079,788	283,164,009（29.5）
チャータード　銀　行	49,917,045	68,549,212	118,466,257（12.3）
インターナショナル銀行	24,036,366	41,754,144	65,790,510（6.8）
東　亜　銀　行	12,000,922	14,750,882	26,751,804（2.8）
独　亜　銀　行	10,978,895	14,401,927	25,380,822（2.6）
外　国　銀　行　小　計	243,017,499	285,535,953	519,553,402（54.0）
そ　の　他	11,113,953	2,020,108	9,093,845（1.0）
合　　計	447,433,888	513,805,705	961,239,593（100）

出典：大蔵省編『明治大正財政史　第 17 巻』財政経済学会、1957 年、480 頁。

である（第 5 表：56 頁参照、第 7 表）。幕末開港以来、外国銀行の勢力に対して、この間日本資本主義の急速な発展と対外膨張を基礎にして正金銀行はようやくそれに比肩し得ることになったといえよう[46]。

　ところで日露戦争後、日本銀行は、「戦後経営」達成の一翼を担い、在外正貨制度の枠組みをもって金融調整を遂行していく政策を展開していた。この場合日本銀行は、政府から得た豊富な在外正貨の所有に基づいて、政府からの求めに応じて外国為替銀行に在外正貨を売却し、また在外正貨で銀行券の兌換に応じた。これは円貨を日本銀行振出のポンド払為替手形と引き替えることによって行われた。すなわち、この間、日本銀行は政府が外債募集によって得たポンドやドルを返済金（政府への貸付金）として受け取り、多額の在外正貨及び外貨資金を所有するに至った。日本銀行は国際決済等対外支払いの必要が生じた場合、これら多額の資金を外国為替銀行等に売却することにした。この際、日本銀行が同銀行券の金兌換に代えて為替を売却するこ

93

とによって、国際収支悪化の下での金流出の防止を図ることとしたのであった。これを受けて正金銀行は在日外国銀行と共に多額の大口為替（在外正貨）を購入した。その上に、同行は日本銀行に協力してこの在外正貨の売却業務を担当することによって、政府と日本銀行のための金融機関としての性格を強めることとなった。なお日露戦争後当初は、為替の売却相場が外国銀行に引きずられていたが、09年頃には、日本銀行は在外正貨の売却相場を自主的に決定し、これによって在外正貨の流出を抑制することができた[47]。こうして、日本は在外正貨の所有によって国際的な金本位制の一環としての役割を果たすことができたのである。

このように、正金銀行はこの間外国銀行に対抗し外国為替取組を増大させ、また在外正貨制度の枠組（機構）の下に在外正貨の売却業務を担当することによって、正貨流出を防止し、対外金融機関としての性格を一段と強め、同行の為替市場における地位を強化することになったのである。

2．対外金融の拡大と横浜正金銀行の対外業務

正金銀行は、主に外国為替・貿易金融を中心に業務を行ってきたが、日清戦争後には金本位制の確立に伴い銀通貨圏中国への進出を強め、新たに為替金融、銀資金の吸収、アジア・欧米間為替資金の調整など政府の正貨維持対策に対応した業務が加わり、その役割が拡大されることとなった。

すなわち、90年恐慌・対外膨張と続く日本資本主義は、産業促進・軍備拡張をさらに要請し、重工業の未発達な日本はそれに必要な鉄鋼・機械・軍艦・兵器などを外国からなお大量に輸入しなければならなかった。従って、政府は正金銀行に多額の低利資金を供給してこれを特権的に育成強化する一方で、輸出為替手形の買取りに保護を与え、直輸出商人、外国商人の区別なく積極的に為替を買い入れさせることによって、外貨（正貨）獲得を大いに推進することとした。

正金銀行は、89年10月、日本銀行との間に「外国為替手形再割引制度」の契約を締結し、これ以降この制度による低利資金をもって外国銀行に対抗し、外国為替業務に当たっていたが、90年恐慌に続く世界的な金銀比価の変

動の中で、外国為替取組、貸付業務において大きな損失を生じ、経営不振に陥ることになった。こうした事情を背景に 91 年 4 月、同行は自らを外国為替銀行とする方針を確定したのに続いて、「為替出合法」を制定し外国為替変動の損失予防対策に当たり、不健全な財務の整理を強行することにした。また従来、為替の出合を取るため「分立的営業法」を執っていたが、11 月、これを改め銀貨国、金貨国の各店間で統轄店を定めて当たることにした。この場合、銀貨国は統轄店を横浜本店（同・連合店―神戸支店）とし、金貨国は統轄店をロンドン支店（同・連合店―ニューヨーク・リヨン・サンフランシスコ）に置き、各々金貨店と銀貨店の「連合的営業法」を執ることとしたのである（92 年 8 月、同行はハワイ出張所を開設）[48]。

　その後、中国・英印向け貿易の拡大を図るべく検討していた正金銀行は、アジアの経済的要所に出張所を設けることにし、93 年 5 月、まず本邦並びにロンドン支店から上海・香港に対する取引高が次第に増加しつつあった上海に出張所を開設することにした（第 6 表：60 頁参照）。しかし、6 月、銀貨国英印が幣制改革に着手すると、銀価は暴落した。銀本位国日本はこの銀価低落の下、欧米金本位諸国との外国為替相場が低落傾向となったが、正金銀行は貿易金融や金銀為替出合を得てそれぞれ売為替の運用に当たり、「連合的営業法」の充実を図ることとした[49]。この為替取扱の方法を進めた結果、英印の幣制改革に伴う銀価急落の際には、為替相場の変動による損失を免れることができた。また 94 年 8 月、日清戦争の勃発を契機として、正金銀行は 9 月 6 日、上海出張所を一時閉鎖したが、その後戦局が日本に有利に展開したのを受けて、日本の外国貿易が各方面において隆盛となり、同行の業務は国内外共に発展した。こうした中で、同行は英印幣制改革の進行の下一時延期していたボンベイ出張所を新たに開設し、12 月、同店を為替の独立店として為替基（Exchange Funds、銀 20 万ルピー）を置き、95 年 8 月、これを増額したのであった（銀 50 万ルピー）。

　日清戦争後の正金銀行は、従来の欧米向け外国為替・貿易金融機関としてのみならず、新たに東アジア、特に対中国外国為替・貿易金融機関としての機能をも備え合わせ、その業務を拡大することになった。95 年 7 月、同行は

上海出張所の業務を再開したが、この場合、上海出張所は 91 年の「為替出合法」に従って、銀貨国連合店の一つとして本店統轄の下に立っていた。12 月、上海出張所は、上海の貿易増大・為替売買の盛況の下に 96 年初めから独立統轄店とし、為替基（銀 100 万両）を置き、この間の円資金の確保、為替相場・銀塊相場の変動に対応することとした。9 月、日本資本主義の中国進出に伴って正金銀行は香港に出張所を開設し、為替上では最初からこれを独立店として為替基（銀 50 万ドル）を置くことにした。また 95 年 12 月、同行は取締役会議において為替連合店組織の変更を議決した。これに従ってサンフランシスコ出張所は、金貨国連合店としてロンドン支店統轄下に置かれていたがこれを独立店とし、ハワイにおけるわが国出稼人の預金・送金を取り扱うため、これに密接な関係を有するハワイ出張所（第 6 表：60 頁）に委託することにし、この改正は 96 年 7 月から実施することにした[50]。

　ところが、97 年 10 月、金本位制の確立によって、欧米の金本位国との金銀塊相場の変動が払拭された一方、外国為替・貿易金融業務の増大しているアジアにおける銀本位国との金銀塊相場の激変が予想され、ここに正金銀行は 91 年 11 月から採用してきた金貨国及び銀貨国各「連合的営業法」を廃止し、新たに国内外各店に資金を配置して「分立的営業法」を執ることとし、98 年 1 月、これを実施することにした。この間日本の対外貿易、とりわけ東アジア進出に伴う対中国貿易の発展は目覚ましく、政府はこれを推進するに当たって、正金銀行を通して輸出業者に資金を低利で融通させたのであった。同行は従来もっぱら欧米向け外国為替・貿易金融を取り扱い、欧米専門の貿易金融機関的性格を持っていたが、ここに至って特に対中貿易金融機関としての機能を果たしていくことになった。99 年 1 月、正金銀行は、この間の中国輸出拡大及び「日清銀行」設立気運の醸成を背景として、対中国貿易業務拡大方針を打ち出し、神戸支店をこの業務の本部とすることを決定し、中国の貨幣制度や為替実況を調査すると同時に、5 月、東京出張所、7 月に長崎出張所、続いて 8 月、天津出張所を開設して日中貿易・為替金融業務（原綿輸入の資金調達と綿糸輸出金融）を強力に推進することにした[51]。それなのに 7 月、列国との新通商条約発効当時、海外に支店や出張所を持つ本邦銀

行は、正金銀行・第一銀行・京浜銀行など数行であった。しかも欧州諸国に支店を開設していたのは正金銀行だけであり、他行の支店はほとんどが東アジアの近隣諸国であった。正金銀行は、日本政府及び民間の支援の下その業務拡大を図り、当時すでに日本の外国為替・貿易金融のおよそ4割を占めていた。すなわち同行の支店と出張所は、国内に3店（神戸・東京・長崎）、海外に9店（ロンドン・リヨン・ニューヨーク・サンフランシスコ・上海・香港・天津・ハワイ・ボンベイ）が開設されていた。しかし新条約発効後の12月、正金銀行は定款を改正し、9出張所（東京・長崎・リヨン・サンフランシスコ・ハワイ・ボンベイ・香港・上海・天津）を支店とし、これを1900年1月に実施することとした。それに加えて1月4日、中国に牛荘支店を開設したものの、6月、北清事変が起こり、この影響の下、天津及び牛荘支店を休業したが、事変が終息に向かった9月、天津支店を再開、続いて11月、牛荘支店を再開した。そして、02年1月には北京支店も開設したのである（第6表：60頁参照）[52]。

以上に加えて6月、正金銀行は、中国において「在清国各支店資金運転方針」を打ち出し、銀価低落に伴う損失に備えて銀準備の積立を行い、また貸出・為替業務との相互関連の下に中国各店において銀預金の吸収に努め、11月以降には中国各店（天津・上海・牛荘・北京）において一覧払手形（円銀）を発行することにした。ここに新たな方法による銀資金の調達と正貨節約が試みられることとなったが、この場合資金調達は欧米優先とすると同時に、資金は為替リスク対策の一環としてロンドン支店に回金され、外貨資金の補充に向けられることになった[53]。04年2月、日露国交断絶により時局が切迫する中で、正金銀行は政府の内命を受けて、輸出為替を買い進めると同時に輸入為替を買い控え、資金をなるべくロンドン支店へ集中する方針を採ることにした。そして開戦後、同行の海外各店が、軍需品関係以外の買い入れを極力控えたものの、輸入為替が外国銀行に、輸出為替が正金銀行の手に帰着し、資金は外国銀行に集中し、ついに正貨の現送を余儀なくされた。この際正金銀行は、特別の高値で為替を外国銀行へ売却し、正貨流出の擁護に努めたのであった。

日露戦争後、戦後経営として事業を拡大させる正金銀行は、05年9月、新たに大阪支店を開設し、従来の輸出品を担保とする国内向け貸付金並びに外国為替に関する一連の金融業務に当たる一方、海外向け、特に対中貿易については、06年3月に自己資金及び日本銀行からの低利資金（年2分）をもって満州向け輸出拡大のため低利為替取組を開始することになった（高橋是清官令頭取の下）。5月、正金銀行は、「分立的営業法」を主軸とした金貨国と銀貨国間の為替取引、東アジア進出における銀資金の運用、そして中国（各店）銀資金（為替基）の上海支店への集中と為替出合の整理といった業務を推進した[54]。また満州において、同行各店は日露戦争中、軍票による日本・中国向け為替を取り扱い、軍票の価値維持及び流通の拡張に当たった。しかし戦後に至って軍票の整理・回収に伴い、日本を経由して上海向け軍票為替を取組、正貨の現送を企てるものが現れた。これを防止するため、政府は、06年1月、軍票為替の方針を改め、これ以降正金銀行牛荘支店が決定する為替相場をもって標準相場とすることを決定した。
　そして、その後の07年10月、アメリカに勃発した恐慌とその欧州への波及した影響で世界の銀相場が落勢に転じた。その中で上海支店における銀資金（為替基630万両）の持値引き下げの必要が生じたため、この年末銀貨準備金（48万円）を割いて損失を補充することにした。銀価暴落は、対中国為替の高騰、中国の市場購買力萎縮をもたらすと共に、日本の輸出貿易に打撃を与えることとなったが、正金銀行はこの業務上の困難を招いたものの、それが直接損失とならずに済んだ[55]。この間、正金銀行は06年3月、大連及び奉天出張所を支店に昇格させ、店舗の充実を図り、さらに7月、安東県に出張所を開設した。これに続いて8月、「九省之会」と呼ばれ、中国奥地の長江に沿う枢要な開港場である漢口に、また翌年2月には南北満州交通の要所となっている長春に新たに出張所を開設した。こうして正金銀行は、08年、金貨国・銀貨国間「為替出合法」の整理に当たり（05年6月、同行は芝罘出張所を開設、その後の09年9月に閉鎖）、上海支店を日中各店の中央統轄店として改正を行うこととした。10年2月、同行満州各店はすべて円金部を設けて金取引をも開始し、地方各店に対する金為替取引については、大連支店

を統務店とすることにし、5月、満州各店からほかの地域に向ける銀為替の統務事務を牛荘支店から大連支店に移した。そして満州における銀行券発行は先に牛荘支店から大連支店に移し、円金為替の統務店は、最初から大連支店としてあり、ここに銀為替の統轄事務もまた大連に移すことにして、6月1日から実行したのであった。

こうした中で、この間貿易逆調、国際収支の赤字により日本銀行は正貨準備を激減させ、11年7月、この対策の一つとして正金銀行との円資金供給方式の見直しを打ち出した。その結果、正金銀行はこれまでの「外国為替手形再割引制度」に代えて新たに外国為替手形を手当とする「外国為替貸付金制度」の方式により政府の低利資金の供給を受けられることになった。同行はこの新たな制度を通して、これまで以上に政府の低利資金の供給を増加させることとなった。また東アジア進出に関連しては、依然として国庫金（金銀）取り扱い、銀預金の吸収などをもって金融調整に当たることになった[56]。そして10月、辛亥革命の動乱とこれが中国全域へ波及する情勢の中で、正金銀行は貿易取引が増加しているインドのカルカッタに出張所を、そして11月、農産物輸出の増加とそれに伴う農産物取引所の設立を果たした満州・開原に鉄嶺出張所の分店を、それぞれ置くこととした。さらに続いて12年11月、この間日本商品の進出が目覚ましく農産物取引の中心となっている北満州・ハルビンに、また13年11月、貿易の発展が著しい中国山東省の青島に、それぞれ出張所を開設し、為替業務に当たることにした[57]。なおかつ資金循環を見てみると、正金銀行は欧米地域への生糸の輸出代金をロンドン支店を経由して日本へ、また英印から原綿の輸入資金としてボンベイ支店へ回金し、その余剰資金が日本へとそれぞれ回金され、その一方で、東洋地域への綿糸製品の輸出金融を促進するため、代金を上海で決済し、ロンドンとボンベイ支店を経由して、資金循環基軸の資金量を調整し、余剰となった資本を日本に回帰させることにしたのである。

しかし07年以降の恐慌過程の中で、正金銀行は上海支店の銀預金の吸収が反転増加し、ほかの支店へ回金するという情況を呈することになった。これ以降、在中国各店において銀預金の吸収が促進され、11年に至り銀資金が

過剰傾向を示したため、後に見るように対中国貸付、公債の引き受けに当てられる一方で銀価暴落による損失が予想されたため、政府の為替基（銀）を減少する方針を採り、銀資金の廃止を検討することとなった。その結果、13年6月、正金銀行はこれまで上海支店に置いていた銀資金（約500万円）をロンドン支店に回金し、9月、ついにこれを全廃した[58]。こうした経緯で同行は対外進出を進め、銀貨国・金貨国間の為替取組を通して金融調整に当たり、政府と日本銀行の外貨資金の統制・強化の下に、在中国支店においては現地預金をもって調整することにし、日本銀行からの為替資金は日本とロンドン支店に設置し緊急時に備えることとした。これに外債発行・引受による導入外資をもって日本銀行の正貨準備を確保し、かろうじて金本位制の維持を図ることができたのである。

第4節　大陸進出と横浜正金銀行の対外業務

1．大陸進出と横浜正金銀行の植民地金融機関化

　正金銀行は日露戦争を契機に大陸への進出を加速し、占領地において国庫金及び軍票を取り扱うなど植民地金融機関の業務を担当し、金融の調整に当たり、政府の正貨維持政策に対応することとなった。

　すなわち1904（明治37）年2月、日露が国交断絶して開戦となった。日露戦争は、日本資本主義にとって過重な経済負担を課すものとなったが、政府は中国進出（占領地）においては軍票の使用をもって戦費の確保、正貨の節約に当たることとした。まず政府は中国における一覧払手形発行（02年11月以降）の実績を基礎に正金銀行へ軍票取り扱いの特権を与え、日本銀行代理店として国庫金事務を担当させることとした。これを受けて7月、戦局の拡大に伴い金庫設置地域は満州各地にまで拡大し、牛荘地域が日本軍の占領に帰した8月、正金銀行は満州における日本銀行代理店として、国庫金の取り扱い並びに軍票の交換事務に当たるため、8月に大連、11月に遼陽、1905年4月に旅順口、5月に奉天、6月に芝罘、8月に鉄嶺など戦域及び軍事上重

要な場所に支店あるいは出張所を開設した[59]。こうして 05 年 1 月、正金銀行は政府の軍票政策（価格維持・流通拡張・信用増進）に対応して、牛荘支店において軍票の預金受入業務を始めたが、そのほかに軍事支払いの便宜、正貨の海外流出防止などを目的とした軍票の引替・時価買入などを業務としていた。日本軍の有利な戦局の展開によって、軍票の信用は徐々に高められ、7 月、戦後の満州金融支配政策についての構想が検討された際には、この実績が当面の植民地金融支配の総括機関たる地位に相応しいものと評価されることとなったのである。

　ところで日露戦争当時、満州地方においては一定の貨幣制度はなく貨幣比価も市価の変動に大きく左右されるという事情の下にあった。こうした情況の中で銀貨兌換の銀行券による幣制統一が期待されていた。日露戦争後政府は満州に一大銀行を新設し、この地方金融の枢軸として当らせることを論議していたが、11 月、正金銀行を利用する方針を閣議決定し、これが 12 月、「満州幣制統一其他ニ関スル特別命令」（官房秘第 3487 号）として令達された。これを受けてほどなく、正金銀行は牛荘支店を兌換所と定めた一覧払手形（円銀紙幣）の製造・発行に当たると同時に、流通している軍票を引き継ぎ、これをもって軍票の回収・整理と同地金融上の施行を促進させ、満州幣制の整理統一を進めることにした。この場合、軍票の活用は戦地における軍事経費の支払いに充てると同時に、正貨の海外流出防止と正貨節約を図り、日本銀行の正貨準備減少を阻止する役割を果たした[60]。その結果満州における一覧払手形の発行は、単に軍票の回収を円滑にするばかりでなく、これをもって金融的包摂たる満州幣制統一の基礎とし、日本の金融的・経済的支配権を固めようとするものにほかならなかった。

　そして 1906 年 3 月、政府は満州における軍票の整理及び正金銀行の一覧払手形をもって同地金融上に施行することについては、各機関相互の意志疎通を図り一致の行動を採ることの必要を認め、4 月、正金銀行のほか中国駐在の関係官憲に政府の方針を訓達した。これを受けて 6 月、正金銀行は軍票の預金受入業務を遼陽支店・奉天支店・大連支店・その後さらに芝罘支店・天津支店においても開始し、業務の伸張に努めた。その上に 8 月、政府が軍

票に関する一切の業務を正金銀行に引き継ぐこととしたため、この預金の吸収も同行自身の計算をもって行うことにした。ここに正金銀行は、各店それぞれ軍票預金の吸収に専念し所期の成果を収め、この業務を終了させることになった[61]。なお、7月に正金銀行は満州・安東県に出張所を開設したが、朝鮮の対岸に位置する同地にはすでに第一銀行が出張所を設けて国庫金を取り扱っていた。しかし政府の方針により満州における同事務は、すべて正金銀行が取り扱うことを便としたので、同行は、第一銀行と協議のうえ、同地に出張所を設けて普通業務のほか国庫金も取り扱うことにした。こうして満州において正金銀行は、政府の軍票の整理・回収及び同地方の金融方針に沿って、牛荘支店を統轄店として一覧払手形を発行し軍票の整理・回収に当たり、これが政府貸上分として国庫に納入された。その後の8月、政府が幣制統一に向けて一覧払手形を銀行券と公認したのを受けて、同行は銀行券発行及び軍票勘定の総合事務を大連支店に移し、軍票の整理・回収、銀行券の流通・拡大を図った。そして9月、正金銀行は、政府の「関東州及び清国における正金銀行の銀行券に関する勅令」（勅令第247号公布、1906年10月15日施行）を受けて、外務・大蔵両大臣監督の下に中国本部において「円銀」兌換の銀行券（鈔票）を発行することとなり、同行の既発の一覧払手形及びすでに1902年以降発行済みの一覧払手形は、すべてこの勅令下に発行された銀行券として見なされることになったのである[62]。

　このように、正金銀行は満州において事実上、中央銀行券発行銀行のような役割を果たすことになったが、07年以降の恐慌の過程と銀価暴落の影響の下に銀行券の流通が停滞傾向を呈することになった。こうした状況の中、09年12月、政府は、結局、円銀本位制による幣制統一の方針を転換することにしたのであった。すなわち政府の方策は、中国政府との協調の上に勅令が公布されたものではなく、また当地ににおいて現地通貨の使用が禁止されたわけでもなかったため、日本円銀及び正金銀行券をもって多数の銀通貨が混在する満州の幣制統一を進めることは困難を極めた。また満州への移民の増加に伴って日本銀行券を同地に持ち込み使用する者が増加し、政府出先機関も日本銀行券の使用を認めていたため正金銀行の通常取引には金銀を使用せ

ざるを得なかったことや、正金銀行に対抗して中国政府が創設した奉天官銀号との競争などから、満州における円銀・正金銀行券を中心とする幣制統一は容易に実現せず、この課題はついに挫折を余儀なくされたのであった[63]。

　その後満州においては、安奉線の広軌改築工事、鴨緑江架橋竣工の完成による鮮満列車直通運転及び鮮満国境間の関税軽減（13年）などの現実を反映して満州貿易が発展し、これと財政難に伴う紙幣乱用を原因とする銀価の暴落、銀流出が相乗して、金本位による取引・金券の需要増加の下に、日本銀行券・朝鮮銀行券（いずれも金券）の流入が激増することになった。そして、さらに「鮮満経済一体化」（円系通貨圏）構想に基づく朝鮮銀行の満州進出と同行銀行券（金券）の流通が公認されるのと前後して、正金銀行は10年2月以降各地に金勘定を設定し、政府の特別な便宜を得たのに加えて、13年7月、新たに金券を発行し、円銀本位を円金本位に改め、貿易・商業金融及び国庫金の取り扱いに対応することにした[64]。すなわち、10月、正金銀行は政府（大蔵省）の「正金銀行の満州・中国における銀行券に関する勅令（第250号）」（勅令第247号を改正して）に沿って、満州で新たに金貨または日本銀行兌換券を兌換準備として、関東州及び中国において強制通用力を有する金券を発行し（5年の期限付き）、従来の銀券（円銀兌換券）と共に通用させることとした。これと同時に、鮮満経済関係の進展を反映して朝鮮銀行の満州進出が認められることになり、朝鮮銀行の満州支店開設、さらに満州への金券流通拡大が許可され、ここに正金銀行と朝鮮銀行の満州通貨政策体系における統一性を欠いた競合関係が開始されることになった[65]。こうした情勢の中で正金銀行は、大陸進出において軍票や国庫金の取り扱い、軍票預金・銀預金の吸収など植民地金融機関の業務を担当し、これらが金銀資金の調達・吸収及び正貨の節約となり、日本銀行の正貨準備減少を阻止する役割を果たすことになったのであった。

2．大陸進出と横浜正金銀行の植民地金融業務

　日露戦争後の日本資本主義にとって依然として正貨準備の枯渇問題は解消されず、政府はその解決策を外資導入に求めざるを得なかった。他方では

「戦後経営」として軍備拡張や植民地経営と共に、日本興業銀行・正金銀行などの特殊銀行を通して国家的な資本輸出に当たらせ、この資本輸出は、とりわけ大陸の満州・中国各地に対する金融・投資・借款供与など多様な形をとり推進された。

　中国では、正金銀行は先に見たように日露戦争後期には「在清国各店資金運転方針」（02年6月）に沿って上海支店・天津支店・北京支店の各店で本格的に銀預金を吸収し、その一部を上海支店に回金するという構造を形成していたが、これを中国官辺に対する貸付や直隷省公債などの引き受けに充てることにした。すなわち、日本資本主義にとって鉄鋼原料の長期確保が必要とされるところであったが、日本の製鉄所関係者間では、この間鉄砿購入額の増加に苦心していた。こうした折から、また07年12月に正金銀行は政府の内命を受けて漢冶萍煤鉄公司との間に八幡製鉄所の要する鉄鋼原料を長期的に確保することを目的として巨額の借款契約（金30万円、5カ年賦）を締結し[66]、さらに翌年以降、同行上海支店は漢冶萍煤鉄公司と向こう15年間にわたる八幡製鉄所向け原料確保を目的とした数次の借款を行った。

　これに対して満州においては、上述のように満州の開発と日本商工業者の事業増加が進むにつれて、その金融を成す独立の特殊金融機関設立要請が次第に盛んとなり、09年3月、この設置要請案が第25回帝国議会で可決された。しかし政府は協議の結果、こうした満州特殊銀行の設立はひとまず見合わせ、正金銀行の満州における業務の新設と業務範囲の拡張をもってこれに応えることとした。政府は、同行が中国方面においては貿易金融の貸付、満州では不動産貸付まで業務を拡大することによって、特殊銀行の創設に代え得るものとしたのであった[67]。10年5月、政府は満州金融機関として新たな特別銀行を設置する代わりに、正金銀行に特別貸付取扱を命じ（官房秘第138号）、その資金として金300万円を日本銀行経由で融資した。7月、同行はこの命を受けて、満州各店で在満邦人向けに長期特別貸出を開始した。正金銀行は、新たな業務拡大によって在満邦人に対し事業金融の特別貸出、いわゆる長期特別貸出を実現し、為替銀行のほか、金銀発券銀行、不動産抵当銀行として日本の大陸政策における帝国主義的進出の金融的先兵なる役割と

活動を果たすことになったのであった。しかし、同地には日本銀行券及び朝鮮銀行券の金券が激増する中で、金券兌換市場やその機関もなかったことから、金券及びその兌換機関の創設要望が多発した。また翌年中国各地において特別貸付が開始され、貸付規模、その範囲の制限などをめぐって、その事業資金供給のための特殊銀行設立が強く要請され、ここにいわゆる満州金融問題が再燃することとなったのである[68]。

こうした中で中国では、11年11月に辛亥革命が勃発し、清朝は崩壊すると共に、12年1月には中華民国が成立した。そこで3月、正金銀行は新（北京）政府との間で旧政府の債務関係を継承すると同時に、日本政府の内命により漢冶萍煤鉄公司に対して、同公司が八幡製鉄所へ売り込む鉱石代金で返済する条件の下に、金300万円の貸付契約を締結した。さらに13年12月、政府内命により、漢冶萍煤鉄公司の旧債整理、業務拡張のため、1,500万円の貸付契約を締結し、14年1月、これに関する特別契約を締結することにした。なお、これに加えて06～12年にかけて在満支店に蓄積された銀資金をもって、直隷省公債（銀240万両）、湖北省貸付（銀290万両）、両江総督（銀100万両）、奉天総督（銀220万両）、郵伝部公債（銀220万円）、湖南省官銭局（銀50万両）の対中特殊借款を成立させた。このほかに正金銀行は、11年3月、中国政府「五分利付郵伝部鉄道借款（1,000万円）」の募集に応じ、発行・引受に当たったのであった[69]。

清朝倒壊後、欧米列強は政治工作による干渉及び武器借款などの援助、軍閥専制政権の援助を目的とした政治借款（四国借款団、英・仏・独・米）を与え、同時に日露への対抗・牽制を画策したが、日露の強力な抵抗によりついに目的を果たせず、この画策は破綻を余儀なくされた。日本はこうした列強の東アジア政策に対抗して満蒙分離工作及び華中利権工作などの積極政策を展開する一方、満蒙における特殊権益保留を条件として四国借款団にロシアと共に新たに加入し、六国借款団の一員として借款供与に参加することとなった。しかし、アメリカは列強と対立・紛糾を重ねたあげく、この借款団を脱退することになった。その後、五国借款団によって袁世凱政権との間に善後改革借款が成立し、日本はこの借款の一部を引き受けることとなった。

すなわち13年4月、正金銀行は政府の内命によりいわゆる「五国財団善後借款」（英・仏・独・露・日団体）に日本代表として加わり、中国政府「五分利善後借款（2,500万ポンド）」のうち500万ポンドを引き受けた。しかし当時日本は外貨資金不足によって借款授与の余力がなく、やむなく英・仏・独に外債の発行・引受を依頼し、その協力の下に資金調達し、正金銀行は借款団の一員としての役割を辛うじて果たしたのであった[70]。

このように植民地及び中国本部における勢力圏の経営によって、輸入外資をもって東アジア進出を図るといういわば依存と侵略の軍事的な後発日本の帝国主義的再生産構造の体系が形成されることになった。しかしながら9月、五国借款団が政治借款及び貨幣借款を除いた、いわゆる経済借款をそれぞれ各国に自由化したため、金融・資金力で列強に劣る日本は、対中国進出の政治的・経済的な後退を余儀なくされることとなった。そしてこの時期の中国をめぐる列強の金融的争覇は、主に英・米・日の対立に収束されつつあったが、この間正金銀行は銀資金及び導入外資をもって資本輸出に当たり、他面で金融調整を図ることを通して日本銀行の正貨準備・維持対策を支援し、金融的には、辛うじて金本位制の維持に寄与したということができる。

むすび

以上、日清戦争前後から第一次世界大戦前夜に至る時期における正金銀行は、欧米列国の経済変動の下、外国銀行が経営不振に陥る中で、その金融業務を拡大すると同時に、さらには植民地金融に進出し、新たな業務を担当することとなった。

すなわち1890年代初期以降世界的に銀価が急落し、銀本位国日本は本位制の見直しを迫られることになったのである。政府は貨幣制度調査会においてこの問題等を検討したが、日清戦争の勝利によってその環境・条件が整い、金本位制を実施に移した。その際正金銀行は、日清戦争による賠償金の保管・回送さらには金本位制確立後には一円銀貨の金券との交換及び売却に当たっ

たほか、対外進出特に対中国貿易の拡大を通して外国為替業務も増加させることになった。

　1900年代以降、国際的な金本位制の普及の下、日本の急速な経済的発展と軍事財政を反映した貿易逆調の結果、日本銀行は正貨準備を急減させ、新たに軍備調達と金本位制崩壊の危機に直面した。政府は、緊急に戦費調達と正貨準備の補充に当たらねばならなかったが、そのとき大きな役割を果たしたのが外貨資金であった。正金銀行は政府の正貨準備・維持対策に対応し、これ以降数次の外債の発行・引受に当たった。そして同行は、この間日本銀行との円資金供給方式を通した低利資金の給付により外国為替取組を果たしてきたが、幾度かの恐慌に見舞われた外国銀行が経営不振に陥り消長を繰り返すという情勢の下、外国為替の取組そして在外正貨の売却などで外国銀行に対抗し、業務の拡大及び貿易商権の回復に努めた。

　さらに海外進出において、正金銀行は金本位制の確立後新たに銀通貨圏中国への進出を強め、支店・出張所を開設し、為替金融のほか銀資金の吸収、アジア・欧米間為替資金の調整など新たな業務が加わることとなった。また植民地金融においては、日本軍の進出に伴い支店・出張所を開設し、国庫金のほか軍票の取り扱い、銀行券発行、さらに資本輸出（長期特別貸出、国際借款）に当たっては、金融の調整に努めたのである。

　以上、この間正金銀行は、日本資本主義の帝国主義化の過程に要請された海外市場の拡大、大陸進出さらには国際的な金本位制の普及の中で通貨・信用制度の改変・調整等の課題を果たし、国家的支援を背景に、対外金融機関という特殊銀行の立場から外国為替・貿易金融、さらには植民地金融機関として植民地金融の業務を担当し、極めて重要な役割を果たすこととなったのである。

第Ⅱ部　日本資本主義の帝国主義的発展と横浜正金銀行

【注】

1) 中国は、日本への賠償金（2億3,000万両）の支払いに充てるべく、その資金を露仏（95年、4億フラン）、英独（第1次、96年、1,600万ポンド、第2次、98年、1,600万ポンド）の借款に依存したのであるが、かかる借款は、帝国主義列強の資本輸出の1つの形態にほかならなかった。
2) 英修道『満州国と門戸開放問題』日本国際協会、1934年、46-50頁。A.W. グリスウォルド著、柴田賢一訳『米国極東政治史』ダイヤモンド社、1941年、第Ⅱ章。江口朴郎『帝国主義時代の研究』岩波書店、1975年、173-177頁。
3) 信夫清三郎編『日本外交史：1853-1972　第Ⅰ巻』毎日新聞社、1964年、209-211頁。E.M. ジューコフ監修、江口朴郎・野原四郎監修『極東国際政治史　1840～1949　上』平凡社、1957年、206-208頁。松本重一「両大戦間期のアジアと日本資本主義（Ⅰ）」中央学院大学『中央学院大学論叢』第14巻第1号、1979年、17-18頁。
4) 大内力『大内力経済学大系　第七巻——日本経済論　上』東京大学出版会、2000年、306頁。江口、上掲書、第3章第2節。松本、上掲書、18-19頁。
5) 楫西光速・加藤俊彦・大島清・大内力『日本資本主義の発展　Ⅱ』東京大学出版会、1975年、214、292-293頁。高橋誠「日清戦争後の財政・金融問題」楫西光速編『日本経済史大系　6　近代　下』東京大学出版会、1965年、118-134頁。
6) 大内、上掲書、313-318頁。楫西他、上掲書・発展Ⅱ、303-305頁。
7) 楫西他、上掲書・発展Ⅱ、306-309頁。高橋誠『明治財政史研究』青木書店、1964年、205-206頁。
8) 大島清『日本恐慌史論　上——明治年代の恐慌』東京大学出版会、1952年、349-355頁。柴垣和夫「積極政策とその財政的帰結」宇野弘蔵監修『講座　帝国主義の研究　両大戦間におけるその再編成　6　日本資本主義』青木書店、1973年、62-69頁。
9) 楫西他、上掲書・発展Ⅱ、215頁。大島、上掲書、第2章3・4節。エリ・ア・メンデリソン著、飯田貫一他訳『恐慌の理論と歴史　下巻——経済恐慌と経済循環の理論と歴史　3』青木書店、1967年、第5章。
10) 楫西他、上掲書・発展Ⅱ、253-255、257-261、271頁。
11) 大島、上掲書、319-323頁。大内、上掲書、319-333頁。楫西光速・加藤俊彦・大島清・大内力『日本資本主義の発展　Ⅲ』東京大学出版会、1959年、476-481、490-493、495-499頁。有沢広巳監修『日本産業百年史　上　開国から太平洋戦争まで』日本経済新聞社、1966年、145-149頁。
12) 楫西光速・加藤俊彦・大島清・大内力『日本資本主義の発展　Ⅰ』東京大学出版会、1957年、61-65、77-79頁。
13) 楫西他、上掲書・発展Ⅱ、281-288頁。

14) H.B.Russell, International Monetary Conferences, N.Y. and London, 1898, pp.376-403, pp.591-611. 齋藤利三郎『国際貨幣制度の研究――ラテン貨幣同盟を中心として』日本評論社、1940 年、125-131 頁。
15) A.B.Hepburn, A History of Currency in the United States, rev. ed, 1924, p.350.Timberlak, R.H.Jr., The Origins of Central Banking in the United States, 1978, p.163. 塩谷安夫『アメリカ・ドルの歴史』学文社、1975 年、85-88 頁。片山貞雄『ドルの歴史的研究――誕生より連邦準備制度まで』ミネルヴァ書房、1967 年、185 頁。佐藤恵一「19 世紀末葉アメリカにおける本位論争の一帰結――1878 年ブランド・アリソン法の成立をめぐって」『(茨城大学) 政経学会雑誌』第 30 号、茨城大学政経学会、1973 年、188-189 頁。
16) Greul B., Die Lateinische Munz-Union, 1926, S.106-107. Frauz,E.., Die Verfassung der Staatlichen Zahlungsmitteis Itaiiens seit 1911,, S.133-134. 齋藤利三郎、上掲書、161-166 頁。
17) Jathar G.B. & Beri S.G., Indian Economics, Jather, Beri. vol.Ⅱ, 1939, chap.Ⅶ.Ⅷ. 東亜研究所訳『印度の通貨と為替』東亜研究所、1940 年。J.M.Keynes, Indian Currency and Finance (1913), in The Collected of John Maynard Keynse, vol, I, London, 1971, p.20, footnot. 1913、則武安夫／片山貞雄訳『ケインズ全集 第一巻 インドの通貨と金融』東洋経済新報社、1977 年。P.A.Wadia and G.N.Joshi, Money and the Money Market in India, Macillian and co. London, 1926. 矢内原忠雄『帝国主義下の印度 矢内原忠雄全集 第 3 巻 (植民地政策研究 第 3)』岩波書店、1963 年、第二章。
18) 吉岡昭彦『帝国主義と国際通貨体制』名古屋大学出版会、1999 年、164-165 頁。
19) 齋藤利三郎、上掲書、166-182 頁。
20) 金原賢之助『世界経済の動向と金本位制』巌松堂書店、1934 年、25-26 頁。塩谷、上掲書、93-94 頁。A.Nussbaum, A History of the Dllar, Columbia University Press, 1957, (浜崎敬治訳『ドルの歴史』法政大学出版局、1967 年)。
21) Karl Helfferich, Das Geld, Leipzig, 1923, S.187-188.
22) この場合、すでに発布されていた「貨幣条例」(1901 (光武 5) 年、露人財政顧問アレキセーフの献策) を基礎に、日本の金本位制と共通とし、貨幣の基礎を法定し、日本と共通の貨幣制度を確立したのである。
23) 鈴木武雄『円――その履歴と日本経済――』岩波書店、1963 年、143-149 頁。島崎久彌『円の侵略史――円為替本位制度の形成過程』日本経済評論社、1989 年、37-43 頁。
24) 宮下忠雄『中国幣制の特殊研究――近代中国銀両制度の研究』日本学術振興会、1952 年、472-486 頁。廣畑茂『支那貨幣・金融発達史』叢文閣、1939 年、23-26 頁。渡辺長雄『新中国通貨論――幣制とインフレーションの発展』世界経済調査会、1948 年、2-5 頁。

25) 鈴木、上掲書、155 頁。
26) 加藤俊彦『本邦銀行史論』東京大学出版会、1957 年、97-98 頁。
27) 鈴木、上掲書、120-121 頁。東京銀行編『横浜正金銀行全史　第二巻』東洋経済新報社、1981 年、77-79 頁。
28) 楫西他、上掲書・発展Ⅰ、186-189 頁。高橋、上掲書、139-143 頁。
29) 高橋、上掲書『明治財政史研究』、182 頁。小島仁『日本の金本位時代（1897〜1917）：円の対外関係を中心とする研究』日本経済評論社、1981 年、87-88 頁。
30) 東京銀行編、上掲書・第二巻、83 頁。
31) 東京銀行編、上掲書・第二巻、85 頁。高垣寅次郎・吉田政治・岡田俊平『銀――本位通貨史における役割――』清明会出版部、1969 年、305 頁。
32) 東京銀行編、上掲書・第二巻、89-90 頁。高橋、上掲書『明治財政史研究』、187 頁。
33) 横浜正金銀行編『横浜正金銀行史』西田書店、復刻版、1970 年、228-229 頁。
34) 横浜正金銀行編、上掲書、240-242、247、249-256、260-262 頁。東京銀行編、上掲書・第二巻、97-107 頁。日本銀行百年史編纂委員会編『日本銀行百年史　第二巻』日本銀行、1982 年、170-171 頁。大蔵省編『明治大正財政　第 15 巻』財政経済学会、1957 年、338-339、355-360 頁。
35) 渡辺佐平・北原道貫編『現代日本産業発達史　第二十六巻　銀行』交詢社出版局、1966 年、310-312 頁。
36) 吉野俊彦『日本銀行』岩波書店、1969 年、42 頁。高橋、上掲書『明治財政史研究』、199-203 頁。伊藤正直「日露戦後の日本金本位制と中央銀行政策」藤瀬浩司・吉岡昭彦編『国際金本位制と中央銀行政策』名古屋大学出版会、1987 年、381-386 頁。
37) 東京銀行編、上掲書・第二巻、106-107、118 頁。
38) 東京銀行編、上掲書・第二巻、143-144 頁。横浜正金銀行編、上掲書、373-376 頁。
39) 立脇和夫『外国銀行と日本――在日外銀一四〇年の興亡』蒼天社出版、2004 年、23 頁。大隈重信編『開国五十年史　下巻』原書房、1970 年、629-633 頁。
40) 立脇、上掲書、94 頁。
41) 東京銀行編、上掲書・第二巻、83 頁。
42) 波形昭一「日清銀行法案の作成過程」渋谷隆一編著『明治期　日本特殊金融立法史』早稲田大学出版部、1977 年、第Ⅰ部第 3 章。「日清銀行設立の請願」『東京経済雑誌』第 1095 号、経済雑誌社、1901 年 8 月。
43) 東京銀行編、上掲書・第二巻、209-211 頁。渡辺他編、上掲書、308-312 頁。
44) 立脇和夫『在日外国銀行百年史　1900〜2000 年』日本経済評論社、2002 年、14-19 頁。
45) 横浜正金銀行編、上掲書、411-415 頁。
46) 立脇、上掲書『在日外国銀行百年史』、19-21 頁。

47) 斉藤寿彦「金本位制下の在外正貨」国際連合大学『人間と社会の開発プログラム研究報告』同、1981 年、43-49 頁。深井英五『回顧七十年』岩波書店、1941 年、84 頁。P.H.Lindert, Key Currencies and Gold 1900-1913, Princeton, 1969, pp.10-11, 18-19.
48) 東京銀行編、上掲書・第二巻、69 頁。横浜正金銀行編、上掲書、146 頁。
49) 東京銀行編、上掲書・第二巻、73 頁。斉藤寿彦「横浜正金銀行の本来の外国為替銀行化過程」『三田商学研究』第 28 巻第 5 号、慶応義塾大学商学会、1985 年 12 月、85 頁。
50) 東京銀行編、上掲書・第二巻、67-69、72-74 頁。横浜正金銀行、上掲書、120-132 頁。
51) 東京銀行編、上掲書・第二巻、83-88 頁。通商産業省編『商工政策史 第五巻』商工政策史刊行会、1965 年、393-403 頁。
52) 東京銀行編、上掲書・第二巻、88-91 頁。立脇、上掲書『外国銀行と日本』、98-99 頁。
53) 東京銀行編、上掲書・第二巻、96 頁。大蔵省編、上掲書、412-417 頁。土屋喬雄・山口和雄監修、日本銀行調査局編『図録 日本の貨幣 10——外地通貨の発行（1）』東洋経済新報社、1974 年、103-104 頁。平智之『日本帝国主義成立期 中国における横浜正金銀行」『東京大学経済学研究（東京大学）』第 25 号、1982 年 11 月、東京大学経済学研究会、72-73 頁。
54) 東京銀行編、上掲書・第二巻、97、107-123 頁。横浜正金銀行編、上掲書、270-275、286-290、310-323、415-417 頁。斉藤寿彦、上掲書「金本位制下の在外正貨」、49 頁。
55) 東京銀行編、上掲書・第二巻、125-126 頁。大蔵省編、上掲書、145 頁。楫西光速・加藤俊彦・大島清・大内力『日本資本主義の発展 Ⅲ』東京大学出版会、1959 年、493 頁。
56) 東京銀行編、上掲書・第二巻、137、144-156 頁。横浜正金銀行編、上掲書、410-419 頁。
57) 横浜正金銀行編、上掲書、401-409、426 頁。
58) 東京銀行編、上掲書・第二巻、110、153-154 頁。土屋他監修、上掲書、108 頁。
59) 東京銀行編、上掲書・第二巻、100-103 頁。
60) 吉野俊彦『我国金融制度の研究』実業之日本社、1952 年、324-325 頁。大蔵省編、上掲書、355-362 頁。東京銀行編、上掲書・第二巻、118、138-141 頁。
61) 大蔵省編、上掲書、384-390 頁。今村忠男『軍票論』商工行政社、1941年、38-45 頁。
62) 横浜正金銀行編、上掲書、310、313、328-329 頁。島崎、上掲書、87-88 頁。大蔵省編、上掲書、313、334、344、418 頁。金子文夫『近代日本における対満投資研究』近藤出版社、1991 年、36-37 頁。
63) 渡辺他編、上掲書、312-314 頁。通商産業省編、上掲書、406-407 頁。
64) 満史会編『満州開発四十年史 下巻』謙光社、1964 年、838-839 頁。横浜正金銀行編、上掲書、415-417 頁。島崎、上掲書、91-95 頁。
65) 満史会編、上掲書、838 頁。東京銀行編、上掲書・第二巻、154 頁。金子文夫、上掲書、157-160 頁。「正金銀行の金券発行」東京経済雑誌社『東京経済雑誌』1703 号、

1913 年 6 月 1 日。
66) 渡辺他編、上掲書、314 頁。東京銀行編、上掲書・第二巻、126 頁。
67) 通商産業省編、上掲書、415-422 頁。大蔵省編、上掲書、340-343 頁。
68) 東京銀行編、上掲書・第二巻、144-145 頁。満史会編、上掲書、838-839 頁。
69) 東京銀行編、上掲書・第二巻、150、156 頁。東亜研究所編『日本の対支投資　上巻』東亜研究所、1974 年、65-66 頁。
70) 渡辺他編、上掲書、314-315 頁。楫西他、上掲書・発展Ⅲ、571-577 頁。安藤実『日本の対華財政投資——漢冶萍公司借款』アジア経済研究所、1967 年、35-73 頁。東京銀行編、上掲書・第二巻、147-152 頁。

第 4 章

日本資本主義の帝国主義的発展と横浜正金銀行の対外業務

はじめに

　第一次世界大戦は、世界の再分割を賭した世界史上最初の帝国主義世界戦争として勃発した。この大戦は交戦諸国に長期にわたって多大なエネルギーの消耗をもたらし、ヨーロッパ列強が東アジアから後退する反面、日米、特に日本の対抗的進出が激しくなり、極めて侵略的な進出政策を展開するに至った。

　この時期の日本資本主義は、交戦諸国の金銀輸出禁止、日米の金銀輸出禁止、アメリカのピットマン法制定の影響の下、銀価が高騰し、為替相場が上昇する中で、輸出入貿易は拡大し、とりわけ輸出奨励・正貨獲得の国家政策に沿って、大きく貿易出超を記録した。しかし国際金本位制の機能停止の中で、国際金融市場が変貌し輸出代金が回金されず、在外資金として累積されることになり、外国為替銀行は輸出資金難に陥ることとなった。これに対し政府と日本銀行は為替資金の貸し付け、在外資金の買い入れ、他方では正貨の処理、また「戦時為替調節委員会」の設置などをもって輸出金融の疎通を図った。横浜正金銀行は、外国為替貸付金制度、在外資金の売却、正貨の処理など政府と日本銀行との協調関係の下、通貨・為替の調整に当たった。その上に、貿易市場の拡大、アジア為替決済機構の変化に伴い、外国為替・貿易金融業務への本邦銀行の進出と同時に、外国為替銀行の再編が進み、同行は本邦外国為替銀行及び外国銀行と対抗関係の下に海外進出・業務の拡大を

113

図り、為替資金の疎通、外貨間の為替繰り調整などに当たることとなった。

また大陸植民地においては、寺内正毅内閣の下で対外金融機関の再編が進み、満州において正金銀行は、これまでの植民地金融機関の役割を金円通貨流通圏の拡大を図る朝鮮銀行と東洋拓殖株式会社に譲り、唯一円銀券（鈔票）の発行を継続することになった。またヨーロッパ諸国の中国投資の途絶を背景に、寺内内閣の進める大陸半植民地の領土・勢力圏への資本輸出においては、朝鮮銀行を中心に「西原借款」を、そのほかの資本輸出は正金銀行などがそれぞれ取り扱ったのである。

大戦終結後、交戦諸国の経済復興、アメリカの金解禁、1920年戦後恐慌後の銀価暴落、為替相場の下落の中で、日本の貿易は入超に転じ、外国為替銀行は在外資金の枯渇に陥るが、これに対し政府と日本銀行は、為替資金の貸し付け、さらには正貨の売却をもってこれに対応した。この際正金銀行は、金融市場及び正貨の払い下げによる資金調達と同時に、通貨・為替の調整に当たった。また、こうした中で、再び外国為替銀行の再編が進み、財閥系普通銀行の進出、外国銀行の後退が顕著となったが、同行は、この間正貨維持と為替相場維持という相矛盾した機能を担う中で、外国為替取扱高のシェアを低下させたものの、その過半数を維持していた。

そして、大陸植民地においては、大連取引所建値問題などを契機に再編の矛盾が表面化し、朝鮮銀行を中心とした金円通貨流通圏政策が打ち切りとなり、正金銀行の鈔票は依然として発行を継続することになった。さらに米英との対立・抗争関係の中で「西原借款」はほぼ崩壊し、朝鮮銀行は挫折することになるが、正金銀行は資本輸出を継続して行うことになったのである。

第1節　日本資本主義の帝国主義的発展と対外貿易

1．日本資本主義の帝国主義的発展と積極財政

大戦期、東アジア地域は、ヨーロッパ強国が後退する反面、日米の対抗的進出が激しくなり、とりわけ日英同盟を基礎とした日本は、これを契機に進

出を強化するが、大戦後米英の主導する「ワシントン体制」の下に封じ込められることになる。こうした情勢の下、日本の財政は軍事費を中心として経費が膨張し、数次の税制改革を行い対応したものの、この膨張はその後軽減されることなく続くこととなった。

　すなわち、ヨーロッパで交戦状態にあった列国の東アジア政策が後退する中で、日本は、1914（大正3）年8月、日英同盟（1911年7月、第三次日英同盟に調印）をテコに東アジアにおけるドイツ勢力圏に向けて参戦し、陸軍は山東半島と青島要塞を占領、海軍は10月中に膠州湾及び太平洋上のドイツ領諸島の攻略・制圧を完了したのであった。のみならず、中国本部への軍事的進出を画策した日本は、翌年1月、袁世凱政権に対していわゆる「対華21カ条」要求を突き付け、対華既得権の強化・拡大と対華独占的支配の拡大を図り、実質上の勢力範囲の拡大・強化をもって、欧米列強に対抗する地歩の確立を企図した。さらに「対華21カ条」要求の失敗を挽回しようとする政府は、段祺瑞政権援助政策、いわゆる「西原借款」をここで打ち出し、対華経済支配の確立を図るに至った。これは従来の対華六カ国借款団に加入していた日本が、アメリカの脱退（13年）、ドイツの大戦勃発による除外、ロシアの革命による落伍（17年）、英仏の参戦による自然消滅などの事情により、中国本部から後退したことを好機とし、対華借款供与の拡大・強化を狙ったものにほかならなかった[1]。この間、依然日米間の抗争が継続していたのであるが、17年4月、アメリカの対独参戦を契機に、日本はロンドン宣言・講和条約予備会議ですでに四国（英・仏・露・伊）との間に了承済であった日本の対華「特殊権益」をアメリカとの間にも交渉を進めることとし、その成果が11月、日米共同宣言、いわゆる「石井・ランシング協定」として結実した。日本はこれをまさに「政治的権益」、「対華21カ条」要求の承認との解釈をもって締結することにしたのである。しかし、この協定交渉・締結の背景には、常に日本の対中国進出政策に対するアメリカの強力な批判が基礎にあり、「特殊権益」の解釈の相違は、いずれ何らかの形で決着されなければならなかった[2]。

　一方、これと時を同じくして、ロシア革命が勃発し、日本の東アジア政策

の最大の協商国である帝政ロシアがこれによって崩壊し、ボルシェヴィキ政権が樹立されるに至った。ここに日本のこれまでの外交政策は一挙に崩れ去り、東アジア・世界外交上孤立の危機に陥ることになった。しかし、日本は、この革命の混乱に乗じて直ちに東部シベリアに出兵し、干渉戦争を開始する一方、18年5月、「独ソ〈ブレスト＝リトフスク〉条約（3月）」に対抗して「日華共同防敵軍事協定」に調印し、対露軍事強化策を整えた。と同時に、この間独ソ講和条約の成立・独軍西部戦線強化を重視した連合諸国は、ロシア革命への干渉を必要不可欠と判断し、日本軍を中軸とする連合国軍共同出兵を決定したのであった。日本はこの好機を利用して出兵強化を図り（18年6月、「帝国国防方針」改定）、11月、第一次世界大戦の休戦成立後もチェコ軍救援に続いて西南部シベリア・コルチャック新政権を支持し、日本軍の出兵活動（干渉戦争）はなお継続されることとなった[3]。

　ところで、第一次世界大戦は、18年11月11日、ドイツ帝政の倒壊・講和成立をもって終結した。講和会議は、翌年1月18日、パリ（ヴェルサイユ）で開催され、強国（米・英・日・仏・伊）を中心として運営されたが、その中心眼目は、言うまでもなく帝政ロシアの崩壊を前提としたドイツの処理とそれに基づく戦後ヨーロッパの再編にあった。戦後の世界再編と世界経済修復の基軸であったヨーロッパ再建の体制的枠組は、いわゆる「ヴェルサイユ体制」として、ワイマール・ドイツと新生東欧諸国を反ソ防壁として位置づけるべく成立する[4]。そして東アジアについては、中国の再分割をめぐる帝国主義的角逐が、米・英・日の対立を軸に展開されることとなった。中国に関しては、5月31日、米英を中心とする新四国借款団（米・英・仏・日）が結成されたが、これは大戦下の日本の「西原借款」供与に対抗すると共に、従来の政治借款に加えて経済借款を、さらにすべての対華借款を総括しようとするものにほかならなかった。これに対して、日本は借款対象より満蒙を除外するという要求を出したが、3国の反対にあい、結局、南満州の権益のみを対象外とすることを承認するに留まった。これによって、先の「石井・ランシング協定」における日本的解釈であった「特殊権益」は無力化することとなった。こうして日本の進出牽制に成功した米英は、続いて日英同盟更新

の阻止を画策し、この問題をワシントン会議へと持ち込み、この結果、大戦中以降日本の急速な中国進出と対シベリア干渉戦争の失敗を受けて、米・英・日の対立を軸にした中国をめぐる列強の利害を調整・共同管理し、極東ソビエトと、中国・朝鮮などアジア民族運動の高揚に対処するべく、いわゆる「ワシントン体制」が構築されることになった[5]。この際、太平洋・東アジア問題、軍備制限問題を主題とし、まず軍備制限については主力艦をそれぞれ制限することが決定された。また中国問題については、22年2月、9カ国条約の締結によって門戸開放・機会均等の原理をもってするアメリカの主張が承認されることとなった。そして東アジアにおける日本の「特殊権益」を保障してきた日英同盟も更新を望んだ日本の主張に反し、21年12月、20年間に及ぶその効力を消滅させることになった。さらに山東問題については、日本がこれまでと同様に青島の権利維持を主張したのに対し、中国は、日・英・仏の租借地早期返還、「対華21カ条」要求の検討及び破棄を要求して、これが受け入れられ、結局、日本は米英の主導するワシントン会議に敗れ、以後外交的孤立を余儀なくされるに至ったのであった。

　この間シベリアでは、ヴェルサイユ条約締結後、西南部シベリアのオムスク政権の崩壊に続く、コルチャック政府の倒壊後、ボルシェヴィキ政権の進出によって連合国軍は、20年4月、全軍撤兵することになった。しかし、日本はボルシェヴィキ政権の東アジア進出を恐れ、居留民の保護、朝鮮・満州の安全確保を理由として出兵を継続していたのであったが、中央シベリアのチタ政権がモスクワと結合することになったため、22年6月、撤兵声明を発してここに4年2カ月にわたった干渉戦争は終息し、日本軍は10月、ウラジオストクから全軍撤兵することになった。結局、日本はパリ講和会議に続く戦後アジアの国際的枠組を定めたワシントン会議において、米英を主導とする列強の世界、東アジア政策の圧力に屈服し、いわゆる「ワシントン体制」の下に封じ込められ、孤立を余儀なくされることになった[6]。

　ところが、第一次世界大戦の勃発は財政・国際収支など危機的状況を一挙に解消し、日本資本主義の飛躍的発展と、それに伴う国家政策の新たな展開の機会を与えられることとなった。すなわち、大戦前夜において日本資本主

義は、軍備拡張、植民地経営など帝国主義的積極政策を展開したが、これは他方で国力に比して過大な負担を強いるものであり、貿易入超・正貨準備の枯渇・財政危機をもたらし、政治的不安定と対外均衡の破綻にまで波及する深刻な状況にあった。こうした情勢の下、積極政策の見直しを迫られることとなった日本政府は、まさに大陸政策に逆行するものであったが、時を置かずに緊縮財政への転換を図り、推進することにした。後発日本資本主義の国民経済的危機を打開するため、政府はなお一層直接・間接税の強化を図り、財政資金の調達に当たったのであるが、結局、外貨資金を導入し、この調達資金をもって財政支出に当てざるを得なかったのである。大戦勃発後の14年8月23日、日本は対独宣戦を布告すると同時に、軍事行動を展開し翌年に入ると「対華21カ条」要求など軍事・外交面における帝国主義的政策を実行に移した。こうした情勢にあったにもかかわらず、大隈重信内閣は、陸軍2個師団増設問題に決着をつけたものの、いまだ全体としては緊縮方針を維持していた[7]。しかし財政は、大戦の好況による日本経済の発展の中で自然増収及び増税（所得税と間接税との両輪による租税構造）、対外収支の入超などで好転する一方で[8]、軍事費・国策費の増大などから経費を著しく膨張させることによって、積極的対外政策の物資的基礎を整えることになった。すなわち、こうした状況を背景に、財政は軍事費・植民地経営費・社会政策費・産業助成費などを中心に、いわゆる経費膨張を招き、しかも国家活動の拡大はこの一般会計歳出の増大をはるかに上まわり、さらに国鉄・製鉄所・各植民地などについてはそれぞれ特別会計があり、経費はさらに膨張することとなった。なお、この背景には、この時期に預金部資金という特殊な財政資金が、政策的に利用されるという事情があったのである。

　このように、軍備拡張とその基盤の強化を柱とする積極政策が展開された過程において、産業発展による国民経済の膨張、その対外的進出の積極化と同様、国家政策にもかつてない積極性をもたらし、さらにまた17年9月、金銀の輸出が禁止され、事実上金本位制が停止されたことは、インフレによる財政資金の調達を一層容易にし、その結果、財政規模の飛躍的膨張を実現することになった[9]。しかしながら、原敬内閣は戦争終結後も膨張政策を続け、

20年3月の反動恐慌後に深刻な問題を残すこととなった。すなわち、戦争終結後においても軍事費・植民地経営費・社会政策費・産業助成費などが著しく膨張し、その結果、財政運営の困難、租税負担の増大、公債の累積という形で財政の矛盾を拡大し、いわゆる帝国主義財政という形で現れることになった。これを受けて、政府は、7月の税制改正によって所得税を中心とする帝国主義的租税体系を備えることにしたが、これによって膨張する経費をまかなうことは難しく、税制改革の断行でこれに対応したものの十分に補うことはできなかった[10]。こうした状況の下、22年6月に成立した加藤友三郎内閣は、行財政整理を強力に推進することにしたが、ワシントン会議の結果として軍事費の負担が軽減されるという好条件があったにもかかわらず、見るべき成果を上げることができなかった。以上のように財政の膨張が不可避になり、財政支出はひたすら膨張を続けることになった。これに正貨準備への対策が加わり、公債の新規発行と累積を余儀なくされ、必然的に財政は不健全化を露呈することになったのである。

2. 日本産業の急膨張と対外貿易

この時期の日本資本主義にはまた、大戦を契機に産業構造の変化が進み、軍事産業を中心として帝国主義的産業構造が備わるに至り、対外貿易は関税自主権の確立と貿易市場の変化の下に輸出入貿易が急増したが、大戦後には逆調に転じ、再び入超を続けるという形となった。

すなわち日露戦争後、日本の資本主義は、戦後恐慌とその影響の下、企業勃興の機運も束の間、慢性的不況と農業恐慌に陥った。この過程において鉄鉱業を中心とした重工業が発展の途に就く一方で、綿糸紡績業などの軽工業部門で資本の集中と独占体の形成が急速に進むこととなった。こうした状況下で勃発した大戦は、日本資本主義に未曾有の好機を与えた。ヨーロッパ諸国からの軍需は日本の輸出を急増させ、ヨーロッパ製品のアジア市場からの後退は、同市場向け輸出をも急増させると共に重化学工業の勃興をもたらした。大戦当初は大戦の影響によって以前にも増して株式市場の動揺、特に海上輸送に対する危惧、貿易途絶の不安が濃くなり、貿易に対する金融が梗塞

し、米穀・生糸などの重要商品の相場は軒並みに暴落して、経済情勢は混沌たる状態に陥ったが、戦時世界経済の好景気に牽引されて企業の拡張・新設も盛んになり、産業構造に大きな変化が生じた[11]。まず、重工業においては、製鉄業、造船業、機械・器具製造業、化学工業、電力業、石炭鉱業などで民間企業の発展が目覚ましく、ここに日本資本主義は帝国主義的対外進出の物質的基礎を具備することになった。また、軽工業においては、大戦前すでに資本の集中傾向にあった綿紡績業は、この間英独の紡績業生産が軍需産業への転換により急減したことも相乗して、綿糸・綿織物の生産が急伸し、綿布輸出が綿糸輸出を上回ることになった。なお、製糸業においてもアメリカ経済の好景気を通して、生糸生産・輸出が増大し、各部門で資本・生産の集中、経営規模の拡大が見られた。

　しかし、膨大な戦需と事業の新設・拡大に導かれた戦時日本経済は、戦争の終息と共に銑鉄・鉄鋼などの関連産業が直ちに打撃を受けることになったが、この打撃は数カ月で鎮静化して、間もなく好景気に転じ、これが約1年間続くことになった。20年2月、生糸相場の下落を契機に戦後好況は、崩壊し、翌月には恐慌に陥ることになったが、この生糸価格の落潮を止めたのは、結局、政府の救済政策であった。9月25日、滞貨生糸の買入機関として、製糸業者・売込み問屋・輸出業者等による第二帝国蚕糸株式会社（資本金1,600万円）が設立された。帝国蚕糸株式会社は、政府から低利資金の供給、損出補償供与という助成をバックに11月～翌年にかけて過剰生糸を市場から買い上げ、市価の低落阻止を図った結果、その目的は十分達成されたため、ほどなく解散することになった。しかし、この間アメリカでレーヨン工業が急速に発達し、この生糸分野への進出によって日本の製糸業は大きな影響をこうむることとなったが、他方でストッキングの需要と織物用需要の増加を背景に、日本からの生糸輸出額は反動恐慌期に急減したものの、その後回復し急増することになった[12]。そして日本綿業では、19年中に暴騰した綿糸相場は、翌年以降21年3月にかけて急落した。この間綿業の流通部門が投機に巻き込まれ、その矛盾を露呈することになったが、日本銀行の紡績会社への損失補填及び滞貨融資などの支援の下にこの矛盾を克服し、4月から綿糸価

格は上昇に転じ、資本蓄積が再開されることになった。この時期の日本綿糸市場は、朝鮮・関東州の減少、中国の停滞、英領インド（英印）・エジプト・蘭領東インド（蘭印）など新市場の増加が明白となった[13]。

　こうした過程において、若干上述したように日本の産業は資本の集積・集中が一層進み、独占形態の発展が見られ、特に重化学工業においては、鉄鋼カルテルの結成や産業合理化・生産調整・独占形成の強化によって資本の巨大化が一層促進されることになった。とりわけ財閥資本は、造船・石炭などの諸部門で支配を強化し、集中・合併により「巨大コンツェルン」として日本経済全般にわたって独占的支配を確立することになった。と同時に、他方では中小企業が企業の集中・独占の急速な発展の中で、過当競争を強いられ、独占的資本の圧力の下にひっ迫し、深刻な事態に追い込まれることになった。過剰人口の捌け口として労働人口が集中し、また輸出の中でも重要な地位を占めていた中小企業が独占資本の圧迫を受け、いわゆる「中小企業問題」として重大化するに至った[14]。また戦後の世界的な農業不況が資本主義世界に重大な問題として出現することになるが、独占段階に到達した日本においても、これがいわゆる「農業問題」として社会問題化し、農業が中小企業と共に独占資本体制を支える重要な柱であり、同時に足かせであることを明らかにすることになった[15]。

　それから、大戦前、日露戦争後の連続入超が日本資本主義にとって対外貿易は重要な問題となっていたが、11年2月の日米通商航海条約改正により輸入税率の変更（4月、日英通商航海条約改正、7月、関税自主権の確立）にもかかわらず、入超を計上し、政府はこの貿易収支及び貿易外支払を加えた国際収支の赤字を巨額の外貨資金輸入による調達資金をもってまかなわざるを得なかった。大戦の勃発は、このような国際収支、正貨の危機的情勢を一変させた。対外貿易に対しては、政府は外国為替銀行、中でも正金銀行を通して為替取組を促進させ、また戦争によって打撃を受けた産業に対しては日本銀行と正金銀行による低利資金の融通をもって当たった。開戦1年後には戦時の混乱と不況は収まり、この年の中頃から輸出超過となると同時に、貿易外収支も増大するようになった。この間の輸出入貿易総額は、第2表

(16頁参照）のように急増し、1917年の主要貿易商品は輸出では生糸・綿織物・綿織糸・絹織物・豆類などが大宗を成しており、その相手国はアメリカ（40.09％）・中国（22.64％）・イギリス（5.06％）・フランス（4.68％）・英印（4.49％）などが上位を占めた。また輸入では、実棉及び繰棉・鉄・油槽・羊毛機械及び同部分品などが主要商品であり、これらがアメリカ（35.06％）・英印（25.32％）・中国（9.02％）・関東州（4.17％）・イギリス（3.80％）などの国々から輸入された。日本は東洋、交戦諸国、南阿・南米諸国への輸出市場を拡大し、その額を飛躍的に増大させた結果、輸出入バランスが出超に転じた。そして貿易外収支においても、商船の増加、運賃の騰貴、海上保険料の増大により受取勘定となり、大戦前の正貨危機は一転過剰と化し、ここに正貨準備問題も自然解消に至ることになった[16]。このように、日本の輸出増大は、国際収支の伸張をもたらすこととなり、この結果として日本資本主義は後に見るように連合国国公債の買入・引受や中国への資本輸出をも可能となった。ここに日本は債務国から債権国へと立場を変えることになったのであった。

　ところが、大戦が終わるとほどなく貿易は逆調となり、19年以降輸入超過を示すことになる。すなわち大戦後の貿易は、世界市場の停滞と共に不振を極め、輸出入総額は減少傾向をたどり、大戦前と同様に貿易バランスは再び巨額の入超を続けることとなった。とりわけ、20年反動恐慌後に至って、貿易は交戦諸国の経済復興、輸出先市場の不況及び日本工業の国際競争力不足などを原因として不振に陥り、輸出入総額が減少し、貿易入超額も拡大し、ここに再び正貨準備の対策を余儀なくされることとなった。1921年の貿易構成を見てみると、輸出では（第8表）、生糸・綿織物・綿織糸・絹織物・石炭などが主要商品であり、これらがアメリカ（43.85％）中国（20.03％）・英印（5.45％）・香港（4.10％）・蘭印（2.98％）・フランス（2.57％）・イギリス（2.10％）などの国々へ向けられた。また輸入では（第9表）、実棉及び繰綿・鉄・機械及び同部分品・油糟・砂糖などが大宗を成しており、これらの商品がアメリカ（36.65％）・英印（15.26％）・イギリス（10.28％）・中国（6.99％）・関東州（6.87％）・蘭印（3.93％）などの諸国から輸入された[17]。

第8表　主要商品目別・相手国別貿易構成表 — 輸出 —

1921（大正10）年　　（単位：千円）

	イギリス	フランス	アメリカ	英領インド	蘭領東インド	オーストラリア	香港	中国	関東州	計
生　　糸	1,009	20,825	394,421							419,213
製　　茶			6,695							7,719
絹製手巾			1,362	77						3,186
絹 織 物	13,210		33,524	5,875		10,900				89,936
陶 磁 器	547				3,776			1,325		20,791
樟　　脳			768	799						2,870
ブラッシュ	475		2,631							4,080
制帽用真田	2,007		3,083							7,029
薄 荷 脳	330		1,029							2,172
豆　　類	2,741		570							4,037
植物性油脂油	116		715							2,195
屑糸・真綿	219	5,788	3,192							10,367
玩　　具	709		3,061							7,002
マッチ							2,737	901		16,239
木　　材				1,297				6,849		15,325
鉄 製 品				921				3,148	1,802	9,110
石　　炭							7,890	10,730		37,814
綿 織 物			30,457	25,561			12,295	100,978		203,673
綿 織 糸				11,990			15,409	47,113		80,567
紙　　類			519					9,948		19,058
硝子及同製品			293	2,317						9,997
機械及部分品								7,340	2,428	12,880
水 産 物							4,140	7,547		16,337
精　　糖								11,686	3,197	15,799
莫大小製品	290			2,752	1,512					12,889
計	21,635	26,613	451,862	56,485	30,849	10,900	42,471	207,565	7,427	1,030,285
%	2.10	2.57	43.85	5.45	2.98	1.05	4.10	20.03	0.72	100

出典：大道弘雄編『日本経済統計総観』朝日新聞社、1930年、278-285頁より作成。

第9表　主要商品目別・相手国別貿易構成表 — 輸入 —

1921（大正10）年　　（単位：千円）

	イギリス	蘭領東インド	アメリカ	英領インド	英領マラヤ	オーストラリア	中国	仏領インドシナ	関東州	計
綿織物	8,255									8,753
毛織糸	9,483									15,173
毛織物	29,699									31,084
建設材料	251		19,312							19,813
皮類	409		4,896	2,669						8,319
時計及同部分品			1,396							6,133
機械及同部分品	43,983		63,612							119,882
鉄（塊及錠）				2,746			5,067			19,168
鉄（条・竿・板・線）	29,308		88,566							127,544
鉛（塊及錠）			2,073							8,178
石油			11,609							16,721
木材			25,514							43,477
紙類	2,125									12,375
羊毛	3,189					26,567				32,203
実棉・繰綿			217,436	181,707			24,130			438,173
苧麻類							6,131			14,660
生ゴム				1,420	14,137					15,724
油槽							21,720		64,784	94,311
米及籾				2,011			335	13,781		28,813
小麦			16,765				810			31,551
豆類							9,525		13,948	24,691
砂糖		49,119								69,815
採油用原料							12,321		3,322	17,253
石炭									3,758	14,093
粗製硫酸安母尼亜	1,711		6,460							11,006
燐礦石			159							8,800
鉄鉱及其他ノ鉱				2,569			8,122			11,215
計	128,413	49,119	457,798	190,553	16,706	51,538	87,351	13,781	85,812	1,249,013
%	10.28	3.93	36.65	15.26	1.34	4.12	6.99	1.02	6.87	100

出典：大道編、上掲書『日本経済統計総観』、286-294頁より作成。

この間巨額の輸入超過に続いて正貨準備対策が加わり、大戦後の日本の国際収支は、1919年に支払超過に転じて、これ以降、その拡大が継続されることになったのである。

第2節　通貨・為替の管理と横浜正金銀行の対外業務

1. 国際金融市場と国際金銀相場

　この時期の国際金融市場は、大戦期に各国の金銀輸出禁止の下で、急激な銀の需要と激しい銀価の高騰が生じる一方で、大戦後のアメリカの金解禁、戦後恐慌後において銀価が変動する中で、戦争債券と賠償処理と同時に国際金本位制の再建が進められることになった。

　すなわち大戦の勃発と同時に、国際金融市場は為替相場の動揺などから直ちに恐慌状態に陥り、ロンドンやニューヨークなどの証券取引所や商品取引所が閉鎖されると共に、各国はこの対策として金輸出禁止・金兌換の停止などを打ち出した。特に開戦直後金兌換停止を行ったイギリスが、さらに1917（大正6）年5月、関税などの金輸出禁止措置を断行することによって、ポンド体制としての国際的な金決済機構は不能となり、国際金本位制は完全に機能を停止したことで国際通貨体制は崩壊し、イギリスをはじめ各国が為替管理などの戦時統制をもってこれに対応することにした。こうして各国が為替管理などの統制措置を講じた結果、ドイツ及び同盟諸国の為替下落と、連合国側、とりわけロシア・ルーブルの大幅下落やポンド、フランの弱化が進むことになった。さらに15年8月以降には、アメリカから戦債導入のための安定操作として、ポンド、フランなどの対ドル相場の釘付統制が行われることになり、金本位制としての国際通貨体制が、戦時において人為的な統制の下に置かれるに至り、戦中の為替は、総力戦における戦費調達の問題にほかならないことを明確にしていった。

　交戦諸国（英・仏・独）は戦争が総力戦・長期戦としての性格が明確になるにつれ、次第に戦時需給に対応した全面的な戦時貿易統制の過程へ突入する

ことになった。戦時金融は戦争の規模からいって限界があり、英仏はアメリカの参戦と連合国への戦費貸付の開始によって保証されざるを得なかった。ところが、経済封鎖をこうむった同盟国側については、ドイツが公債発行と

第 10 表　金銀価格比較高及びロンドン・ニューヨーク銀塊相場

年　　次	金に対する銀比例	ロンドン相場（平均価格）	ニューヨーク相場（平均価格）
		ペンス	セント
1913（大正 2）　年	34.19	27　9/16	61.241
1914 (〃 3)　年	37.37	25　5/16	56.331
1915 (〃 4)　年	40.48	23　11/16	51.062
1916 (〃 5)　年	30.78	31　5/16	67.151
1917 (〃 6)　年	24.61	40　7/8	84.000
1918 (〃 7)　年	21.00	47　9/16	98.445
1919 (〃 8)　年	18.44	57　1/16	112.087
1920 (〃 9)　年	20.28	61　7/16	101.940
1921 (〃 10)　年	32.76	36　7/8	63.096
1922 (〃 11)　年	30.42	34　7/16	67.934
1923 (〃 12)　年	31.69	31　15/16	65.239
1924 (〃 13)　年	30.80	33　31/32	67.111
1925 (〃 14)　年	29.78	32　3/32	69.406
1926（昭和 1)　年	33.11	28　11/16	62.428
1927 (〃 2)　年	36.47	26　1/16	56.680
1928 (〃 3)　年	35.34	26　3/4	58.488
1929 (〃 4)　年	38.78	24　15/32	53.306
1930 (〃 5)　年	35.74	17　21/32	38.466
1931 (〃 6)　年	71.25	14　19/32	29.013
1932 (〃 7)　年	73.29	17　27/32	28.204
1933 (〃 8)　年	76.3	18 .144	34.727
1934 (〃 9)　年	71.9	21.229	47.973
1935 (〃 10)　年	54.4	28.952	64.273
1936 (〃 11)　年	--	20.075	45.087

出典：前田美稲『銀及銀政策』創造社、1936 年、39、130、132 頁。Report of the Director of the Mint, U.S. 1935, p.88. 金融研究会『銀問題』細川活版所、1936 年、112 頁。及び附表Ⅰ・Ⅱ。及川恒忠『支那の貨幣』慶應出版社、1944 年、151、158 頁より作成。

増税によって、自国の戦費及び同盟国の援助に当たったのであったが、連合国側の経済封鎖により困難を強いられることになった。こうした情勢の下、17年4月、アメリカは、参戦と同時に、「自由公債法」（Liberty Bond Act）を制定し、公債（総額169億ドル）を発行して、それを自国の戦費調達及び連合国の戦費貸付のために充当することとした。こうして大戦によって交戦諸国は、国内的には財政インフレ、対外的には国際収支と為替相場の弱化を余儀なくされ、中立諸国においても、輸出拡大と金流入が過剰に生じ、インフレと為替の動揺を免れなかった[18]。

以上に加えて、開戦間もなく英印及び中国に対する交戦諸国よりの支払資金並びに諸国における補助貨幣の鋳造に要する銀の需要が急増した。その一方、労働賃金及び材料等の暴騰から銀の生産費が増大し、世界における銀の生産は減少し、特に最大生産国たるメキシコにおいては、国内騒乱（政情不安）の下、銀生産は減少した。こうした情勢を背景として銀価は漸次高騰することになった（第10表）[19]。すなわち大戦勃発後、各国は相次いで金銀の輸出禁止を断行し、できる限り金銀の流出を防止することに努めたが[20]、戦争が進展するにつれ、銀貨鋳造用の銀需要が増加することになった。その結果、東洋諸国は交戦諸国に物資、特に原料品を供給し、輸出超過に転じた結果、銀は交戦諸国内における銀貨としての需要ばかりでなく、これら東洋諸国への支払資金として渇望されるに至ったのである。とりわけ仏英などの交戦諸国においては、巨額の紙幣の発行及びその結果生じた物価水準の騰貴のために、銀貨の鋳造を非常に増加させた。従って、各国は競争的に銀を買い進めたが、この間の産出額減少と相まって銀価は高騰し、銀の供給もままならず、銀問題に苦慮することになったのである[21]。

こうした情勢の中で、17年6月、アメリカは、連邦準備法を改正し（14年、連邦準備制度〈Fedral Reserve System〉創始）、連邦準備銀行の地位を確立しつつ、金集中及び金準備率の引き下げ等の調整を施すと同時に、信用膨張の基盤を整えることになった。続いてアメリカは、8月、敵国に対する銀輸出禁止を決定し（輸出制限令発布）、そして9月7日、大統領令をもって、銀の輸出禁止を断行した。さらに10日、同様に金銀貨及び金銀地金の海外への

輸出を禁止し、事実上の兌換停止にした。なお後述のように、これより先の6日、寺内正毅内閣（勝田主計蔵相）は、大蔵省令をもって銀輸出を禁止し、続いて12日、兌換停止の代わりに金輸出禁止を実施することにした[22]。

　アメリカは17年の参戦後イギリスと共に、連合国のために戦費調達の役割を果たすことになった。この間、アメリカは銀に対する需要が増大し、国内で産出する銀の大部分を購入することによって銀価の下落を阻止するために、年末には、イギリスとの間に銀協定を成立させることになった。この場合、アメリカの役割はイギリスと協調して銀の国家管理を行い、銀不足に苦しむ英印の需要を緩和すると同時に、世界の銀価を安定させることであった[23]。しかしアメリカにおいては、こうした銀不足の情勢の中で、しばらく鳴りを潜めていた銀運動が起こり、これに連合国に対する政府の銀供給問題が相乗し、その結果、翌年4月23日、ピットマン法（Pittman Act）が制定されることとなった。すなわちピットマン法とは、アメリカにおける金の供給を維持し、アメリカに逆調となる貿易差額を銀で決済し、また補助貨鋳造用及び市場に需要する銀を供給し、アメリカの敵と交戦中の外国政府を援助する等の目的をもって、銀の価格変動を防止し、その生産を奨励する条例である。この制定で、兌換については法的に禁止した訳ではないが、銀輸出によって金流出を抑制する装置が取られることになり、事実上、兌換を著しく困難にした[24]。このような金本位制の停止と為替管理によって、連邦準備銀行をはじめとするアメリカの金融組織は、戦時財政需要に応じていくことになる。また、この法律の制定と共に米英両国政府は、8月13日、協定して銀の最高価格を定め（公定）、銀の価格を一時両政府の支配下に置くことにした。こうした状況の下、英印は、銀価の世界的高騰及び一般物価の高騰のために、より多量の銀貨を鋳造する必要に迫られ、18・19年にアメリカから多量の銀を購入することになった。こうして銀塊相場は、銀買上価格に管理されて、19年5月に至るまで、比較的安定を見ることになったのである[25]。

　しかしながら、戦後の世界再編は、戦勝列国が反独路線との対立・抗争に終始するという極めて特殊な構造の下に進めざるを得なかった。すなわち各国は戦時財政金融の平時化、戦時インフレの収束を指向するが、それには通

貨の安定と国際金本位制の再建が不可欠であった。しかし戦前来、世界経済の基軸として機能してきたイギリスの金本位制は、戦時中事実上の停止に続き、休戦後の19年3月、対ドル相場釘付の撤廃過程で正式に停止したまま、依然として復帰を果たせないままでいた[26]。従って戦後世界経済の再編は、「ヴェルサイユ体制」の形骸化を進める対独宥和政策の展開の中で、ヨーロッパ外のアメリカ金融力を動員する以外には方法がなかった。そこでイギリスはじめヨーロッパ諸国にとってアメリカ資本のヨーロッパへの導入は、何よりも巨額の対米戦時債務を処理してかからねばならなかった。こうして戦後世界経済の再編は、英仏対立の中で、対独賠償問題の処理と同時に、戦時債券の処理を通じて国際金本位制の再建を模索して行くことになった[27]。

　こうした情勢の下、米英両国政府は、5月5日、銀の最高価格の公定を撤廃した。同時にアメリカ政府は連邦準備局の「銀地金及び外国銀貨の輸出に対し自由且つ無制限に許可を与える」旨の公表をもって、銀の輸出禁止を解除することとしたが、これを契機として英印及び中国向け銀の需要が急増し、銀塊相場は激しく高騰した。さらに6月9日、アメリカ大統領は、経済平時化の一環として命令をもって金銀の輸出禁止に関する法令全てを廃止し、翌日金本位制に復帰した。こうした施策の結果、翌年には小額紙幣と銀以外の補助貨幣の使用に慣れ、銀塊相場が暴騰したために、ヨーロッパ各国政府は銀貨を鋳潰して、その高値に乗じて売却することにした。イギリス政府は、3月、貨幣法を改正し（貨幣鋳造条例〈Coinage Act〉によって）、銀貨の純分を切り下げた。それ以降銀貨の廃止または純分切下げから生じた銀の量は、鋳貨の量を超過した[28]。アメリカ政府は、19年下半期から銀価の高騰に際し、銀貨国との貿易は、為替採算不利に陥ったが、連邦準備局及び連邦準備銀行と協議の上、銀本位国との為替安定を図る目的をもって、ドル銀の純分を減じ、同時に、国庫保有の本位ドル銀貨を銀貨国へ輸出することにした。そして12月～翌年5月までに、合計300万ドルの本位銀貨を鋳潰し、上海へ向け輸送した。次いでラテン貨幣同盟は、戦争当初においては銀相場とは全く無関係であったが、銀相場が高騰し、ほどなく銀貨幣も鎔解点に到達した。とりわけ、多額の銀貨幣を保有していたスイスは銀五法貨幣の品位が超価に

転じたため、銀貨幣が鎔解され、これが金属市場において利潤を得て販売されることになった[29]。

ところが、20年反動恐慌後、東洋方面に対する銀の需要は衰え、ヨーロッパ諸国も流通より引き上げたり、銀を市場に売り出すという情勢の下、5月にロンドンとニューヨーク銀塊相場は暴落に転じ、銀市場は不振を極めた[30]。すなわち東洋諸国は戦後入超に転じ、銀需要はなくなると共に、ヨーロッパ諸国も流通より引き上げた銀を市場に売り出すことになった。英印の場合、これまでヨーロッパ諸国と同じ量の銀を通貨用途に消費したが、21年以降は銀貨を継続的に廃貨しつつあった[31]。また、中国においては銀貨は退蔵されたが、やがてまた流通界に現れてくる。21年には中法実業銀行（Banque Industrille de Chine、フランス系、中仏合併銀行）が支払いを停止し、その後多数の銀行に取り付けがあったために、銀退蔵高は非常に増加した。そしてアメリカ・スペイン・中国・英印を除き、銀貨を流通させていた諸国は、銀貨純分を切り下げた。なお、またラテン貨幣同盟においては、銀相場が後退を始めると、スイスは加盟国との為替相場を落勢に転じ、外国鋳貨の流入さらに銀五法貨幣すらも流入させることとなり、貨幣制度は深刻な危機に陥ることになった。スイスは、20年10月、同盟銀五法貨幣の流入禁止策を採ったものの、その成果が得られず、12月28日、同盟銀五法貨幣の流通を一切停止した。その結果、翌年3月、同盟銀五法貨幣及び白銀制限貨幣は法貨としての地位を失い、公金庫はその受容の義務を負わないことにした。こうしてラテン貨幣同盟とスイスとの関係は、主に金貨幣によってのみ連係することとなり、金貨幣はついにラテン貨幣同盟全般にわたって流通する唯一の貨幣であり、同時にスイスと同盟を結ぶ最後の絆ともなった。つまりラテン貨幣同盟は、12月9日の追加条約（1885年同盟条約におけるスイスの違反の承認、銀五法貨幣の流通力停止の支持など）をもって、その歴史的役割を終えることになった[32]。このように、金銀比価変動は世界的大勢であるが、それは金銀の生産及び需要の変動に基づき、特に貨幣本位の変更による経済的需要の変化に原因したことであり、同時に本位制度の変更をも要求したものであったといえよう。

ところで、先に触れたように第一次世界大戦がヨーロッパ資本主義を根底から政治的・経済的に破壊するものであった以上、戦勝国の経済再建を中心とする戦後世界の政治的・経済的再編は、敗戦国ドイツ金融資本の経済力剥奪と直接の関わりを持った対独賠償問題の解決を前提としていた。ドイツ賠償問題の処理は金本位制の再建とも無関係ではなく、またこれに戦勝国の債務処理という問題が加わって国際通貨政策の問題把握のためにも欠くことのできないものであった。しかしながら、19年6月のヴェルサイユ条約締結により、ウィルソンの平和原則（18年1月、発表）からフランスの強硬路線が逸脱していることが明確となった翌年3月、アメリカは利子支払猶予（3年間）と同時に、戦債の打ち切りの声明を出した。その結果、東ヨーロッパの資金不足が深刻となり、他方でイギリスのヨーロッパ政策と対立するフランスの金融的支えが外されることになった[33]。

その後ヨーロッパの復興に向けた動きについては、20年9月、国際金融会議（ブリュッセル）、翌年のカンヌ会議の後、通貨為替の安定、関税引き下げなどについて討議すべく、22年4月にジェノヴァ会議が開催されたが[34]、アメリカの不参加に加えて、独ソのラパッロ条約の成立を背景に、成果も上げることなく終わったのである。ヨーロッパの安全保障と関連した戦後の世界の再編は、列強の利害対立とその処理を進める中で見出さなければならなかった[35]。すなわち戦後世界の再編は、大戦によるヨーロッパ資本主義の崩壊を反映して、戦勝国間の対独賠償問題の処理を軸として戦敗国ドイツ経済力の剥奪を通して、戦債負担の処理を進める中ではじめて確定され得るものであった。従って戦債処理問題については、戦後のヨーロッパの再編の一環として賠償問題と不可分の下に検討していかなければならないことになる[36]。要するに、戦債問題がイギリスの対独宥和政策路線上で「政治的」に処理され、そしてそれは、賠償問題処理の仕方をも規定することになり、その意味では、アメリカもイギリスを通じてではあるが、ヨーロッパ政治への介入を強めつつあったのである。

2．通貨・為替の管理と横浜正金銀行の対外業務

　以上のように、国際金融市場が変貌する中で、日本は、戦中戦後にかけて貿易収支の変動と在外資金の消長に遭遇し、外国為替銀行は為替資金難に陥るが、これに対し政府と日本銀行は通貨・為替の管理をもって輸出金融の疎通に当たった。正金銀行は、この場合、政府や日本銀行と協調関係の下、在外資金の売却、正貨処理、正貨払い下げ等を通して、通貨・為替の調整に当たることとなった。

　すなわち大戦開始後、独英など交戦諸国は、事実上兌換を停止していったが、こうした情勢の中で日本は、開戦後間もなく輸出入貿易の増大、輸出超過及び貿易外収支の増大により、国際収支が受取超過に転じ、大戦直前の正貨危機も一転して正貨累積へと向かうことになった。この場合、各国が金輸出禁止の状態にある以上、日本は輸出代金を金で取り寄せることができず、相手国に為替買持（在外資金）という形で預けることを余儀なくされ、日本の外国為替銀行は在外資金の異常な累積と輸出為替資金の梗塞に陥り、早急な対策が望まれる状況にあった[37]。そこで政府は、日本銀行を通して極力外国為替銀行への外国為替貸付金を拡大させると共に、各種の方策を講じて輸出金融の打開に努めることにした。外国為替銀行、とりわけ中心的な正金銀行は、これまで日本銀行との外国為替貸付金制度の便宜により政府の低利資金の供給を受け、国家政策の方針に沿ってこの資金を貿易・商業者に融通し、輸出の奨励（産業の発達）、市場の拡大を図ると同時に、正貨の吸収、市中コールによる資金吸収などに努め、国家的金融機関の役割を果たしてきたのであった。しかし、政府は、ここでさらに民間の在外資金の買い入れを行って、輸出金融の疎通を図ることとした。この場合、政府は大蔵省預金部資金及び一般会計剰余金をもって、在外資金の買い入れに当たったが、それは「正貨吸収に関する政府・日本銀行・正金銀行の特別協定」（14年7月31日）に基づき、政府が為替銀行の買持外貨を買い入れるという方法で実施されたのであった。正金銀行は、開戦後ほどなくこの特別協定に基づいて在外資金を政府に売却し、すなわち日本銀行からの借入資金をもって輸出為替を買い入れ、海外における買持外貨を政府と日本銀行に売却したのであった[38]。そ

の後この特別協定は、15年9月には台湾銀行に、翌年12月には朝鮮銀行、日本興業銀行、財閥系普通銀行にも拡大され、政府は、14年7月～19年10月までの間に在外資金を買い入れた。また日本銀行は、正金銀行、台湾銀行などから在外資金を買い入れたが、その多くを政府へ転売したのである。このように政府と日本銀行の在外資金の買い入れ方針は、開戦前後における正貨危機克服のための「輸出振興・正貨蓄積」政策にあったが、その後戦時好況による国際収支が黒字に反転したにもかかわらず、継続されることになった。言うまでもなく、政府や日本銀行の在外資金の買い入れが重要な為替資金調達方法であったが、もとより日本銀行の為替資金供給は、正貨準備や保証準備に基づく日本銀行券の増発によって支えられていたのである。すなわち日本銀行は、外国為替銀行の在外資金を買い入れ、これと同時に外国為替銀行が日本銀行からの借入金を返済するといった手段が採られた。その結果、日本銀行は、在外資金を正貨準備に繰り入れて日本銀行券の発行を行った[39]。政府と日本銀行の在外資金の買い入れは、いわば金不胎化政策の下に採られたものであったといえる。

　その後、政府は累積正貨を、外債償還の引当金に当てると同時に処理し、輸出金融の疎通を図らねばならなかった。16年10月に成立した寺内内閣は、急激な正貨の累積とその国内への流入がもたらす通貨膨張、物価急騰の対策として、大蔵省・日本銀行・民間銀行の連係の下に、海外発展（進出）と為替調整を目的とした正貨処理を推進することとし、まず、連合国国公債の引受・買入に当たることにしたのである[40]。すなわち開戦後ほどなく交戦諸国（英・仏・露）が日本への物資購入代金に当てる目的で、日本市場において短期円貨公債を発行することになった。この対連合国国公債の引き受けは、2月の第1回露国大蔵省証券5,000万円を皮切りに、総額7億7,000万円余に上るものとなった。この場合、これらの国公債発行は、露仏両国の募集金については軍需品及び貿易品の支払いに、イギリス分については英米為替の調整に当てられたことはすでに指摘した。これらの外国公債は、イギリス分は22年までに、フランス分は24年までにすべて償還されたが、対ロシア債権はロシア革命により放棄されたため全額国庫負担とならざるを得なかった[41]。

この際、正金銀行は民間引受分のシンジケート銀行団（18 行）の代表として、16 年 2 月〜18 年 11 月までの間に国債の引き受け、利払い・償還事務に当たった。なおこの場合、同行は、その代わり金をドルをもってニューヨークで引き渡すという方法で処理し、国際間における金融の疎通を図り、為替資金の調整に努め、その結果、在外資金の軽減を実現することとなった[42]。

他方 17 年 5 月、正金銀行は、この間国内において余剰となった資金を外国の公債に投資する本邦資本家が多くなったことから、ニューヨーク市場で英・仏・米の公債買い入れを開始することにした。この業務は、国内の投資家に海外へ放資させると同時に、同行のアメリカ為替買持高を利用して国内本支店の金融の疎通を図り、同行にとってはドル為替買持（在外資金）の消化と国内資金の調達という両面から極めて有効なものとなった（18 年 5 月までに買い入れた公債は、額面で 1,500 余万ドルに達した）。こうして、この間の連合国国公債引き受け・買入れは、大戦期の急激な貿易出超とそれに伴う輸出金融梗塞の疎通策として、まさに国家政策の下に展開されたものであった[43]。このように、正金銀行は正貨政策の中に組み込まれることによって、正貨獲得のための国家的金融機関としての役割を果たした。さらに政府と日本銀行は、正金銀行への為替資金の供給や在外資金の買い入れを通して、輸出奨励のため為替相場を市中相場よりも低い相場に誘導した。同行は、為替相場を低く定めることによって輸出奨励・正貨獲得さらには正貨処理へと政策の重心が移行されるという中で、その政策に沿ってその目的を果たすべく努力を傾注したのであった[44]。

こうした状況の中で、17 年 9 月 6 日、日本政府は、銀相場の世界的高騰に伴って、地金の市場価格が高騰するような状況になってきたことを懸念し、鋳潰輸出を防止するために、大蔵省令をもって銀輸出の禁止を実施することにした。なお、銀輸出禁止は、朝鮮・台湾においても同様に行われ総督令として公布された。さらに翌年 8 月、これを徹底するため、銀製品の輸出に関してもこれを附するとした（大蔵省令第 38 号）。しかし、この制限によって本邦の産銀業者は苦境に陥ることとなった。そこでこれを救済すると共に、銀貨鋳造用材料を得るため、これ以降政府は、日本銀行を通して国庫の保有

すべき銀の買上げを行うことにした。この際、買上総額は 21 年 10 月にこれが中止されるまで、純量 256,905,207 匁（金額で、5,527 万 9,357 円 25 銭）に上った[45]。これに続いて 17 年 9 月 12 日、日本政府は、アメリカが金銀輸出禁止を断行したことを受けて（9 月 10 日）、この措置が日本に及ぼす影響（金輸出、金兌換など）を懸念し、通貨制度の安定・維持のためにも輸出禁止を必要とする、という判断の下大蔵省令をもって金の輸出禁止を実施することにしたのである[46]。

　ところで、大戦終結直後の日本の貿易外収支は、まだ受取超過にあったものの、貿易は次第に入超に転じ、さらにアメリカの金解禁などの影響もあって外国為替・貿易金融の強化策が依然必要とされた。そこで、日本銀行は戦後処理政策の一環として、正金銀行をはじめ外国為替銀行に対する資金融資を厳しく引き締め、外国為替貸付金を圧縮して通貨膨張を抑制する一方で、貿易金融の円滑化と手形市場の発展を目指して、為替資金を調達するために 19 年 5 月、銀行引受手形制度、8 月にスタンプ手形制度を打ち出すことにした。この際、正金銀行は日本銀行と連係の下本邦各銀行に輸出入信用状の発行を進め、銀行引受手形の増加を促進し、これを割引して売り出すことによって為替資金を調整する一方、ロンドン及びニューヨーク払いの輸出手形をまず日本銀行に担保として預け入れ、この手形の有効範囲内でスタンプ手形（為替手形）を振り出し、これを一般市中銀行に売却することによって為替資金を調達した（18 年 3 月、同行は下関出張所を開設）。この両手形制度の運用により、従来外国為替貸付金の増加と輸出金融の増進により引き起こしていた通貨膨張は避けられ、これがまた為替投機をも回避することになった。その結果、この施策が展開される中で日本の手形市場が発展し、スタンプ手形の流通も増大することとなり、正金銀行は金融市場から直接為替資金を調達し得ることになり、同時に日本銀行からの為替資金の融通（借用金）を減少させることになった。しかしながら、日本のような後発資本主義国においては、優良商業手形の不足あるいは貿易の主要部分に対する特有の財閥系商社の独占などの事情からこれらの制度には限界があり、従ってこの割引市場は 20 年 3 月の反動恐慌後、衰退していくことになったのであった[47]。

こうして日米の金銀輸出禁止後、金貨及び金地金の流出入は停止したが、19年6月10日、アメリカが金輸出解禁を行うとほどなく、日本への金流入が増加すると同時に、輸出金融の梗塞、為替相場の不自然な高騰という問題は解消した。しかしなお、新たに為替相場の動揺という困難が生じるに至った。事実、翌年3月の反動恐慌後になると日本の貿易入超が激増する一方、為替相場の下落が本格化して、この間外貨資金の累積に苦しんでいた外国為替銀行は、一転して輸入資金が不足することとなった。この際、正金銀行は資本金の増額を行ったものの、米英に保有していた為替買持のすべてを消化し尽くし、為替資金不足に陥ることになったが、政府と日本銀行から在外正貨を払い下げ、これを為替資金に充てることとした。この在外正貨の払い下げは、外国為替銀行の要求に応じて為替資金の補充のために実施されたのであったが、実際は為替銀行の売為替を節約することを通して輸入調節機能を持ち、いわば為替管理的な役割を担うことになった（21年7月、正金銀行は名古屋出張所を開設)[48]。政府は、21年10月、正金銀行に48ドルで在外正貨を売却することを指示する一方、これ以降翌年5月にかけて為替相場の48ドルを維持することとした。これを受けて、同行は、建値を48ドルに維持して為替管理政策に協力し、在外正貨の払い下げによって為替相場の回復を助長することにしたのである。

第3節　為替資金の梗塞と横浜正金銀行の対外業務

1. 本邦外国為替金融機関の再編と外国銀行

大戦期の貿易市場の拡大、アジア為替決済機構の変化などに伴い、新たに本邦銀行の外国為替・貿易金融業務への進出と同時に、本邦外国為替金融機関の再編が進み、正金銀行はこれらの銀行及び外国銀行との対抗関係の下に業務の拡大を図るが、外国銀行は戦時金融措置の影響もあって、漸次、後退を余儀なくされることとなった。

すなわち開戦後ほどなく、イギリスは事実上の金輸出禁止措置を取り、こ

れまでポンド圏に属していた東南アジア地域はイギリスとの金融的連係を遮断され、ロンドンを基点とする日本のアジア為替決済は大きな困難に直面することになった。この結果、わが国の為替決済の軸心はロンドンからニューヨクに徐々に移行したが（1915年7月、連邦準備法に基づくニューヨークにおける輸出入手形引受・割引の開始）、1917（大正6）年9月、アメリカの金銀輸出禁止によってこの経路も切断され、日本はアジア貿易に関する独自の決済機構の創出を迫られるに至った。この間、外国為替・貿易金融の展開、正貨の累積、資本輸出の急激な拡張は、新たな対外金融機関の編成と機構を作り出した。つまり大戦前までは、正金銀行は外国為替・貿易金融業務を基軸としつつ、対中国借款、植民地拓殖投資等をも担い、資本輸出入、植民地投資等を包含した対外金融機関として位置づけられた。しかし大戦期には、正金銀行もその業務を拡張させたとはいえ、台湾銀行・朝鮮銀行・日本興業銀行の特殊銀行が外国為替・貿易金融業務に参入し、新たな位置づけを与えられて急浮上し、さらには財閥系普通銀行が対外金融機関として新たに加わり、対外金融は、正金銀行・特殊銀行・財閥系普通銀行の対抗と分業関係の下に展開された[49]。外国為替・貿易金融にあっては、大戦の長期化と共に日本の貿易は輸出超過に転じ、貿易外収支も増大し、巨額の受取超過がもたらされることになった。ここに本邦銀行の外国為替取組の需要が激増し、それに対応する本邦外国為替金融機関の増加とその構造変化を引き起こすこととなった。この結果、大戦前のように正金銀行の外国為替取組の独占的地位は崩れ、外国銀行の活動は本国の戦禍のために停滞・萎縮し、後退した。この機会を利用して、台湾銀行・朝鮮銀行などの特殊銀行や三井銀行・三菱銀行・住友銀行など財閥系普通銀行が外国為替・貿易金融業務へ進出することになった[50]。このように、大戦期の外国為替・貿易金融の急激な拡大によって、国際金融市場の変貌、貿易構造の転換、対外金融政策等に規定され、正金銀行を基軸としながらも台湾銀行・朝鮮銀行・財閥系普通銀行の急激な追進によって、外国為替銀行の再編をも進行させたのである。

　それ以降、大戦中における政府や日本銀行の外国為替政策は、輸出奨励による正貨獲得という方針に沿って展開されたが、外国為替・貿易金融上の大

きな問題となったのは、上述のように為替資金の調達と在外資金の処理問題であった。為替資金の調達については為替銀行が利用しうる資金源としては自己資本・預金・コールなどもあったが、為替資金の主要部分を成したのは日本銀行の為替資金供給であった。大戦期において、これが正金銀行と台湾銀行に対して与えられた。台湾銀行は、金額においては正金銀行に対する為替資金の供給に及ばなかったとはいえ、新たに南方為替資金・台湾銀行為替資金・英印棉花資金という形で日本銀行の低利為替資金の供給を受けることになった。このように大戦期、この外国為替貸付金制度による給付が急速に膨張し、正金銀行の場合は、事実上無制限の給付と低利が約束されていた。つまり、同行に対する為替資金供給は、コールの不安定性を補完すると同時に、輸出為替の買取資金を安定的に融通する機能を果たすという側面を併せ持っていたのである。

　こうして、大戦期における政府や日本銀行の外国為替政策は、この間の貿易の急激な膨張の下、基本的には正金銀行に対する為替資金の供給を軸としたものであり、台湾銀行・朝鮮銀行・財閥系普通銀行に対する資金供給はむしろ限定的であった[51]。すなわち、台湾銀行は、大戦前、アモイ・香港・福州・広東・上海・シンガポールなどに支店・出張所を開設し、華南・南方への業務拡大を進めていった。大戦中には国内・海外支店いずれも為替取扱高の伸びは著しいが、国内支店の取扱高は正金銀行に比べるとはるかに低いものであった。海外支店においては中国・南洋・ボンベイなど5支店・出張所の取扱高が大きく伸張し、とりわけ17年7月に開設したニューヨーク支店が著しい伸びを示し、外国為替取組高は急増した。また鈴木商店との取組を増加させると共に中小貿易商社による貿易の振興を図った。そして朝鮮銀行は、後述のように戦前、朝鮮半島のほかに大連・奉天・長春に出張所を開設し、大戦時、戦局の拡大に伴って満州における諸々の取引業務を拡大させた。さらにわが国の対ロシア貿易が増進するとこれを契機として、16年7月、ハルビンに、9月、営口に支店を、また、11月、安東県・奉天・長春に、12月、伝家甸に出張所を開設。同年下半期に外国為替勘定を新設してから外国為替・貿易金融業務が急速に膨張した。なお、大戦前から外国為替を取り扱ってい

た財閥系普通銀行は数行あったが、その取組高はわずかなものであった。しかし大戦中、貿易の増進に伴って新たに外国為替・貿易金融業務に進出し、ヨーロッパ・アメリカ・中国などの各地に出張所・支店を多数開設し、外国為替取組高は急増することになったのである[52]。

　このように大戦期、わが国金融機関の外国為替取扱高は急激な膨張を示し、外国為替金融機関も外国銀行と正金銀行との拮抗・対抗の構図が崩れ、正金銀行・台湾銀行・朝鮮銀行、財閥系普通銀行との関係へと変化を見せ、中でも台湾銀行の比重が高まることになった。こうした情勢の下、正金銀行はなお過半を維持したものの、外国銀行は大きく後退することになった。その結果同行優位の構図は変わらず、本邦銀行の進出による外国銀行の駆逐が急速に進行することとなった。しかし正金銀行は、日本銀行の低利為替資金供給を背景にこの間輸出金融に力を注いだ結果、外国為替・貿易金融業務を急増させ、特殊銀行・財閥系普通銀行のこの分野への進出があったものの、高い取組シェアを維持して外国銀行のそれをはるかに凌ぐものとなっていた。そして大戦後は、20年戦後恐慌後の過程においてさらに外国為替銀行の再編が進行し、大戦中この分野に進出した台湾銀行は、為替市場から大きく後退し、財閥系普通銀行の進出が顕著であったものの外国為替・貿易金融の基軸は正金銀行であった。ただしこの間同行は、正貨維持と為替相場維持という相矛盾した機能を担わされ、さらにこれに為替資金問題を相乗させて緩慢な後退を余儀なくされ、ここに外国為替取扱高のシェアを低下させることになった（第5表：56頁参照）[53]。この結果、本邦外国為替銀行は、それぞれ海外へ進出して業務を拡大することになったのであるが、21年末における主要為替取引所の海外支店及び出張所の進出数は、正金銀行（32）、朝鮮銀行（23）、台湾銀行（16）、住友銀行（7）、三菱銀行（3）、三井銀行（2）と多数に上り、これらはいずれもロンドンとニューヨークに支店・出張所を開設してその営業活動を推進したのであった。

　ところで、激動する世界情勢の中で動揺し続けたこの時期の外国銀行は、輸出為替の取組を警戒し、さらに正金銀行建値による低為替政策を相乗させた結果、その外国為替取扱高を戦前と比較して急激に減少せざるを得なかっ

第11表 在日外国銀行の主要勘定（1904－1940）

(単位：千円)

年　　次	銀行数	支店数	総資産	貸出	預金	総収入	純利益
1904（明治37）年	4	8	37,445	7,520	11,236	6,276	1,458
1905（〃 38）年	5	9	66,680	10,406	14,424	7,911	1,519
1906（〃 39）年	7	12	64,273	11,017	12,878	7,617	1,228
1907（〃 40）年	9	15	76,123	17,048	11,679	8,180	703
1908（〃 41）年	9	15	20,579	8,000	4,622	3,047	150
1909（〃 42）年	8	15	63,199	12,525	14,832	6,784	408
1910（〃 43）年	8	15	74,131	14,827	15,235	4,731	38
1911（〃 44）年	6	12	64,673	14,904	13,984	5,980	384
1912（大正1）年	7	13	107,620	18,579	15,499	7,877	767
1913（〃 2）年	6	11	105,116	20,142	15,917	9,048	864
1914（〃 3）年	6	11	55,362	13,617	11,900	4,892	643
1915（〃 4）年	6	11	49,634	11,676	22,019	8,453	1,491
1916（〃 5）年	6	11	71,146	11,627	23,691	12,149	1,464
1917（〃 6）年	6	11	90,265	11,855	39,821	15,755	2,120
1918（〃 7）年	6	11	133,339	19,239	61,300	28,813	2,404
1919（〃 8）年	9	14	136,791	21,982	55,572	39,761	4,198
1920（〃 9）年	11	19	150,754	22,550	49,751	79,358	1,615
1921（〃 10）年	11	18	108,776	21,369	45,813	74,810	3,474
1922（〃 11）年	11	18	108,776	21,369	45,813	74,810	347
1923（〃 12）年	11	19	108,776	21,369	45,813	74,810	347
1924（〃 13）年	9	17	108,776	21,369	45,813	74,810	347
1925（〃 14）年	10	19	108,776	21,369	45,813	74,810	347
1926（昭和1）年	9	20	222,753	6,1443	87,310	72,326	3,107
1927（〃 2）年	9	22	217,688	54,486	69,106	16,259	463
1928（〃 3）年	9	22	164,645	46,715	53,765	6,197	－924
1929（〃 4）年	9	22	169,232	52,762	56,302	11,209	－828
1930（〃 5）年	7	19	122,378	33,584	54,910	9,421	－5
1931（〃 6）年	8	17	111,407	22,622	55,356	6,290	－1,088
1932（〃 7）年	7	15	111,795	19,227	46,361	8,535	1,060
1933（〃 8））年	7	15	174,919	19,131	53,670	9,976	1,328
1934（〃 9）年	7	15	228,200	21,337	67,610	8,668	949
1935（〃 10）年	7	15	216,022	24,417	85,785	8,612	1,293
1936（〃 11）年	7	15	294,794	23,817	88,602	8,723	1,430

1937 (〃 12) 年	8	16	300,338	39,680	114,346	9,872	878
1938 (〃 13) 年	8	16	168,597	20,999	83,505	9,105	− 426
1939 (〃 14) 年	8	16	121,896	17,181	61,577	5,144	581
1940 (〃 15) 年	8	16	135,813	5,959	83,389	5,817	− 4,171

出典：(1) 立脇和夫『在日外国銀行百年史　1900〜2000年』日本経済評論社、2002年、448頁。
　　　(2) 原資料は、大蔵省『銀行営業報告』(第29次) 1905年。『銀行及担保付社債信託事業報告』(第30・39次)『銀行局年報』(第40・41次)。

た。大戦勃発後の14年8月、日本は対独宣戦を布告し間もなくドイツ領を占領したのであったが、こうした中で、9月、大隈重信内閣（若槻禮次郎蔵相）は独亜銀行（横浜・神戸）に対し「改正銀行条例」(1914年、法13号）により、一切の業務停止を命じると共に、大蔵省告示をもってその旨公示をした。また、16年にインターナショナル銀行はナショナル・シティ銀行（National City Bank of New York、米系）に買収され、その子会社となった[54]。一方、大戦中、ロシア・フランス・イギリスは日本で円貨公債を発行、調達資金を日本からの輸入、軍需物資の代金決済に充当したのであったが（短期円貨債3億円程度、本邦銀行のシンジケート団、引き受け）、この際日仏銀行は、仏政府の短期円貨債の引き受けに参加し、「仏国政府指定」銀行として募集の幹事を務めた。同様に、露亜銀行はロシア公債の募集に参画したが、17年のロシア革命に伴う混乱、日本のシベリア出兵など日露関係が悪化する情勢の下、経営面で大きな打撃を余儀なくされた[55]。

　こうして大戦期・大戦終息時において日本進出を果たしていた外国銀行は、香港上海銀行（横浜・神戸・長崎支店）、チャータード銀行（横浜・神戸支店）、露亜銀行（横浜支店）、インターナショナル銀行（横浜・神戸支店）、独亜銀行（横浜・神戸支店）、日仏銀行（東京支店）の6行であった（第11表）。大戦後の19年6月、アメリカが金解禁を断行すると同時に、アメリカン・エキスプレス銀行（American Express Company, Inc.）は横浜支店を開設し、翌年11月、神戸支店を開設した。またパーク・ユニオン銀行（Park Union Foreign Corporation、米系）は、7月、横浜に、11月、東京にそれぞれ支店を開設したが、22年にアジア銀行（Asia Banking Corporation、米系）に吸収

合併され、4月、横浜支店がアジア銀行横浜支店となり（パーク・ユニオン銀行は閉鎖）、ここにアジア銀行が日本進出を果たす形となった。そして19年12月に天津商工銀行（中国系）が大阪支店を開設し、翌年4月、北京実業銀行と合併し、天津銀行と改称。この天津銀行は21年大阪支店を開設したものの、その後間もなく閉鎖された。

こうした状況の下で原敬内閣の高橋是清蔵相は、20年1月、独亜銀行（横浜・神戸）の営業停止を解除する旨、大蔵省告示をもって公示した。これを受けて、5月、独亜銀行は神戸支店を再開したものの業績不振の末、ついに22年11月、閉鎖を余儀なくされたのである。また20年2月、中法実業銀行（Banque Industrille de Chine、フランス系、中仏合併銀行）は東京支店を開設したが、21年半ばに破綻し、その後中仏商工銀行（Banque Franco-Chinoise Paur le Commerece et l'Industrie）に改組された。なお3月、和蘭銀行（Nederlandsche Handel-Maatschappij.N.V.、英文名 Netherlands India Commercial Bank、オランダ系）が神戸支店を開設したのに続いて、6月、蘭印商業銀行（Nederlandsche Indische Handels bank, N.V.、英文名 India Commercial Bank、オランダ系）が神戸支店を開設したのである[56]。

この間ヨーロッパ資本主義列強は、大戦による惨禍と疲弊からの復興に忙殺され、かろうじて戦前の水準に復帰するかどうかの時期にあったのであり、とうてい対外進出の活発化にまで至らず、さらには本邦外国為替金融機関の再編の影響の下に、日本進出を果たした外国銀行の営業活動は停滞・不振を続け、萎縮傾向を阻止するところまで至らなかった。本邦さらに東アジアにおける外国銀行の営業活動は、漸次低迷・萎縮を続けることにならざるを得なかったのであった。

2. 為替資金の梗塞と横浜正金銀行の対外業務

正金銀行は、輸出入貿易が急増する中で、為替取組を中心に行ってきたが、国際金融市場の変貌という情勢の下で、為替資金の梗塞が生じ、金銀の現送、為替資金の調達、アジア・欧米間の為替資金の調整、正金建値の維持など政府や日本銀行が打ち出した外国為替政策に対応して、新たな業務が加

わり、その役割を果たすこととなった。

　つまり正金銀行は、日露戦争後「分立的営業法」を主軸とした銀貨国・金貨国の為替出合の調整、為替取組、銀為替資金の世界的な調整（「為替基」〈Exchange Funds〉の減少方針の下に上海支店からロンドン支店への回金など）に当たってきた。しかし、開戦に伴いヨーロッパ各国は金銀の輸出を政府の管理下に置き、その禁止を断行し（イギリスの場合も事実上金輸出停止）、ロンドン金融市場は金の自由市場たる機能を喪失し、金銀の現送によって為替の出合を得る途が途絶されることとなった。こうした情勢の中で、正金銀行は対米輸出の増大に伴ってニューヨーク支店の外国為替取組を急増させることになった。これと前後してニューヨークの国際金融市場が整備され（1915 年 7 月、連邦準備法の制定により、輸出手形引受・割引を開始）、これを契機に為替相場基準の移行（英から米へ）が急速に進み、これにより同行はロンドンとニューヨークに資金を投じ、英米両市場を利用して為替相場を立てざるを得なかった[57]。このような状況の中で、日米はなお金銀輸出を禁止しておらず、この時点でも若干の金銀の現送が行われた。

　まず、1915 年 9 月、正金銀行は日本が輸出超過にあったにもかかわらず、対米相場が平時の金現送点を割り込むことになったため、アメリカへ向けて金（4,000 万円）を輸出することとなった。この対米金現送により対英相場をさらに引き上げ、その一方で引き続く対米輸出増加により対米相場も自然に引き上げたので、11 月には現送は止んだ[58]。また、正金銀行は英印への棉花輸入代のため金銀現送を行った。というのも、翌年 12 月、英印政庁は、インド証券（Indian Council Bill）の売出しを制限したため、印棉代金の決済ができなくなり（資金回送はほとんど途絶）、棉花商と紡績業者が為替資金難に陥り、大きな問題と化した。この際正金銀行ボンベイ及びカルカッタ支店は、同様に為替資金の調達が困難となり、これ以降為替の調整により貿易差額の決済に努めたほか、17 年 1 月〜10 月の間、上海支店に所有する銀の一部と、欧米向け為替買持の中から日本に取り寄せた金貨・金塊（9,370 余万円）とをそれぞれ英印へ現送した[59]。そして、同行は、中国に対しても 16 年 3 月〜翌年 8 月までの間に、6,400 万円の金現送を行った。元来、中国は銀通貨圏

のため上海向為替相場は銀為替であるが、輸出入とも円為替が用いられた。従って上海向為替相場を決定する要因は銀塊相場の騰落であり、世界の銀塊相場の中心、ロンドン市場の騰落が大きく反映していた[60]。いずれにせよ、英印・中国に向けて直接金銀を現送して輸入品の代価を支払うことになったのである。

　こうして日本の輸出入貿易は急速に拡大したが、これに伴う外国為替・貿易金融業務の拡大は、正金銀行の為替資金調整に新たな課題をもたらすことになった。つまり大戦中、日本は、貿易の出超と同時に、輸出奨励策、正貨獲得政策などを背景に、在外資金の累積のほか、為替資金不足を激化させた結果、外国為替銀行、特に正金銀行は外貨間の為替繰り調整を余儀なくされた。さらに、在外資金の累積は、同行に為替変動の危険負担を負わせると同時に、為替買持に相当する為替資金の固定化を発生させることになった。先に見たように為替買持の負担を軽減するために採られた方策が、政府や日本銀行による在外資金の買い入れ、連合国国公債の引き受けや買い入れであった。しかしながら、こうした方法をもってしても、正金銀行の買持累積を解消させることはできず、為替資金の調達が必要不可欠となった。こうして、為替資金の調達は、増資・預金増などによって行われたが、その中心にあったのは従来からの日本銀行を通した外国為替貸付金とコール資金であった[61]。

　ところで正金銀行は、大戦当初対独参戦を懸念して開設間もない青島出張所を一時引き揚げたのであったが、14年12月、ドイツ租借地の陥落と日本軍政の施行によって業務を再開し、軍政下の国庫金取り扱いに当たると共に、翌年2月には同出張所において円銀券を発行することになった。その後の17年11月、正金銀行漢口支店は当該地通用銀貨を基礎とした地域制限を加えた円銀券を発行することになった。15年8月、同行は輸出が激増し為替取引が増加しているオーストラリア・シドニーに出張所を開設したのに続いて、10月、膠済鉄道の津浦鉄道への接点（山東省奥地、物産の重要な集散地）である山東省・済南府に青島出張所の分店を開設した。そして16年9月、南洋向けの日本製品の輸出が増加した英領マラヤ・シンガポールに、続いて18年1月、巨額の米穀物輸入のため英領ビルマ・ラングーンに、3月に

第4章　日本資本主義の帝国主義的発展と横浜正金銀行の対外業務

貿易の激増するフィリピン・マニラに、砂糖輸入に当たるジャワ・スラバヤに、それぞれ出張所を開設した（第6表：60頁参照）。また、17年9月、生糸、羽二重の輸出が増大し、邦人商社の進出が著しいシアトルに、さらに翌年5月、羊毛・牛骨などの輸入に当たるためアルゼンチン・ブエノスアイレスに、そして12月、この間貿易が激増しているシベリア・ウラジオストクにそれぞれ出張所を開設し、その業務に当たった[62]。この間、正金銀行はサンフランシスコ・シアトル・ハワイの各店においては、農工業経営の日系人に対して「長期特別貸付」を新たに開始することになったのである[63]。

　また、17年9月、アメリカに続いて日本が金銀輸出の禁止を決定すると、日本政府は臨時国庫証券（7月、臨時国庫証券法制定）を発行し、その一部を外国為替貸付金制度により為替資金を融通し、その欠乏を緩和させることにした。この結果、日本の対米為替相場はさほど上昇を見ることなく終わったが、大戦末期には漸次上昇傾向を余儀なくされた。言うまでもなく、これまで日本の輸出為替は正金銀行が独占的に取り扱ってきた。同行は国家政策に沿って、外国銀行より低い正金建値相場で輸出為替の買い入れに努めた。この結果、輸出為替が正金銀行に集中する一方、輸入為替は外国銀行に集中する傾向を示すことになり、この間為替買持の累積はこうした国家政策を背景としてさらに加速させることとなった。正金銀行をはじめ外国為替銀行は輸出金融に早晩行き詰まることになった。そこで翌年5月、政府はこの対策として「戦時為替調節委員会」を設置し、為替調節の検討に当たることとしたが、11月に大戦は休戦となり、この委員会は解散することになった。こうした経緯の中にあって、9月、寺内内閣に代わって成立した原内閣は、政府の為替資金問題に関する方針を変更することとした。すなわち従来の輸出奨励・正貨吸収という方針が、通貨膨張の原因のほか、不自然な為替相場に伴う片為替による為替買持高の累積をもたらすものとなっている。これを改めるため、為替相場を引き上げ、輸出為替と輸入為替の出合いを自然の調節に委ねることで為替資金問題の解決を図る、という方針に転換し、当面の輸出金融の行き詰まりを打開することとした[64]。

　そして銀通貨圏中国においては、輸出入共に円為替が用いられたが、上海

145

向け為替相場は銀為替であり、この相場の決定にはロンドン銀塊市場の動向が大きく反映していた。この間銀塊相場は高騰していたが、18 年 4 月、アメリカ政府のピットマン法の発布を契機に、さらに奔騰することになった。こうして銀価騰貴とそれによる対中国輸出が急増する中で、正金銀行は為替取組も増加させることになった。この際同行は、大連・上海を国際的循環の結節点として位置づけて、その業務を遂行することになった。しかしながら、上海金塊相場と日中為替相場は低落し、その取り組みも減少することとなり、こうした情勢の下に中国（上海）へ金の現送が行われることになった。また満州においては、正金銀行は後に見るように、この間国庫金の取り扱い、外国為替・貿易金融、銀預金などの業務を通して資金の調達に当たってきたが、17 年 12 月、寺内内閣の「満州幣制の金本位化〈鮮・満金融一体化〉」構想の実施に伴い、政府の命令により（勅令第 217・218 号）、金券の発行差し止め及び回収、鈔票の強制通用力の剥奪などが行なわれ、旅順口・遼陽・鉄嶺・安東県の各支店を、それぞれ閉鎖することになった。これ以降同行は、唯一鈔票の発行・流通を残し、植民地金融から離れ、外国為替・貿易金融業務の活動に限定されることになった[65]。

　ところが、18 年 11 月、大戦終結後日本の貿易が輸入超過に転じ、欧米向け為替相場も下降線をたどり、これを契機として正金銀行の為替買持高も漸次減少傾向を示すこととなった。同行は、世界経済の動向に沿ってイギリス向けの為替買持をニューヨークに移したほか、中国・英印などの資金も同様に回金し、その損失の減少に努めることにした。こうした情勢の下に日本への金流入が増加し、それまでの問題となっていた輸出金融の梗塞も自然消滅することになった。これによって正金銀行は、対米為替相場に関しては戦前の相場を再現させることができたが、対英為替相場については戦後世界経済の特殊な情勢の中で極めて変則的な建て方を余儀なくされることになった。大戦後の 19 年 2 月、正金銀行は商品の集散地であり、外国為替の中心市場となっている蘭印のジャワ・バダヴィア（首都、現インドネシアのジャカルタ）に出張所を開設した。続いて 7 月、日本の出稼農民の多いブラジルのリオデジャネイロに支店を開設し、移住者の利便を図る一方、日本の南米貿易

の推進に当たることにした。そして翌年4月、ベトナム・サイゴンに、9月、日独貿易の増進を目指してハンブルクに、それぞれ支店を開設し、以後の外国為替・貿易取引の増加に対応することとした[66]。

　20年に入ると貿易の輸入額が急増し、3月の反動恐慌後において英米為替が下落に向い、これを受けた日本の対外為替相場も大きく変動し、為替市場に不安をもたらすことになった。と同時に3月を境に銀価が暴落に転じ、上海の対外為替相場は従来のロンドンの基準に代わってニューヨーク銀塊相場を基に立てられることとなった。銀相場の崩壊は、為替の不安、銀貨購買力の減退をもたらし、日中為替相場は急騰することになった[67]。この間、正金銀行は為替買持高が減少し、外貨資金、特にポンド資金不足が深刻化し、しばしば国際決済上の危機に追い込まれたのである。同行海外支店は、ロンドン・ニューヨーク・上海・大連の4店が重要な位置を占めていたが、海外支店における外国為替決済の基軸は、ロンドンとニューヨーク両支店にあった。そして正金銀行の資金は、日本→ニューヨーク→ロンドン→英印→日本へと循環し、ニューヨークよりロンドンへの回金が円滑な為替決済を保証していた。しかしながら、これらは国際金融市場としてのニューヨークとロンドンの安定性と、同行の信用力によって支えられており、このどちらかが動揺すれば直ちに攪乱作用を受けざるを得ない、という問題を併せ持つものであった。そうした国際収支入超の下では、外貨資金、とりわけポンド資金の枯渇は、為替買持が減少する中で顕在化する。事実、22年には早くもポンド資金不足が発生し、ロンドン支店の金融状態は逼迫していった[68]。こうした戦後世界経済の変化の中で、外国為替銀行は輸入資金の不足に陥ることになったが、正金銀行は政府の正貨現送などの為替維持政策に沿って、在外正貨の払い下げにより為替資金を調達し、通貨・為替調整のほか、正金建値の維持に努めることになったのである。

第4節　大陸植民地金融における横浜正金銀行の対外業務

1．満州植民地金融における朝鮮銀行と横浜正金銀行

　大戦期、大陸植民地金融においては、鮮満金融一体化構想の下に対外金融機関が再編され、朝鮮銀行と東洋拓殖株式会社が進出し、正金銀行の植民地金融機関業務を引き継ぎ、金円通貨流通圏の拡大を進めたものの、戦後大連取引所建値問題などを契機としてこの構想が崩壊し、「ワシントン体制」の下、挫折を余儀なくされることになった。

　すなわち、日露戦争後の満州金融政策は、正金銀行の機能拡大をもって運営されてきたが、第一次世界大戦への参戦、「対華21ヵ条」要求などによって満蒙権益が強化され、ここに再び満州金融問題が再燃することになった。そこで大隈内閣は、日支金融機関調査会の設置（1915年7月）に続いて日支銀行・満州銀行設立の両法案を第37帝国議会へ提出し（16年1月）、この問題の解決に当たることにした。しかしこの大隈内閣の構想案は、混迷の続く政局の中で結実することなく廃案として処理されることになった[69]。大隈内閣に続いて16（大正5）年10月に成立した寺内内閣（勝田主計蔵相）は、アメリカの対中国資本輸出の強化、中国の北洋軍閥の台頭などが進む中で、満州金融問題については鮮満金融一体化構想に基づく植民地金融機関の再編をもってこれに当たることにした[70]。すなわち寺内内閣は、拓殖局の復活・関東都督府官制の改正など政策機構の整備によって満蒙政策の強化と軍政化を図ると共に、この下で鉄道・金融を2大支柱とする鮮満金融一体化を推進することにした。この金融面からの鮮満金融一体化政策とは、従来正金銀行が担っていた植民地金融を朝鮮銀行・東洋拓殖株式会社の満州進出をもって植民地金融機関を再編し、それにより金円通貨流通圏（金貨経済圏）の拡張を強力に進めることを狙いとしたものにほかならなかった。この再編構想は、大蔵省臨時調査局金融部内で検討され（17年2月、設置）、満州金融は在満金融機関3行（朝鮮銀行・東洋拓殖株式会社・正金銀行）の分業関係によることとし、閣議決定後（17年6月、帝国政府の方針）の11月、勅令第217・

218号をもって実施に移されることになった[71]。これは、従来の正金銀行の対満金融業務の根本的な整理によって、金券発行、幣制統一などの中央銀行的業務を朝鮮銀行に集中し（朝銀金券に満州内強制通用力を付与）、満州の拓殖金融関係を東洋拓殖株式会社に移譲し、外国為替・貿易金融を正金銀行に専門に当たらせるという、まさに朝鮮銀行を主導とする鮮満金融一体化政策を実現するものであった。この再編の実施によって、朝鮮銀行による金円通貨流通圏の拡張が推進される一方、正金銀行は上述のように満州金融業務では鈔票の発行が唯一残されたものの、旅順口・遼陽・鉄嶺・安東県支店の閉鎖を余儀なくされ、外国為替・貿易金融業務に限定されることになり、その役割を果たしていくこととなった[72]。

　また、満州の幣制統一問題については、当時中国の幣制自体が混乱状態にある中で（16年5月）、東三省官銀号をはじめとする中国側4銀行の申し出を受けた正金銀行は、外務省・三井物産と協議のうえ、日中合併による満州中央銀行を新設し、銀本位制統一を企図したが、張作霖（ちょうさくりん）の政策転換により中止せざるを得なかった。そして翌年、再び同行は、大倉組と共に中国交通銀行を日中合併銀行へ改組することを計画したのであったが、ここに時を同じくして朝鮮銀行を主導とする日本興業銀行・台湾銀行の交通銀行借款供与が成立し、これによってこの計画も実現不可能とならざるを得なかった。その後この問題については、寺内内閣による植民地金融機関の再編によって、金円通貨流通圏の拡張策が取られ、中国の幣制改革、すなわち金本位制の樹立を目指して交通銀行への介入、中華匯業銀行（かいぎょう）（The Chartered Exchange Bank of China、18年2月1日）の設立が相次ぐこととなった。金保有高の矮小な日本資本主義にとって、それはとうてい無理な試みであったが、ここに幣制統一政策は「日支経済的提携」政策、さらには「日満支ブロック」形成の画策の下に遂行されることになったのであった[73]。

　ところで、第一次世界大戦下のロシア革命は、連合国側にとって多大な衝撃をもたらすと同時に、とりわけ日本にとっては、またとない北方進出・反ソビエト（ソ）干渉戦争の好機を与えるものとなった。そして北京政府と先に締結した日中軍事協定の発動を強要すると共に、北満・シベリア・沿海州（ウ

ラジオストク）から、さらにシベリア鉄道沿線（ウラジオストク―チタ）を逐次占領するに至った。この日本軍の北満・シベリア進出に伴い、朝鮮銀行は臨時国庫金などの取り扱いを開始する一方、国内においては露領進出企業向けの資金融資活動を始めることとなった。なお、朝鮮銀行はシベリア鉄道沿線主要地の満州里・チタ・チチハル・ハバロフスク・スパスカヤ・ブラゴウエシチエンスク・ニコリスク、そして北樺太亜港などにハルビン支店の派出所を開設し、臨時国庫金の取り扱いを開始すると共に、さらに預金貸出・一般送金などの営業活動を行い、当面の金円通貨流通圏の拡張に当たることになった。同時に、この過程で対露債権などの諸問題が生じ、政府はこの保護・救済と北方開発を目的とした特殊会社「日露実業株式会社」（18 年 8 月）を創設し、対ソ政策を開始した。これに対応して、朝鮮銀行はこの創設資金を預金部資金 600 万円（朝銀経由）と同行の直接貸出 1,200 万円とで融資することにした。またこの間、財閥資本・新興財閥資本などがより一層ソ領北洋進出を果たすことになり、北洋漁業の支配権をめぐって角逐を展開することになるが、朝鮮銀行はこれら日本の漁業資本に対しても積極的な資金融資を行うに至ったのである[74]。

　しかし 19 年末には、ソビエト革命政府の勢力は西南部シベリアに浸透してオムスク政権が崩壊し、連合諸国の対ソ干渉戦争は失敗に帰して撤兵が開始されることになるが、原内閣は、朝鮮・満州へのボルシェヴィキ政権進出を脅威として兵力を東支（清）鉄道沿線・沿海州南部に集中し、同地居留民の保護と朝鮮・満州の安全保障（「自由出兵」の方針）を理由として駐兵を継続することとした。これに対して翌年 4 月 6 日、シベリア革命勢力は、日本軍のシベリア撤兵促進のために極東共和国（議会民主制）を樹立すると共に、これをソビエト・ロシアと日本の「緩衝国」とすることによって日本軍との衝突を回避しようとし、日ソ共これを承認して両国間に停戦協定が成立することになった。しかし 3 月 11 日、ニコラエフスクでロシア人遊撃隊（パルチザン）の蜂起によって、日本軍人・居留民など約 700 名が戦死・殺害されたいわゆる「尼港事件」が発生したため、日本政府はこれに対して北樺太を保証占領し、軍政を施くこととした。従って 8 月以降、日本はザバイカル

（州）・ハバロフスクから派遣軍を撤退させたものの、沿海州南部と北樺太の占領・軍政化は依然、継続することにした。この間朝鮮銀行は、西部シベリア撤兵を受けて20年3月2日～21年9月15日の間に同地のブラゴヴェシチェンスク・チタ・満州里・チチハル・ハバロフスクの臨時派出所を、そしてスパスカヤ・ニコリスクの貨幣交換所をそれぞれ閉鎖することにしたが、新たにウラジオストク支店（8月12日、以前は松田銀行部の名称）を開設してその業務の継続と日露（ソ）通商の振興に当たり、北樺太石油・北洋漁業など露（ソ）領進出企業に対して積極的な資金融資を進めた[75]。この場合、北樺太の油田開発は、14年以降続けられていた北樺太資源調査（久原房之助）の結果、久原鉱業とスタヘーエフ商会との間に「竹内・バトーリン協定」が成立し、19年5月、政府・海軍・朝鮮銀行などの援助によって株式会社「北辰会」（久原鉱業・三菱鉱業・日本石油・宝田石油・大倉鉱業などが株主）が設立されたことなどを背景としていた。そして尼港事件後には、日本の軍政施行の下にオハ油田で油層の開発に成功し、さらに三井鉱山・鈴木商店がこの事業に参画することで、その経営の充実が図られ、日ソ国交樹立後は、「北樺太石油株式会社」に継承されることとなった[76]。この間シベリア出兵を通して東部シベリア・北満方面へ日本の市場進出が強化されたが、これを受けて正金銀行は、10月に朝鮮銀行と共同でウラジオストクのロシア国立銀行へロシア金貨を担保として限度額5,000万円の融資を決定すると共に、北満・ハルビン支店においては、21年5月、銀行券発行を開始したのであった[77]。

ところが、満州金融機関の再編をもって行われてきた朝鮮銀行・東洋拓殖株式会社・正金銀行の分業関係は、大連取引所建値問題、大連日本向送金制限問題などを中心としてその矛盾が表面化し、ついに朝鮮銀行の金円通貨流通圏構築の構想も、また同時に銀貨経済圏に屈服し崩壊せざるを得なくなった[78]。すなわち大戦後の世界経済の復興と共に銀価は世界的に高揚に転じ、これを反映して奉天票相場の上昇と朝鮮銀行券の価格下落が発生し、日中金融調節委員会の役割は消滅すると共に（20年3月）、奉天票兌換問題はここに解決されることになった[79]。兌換問題の解決は、それと同時に、鮮満金融一体化の頓挫を意味した。こうして、21年10月、朝鮮銀行側は一体化方針の

一環として、関東庁を通して大連取引所建値の金建への転換を強行させることになり（告示第33号の公布）、これに対して強力な金建反対運動が展開されるに至っていわゆる大連取引所建値問題が発生した[80]。しかしこうした満州金建化推進の試みも、結局のところ「ワシントン体制」の成立による日本の中国進出封じ込めの中で、金銀両建の併用に落着き、やむなく挫折を余儀なくされた。なお、正金銀行は、満州において中央銀行的地位を失ったものの、鈔票の発行が継続されることとなったため、従来からの信用と実績とをもって銀券の擁護（とくに大連・上海間取引において）に当たり、南北満州、シベリアに至るまで流通を拡大・強化した朝鮮銀行の金券（金本位化）政策に鋭く対抗する形となった。そしてまた、この鈔票が、奥地特産物の買い付けに大洋票・小洋票（いずれも銀本位）が用いられていたことを基礎に、大連（及び長春）特産物取引の決済通貨として依然として機能していた。特に特産大豆に関わる金融業務を全面的に確保する一方で、華南・上海方面における貿易・為替決済がこの銀券対上海両との売買関係によって成立していたため、為替通貨として極めて重要な位置を占め、鈔票発行の存続と大連取引所の銀建継続は不可欠のものとなっていた[81]。こうして、正金銀行は満州銀貨経済圏において安定した業務とその役割を果たしていくことになったのである。

　このように朝鮮銀行と東洋拓殖株式会社の進出による鮮満一体化構想は、満州財界の不振と金銀二重経済の困難など満州金融の実情の無理解からきた強硬政策であったというほかないが、同時にこうした満州・中国本部の金融的包摂の試みはあくまで、日本資本主義の経済的実力と金保有量に根本的に制約される点を失念した冒険であったといわねばならないであろう。

2. 対中国資本輸出における朝鮮銀行と横浜正金銀行

　大戦期ヨーロッパ諸国の中国投資の中断と、国際収支の受超に基づく正貨累積とその処理を背景とし、正金銀行は朝鮮銀行と対抗、分業関係の下に大陸半植民地の領土・勢力圏へ向けた資本輸出を増大させた。しかし戦後米英と対立・抗争関係の中で日本はワシントン体制下で閉塞状態に陥るが、朝鮮

銀行もまたここにその業務遂行の挫折を余儀なくされることとなった。

　すなわち大戦勃発時までの日本は、外貨資金の導入をもって資本輸出を行っていたが、大戦下の貿易収支の大幅な黒字と、それによる正貨の急激な累積は、正貨処理対策の一つとして初めての本格的な資本輸出を引き起こし、大戦期、とりわけ寺内内閣期に対外投資（資本輸出）は著しく増大した[82]。この際、大戦期の資本輸出・植民地投資に重要な位置を占めていたのは、大蔵省預金部であった。この預金部資金は特殊金融機関・特殊会社に対する政策的資金の提供を通して、帝国主義的対外進出を金融面から支援する役割を果たした。

　まず、日本銀行が介在していた政府資金に基づく預け金について見てみると、大戦期には正金銀行に対する資金融通が大部分を占めていたが、日本銀行の対外金融業務は、為替資金融資に止まるものでなく、対中国借款や中国・植民地経営拓殖資金の媒介業務をも含んでいた。従って預け金は、正金銀行・東洋拓殖株式会社・朝鮮銀行・日本興業銀行を経由して輸出されていた。こうした預け金形態をとった資本輸出・植民地経営拓殖資金の媒介業務は、日本銀行にとっては、あくまで外在的・限定的性格のものであった[83]。そしてこの時期には、日本鉄鋼業の原料鉄鉱石確保のための漢冶萍煤鉄公司（かんやひょう）借款が継続されていたが、15年に日本政府が袁世凱に突きつけた「21カ条要求（第3号第1条、第2条）」には、「漢冶萍の合併会社化による完全支配、大冶だけではなく周辺鉄山をも支配すること」が含まれていた。さらに大戦前まで漢冶萍煤鉄公司の鉄鉱石・銑鉄に限られていた資本輸出と国内の産業構造との結びつきが本渓湖、鞍山の銑鉄や朝鮮の三菱兼二浦の銑鉄にまで拡大された。鉄鉱石についても八幡製鉄所と漢冶萍煤鉄公司との関係がより深まると共に、預金部→正金銀行→日中実業を通じる貸し付け（桃沖鉄山（たおちょん）・三井鉱山の買鉱前渡金）によって鉄鉱石（当塗鉄山（とうと））の日本への供給が確保された。なお、16年6月、中国政府が「中国政府五分利付四鄭鉄道公債（500万円、期間40年）」を発行するに当たり、正金銀行は日本側銀行団を代表して中国政府との契約に臨み、この際、元利支払場所を正金銀行本邦各店及びニューヨーク支店としたのである[84]。

また、これより先の 12 年 6 月、日本は、対中国国際借款団の要請に応えてロシアと共に正金銀行を代表としてこれに参加することとしたのであったが、小田切萬壽之助（正金銀行取締役）・武内金平（正金銀行支配人）をもってこの折衝に当たらせたものの、この借款団が袁世凱政権の成立、アメリカの脱退に続いて経済借款についてはこれを自由競争とすることを決定したため（13 年 9 月、政治・幣制借款を除く一般借款）、資本力の脆弱な日本としては所期の目的を十全には果たせない状況に置かれていた。この間、中国本部では、袁世凱の帝政準備及び南方軍閥の鎮圧などによる政治的・軍事的費用がかさみ、これを交通銀行からの借り入れでまかなっていたため同行の対外信用は急速に低下し、袁世凱はついに「支払猶予令」（16 年 5 月）を発令して銀票兌換を停止させると共に、外貨資金の導入と幣制改革をもってこの苦境に当たることにしていた。こうして袁政府及び交通銀行（総理、梁士詒（りょうしい）、1908 年設立）は、正金銀行と大倉組にこの救済・援助を求め、河野久太郎（大倉組）を窓口に交渉したのであったが、結局、当時は成立を見るに至らなかった。しかし 16 年 6 月 29 日成立した段祺瑞（だんきずい）政権は、かつての満州朝鮮銀行券昆一併用・日支貨幣昆一併用・交通銀行救済整理などの政策構想の下、実施に向けた準備を進めることにしていた[85]。

　こうした情勢の下、16 年 10 月、対華「援助＝提携」政策の推進を目指す寺内内閣が成立したのであったが、日本は、この当時大戦下の好況によって資金供給能力においては列強をようやく凌ぐに至っていた。こうして、大隈内閣がかつて興亜公司借款（久原鉱業系）の契約のほか大規模な政治借款を計画し、間もなく列国の知るところとなって政府や正金銀行が苦況に陥ったことなどを考慮した寺内内閣は、国際借款団の業務範囲外の借款、いわゆる「経済借款」を打ち出し、これを朝鮮銀行を主導とする日本興業銀行、台湾銀行の 3 特殊銀行団（16 年 12 月 4 日結成）に担当させることにした[86]。そこで後藤新平の「東亜経済同盟」構想[87]の実現を試みようとする西原亀三は、満州の奉天省借款を進める中でこの交通銀行支援に乗り出すこととなった。西原は、いわゆる「西原借款」として坂西利八郎陸軍大佐（総統府顧問）を通して許世英（きょせいえい）（交通総長）・曹汝霖（そうじょりん）（交通銀行総理）など新交通系の中国要人

と交渉の結果、朝鮮銀行・日本興業銀行・台湾銀行 3 行と交通銀行との間に「第一次交通銀行借款」(500 万円＝金貨、17 年 1 月) を成立させた。さらに 18 年 9 月、中国の第一次世界大戦への参戦問題が起こると同時に、段政権との間に参戦 (18 年 8 月、中国は、対独墺に宣戦布告) と引き換えに「第二次交通銀行借款」(2,000 万円＝金貨、9 月) を実現させるに至った[88]。

他方で「石井・ランシング協定」、ロシア 10 月革命に続く独ソ講和条約の成立によって、日本の大陸政策は急きょ、北進 (満蒙・シベリア) として強化・推進されることとなった。すなわち、これまで対華政策を中心的に推進してきた寺内内閣は、帝政ロシアの崩壊を好機とし、北満・沿海州への派兵を画策する一方、革命ロシアの「西力東漸」への「対抗防衛」を名目として、まず日中共同軍事協定の締結交渉に向かい、この過程で兵器供給契約 (1,700 余万円) を成立させることになった。この契約は、北京政府の軍事力を強化し、日本の中国本部への強制的介入、日中両国軍部の一体化による日中軍事提携を実現し、次いでこれを基礎に「日中共同軍事協定」(1918 年 5 月) の成立をもって北満への軍事的進出及びシベリア出兵の準備段階を成すものにほかならなかった。

そしてさらに、経済提携については、西原・陸(栄廷)覚書 (18 年 4 月 13 日) を基礎に西原によって作成された日中経済提携案 (5 月 22 日) を決定し、これを実行に移すこととした。この構想の要点は、日本の巨額の経済援助をもって段政権による中国の国家的統一を補強し実現しようとするもので、借款はまず中華匯業銀行の設立、さらに有線電信借款 (2,000 万円、4 月)・吉会鉄道予備借款 (1,000 万円、6 月)・黒吉林鉱借款 (3,000 万円、8 月) としてそれぞれ成立した。しかし、構想の重点を成していた義和団賠償金問題については外交調査会 (9 月) で否決されたため、製鉄所借款や幣制改革借款については成立を見るに至らなかった。そこで寺内内閣は、寺内首相として最後の 9 月 29 日、政府保証興銀債券 1 億円の残額 6,000 万円 (海外投資銀行団 18 行の引き受け) を、参戦借款、山東 2 鉄道予備借款、満蒙 4 鉄道予備借款にそれぞれ 3 分割し、これをもって対段政権借款供与の仕上げを成すこととした。「西原借款」は、17 年 1 月〜18 年 9 月の間に総額 1 億

4,500万円に及ぶ巨額なものであったが、政府はこれを経済借款とし、従来の政治借款と区別して供与を推進することとしたのであった。政府は、戦時日本経済の急激な発展の中で累積した在外資金を買い入れ、この資金を当てたが、しかしこの借款による償還については、第一次交通借款の返還はあったものの、そのほかのものは全て償還のないまま終わったのであった。以上のように、経済借款の形をとって展開された「西原借款」は、紛れもなく段政権に対する軍事的・政治的援助による政治借款にほかならず、これに対して段政権からは、北満地域における日本の独占的支配権が約束されていた。従ってこれらの資本輸出を担った朝鮮銀行、日本興業銀行、台湾銀行3行の実際の役割は、日本の財政資金を北洋軍閥段政権へ濾過する輸送機関以外のなにものでもなかったといえよう[89]。

　この間正金銀行は大蔵省・日本銀行・民間銀行と連係の下に累積された正貨の処分に当たり、その結果として対外投資（資本輸出）が増大することとなった。まず、第二次四国善後借款の前貸として17年8月～翌年7月の間に、「中国政府大蔵証券」（3,000万円）が日本で売り出されることとなり、同行はこれまでと同様に日本側銀行団を代表して、中国当局者と契約を締結し（北京）、塩税収入を担保として引き受けた。そして正金銀行は、この間、寺内内閣の「国際協調」からの逸脱に外務省と共に反対しつつ、国際借款団の一員として第二次幣制改革前貸金（3,000万円）の供与に当たった。また日中軍事協定との絡みで対華兵器供給（18年7月30日、日中軍事「提携」の一環）の売掛金を借用書に換えた兵器借款（3,200万円）については、泰平組合（三井物産・大倉組・高田商会などの民間資本組織）がこれを担当した。なお、この借款のほかに実物資本の海外輸出が活発となった。特に紡績資本の進出は、国内経済情勢、中国の関税引き上げ、さらには参戦列国（英・独）の後退などの要因が相乗して中国向けの増加が著しく、このため中国紡績業に大きな変化をもたらす一方、国内では、集中・独占を果たした大紡績資本が、いわゆる「在華紡」という形で直接事業投資を推進し、イギリス紡績業さらには中国紡績業資本と競合の末、国家的支援に支えられて日本紡績業が有利な地歩を固めるに至った[90]。そして満鉄にあっても、同様に鉄道及び鉱業（撫

順）を中心とする直接投資が一段と進み、大戦後は東支鉄道経由の世界市場性を獲得した北満特産大豆や撫順石炭などの満州特産物の増加により、直接事業投資が急上昇することになったのであった[91]。

　ところで第一次世界大戦後の世界は、ロシア社会主義革命の成功を前提に主戦場となったヨーロッパにおいては「ヴェルサイユ体制」として、また日本の中国進出を見たアジアにおいては「ワシントン体制」としてそれぞれ再編された。この場合、パリ講和会議は、ドイツ帝国の徹底的な解体をもって閉会し、一方中国問題については何の解決も見ることなく終わった。すなわち、ドイツ勢力圏については、旧ドイツ領植民地を諸列強の委任統治の形で分割処理し、ウィルソンのいう民族自決は東欧新生諸国にのみ適用され、これらの諸国をワイマール・ドイツと共に反ソ緩衝地帯として、また東欧諸国は同時に反独ゾーンとして位置づけられることとされた。しかし、アジア・アフリカなどは民族自決の適用を除外され、このために中国・朝鮮・英印・エジプトなどでは、民族解放運動が一斉に高揚することになった。大戦中、日本の対中国投資は、ほかならぬ「対華21カ条」要求や「西原借款」、山東半島領有に見られるように極めて政治的、軍事的であり、それだけ列強の日本に対する警戒心を高めさせ、さらに中国ナショナリズムの反日化を刺激せずにはいなかった。山東問題の処理については、顧維均ら中国全権は旧ドイツ権益及び日本の「対華21カ条」要求などの取消しを主張し、これに対して日本側（全権―西園寺公望・牧野伸顕他64名）は山東二鉄道借款などの既得権益を主張して日中間の対立となったが、日本は外交交渉（アメリカと国際連盟規約の調印を交換条件、また英仏との対日密約）を通じてこれに勝利し、その要求が認められることとなった。しかし中国では、この処理を不満とし民衆に反日運動がいわゆる五・四運動として爆発し、「西原借款」の当事者であった曹汝霖邸の焼討事件が引き起こされると共に、ここに中国民族解放運動が本格的に展開されることになった。こうした列強のいわば代理戦争ともいうべき中国軍閥間戦争における日本の敗北の中で、日本の取り戻し策動を背景に、さらに再び奉直戦争（22年4月）が戦われるが、結局、直隷派（米英支援）が勝利し、大戦下に進出を見た日本の華北における勢力は、つい

に後退せざるを得なかったのである[92]。

　またこれより先、大戦の終結と同時に欧米列強が中国市場へ復帰するが、20年5月、このうち日本の単独「経済」投資を牽制し、「西原借款」の巻き返しを図るアメリカの主導によって新四国借款団（米・英・仏・日）が結成された。この新四国借款団の成立については、イギリスの東アジア政策（包囲外交）が大きく作用したが、日本は銀行団の代表として正金銀行を参加させることにしていたものの、実際には唯の一度も借款供与を行うことなく終わった[93]。なおこの間、正金銀行は、18年12月には中国銀行に紙幣整理のための1,000万円の借款供与に契約調印し、単独でその業務に当たった。そして、中国に対する融資では、これまで同行の漢冶萍煤鉄公司への供与額は、20年の時点ですでに金2,362万円、銀250万円の巨額に達していたのである。

　しかしながらこの間、戦後アジアの再編構造を確定した米英の主導するワシントン会議において、日本は東アジア問題、軍縮問題などで最終的にその勢力膨張を封殺されるに至った。すなわち、日本は山東の旧ドイツ権益の返還など大陸における既得権の放棄をはじめ、「石井・ランシング協定」の破棄、「対華21カ条」要求の撤廃、また日英同盟の廃棄などを余儀なくされると同時に「西原借款」の回収困難に陥り、他方では、「ワシントン体制」の下で極東ソビエトと、中国・朝鮮などの民族解放運動の高揚に対処する新たな役割を担うこととなった。一方、戦後の日本経済は、反動恐慌以降低迷するに至るが、こうした中で朝鮮銀行もまた数次にわたって業務の整理へ向かわざるを得ないことになる[94]。すなわち、朝鮮銀行は、政党関係との絡みの中で戦後は国内経済界へ進出すると共に財閥・新興財閥に向けて業務を拡大し、とくにシベリア出兵期間の資金融資の増大は、異常を極めるに至った。この貸出は、国内に本拠地をもち、中でも露（ソ）領（北洋漁業・北樺太石油）進出の企業関係（財閥・新興財閥）及び国策会社「日露実業」に多く、それぞれ大口貸出先を占めた。さらにこうした貸出の一方、朝鮮銀行は打ち続く不況の中で、これらの貸付金の回収に努めたものの十分な成果が上がらず、ついに政府や日本銀行からの融資を受け、当面の業務処理を行ったのであるが、なお結局、数次の整理と無配当・減資をもって運営に当たらざるを得ないこ

とになった[95]。

こうした日本の借款攻勢は、やがて勝田大蔵大臣による援段政策及び金円通貨流通圏拡張政策が打ち切りとなり、従って朝鮮銀行のこの活動もまた挫折を余儀なくされた。一方正金銀行は、従来からの資本輸出を中心とした業務を継続し、ここに通貨・為替の調整を果たしていくことになったのである。

むすび

以上、第一次世界大戦期・大戦後における正金銀行は、ヨーロッパ諸国の東アジアからの後退による外国銀行の経営不振・萎縮という情勢の下、本邦銀行の外国為替業務への進出とその再編が進められる中で、外国為替・貿易金融業務を拡大する一方、大陸半植民地の領土・勢力圏においては満州・植民地金融機関の再編に伴い鈔票の発行、資本輸出等の業務を担当し、通貨・為替の調整に当たることとなった。

すなわち、大戦勃発と同時に国際金本位制は機能停止に陥り、国際金融市場が変貌を遂げる。こうした中で各国が金銀輸出禁止に続く一連の金銀政策を打ち出した結果、日本は貿易の出超と同時に在外資金の累積が生じた。さらに銀価の世界的な高騰の中で、日米の金銀輸出禁止の断行、アメリカのピットマン法の制定などを契機に銀価がさらに奔騰し、この間為替買持の累積は一層加速され、外国為替銀行は輸出金融に行き詰まった。政府と日本銀行は、この累積外貨の買い入れ、正貨の処理などを通じて輸出金融の疎通を図った。この際、正金銀行は、在外資金を政府と日本銀行へ売却、連合国国公債引き受け・買い入れ、さらには資本輸出などの業務を通して通貨・為替の調整に当たった。

大戦終結後、日本の貿易は入超に転じ、欧米向け為替相場も下降線をたどる中で、正金銀行は為替買持高が減少傾向となり、イギリスの為替買持をアメリカへ移行したほか、中国、英印の資金も同様に回金することとなり、ここに輸出金融の梗塞も自然消滅することになった。そしてアメリカの金解禁

の影響下に、米英為替相場の下落、銀価の暴落が起こり銀相場は崩壊した。その結果、為替不安・銀貨購買力の減退・日中為替相場の急騰などに遭遇した外国為替銀行は、在外資金の枯渇・輸入資金の不足に陥ることとなった。正金銀行は資本金の増額を行ったものの、外貨資金、特にポンド資金の不足が深刻となり、さらに在外正貨の払い下げを通して資金を調達し、これをもって正貨維持と正金建値相場の維持・調整に努めた。その上に海外進出において同行は、国際金融市場が変貌する中で、新たに東南アジア・アメリカなどへ進出し、金銀の現送、外国為替・貿易金融のほか、アジア・欧米間の為替資金の調整などの業務を果たした。

　また植民地金融においては、満州金融機関の再編に伴い正金銀行は、唯一鈔票の発行を残し、植民地金融から離れ、外国為替・貿易金融業務に限定されることとなったが、鈔票は上海方面における貿易・為替決済の通貨として重要な位置を占め、大連取引所の銀建継続の中で不可欠のものとなっていた。そして正金銀行は、朝鮮銀行などと対抗関係の下に資本輸出を取り扱ったが、「西原借款」が打ち切られることによって朝鮮銀行の業務遂行は挫折する。その後同行は、従来から関わりのある資本輸出を中心に取り扱い通貨・為替の調整に当たることになった。

　以上、この間の正金銀行は、日本資本主義の帝国主義的発展に要請された海外市場の拡大、大陸進出さらには金銀輸出禁止の中で、国家的支援を背景に特殊銀行の立場から外国為替・貿易金融、さらには大陸植民地及び半植民地の領土・勢力圏における鈔票の発行・維持及び資本輸出などの業務を通して、通貨・為替の調整に当たり、この間業務の縮小はあったものの、極めて重要な役割を果たすこととなったのである。

【注】引用文献、参考文献

1) 田村幸策「第一次世界大戦と日本の参戦」日本国際政治学会編『日本外交史研究　第一次世界大戦』有斐閣、1963 年。松本重一「両大戦間期のアジアと日本資本主義（1）」中央学院大学『中央学院大学論叢』第 14 巻第 1 号、1979 年、18-19 頁。

2) A.Whitney Griswold., The Far Eastern-Policy of the United States, 1939, A.W. グリスウオルド著、柴田賢一訳『米国極東政治史』ダイヤモンド社、1941 年、220-229 頁。英修道『満州国と門戸開放問題』日本国際協会、1934 年、132-136 頁。カントロウィチ著、廣島定吉訳『支那制覇戦と太平洋　上』生活社、1939 年、第 4 章第 5 節。

3) 信夫清三郎『近代日本外交史』中央公論社、1942 年、243 頁。楫西光速・加藤俊彦・大島清・大内力『日本資本主義の発展　Ⅲ』東京大学出版会、1959 年、566-570 頁。A.W. グリスウオルド著、上掲書、第Ⅳ章。E.M. ジューコフ監修、江口朴郎・野原四郎日本版監修『極東国際政治史　1840～1949　上』平凡社、1957 年、第 6 章。

4) 臼井勝美『日本と中国――大正時代』原書房、1972 年、137-162 頁。E.M. ジューコフ監修、上掲書、420-429 頁。齋藤孝「パリ講和会議と日本」日本国際政治学会編『日本外交史研究　大正時代』有斐閣、1958 年。

5) 松本、上掲書、2-4 頁。

6) 信夫、上掲書、255-267 頁。英、上掲書、438-464 頁。A.W. グリスウオルド著、上掲書、7・8 章。E.M. ジューコフ監修、上掲書、438-464 頁。カントロウィチ著、上掲書、51-72 頁。

7) 柴垣和夫「積極政策とその財政的帰結」宇野弘蔵監修『講座　帝国主義の研究――両大戦期におけるその再編成――　6　日本資本主義』青木書店、1973 年、68-70 頁。

8) この場合、国際収支の好転による正貨の流入は、通貨を膨張させ、公債の発行、預金部資金の運用を容易にし、さらに加速することとなった。

9) 柴垣、上掲書、69-70、72-75、77-88 頁。楫西他、上掲書・発展Ⅲ、595-597 頁。

10) 楫西光速・加藤俊彦・大島清・大内力『日本資本主義の没落　Ⅰ』東京大学出版会、1960 年、6-8 頁。

11) 楫西他、上掲書・発展Ⅲ、495-499 頁。

12) 山崎広明「絹・綿業の発展と新産業主導型の重工業」宇野弘蔵監修、上掲書『講座　帝国主義の研究　6　日本資本主義』、124、134-135、137-139 頁。

13) 楫西他、上掲書・没落Ⅰ、76-84 頁。大内力『大内力経済学体系　第七巻　日本経済論　上』東京大学出版会、2000 年、394-419 頁。

14) 楫西光速・菊浦重雄「日本中小企業の史的発展」楫西光速・岩尾裕純・小林義雄・伊藤岱吉編『講座　中小企業　第一巻』有斐閣、1960 年。由井常彦『中小企業政策の史的研究』東洋経済新報社、1964 年、第 2 章。

15) 楫西他、上掲書・発展Ⅲ、683-686 頁。
16) 楫西他、上掲書・発展Ⅲ、525-529 頁。山崎、上掲書、101 頁。
17) 楫西他、上掲書・没落Ⅰ、111 頁。大内、上掲書、356-366 頁。
18) 横浜正金銀行調査課『為替安定の研究　第三篇　（調査報告第七十八号）』同、1930 年、1-11 頁。高垣寅次郎・荒木光太郎『貨幣制度』日本評論社、1929 年、116 頁。馬場宏二「国際通貨問題」宇野弘蔵監修『講座　帝国主義の研究──両大戦期におけるその再編成　2　世界経済』青木書店、1975 年、100-101 頁。
19) 齋藤利三郎『国際貨幣制度の研究──ラテン貨幣同盟を中心として』日本評論社、1940 年、207-208 頁。友岡久雄「世界経済に於ける金と銀との意義」中央公論社『中央公論』第 45 巻第 11 月号、1930 年、28 頁。
20) 前田美稲『銀及銀政策』創造社、1936 年、411-417 頁。
21) 前田、上掲書、359-361 頁。
22) A.Nussbaum, A History of the Dollar, 1957. A. ヌスバウ、浜崎治訳『ドルの歴史』法政大学出版局、1967 年、161-162、165-167 頁。馬場、上掲書、110-111 頁。
23) 前田、上掲書、337-338 頁。
24) 高垣他、上掲書、117 頁。
25) 前田、上掲書、408-409 頁。
26) 石垣今朝吉・竹内良夫・松本重一『現代資本主義論』青林書院新社、1977 年、50-51 頁。馬場、上掲書、120-126 頁。
27) 馬場、上掲書、116-118 頁。前田、上掲書、410-411 頁。
28) 東京銀行編『横浜正金銀行全史　第二巻』東洋経済新報社、1981 年、181-182 頁。
29) 東京銀行編、上掲書・第二巻、236 頁。齋藤利三郎、上掲書、210-211 頁
30) K.Helfferich, Das Geld, leipzig, 1923, S.107-111, 236-241. 栃倉正一『銀経済論』改造社、1936 年、138-40 頁。
31) Ambedkar, The Problem of the Ruppe, Leipzig, 1923.　高垣他、上掲書、131 頁。
32) 東京銀行編、上掲書・第二巻、327 頁。齋藤利三郎、上掲書、211-212、223-228 頁。高垣他、上掲書、117-118 頁。このほかに、E.Egner, Der Lateinische MÜnzbund seit dem Weltkriege, 1925, S.64-69, 72. R,Grcul, Die Lateinische MÜnz-Union, 1926, S.134-136, 138. P.Hagenbach, Die Entwieklung zur Goldwährung in der Schweiz, 1929, S.52-54. 栃倉、上掲書、36-40 頁。横浜正金銀行調査課、上掲書『為替安定の研究』、199-206 頁などを参照されたい。
33) 横浜正金銀行頭取席調査課『米国戦時対外債権整理問題（調査報告第六十五号）』同、1926 年、3-63 頁。
34) 馬場、上掲書、120-122 頁。

35) 石垣他、上掲書、52-53 頁。
36) 尾崎英二『国際管理通貨論』大蔵省印刷局、1961 年、87 頁。
37) 林健久「輸出急増と在外正貨の累積」宇野弘蔵監修、上掲書『講座　帝国主義の研究 6　日本資本主義』114-116 頁。伊藤直正『日本の対外金融と金融政策』名古屋大学出版会、1989 年、48-50 頁。
38) 東京銀行編、上掲書・第二巻、193-194 頁。明石照男・鈴木憲久『日本金融史　第二巻　大正編』東洋経済新報社、1958 年、47 頁。斉藤寿彦「外国為替・貿易金融制度政策の展開」渋谷隆一編著『大正期　日本金融制度政策史』早稲田大学出版部、1987 年、217 頁。
39) 伊藤、上掲書、197-198 頁。
40) 林、上掲書、213-214 頁。楫西他、上掲書・発展Ⅲ、530-533 頁
41) 樋口弘『日本の対支投資』生活社、1939 年、554-557 頁。東京銀行編、上掲書・第二巻、159-165 頁。
42) 林、上掲書、213-214 頁。
43) 斉藤寿彦、上掲書、218-219 頁。
44) 伊藤、上掲書、60 頁。
45) 明石他、上掲書、20 頁。
46) 前田、上掲書、418-419 頁。
47) 東京銀行編、上掲書・第二巻、194-201 頁。明石他、上掲書、20-21、45-46 頁。鈴木武雄『円――その履歴と日本経済』岩波書店、1963 年、193 頁。
48) 東京銀行編、上掲書・第二巻、295-298、302-304 頁。日本銀行百年史編纂委員会編『日本銀行百年史　第三巻』日本銀行、1982 年、82-84 頁。楫西他、上掲書・没落Ⅰ、114-115 頁。明石他、上掲書、45-46 頁。斉藤寿彦、上掲書、232-234 頁。
49) 吉野俊彦『我国金融制度の研究』実業之日本社、1952 年、326-327 頁。日本経済調査協議会編『日本の為替・貿易金融』至誠堂、1965 年、18-22 頁。
50) 斉藤寿彦、上掲書、214 頁。
51) 伊藤、上掲書、99-101、103 頁。斉藤寿彦、上掲書、216 頁。
52) 楫西他、上掲書・発展Ⅲ、555 頁。明石他、上掲書、37-42 頁。
53) 伊藤、上掲書、27、34-40、159-160 頁。斉藤寿彦、上掲書、226 頁。
54) G.C.Allen and A.G.Donnithorne, Western Enterprise in Far Eastern Economic Development, China and Japan, London, 1954., p.217.
55) 東洋経済新報社編『日本の金融』同、1925 年、75 頁。三菱経済研究所編『太平洋における国際経済関係』同、1937 年、263 頁。立脇和夫『在日外国銀行百年史　1900～2000 年』日本経済評論社、2002 年、34-36、38-42、48-49 頁。

56) 東京銀行編、上掲書・第二巻、343-344頁。立脇、上掲書、42-49頁。日本銀行百年史編纂委員会編、上掲書・第三巻、32-34、41-42、49頁。
57) 前田薫一『円為替の研究』白鳳社、1925年、130-131頁。
58) 大蔵省編『明治大正財政史　第15巻』財政経済学会、1957年、164頁。大蔵省編『明治大正財政史　第17巻』財政経済学会、1957年、583-584頁。吉野、上掲書、123頁。前田薫一、上掲書、111-113頁。
59) 日本銀行百年史編纂委員会編『日本銀行百年史　第二巻』日本銀行、1982年、374-378頁。横浜正金銀行編『横浜正金銀行史』西田書店、復刻版、1970年、445-446頁。東京銀行編、上掲書・第二巻、162-163頁。
60) 前田薫一、上掲書、29-30、56-57、122頁。大蔵省編、上掲書・第17巻、613-614頁。
61) 伊藤、上掲書、78-80頁。
62) 東京銀行編、上掲書・第二巻、158-168頁。「正金の支店増設」東京経済雑誌社『東京経済雑誌』第1931号（1917年12月1日）。
63) 横浜正金銀行編、上掲書、469-472頁。東京銀行編、上掲書・第二巻、170頁。
64) 日本銀行百年史編纂委員会編、上掲書・第二巻、420-422頁。大蔵省編、上掲書・第17巻、589頁。明石他、上掲書、44-45頁。
65) 東京銀行編、上掲書・第二巻、168頁。
66) 東京銀行編、上掲書・第二巻、212-213、255頁。
67) 楫西他、上掲書・没落Ⅰ、5-6、117頁。東京銀行編、上掲書・第二巻、295-306頁。満鉄調査課（南郷龍音）『大連を中心として観たる銀市場と銀相場の研究』同、1931年、32-36頁。
68) 伊藤、上掲書、165-167頁。斉藤寿彦、上掲書、227頁。
69) 北村敬直『夢の七十年――西原亀三自伝』平凡社、1965年、52-66頁。勝田龍夫『中国借款と勝田主計』ダイヤモンド社、1972年、28-33頁。
70) 波形昭一『日本植民地金融政策史の研究』早稲田大学出版部、1985年、392-397頁。金子文夫『近代日本における対満州投資の研究』近藤出版社、1991年、274-278頁。
71) 島崎久彌『円の侵略史――円為替本位制度の形成過程』日本経済評論社、1989年、94-96頁。伊藤、上掲書、77-78頁。
72) 東京銀行編、上掲書・第二巻、168頁。
73) 金子、上掲書、279-286頁。
74) 朝鮮銀行史編纂委員会（東京）編『朝鮮銀行略史』同、1960年、33-34頁。島崎、上掲書、96-97頁。
75) 朝鮮銀行編『朝鮮銀行二十五年史』同、1934年、203頁。北洋漁業については、露領水産組合編『露領漁業の沿革と現状』同、1939年、18-22頁。三島康雄『北洋漁業の

経営史的研究』ミネルヴァ書房、1972 年、40-42 頁。小林幸男「ソヴェト・ロシアの極東統一と漁業問題」『法学（近畿大学）』第 7 巻第 2・3・4 号（記念論文集）、1959 年、91-93、99 頁などを参照。

76) 久原房之助伝記編『久原房之助』日本鉱業（東京）、1969 年、179-180 頁。小林幸男「日本の対ソ承認と経済問題」日本国際政治学会編『日露・日ソ関係の展開』有斐閣、1966 年、92-93 頁などを参照。
77) 東京銀行編、上掲書・第二巻、282-286 頁。
78) 金子、上掲書、456-457 頁。
79) 満鉄調査課（南郷龍音）、上掲書、3-18 頁。金子、上掲書、288-292、300-302 頁。
80) 小林幸男「対ソ政策の推移と満蒙問題（1917-1927 年）」日本国際政治学会太平洋戦争原因研究会編『太平洋戦争への道　第一巻』朝日新聞社、1963 年、198 頁。
81) 満史会編『満州開発四十年史　下巻』満州開発四十年史刊行会、1964 年、839-846 頁。金子、上掲書、293-297 頁。
82) 伊藤、上掲書、59-60 頁。
83) 伊藤、上掲書、102-103 頁。
84) 東京銀行編、上掲書・第二巻、160-161 頁。通産省編『商工政策史　第 17 巻　鉄鋼業』同、1970 年、174 頁。
85) 満鉄調査課編『奉天票と東三省の金融』同、1927 年、29-32 頁。
86) 日本興業銀行編『日本興業銀行五十年史』同、1957 年、234 頁。楫西他、上掲書・発展Ⅲ、553-554 頁。
87) 鶴見祐輔『後藤新平　第三巻』勁草書房、1966 年、642-646 頁。
88) 鈴木武雄監修『西原借款資料研究』東京大学出版会、1972 年。大森とく子「西原借款について」歴史学研究会『歴史学研究』第 419 号、1975 年 4 月。高橋誠「西原借款の財政問題」法政大学経済学会『経済志林』第 36 巻第 2 号、1968 年 6 月。
89) C.F.Remer, Forein Investments in China, 1933. C.F. リーマー著　東亜経済調査局訳『列強の対支投資』同、1943 年、592-597 頁。岡部三郎「日支国交上障礙の一つたる西原借款を論ず（4）」外交時報社『外交時報』655 号。
90) 東京銀行編、上掲書・第二巻、167-168 頁。山崎、上掲書、28、141-142 頁。
91) 安藤彦太郎『満鉄――日本帝国主義と中国』お茶の水書房、1966 年、93-95 頁。
92) 陳志譲（ジェローム・チェン）著、北村稔・岩井茂樹・江田憲治訳『軍紳政権軍閥支配下の中国』岩波書店、1984 年、57-73 頁。臼井、上掲書、137-162 頁。
93) A.W. グリス・ウオールド、上掲書、7・8 章。
94) 樋口、上掲書、51-53、64-68 頁。細谷千博「ワシントン体制の特質と変容」細谷千博・齋藤真編『ワシントン体制と日米関係』東京大学出版会、1978 年。

95) 朝鮮銀行史編纂委員会（東京）編、上掲書、32-36 頁。高承済『植民地金融政策の史的分析』お茶の水書房、1972 年、78-79、89-96 頁。

第Ⅲ部

両大戦間期日本資本主義と横浜正金銀行

第5章

日本資本主義の沈滞・危機と横浜正金銀行の対外業務

はじめに

　1920年代後半の資本主義世界は、戦後処理と再編体制が成立し「相対的安定」に向かうこととなったが、東アジアの枠組を確定した米英の主導するワシントン体制は、日本にとって大戦下以来の中国大陸に対する膨張エネルギーを根底から閉塞させるものとなった。
　すなわち、戦後世界経済の復興・再編は、ヨーロッパではヴェルサイユ体

制としてイギリスの対独宥和政策に準じてドイツの処理を実体的基礎とし、これによって反ソ防壁として位置づけた東欧諸国を包摂するというすぐれて政治的・軍事的な形を取って推進されると共に、一方イギリスはアメリカの金融援助とフランスからの流入短資を柱にして金本位制に復帰し、ここに多角的な資本供給・決済機構の形成を持って「相対的安定」へ向かうことになった。しかしながらこの安定は、1929年のニューヨーク株式瓦落を契機として崩壊し、世界経済は続く31年のヨーロッパ金融恐慌とイギリスの金本位制放棄を持って解体を余儀なくされ、ついに列強のブロック経済化の推進によって分裂の過程を迎えるに至ったのであった。

　一方、東アジアにおいては、米英の主導するワシントン体制の成立によって膨張の閉塞を余儀なくされた日本は金本位制復帰を果たせぬまま相次ぐ不況に終始することとなった。また日本は米英と「協調」する対中国外交を推進したものの、中国の内戦と激しい排日運動を背景に成果を得るには至らなかった。この間の日本資本主義は、慢性的な不況の中で、金融独占資本による産業支配が進行する一方、貿易の入超、国際収支の逆調を招き、為替危機に陥ることになった。その結果、日本は中国内戦の激化に続く世界恐慌の直撃、金解禁の打撃の中で、この国際「協調」外交を見直し、満州の武力合併と円ブロックの形成に踏み出すことになったのである。

　20年代後半における横浜正金銀行は、金銀輸出の禁止を継続していた日本が長期沈滞の中で国際収支の逆調、正貨減少、さらに為替危機に際会する都度、政府や日本銀行に代わって外資導入・在外正貨の取り扱い、正貨の維持・調整を担当する一方、在外資金の不足に陥ったロンドンやニューヨークの支店へ在満州支店の資金を持って補充に当たるなど、この間の為替相場の安定・維持に努めた。と同時に、29年の世界恐慌後は政府が金解禁を断行した際、金解禁の準備に、その後の為替危機に際しても外資導入、為替統制売りなどの業務を通して正貨の維持・調整を成し、為替相場の安定・維持に当たった。しかし金解禁政策の破綻後はドル買いの善後整理に追われることとなった。

　そして中国にあって、正金銀行は中国本部において資本輸出、金銀資金調

達・運用、海関税の取り扱い、また満州では正金銀行銀券（鈔票）の増発、金銀資金調達、特産為替取組、大連海関保管などの植民地金融業務に当たり、それぞれ重要な役割を担うこととなった。

　なお以上に続いて、この第Ⅲ部では両大戦間期における正金銀行の外国為替・貿易金融及び植民地・占領地金融などの対外業務を取り上げ、これを国際関係との関連で検討を加え、さらに「大東亜共栄圏」の形成へと歩みを移す日本資本主義の要請に対応した新たなその歴史的意義と役割を省察することとしたい。

第1節　日本資本主義の沈滞・恐慌と対外貿易

1．日本資本主義の沈滞・恐慌と「緊縮財政」

　1920年代後半の東アジア地域は、世界経済が「相対的安定」とその後の世界恐慌の下、瓦解に向かう中、米英の主導するワシントン体制に封じ込まれた日本は日満ブロックの形成に踏み込み、ワシントン体制打破の方向を求めることとなった。この間の日本資本主義は沈滞・危機に甘んじ、財政は健全・緊縮財政への整理に向け、税制改革などが実施されたが、資本救済、軍事費などの歳出膨張の結果、先送りされることになった。

　すなわち第一次世界大戦後の資本主義世界は、ロシア社会主義革命とソビエト・ロシアを封じ込め、同時に列強各国の利害対立を調整したヴェルサイユ・ワシントン体制として再編された。欧米においては、ヴェルサイユ体制下の対独戦後処理がドーズ案による賠償処理を持って行われると同時に、戦債（処理）に関わるアメリカ資本の国際的資金循環機構等の整備が進み、ここに欧米経済再編の道筋が整うこととなった。これを契機に、まずドイツが金本位制に復帰し（24年10月）、その後ポンド相場の回復と金本位制復帰の条件が整った1925（大正14）年4月、イギリスはアメリカの金融援助とフランスからの流入短資を柱にして金本位制に復帰し、世界経済は多角的な資本供給・決済機構の形成を持って20年代後半の「相対的」な安定へ向うこと

になった。

　しかしながら「相対的安定」期にあった世界経済は、20年代末のニューヨーク株式（投機）ブームの中でアメリカ資本の環流によって国際資本の流れに逆転が生じ、この間資本輸入をベースにして農業恐慌を支えていた農業諸国は、国際資金供給の減退（停止）によって金本位制の放棄に追い込まれざるを得なくなり、再建金本位制はここに動揺を招くことになった。これに加えて29年10月のニューヨーク株式市場の瓦落によるアメリカ資本輸出の停滞と輸入の減退は、世界各国の貿易を収縮させ、恐慌は各国に波及すると共に周辺農業国は金本位制からの離脱を開始し、とりわけ東欧諸国は窮迫の度をさらに一層強めることとなった。こうした事態の中で、米仏など列強は、自国農民を保護する関税政策を強化するに至ったが、アメリカは30年7月にホーレー・スムート関税法（Hawley-Smoot Tariff）を発動し、これに対してカナダ・イタリア・ドイツ・オーストリアなどの諸国が報復的に関税引き上げを実施し、さらにフランスの対米強硬政策とが相まって、保護関税戦争は一層エスカレートすることになった。この最中の31年5月11日、オーストリア最大の銀行、クレディット・アンシュタルト（Kreditanstalt）が破産に追い込まれ、これを契機にイギリス・ドイツから金が流出し金融恐慌へと発展した。この金融恐慌はドイツのダナート銀行（Danat Bank）の破産、独墺関税同盟の放棄からさらにイギリスへと波及して、結局、イギリスは金本位制の放棄を余儀なくされた。ここに再建金本位制は崩壊し、ポンドは金との直接的基礎を離れ、管理通貨制への移行と世界経済の瓦解を導く実体要因として作用せざるを得なかった[1]。そしてこの結果、ヴェルサイユ体制は過酷な賠償に窮するドイツに登場したナチス・ドイツの手によって、もろくもワイマール体制ともども打破され、列強のブロック経済化の推進によって世界経済の分裂過程を迎えるに至ったのであった。

　他方、ワシントン体制下の東アジアにおいては、その体制維持は農業国中国をめぐる特殊な諸条件によって、極めて不安定なものとならざるを得なかった。大戦後中国の内戦は軍閥間の抗争から国民革命・ソビエト革命として進展する中、幣原喜重郎外務大臣は日本の中国における「特殊権益」解釈

が全面否定され、23年4月14日に「石井・ランシング協定」が破棄されたのを受けて、内政不干渉方針の堅持と国際協調主義をとった経済外交を推進する一方、25年5月30日の上海南京路事件、翌月の広州沙基事件、そして11月の郭松齢(かくしょうれい)事件などの反帝運動の拡大には、列強と協調してこれを強圧するなど硬軟両様の方針で対応することを余儀なくされた。しかし国民革命軍による北伐の開始後の27年4月、国民政府の分裂を契機として南京政府による中国統一を支持する米英と、北京政府の支持によって中国分断支配の維持を図る日本との対立抗争の構図が明確となりつつあった。こうした南京政府による中国統一の進展は、対外膨張を歴史的要請としてきた脆弱な日本資本主義にとって、とうてい放置できるものではなかった[2]。

　国民革命軍の北上に対して田中義一内閣は、27年5月、条約上の根拠なく居留民保護の名目で山東省へ出兵し、中国三政府（武漢・南京・北京）の抗議にもかかわらず駐兵するが、翌月日本政府は在中国外交官、陸海軍当局者を中心としたいわゆる東方会議を開催し、中国政策要綱を発表すると同時に権益擁護のための軍事干渉政策、満蒙分離政策（中国分断支配）を決定して、ワシントン体制に対する武力挑戦への道に踏み出すこととした。従って翌年2月、国民革命軍の北伐再開が決定されると、田中内閣の対中国政策はさらに強化され、第二次山東出兵（4月）、済南事件（5月）、張作霖(ちょうさくりん)爆殺事件（6月）と一連の干渉・介入を引き起こすこととなるが、他方27年2月、武漢政府の漢口・九江の租界回収を契機として、中国各地に排英運動、これに続いて7月、排日運動が引き起こされ、その後においても激しい反帝運動が展開されることになった。

　こうした情勢の中で、28年7月、米英による中国の関税自主権・不平等条約の撤廃実現への動向と国家的統一の支持は、この間ワシントン体制の下で長期的低迷に窮していた日本にとって、重大な意義を持つものであったし、以上に加えて東北政権の南京政府への統一問題（張学良(ちょうがくりょう)の青天白日旗の掲揚）は、満蒙地域の統治に脅威をもたらすものとなった。このように中国の内戦が、軍閥間闘争から国民革命さらにはソビエト革命と複合的に進展していく情勢の中で（中華ソビエト政府に続く新国民政府の樹立）、これまでの

政治的・軍事的政策は破綻を招き、ここに日本は新たに満州侵攻を持って国際的孤立の道を余儀なくされることになった[3]。

こうして日本は世界恐慌の直撃と金解禁の打撃、満蒙問題の深化の中で、この危機の打開策として公然と満州の武力合併と円ブロックの形成に踏み切り、ワシントン体制は、事実上、ここにもろくも崩壊するに至るのである。そこで日本政府はワシントン体制下の軍縮実行という好条件の中で、戦時中に膨張した財政の整理を開始することにしたが、日本資本主義は 23 年の関東大震災後において慢性的不況過程をたどり、27 年 3 月の金融恐慌へとつながって沈滞して行く中で、財政整理の十分な成果を得ることは極めて困難であった。すなわち関東大震災恐慌後の 9 月 27 日、日本政府は「震災手形割引損失補償令」なる勅令を持ってインフレ的救済政策を打ち出し、産業企業に救済融資（日本銀行・特殊銀行経由）を進め、その維持・存続を果たすこととしたが、その結果、財政の膨張（厖大な公債発行）が不可避になり、財政支出は全体からいえば一路膨張を続けることになった。事実、震災恐慌による輸入の激増、為替低落等の下で日本の経済は沈滞し、経済的混乱さらには社会問題の激化に対処するため、政府は直接的な資本救済及び社会政策的諸政策を推進する一方、他方で外資の導入、税制改革などを実施したものの、十分な成果が得られず財政整理は先送りせざるを得なかった。

その後 24 年に成立した加藤高明内閣は、財政整理に着手し、26 年 1 月に代わった若槻礼次郎内閣は、税制改革・財政整理・経費節減・公債政策などを強力に進め、営業税・醤油税・通行税の廃止と同時に、営業収益税・資本利子税・清涼飲料税を新設。この税制改革が、日本の帝国主義段階の税制の基礎を形成するものとなった。しかし、この時期の財政整理は経費の膨張を一時的に取り繕ったに留まり、ほどなく軍事費、社会政策費さらには植民地費などで財政支出が膨張し、財政整理の立直しは先送りされることになった[4]。そして 27 年 3 月、周知のように産業と銀行の不健全な信用関係（「震災手形」処理）を原因とする金融恐慌が勃発したが、こうした状況の中で若槻内閣に代わって成立した田中義一内閣は、恐慌救済さらには中国の政治的・軍事的情勢の変化に対応する軍備の拡張、中国侵略の拡大などを図るべく、

再び膨張政策を強力に進めることとした[5]。この金融恐慌から世界恐慌に至る時期は、日本経済の長期沈滞とそれを反映して、財政整理も停滞することになったのである。

ところで29年7月、田中内閣に代わって成立した浜口雄幸内閣（井上準之助蔵相）は、新政策を公表し、その中心を成すのは金解禁政策であった。浜口内閣は、まず金解禁への準備として、財政緊縮、公債非公募・減債、国民消費の節約等の政策を持って、インフレ的救済政策の放棄、産業の合理化によって競争力を確立し、これによって不況からの脱出を目指し、日本経済の安定を図ると同時に、金本位制復帰（国内外の金融資本の要請に応え）によって焦眉（しょうび）の課題である日本経済を世界経済にリンクさせることにした[6]。金本位制復帰には、為替レートの回復と通貨の調整が必要であったが、それを行財政の整理・緊縮で対応し、とりわけこの間欧米との「協調」外交上に上っていた軍事費の削減策が迫られることになった。いずれにせよ、30年1月1日、金解禁政策が実施に移され、その政策を果たすべく、井上財政は金本位制の上に立つ健全な姿を求め、財政緊縮、減債を柱とした政策を進めたが、この時期すでに世界恐慌が激化し、加えて為替の騰貴と正貨の流出による信用収縮が社会不安を加速する中で完全に行き詰まり、結局、赤字公債に依存することを余儀なくされた。さらにロンドン軍縮会議に絡む政局不安、満州事変、イギリスの金本位制放棄などの情勢変化の中で、金輸出再禁止論に刺激されて激しい資本の海外逃避（金の流出）が引き起こされ、ついに金解禁政策は破綻に追い込まれることになった[7]。この間の緊縮財政への努力は、結果においては日本経済を大不況のどん底に叩き込むテコの役割を果たすことになったのであり、沈滞・危機に陥った日本経済の中で健全財政は永久にその姿を消し、この間の健全・緊縮財政は中途半端なものに終わらざるを得なかったのである。

2．日本産業の合理化と対外貿易

関東大震災後の日本資本主義は、慢性的不況の下、財閥資本を主軸に産業の合理化が促進され独占資本及び財閥系普通銀行の支配が強化され、世界恐

慌下では産業合理化とカルテル助長化の中で財閥の組織的独占が進み、対外的には貿易不振、入超の激化という事態に遭遇することになった。

すなわち20年代後半の日本資本主義は、「アメリカの繁栄」に象徴される世界経済上の「相対的安定」とは逆に、慢性的な不況に終始することにならざるを得なかった。

まず、関東大震災後増大した輸入超過に対し、政府は輸出促進、関税改正（重要産業に保護関税、鉄鋼業に補助金の新設）、行財政整理による物価安定、産業合理化などを推進するが、この結果、産業の集中・集積が進み、独占形態が発展した。この間、鉄鋼・電力・石油など重化学工業における設備投資の増大と産業の合理化・独占形態の強化、弱小資本の買収・合併と金融独占資本による産業支配の促進、綿・蚕糸業など軽工業の合理化、中でも大紡績の在華紡建設（対中国資本輸出）が進む一方、財閥資本は産業・流通支配を強化し、二流財閥・地方財閥は恐慌の打撃と巨大財閥の圧力に挟撃されると共に、中小企業の下請生産の進展、農業生産の停滞と農業所得・賃金の著しい低下など、社会不安は大きく増幅することになった[8]。

そして27年3月、金融恐慌が勃発し、この過程で政府の財界救済の下、独占が急速に進み、とりわけ銀行及び産業において財閥を中心とした組織的独占が確立することになった。まず、この恐慌過程において信用不安に陥った銀行は、解散・吸収合併による集中が進み、特に財閥系普通銀行は強力に統合を推進し、3月30日、政府が銀行法を改正してこれを補強し、五大財閥普通銀行（三井・三菱・安田・住友・第一）が独占的な力を強めていった[9]。産業においても資本集中が進行し、大資本の支配による独占が急速に進められ、これに伴って中小企業の倒産も相次ぐこととなった。この間財閥は組織的独占体とその位置を確立するが、とりわけ紡績業においては、三井（鐘淵紡績）・東洋・大日本・富士・大阪合同・日清の六社が支配的となり、鐘紡は三井財閥を背景に有力な地位を確立することになった。そのほか石炭、製紙業、製麻業、セメント業、製粉業などにおいて財閥系の独占体が確立し、三井・三菱・安田・住友・第一といった大財閥の制覇が整うことになった[10]。

さらに世界恐慌の下、日本は30年1月11日、不況乗り切りの一手段とし

て金解禁を断行したのであった。しかしその過程において物価の下落、為替相場の急騰による貿易減退（特に生糸輸出の激減）、資本の海外逃避などによる正貨流出や国内正貨の減少による通貨・信用の収縮、企業の倒産整理と中小企業の没落、農村の窮乏、失業の増大などが進み、不況は一層深刻化することとなった。そこで政府は、その対策の一つとして6月、臨時産業合理化局を設け、産業合理化とカルテルによる統制を助長して恐慌からの早期脱出を図った。しかし、これによって財閥大資本のカルテルの強化（価格販売協定、生産制限、輸出協定）と弱小資本の吸収合併など独占組織の強化が進む一方、労働者・農民問題の激化、特に農産物価格の急落（生糸輸出の激減、生糸の暴落など）と不作によって農村不況は深刻化し、社会不安は一層増大することになった[11]。

　これを受けて政府は、31年4月、深刻化する恐慌対策として重要産業統制法、工業組合法など経済統制を法制化し、独占的組織を一層拡大強化することとしたが、産業合理化政策と農村の長期的不況による失業者の激増は社会的・政治的不安を拡大し、ついにはファシストの台頭を促すこととなった[12]。事実、日本は、政治的（軍事的）・経済的危機が激化する情勢の中で、その解決策として必然的に経済の軍事化を選択し、満州事変を持って軍事侵略に向かう一方、金輸出を再禁止し、管理通貨制を持って準戦時経済体制を推進することにしたのであった。

　この間の日本貿易は、輸出入総額が減少傾向を示し、貿易バランスでは、不断に巨額の入超を記録して不振を極めた。不振の原因は、対外的には交戦諸国の経済復興、輸出先市場の不況、中国における日貨排斥運動の激化など、国内的には救済インフレ政策などが上げられるが、この間の国際情勢に左右されるところが大きかったことは確かであろう。27年当時の貿易構成は、輸出では生糸・綿織物・絹織物及び人造絹織物・綿織糸・陶磁器などを主要商品とし、これらがアメリカ（45.88％）・中国（13.59％）・英領インド（英印、9.04％）・蘭領東インド（蘭印、4.29％）・香港（3.36％）などの国々へ向けられた。また輸入では実棉・鉄・木材・羊毛・油槽などが大部分であり、これらの商品がアメリカ（30.38％）・英印（13.70％）・中国（10.41％）・関東

州 (6.31％)・オーストラリア (6.26％) などの諸国から輸入された。

　そして金解禁後の日本の貿易は、輸出入総額が減少し、縮小を余儀なくされ、さらに世界恐慌の嵐に直面して一挙に奈落の底に落ち込んだ。とりわけ、綿・生糸関係の輸出品がアメリカの恐慌、さらには中国・英印における不況と銀価の崩落を原因として激減することとなった[13]。30 年には、第 2 表 (16 頁参照) のように輸出入総額において著しく減少させた。この間の貿易構成は、輸出では、生糸・綿織物・絹織物・メリヤス製品・紙類・陶磁器などの商品が大半を成しており、これらがアメリカ (40.80％)・中国 (16.51％)・英印 (8.95％)・蘭印 (4.50％)・香港 (3.67％) などの諸国へ向けて積み出された。他方輸入では、実棉 (繰綿)・機械及び同部分品 (そのほか)・鉄 (そのほか)・羊毛・油槽などの商品がアメリカ (29.58％)・英印 (14.64％)・中国 (9.80％)・関東州 (8.83％)・オーストラリア (7.17％) などの国々から輸入された。

　このような貿易総額の縮小は、アメリカ向け生糸の激減と銀価下落による中国への綿製品の輸出減退などの影響が大きく、こうした事態も国内購買力の減退、国内の物価下落に一層の拍車をかけることにもなった。

第 2 節　通貨・為替の動揺と横浜正金銀行の対外業務

1．国際金融市場と国際金銀相場

　すでに見たように 1920 年代後半、世界経済は多角的資本供給機構の形成を持って国際的資金循環機構が整い、金本位制が再建された。この間国際金融市場の分裂の下、多角的資本供給・決済が進み、他方銀価は低落傾向をたどるが、世界恐慌と前後してポンド不安を増幅させ、再建金本位制は崩壊し、管理通貨制に向かう一方、銀価は暴落することになった。

　すなわちヨーロッパ諸国の戦後再編は、アメリカからの資本導入に頼らざるを得ないことになったが、その前提として、戦時中緊急措置として取られた為替統制を撤廃し、国際金融・資金移動を再開することが条件であった。一方、アメリカは、1924 (大正 13) 年 1 月 14 日、金融健全化、通貨安定、

国家財政の均衡化などを前提とした、新たな賠償金処理を検討する国際的専門家会議、いわゆるドーズ委員会（C.G.Dawes〈モルガン系、金融資本〉委員長）を発足させ、国際金本位制の再建に向けて活動を開始することとした。7月、イギリス政府はドーズ案の発表を受けて、これを決定するロンドン会議（賠償会議）を主催し、翌月30日、同会議は、ルール撤兵の取り決めと同時にドーズ案を成立させた[14]。これによって賠償問題はひとまず解決され、これを契機として金本位制再建の基盤が整い、10月、ドイツは金本位制への復帰を果たした。こうして、アメリカ資本がドイツ・東欧諸国に投下され、それが英仏への賠償支払へ、さらに戦債を通じて米英へという国際的資金循環機構が形成され、その循環機構の中で、ヨーロッパの経済的再編の道筋が設定された[15]。しかし、イギリスはこの間短資・金の流出の下、ポンドが不安定な状況にあったが、その後ポンド相場がフラン不安に補完されてマルクと共に回復し、金本位制復帰の条件が整った25年4月18日、金本位制に復帰した。このように戦後処理を終えた世界経済は、国際通貨体制＝ポンド体制の再建を持って、ひとまず「相対的安定」期を迎えたわけであるが、その内容は極めて不安定なものでしかなかった（国際金融市場の中心地がロンドン市場からロンドンとニューヨーク市場に分裂）[16]。

　こうした再建金本位制の基軸通貨たるポンドへの不安が決定的となったのは、28年夏以降のことである。すなわち6月25日、フランスが金本位制に復帰し、東欧諸国への短資供給と同時に、イギリスからフラン短資が環流を開始し、さらにヨーロッパへのアメリカ資本の導入・停滞などが加わり、こうした情勢の下にポンド不安は促進され、イギリス短資のフランス及びアメリカへの流出を加速した。ドイツは、28年7月、アメリカの高金利政策により外債発行の停止とこれに伴い在欧短資（米国在外資金）の流出など、金融面から制約を受けて景気後退に向かいつつあったが、翌年春、大量のフラン短資がにわかに流出し、ドイツ金融市場は混乱されることになった[17]。

　以上のように国際通貨体制＝ポンド体制は、ヨーロッパ大陸から列強の貿易関係の後退を促進しつつ、多角的な資本供給・決済機構を基礎にしたため、ドイツによる東欧諸国の包摂力を剥奪したまま、戦債・賠償問題の処理を基

礎に再編されたという限界を持っていた。従ってドーズ案の限界は、ドイツ輸出の伸張策を欠いたままでの賠償引き渡しにより、ドイツの東欧包摂能力を削減する点にあったのであり、遅かれ早かれドーズ案の改正は必至であった。こうした情勢の下、29年2月からジュネーヴにおいて国際連盟・財政専門委員会（ヤング委員長、ラモント等モルガン商会〈米国金融資本〉）が開催され、6月7日、委員会はフランス軍のラインラント撤兵問題と同時にドーズ案を改正し、これと関連した賠償問題の解決策をヤング案として報告するに至った。このヤング案は、いわば賠償問題を商業ベースに乗せるものであり、むしろドーズ案の矛盾を拡大しつつ戦後の国際的資金循環の基礎を崩壊させていくものでしかなかった。こうして6月にヤング案がまとまり、翌年1月に正式調印の運びとなったのである[18]。

　この間、東洋における銀の需要は減少し、欧州諸国も流通から引き上げた銀を市場に売り出すに至って、銀相場は下落傾向をたどった（第10表：126頁参照）。銀相場の変動が、その需要供給関係に影響されることは言うまでもないが、銀の需要供給関係に重要な変化をもたらしたのは、ヨーロッパ諸国の銀貨改悪と英印政庁の貨幣制度の改革である。ヨーロッパ諸国（英・仏・伊・ベルギー等）は、銀価の暴落に対し、貨幣改鋳による利益を得るために銀貨（補助貨幣）の改悪を行い、新規生産以外の銀を銀塊市場に供給し圧迫させたが、これと同時に銀の需要諸国においても大きな変化が生じた。英印政庁においては、1898年のファウラー委員会（Fowler Committee）の勧告に基づき進められた英貨為替本位制（Sterling Exchange Standard）が、為替の安定に十分な機能を発揮することができなかった。そこでイギリス政府は25年に英印貨幣金融委員会（ヒルトン・ヤング、首班）を開催し、翌年、その成果として貨幣制度の改革及び金塊本位制（Gold Bullion Standard）などの調査報告を提出。この報告に基づき27年3月26日、貨幣法（通貨法、The Currency Act 1927）を公布し、貨幣制度を改革し金塊本位制を採用すると共に、国庫の保有する紙幣準備の銀貨及び銀塊を処分することとした[19]。さらに世界銀市場における唯一の需要国である中国においては、この間内乱の続発、運輸の途絶、農民の購買力減退、内陸部の銀需要減少、そして内陸部の

銀が沿海州開港地に帰還するという事情下にあった。このために世界市場における銀需要は急減し、銀価の暴落を余儀なくされることとなった[20]。

ところが、29年10月のニューヨーク株式市場における瓦落を契機に勃発した世界恐慌は、世界各国に深刻な影響を与えた。とりわけ世界貿易の急速な収縮は、資本主義諸国のみならず、後進農業諸国にも極めて深刻に作用した。上述のように米仏など列強は、恐慌下で苦しむ自国農民を保護する必要から関税の強化を打ち出した。その先駆けとなったのが、アメリカのホーレー・スムート関税法の制定であり、これを契機に保護関税戦争は高揚することとなった。続いてフランスは対米強硬路線を主張し、関税率の改廃、輸入割当の導入、最恵国条款の廃止などの政策によって、さらにドイツとオーストリアの両国は、31年3月、基本的に合意した独墺関税同盟案に向けて、それぞれ動き出すことになった[21]。

一方、銀通貨圏においては、世界恐慌の影響の下、30年1月にはペルシャ（波斯＝イラン）、6月には仏領インドシナ（仏印）が貨幣制度の改革を行い、相次いで銀本位制を廃して、金塊本位制に移行したため、銀の貨幣的需要は激減し、銀は世界的に補助貨幣たる地位に転落することになり、さらに中国における銀の需要が減少し、銀価の低落傾向を加速させることとなった。これまで銀本位制を採用していた仏印は、この間の銀価の低落とフラン価値の低下により、本国フランスとの為替相場が不安定となり、貿易上の不便と不利益とを生じた。この為替安定化対策として貨幣制度の改革が計画されていたが、6月に仏印総督令により貨幣条例が公布され、金塊本位制が採用され、ここに為替相場は安定を見ることとなった。そして仏印政府はこの幣制改革に基づき、金準備を充実する必要が生じたため、多額のピアストル銀貨を処分することにした[22]。そして中国においては世界恐慌勃発当初、銀安による為替下落が中国の輸出を一時的に促進させたものの、世界的な銀価の惨落、世界の過剰銀流入などにより、上海金融市場は異常な緩慢状況を呈した結果、中国海関収入を担保とする外国借款及び賠償金債務からの損失をこうむることになり、財政金融、さらには国民経済に対する影響が極めて大きかった。南京政府（宋子文財政部長）は30年2月、この対策として関税率操作と

海関両の金建変更を持って、銀価の低落による収入の減退を防ぎ、その増収を図ることにした。これに続いて、5月に南京政府は外国銀貨に対する輸入禁止、金の対外輸出禁止を実施し、仏印のピアストル銀貨の輸入制限を行ったものの、12月、フランスに続いて、英印政庁が所有銀を処分したため銀価が急落し、これらの対策が十分な成果を得ることなく、その後中国における銀需要が激減することになる[23]。

　また、世界恐慌の深刻化する中で、世界的な物価の下落、銀価の低落が進み、この間影を潜めていた金銀複本位制の主張とその運動が展開されるに至った。金銀複本位制の復活運動（銀の吊り上げ）を展開したのは、言うまでもなくこの間銀価低落の影響を直接にこうむった産銀業者であった。とりわけ、アメリカにおいてはその打撃は大きく、産銀業者は議会勢力と組んで銀価の人為的吊り上げ運動を展開し、さらにその関心を中国へと向け、銀借款構想として運動を具体化していった[24]。こうした中国の経済的変動と密接に結びついていた銀価問題をめぐる議論は、イギリスにおいても、銀産業の関係者、中国との貿易業者の間で活発に行われていた。例えば、この間銀価の低落により大いなる打撃を受けたランカシャーの紡績資本は、これを回復させるために金銀複本位制の復活を主張し、銀価高騰が中国への綿製品輸出拡大と同時に、中国の輸入拡大につながると見ていたのである[25]。

　ところで、31年5月11日、オーストリアの大銀行クレディット・アンシュタルトの破綻に端を発するヨーロッパ金融恐慌は、ドイツさらにヨーロッパ各国に対して大きな影響をもたらすこととなった。アメリカは、6月20日にフーヴァー・モラトリアムを発し、これによりドイツの賠償支払いは事実上終焉となる。イギリスでは、イングランド銀行がその金保有高を増加させることができたが、7月半ばのダナート銀行の休業と共に、ロンドン金融界は動揺しはじめ、主としてフランスによる金の引き上げが激しくなっていった。こうした中で、ドイツでは資本の逃避を抑えるため、7月15日に外国為替管理令が公布された。これは為替取引のライヒスバンクの集中管理制を採り、為替所有の集中、為替取引の認可制へ、さらに輸出入をも規制するものであり、これを持ってドイツは、外国為替の金兌換を停止して金本位

制を事実上離脱した[26]。ドイツの金融恐慌に対し、国際的なドイツ救済への努力が続けられた結果、その勢いはようやく峠を越え、9月3日、ドイツ政府は株式取引所の再開と同時に、独墺関税同盟の破棄を声明し、ここにヨーロッパの金融恐慌は沈静化した。こうしてヨーロッパの金融恐慌は、東欧諸国をも必然的に巻き込んでいったが、それがイギリスに跳ね返り、イギリス政府は金本位制の放棄を決定し、9月21日、金本位法を停止するに至った。ここに国際通貨体制＝ポンド体制は、その歴史的使命を終えることになったのである[27]。

言うまでもなくイギリスの金本位制放棄により、これを境にして各国は短資流出防衛のために為替管理と保護関税を持って、自国経済の回復と安定を図ることを余儀なくされることとなった。イギリスは、為替思惑と資金逃避を制限する方策に続いて、スターリングブロック（＝大英帝国特恵体制）を結成し、ヨーロッパ大陸からは遠のくことになる。またヨーロッパ大陸においてはフランスが金ブロックを結成し、安全保障を推進することになる。そしてヴェルサイユ体制及びワイマール体制の打倒を果たしたナチスの勢力（マルクブロック）は恐るべき拡大を見ることになる[28]。このヨーロッパ金融恐慌を機にして世界経済が分断され、各国経済はこうした分裂の下にブロックごとに再編され、同時に再建金本位制が崩壊し、各国は管理通貨制を採ることになったのである。

2. 通貨・為替の動揺と横浜正金銀行の対外業務

この間日本は金銀輸出禁止の継続、金解禁の対外政策を遂行したが、相次ぐ為替危機に遭遇し、これに対して政府は外資導入・在外正貨の売却などを持って対応することとした。これを受けて、正金銀行は外資導入・在外正貨の取り扱いなどにより通貨・為替調整に当たると同時に、為替相場の安定・維持に努め、その役割を果たすこととなった。

すなわち、世界経済が行う多角的な資本供給・決済機構を通して、主要国の金本位制への復帰と「相対的安定」の中で、日本に対する金本位制復帰への圧力は日増しに強くなった。しかしながら日本は、政治的・経済的諸事情

から金本位制への復帰を果たせぬまま、慢性的不況（長期沈滞）の中で貿易不振、入超激化、国際収支の逆調、為替危機に陥り、これに対して政府は、外資導入、在外正貨の充実などを持って為替相場の安定・維持に努めることにし、通貨・為替調整の業務を正金銀行に担当させることとした。

　まず、関東大震災後、政府は恐慌対策として救済インフレ政策を打ち出したが、復興資材等の輸入に伴い激しい入超となり、貿易の円滑な遂行を阻害し、その結果在外正貨の大幅な減少をもたらし、為替相場は低落・動揺を繰返し、危機的状況を呈することになった。23年9月2日に成立した山本権兵衛内閣（井上準之助蔵相）は、金解禁準備政策を進めるためにも為替相場（正金建値）の安定・維持を図らねばならず、日本銀行や正金銀行と為替方針を含む応急措置を協議した結果、これに対して外資の導入を図って正貨を補充しつつ、他方で在外正貨の払い下げや正貨現送を行って、為替相場の安定を図ることにした。これを受けて正金銀行は、国際収支の逆調の下、払い下げた外貨資金を持って建値堅持に努力する一方、輸出入為替の調整に当たり、為替相場の安定・維持に努めることとしたのであったが[29]、その後も世界・アジア情勢の変化の下に為替相場は動揺を繰り返すことになった。

　こうした事情の下、清浦奎吾内閣（勝田主計蔵相）は、すでにこれより先、関東大震災後に米英引受金融団と満期外債（四分利半英貨公債3億5,000万円）の借換公債と震災善後公債の外資導入交渉に当たり、24年2月、金銀輸出禁止の継続下にいわゆる国辱公債として総額5億5,000万円（六分利英貨国債2,500万ポンド、六分利半米貨国債5,000万ドル）の成約に成功していた。この外債の発行に当たって正金銀行は、ロンドンおいてこれをイギリス引受金融団（ウエストミンスター銀行、香港上海銀行など）とニューヨークではアメリカ引受金融団（J.P.モルガン商会、ナショナル・シティ・カンパニー、クーン・ローブ商会など）と共同で引き受け、ナショナル・シティ銀行などと業務代理を担当したのであったが、この場合震災善後外債は事実上四分利半英貨公債の借換（3億5,000万円）に当てられ、残余分は、当時危機的状況にあった為替相場の安定・維持の政策資金に充てられることになった[30]。この際の外資導入は、在外正貨の動向と密接不可分の関係を持って展

開されたが、現実には、在外正貨を継続的に売却することによって国内経済を世界経済にリンクさせる政策が採られ続けることになった。こうして20年代後半の不況の中で、日本は在外正貨の涸渇によって幾度となく金本位制復帰が見送られることとなるが、その政治的・経済的矛盾が27年3月に至って金融危機として爆発し、これを契機に貿易の不振、入超の激化がさらに進むことになった。こうした事態に対して政府は、在外正貨の売却、正貨現送などの方策を持って為替相場の安定・維持に努めたが、これがかえって、在外正貨の大幅な減少をもたらし、さらに外資の導入を持って在外正貨の補充をせざるを得ない事態に迫られることになったのである[31]。

しかし27年4月に登場した田中義一内閣(高橋是清蔵相)は、為替市場の放任策を取り、この間在外正貨の充実を図るべく採られてきた正貨の現送を取り止めたため、為替相場は一挙に崩れることとなった。この影響の下、上海において取り付けが発生し、26日、政府はこの対策のため為替資金として銀塊(1,019万円)を正金銀行に預入した。また、これまで同行にのみ提供されていた日本銀行の外国為替貸付金供給は、この間台湾銀行もその対象とされたが、この場合の台湾銀行に対する外国為替貸付金の供給は、救済融資の一環として位置づけられていた。その供給額は25年まで増大していたものの、翌年から減少したのである。その原因としては、20年代中葉以降貿易収支入超による外国為替銀行の円資金不足の解消、これが外国為替貸付金に対する需要を減少させたことにあった。為替資金問題は、外国為替銀行にとって基本的には国際収支の逆調によって生ずる外貨資金問題だったのであり、正金銀行に対する外国為替貸付金の給付が低位に留まったのはこうした事情を反映したものであった[32]。

ところが29年7月、浜口雄幸内閣は、外資導入、為替統制売りなどの方策を持って為替相場の安定・維持に努める一方、対外金融政策として、日本の金解禁に伴うさまざまな困難に直面してきたのであったが、その間さらに対中国問題、フランスの金本位制復帰などの影響から為替相場が惨落し、財界などの一部に金解禁論が台頭することとなった。10日、為替資金充実と相場の急変防止のため、政府、日本銀行、正金銀行3者間で、政府の外貨買

入に関する協定が結ばれ、これに基づき正金銀行はほどなく為替買いに出動し、在外正貨の保有に当たったのであったが、結果として在外資金を減少させることになったのである[33]。

　こうした情勢を受けて浜口内閣は、金解禁とその後の予想される正貨流出防止策の一つとして、米英金融団とのクレジット契約による外資の導入を持って在外正貨の充実を図ることとし、政府と日本銀行はこれを正金銀行に担当させ、支援することにした。この場合正金銀行は、米英の財団との交渉に当たり、11月19日、総額4億円のクレジット（ニューヨーク市場が2,500万ドル、ロンドン市場が500万ポンドの在外資金）をアメリカ金融団（J.P.モルガン商会、ナショナル・シティ銀行、クーン・ローブ商会など）とイギリス金融団（ウエストミンスター銀行、香港上海銀行、ロスチャイルド商会、チャータード銀行など）との間に設定し、この資金を在外正貨の充実に当て、保管出納を日本銀行代理店として取り扱うこととしたのである[34]。しかしながら政府は、3億円の在外正貨とクレジット1億円の総額4億円を持って金本位制に復帰し、十分に対応できるものとしていたが、この資金の一部は正金銀行の買い集めた輸出為替の買い上げによって代位されたものであって、その基礎は極めて脆弱なものでしかなかった[35]。こうした中で政府は、11月21日に大蔵省令により金銀の輸出禁止を解除し、翌年1月11日以後これを実施する旨の声明を出す一方、11月29日に為替資金として保有在外正貨（累計、1億1,500万円）を正金銀行に預け入れた。こうした情勢の下、正金銀行は、30年1月8日、日本銀行との間で国内・在外正貨の処理に関する取り決めと同時に、在外正貨の売却に関する協定を結び、協調して金本位制の維持に当たることとした。そして、この間不安定な構造の下に成立していた再建金本位制が、29年株式恐慌の勃発を契機として動揺を始めた11日、日本は金解禁を断行したのであった。こうして国際通貨体制とリンクした日本の金解禁は実施に移されたが、この際政府は従来の在外正貨の政府保有を取り止め、国内・在外正貨とその所管を日本銀行とすると決定した。また同日、日本銀行は正金銀行の海外資金繰り難に対処し、同行保有の英貨公債を政府に売却し、代わりに外貨を正金銀行に売却したのである。

そしてさらに金解禁実施後の対外決済は、これまでの在外正貨の政府保有を取り止め、在内・外正貨の保有及び所管を日本銀行に移行し、在外正貨の払い下げ及び正貨の現送を持って処理することにした。こうした措置に伴い間もなく外国銀行、本邦外国為替銀行が正貨現送を開始し、大口の兌換請求が生じた。一方正金銀行に輸入為替が集中した結果、市場が混乱し、さらに正貨流出に拍車をかけることになった[36]。ほどなく国際収支の逆調、為替の急騰、正貨流出などによって為替危機を一挙に加速すると同時に、ロンドン軍縮会議をめぐる政局不安も相乗して、日本の恐慌をますます激化させるに至った。こうした事態の中で、政府は外資導入を持ってこれに対応することとし、5月、新たに外債（翌年満期となる第2回四分利付英貨公債〈2,300万ポンド〉の借換）を発行し、これを在外正貨の準備に向けることにした。この際も、正金銀行はその引受団に加わり、英米新公債（ロンドン市場1,250万ポンド、ニューヨーク市場7,100万ドル、五分利半、期限35年）を取り扱ったのであった[37]。また金解禁実施後貿易が急減する中で、同行は外国為替取組高及び再割引手形を通じて資金調達が期待できず、外貨資金不足に対処するため日本銀行の金・外貨を払い下げたものの、これも十分なものとならなかった。そこで6月に日本銀行が金・外貨を買い入れるための円資金を融通することを決定したのを受けて、ここに国債を担保として特別融資（外貨買入れ資金〈1,400万円〉）を受け、為替相場の安定・維持に努めたのである。

　しかし7月18日、在外正貨の減少から為替相場が回復せず、不安定な事態が続き、こうした情勢に対応して政府と日本銀行は、従来の方針を改め、正金銀行を通して為替統制売りの方針を採用し、金本位制を維持することにした。これを受けて同行は、7月31日、為替統制売りを開始した[38]。これ以降、31年中欧金融恐慌、イギリスの金本位制放棄、さらに再建金本位制の解体の中で、イギリスは自ら通貨ブロック（スターリングブロック）の結成へ向かうに至ったが、日本は激しいドル思惑買いに遭遇することになった。こうした事態に際して、正金銀行は金解禁政策を維持するため、後述のようにこれ以降膨大なドル買い攻勢に対処し、多額の為替統制売り決済に充て正貨現送を遂行していった[39]。しかし12月13日、突然の政変による犬養毅内閣

（高橋是清蔵相）の成立と共に金輸出禁止が行われ、17日に兌換が停止され、我が国の金本位制はここに最終的に崩壊し、金解禁政策の破綻を余儀なくされ、一転して円ブロックへの道を探ることになった。この間日本の為替危機に対する政府の対外金融政策に対応し、正金銀行は外資導入・在外正貨の取扱いなどを通して正貨準備の維持・調整に当たり、為替相場の安定・維持に努め、特殊金融機関と同時に外国為替・貿易金融機関としての役割を果たしていくこととなったのである。

第3節　為替危機と横浜正金銀行の対外業務

1．本邦外国為替金融機関の消長と外国銀行

　以上のように国際金融市場の分裂の下、日本の対外金融は欧米、東アジア金融市場において展開されるが、とりわけ上海金融市場にあっては円為替圏が形成される一方、日本の外国為替金融機関の再編が急速に進められた。この間為替危機に陥った日本政府の外国為替政策に対応して、本邦及び外国の外国為替銀行の消長の下に正金銀行は各金融市場において外国為替・貿易金融業務を推進していくことになった。

　すなわち、すでに見たように国際金融市場の分裂と多角的資本供給・決済機構の下に再建金本位制が成立し、世界経済は相対的に安定することとなったが、事実、大戦を経る中で債権国となったアメリカの金融支援の下に辛うじて支えられるという極めて不安定なものであった。20年代の日本の対外経済関係は、こうした不安定な多角的資本供給・決済機構の下で、一方ではアメリカへの依存を強めつつ、他方では東アジアにおいて円為替取引制度の確保を図るという重層的連関を持つものであった。従ってこの間の外国為替資金循環は、ロンドンやニューヨーク金為替市場（＝金為替）と上海金融市場（銀・円為替）を持って回転していたのであり、後述のように外国為替・貿易金融を基軸としてロンドンとニューヨークの両国際金融市場に資金循環の基礎を置く正金銀行は、上海金融市場においてもまた重要な役割を担うこ

とになったのである。

　まず、後述のように上海金融市場は、東洋最大の為替市場であり、銀通貨圏の中心であって、各種銀為替、金銀通貨・金為替の取引が行われ、ここに円為替市場（円為替取引制度）が形成され、中国為替投機業者（Chinese Speculator）、外国為替銀行等の間で活発に取引（投機）が展開されて、為替市場に混乱をもたらすことになった。すなわち第一次世界大戦後、上海金融市場においては香港上海銀行の日本向建値を決定基準とする制度が採用された。この制度は満州・大連銭鈔市場（金票・鈔票間の貨幣取引）にまで延長され、その相場は標金取引の決済基準の役割を果たすこととなった。こうしてイギリス向為替相場に代わって、日本向為替相場が価格決定の基準となり、これによって東アジアに円為替圏が確立され、ここに円為替決済が開始されることになった。この円為替は、金円為替（日銀券・朝銀券〈金票〉＝金券）と銀円為替（正金銀券＝鈔票）の流通を持ってその機能を果たし、上海両を通して国際金本位制とリンクし資金移動するという、第一次世界大戦以降の中国本部・満州における日本の通貨・金融政策の矛盾から極めて特殊な構造を兼ね備えるものであった。この場合、貿易関係を見ると、大連は日本に、日本は上海に輸出超過にあり、上海は大連より移入超過を示し、従ってこの関係からすると資金は大連→上海→日本→大連へと移動循環することになるのであるが、この円為替資金の特殊な銀為替関係に基づいて移動循環していた[40]。この特殊な関係は、第一次世界大戦中日本の大陸政策に沿って朝鮮銀行が満州進出を果たし、この銀行金券の流通を持って満州金券統一政策を推進しようとした際、銀通貨圏としての対立に遭遇し、金券が過剰となり、その結果、金銀比価は低落するに至ったことに始まる。従って、このときから大連が上海市場相場に比較して銀価割高となり、この間の金銀売買を通して利ざやを生じるところから、大連上海間の特殊な為替取引に基因して、資金は、上海→大連→日本へ回金されるという貿易関係とは逆の循環をする特殊な構造が形成されることになったのである。

　また日本金円に対する銀相場（金対銀比価）においても、これと同様に上海・大連向金円為替を売り（上海両買）、同時に大連において銀円を売り（金

円買)、上海向為替を取決める際、その間に利ざやを生ずることになるから、この点が中国為替投機業者(主に大連マーチャント)・外国為替銀行などの恰好の投機対象となり、ひいては為替市場に混乱をもたらす原因の一つとなった[41]。例えば、大連商人の活動は、まず金円為替(日銀券・朝銀券)の対上海両比価の差をベースに、言い換えると上海の対日為替相場に表現された日銀券に対する上海両の価値と匯申相場(鈔票対上海両相場)及び大連銭鈔市場相場(鈔票対金票相場)から算出される朝銀券に対する上海両の価値との相違から生じる為替さや取りにあったわけである[42]。

　そして日本の外国為替金融機関においても、財閥系普通銀行を中心にその活動は活発に行われていた。この間財閥系普通銀行は、海外進出も相まって外国為替業務を急速に拡大し、この上海金融市場においても、各行上海支店が金本位制停止下の為替相場変動を利用した外国為替利得の獲得(為替さや取り)を目的とした投機取引活動(外貨証券・外国為替売買)を展開させていった。事実、この間の三財閥系(三井・三菱・住友)普通銀行の外国為替取組高は、普通銀行全体の9割を支配し、とりわけ三井銀行はその半分を占め、普通銀行の外国為替取扱を代表すべき位置にあった。三井銀行は、こうした円為替相場の変動に進んで対応し、国際金融市場編成に基づく短期資金の国際的移動に関わり、外国為替業務の急速な拡大を果たした。こうして財閥系普通銀行は、この間外国為替取扱高も正金銀行のそれを凌ぐまでになり、この円為替圏の資金循環構造を利用して銀為替売買及び内外各店の出合取引の活動に力を注ぐことになったのである。

　一方、正金銀行は、上海金融市場において後述のように商品輸出入における対中国出超構造に対応した剰余資金の回金業務を担当していたことから、大連マーチャントを先頭とする中国為替投機業者及び財閥系普通銀行などの短資投機に対しては、やむを得ず円為替相場の変動防止という防衛的対応に当たることになった。こうして20年代後半の外国為替資金循環にとって上海金融市場は、極めて重要な位置を占めることになったのである[43]。なお、台湾銀行・朝鮮銀行の両行は、20年代後半には外国為替業務を急速に低下させた。両行は、第一次世界大戦期に植民地中央銀行としての位置とその機能を

持って拡大し、外国為替金融機関として役割を伸張させたが、戦後恐慌後この役割を極度に悪化させ、いずれも数次にわたる整理と同時に、外国為替業務の縮小を余儀なくされたのである。

このように本邦外国為替金融機関の再編が進む中で、在日外国銀行の外国為替取扱高は、およそ9%を占めていた。ここでこの間外国銀行の日本への進出状況を見てみると、1923（大正12）年1月、インターナショナル銀行は、東京支店を開設し、9月には日本銀行と当座預金取引を開始した。またこの間、このインターナショナル銀行と香港上海銀行は、日本政府、日本銀行から正貨の払下げを受け、外国為替取組を推進することとなった。しかしながら、関東大震災の発生によって京浜地方は壊滅的な打撃を受けた。この際横浜を拠点とする外国銀行は同様に大きな影響を受け、対日戦略の転換を迫られることとなった。そして翌年1月、アジア銀行はインターナショナル銀行に吸収合併され、横浜・神戸両支店とも閉鎖され、営業のみが継承された。また8月にチャータード銀行が東京支店を開設し、11月、香港上海銀行は日本における営業の拠点を横浜から神戸へ移すと共に、新たに東京支店を開設した。その上に22年4月以降東部ロシアにおいて金鉱業及び外国貿易関連の金融機関として活動していた露国極東銀行（Dalbank, The Far Eastern Bank, ソビエト社会主義共和国連邦〈ソ連〉の政府系銀行）は、25年12月に神戸支店を開設した[44]。26年に入り蘭印商業銀行が、業務拡大のため、東京・横浜に支店を開設したが、他方、5月、露亜銀行が神戸支店を閉鎖、同年解散した。以上のような消長の結果、26年末の在日外国銀行は、香港上海銀行（横浜・神戸・長崎・東京）、チャータード銀行（横浜・神戸・東京）、インターナショナル銀行（横浜・神戸・東京・大阪）、独亜銀行（横浜・神戸）、日仏銀行（東京）、アメリカン・エキスプレス銀行（横浜・神戸）、和蘭銀行（神戸）、蘭印商業銀行（神戸・横浜・東京）、露国極東銀行（神戸）の9行（20カ店）であった（第11表：140頁参照）。そして27年1月、ナショナル・シティ銀行が日本へ進出し、インターナショナル銀行の在日支店（16年に買収した横浜・神戸・東京・大阪）を自らの直属の支店とした。また7月に日仏銀行は業務拡大のため、横浜・神戸両支店を開設した。しかし27年3月、金

融恐慌が激化し、経済活動に深刻な影響を及ぼすことになる。こうした国際情勢の下で貿易の拡大は望めず、多くの外国銀行は正常な業務の遂行さえ困難となり、在日支店の整理を進めた。

そんな中、日本政府は銀行に対する規制を整備するため、新たに「銀行法」（1927年3月30日、法律第21号、翌年1月1日施行）を公布し、ここに従来の「銀行条例」（1890年法72号）は廃止されることになった。この措置に伴い日本国内で銀行業を営む銀行は、全て「大蔵大臣の認可」に代えて、「主務大臣の免許」が必要となったほか、代理店にもこの銀行法が適用されることとなった[45]。

しかし、金融恐慌後、正金銀行は多角的決済機構に依拠する基盤が、在外正貨の枯渇・ドル資金調達の困難（直接には糸価の低落による）により揺らぎ始め、他方、日貨排斥、銀塊相場の低落、金解禁思惑等によるニューヨークや上海金融市場での円為替投機が激化するのに伴い、特殊金融機関的立場から、ロンドンやニューヨーク金為替市場への依存を一層深め、対外決済機構の安定を図らざるを得ない状況となった[46]。折りしも、29年10月に勃発した世界恐慌は、この多角的貿易・為替決済機構を崩壊させ、それまで曲がりなりにも保たれていた世界経済の統一性を崩壊させた。こうした状況の下で、翌月、浜口内閣の金解禁予告後、大連と上海両市場間の銀価格差が消滅し、上述のような投機活動の場を奪い去られることになったが、しかし30年5月、南京政府が銀価下落対策の一つとして金塊の輸出禁止を行った結果、金票相場と為替相場との間に不均衡が生じ、再び投機活動が復活し、円為替相場が動揺することになった。この間正金銀行は、貿易構造に対応した剰余資金の回金業務を行う一方、前述のような中国為替投機業者の短資投機などに対して大連支店で鈔票を発行し、円為替相場の安定・維持に努めることにしたのである[47]。

ところが31年9月、満州事変が勃発し、イギリスの金本位制停止は、後述のように外国為替市場に大きな衝撃を与え、金輸出再禁止の見越し思惑から、猛烈なドル為替買いを引き起こし、在日外国銀行もこれに大きく関わることになった。こうした情勢の下、30年以降、世界恐慌の打撃をまともに受

けたドイツ経済が不振に陥り、独亜銀行はこの影響の下に業績も振るわず横浜支店を閉鎖し、日本から撤退した。また露国極東銀行は、29年8月、神戸支店の東京支店への移転を検討していたが、30年11月、本店からの指令により、神戸支店を閉鎖し日本から撤退することとなった（同年、アメリカン・エキスプレス銀行も日本から撤退）。これに続いて香港上海銀行は長崎港の貿易が振るわないのに加えて、本邦銀行との競争激化による採算悪化から翌年4月、長崎支店を閉鎖した。そして月末、チャータード銀行は、横浜支店の再開を決定し、東京支店（大震災によって横浜支店が焼失したため開設した）を閉鎖すると同時に、横浜支店に再統合することにした。さらにまた、10月、蘭印商業銀行は、業務の拡大が進まなかったため、横浜支店を閉鎖した。なお、こうした在日外国銀行の日本からの撤退、支店の閉鎖が続く中で、9月、中国銀行（The Bank of China、28年に国際為替銀行に改組）が、新たに日本進出を果たし、大阪支店を開設したのである[48]。

　こうした世界経済の分裂が進む中で、円為替取引制度も大きく変化することとなった。すなわち31年9月の満州事変とその後の排日運動によってこうした条件に変化が生じ、上海標金市場では、これまでの日本円貨決済基準に代えて新たに標金一条（純金量305.62グラム）の価格を米国ドルで240ドルとすることにし、ここに標金取引の決済基準の変更を決定することとした[49]。この決定により、円為替圏は実質的に崩壊し、これに代わって円ブロックの形成が重大な課題とならざるを得ないことになった。

　この間、世界の金融情勢の激変、上海金融市場における円為替圏の形成とその展開、本邦外国為替金融機関の再編と財閥系普通銀行の躍進、さらには外国銀行の健闘という情勢の中で、正金銀行は外国為替・貿易金融業務において後退しつつも、欧米、東アジアにおいて為替相場の安定・維持の役割を果たすことになったのである。

2．為替危機と横浜正金銀行の対外業務

　こうして正金銀行は、この間の相次ぐ為替危機に対する日本政府の対外金融政策に対応して外国為替・貿易金融、為替資金調達等の業務を遂行し、世

界恐慌後のドル買いに伴う為替危機に際しては、為替統制売り、金現送に応じるなど、為替相場の安定・維持に努めた。

　すなわち、23年の関東大震災後、日本の経済は金銀輸出禁止の下、恐慌対策（救済インフレ）と復興資材の輸入に伴い激しい入超となり、この間政府は対外金融政策として、当面の金解禁に向けた在外正貨の確保と為替相場の維持に当たったものの、この結果、在外正貨の大幅な減少を引き起こし、為替相場は低迷・動揺を繰り返し、危機的状況を呈することとなった。この状況の下で正金銀行の役割は、言うまでもなく対外決済に当てる正貨の調整を通して為替相場の安定・維持に務めることであった。しかし同行は、輸入為替の超過、外貨資金の不足という状況に陥ることになった。こうした中で、政府の在外正貨払い下げ政策は限界を迎え、26年1月に成立した若槻礼次郎内閣（浜口雄幸蔵相）は、金解禁に耐える状況を得るため、在外正貨の充実、低金利政策などの準備対策を強力に進めることにした。しかしこの準備対策は、結局、27年3月14日、金融恐慌の勃発で挫折するに至った。これに伴い正金銀行は、自ら外貨資金の調達に当たることとし、実施に向けて活動を開始したが、その結果はロンドンとニューヨーク両支店において為替資金確保に難航し、同時に外貨資金確保と為替リスク回避との相反する事態に遭遇することになったのである。

　こうした事情の下で資金繰りが窮迫する正金銀行ロンドン支店は、ニューヨーク・中国・英印各店からの緊急回金、外国銀行からの借り入れや手形割引、日本銀行外貨資金の借り入れ等によって危機の打開が図られることとなった。この場合、東アジア支店、とりわけ正金銀行大連支店の鈔票発行とその上海支店を媒介とする資金移動（循環）機能が大きな役割を演ずることになった。すなわち同行大連支店が鈔票で上海向為替（匯申）を買い取って上海市場で上海両を受け取り[50]、この上海両を上海支店に託し、時に応じてこの上海両資金を持ってロンドンやニューヨーク向為替を買い取るという資金移動が、同行英米支店の資金充実に大きく寄与することになった[51]。つまり正金銀行は鈔票による上海向為替の売買を通して上海両を確保し、この上海両が国際金本位制とリンクして上海に過剰資金がある場合、この資金は

大連への回金、さらに大連から朝鮮銀行を通して日本へ回金される経路を採り、日本の対外金融政策上（銀・金円為替政策）、多大な役割を果たすこととなったのである[52]。

　これがさらに 28 年に入ると、正貨の欠乏、対中国問題（山東出兵、済南事件、張作霖爆殺事件）、フランスの金本位制復帰など世界・アジア情勢の変化を背景として、日貨排斥、銀塊相場の激動化、金解禁思惑等が引き起こされることで、海外投機筋が一転して円売りに向かい、為替相場は急騰し、激しく動揺することとなった。この根本的な解決の手段として金解禁の実施が待たれるところであったが、いずれにせよ正金銀行は、海外支店において資金が逼迫する中で、国内本支店が建値を引き上げる一方、4 月 26 日に政府より為替資金として銀塊預け入れ（1,019 万円）を受けた。そして 9 月、同行上海支店は、現銀を買い溜め（1,500 万両＝約 200 ポンド）、このうち 600 万両は大連支店の銀券回収準備関係に充て、さらに輸出手形を買い進むなど、為替資金の調整を余儀なくされることになった[53]。

　この間の正金銀行の対外進退状況を見てみると（第 6 表：60 頁参照）、ウラジオストク支店は、反ソ干渉戦争の失敗によるシベリア撤兵の結果、23 年末頃から当店に対する労農政府の圧迫が次第に加わり、引き揚げ準備が完了して事態の推移を見守る情況にあったが、翌年 3 月には一時閉鎖し、引き揚げを余儀なくされ、その後の事務はハルビン支店に取り扱わせることとした。その後の 25 年 7 月 12 日、同行はインド棉の積み出しが増大し、その関係者の要望に応じてカラチに進出を決定し、ボンベイ支店の出張所として開設したが、11 月に同支店の為替基（600 万ルピー）を廃止、普通為替尻へ振り替えた（26 年 1 月、同行はスマラン〈蘭印〉出張所を開設）。そしてまた、翌年 3 月、正金銀行は、ブラジル・サンパウロ州における日系農民救済国庫貸付金の貸出・取立を政府から委任され、これに当たることになった。そして 7 月、同行は対アフリカ貿易が急増傾向にある中で、エジプト北部のアレキサンドリアに出張所を開設した[54]。こうした情勢の中で、正金銀行の為替資金の循環は、日本→ニューヨーク→ロンドン→英印→日本（金為替）を主軸とし、横浜本店がニューヨーク支店を経てロンドン支店に為替資金を回

金するという構造を成す一方、日本→上海・大連→東南アジア・オーストラリア→日本（銀・円為替）を副軸とする構造を呈していた。前述のように、当時、中国本部・満州、南洋、英印等の輸出入貿易の円建決済が増大し、円為替は上海金融市場を媒介して銀為替とリンクされていたが、正金銀行大連・上海支店の為替決済の比率は低く、海外支店における為替決済の基軸はロンドンとニューヨーク両支店にあった[55]。

　これを受けて29年7月、浜口雄幸内閣（井上準之助蔵相）は、成立早々金解禁を行う方針を明らかにし、この準備策を進めた。この方針の発表と同時に、為替相場は上昇に向かい、輸入資金手当が増加することとなり、市中相場も一時正金銀行建値を上回ったが、ほどなく市中相場が正金銀行の建値引き上げに追随するようになった[56]。そして金解禁実施後の対外決済は、在外正貨の払い下げ（日本銀行から）及び国内正貨の現送を持ってすることとしたため、すぐに外国銀行、財閥系普通銀行が金現送を開始し、兌換請求が生じた。他方、正金銀行には、輸入為替が集中し、一時的に市場混乱、正貨流出をもたらしたが、間もなく為替相場も落ち着き、正貨の流出も減少することになった[57]。しかし30年7月18日、為替相場が不安定な事態となり、先に見たように、これに対応して政府と日本銀行は、従来の方針を改め、正金銀行を通して為替統制売りの方針を採用し、金本位制を維持することとした[58]。これを受けて同行は、7月31日、為替統制売りを開始したが、ロンドン海軍軍縮条約の批准をめぐって政局不安が生じ、外国銀行・本邦外国為替銀行が為替先安を見越してドル買いに向かい、為替市場が動揺することになった。そこで正金建値を維持するため金現送を開始し、この間の同行の為替統制売りが1億円を超えることになった。しかし10月2日に軍縮条約が批准されると政局不安が解消され、為替統制売りは急減し、その後低水準に留まった[59]。こうして正金銀行は金現送の調整を持って対応した結果、国内外諸銀行の金現送は減少に向かい、正貨流出も抑制され、間もなく市場は沈静化し、翌年8月までの間、為替相場も安定したのである。

　こうした情勢の下、正金銀行は、世界市場から後退局面に遭遇することを余儀なくされた。すなわち29年10月、正金銀行は、アルゼンチンのブエノ

スアイレス支店において支店の存続とその改革を進めていたが、税金問題で差し押さえを受ける恐れが生じたため、一時閉鎖することとした。また20年4月に開設されたヴェトナムのサイゴン支店は、30年12月、本邦米価が高騰して外米需要が旺盛になったのに際し、この間本邦米生産の増加と外米輸入制限令の発令のほか、金融・為替上の不利、同地関税政策に災いにされて日本品の進出を見ず、同行支店の貿易における貢献が極めて少なく、営業不振の下、損失を計上し続けたため、一時閉鎖を決定した。そして済南支店は、25年以来の塩税取り扱いの廃止、山東還付後における日本人勢力の衰退、頻発する兵乱などのためにその取引高は減少し、支店としての存在意義をほとんど失い損失を計上した。その結果、翌年3月1日、一時閉鎖することにした。また10日、ウラジオストク支店を閉鎖した。他方4月1日には、ドイツとの貿易上、ベルリンが国際貿易都市として発展する中で同地に進出する日本の商社も多くなり、正金銀行も同地にハンブルグ支店の出張所を、これに続いて7月15日、リヨン支店を閉鎖し、新たにパリに出張所を開設したのである（第6表：60頁参照）[60]。

しかしながら、金解禁政策の中で発生したドル買いに対し、政府はこれに為替統制売り、正貨現送、公定歩合の引き上げなどを行って対応したが、国内外の政治的・軍事的情勢の変化に伴ってドル思惑買いがさらに急増し、ドル買い側は莫大な利益を得ることとなった。政府は在外正貨の減少から正金銀行を通して為替統制売りを継続していたが、31年5月のヨーロッパ金融恐慌を契機に外貨資金の調達が一層困難となり、さらに外国銀行の正貨兌換も激しくなった。このため同行は為替統制売りを強化して対応したのであったが[61]、満州事変に続くイギリスの金本位制放棄は日本の金解禁政策に決定的な打撃を与え、為替相場の崩壊、金融梗塞（通貨の収縮、金融の繁忙）と金輸出の再禁止予想から為替市場においてアメリカ向為替買い・ドル思惑買いが猛烈な勢いで発生することとなった[62]。これに対して政府は、金本位制維持のため日本銀行に数次の円資金の引き締め策をとらせる一方、ドル買い銀行に対する円資金の供給抑制と思惑的な為替操作を抑えるため、9月21日以降正金銀行を通して無制限に売り応じたものの、なお一層ドル買いが進み、

その一週間に正金銀行の売却したドルは 2 億円以上に達したのであった[63]。
　なおこの間のドル買いは 9 月下旬にはひとまず下火となったが、1 カ月で 4 億円を突破し、正金銀行は外貨資金の不足に陥り、10 月 3 日、為替統制売りのために正貨現送を開始する一方（12 月 5 日までに、計 22 回、3 億 400 万円に上る）、14 日、大蔵省と日本銀行との為替統制売り問題、外貨送金問題等協議の結果、個人投資の排除と銀行向けには貿易関係以外の売却に応じないこととしたため、その後は外国銀行支店を通じるドル買いに移行した[64]。この場合為替統制売りの対象となった外国銀行は、ナショナル・シティ銀行、香港上海銀行、チャータード銀行の本・支店に限定されることとなったが、ドル買いにおける外国銀行の割合は、全体の過半数近くを占め、とりわけナショナル・シティ銀行は 2 億 700 万円（36％）の巨額に達していた。ナショナル・シティ銀行の背景には、外債投資業者（保険、信託、証券、貿易など）の存在が大きかったといわれるが、こうした中で正金銀行は、10 月末のドル買い消滅まで売りに応じることを余儀なくされたのであった[65]。そしてまた、正金銀行は 11 月 4 日以降においては、輸入為替の取り組みに対しても、それが実需であることが確認できるものに限り応じることにし、事実上為替管理へと政策の転換が図られることとなった[66]。ドル買いの消滅に伴って、為替相場は正金銀行建値並みに回復し、ドル買い銀行は正金銀行の売却した為替がすべて年内ものであったため、為替約定の処理と円資金の調達困難から外国銀行へドル売りを始めることになってドル買い側の敗北に見えたが、12 月の政変を契機として、翌日成立した犬養内閣の金輸出再禁止の発令によって日本の金解禁政策は、膨大な正貨の流出をもたらし破綻した。その結果、為替相場は急落し、ドル買い側の莫大な利益の獲得は財閥や政党に対する国民の激しい非難を引き起こし社会不安を一層募らせ、新たに政治問題へと発展することとなった[67]。正金銀行は特別損失（為替差損）をこうむり、為替統制売りの善後処理として、政府や日本銀行と協議の上、金現送、日本銀行からの為替買取、政府補償などを余儀なくされるに至った[68]。
　その結果、正金銀行は国際金融市場の分裂下に、日本の為替危機に対応する政府の政策に応じて為替統制売り、正貨現送に当たり、為替相場の安定・

維持に努めるなど対外特殊金融機関として世界の金融市場において独自に地歩を築き、その役割を果たしていくこととなったのである。

第4節　大陸植民地における横浜正金銀行の対外業務
1．中国の通貨・金融制度と横浜正金銀行の植民地金融業務

　中国は、ワシントン体制の下、関税自主権の確立と同時に、銀価低落の対策として通貨・金融制度の整備・改革を進めることになるが、正金銀行は日本政府の進める大陸政策に沿って円為替圏の維持、外国為替・貿易金融、資本輸出、金銀資金の調達・運用、南京政府の海関輸入税の取り扱いなどの植民地金融業務を果たすことになった。

　すなわち中国は、列強との不平等条約（協定関税、領事裁判権、勢力範囲・租借地・租界の設定など）の下に政治的独立と同時に、経済的自立も損なわれた情況にあった。第一次世界大戦後中国は、不平等条約の撤廃と関税自主権の確立を訴え続けたが、列強はこれを認めなかった。しかし1924（大正13）年5月31日、中国はソ連との国交回復を成し、旧ロシアの対中特殊権益・治外法権の撤廃、関税自主権の承認などの新条約（「中ソ協定調印」）を締結することになった。続いて7月13日、北京学生連合会（50余団体）が反帝同盟を結成し、中国各地で反帝国主義・不平等条約廃棄運動、さらに25年5月、中国人民の激しい反帝運動（上海南京路事件〈英・警官隊が中国人デモ隊を射殺した事件＝五・三〇事件〉、6月の広州沙基〈沙面〉事件など）に発展するに至った。こうした反帝運動の激発を背景に、列強は相互に協調してこれを強圧する方針で対応する一方、関税管理権の返還と治外法権の撤廃など不平等条約の見直しを余儀なくされることになった。

　これを受けて、10月26日、北京において特別関税会議が招集され、本会議では、段祺瑞執政が関税自主権回復を訴えたが、翌年4月、段政権が崩壊したので、列強が協議して新政権に結論を受諾させることにした[69]。北伐軍の北京入城後の28年7月、南京政府（蒋介石）は列強に対し、不平等条約

の破棄を通告し、治外法権の否認と同時に、関税自主権回復の交渉を開始し、まずは 25 日に米中関税条約の締結にこぎ着けた。この新条約を、年度末までに英・仏・伊・蘭・独とも締結したのであったが、関税自主権確立には最恵国条項に基づき日本との条約締結が不可欠となった。9 月、日本政府は国際的孤立の回避のために南京政府との関税交渉に入り、翌年 1 月、列強が締結した税率等と同様の内容で合意したものの、細部については先送りにされた。そして 30 年 1 月以降、日本政府と南京政府は関連次項の交渉に入り、その結果 5 月、関税自主権と最恵国待遇の承認と同時に、中国の国内関税廃止と不確実債務の処理などが盛り込まれた条約（日中関税協定）が調印された。翌年 1 月、南京政府はこの条約に基づき国定税則を施行して（自主関税実施、釐金税撤廃）、新たに税率を改正することとしたのであった[70]。

　この間の日中関係を見てみると、まず日本の対中国貿易は、輸出入貿易総額では大きな変化がなかったものの、輸出では漸増、輸入では漸減の傾向を示している。その原因としては、先に見たように、1923 年以来国民革命、ソビエト革命等内戦の進展とそれに伴う排日・日貨排斥運動であり、とりわけ 25 年の上海南京路事件以後激しくなり、さらに済南事件をきっかけとしてこれが慢性的に展開されることになり、こうした影響の下、日本製品の販路が狭隘化傾向を強められることになった。そして中国への資本輸出は、列国の投資状態で明らかなようにイギリスと日本が激しい競合関係にあった。日本の資本輸出は、対中国投資がその圧倒的部分を占め、中国はまさに日本帝国主義の基礎を成すものであった。日本の対中国投資は、「在華紡」と満鉄への直接投資を中心として展開されていた。まず「在華紡」は、大戦後中国の関税引き上げを契機に（1919 年）、日本の大紡績が「在華紡」（上海・青島）を形成し、過剰資本の輸出を本格的に開始した。この場合軍事的・政治的要因と結びついた資本輸出という性格を強く持つものであった。また満鉄への投資は、日本の対中国直接投資のほぼ 4 割を占め、対中国投資の中で最も重要な地位を占めていた。その満鉄は、中東鉄道（1924 年中ソ協定において、東支鉄道を改称）から運ばれてくる北満大豆と撫順の石炭などの鉄道収入をその大宗とし、運営されていた。また、この間「在華紡」・満鉄投資に比べる

と少額であったが、漢冶萍公司に対する追加借款が行われた。これは日本鉄鋼業への原料供給を確保するためのものであったため質的にも重要な意味を持っていた。これを担当したのは正金銀行漢口支店であり、借款契約（25年1月、金695万円、27年1月、200万円）に調印し、貸付に当たった。なお、この鉱山がある長江周辺は、国民革命軍の活動が活発な地域であり、28年には、南京政府（漢冶萍公司整理委員会）が大冶鉄鉱の「接管」を企画した。しかし、結局、武力を背景とした日本の圧力に潰され実現しなかったが、この実情が中国のナショナリズムを刺激し、抗日運動を激化させることとなったのである。

　こうした対外関係にあった中国の幣制を見てみると、中国における幣制状況は、外国銀貨・中国銀貨・補助貨幣など各種の貨幣が流通し、このほか外国銀行・中国銀行・交通銀行・各省銀行などの紙幣、そのほかの兌換券が流通するという混乱状態にあった[71]。このうち貨幣標準として使用されていた銀両・銀元の中国銀貨は、上海に特徴的に見られるように、銀元が対内的商取引・日常経済上の貨幣として新式銀行の金融活動の、また他方の銀両が大量取引・外国為替計算の基礎として銭荘や外国系銀行の金融活動の、それぞれ重要な基盤となっていたことから、両者の間に競合関係が生じていた[72]。このような混乱・錯綜した幣制は、当然、中国の政治的・経済的統一を目指す南京政府にとって重大な障害であったから、幣制の整理と統一はまさに焦眉の課題にほかならなかった。

　そこで南京政府は、まず「全国経済会議」（28年6月、上海）、「全国財政会議」（28年7月、南京）において通貨・金融制度の整理・統一の基本方針とその具体的方法などを決定し、これを財政部実施大綱としてまとめあげた。そしてこの大綱に基づき、中央銀行など金融制度（機関）の整備を実施することとした。28年11月、南京政府は、中央銀行条例に基づいて上海に中央銀行（The new Central Bank of China）を設立し（それ以前、国民党の中央銀行としては24年に広東、26年に漢口に設立されたものがあった）、金為替本位制の実施、紙幣の発行・金融の整理・国庫の代理等を行うことにした。これは金融市場の統一機能の掌握、さらには南京政府の経済統一の中心的役割

を果たす近代的な中央銀行を意図するものであった。その上に南京政府は、中国銀行を国際為替銀行、交通銀行を実業銀行に改組し、体系的な政府系銀行として制度の強化を図ることにしたのであった[73]。

そして、29年の世界恐慌の中国への影響はひとまず回避された。それは欧州そのほか金本位制諸国が物価の下落、通貨の収縮、デフレの影響の下にあったのとは裏腹に、この時期中国は銀の対外的価値の相対的な下落が有利に働き、国内は物価が騰貴し、対外貿易においても非常に有利な情況に置かれていたからである。しかし統一政権下で強硬な恐慌対策を立てられない中国が、この世界恐慌に巻き込まれるのは時間の問題であった[74]。こうした情勢の中で、南京政府は、公債政策の推進、幣制の研究（ケメラー委員会の招請）、海関金単位の採用、廃両改元、そして銀行制度を改革し、銀本位制に立脚した通貨・金融制度の整備を図ることとした。しかし、29年9月以降、世界的な銀価暴落によって銀建収入の金価値は低減し、これにより南京政府の重要な歳入源であり、その内外債を担保している海関所得（関税収入、銀建）は激減し、一方において外債元利払等に要する銀支払は激増した。その結果、大きな打撃を受けた南京政府（財政部工商部連合部会）は、30年1月16日、この対策の一つとして海関輸入税を金建とすることを決定し、翌月12日、これまで銀建（海関両）で行っていた輸入税徴収法を金建に改めると同時に、その計算単位として海関金単位（Gold Custom Unit)の制度を採用した。この制度の採用により、南京政府は当面の銀価暴落からくる苦境を免れたばかりでなく、その後においても為替市場操縦によって財政収入の増加と対外支払向け銀の増加とを相乗させて利益を得ることになった[75]。この場合、正金銀行はその納付金を同行上海支店を通して香港上海銀行上海支店に移管することによって、この海関業務を遂行したのであった[76]。またその後においても、30年1月31日、ペルシャ政府が銀の輸入禁止、翌2月、英印政庁が銀価安定の目的で1オンスにつき27セントの関税を課した影響から、3月、上海金融市場は銀塊相場が暴落し、そして6月に仏印政府が近い将来の金本位制採用を予定して巨額の銀（約5,000万オンス）を売却したことが引き金になって銀塊相場が惨落し、さらに日本の金解禁に伴う投機筋の円や金塊に対する

思惑（関税増徴と相まって）も銀価低落に拍車をかけることになった[77]。

こうした事情の下、世界恐慌の中国への波及は31年頃から現れ始めた。すなわち、中国はそれまで世界恐慌の圏外であり、国内物価も安定し、外国貿易への打撃も比較的少なかった。しかし、31年9月、満州事変が勃発し、これを契機として、中国は各地において排外熱が高揚し、抗日に集中していき、これ以降政治的・軍事的に日中関係は悪化の一途をたどることになった。同時に、イギリスの金本位制放棄とその後の過程において、日英の通貨が中国通貨に対してその相対的価値が下落したため、中国経済の繁栄は崩れ、恐慌に陥るに至った。こうした中国経済恐慌の激化によって、農村の現銀は都市に集中し、物価の下落や外国貿易の後退による商工業の衰退によって金融活動も停滞した。このため中国各地の銭荘は没落し、大資本によって再編されていった。このような中国経済恐慌・金融恐慌が進展する中で、南京政府は幣制統一の第一歩として廃両改元政策を実施に移していくことにしたのである[78]。

この間、正金銀行は日本政府の大陸政策に沿って中国各地に進出し、資本輸出、円為替圏の維持、金銀資金調達・運用、海関税の取り扱いなどの金融業務を果たしたものの、中国各地で反帝運動、排日・日貨排斥運動、さらには世界恐慌の中国への波及、世界的な銀価暴落、満州事変、イギリスの金本位制放棄などの影響の下で通貨・金融が混乱し十分な成果が得られなかったのである。

2. 満州の通貨・金融事情と横浜正金銀行の植民地金融業務

満州においては、この間日本の満州通貨統一方針の破綻・金銀併用制など後退局面の中で、さらにまた南京政府の満州通貨・金融機関の勢力伸長が相乗されるという状況の下、正金銀行は、鈔票の増発、特産為替取り組み、金銀資金調達・運用、海関税の取り扱いなど植民地金融業務に当たった。

すなわち満州においては、20年代半ば東三省官銀号、吉林永衡官銀号、黒竜江省官銀号、辺業銀行など軍閥傘下の各省中央銀行及び関内から進出し満州に支店を開設する中国銀行・交通銀行、中小の土着金融機関（銭荘、銀爐、

銭舗等)、農村金融機関(両替・糧桟業)さらには外国銀行[79]などの金融機関が乱立し、多くの通貨(硬貨・紙幣)が発行されていた。これらの通貨はそれぞれ本位制が異なり、通貨価値が絶え間なく変動するという状況にあり、従って流通手段としての機能と同時に、投機の対象ともなった。

　この間、日本の対満通貨金融政策は、第一次世界大戦中に形成された朝鮮銀行券による金本位制統一方針とその金融支配という方向性を持って進められたが、この場合朝鮮銀行金券が関東州、満鉄沿線、ハルビン、間島地方を中心に、そして鈔票が大連、満鉄沿線の主要都市に流通するというように、鈔票の流通を是認した政策を余儀なくされ、まさにその不徹底を内包するものとなっていた。これは、現地が銀通貨圏であり、日系通貨が特産大豆流通をめぐる短期の為替貸しとして機能すると同時に、大豆の集散と輸出に対応していたからであった。しかし大戦終結後、間もなくこうした金本位制統一方針とその金融活動はその矛盾をあらわにすることになった。その矛盾の一つは関東庁が強行した大連重要物産取引所建値問題であり、当時の円銀建てを金建てに変更したものの、これが大連取引所の取引停頓、特産取引の後退を生じ、結局、23年9月1日に金銀両建てを認めることになったが、これは実質的に銀建化であり、11月以降金建取引は消滅したのである。この銀建復活は、言うまでもなく朝鮮銀行金券の普及による満州通貨統一方針の放棄に伴う結果であった[80]。さらにこの年、不良債権を多額に抱えて営業を衰退させていた朝鮮銀行は、満州から日本への送金為替手数料を高率に設定し、日本向送金を妨害し、そのうえ振替預金送金の制限をも画策し、これが日本向け送金制限問題として紛糾させることになった。しかし結局、これが受け入れられず、翌年4月、朝鮮銀行は続いて国庫金の現地朝鮮銀行への預金、正金銀行券発行の停止、そして新たな朝鮮銀行銀兌換券の発行などを要望することとなった。これらの行為は、朝鮮銀行券による満州通貨統一方針の破綻にほかならず、直ちに在満日本経済界との軋轢(あつれき)を引き起こすことになったのである[81]。

　こうした朝鮮銀行系列の金本位制統一方針とその金融活動は低迷状況に陥っていたが、鈔票の発行を基礎とする正金銀行は、これより先の23年10

月に大連支店において満州各店打ち合わせ会議を開催し、金銀両建ての実施、金銀間利益差問題などを討議の結果、為替吸収を重視すると同時に、鈔票増発の方針を打ち出した。そして為替吸収を重視する方針（貸借本位から売買本位への転換）に沿って、これまでの貸付業務を縮小し、為替吸収を強化することとした。この為替吸収重視の方針は、25 年にほぼ実現したのであったが、正金銀行では特産物為替取組が減少し、特産物取引額に占める同行のシェアが低下するという新たな問題が発生した。すなわち、この間南満州支店において為替吸収が著しく落ち込むと共に、特に大連向けが圧倒的であった開原・長春の 2 支店の取組は急激に縮小した。この結果、正金銀行は為替取組高と同時に、貸出額を減少させることになり、とりわけ為替業務の減退は、満州支店にとって、収益の衰退を意味し、経営方針をめぐり大きな問題となった。他方、鈔票増発が経営方針の転換と密接に連関しており、その基本方針として特産資金の提供、金銀資金の併用を打ち出し、銀貨経済圏である満州において、鈔票が特産物取引及び為替取引にその機能を発揮する環境を整えることとした。まず、24 年 1 月、同行は支店長会議において鈔票兌換準備として上海支店に銀資金を設定することを決定し、匯申相場を安定させる対策を採ることにした[82]。そしてこの対策の結果、匯申相場は 24 年から次第に安定に向かい、25 年 4 月以降は目標の相場を達成することになった。匯申相場の安定に伴って、相場変動を利用した投機的な為替売買益は消滅したが、大連支店はこれに代わる収益源として、鈔票の増発を挙げ、この後鈔票の流通拡大に努めることにしたのである。

　そこで、この間の満州通貨・金融事情を見てみると、これより先の 25 年 2 月、奉天省が金票の使用を禁止したため、両銀の取引は減少し、中国側銀行・外国銀行は、各地向け取引をドル銀で行う状況になった。さらに 11 月 22 日、郭松齢軍（奉天系）が、奉天へ進撃したものの、関東軍の救援を受けた張作霖軍に敗れるという事件が起り、この事件後、郭松齢の預金（東三省官銀号）のほとんどが張作霖名義に振り替えられ、奉天票が暴落し、この影響で金融市場は混乱した。こうした通貨の暴落による特産品の流通停滞や輸入商品の下落は資産への打撃が大きく、翌年 5 月 26 日、正金銀行大連支店

は、貸出需要も増加するという状況判断から満州各支店に対し、貸出の中止を指示した[83]。さらに27年4月、張政権が奉天票を濫発して特産物を買い占めた結果、奉天票が暴落し、これに中国側銀行（中国・交通）銀行券の信用低下、金融恐慌（日本）の影響が加わり、通貨・金融が混乱状態に陥った。こうした状況の下、正金銀行は北満州経済への進出とその経営の強化を図ることにし、まず大連・ハルビン両支店を中心として北満州特産物取引に当たり、為替吸収・拡大の方針を持って、鈔票の北満州流通を強力に推進することとした。

こうして正金銀行においては、27年には満州全体の輸出為替取組高も回復に向かい、ここに為替吸収の方針は利益額及び資金額の両面で確立し、鈔票に対する需要が急増することになった[84]。また北満州においては、特産商が大豆を大連で売却する場合、数種の金銀通貨を仲介する必要があり、この金銀通貨間の相場変動を回避することが不可欠であった。正金銀行はこの特産商に直接銀資金（鈔票）を融通し、円滑な取引と同時に北満州特産物取引を朝鮮銀行円金券に代わって鈔票が媒介する、いわば金券駆逐の機能を併せ持たせた。この結果、ハルビン支店の銀勘定貸出は、27年に積極化したものの、翌年には銀価低落に転じ減少することになり、円金券駆逐は実現できなかったが、他方で金勘定貸出を急増させ、これを反映して、為替取組高も回復させることとなった[85]。

しかしながら、以上のように正金銀行は満州通貨・金融事情の下、23年10月、経営方針を転換させ、為替業務に専一させた結果、営業収益は安定し、満州の日系金融機関の中で唯一堅実な業績を維持し得たものの、満州経済における存在及び役割は大きく変わり、在満日本経済界との軋轢はさらに増幅されることになった。すなわち経営方針の転換に伴って、満州各支店は満州経済における貸付業務が急速に縮小し、さらに上述のようなこの間の政情不安を背景に蓄積された銀資金は、満州経済に運用されず、在満日本経済界の要望する形での資金供給は行われる余地はなかった[86]。他方、満州各店は為替吸収に力を注ぎ外国為替業務を拡大させ、さらに銀資金は上海に送られ、先に見たように上海支店を通じて外国為替金融に運用され、資金循環構

造を支えた。すなわち上海支店は欧州向け為替の吸収を図って、ロンドンやニューヨーク支店の在外資金不足を補填する一方、大連支店は銀資金を持って以上のような上海支店の活動を支援し、外国為替金融活動に大きな役割を果たしていった。こうして第一次世界大戦後日本の金銀輸出禁止の継続の中で、変動めまぐるしい為替相場に対応して、正金銀行は為替戦略の統合を促進したが、中でも大連支店は、満州経済に対する信用供与機関としての役割が十分とはいえなかったものの、銀通貨圏における戦略上の拠点としてその地位を保持することになったのである[87]。

　ところが、28年6月の張作霖爆殺後、満州の政情は日本の大陸政策の狙いとはまさに反対の方向に展開し、東三省の易幟（12月）後も中東鉄道武力回収をめぐる中ソ紛争（29年7～12月）、北方軍閥（馮玉祥(ふうぎょくしょう)）の蒋介石下野要求事件などが相次いだが、張学良の国民革命陸海空軍副司令官就任を持って、東三省の南京政府への統一を見ると共に、華中を拠点とする南京政府系銀行券の東三省への流通が計画され、ここに日本側は厳しい立場に追い詰められていくことになった[88]。他方、中国本部資本の満州進出が張学良にとっても一つの脅威であり、これに対処する必要性と同時に、それを資金的に利用し得るだけの金融的素地を構築しておく必要から、張政権は29年3月に東三省官銀号が新規紙幣を発行したのに続いて、5月に東三省官銀号と辺業銀行との連合で銀元兌換券の発行を声明し、これらの紙幣発行により下落傾向の奉天票の救済及び準備金の保管・兌換事務に当たらせたものの、奉天票が動揺を増幅させ、十分な成果を上げることができなかった。さらに、張政権は、7月11日、アメリカの支援の下にソ連から中東鉄道の回収を目指して紛争を企てたが、これに敗れ、12月22日、ソ連とハバロフスク協定を結び、ソ連の中東鉄道管理権を承認することになり、東三省政府の財政は、さらに窮迫を余儀なくされることになった[89]。

　こうした中で10月、アメリカに勃発した大恐慌後の満州は、恐慌の直接的影響を受けなかったものの、貿易の激減、国際収支の悪化（とりわけ金銀比価の低落）、糧桟機構の機能低下及び紙幣濫発を原因とした金融の梗塞に陥り、その幣制もまた混乱状態に陥った。先に見たように、南京政府が海関

輸入税を金建としたが、これが満州にも拡大されて、東三省政府（大連税関）は1海関税金単位に対する鈔票を持って納入することを決定した。この場合正金銀行大連支店は、その納付金を上海支店を通して香港上海銀行上海支店に移管することによってこの業務を遂行したのであったが、この結果、30年2月1日以降海関両は外国輸出入貨物の課税計算単位としての地位を新金単位に奪われると同時に、海関両に対して円銀は安く、上海両は高く評価されることになった[90]。その後、南京政府の政治的・経済的統一過程の進行に照応し、東三省への幣制統一事業命令が通達されることになったが、これは同時に浙江財閥の満州進出が東三省金融整理事業と一定程度の関連を持って進められていた。これに対して3月、張政権は東北政務委員会に「東三省金融整理委員会」を設置し、通貨本位問題、幣制統一実施計画などの検討を進めた結果、混乱する満州の幣制統一及びこれを金為替本位制を持って実現することが決定され、さらにこれらの実施に当たっては東三省官銀号を遼寧省銀行へ改組し、これを中心として新たな紙幣発行の下に幣制を統一することにした。しかしながら、これは、その間の日中（日満）関係の悪化の中で進められ、外国銀行の活動制限などを含むものとなっていたため、南京政府の勢力の伸張、日本側の不振と後退によって、ついにこの計画は実施されることなく終わったのであった[91]。

　こうした情勢にあった満州にも世界恐慌の波は押し寄せ、農産物価格の暴落、銀価の惨落などにより貿易が減退し、民族解放運動の激化は東三省にも及び、大豆を中心とする満鉄の貨物輸送は激減した。特に満鉄貨物輸送の激減は、銀価の暴落によって銀建運賃の中国鉄道（打通線、吉海線）が金建運賃の満鉄より有利となったことを背景とし、満州支配の動脈である満鉄の運賃収入は、30年には激減して赤字に向かうことになった。こうした中で、アメリカの支援する張学良による満鉄包囲線計画[92]、また翌年6月、中村大尉事件（中村震太郎大尉が北満・興安嶺において、中国軍に殺害された事件）、7月、宝山事件（中朝農民の衝突事件）が起こり、これを契機に日中間の緊張が高まり、激化する抗日運動などによって日本の経済的・政治的行き詰まりが生じていた。世界恐慌と満蒙問題とが深刻化する中で、日本の陸軍中枢

部・関東軍は、こうした情勢（満蒙の危機）を武力侵攻によって打開することにし、9月18日、柳条湖事件、いわゆる「満州事変」を持って東北侵略を開始し、奉天そのほかの重要拠点を占領することにした[93]。満州事変後の関東軍は、占領下に主要行政機関及び各省官銀号を接収し、管理下に置いた。すなわち関東軍は、日本政府に依存することなく軍政の安定を図り、張学良への軍事資金の供給を分断するために、奉天・長春・吉林の各銀行号本支店を封鎖し、調査を関東軍・朝鮮銀行・正金銀行・満鉄に当たらせたのであったが、ほどなく馬占山の抵抗により接収の遅れた黒竜江省官銀号を除いた各官銀号の業務を開始させ、他方では満蒙新政権樹立の運動を着々と進めていたのである[94]。

こうして、正金銀行は、この間鈔票発行を通して円為替圏の維持、特産為替取扱、金銀資金調達、海関税取扱など植民地金融に当たってきたが、この満州事変の影響の下、通貨と金融が絶え間なく混乱する中で、大連支店は、鈔票の需要が漸減し、またハルビン支店においても鈔票の悪評と同票相場の暴落によって、鈔票発行高は減少傾向を余儀なくされたのであった。

むすび

以上、1920年代後半のワシントン体制の下に閉塞状況に置かれた日本の中で、正金銀行は為替危機に対応する政府に代わり外資導入・在外正貨の取り扱い、為替統制売り、正貨準備の維持・調整、外国為替・貿易金融、為替相場の安定・維持、大陸植民地においては、特産為替取組、鈔票の増発、金銀資金の調達・運用、海関税の取り扱いなどの対外業務を果たした。

すなわち、イギリスの金本位制復帰によって再建された金本位制と多角的な資本供給・決済機構を通じて、世界経済は20年代後半「相対的安定」期に入ることになったが、しかしこの間、安定傾向にあった銀価は、27年3月の英印政庁の幣制改革と銀貨・銀塊の処分、さらにはヨーロッパ諸国の銀貨改悪を背景に、世界銀需要が急減した。こうした中で正金銀行は、金輸出禁止

が継続される中で生じた為替危機に対して外資導入・在外正貨の取り扱い、外国為替・貿易金融などの業務を通して、正貨維持・調整を成し為替相場の安定・維持に努めた。

　世界恐慌の勃発は、ほどなく日本経済にも波及し、その中での日本の金解禁政策の断行及びその展開は、日本を危機的状況に陥れることになった。こうした中で30年6月、仏印は幣制改革実施後ピアストル銀貨を処分し、同じ頃数カ国が銀貨処分を断行した結果、銀価が急落し、銀需要が激減することになった。その後の31年ヨーロッパ金融恐慌の発生とイギリスの金本位制放棄、満州事変と激動の続く中で、正金銀行は金解禁政策を続行する政府の方針に従って為替の安定に努め、ドル買いに伴う為替危機に対して外資導入の取り扱い、為替統制売りを持って、正貨の維持・調整に当たり為替相場の安定・維持に努めたが、結局、日本の金解禁政策が破綻に追い込まれ、ドル買いの善後処理に当たらざるを得なかった。

　海外については国際金融市場の分裂、さらには日本経済の沈滞・危機の中で、正金銀行はカラチ、アレキサンドリア、スマランへの進出を果たしたものの、他方ではブエノスアイレス、サイゴン、済南、ウラジオストクから支店の撤退を余儀なくされたのである。こうした中で外国為替・貿易金融については、円為替圏において鈔票の役割が大きかったが、世界的激動の過程で欧米、東アジアを含めてその限界に行き当たり、これに財閥系普通銀行の進出・拡大の下、正金銀行はこの間の為替取組の減少を記録することとなった。

　その一方で、中国において、正金銀行は世界的な銀価低落下に上海金融市場における金銀資金調達・運用、海関税の取り扱い、満州では、日本側の通貨不統一、さらには中国側の通貨・金融機関の勢力伸長という情勢の中で、鈔票の増発、金銀資金調達、特産為替取組、大連海関保管などの植民地金融業務を果たしたのである。

　以上、正金銀行は沈滞・危機にあえぐ日本資本主義の要請に応えて、国家的支援を背景に特殊金融機関の立場から、正貨維持・調整、為替相場の安定・維持、外国為替・貿易金融、大陸植民地における鈔票の増発を通した金融活動、資本輸出、海関税の取り扱いなどの業務を遂行し、ワシントン体制下の

難局の下、業務の縮小を余儀なくされたものの、国際金融上における極めて重要な役割を果たすこととなったのである

【注】引用文献、参考文献

1) E.H.カー、衛藤瀋吉・斉藤孝訳『両大戦間における国際関係』清水弘文堂書房、1968年、84-101頁。石垣今朝吉・竹内良夫・松本重一『現代資本主義論』青林書院新社、1977年、83-85頁。W.Arthur Lewis, Economic Survey 1919-1939, London, 1949. A.ルイス、石崎昭彦・森恒夫・馬場宏二共訳『世界経済論——両大戦間の分析』新評論、1969年、第一部第三章。戸原四郎『ドイツ資本主義 戦間期の研究』桜井書店、2006年、146-147頁。
2) 今井清一『日本近代史Ⅱ』岩波書店、1977年、268-271頁。松本重一「両大戦間期のアジアと日本資本主義(1)」中央学院大学『中央学院大学論叢』第14巻第1号、1979年、3-5頁。
3) E.H.カー、上掲書、159-169頁。関寛治「満州事変前史（1927～1931年）」日本国際政治学会太平洋戦争原因研究部編『太平洋戦争への道 第一巻』朝日新聞社、1963年、第1章。安藤彦太郎編『満鉄——日本資本主義と中国』御茶の水書房、1965年、132-134頁。
4) 大内力『大内力経済学大系 第七巻 日本経済論 上』東京大学出版会、2000年、403-405頁。柴垣和夫「救済と軍縮の財政から「井上財政」へ」宇野弘蔵監修『講座 帝国主義の研究——両大戦期におけるその再編成——6 日本資本主義』青木書店、1973年、167-186頁。
5) 楫西光速・加藤俊彦・大島清・大内力『日本資本主義の没落Ⅱ』東京大学出版会、1961年、425-426頁。
6) 楫西他、上掲書・没落Ⅱ、450-452頁。
7) 柴垣、上掲書、191-199頁。楫西他、上掲書・没落Ⅱ、361-362頁。
8) 山崎広明「絹・綿業の発展と新産業主導型の重化学工業」宇野弘蔵監修、上掲書『講座 帝国主義の研究 6 日本資本主義』、156-166頁。中村隆英『戦前期日本経済成長の分析』岩波書店、1971年、127-137頁。
9) 松成義衛・三輪悌三・長幸男『日本における銀行の発達』青木書店、1959年、159-165頁。

10) 大内、上掲書、394-398頁。
11) 山崎、上掲書、194-195頁。中村、上掲書、168-201頁。大内、上掲書、421-451頁。
12) 楫西他、上掲書・没落Ⅱ、第二章第六節。
13) 楫西他、上掲書・没落Ⅱ、353、360頁。
14) ドーズ案は賠償問題の非政治化を図り、ルール占領を終結させてドイツに賠償支払が可能となる通貨安定と財政均衡をもたらすことを理念とした。その内容は、賠償問題解決の前提として、ドイツの通貨改革による通貨安定と予算の均衡を要求しつつ、年次額を決めたものの、賠償総額及び支払期限も未定とするなど、暫定的処理案であった。これを受けてドイツ政府は、23年10月「ドイツ・レンテン銀行設立法」により、「レンテンマルク」を発行し、翌24年4月、為替統制を撤廃後、8月30日新貨幣法制定（10月11日施行）により「金本位制施行」を宣言し、ここにドーズ案実施に伴う金準備を基礎に、8月、新ライヒスバンクは設立されたのである。
15) 増井光蔵『賠償問題』日本評論社、1932年、15-60頁。加藤栄一「賠償・戦債問題」宇野弘蔵監修『講座　帝国主義の研究 ── 両大戦間におけるその再編成 ── 2　世界経済』青木書店、1975年、49-70頁。横浜正金銀行調査課『為替安定の研究　第三編（調査報告第七十八号）』同、1930年、9-14頁。なお、アメリカの戦債処理ついては、横浜正金銀行頭取席調査課『米国戦時外債整理問題（調査報告第六十五号）』同、1926年を参照されたい。
16) 石垣他、上掲書、72、83-85、147頁。馬場宏二「国際通貨問題」宇野監修、上掲書『講座　帝国主義の研究　2　世界経済』、126-136頁。
17) 石垣他、上掲書、89-92頁。安保哲夫「両大戦間期における資本輸出（三）──アメリカの資本蓄積との関連を中心として──」法政大学社会学部学会『社会労働研究』第14巻第4号、1968年、41-58頁。平田喜彦「再建国際金本位期の多角決済システムとアメリカ」法政大学経済学会『経済志林』第54巻3・4号、1987年、271-285頁。
18) 増井、上掲書、60-80頁。E.H. カー、上掲書、129-135頁。戸原、上掲書、149頁。大蔵省理財局國庫課『戦債支払と賠償支払との関係』同、1931年。日本銀行百年史編纂委員会編『日本銀行百年史　第三巻』日本銀行、1983年、351-356頁。加藤、上掲書、77-78頁。
19) 前田美稲『銀及銀政策』創造社、1936年、281頁。高垣寅次郎「日支経済関係と銀問題」中央公論社『中央公論』第四十六年十号、1931年10月、6-11頁。
20) 栃倉正一『銀経済論』改造社、1936年、91-92頁。
21) 石垣他、上掲書、166-168頁。
22) 栃倉、上掲書、140頁。前田、上掲書、124-125頁。
23) 濱田峰太郎『中国最近金融史 ── 支那の通貨・為替・金融 ──』東洋経済新報社、1935

年、347 頁。Herobert M.Bratter、和田喜一郎訳「銀の価格」南満州鉄道株式会社調査部『満鉄支那月誌』第七巻第七号、1930 年 7 月 15 日（通刊第三十八号）、30-32 頁。
24) 前田、上掲書、338 頁。秋田峻雄「米国の銀擁護運動と銀問題の趨勢」日本外事協会『国際評論』第三巻第二号、1934 年 2 月、70-72 頁。島田英一「銀価の低下と金銀複本位制度の復帰案」日本外事協会『国際評論』第二巻第九号、1933 年 9 月、91-101 頁。斉藤叫「アメリカ銀政策の展開と中国」野沢豊編『中国の幣制改革と国際関係』東京大学出版会、1981 年、133-135 頁。
25) 栃倉、上掲書、234-235 頁。木畑洋一「リース＝ロス使節団と英中関係」野沢編、上掲書、205 頁。
26) 戸原、上掲書、157-158 頁。増井、上掲書、130-135 頁。加藤、上掲書、80-81 頁。その後ドイツ政府は、こうした状況の中で賠償廃棄のため懸命の努力を続け、32 年 2 月、ジュネーヴ会議で事実上その廃棄の線が打ち出され、ローザンヌ会議（7 月）でその廃棄が正式に決定されたのである（戸原、上掲書、158-159 頁）。
27) E.H. カー、上掲書、144-151 頁。石垣他、上掲書、170-176、181-182 頁。馬場、上掲書、147-152 頁。
28) 戸原、上掲書、159 頁。石垣他、上掲書、178-180 頁。
29) 大蔵省昭和財政史編集室編『昭和財政史 第十三巻 ——国際金融貿易——』東洋経済新報社、1963 年、12-16 頁。震災後、外国為替銀行は在外資金繰りが窮迫し、日本銀行は政府・正金銀行と協議の末、政府・日銀の在外資金から米貨 3,000 万ドルまで必要に応じて正金銀行に売却することを決定し、10 月半ばまでに同額の在外正貨払下げを行った。また 24 年 2 月、正金銀行は、復興資材の輸入で未曾有の貿易逆調・外貨資金不足に対し、政府の資金外貨の払下げ（3,000 万円相当）を受けたのである。そして 11 月、政府は「在外正貨約 1 億 7,000 万円を限度として正金銀行に命じて随時他銀行に売却させ、または正金銀行に自行所要の資金として払下げ、外債関係そのほか政府勘定支払（7,700 万円）に充当する」方針の下、在内金貨（約 8,000 万円）を積み出すことになった（東京銀行編、『横浜正金銀行全史 第三巻』東洋経済新報社、1981 年、55 頁）。
30) 津島寿一「我国の国際貸借及対外金融に就いて」（1936 年 6 月）日本銀行調査局編『日本金融史資料——昭和編 第二十巻』大蔵省印刷局、1968 年、527-533 頁。
31) 大蔵省昭和財政史編集室編『昭和財政史 第十巻 ——金融（上）——』東洋経済新報社、1955 年、8-17 頁。
32) 伊藤正直『日本の対外金融と金融政策』名古屋大学出版会、1989 年、200-203 頁。
33) 日本銀行百年史編纂委員会編、上掲書、394-398 頁。
34) 日本銀行百年史編纂委員会編、上掲書、398-408 頁。東京銀行編、上掲書・第三巻、

319、348 頁。大蔵省昭和財政史編集室編、上掲書・第十巻、221-231 頁。
35) 深井英五『回顧七十年』岩波書店、1941 年、238 頁。
36) 東京銀行編、上掲書・第三巻、396-399 頁。日本銀行百年史編纂委員会編、上掲書、418-428 頁。
37) 日本銀行百年史編纂委員会編、上掲書、438-445 頁。
38) 日本銀行百年史編纂委員会編、上掲書、508 頁。伊藤、上掲書、233-235、239-241 頁。
39) 東京銀行編、上掲書・第三巻、475 頁。
40) 李家弘・下林良敏「大連ヲ中心トスル上海日本間為替三角関係」土屋計左右監修『支那経済研究』(上海)内山書店、1930 年、4 頁。満鉄上海事務所(南郷龍音)『上海市場の円為替と満州の通貨』(上海満鉄調査資料──第四編)1927 年、21-30、69-73 頁。
41) 李家弘・下林良敏、上掲書、5-6 頁。濱田、上掲書、430-433 頁。
42) 満鉄調査課(南郷龍音)『大連を中心として観たる銀市場と銀相場の研究』同、1931 年、29 頁。三井銀行上海支店編『支那為替投機業者論』支那経済研究第三編、1926 年、7-26 頁。
43) 伊藤、上掲書、168-169、175 頁。
44) 立脇和夫『在日外国銀行百年史　1900～2000 年』日本経済評論社、2002 年、35-38、49-50、59 頁。
45) 立脇和夫『外国銀行と日本──在日外銀一四〇年の興亡』蒼天社、2004 年、121-122 頁。
46) 伊藤、上掲書、186-188 頁。
47) 満鉄調査課(南郷龍音)、上掲書、111、141 頁。
48) 立脇、上掲書『在日外国銀行百年史』、62-63 頁。
49) 東京銀行編、上掲書・第三巻、470 頁。井村薫雄『世界の銀と支那の通貨』東亜経済学会、1935 年、57-58 頁。及川恒忠『支那の幣制』慶應出版社、1944 年、120 頁。
50) 満鉄調査課(南郷龍音)、上掲書、43 頁。
51) 東京銀行編、上掲書・第三巻、205-211 頁。東京銀行「正金為替資金の史的展開(その 4)──昭和恐慌とその前後(史料第 4 号)──」(1957 年 11 月)日本銀行調査局編『日本金融史資料──昭和編　第二十四巻』大蔵省印刷局、1969 年、803-808 頁。
52) 満鉄上海事務所(南郷龍音)、上掲書、73-81 頁。横浜正金銀行調査課「最近十年間に於ける我国の対外為替」(1931 年 1 月)日本銀行調査局編『日本金融史資料──昭和編　第二十二巻』大蔵省印刷局、1968 年、159-162 頁。
53) 東京銀行編、上掲書・第三巻、276、290-291 頁。神谷克己『国際収支と日本の成長』平凡社、1957 年、295-318 頁。
54) 東京銀行編、上掲書・第三巻、16、64-65 頁。
55) 伊藤、上掲書、165-167 頁。

56) 日本銀行百年史編纂委員会編、上掲書、394-417 頁。
57) 大蔵省昭和財政史編集室編、上掲書・第十巻、235-239 頁。伊藤、上掲書、231 頁。
58) 伊藤、上掲書、233-235、239-241 頁。
59) 山崎広明「「ドル買」と横浜正金銀行」山口和雄・加藤俊彦編『両大戦期の横浜正金銀行』日本経営研究所、1988 年、355-361 頁。東京銀行編、上掲書・第三巻、399 頁。日本銀行百年史編纂委員会編、上掲書、429-434 頁。朝日新聞社経済部編『朝日経済史──昭和七年版──』朝日新聞社、1933 年、35 頁。
60) 東京銀行編、上掲書・第三巻、356、372、417-418、498-499、500-502 頁。
61) 深井、上掲書、248-253 頁。
62) 東京銀行編、上掲書・第三巻、481-483 頁。神谷、上掲書、239-400 頁。森田久「弗売買の解剖」（1932 年 1 月）日本銀行調査局編、上掲書『日本金融史資料──昭和編 第二十二巻』、772 頁。
63) 朝日新聞「金輸出再禁止事情」（1932 年 5 月）日本銀行調査局編『日本金融史資料──昭和編 第二十巻』大蔵省印刷局、1968 年、731-735 頁。
64) 深井、上掲書、254 頁。
65) 森田、上掲書、774 頁。
66) 山崎、上掲書「「ドル買」と横浜正金銀行」、361 頁。日本銀行百年史編纂委員会編、上掲書、501-503 頁。朝日新聞社経済部編、上掲書、27-31 頁。
67) 林健久「慢性的入超と金解禁の挫折」宇野監修、上掲書『講座 帝国主義の研究 6 日本資本主義』、266 頁。
68) 「正金弗買の始末」（時事新報社『時事新報』1931 年 12 月 22 日）、「ドル売の責任と其解決手段」（読売新聞社『読売新聞』（1931 年 12 月 22 日）日本銀行調査局編『日本金融史資料──昭和編 第二十三巻』大蔵省印刷局、1966 年、551-553 頁。
69) 入江昭『極東新秩序の模索』原書房、1968 年、74-90 頁。
70) 樋口弘『日本の対支投資研究』生活社、1939 年、74-76 頁。宮下忠雄『中国幣制の特殊研究──近代中国銀両制度の研究』日本学術振興会、1952 年、586-588 頁。
71) 金融制度研究会編『中国の金融制度』日本評論社、1960 年、41 頁。平野和由「中国の金融構造と幣制改革」野沢編、上掲書、56-57 頁。
72) 王承志著、小林幾次郎訳『支那金融資本論』森山書店、1936 年、142-143 頁。東洋協会調査部編『支那幣制改革の回顧』東洋協会、1936 年、22-25 頁。
73) 金融制度研究会編、上掲書、42-43 頁。東京銀行編、上掲書・第三巻、373 頁。
74) 前田、上掲書、398 頁。
75) 宮下、上掲書、585-586 頁。濱田、上掲書、48-57 頁。吉田政治『最近の支那通貨事情』東洋経済出版部、1939 年、6-7 頁。金融制度研究会編、上掲書、3、40 頁。

76) 満鉄調査課（南郷龍音）、上掲書、43-53 頁。
77) 友岡久雄「世界経済に於ける金と銀との意義」中央公論社『中央公論』第 45 巻　第 11 号、1930 年、31-34 頁。
78) 宮下、上掲書、595-598 頁。平野、上掲書、62 頁。
79) 小林英夫「満州金融構造の再編成過程」満州史研究会編『日本帝国主義下の満州』御茶の水書房、1972 年、119-122 頁。
80) 柴田善雅『占領地通貨金融政策の展開』日本経済評論社、1999 年、28 頁。東京銀行編、上掲書・第三巻、450 頁。
81) 柴田、上掲書、29-39 頁。
82) 小風秀雅「「満州」諸支店の経営動向」山口他編、上掲書、306-309 頁。
83) 東京銀行編、上掲書・第三巻、171 頁。
84) 小風、上掲書、290-294、298、309-311 頁。　東京銀行編、上掲書・第三巻、112、171、229-230 頁。
85) 小風、上掲書、296-303、314 頁。
86) 柴田、上掲書、37 頁。
87) 小風、上掲書、296-303、312、315-319 頁。
88) 東京銀行編、上掲書・第三巻、293 頁。
89) 東京銀行編、上掲書・第三巻、152、227、293、363-364 頁。
90) 満鉄調査課（南郷龍音）、上掲書、48-53 頁。
91) 栃倉正一編『満州中央銀行十年史』満州中央銀行、1942 年、第 1 章第 1 節。小林、上掲書、148-150 頁。
92) 樋口、上掲書、86-88 頁。
93) 信夫清三郎編『日本外交史Ⅱ』毎日新聞社、1964 年、361 頁。加藤祐三「日本の満州侵略と中国」『岩波講座　世界歴史 27　現代 4　世界恐慌期』岩波書店、1971 年、283-287 頁。
94) 安藤彦太郎編『満鉄──日本帝国主義と中国』お茶の水書房、1965 年、186-187 頁。柴田、上掲書、43 頁。

第6章
日本の大陸膨張と横浜正金銀行の対外業務

はじめに

　1930年代後半に至る世界経済のブロック的解体の進行は、ヨーロッパではブロック相互の通貨・為替抗争及び東欧諸国市場をめぐって激しく展開されたが、米英仏三国通貨協定の成立をもってひとまずブロックの再編が進み、マルクとの関係ではなお新たな対立をはらむものとなった。

　一方、東アジアにおいては、世界恐慌の経済的危機下にあった日本は満蒙・華北への武力侵攻を強行し、日満ブロックの華北への膨張を目指したが、米英の支援の下に幣制改革を成功させた南京政府による中国の政治的・経済的統一の進展によって、対中国政策の再検討を迫られざるを得ないこととなった。

　この間、外国為替・貿易金融において日本は、金輸出再禁止後の円為替相場の低落傾向と為替自由放任政策の下で資本の海外逃避が継続的に増大し、その結果、金・外貨資金の枯渇に遭遇することになった。日本政府はこれを為替管理の強化をもって阻止し安定に当たることとしたが、この際横浜正金銀行は、為替業務を独占的に担当することによって円為替相場の低位安定・維持に当たった。

　そして満州においては、「満州国」（以下、「　」を略す）の通貨統一及び金融支配の確立が進む中で、正金銀行は植民地銀行として従来と同様に同行銀券（鈔票）を流通させ、満州特産物資金として、また満州国幣を上海銀為替にリンクさせて国幣価値の安定・維持に大きな役割を果たした。しかし、日

満通貨統一の実現と満州の円ブロック圏への包摂により、鈔票は発行高も減少して、日満華間の為替決済通貨としての本質的機能を喪失し、ついには廃止されるに至った。

また中国本部においては、南京政府が幣制改革に向けて廃両改元をいち早く断行し、銀本位制に基づき幣制統一と金融機関の再編を成し遂げ、この成功によって正金銀行など在華外国銀行及び銭荘は、金融活動の縮小あるいは停止を余儀なくされることになった。これによって正金銀行は、基本貨幣を銀元に、為替相場を銀元建に、また外国銀行間の受け払いも銀元決済にそれぞれ変更する、という新たな対応を迫られざるを得なかった。さらに同行は、法幣による幣制統一を果たした南京政府の在華外国銀行の手持銀引き渡し要求に対して、在華本邦銀行と協調の下にこれを拒否した。同時に、現銀の使用を禁止する一方、中国側の銀行券をもって決済するという方法によって新幣制に抵抗することにした。このため正金銀行は、決済に用いる中国側銀行券の準備・保有という新たな対応を迫られることとなったのである。

第1節　日本の大陸膨張と対外貿易

1. 日本の大陸膨張と軍事財政

1929年世界恐慌を契機とする世界経済のブロック的解体とその再編は、ヴェルサイユ・ワシントン体制を事実上崩壊させたが、ヨーロッパにおいては、通貨・為替抗争と共に東欧諸国市場をめぐる各ブロックの利害対立を激化させ、東アジア、とりわけ中国においては、日本は列強の宥和政策が展開される中で日満ブロックの華北への膨張を強行し、国内には準戦時経済体制を整え軍需インフレの促進と同時に、財政の軍事化を図ることとした。

すなわち第一次世界大戦後の資本主義世界は、ヨーロッパにおいては英仏を主導とする反ボルシェヴィズムと帝国主義的利害を調整したヴェルサイユ体制として再編された。しかし、この体制はドイツの経済的復興と東欧農業諸国の実体的「包摂」（東欧農産物の処理）の困難など構造的難点を内包す

るものでしかなかった。従って再編後の世界経済体制は、世界恐慌を契機とする国際資金循環の閉塞と農業恐慌の深化によって東欧諸国の経済的処理が困難となる一方、31年ヨーロッパ金融恐慌の中欧諸国（オーストリア・ドイツ）とイギリスへの波及と金流出の激化の中でイギリスの金本位制放棄を契機に再建金本位制が崩壊に至り、ブロック的に解体されることとなったのである。

　世界経済のブロック的解体は、まず1932（昭和7）年2月、イギリスの金本位制放棄後の保護関税立法に続くオタワ会議において形成されたスターリングブロックに始まり、これが従来のレントナー的植民地領有の性格を持ち、大英帝国諸国の農業恐慌救済と同時に自由為替を前提に為替平衡勘定（Exchange Equalization Account）設立をもって、本国との金融的利害の調整をその本質とする制度的再編であった。こうした情勢の中で、翌年6月、世界経済の混乱収拾、回復を図るべく世界経済会議がロンドンで開催された。ところが、この間ドルブロックを推進するアメリカの拒絶によって為替安定協定の成立に失敗し、唯一銀協定が締結されたものの、会議は成果が得られなかった。これを契機としてヴェルサイユ体制の維持に加え、ナチス・ドイツの東欧進出に対抗するフランスは、7月、金ブロックを結成させ、ポーランドへの投資を媒介として、その政治的・軍事的「包摂」を目指し、ブロックの強化を図った。

　これに対して、33年1月、ヒトラーの出現したドイツは、翌年1月、ドイツ・ポーランド不可侵条約に続いて、2月以降東欧諸国（ハンガリー・ルーマニア・ユーゴ）との間に通商協定を締結させ、反ヴェルサイユ的進軍の準備を整えた。そしてこれに続いて、9月にシャハトの「新計画（New Plan）」を打ち出し、為替管理と貿易管理を組織化させたドイツは、これをもってこの間の軍事経済化に対応して西欧から排除された東欧を「包摂」し、また併せて為替清算協定を締結し、ここにマルクブロック地域の拡大（東欧進出）を促進したのである。

　他方、イギリスは、対独宥和政策に沿ってヨーロッパ、とりわけ東欧諸国からの農産物の流入を阻止すると共に、ポンドの安定、金・短資の流入に成

功し、これをもってさらにスターリングブロック域内諸国の分業関係拡大を図ることとした。そしてまた、スターリングブロックの拡大によるアメリカの締出し、さらにはドイツのラテンアメリカへの目覚ましい進出に大きな影響をこうむることとなったアメリカは、34年6月、互恵通商協定を成立させ自由多角的貿易の追求と海外市場の拡大を目指し、同時にドルブロックを形成させ（35年8月、中立法制定）、マルクブロックへの反撃、続いてスターリングブロックの結束に楔を打ち込み、これらの政策に攻撃的性格を持つ状況にあった。こうして世界経済のブロック的解体は、世界恐慌からの脱出を図る列強の利害対立や激突を通して進展したのである[1]。

しかし、35年3月16日、ドイツの再軍備宣言（ロカルノ条約破棄）、翌年ナチスの軍事的進出（ラインラント進駐〈3月7日〉）によって、その軍事的脆弱性を暴露されると同時に金融的基盤を喪失した金ブロックは、構成国の相次ぐ離脱によって、36年9月にはもろくも崩壊し、ここにヴェルサイユ体制も完全に消滅するに至った。しかし、清算勘定貿易により農業問題を処理し東欧諸国の包摂に成功したドイツにしても、なおかつマルクブロックの軍事的性格によって根本的な限界を画されていた。こうして、金ブロックの崩壊後の9月25日、米英仏三国通貨協定（Tripartite Currency Agreement）の成立と支払協定の締結をもってする北欧から東欧へのスターリングブロックの膨張は、やがて軍事的「包摂」が進展するマルクブロックとの決定的な利害の対立を引き起こすことになった。ここにイギリスは対独宥和政策の限界を曝け出しつつ、東欧諸国市場の再分割をめぐるナチス・ドイツとの政治的・軍事的衝突を余儀なくされることになる[2]。

一方、東アジア、特に中国においては、日本が「満蒙の危機」を打開し、日本の生命線たる満蒙地域を維持すべく武力侵攻を開始した。関東軍は、ほどなく満州全土の制圧、満州国樹立と同時に日満ブロックを形成し、さらに内蒙古（熱河省・チャハル省の一部）、河北省へ武力侵攻すると共に、これらを満州国へ強制編入し、日満ブロックの拡大を推進するに至った。すなわち、中国の排日運動の激化、「満鉄包囲線」建設計画の進行などから「満蒙の危機」に陥っていた日本は、31年9月18日、満州事変をもって奉天・チ

チハル・ハルビン・錦州などへ武力侵攻し、翌年2月18日、上海事変の間隙をぬって満州国を建国し、これによって事実上ワシントン体制は崩壊した。そして満州国の保安に臨む関東軍は、33年1月1日、北満作戦の終了と共に山海関事件の勃発を契機に一挙に熱河省を占領し、次いでチャハル省東境をも侵攻・制圧し、これら内蒙古を満州国に強制編入することとした。さらに以上に加えて、国際連盟からの脱退を余儀なくされ世界的に孤立した日本は、なおも華北作戦を開始し、河北省東部及び長城沿線に関内作戦を展開したが、抗日戦の劣勢と列強の支援の薄い南京政府との間に停戦が成立し、5月31日、これが「塘沽停戦協定」として締結されることになった。この協定によって河北省東部（灤東地区）に日中間の非武装地帯（「緩衝地帯」）が設けられた。しかしながら中国軍の撤退直後から日本は、満州国諸機関を強行進出させ、事実上これを満州国に編入したも同然とし、これによって日満ブロックの膨脹と同時に華北分離工作の重要な拠点とするに至ったのである[3]。

　ところで日満ブロックの華北への膨脹を図る日本は、米英の対中国支援、中国の抗日運動などの影響の下で、華北分離工作も停滞せざるを得なかった。すなわち日本は南京政府の「安内攘外」政策と米英の対日宥和政策とを巧みに援用し、日満ブロックの拡大を果たしつつあったものの、加速する軍需インフレ、さらには満州国の「治安」の不安定と満州経済開発の限界に直面することになった。この満州の行き詰まりを打開すべく、日本は35年6月、梅津・何応欽協定に続いて土肥原・秦徳純協定を締結し、「第二の満州国」としての華北分離工作を開始した。こうした日本の華北進出に対して、南京政府は後述のように、11月4日、幣制改革を断行し、中国の政治的・経済的統一を強力に進め、ほどなくその成果が現れはじめ、日本政府・軍部は大きな衝撃を受けると同時に、出先軍部は華北での通貨工作、密貿易手段をもって、これに対抗しようとした[4]。次いで日本・軍部は傀儡政権「冀東政権」を樹立させ、これを足場として華北への膨脹を強行し、同時にこれに加えて河北省・チャハル省・外モンゴルを特殊地域化して経済開発を推進したが、この試みも中国の抗日救国運動の進展とソ連・外モンゴル軍事提携などの新

たな情勢の中で、停滞を余儀なくされることになった。この結果、日本は翌年の二・二六事件後、新たに「国策の基準」（南北併進）、「対支実行策」（新華北政策）など重要方針を決定し、これを受けて軍部は軍備増強計画の策定を急ぐことになったが、これが国内体制のファッショ化の進展と相まって、さらに侵略の策動に拍車をかけることになった。のみならず日本は、11月25日、ナチス・ドイツと日独防共協定を締結し、国際的なファッショ戦線に加わると共に、国際連盟脱退後の国際的な孤立からの脱出を図ることとしたのである[5]。

　ところが、南京政府の幣制改革の成果が帝国主義諸国の対中国投資の増加という形で現れ始め、これに西安事件（12月12日）が相乗するという情勢の中で、日本は、これまでの大陸膨張政策の変更と新たな対応を迫られることとなった。37年3月、林銑十郎内閣の外務大臣に佐藤尚武が就任すると、「和協外交」方針の下「対支実行策」・「北支指導方策」（4月16日、外相、蔵相、陸相、海相の4相で決定）を受けて「児玉謙次訪中実業団」が訪中し、華北分離工作の中止のほか日中国交調整に当たることになった。しかしながら、6月4日に近衛文麿内閣（広田弘毅外相・板垣征四郎陸相）が成立すると華北分離工作は再び大きく変更され、日本軍は、その華北で軍事侵攻を開始することになった[6]。すなわち、30年代後半に至る世界経済のブロック的解体とその再編の中で、日本は列国に先駆け満州への武力侵攻と満州国創建をもって日満ブロックの形成に向かったが、ほどなく行き詰まりを迎えることになり、新たに華北への武力侵攻と日満ブロックの膨張を押し進めることとなった。しかし同時に、この間他方では、米英の支援を受けていた中国の政治的・経済的統一と民族解放運動が進展し、なおソ連の極東軍備も強化されるという情勢が現出することになった。こうして日本は、改めて対中国政策の見直しを迫られざるを得なかったのである。

　以上、世界経済のブロック的分裂・再編が進展する中で、日本資本主義は満蒙ひいては華北に向けて日満ブロックの膨張を推進することになるが、日本政府は、管理通貨制を前提として国内的には財政膨張、重化学工業化、対外的には金・外貨資金管理、為替管理などの推進を目指し経済過程に強力に

介入し、その成果の下、日本経済は世界に先駆けて恐慌から脱出し、高い成長を成し遂げることとなった。

まず国内的には、この間満蒙への帝国主義侵略の野望が拍車をかけ、財政は軍事費を中心として急激に膨張し、32年の五・一五事件以降、緊縮財政から膨張財政への転換が本格化し、歳出においては軍備拡張・戦争遂行のための軍事費、時局匡救費（きょうきゅうひ）、社会政策費などを中心に膨張し、また歳入面ではこれらの支出を赤字公債（歳入補填公債、新規公債）の増発をもってまかなうことになった。これにより健全財政は永久にその姿を消すこととなったが、この場合、日本政府は軍備拡張と救済事業（財政膨脹・政府資金の散布）を強力に進め、他方、増税を見送り、公債発行を進めた。しかし、資本市場で莫大な公債を消化することは不可能であり、そこで導入されたのが日本銀行の政府財政支援の金融政策、すなわち日本銀行の引受による公債発行の制度である。これは、当然インフレを必然的に高進させることになった。また、こうした財政運営と並行して、7月6日以降、日本銀行の制度改革と低金利政策の下で金融の円滑化が進められ、34年まで順調に展開されたのである[7]。

ところが、金融政策の面での軋みは国内面での公債市中消化の限界、対外面では後で見るように金・外貨資金の枯渇という形で顕在化してきた。まず、赤字公債による拡張財政、日本銀行引受（公債市中消化）に対する批判は、33年頃から「悪性インフレ発現の危険性」として登場することになった。そして3月の国際連盟脱退以降、陸海軍の軍備拡張要求は急速にその勢いを増しつつあったが、大蔵省内部の予算膨脹抑制対策は、「国防第一主義」という限界を持ちながらも、公債漸減・歳計収支の均衡回復という方向で明確化した。しかしながら、翌年には日本経済の景気も回復途上にあったが、こうした中で35年度予算の編成に当たった岡田啓介内閣（藤井真信蔵相）は政策転換を図り、時局匡救費を払いのけて、おおむね軍事費で独占する財政を展開することになった。さらに35年以降、景気が回復するに連れて軍需産業において資金需要が増大し銀行手持ちの資金が減少する一方、公債の市中消化を成功させていた銀行遊資が減少し、日本銀行引受公債の市中消化率は一挙に急落現象が強まり、こうした資金逼迫は市中の金利を引き上げ、低金

利政策の継続を困難にすることとなった。こうした状況の下、高橋是清大蔵大臣は、36年度予算編成に当たり、公債政策の行き詰まりを懸念し、公債漸減方針を打ち出したが、この方針をめぐり軍部との対立は激烈を極めることになった。この予算案の実施を前にして二・二六事件が勃発し、36年3月9日、広田弘毅内閣（馬場鍈一蔵相）は高橋財政の路線を大きく変更し、公債漸減方針の放棄、中央・地方の大幅増税、低金利政策、公債発行の増加などを強力に進めることにした。また、日本銀行も公定歩合を引き下げ、高利の旧公債の借換を進め、金利の低下を図り大量の公債発行を準備したのである。

さらに以上に加えて、37年1月、林銑十郎内閣（結城豊太郎蔵相）は、軍部と財界を癒合させた「軍財抱合」財政方針を打ち出し、これを財界も歓迎した。これに応じて軍部は、5月、大規模な軍需産業拡充計画（「重要産業五カ年計画」）を立案・決定する一方で旧財閥の協力が必要となり、ここで満州事変勃発後反発し合う状態にあった財界との関係を、また満州経済開発に既成財閥を排除する姿勢を見直し、軍・旧財閥が軍需と満州経済開発にそれぞれ協力し得る環境が整うこととなった[8]。そこで、政府はいわゆる財政経済三原則（37年6月）に基づいて、経済に対する国家の統制拡大・強化を図り、日本銀行の引き受けで発行された公債の消化促進と同時に、生産拡充資金の供給確保という金融統制を中心に進めることにしたのである。

2. 日本産業の軍事化と対外貿易

金輸出の再禁止後、日本資本主義は、管理通貨制を前提に準戦時経済体制が図られる中で、組織的独占の強化、軍需生産力の拡充が進められ、重化学工業を基軸にした産業構造が確立するが、対外的には輸出入貿易・国際収支の変動に遭遇し、その対応に迫られることとなった。

すなわち、再禁止後の日本資本主義は、管理通貨制を前提とした軍需インフレ政策と公債発行を背景として、重化学工業を中心とした産業が順調に拡大し、経済危機を打開し、景気回復に向かうことになった。この場合、アメリカ市場における生糸とレーヨンとの競合関係の下に壊滅的な打撃を受けた生糸業が凋落する一方（34年8年、製糸業の産業的地位急低落）[9]、他方では、

綿・レーヨン工業及び重化学工業（鉄鋼業、機械器具工業、陸海軍工廠を中心に）が目覚ましい躍進を果たし、日本の産業構造は大きな変化を遂げることとなった。そして、為替相場の低位安定の下、対満投資及び対満商品輸出が増加し、重化学工業品の需要を急増させた。経済の軍事化を潜めた重化学工業の進展は、外貨節約、資源確保などを強く要請することになった[10]。

ことに33年に始まる兵備改善費は、重化学工業に対する需要を増大し、民間企業、政府工廠を含めて重化学工業の発展を準備するものとなった。実際、この軍需インフレ政策の推進によって金属・機械器具・化学工業などの重化学工業が急速な発達を示す一方、印刷製本業・綿紡工業・食品工業等の関連産業も順調に拡大し、ここに日本経済は景気回復に向かうことになった。特に公共事業関連部門である鉄鋼業にあっては、軍事的意味からも重要な位置を占め、製鉄国策を進める日本政府は、34年1月、八幡製鉄所他5社の合同により日本製鉄株式会社を設立させ、当面の準戦時的体制に備えることとした。また、こうした軍需産業中心の拡大の下に回復した各産業においては、大規模工場の生産拡大、政府・軍部の下請工場助成政策により、機械・金属・化学工業などに下請関係が発達し、中小規模工場の下請工場が進展した。とりわけ機械工場の躍進は目覚ましく、中小工場に発展の途を開き、ここに再開する工場、新設工場が簇生することになったが、この過程で大工場と中小工場の格差が拡大すると共に幾重もの下請関係が成立することとなり、中小企業問題を加速することにもなった[11]。

その後においても、日本経済は華北への膨張を補完する軍需インフレ政策が推進され、準戦時経済化が一層進展することとなった。この軍需インフレ政策の中で、軍需産業を中心とした独占的大企業はトラスト、カルテルによって独占を強化させ、とりわけ軍需生産と密接な関係にある重化学工業にあっては、いわゆる新興財閥の生成、既成財閥の独占が促進され、国家権力を背景とした縦の資本系列を併せ持つ組織的独占を一段と強化することになった。この場合、日産、日窒、森、日曹コンツェルンなどの新興財閥は、閉塞状態にあった既成財閥が果たせなかった間隙をぬって重化学工業へ進出し、軍部と結びつき直接軍需用品の生産に当たる一方、他方で軍事的膨張が

進む大陸への進出（日産・日窪）を果たすこととなった[12]。しかしこの新興財閥は、金融面において財閥銀行・国家的機関（興業銀行など）に依存すると共に、流通面においても多くの脆弱性を内包していたため、既成財閥を脅かすものではなかった。

　これに対して既成財閥（三井・三菱・住友）は、いわゆる「財閥の転向」（32年）を契機として、より合理的な金融資本の形成に脱皮していくことになる。この転換を好機とした既成財閥は、33年以降株式公開による事業資本の導入を図り、さらに翌年から人的構成の交代（措置）を含めて合理化を推進した。そして国家統制の強化が図られる中で軍部と結合し、巨額の投資を必要とする重化学工業に急速に進出し、日本経済における支配力を一層強化することになった。また、こうした重化学工業の発展を反映して、機械・金属・化学工業の中小工業はその数を増加させ、ここに過当競争を一段と激化させると同時に、独占的大企業の下請関係の下に中小零細企業の経営難・金融難という新たな問題を顕在化させることになった[13]。こうして35年以降景気が回復すると軍需産業は、生産を拡張し始め、産業資金の需要が増大することになった。そして、二・二六事件後、軍需生産力拡充政策が強行される中で、重化学工業は鉱工業生産を中心としてさらに伸長することになったが、それは繊維産業はじめ平和産業の犠牲の下に成し遂げられたものであり、この間繊維産業は資金面及び資材（原料）面から大きな制約を受け、停滞あるいは衰退の様相を余儀なくされたのである[14]。

　ところで、この時期世界的な孤立と軍需インフレ・金輸出再禁止政策による円為替相場の低落傾向によって、日本では国際収支が好転したものの、反面、資本の海外逃避、政府の海外支払などの増大を招くことになった。そこで日本政府は、後述のように外国為替管理法などをもって輸出の振興に当たることとした。すなわち、31年12月の金輸出再禁止を契機とした円為替相場の暴落及び直接的な輸入抑制策（輸入防遏）、さらに産業合理化なども相乗して、日本の商品が世界市場へ進出し、33年の日本の貿易は輸出の増進（輸出振興）によって飛躍的に躍進するに至った。しかし、こうした為替ダンピング作用に基づく日本商品の世界市場への進出は、国際的なソーシャルダン

ピング非難を引き起こし、各種の貿易上の障害（防遏手段）に直面することになった。この関税障壁などの防遏手段は、日本の輸出の中心であった繊維、中小雑貨製品の輸出先であるスターリングブロックに属する諸国で（関税引き上げ、日本製品排斥など）強力に採用された。このような日本の為替ダンピングによる世界市場への進出は、日満ブロックの拡大と共に世界市場の経済的分断と政治的対立を激化させる一要因となったのであって、従ってイギリスを中心とするスターリングブロックにとっては、これを放置すべきではない当然の防遏手段（33年4月、日印通商条約の破棄など）として発動したものにほかならなかった[15]。

この間、日本の輸出入貿易総額は、第12表のように増加傾向となり貿易バランスにおいても33年以降輸出が増大し、反面入超傾向は下火に推移した。また、これと併せて貿易構成においても変化が見られた。まず輸出入貿易構成を見てみると、輸出では、日満ブロック形成後の33年には、生糸・綿

第12表　対円ブロック経済圏と対第三国の貿易収支 （単位：百万円）

年次	対円ブロック				対第三国			
	輸出	輸入	貿易収支	対満投資額	輸出	輸入	貿易収支	金銀地金出超額
1932年	175	175	0	73	1,282	1,349	△67	120
1933年	351	230	121	137	1,581	1,786	△205	28
1934年	459	260	199	278	1,796	2,141	△345	14
1935年	488	291	197	387	2,111	2,325	△214	147
1936年	631	410	221	229	2,166	2,515	△349	28
1937年	795	469	326	348	2,522	3,485	△963	867
1938年	1,234	637	597	439	1,661	2,198	△537	676
1939年	1,838	728	1,110	1,103	2,091	2,398	△307	687
1940年	1,867	756	1,111	1,010	1,781	2,697	△908	351

出典：(1) 山崎隆三編『現代日本経済史』有斐閣、1985年、163頁。
　　　(2) 原資料は、山沢逸平・山本有造『長期経済統計　14　貿易と国際収支』東洋経済新報社、1979年、163頁。日本銀行調査局『満州事変以降の財政金融史』同、1948年。『財政金融統計月報』5号。

織物・絹織物・缶詰瓶食品・メリヤス製品・紙類・陶磁器などが大宗を成し、これらの商品がアメリカ（30.14％）・英領インド（英印、10.97％）・関東州（9.08％—満州国、3.41％）・蘭領東インド（蘭印、8.80％）・中国（4.82％）などの国々へ向けられた。このように輸出にあっては綿工業の台頭を含めて従来と同様に生糸・綿工業を主とする軽工業製品と中小雑貨工業製品を中心とし、日本の輸出品の世界的進出に大きな役割を果たした。他方、輸入では、33年には、実綿及び繰綿・羊毛・鉄・機械及び同部分品・豆類・小麦などの商品がアメリカ（34.13％）・オーストラリア（12.88％）・英印（12.47％）・満州国（8.65％）・中国（5.02％）などの諸国から輸入された。このように輸入においては、棉花・羊毛・繊維原料などの粗生原材料の輸入が7割近くを占め、繊維工業を支柱として貿易の好転がもたらされ、反面、重工業品などの製品輸入は、日本の重化学工業がなお依然として海外製品に依存していたことを示すものであった。

　以上、こうして回復に向かった日本の貿易は、低為替政策（外国為替管理法〈5月1日〉）及び綿製品を中心とした日本商品の世界市場への進出などの諸条件の下に、34年には輸出入共に世界恐慌以前の水準に戻したが、依然逆調を脱することはできなかった。また一時貿易入超の減少、貿易外収支の受取超過などを反映して好転した国際収支は、為替の低位安定を導いたものの、その後、軍需増加、満州国の建設・経済開発の進展に伴う資材の需要増大が進み、34年から再び逆転し36年にはこれを一層加速することとなった[16]。

　この間の輸出入貿易構成を見てみると、輸出では日満ブロックの華北への膨張後の36年においては、綿織物・生糸・絹織物及び人造絹織物・缶詰瓶食品・メリヤス製品・陶磁器などが大宗を成し、これらの商品がアメリカ（25.62％）・中国（13.98％）・英印（9.12％）・蘭印（5.42％）・イギリス（4.93％）・香港（1.37％）などの諸国へ向けて積み出された。この間の輸出は、低為替の波に乗って大英帝国領域への日本綿製品の増進が著しい。またアメリカ向け生糸の減退と価格下落が見られるが、これは後に見るようにドル平価切り下げなど、世界的な通貨・為替抗争を反映したものにほかならな

かった。他方輸入においては、実棉及び繰棉・羊毛・鉄類・炭水素油・機械及び同部分品、豆類などの商品がアメリカ（34.68％）・英印（17.88％）・中国（11.19％）・オーストラリア（8.58％）・ドイツ（2.72％）・蘭印（2.26％）などの国々から輸入された。この時期の輸入は、需要の増大した棉花がアメリカ・大英帝国ブロックから、そして重化学工業の急速な発展による鉄類・機械類がアメリカ・イギリス・英印からそれぞれ増加を示している。

　それから、この間の日本商品の世界市場への進出、とりわけ綿布の世界的な進出に際し、スターリングブロックを中心とする各国は防遏手段の発動をもってこれに対抗したが、その後においても、34年7月、日印新通商条約の締結を見たものの効果なく、対印綿布輸出量の割当制限、さらにイギリスの日本綿布（英植民地向け輸出）割当制など日本品輸入防遏が続いた。こうした日本商品の排斥に対して、日本政府は35年7月、カナダに続いて翌年6月にオーストラリアに「通商擁護法」を発動したが、これは、結局、貿易協定、新通商協定を成立させて半年後に停止した。しかし大英帝国、アメリカ、蘭印などの数多くの国で日本商品に対する防遏手段が依然として止まず、日本は一転して東南アジア、中近東、アフリカ、中南米等への進出の道を求め、輸出の増大を図ることとしたが、今度はこれらの諸国からの片貿易調整協定、求償協定の要求に突き当たることになった[17]。その結果、このブロック化時代に通商政策が果たし得る機能は限られており、日本商品はこうした貿易制限の網目をくぐり抜け、一層世界市場への進出を強化するほかなく、これがまた経済抗争をさらに激化させることとなったのである。

第2節　為替管理の強化と横浜正金銀行の対外業務

1．国際金融市場と国際金銀相場

　30年代後半に至る世界経済は、ヨーロッパ金融恐慌を機に分断され、多角的資本供給機構が崩壊し、各国経済はこうした分裂の下に通貨経済圏をベースとしてブロック的に再編された。各国は管理通貨制を採り、このブロック

間の通貨・為替抗争及び東欧諸国市場（再分割）抗争を展開し、これに銀価変動が相乗し、国際金融市場は国際決済機能の低下と同時に、決済機構の複雑化をもたらすことになった。

　すなわちヨーロッパの金融恐慌は、東欧諸国をも必然的に巻き込んでいったが、1931（昭和6）年9月21日、イギリス政府は金本位制の放棄を決定し（金本位法停止、ポンド切り下げ）、ここに国際通貨体制＝ポンド体制は崩壊した。この影響の下、世界経済は分断される一方、他方で世界貿易が縮小しブロック的に再編が進められ、各国はいわゆる近隣窮乏化政策の下に短資引き上げや資本逃避の（短資流出）防止に当たるために為替管理と保護関税とをもって、自国経済の回復と安定を優先することになった。

　まず、イギリスは、32年春以降、大恐慌の打開策として為替政策（財政法制定、「為替平衡勘定」〈EEA〉）を展開し、対ドル・フラン為替相場の低位安定化と金準備の増強に当たると同時に、スターリングブロックの強化を図ることとした。為替政策の結果、イギリスは大量のドル及びフランを保有するようになり、為替リスク回避の必要からこれらの金イアマークをニューヨーク連邦準備銀行とフランス銀行に依頼し、この間金準備を大幅に増加させていった。そしてアメリカは、ヨーロッパ金融恐慌下に大量の金を対外流出し、32年にフーヴァー政権の下で大規模な恐慌救済策が展開されたが、金の対外流出・銀行破産が止まらず、翌年3月4日に就任したルーズベルト大統領は、直後の6日、全米銀行休業令を発令し、金銀輸出・金銀退蔵の禁止、イアマークの禁止などの緊急措置を取って金本位制の停止に踏み切ると同時に、ドルの切り下げ政策を実施した[18]。この結果、間もなくアメリカよりイギリスへ向けてイアマーク金が引き上げ（短資流出）、ドル減価・ポンド騰貴、対ドル相場は騰貴するに至ったのである。

　他方、ドイツは31年11月以降、為替管理国の外国為替の枯渇を根拠として為替清算協定をもって為替管理の強化を図り、さらに翌年7月、ローザンヌ会議で最終的な賠償破棄の決定を受け、貿易・為替管理の強化、外国債権者との諸協定やトランスファー制限の強化など対外資本取引を厳しい管理下に置く一方、国内資本の逃避や外国債権の引き上げを防止する国内取引は対

外資本取引から遮断することにした。しかし、ドイツの金・外貨資金状況は改善されず、とりわけ為替管理の強化が資本取引に止まらず貿易統制の手段にも拡大されることとなった[19]。こうした情勢の下、33年6月12日、為替相場の安定とその維持を主要議題としてロンドン世界経済（通貨）会議が開催され、唯一銀協定を成立させたものの、成果もなく失敗に帰した。これ以降世界経済はブロック的に分裂し、各ブロックは互いに近隣窮乏化政策を展開することになり、その結果世界経済が縮小し、世界恐慌はさらに深化し、長期化を余儀なくされることとなった[20]。こうした経過の中で、大英帝国特恵制度、東欧諸国の為替管理に一層不利な立場に追いやられたフランスは、直ちにヨーロッパの金本位国（5カ国）を結集し、7月、自国通貨の金平価維持、金本位制維持の相互援助と協力に基づき金ブロックを結成することになった。この結果、米・英・独・日などから金ブロック諸国へ向けて金が逃避し、循環する構図が形成されることになったのである。

　一方、この間国際金融市場における銀価は、極めて大きな変動を示した。すなわち、31年9月、イギリスの金本位制放棄とポンド切り下げを契機に、世界恐慌以降暴落していたロンドン市場の銀価は上昇傾向に転じたが、11月、これに呼応し中国から銀が海外に流出し、上海金融市場は金融逼迫と資産価格の下落によって極めて緊迫した。その後33年3月6日、アメリカが金輸出禁止を断行するとニューヨーク市場の銀価は高騰に転じ、「1933年銀行法」を契機に銀利害関係者の銀吊り上げ運動、さらに8月、ロンドン世界経済会議で銀の国際価格に関する取り決め、及びロンドン8カ国銀協定[21]を経る中でロンドンとニューヨーク市場で銀価は高騰することになった。しかし世界の銀価が急騰したのとは反対に、中国においては銀価が低落し、上海為替相場では外貨売が激しくなり、中国保有銀はアメリカへ向けて流出するなど銀関係国に多大な影響を与えたが、ほどなくニューヨーク市場の銀価は世界の水準に落ち着き安定したのであった（第10表：126頁参照）[22]。

　ところでアメリカは、金本位制停止から10カ月ほどの間に一連の金政策を展開した。まず10月10日、ルーズベルト政権は、金買上政策に基づきドルの切り下げを実施し、さらに翌年1月15日、新金政策を宣言し、30日、

「米の金準備法（Gold Reserve Act of 1934）」（制限付き金本位制復帰）をもって、一切の金を政府の所有に移し、金貨の流通を廃止した。この場合、金は地金の形態において通貨の基礎とし、ドルの現行金価値を 5～6 割切り下げた（金 1 オンス＝35 ドル）。その結果、ドルが金との相場を固定化し安定したことから、短期資本がアメリカに集中し、大量の金が流入することになった。そして、ドル為替の低位安定のためドル切り下げ利益の一部をもって、為替安定基金（ESF、20 億ドル）を設立し、国内景気の振興を図る一方、ポンド相場に対抗してドル相場の騰貴を抑制することとした[23]。こうして国際的には基軸通貨間の為替切り下げ抗争が展開されることになったが、アメリカの金準備法は、金本位制を維持している国に限って金の輸出を認めたことから[24]、為替安定基金の操作対象は、当面金ブロック諸国（とりわけフランス）に限定され、イギリスは直接対象とならなかった。こうしたアメリカ政府の一連の金政策は、国内物価引上げや景気の回復といった目標を達成できなかったが、イギリスへの対抗的為替政策としてドルの対ポンド低位安定化は一応の成功を収めた。

　これを受けて、イギリスは「為替平衡勘定」の操作対象をドルからフランへ変更したが、ナチスの進出による金ブロックの動揺が相乗し、フランスから短資流入が継続した。いずれにせよ、米英両国ともフランスを対象として迂回的にドル＝ポンド相場の安定を期さねばならなかったといえる。米英が競って金ブロックから金・短資吸収に努めた結果、フランスは金融的基礎が崩壊に向かうと同時に、フランス銀行の金準備もこれまでの増加傾向から減少傾向に転じることになった。そして、米英の為替安定をめぐる抗争は、金ブロック諸国を媒介として行われたがゆえに、これら金ブロック諸国に多大の犠牲を払わせる結果となった。また、スターリングブロックは、欧大陸から貿易関係が後退しつつも、金・短資を吸収し続けポンドの安定及び入超構造を維持し、これを基礎に域内諸国との分業関係の拡大を図ることになった[25]。

　他方、ドイツは、34 年 4 月以降、貿易状態が悪化し、ライヒスバンクの金・外貨資金の急減から為替管理は貿易管理の手段に転じ、6 月に対外債務のモラトリアムを一方的に宣言し、資本取引、貿易関係統制の強化を図った[26]。

9月、ヒンデンブルク大統領の死去に伴って成立したヒトラー独裁政権は、為替管理を貿易管理にまで組織的に規制・統制を加える、いわゆるシャハトの「新計画」を策定し、軍事経済化の一環として近隣諸国からの資源（一次産品）確保に重点を置き、スターリングブロックから排除された東欧諸国からの輸入を確保し、マルクブロックを組織的に拡大したのであった[27]。

こうしたブロック間抗争が展開される中でアメリカ政府は、34年以降財務省による銀買い上げ政策を実施し、銀の輸出入統制、さらに未曾有なる銀国有策などの銀政策を断行させた。すなわちアメリカ政府の銀政策は、銀ブロックの利害関係によって引き摺られることとなった。33年12月21日、ルーズベルト大統領がロンドン8カ国銀協定を布告・批准し、翌年5月22日、新銀政策の宣言をもって開始され、まずアメリカ国内の新産銀の買い上げが実施された。さらにアメリカ政府・財務省は、6月19日に「1934年米国銀買上条例（Silver Purchasing Act）」、続いて6月28日、銀輸出禁止令（銀輸出に特許制採用、大統領令）及び8月9日に「銀国有令」の発布・実施以降、銀買上法の本格的発動を開始し、ロンドン市場を中心に34年に海外から吸収した銀は、1億7,400万オンス（35年、4億8,900万オンス）であった。その結果、銀価は漸騰を続け、12月29日には、ニューヨーク銀価（現物公表）54セント3/4、ロンドン銀価（現物）24ペンス9/16に上がった[28]。こうして、銀価高騰は中国、メキシコ、ペルーなどから大量の銀流出を引き起こすと同時に、これらの国々の金融機構に大きな混乱を招来する状況となった。とりわけ中国では、通貨たる銀元が対外為替相場を上回り、8月15日、ついに銀の輸出現送点を超えたため、大量の現銀流出をもたらし（2億オンス近く）、10月以降銀恐慌に陥ることになった。銀の大量流出によって中国の通貨は危機的状況に陥り、この対策として南京政府は後に見るように外国為替管理令（9月9日、発布）に基づき、10月、銀輸出税の引き上げ、平衡税を新たに実施した。メキシコ政府は、困苦の末、35年4月26日、銀輸出禁止並びに銀貨を強制回収し、他方で銀の売り出しを防止し、為替管理を実行に移した。またペルー政府も5月3日、新産銀以外の銀はすべてその輸出を禁止し、英印政庁は銀の輸入に対し、高率輸入税（1オンス7.5アンナス）

を賦課することにしたのである[29]。

　しかし、それにもかかわらずこの間銀価は世界水準を推移し（高位安定）、銀産国の銀利害関係者に大いなる効果を与えることとなった。特にアメリカ資本は、世界の4割以上を生産するメキシコの銀鉱業を経営し、自国の2割半の生産と合わせ、世界銀生産のおよそ7割を資本的に統制していたことから、銀価高騰は銀利害関係者にとってもとより好都合であった。しかし、先に見たようにルーズベルト大統領が、「1934年金準備法」の制定と同時に、金ドル平価切り下げを実施した結果、アメリカの金銀鋳造比価は従来の金ドル平価においては「16対1」（銀価が1ドル29セントに相当）であったが、金ドル平価切り下げ後は「27対1」（2ドル18セント）に低落した。こうした状況の中、アメリカの銀利害関係者は、この変動した法定比価を引き戻す運動、すなわち「27対1」を「16対1」に引き戻す銀価吊り上げ運動を精力的に展開した[30]。こうしてアメリカ政府の銀買上政策の展開は、35年3月以降継続的に銀相場を奔騰させたのであったが、その上に4月10日、アメリカ政府は、銀買上値段の引き上げを決定した（64.5セントから71.1セント）。さらに、以上に加えて日本は朝鮮から流入した銀をロンドンに向け輸出した結果、ロンドンとニューヨーク市場において銀価高騰を加速させることになり、銀関係国にさらなる影響を及ぼすことになった。そこで、アメリカ政府は銀の法定準備率を鑑み、市場での高値買い入れの危険性を考慮し、5月20日、外国銀の輸入を禁止し、またロンドン銀塊市場での買い入れを一時差し控えたが、8月以降同地市価の崩壊を見て再び防戦買いに努めたのである[31]。

　こうした世界的な銀価暴騰を背景に、幣制に苦しみ早急な改革を進める南京政府は、後述のように、35年11月4日、幣制の改革を断行し、銀国有令の発布と同時に銀の所有者に法貨紙幣と引き換えに銀の強制引き上げを命じ、紙幣発行を三大特殊銀行に制限しこの銀行を通して為替管理を行わせ、法幣価値の安定を図ることにした。しかしこの場合、以下のような経緯の下に各国の銀をめぐる駆け引きが展開された。すなわち、中国の幣制改革前夜、多額の現銀輸出と為替売出によって金融逼迫に陥って香港は、11月2日、香港と上海の投機筋の買い進みにより対英ペンス対上海元が暴落する状況にあっ

た。こうした中で、4日、中国幣制改革の入報があり、香港政庁はこの混乱を回避するため、9日、兌換停止・銀輸出を一切禁止し、銀本位制の放棄と同時に管理通貨制を採用し、手持ちの銀（約2,000万オンス）によりロンドン金融市場で売却する旨を宣言し[32]、翌12月5日、これを実施に移すことにした。一方、これを好機として銀市場の中心をロンドンからニューヨークに移すことを目論むアメリカ（財務省）は、11月13日、国外に現銀を売って為替安定基金を求める中国と、銀価の崩壊を阻止するという共通の目標によって接近し、5,000万オンスの銀を購入することにした（「第一次米中銀協定」)[33]。さらに以上に加えてアメリカは、12月9日、ロンドン市場での銀買い上げを中止したため、これ以降ロンドン銀塊相場の下落、ロンドン相場の立合不能、世界銀価の崩壊などをもたらすと共に、これが上海にも波及し、以後銀価は世界的に暴落に転じ（銀恐慌）、翌日ロンドン市場は休場を余儀なくされる状況となった。中国は、銀本位制を離れ管理通貨制へ移行し、法幣をもって幣制統一を果たし、ひいては外貨資金の確保を目指し、36年5月、銀需要の確保を求めるアメリカと「第二次米中銀協定」（1億2,300万オンス）を締結し、この結果、通貨・金融システムの果たす役割が増幅することになった。さらに南京政府は、新通貨制度の下でロンドンとニューヨークに為替安定資金を置くと同時に、法幣の為替基準相場を英ポンドに対して切り下げ、英ポンドと米ドルとのクロスレートをもって対応し、国際金融市場において、法幣価値の安定とその国際的信用力を確保することになった[34]。

　それから、30年代後半に至るヨーロッパでは、通貨・為替抗争と共に、東欧諸国市場をめぐってマルクブロック、金ブロック、スターリングブロック間の対立が深刻化するが、35年には、米英為替抗争はアメリカが優位の中で相対的に安定していた。しかし、為替抗争の中で米英両国の為替操作の対象とされた金ブロック諸国、特にフランスはフランの過大評価により国際競争力を失って輸出を減少させた結果、経常収支の赤字幅を拡大させ、大量の金を流出させた。さらに翌年6月、フランスにおいては人民戦線内閣が成立し、ブルム（L.Blum) 政府は政策転換の必要性を認識してリフレ政策を採用しようとしたが、この対策に反対した資本家がほどなく資本逃避行動に出た

ため、直ちに為替管理を強化したものの、フラン危機が発生し、9月26日、金本位制を停止しフラン切り下げを余儀なくされることとなった。同時にほかの金ブロック諸国（スイス、オランダ）も切り下げを実施した結果、34年5月、イタリアの脱落以降結束が乱れていた金ブロックはその役割が果たせない状態に陥ることになった。結局、為替安定を図るべくフランスは、同日、米英との間に三国通貨協定を成立させ、さらに9月29日、金輸出禁止令に続き10月2日、新貨幣法を制定し、フランス銀行が金兌換を停止した結果、ここに金ブロックは完全に崩壊することになったのである[35]。

しかしながら、三国通貨協定は為替安定の具体策が明確にされず、為替安定基金が保有する外貨準備の価値保証、為替介入などを行うことができない状況にあった。そこで、10月12日、三国政府は金イアマーク協定を締結し、これによって為替障害（外国為替困難）の除去、相互間の自由交換などが確認され、当日の金市場価格で外貨と金との交換が可能となった。これを受けて、フランスは翌日、為替相場の安定を図るための為替安定基金（為替平衡金）を創設し、ここに米・英・仏三国相互間の為替安定基金運用の国際協調体制ができ上がった。これと同時にイギリスはフランスの東欧諸国との支払い協定を媒介に東欧諸国への進出を加速させ、ドイツとの市場分割抗争を必然化し経済的・軍事的に衝突していかざるを得なくなるのである[36]。

2. 為替管理の強化と横浜正金銀行の対外業務

以上のような世界経済のブロック化とその再編、国際決済機能の低下及びその機能の複雑化の中で、管理通貨制に移行した日本政府は、円為替相場を放任したが、ほどなく金・外貨資金の枯渇に遭遇し、この対策として外貨・為替資金の管理を強化することとした。これを機に外国為替金融機関の再編が進み、ここに正金銀行は外国為替・貿易金融業務の割合が増大することとなった。

すなわち、すでに見たように金輸出の再禁止後、日本政府・日本銀行・正金銀行の在外資金は枯渇し、為替市場に対する正金銀行の統制力は低下し、為替相場の変動もドル買持人の意向によって左右されるという状態になって

いた。日本政府は円の価値を切り下げ、インフレによる不況の克服、輸出産業の振興（輸出の躍進、輸入の阻止）に有利として為替を放任したが、これが反面では資本の海外逃避の誘発、政府の海外支払の増大を招くことになり、金・外貨資金の貧困に制約された。こうした国際収支の調整さらには為替相場の安定を図る対策として日本政府は、まず外貨管理に当たるべく、32年3月に産金時価買上を開始し、為替相場下落による産金業者への打撃及び政府海外払いの増大に対応することとした。そしてまた正金銀行は在外資力においても、為替相場においても苦境に立たされることになり、米英貨資金の充実を図ることが急を要するところであった。そこで同行は、輸出為替をできるだけ多く取り扱い、さらに上海とニューヨーク市場において円売・ドル買を通してできるだけ多くの米英貨資金を調達し、在外資金の充実と同時に、同行の立場回復に努力することになった[37]。こうした情況の下、正金銀行は日本銀行との「外国為替貸付金制度」の貸付利率等が改定される一方、他方日本銀行に対する当座借越の利率も同行の商業手形割引歩合と同率となった。またこの際、輸出手形引当についてはこれまでロンドンとニューヨーク向け為替手形に限定されていたが、これを契機としてそのほかの諸国向けのものも含めることになった。以上に続いて7月、日本政府（大蔵省理財局国庫課）はこうした為替相場の低落より生じる資本の海外流出と為替思惑取引の阻止のため、「資本逃避防止法」（1932年法17号）を制定し、為替管理の強化を進め国際収支の調整、為替相場の安定に当たったものの、上海事変後の東アジア情勢の下に日本の経済界が動揺し、銀行間取引が減少し、ついに為替相場の安定を図る政策とはならなかった。しかし正金銀行は為替市場の統制強化を追い風にして、外国為替・貿易金融業務の役割を一層加重することになった[38]。

　こうした情勢の中で、33年3月6日、アメリカが先に見たように金銀輸出禁止布告とインフレ政策を断行した結果、各国為替取引の混乱、ドルの動揺を来すことになり、8日に日本政府は米ドルとの取引停止、続いて為替基準相場をドル建てからポンド建てに変更するこを決定した。しかし正金銀行はアメリカが翌月19日、正式に金本位制を停止したのを受けて、翌日、為

替基準相場を米ドルより英ポンド（対英相場、1シリング2ペンス）に変更するると同時に、対米そのほか各地向け相場をこれに従って算出する方針に転換した[39]。そして、円為替相場の動揺を防ぎ、ポンドに集中する方策を採って極力ドルの変動による危険を除くことにした。その後日本の熱河省・河北省侵攻、国際連盟脱退、対米関係の悪化などが進む一方、原料輸入品価格の高騰、あるいは「資本逃避防止法」をかい潜る資本の海外逃避などが相次ぎ、早急に為替相場の安定を迫られた日本政府は、33年5月1日、「外国為替管理法」（1933年法28号）を施行した。この外国為替管理法の制定は、資本逃避防止法の継承、思惑的資金移動の統制など、一切の外国為替取引を取り締まる権限を掌握すると同時に、資本流出の抑制によって為替相場の安定を図るものであった。この為替管理の実施によって、為替の思惑取引の取り締り、国際収支の調整が図られる一方、他方では正金銀行を通した為替統制により、為替相場は安定的に維持されることとなったのである[40]。

　ところで、こうした為替管理政策が強力に進められる状況の下、外国為替銀行の動向も急激な変化を遂げることになった。すなわち為替管理が強化される中で大蔵省は、外国為替業務を営む本邦・外国銀行に対し、その店舗の大蔵大臣への届け出を義務化し、届け出た銀行を「外国為替銀行」と称することにした。これに従って、33年8月までに外国為替・貿易金融業務を営む本邦銀行41行（910カ店）、外国銀行（ナショナル・シティ銀行、蘭印商業銀行、香港上海銀行、中国銀行、チャータード銀行、和蘭銀行、日仏銀行の7行〈15カ店〉）はそれぞれ届け出た（第11表：140頁参照）。しかしこの場合、外国銀行は、貿易の拡大が望み難く、思惑的円為替投機[41]、満州向け送金など正常な業務の遂行さえ困難であった。従ってこの為替管理の導入は、外国為替・貿易金融業務を主業とする外国銀行に対して大きな打撃を与えることになった[42]。また為替管理が展開される中で財閥系普通銀行は外貨買持が思惑視されて困難となり、在外資金運用においても最も有利な証券投資をまったく取り扱えなくなったのである。

　他方、正金銀行は、外貨証券の買い入れについては大蔵大臣から概括的許可を得て有利な立場にあった。さらに日本銀行から低利の外国為替資金

(2,000万円を限度、年2％)を借り入れ、これによって市中相場よりも低い相場で輸出手形を買いあさることもできた。この結果、為替管理の進展下において財閥系普通銀行の外国為替・貿易金融業務が停滞する一方、正金銀行のそれが増大する傾向にあった。これまで同行は、日本政府と日本銀行指定の金融機関として国際収支の送金及び為替業務などを中心に担当しその役割を果たしてきたが、為替管理実施以降は為替業務を独占的に担当してその統制力を発揮し、為替取扱シェアは半分以上を占めるに至った(第13表)。これは為替管理導入後、財閥系普通銀行の外貨買持思惑が困難となり、他方で政府の為替低位維持政策により正金銀行に豊富な外貨資金が集中し、同時に同行が外貨資金の需要に対して自由に売り応じ得たことの結果であった。また上海の時局悪化、日米断交などの国際情勢、国内財界の動揺に伴い外国銀行が日本からの資金の引き上げ及び円資金の欠乏によって、為替業務を取扱うことができず、もとからの正金銀行への集中が一層進んだことを物語るものであった[43]。こうした内外情勢の下に外国為替金融機関の再編が進み、財閥系普通銀行が大きく後退し、外国銀行及び特殊銀行(朝鮮銀行・台湾銀行)が低迷する中で、正金銀行は業務を拡大しその役割を増幅することになった。

なお、これに加えて、34年1月、アメリカの金準備法制定を受けて主要資

第13表　外国為替取引高銀行別

(単位：百万円、％)

年次	横浜正金銀行	台湾銀行	朝鮮銀行	普通銀行	外国銀行日本支店	合計
1929年	11,059(39)	1,389(5)	1,070(4)	12,515(44)	2,335(8)	28,366(100)
1931年	7,331(38)	981(5)	663(3)	8,651(45)	1,720(9)	19,326(100)
1933年	9,740(48)	1,093(5)	893(4)	6,719(33)	1,806(9)	20,251(100)
1935年	11,513(46)	1,333(5)	1,290(5)	8,338(33)	2,552(10)	25,126(100)
1937年	18,169(57)	1,493(5)	1,119(4)	7,909(25)	3,136(10)	31,745(100)

出典：(1) 伊藤正直『日本の対外金融と金融政策』名古屋大学出版会、1989年、312頁。
(2) 原資料は、大蔵省『銀行局年報』各年版。

本主義国は、金集中政策を強行し、上述のように基軸通貨間の為替切り下げ抗争が展開されることになった。4月、日本政府は外貨資金管理を一層強化すべく「日銀金買上法」を制定し、金の海外現送でなく国内金に集中し、さらに金の買入主体を政府から日本銀行に移すことで、正貨の充実を図ることにした（34年4月、正金銀行は門司出張所を開設）。これ以降、金買入が継続されると同時に金の海外現送は行われず、金の国内保有・正貨充実という目的は一応達成された[44]。また10月以降、正金銀行は日本政府の為替管理強化策の下、対英1シリング1/16ペンスに変更し、円価の低落傾向に対して市場の効果的利用と豊富な資金量をもって、円為替相場の安定と維持に努めた[45]。こうした為替市場における同行の役割は、欧米列国が採用している為替安定基金と同様の機能を果たすものであった。これは言うまでもなく、国策銀行として自由な立場に置かれていた正金銀行が、財閥系普通銀行、特殊銀行、外国銀行等の外国為替銀行では容易にできなくなった為替売持・買持を独占的に取り扱い、これが円為替相場の安定に大きな役割を果たすことにもなったわけである[46]。

　ところが、日本銀行は正金銀行への国内向け外国為替貸付金に対する担保を、ロンドン及びニューヨーク払いの輸出為替手形のみに限定していたため、これ以外の地域への輸出が増加した場合、正金銀行はそれだけ内地の資金が圧迫されることになった。こうした状況にあって、35年、世界各地へ輸出の増進が図られた結果、同行の為替買持は激減し、為替相場の先行きにも不安が生じることとなった。そこで正金銀行は当面、所有する本邦外貨公債を日本銀行の勘定に差し入れ、これを担保として円資金の融通を受けることにした[47]。この外貨・為替政策の結果、33-36年に至るまで一切の外国為替取引の管理及びポンド決済が支配的となり、円為替相場は低位に安定し、同時に金現送の必要もむしろ減少し日本の国際決済構造が安定することになった[48]。正金銀行はこうした日本政府の為替管理の強化策によって、為替業務にさらに集中し、日本の為替市場における重要な地位を得ることになったのである。

　さて、二・二六事件後、広田弘毅内閣（馬場鍈一蔵相）は軍備拡張・インフ

レ財政を強力に推進した結果、為替下落の圧力、軍需重工業原料需要の急増などを相乗させて輸入為替の取り決めが殺到し、ここに金・外貨資金の不足が問題と化した。この場合、外国為替管理法の下に投機的活動が制約される中で、外国為替銀行はまさしく輸出入為替を取り扱い、実需の売買に努めていた。しかし事件の影響により、輸出為替はその影を潜め外国為替銀行は出会難から売り止めを余儀なくされ、一方、輸入為替の取り決めが正金銀行に集中することになった。この際、正金銀行は殺到した巨額の輸入為替を1.02シリング及び29ドルの相場で売り応じ、当面の為替市場の動揺を押さえることとなった（36年7月、同行はシャム国〈タイ〉のバンコクに出張所を開設）。しかし、この間国内及び世界の政治・経済情勢（36年9月、三国通貨協定の成立、金ブロック崩壊、中欧諸国間の政治不安など）の変化に伴って、軍拡用資材、関税引き上げ等による見越輸入から輸出為替が消滅し輸入為替の取組みが激増した。この結果、正金銀行は売持に転じ、円為替相場は安定性を欠き、大きく動揺することになり[49]、ここにほかならぬ日本の国際決済構造の脆弱性があらわになった。と同時に、輸入為替の需要が殺到し円為替相場が下落した際、同行は在外資金（3億円）をもっててこ入れし、下落阻止に当たったものの十分な効果が見られず、結果として以前にも増して思惑輸入、海外市場での円売りを許すことになった。このような円為替相場の新たな局面を迎えた日本政府は、その早急なる対策が迫られることとなったが、同時に為替政策の担当者の統一問題が新たに浮上することになった[50]。このため日本政府は、11月27日に為替管理を強化すべく為替管理令に関する省令を改正し（「外国為替管理法」に基づく）、円為替相場の安定を図ることとしたが、これと前後する馬場軍拡財政、日独防共協定締結など国内外の政治不安が増幅する中で円先安の予想を引き起こすことになり、結局、思惑輸入をさらに増大させることになった（36年11月、正金銀行は小樽出張所を開設）。その結果、金・外貨資金問題を再び引き起こし、円為替相場は下落傾向を一段と加速させることになった。

　この事態に対して12月3日、日本政府（大蔵省）は、日本銀行と正金銀行と協議の末、現行機構を変えず為替統制をもって対応することにし、外国

為替管理法の改正を行い（37年1月公布）、輸入貨物代金決済のための為替取引と輸入信用状取得を許可制にし（輸入為替管理令）、輸入の抑制及び為替相場の維持を目的とする貿易管理へと質的転換を図り、これに対応することにした[51]。さらに、日本政府は、37年1月8日、この輸入為替管理令を施行し、輸入の抑制、為替相場の維持を図ると同時に、日本銀行の金買上分を政府勘定に移管することにした。これを受けて正金銀行は、これまで継続してきた為替買持を見直し為替売持の方針に転換を余儀なくされた。しかし、この経済統制が導入されても輸入の増勢は止まらず、為替相場維持のために相対的に高値を付けている正金銀行に輸入為替が殺到して、同行の外貨資金は完全に窮迫するに至った。こうした情況を受けて、日本銀行は正金銀行の外貨資金繰りの緩和を目的として、3月9日、金買上法に基づき金の現送を開始し、在外正貨の充実と円為替相場の低落防止に当たることとした[52]。この場合、3～4月の間に「正貨準備」の増加分約1億1000万円の金現送を断行した。この際の金現送の代り金は、まず政府の在外指定の預金として正金銀行（ロンドンまたはニューヨーク支店）に預け入れると共に、外貨債元利払いに充て、そして後日、必要に応じて同行に払い下げられることになった。これと併せて4月、正金銀行は海外支店の為替資金の補充のため日本銀行から在外資金（40万ポンド）を払い下げることになり、ここにその金繰り上、ようやく一息つくことができた。続いて5月、日本政府は、外国為替管理部を為替局（為替局長、上山英三）に改組し、輸入の統制・強化を図ることになった。この際正金銀行は、統制された為替を独占的に取り扱い、為替・貿易管理の行政補助機関としての性格を強く持つこととなった[53]。一方、同行以外の民間外国為替銀行はさらに窮迫することになった。この年、正金銀行は日本銀行との間の「外国為替貸付金制度」の貸付率を再び改定し、その結果、輸入手形持高の著しい増加及び金現送に伴う同行の払い下げ等による資金供与をさらに高めることとなった[54]。

　こうしてこの間の正金銀行の為替取扱は、輸入漸増、輸出漸減の結果として、巨額の売り越しとなり、国際収支のバランスが崩れ、直ちに金・外貨資金の調達を迫られることになった。それゆえ、正金銀行は金の現送が継続さ

れる中で、これまでのような輸入為替偏重の傾向を改め、すべて米英貨資金の調達に結びつく金融に基づいた、輸出為替の吸収を目指して邁進することとなったのである。

第3節　日満ブロックと横浜正金銀行の対外業務

1．日満ブロックと経済開発

　この間東アジアにおいては満州国が樹立され、関東軍の主導による支配機構の整備が進み、満州国工作に一段落した日本は、次いで熱河作戦によって内蒙古・華北の一部を制圧しこれを満州国に編入して、さらに華北へ日満ブロックの拡大を進めると共に、満蒙・華北の経済開発を焦眉の課題とするに至った。

　すなわち、日本の生命線たる満蒙地域の維持に向かった日本は関東軍による軍政を敷き、治安維持など占領行政を強力に進めると同時に、1932（昭和7）年3月、欧米列強を上海事件に引き付け、この間隙をぬって満州国を樹立した。そして日本政府は、9月15日に米英の支援する南京政府の「安内攘外」政策、さらには列強の対日宥和政策に乗じて、「日満議定書」（満州国承認・日満共同防衛などを含む）に調印し、これによって満州国を対ソ・対蒙古共和国・華北戦略のための国防国家として位置づけた。一方関東軍は中央集権的満州統治機構、満州経済建設などの満州統治方針を満鉄と共に確立し、満州に関する一切の実権を掌握して、ほどなく政治的・軍事的に日満ブロックを形成するに至った[55]。しかし関東軍は、満州国の物的基礎としての満蒙経済開発の推進という満州経営の新たな課題に迫られることになった。

　まず、上海停戦協定締結後の33年1月1日、関東軍は山海関事件を契機として熱河作戦を開始し、熱河省、チャハル省・河北省の一部に続いて内蒙古・多倫県一体を制圧すると同時に、満州国諸機関（通貨・金融・交通・通信など）の進出をもって事実上満州国に編入した。また河北省方面では、万里の長城線（古北口・喜峰口・冷口・董家口・鉄門関など）を制圧したもの

の兵力過少・反満抗日運動の強化、弾薬の補給難などから随所で苦戦を強いられることになった。このため関東軍は灤東地区への侵攻と関内作戦を展開したが、結局、いずれも失敗を余儀なくされ[56]、5月31日、南京政府側の行政院駐平（北平）政務整理委員会（新日派委員長・黄郛（おうふ））と塘沽で停戦交渉に入り、「塘沽停戦協定」の成立を見ることとなった。この結果、灤東地区からの中国軍の撤退によって、この地域は非武装地帯（「緩衝地帯」）とされ、中国側は長城線を境界とする灤河省を満州国として承認を余儀なくされた。事実、日本は直ちに灤東地区と満州の間に列車・郵便・電信電話連絡・関税設置・治安維持などに関する協定を中国側に押し付け、この地区をもほぼ満州国に編入し、その後の華北分離工作の有力な拠点を獲得することになった[57]。

そして、こうした日満ブロックの形成・拡大が進む中で、軍需資源の確保が不可欠となった満州国では、関東軍特務部と満鉄・経済調査会の合同によって政策及び立案作業が進められた[58]。この場合、満州経済開発は満州国特殊会社法の一業一社主義の原則に基づき国策会社を設立し、これによって満州の重要産業を独占的・排他的（反財閥的）に支配し、国家的統制の下に運営することにした。このため満州経済開発に期待した内地独占資本、財閥の自由な活動に対する保証が与えられず[59]、これらの資本の対満進出は見送られることになった。従ってこの間の満州経済開発は、占領下の接収産業と満鉄の結合による特殊会社を中心として推進されることになった。この特殊会社の設立は、32年6月の満州中央銀行に続き、満州抗空・満州電信電話・大同酒精・満州石油、満州炭鉱など多くの基幹産業部門に及び、この際の設立資金はいずれも満州国政府の出資が圧倒的比率を占めることになったのである[60]。

このような政治的・軍事的に先行した日満ブロックが形成・拡大に向かう中で、では経済関係についてはどうだったのだろうか。

この間、ロンドンとニューヨーク市場においての銀価が底入れし、31年以降には銀価は漸騰傾向から暴騰に転じ、中国本部は不況に向かうこととなったが、金銀経済圏にあった満州ではこの影響と日本の満州経済開発が相乗

し、経済的好況と不況とが並存する不安定な情況にあった。

　まず、中国本部においては、世界恐慌の影響で世界各国が物価暴落、外国貿易の激減という情勢にあったのに対して、世界的な銀価暴落の下、物価の反騰、貿易の漸増を呈した中国経済は好景気の中にあった。しかしながら従来と同様に、中国が商品の輸入超過国という点は依然として変わらず、これを華僑の送金を始めとする中国移民の送金、在中各国官署の経費、外国資本の導入などの貿易外収支で補い、これが結果的には受取超過国となっていた[61]。しかし世界的に銀価暴騰に転じると銀両が対外価値を騰貴させると共に、銀塊に対しては価値を下落させ、その結果、中国経済はこのデフレ作用から物価の急落、貿易の減少、銀塊の流出をもたらし経済恐慌に陥ることになった。さらに加えて、日満ブロックの形成とそれに伴う満州市場の喪失によって、中国の国際収支バランスが大きく崩れることになった。こうして、政治・経済の不安と満州市場の喪失、これに銀価騰貴が相乗して中国経済は一段と疲弊し、さらに需要の減少[62]、特に輸出入貿易が著しく減少を招くことになり、このため南京政府は、関税を強化してこれに対応することにした。この間の満州・中国関係を見てみると、中国の製品輸出・原料輸入という関係が後退し、貿易総額においても凋落傾向を示すと共に、満州地方の海関収入（関税財源）の喪失とも相まって中国の国際収支は一層悪化を呈するものとなっていた[63]。このため南京政府は、33年9月、満州国側の山海関をはじめ、長城関税線（承徳・古比口・平泉・凌源・灤平・赤峰）の設置に対抗して、長城（古比口・喜峰口・界嶺口・義院口・冷口）に関税事務所を設置し、長城線の関税強化策[64]をもって当面の日満ブロックに対抗した。

　一方、満州では、金銀通貨併用であったことから中国と同様に銀建部面では好景気にあったものの、満州建国により、後に見るように国幣の非兌換による銀為替管理通貨体制をとり、銀の輸出を禁止し、事実上銀本位制を離脱したことにより、銀価変動を直接受けることが少なくなった。しかし対金本位国との関係においては、世界恐慌下で各国の購買力が低下し、とりわけ輸出の大部分が一次産品（農産物）で、しかもその大半が恐慌下の日本であった[65]。こうして満州経済は輸出を著しく制限され、世界恐慌の影響をまとも

に受ける、という複雑な様相を呈することになった。こうした中で満州国は、建築材料の輸入及び軍事産業原料の輸出を増加させることになるが、33年5月、陸軍省は「満州産業開発方針要項」を決定し、軍事産業の開発強化を図ることとした。その影響の下に、これまで満州経済開発の主軸であった満鉄の影は次第に薄れていくことになる。これを受けて、日本はこの経済資源の自給とブロック内市場の確保を基盤に世界市場への進出を模索することにした[66]。さらに、先に見たように、34年以降アメリカの金銀政策の下、国際金銀相場の変動が激しくなり、満州においても銀価暴騰の影響は大きく、満州国幣及び鈔票がデフレ傾向を示したため、満州国政府は満州中央銀行を通して地方通貨の整理を進めた。しかしこれによって国幣の流通範囲が拡大したにもかかわらず、一方で国幣の収縮が起こり、逆に日本円・金票（朝鮮銀行金券）の流通が増加するという結果を招き、このため満州の対外為替相場は騰貴し、一層不利益をこうむることになった。とはいえ、8月以降日満ブロックの拡大と共に鉄道・道路・大工業地帯など日本の資本・商品輸入によって満州経済開発が促進され、満州国内の購買力の上昇、日本の軍隊の駐留などから消費活動が活発化し、ここにいわゆる満州ブームがもたらされることになった[67]。満州国は、銀価暴騰から輸出農産物の価格低落により輸出不振に陥り、輸入超過国に転化したものの、日満貿易関係が示すように、日満経済開発に沿った貿易・経済構造が形成されることになった。

　ところで満州国建国後その経営に行き詰まった日本は、これを打開すべく満州国内・外の治安維持と資源の確保を目指して華北に武力膨張を強行したが、中国の政治的・経済的統一が進展する中で、再び停滞することになった。またこの間満州経済開発（特殊会社方式・資本ルート）に伴った満州の好景気も下火となり、関東軍は民間投資の進出をさらに促進することにしたが、依然として対満投資が対ソ戦準備という軍事的色彩を持つため財界は非常に慎重であった。このため満州の資源開発は一向に進展せず、原料供給地としての期待もはずれ、満州経済は原料品の対日供給の減退、鉱工業資源・食糧の不足、農民の貧困、土着産業の疲弊、商品購買力の低下、満鉄・在満資本の利潤低下など、全体として停滞・疲弊し、行き詰まりを余儀なくされてい

た。こうした情況の中で、35年に入ると関東軍（石原莞爾参謀）は、満州産業開発5カ年計画を作成し、その後これを具体化させることになるが、この計画は満州において軍事産業をさらに拡大していくという方針を示すものであった。また、この満州の行き詰まりを打開すべく日本は、6月、まず支那駐屯軍が「梅津・何応欽協定」（梅津美治郎・支那駐屯軍司令官、何応欽・北平軍事分会主任）を締結し、続いて関東軍が「土肥原・秦徳純協定」（土肥原賢二・奉天特務機関長、秦徳純・チャハル代理主席）を結び、これによって出先陸軍は河北省・チャハル省を非武装地帯化すると同時に、満州の生命線を華北にまで拡大し、まさしくこの両省が華北分離工作の具体的な出発点となった[68]。そこで支那駐屯軍は、梅津・何応欽協定の締結を契機として華北の資源調査（34年11月、「北支の経済資源調査」企画、特に国防資源）を開始し、その結果を経済開発案としてまとめた。その内容は、日満華ブロックの結成を目指し、経済開発も華北の経済的独立を想定し、財政・金融・交通・資源開発の広汎な分野において実現し、しかも軍事的色彩が濃く、その重点は良質な石炭（撫順）・鉄鉱（鞍山）・棉花の獲得と同時に、それらを海港まで輸送する新鉄道線の建設に置くというものであった[69]。しかしこの日本の華北進出に対しては、ソ連の5カ年計画の進展及びコミンテルン大会（第7回、35年7月8日）を背景とする極東・対日軍備の強化と国境（ソ・満）紛争の発生、また後に見るように米英の対中国政策が展開され、とりわけ南京政府の幣制改革の断行（35年11月）とその成功はそれを支援する米英提携路線の形成により、東北・アジア情勢に急速な変化をもたらすことになった。この結果、日本（外務省・陸軍）は、対ソ・中の二正面、さらには南京政府を支援する米英に対峙するという環境を醸成させ、これまで以上に危機感を募らせると共に、華北分離工作の再検討を迫られることになった。

　ところが、南京政府の幣制改革の成功という情勢の中で、これに対抗して華北分離工作を進める支那駐屯軍は、華北五省（河北・察哈爾・綏遠・山東・山西）の自治と華北経済圏の独立、すなわち「第二の満州国」化に向けて武力膨張を展開し、11月25日、河北省北部の非武装地帯に治安対策の拠点とする冀東政権（殷汝耕、冀東防共自治委員会、翌月自治政府に改組）を樹立

した。他方、日本の圧力に押されて南京政府は、12月11日、河北・チャハル省を管轄する自治的な政治組織である冀察政務委員会（宗哲元、日中間の非武装地帯）を組織することになった。こうして支那駐屯軍は、この両政権を反共の防壁（緩衝地帯）とし、対ソ・中二正面対策と同時に、同月、華北経済開発の実行機関として興中公司（満鉄の出資により設立、中国人の反感を考慮して日中合併方式を採用）を設立し、豊富な国防資源の開発を促進する一方、冀察政府を相手に電気・塩業・製鉄・炭鉱・棉花・運輸などの事業開発を進めることにした。こうした対策の下に開発が進展し、その環境が整うこととなり、ここに各種の資本が華北へ進出することになったのである[70]。

　また、関東軍は、年末以降冀東政権を利用して冀東密貿易を進め、華北へ経済進出の強化を図った。この場合、冀東政権は、この密貿易を合法化して「冀東特殊貿易」とし、これを通して密輸品（銀、紡績製品、砂糖、貝柱、雑貨など）が華北に流れ込み、経済的に大きな影響をもたらすこととなった。この特殊貿易で得た収入は、冀東政権の財政的基礎固め資金、内蒙工作援助資金、さらには冀察政権の合流工作資金などに向けられ、これがほかならぬ華北分離工作の一環であったことは言うまでもない。他方この特殊貿易は、中国市場の混乱、中国関税収入の激減、中国民族ブルジョアジーの破滅、中国関税制度の破壊などを促進させ、やがて政治的・経済的統一を進める南京政府を危機に追い込むという狙いもあった。しかしこの特殊貿易が実施された結果、華中・華南方面にも拡大され南京政府の関税収入が激減することになったものの、すでにこの関税収入を対中国借款の担保としていた米英にとっては重大な問題となり、国際的な問題にまで発展することになった。さらにこの特殊貿易は、米英の疑惑・警戒を増幅させ、南京政府の取締強化、冀東を経由しない密輸の増加などを引き起こさせると同時に、中国ブルジョアジーを抗日運動に参加させる原因を作り出すことになり、ここに華北経済開発は、なお一層停滞を余儀なくされたのである[71]。

　一方、こうした日本の華北侵入に対して中国においては、12月9日、北京で八・一宣言に続く抗日救国・国共内戦停止を要求する学生運動が勃発し、さらに翌年2月以降陝西省紅軍の山西省出撃、ソ連・モンゴル人民共和国

（外蒙）軍事援助締結、全国各国連合会発足（抗日救国への結集）などの抗日運動が継起し、特に共産軍（紅軍）の日本前線である河北省に接近する山西省への出撃は、日本にとって重大な意味を持つものとなった。こうした華北一帯において日本軍の武力膨張に対する抗日民族解放運動の高揚、共産軍の脅威などの事態に遭遇した広田内閣（寺内寿一陸相）は、すでに承認済みの「第一次北支処理要綱」を受けて、日本外交の戦略目標を満州から華北にまで拡大し、5月に支那駐屯軍の兵力増強を図った。さらにその後、反日テロ事件、広東・広西の政治不安（36年5月）が続発することとなり、広田内閣は、直ちに軍部の国防方針に沿って帝国国防方針（第三次改訂、米ソ目標、併せて中英に備える）を改正し、この方針に基づき6月30日に国策大綱、8月7日に「国策の基準」、「帝国外交方針」（南北併進）を決定すると同時に、対中国政策としては、11日に「対支実行策」、「第二次北支処理要綱」など一連の重要方針を相次ぎ決定した。そしてこれらの方針を受けて支那駐屯軍は対ソ警戒と戦備の強化を進め、華北を防共・親日満の特殊地域化にすると同時に国防資源を開発し、その上に日本の独占的な資源供給地、商品販売市場として確保することとし[72]、この資源の安定確保をもってまさに対ソ・中二正面に対峙することにした。日本の華北工作に亡国の危機に直面した中国人民の救国抗日運動は、その後さらに高揚した。11月14日、中国軍（傳作義）は「内蒙軍政府」（徳王、36年4月関東軍の内蒙「独立」工作により成立）謀略部隊の綏遠省への侵攻を迎え撃ちこれを打破したが（綏遠事件）、これが12月12日、西安事件を媒介として中国抗日運動の新たな展開を見せることになり、ここに中国人民の抗日エネルギーが結集され、国共内戦から第二次国共合作＝抗日民族統一戦線の結成へ向うこととなった。

　こうした中国情勢の中で、日本は、この間南京政府の幣制改革に拒否反応を示し、中国の統一ではなく依然として分割支配を想定・推進していたのであったが、この軍部の侵略、分割支配の路線も同年後半には挫折を余儀なくされることになった。折しも幣制改革の成功が顕著となった37年3月、日本の大陸政策の変更に伴い、佐藤「和協外交」の展開と兒玉訪中使節団の中国訪問とは、米英支配に乗ろうとする細やかな試みであった[73]。しかしなが

ら一転して 7 月 4 日、近衛文麿内閣（板垣征四郎陸相）は、「第三次北支処理要綱（北支指導策）」を決定し、華北対策の転換、華北分離工作の否定、日中経済提携などを言及するに至っていたが、中国側にはもとよりこれを受け入れる余地はなく[74]、従来どおり日満華ブロックの形成は促進されることとなった。こうして、中国を中央と華北に分断し、国共分裂を利用して侵略工作を進めてきた日本は、統一を求める中国の国民的なエネルギーの高揚に遭遇し、ついに蒋介石をも抗日民族統一戦線へと追い込むことになった。結果として日本は、事実、南京政府との国交調整も行き詰まり、また出先陸軍も華北分離の具体的工作も取り得ず、新たな対中国政策の検討を余儀なくされることとなったのである。

2. 日満通貨統一と横浜正金銀行の植民地金融業務
1）満州国の幣制事情と国幣通貨統一

日満ブロックが形成・拡大される中で、満州国の幣制が混乱し不統一の情況にあったため、満州国政府は早急に中央銀行の設立及び満州国の通貨統一を進めることとし、正金銀行は満州特産物資金の供給、海関税の取り扱い、上海銀為替を通して国幣価値の安定に努めることとなった。

すなわち満州事変後の関東軍は、占領下に主要行政機関及び各省官銀号を接収し、管理下に置いた。日本政府に依存することなく軍政の安定化を図り、張学良の軍事資金の供給を分断するために、奉天・長春・吉林の各銀号本店を封鎖し、直ちに調査を関東軍・朝鮮銀行・正金銀行・満鉄に当たらせたのであったが、ほどなく馬占山の抵抗で接収の遅れた黒竜江省官銀号を除いた各官銀号の業務を開始させ、他方では満蒙新政権樹立の運動を着々と進めていた。その後の 31 年 12 月 16 日、関東軍（板垣征四郎参謀、石原莞爾参謀）は統治部を設置し（部長・駒井徳三）、続いて翌年 1 月、「貨幣及金融諮問委員会」（議長、統治部次長・武部治右衛門、出席者〈満鉄・首藤正寿、南郷龍音、安盛松之助、朝銀・色部貢など〉）を開催し、満州の中央銀行設立及び貨幣制度を中心とした満州貨幣・金融政策について論議を進めることとしたが、ここでは主に本位制度について論争が展開されることになった[75]。

こうして3月、建国された満州国政府は、これまでの案に沿って満州貨幣・金融政策の再検討に入り、まずは満州中央銀行設立法の作成作業を進めた。新たに長春において結成された創立準備委員を中心に満州中央銀行に関する諸立法が検討され、これに基づき6月11日に「満州中央銀行案」、「貨幣法案」、「旧貨幣整理弁法案」が公布、施行された。これを受けて、満州国政府は法的措置の完了した15日に三井・三菱の貸付金及び旧張学良の資産等をベースに満州中央銀行（満中銀）を設立し、翌7月1日に開業した。この開業に伴って東三省官銀号・吉林永衡官銀号・黒龍江省官銀号・辺業銀行の4行号は、満中銀に合併され、同時に全国各支店の一斉開業をした[76]。「貨幣法案」については、上述の「貨幣及金融諮問委員会」において満州幣制の本位を金系・銀系のいずれに置き統一していくかが焦点となり、これをめぐって議論があったが[77]、結局、銀為替管理通貨制を採用することになり、兌換規定もなく準備金中の金銀比率も明記されない「貨幣法」が制定されることとなった。これによって満州国は通貨の統一が果たされ、満中銀の発行する満州中央銀行券（満中銀券）が国幣となった。これは、世界的に金本位制放棄、経済のブロック的解体が進む中で、各国が管理通貨制を採用し、日本自体も金輸出再禁止下にあり、兌換規定の撤回は、上海為替市場との関連を考慮すれば、満州国にとっては採用せざるを得ない政策的措置にほかならなかったものと言えよう[78]。こうした経緯の下に、満中銀の開業と同時に、通貨統一がひとまず進み、銀系通貨（国幣、鈔票）、金系通貨（日本円、金票）等が流通することになったが、満州国ではこれに加えて財政の確立、鉄道、電気通信などの経済基礎機構の整備が促進されることとなった。しかし、8月8日、満州における日本側の政治機構の変化があったとはいえ、その間世界恐慌下の大豆需要減退・価格崩壊による満州大豆の市場縮小・価格下落が生じ、これが貿易機構の変化、満州国幣の騰貴を導き、満州経済は再び混乱に陥ることになった。このため満州国政府は、ここに国幣価値の安定対策を急務とされるに至ったのである。

　ところで、この間正金銀行は、鈔票発行を通して円為替圏の維持、特産為替の取り扱い、金銀資金調達、海関税取り扱いなどの植民地金融に当たって

きた。しかしこの事変の影響の下に通貨と金融が絶え間なく混乱する中で、大連支店は、上海銀為替との安定した関係をもって貿易決済通貨として信任を獲得していた鈔票の需要が漸減し、またハルビン支店においても鈔票の悪評と同票相場の暴落によって、鈔票発行高は減少傾向を余儀なくされることになった。さらに、9月25日、満州国は、中国を外国として取り扱い、輸出入品に対して現行で一斉に課税することとし、同日から実施した。またこれと同時に、長春が新京と改名されることになり、正金銀行はこれに対応し、11月17日から大連・牛荘・奉天・開原・長春・ハルビン各店の営業所の表示を「中華民国」から「満州国」に改め、長春支店を新京支店と改称することにした。そして33年3月10日、南京政府が廃両改元政策に従って銀輸出に対し輸出税を付課したため、同行は上海為替相場を外貨表示に改正を、同時に上海・漢口・天津各支店の記帳を銀元本位に改訂を余儀なくされた。さらに大連支店では、匯申相場を100元に対する鈔票表示に変更し、また大連海関での輸出入税を国幣で徴収することに改正されたのを受けて、国幣の関東州内流通が認められるまで鈔票をもって換算徴収することにした[79]。なお、こうした状況下の12月、正金銀行は、翌年1月1日から牛荘支店を営口支店に改称することを決定した。

　こうした変遷を経て、満州国幣制は銀為替管理通貨制の採用をもってスタートしたものの、その基礎は銀本位制であり、従って正金銀行は鈔票を通じて銀価の影響を受けた。すなわち満州国幣制は、その対外価値を上海銀為替にリンクし（中国金融システム）、これを統制している関係上、上海為替相場に現れる銀価変動は間接的に満州国為替にも現われ、この影響を受けることになった。例えば国幣の対外価値は上海ドル相場を標準としていたため、上海ドルが世界の銀塊相場の変動を受けると国幣も同様に追随するというように、満州国幣は間接的に世界の銀価格変動と同一歩調を取ることになった。正金銀行はこうした世界の銀価格変動に対応し、鈔票をとおして上海銀為替にリンクし、これを媒介として国幣価値を安定させる役割を果たしていったのである[80]。

2）日満通貨統一と横浜正金銀行の植民地金融業務

　この間満州においては、国幣の暴騰と金票流通量の増加とが相まって通貨価値に乖離（かいり）を来し、経済全体を混乱に陥れることになったため、満州国政府は、日満通貨の統一を果たし解決を図ることとしたが、この統一によって正金銀行は鈔票の廃止を余儀なくされることになった。

　すなわち、通貨統一後、満州国は鈔票を通して上海銀為替にリンクして国幣価値を維持してきたが、34年以降、アメリカの銀買上げ政策の下に国幣が騰貴し（対金系通貨）、これが物価の低落、農産物価の激落、為替相場の騰貴、輸出入貿易の変化などをもたらした。この結果、鈔票に対する国幣の相場は漸騰の傾向をたどることになり、7月13日、正金銀行は満州各店に対し、国幣の買い持ちをなるべく回避する方針を指示した。しかし、8月17日、満州国政府が「公司資本に関する勅令」により外国貨幣に依る会社の設立許可及び外国資本特に日本資本の流入許可を打ち出したのを受けて、ほどなく日本の政治的・経済的工作及び満州経済開発の進展と同時に、日本資本（建設諸材料、燃料、そのほか）の満州進出が増加し、これが金票の流通量を加速させることになり、満州は一挙に経済全体が混乱状態に陥ることとなった。このため満州国政府は、国幣発行の増加、物価統制、銀輸出禁止などの方策をもって国幣価値の低落対策に当たったが、いずれも不調に終わり、さらに国幣のデフレ現象を促進させると同時に、国幣と金票の価値乖離を一層拡大させることになり（二重構造）、これがひいては日満両国の経済関係に新たな問題として浮上することとなった[81]。

　そこで満州国政府は、この両通貨価値の乖離が日満ブロック、とりわけ日本の対満投資を困難にしている原因であり、これを解消するためにも国幣を銀との絆を絶って（上海銀為替リンクから切り離し）、円にリンクさせることが急務であるとし、35年5月11日、銀輸入禁止を発令し国幣の対日相場の調整に入った。その後の8月、アメリカが銀の国有化方針を打ち出したことを背景として、国幣の対日相場が上昇したが、これ以降等価水準（国幣・金票パー）を維持していたため、満州国政府は、日本の「満州国幣の日本円リンク（等価）方針」（35年10月8日、高橋蔵相）の発表を受けて、11月4日、

日本政府と同時に、「日満正貨の等価維持に関する声明」を発表し、ここに国幣の日満一体化（円元パー方針）、すなわち満中銀券の銀との離脱と日本円とのパーリンクへの転換を決定することになった[82]。その結果、国幣の統一、金銀両系通貨建の廃棄により、満州国内及び関東州・満鉄付属地内の本邦金融機関が、満州国政府の金融行政内に設置されることになり、金融統制の一元化と同時に、円ブロック圏への編入が完成することとなった。

ところが日満通貨統一後においても、中国方面への資本逃避、国際通貨の不安定からくる国幣価値の動揺が止まず、この価値の安定を目指す満州国政府は、それに加えて11月30日、「外国為替管理令」公布（勅令第141号）と同時に、関東局為替管理令改正令をもって為替管理統制の強化を図ることにした。しかしこのことは、一方で満州における朝鮮銀行券の流通意義を失なわせることとなった。そこで朝鮮銀行はこの政策に反対し、日本政府、満州国政府と再々の折衝を続けたが、12月6日にこれを一転させて満中銀との間に業務協定を締結し[83]、満州国の通貨統一及び為替管理対策への協力をもって日満一体化政策を受け入れることにした。これによって満州国は国幣による通貨統一がひとまず推進されることとなり、朝鮮銀行は満州国内での朝鮮銀行券発行の停止と同時に、その回収を余儀なくされることになった[84]。そして満州国政府は、満州への資本導入・促進を図るべく財政資金の投下、さらには37年1月1日、満州興業銀行（36年12月3日、朝鮮銀行満州支店・正隆銀行・満州銀行を合併・設立）を開業し、資金供給を推進することにしたが、これは同時に国幣の日本円リンクの完成へ向けての重要な事業を伴っていた[85]。こうして満州は、国幣による一元化統一を果たし、円ブロック圏に完全に包摂されることになり、36年12月28日、満中銀の朝鮮銀行券回収が進む中で、朝鮮銀行は日本銀行支店及び国庫金業務を終了することになったのである。

この間正金銀行は、鈔票を通して満州特産物資金の供給、海関税の取り扱い、上海銀為替リンクによる国幣価値の安定に努めてきたが、満州国の経済開発が進むにつれて鈔票の流通高が減少し、これに35年2月2日、上海における信用恐慌が相乗し、その発行そのものを考えざるを得ない状況にあっ

た[86)]。その後の 5 月 29 日に満州国政府は、財政部発令をもって現大洋票の流通禁止及び国幣建を決定した。さらに 8 月末以降、アメリカの銀国有化の進展の下に、世界の銀価が急騰し、これが上海の金融恐慌を一層激化させることになった。こうして相次ぐ事態の下で、国幣対金票相場の安定及び国幣対鈔票相場の変動という状況を出現させることになり、正金銀行は鈔票そのものの存否の検討を迫られることとなった。そして 10 月以降、伊・エチオピア紛争の勃発など不安定な世界情勢の続く中で、今度は鈔票対金票相場が動揺著しく、11 月 3 日、鈔票相場は大きく混乱することになった。さらに 11 月 4 日、円元パー政策の実現、12 月 10 日、満州国政府の為替管理政策、翌日、日本政府（蔵相）指令（正金銀行に対し国幣の使用、鈔票発行停止など）、そのほか満鉄・軍部の国幣使用などの諸条件の下、国幣の統一が促進される中、12 月に入り大連市場の鈔票相場が暴落することになった。こうした世界及び東アジア（中国・満州）の貨幣・金融情勢が大きく変動を遂げつつある中で、鈔票は、日満華間の為替決済通貨としての本質的機能を喪失し、さらに以上に加えて銭鈔取引高の衰減などの結果、ついにその存在理由も失われることとなった[87)]。

　その結果、36 年 9 月 22 日、正金銀行は「関東州及び満州国における鈔票の発行禁止に関する勅令」（第 335 号）をもって、翌月 1 日以降鈔票の発行が禁止され、時を同じくして大連及び新京の銭鈔取引所が閉鎖され、大連物産市場も金建となり、ここに既発行の鈔票が金票とパーで回収されることになり[88)]、ついに鈔票は満州における使命を終え、30 年にわたる歴史の幕を閉じることになった。これ以降、正金銀行は在満支店の営業を継続することになったものの、満州における業務は対第三国輸出為替の取り扱いに限定されることになったのである。

第4節　中国の幣制改革と横浜正金銀行の対外業務

1．国の幣制事情と幣制改革の諸方策

　以上のような情勢の中で、中国は、国内外各種の銀貨及び国内各省・外国銀行の銀行券が流通し、極めて混乱した幣制状況を呈していたが、これに世界的な銀価漸騰・高騰が相乗し、各地で多くの銭荘が没落することになった。南京政府はこの事態に、急きょ「廃両改元」の断行によって幣制統一と新式銀行資本を中心とする金融機関の再編を果たし、さらに各国の協力の下に幣制改革問題に取り組み、政策立案に当たることになった。

　すなわち、すでに見たように満州事変の勃発を契機として、中国は各地において排外熱が高揚し、抗日に集中していき、これ以降政治的・軍事的に日中関係は悪化の一途をたどることになった。同時に、イギリスの金本位制放棄とその後の過程において、日英の貨幣が中国貨幣（銀両）に対してその相対的価値を下落させたため、その結果、銀を流出させ、中国の経済繁栄は崩れ、恐慌に陥るに至った。この影響の下、農村の現銀は都市に集中し、また物価の下落や外国貿易の後退によって商工業が衰退し、金融活動も停滞した。このため中国各地の銭荘（中小銀行）は没落し、大資本によって再編されていった。このような中国経済の恐慌が激化する中で、南京政府は幣制統一の第一歩として「廃両改元」政策を実施に移していくことにした。当時の中国関内における幣制は、外国銀貨（メキシコドル・香港ドル・円銀）・中国銀貨・補助貨幣など複数の銀系通貨が流通し、これに在華外国銀行・中国銀行・交通銀行・各省銀行などの紙幣及び兌換券が流通し、そのほかに銭荘の銭票が流通するという混乱状態にあった。このうち貨幣標準として使用されていた銀両・銀元の中国銀貨は、上海に特徴的に見られるように、銀元が国内経済の取引貨幣として新式銀行、また他方の銀両が外国為替取引の基礎として銭荘や外国系銀行の金融活動の、それぞれ重要な基盤となっていたことから、両者の間に競合関係が生じていた[89]。こうした混乱かつ錯綜した幣制は、当然、中国の政治的・経済的統一を目指す南京政府にとって重大な障害となっていたことから、幣制の整理と統一はまさに焦眉の課題にほかならな

かった。

　そしてさらに、上海事変後には世界的に銀価が漸騰に転じ、この影響の下に中国は金融・経済恐慌に陥り、この過程で銀両資金の不足が生じ、同時に銀両対銀元価格の暴落、各地銭荘の没落が相次ぐことになった。この状況の中で南京政府は、幣制改革の準備工作の一つとして「廃両改元」に着手し、幣制統一と金融機関の再編を実施に移すことにしたのである[90]。しかし、この場合、南京政府の財政部長（宋子文）は、1932（昭和7）年7月、上海金融界の有力者（浙江財閥）と合同で実施に向けての方針として、銭荘・在華外国銀行の既得権益解消や自己の勢力拡張などを盛り込んだ「廃両改元」の原則を確立し、さらに財政部に「廃両改元」研究会を設置して技術的問題の検討に入った[91]。折りしも、翌年1月、日本軍の熱河・チャハル省への武力侵攻の発生によって南京政府は、急きょ、「廃両改元」断行の必要に迫られ、これを実施に移すことにした。まず財政部は、上海の銭荘・銀行の同意を取り付け、時を同じくして国内各銀行の銀両建・海関金単位相場の銀元建への変更などを通告した。そして、3月8日、財政部は「上海銀元銀両兌換管理委員会」を組織して兌換事務を行う一方、中央造幣廠においても新銀元貨幣（一元鋳貨銀）の鋳造を開始し、10日に上海において「廃両改元」を実施に移した。そしてこの成果を見て財政部は、4月5日に「中央政治会議」を開催し、翌日以降全国各地に「廃両改元」を拡大して新銀元の流通拡大を図ると共に、在華外国銀行に対しても新銀元を標準銀貨とすることの同意を取り付け、ここに中国の「廃両改元」政策の実施を見るに至ったのである[92]。

　このように、「廃両改元」の実施によって各種混在した中国の幣制は銀元に統一され、幣制改革の一段階を越えると共に、銭荘の金融力低下と銀行資本の力量増大をもたらし、同時に南京政府は中央銀行・中央造幣廠を掌握し、中国金融機構の再編と支配の強化を果たすことになった[93]。つまり、在華外国銀行に依存の高かった銭荘の後退によって中国金融資本（浙江財閥）を中心とした中国新式銀行がその主導権を握ることになった。これを受けて、この間中国の金融・為替に全面的な支配権を掌握してきた在華外国銀行は、4月6日、「外国為替銀行組合」の総会を開き、中国における在華外国銀行間

の銀両・銀元の受け払いを従来どおりとするものの、中国新式銀行及び銭荘との間のそれをすべて銀元に改めることにした。そして、すでに3月16日、上海金業交易所が銀両建制を銀ドル建制に改正したのを受けて、為替相場においては香港上海銀行に続いて「外国為替銀行組合」全体が銀両建から銀元建へ変更することを決定した[94]。さらに、7月1日、南京政府が雑銀貨も新鋳貨に統一することを決定したため、これによって正金銀行をはじめ在華外国銀行は、自国の対外貿易金融機関としての本来の領域への立ち戻りを余儀なくされることとなった[95]。このように世界の銀価が急騰したのとは反対に中国の銀価が低落し、上海為替相場においては外貨売りが激しくなり、中国の保有現銀は海外に流出すると共に、中国資本はロンドン銀塊相場を基準とする中国銀市場と海外銀市場との間に生じた銀価の差異をぬって、銀の国際的循環の中に移動することになった。こうした状況下で、この間の南京政府財政部（孔祥熙財政部長）の「廃両改元」の実施と新銀元の流通拡大、さらには上海海関の銀輸出税（従価2.25％）賦課の告示に従って、正金銀行は、4月6日以後、在華外国銀行における一切の受け払いは銀元を、さらに4月10日には、米中為替市場においては銀ドル建てを採用することになり、これを受けて同日以降為替相場を銀元建とし、7月1日からは外国銀行間の受け払いも銀元をもって決済すると共に、上海支店、漢口支店、天津支店において、その記帳の基本貨幣を銀元に変更することを決定した[96]。なおまた、5月31日の塘沽協定締結後には、日中衝突は小康状態を呈していたが、その背後において関東軍及び支那駐屯軍は資源と市場を求めて、資源調査・密貿易などを強力に推進していた。

　ところが、34年5月22日、アメリカの新銀政策発動とその影響の下に、中国は銀流出を激化させ、経済が大きく低迷することになり、南京政府はこの防止に当たったが効果なく、これが銀恐慌へと発展し、中国経済全体が疲弊することとなった。すなわち、先に見たように、アメリカの銀政策（6月19日、銀買上法）の結果、世界の銀価が暴騰し、産銀国はドル収入が増加し、他方中国においては、6月28日に銀輸出禁止令を公布し対応したものの、外国為替相場の上昇、輸出不振、資本逃避などから銀流出が激増し、中国経済

はデフレ状態に、また上海金融市場は恐慌状態に陥り、多くの銭荘が倒産に追いやられ、言うまでもなく銀本位制に大きな混乱をもたらすことになった（銀恐慌）[97]。このため南京政府は、アメリカ政府に対して政策の緩和を懇請したが受け入れられず、さらにこれに加えて、8月9日にアメリカは銀国有令（銀買上法、7条）を公布したため、これが中国・満州銀市場において銀価の暴落をもたらした。こうした状況に対して南京政府は、8月14日、「外国銀貨輸入禁止令」の公布に続いて、9月9日に「外国為替管理令」、「標金取引管理令」を発布し、11日には上海標金取引所を開設した。また同月、上海金業交易所において、上海標金取引の決済基準を外国為替相場から海関金相場に改め、海関金で統一すると同時に、為替相場の統制に乗り出したが、銀流出が止まらず、いずれも不調に終わった。そこで南京政府は、10月15日、上海為替市場において銀輸出税の引き上げ、平衡税の設定を打ち出し（事実上、銀輸出禁止の断行、上海と海外の金融市場を分離、銀と為替供給機構の崩壊）、銀流出の防止に当たったが、具体的な成果を見ることなく、世界的な銀価の高騰が続き、ここに銀積み出しの遅延による平衡税の加算を恐れて積み出しを急がせ、その結果上海為替市場が大混乱に陥り、国民の不安増幅、在華外国銀行の反対を招くこととなった。そして、奥地退蔵に加え逆に銀の密輸出を誘発させたため、南京政府は、10月28日以降は平衡税の弊害緩和を図る一方、銀移出護照制・密輸出の取り締まりなどを強行したが、翌月に入ると上海において恐慌が勃発し、いずれも効果がなくアメリカに向けて銀流出を一層激化させることになった[98]。

　しかし一方で、南京政府はすでに通貨・信用制度の漸進的な改革を開始し、まず、11月10日、財政部に貨幣研究委員会を設置して、この幣制改革問題に積極的に取り組み、政策立案に当たった[99]。すなわち、南京政府は、新幣制のための外国為替（ドル為替・金）準備確保のため、国有化する銀の対米売却交渉、いわゆる「ドル交渉」を進め、新幣制安定の方向を明確にしていた。アメリカ財務長官（モーゲンソー〈Henry Morgenthau, Jr〉）もこのドル交渉を通じて中国幣制をドルにリンクさせる政策を強力に推進していた[100]。続いて、南京政府は先に見たように、10月末から平衡税に多少の手加減を加

え、現銀の移動制限、銀の満州向け輸出禁止、さらには銀の密輸防止賞罰法の発布に次いで35年1月14日に現銀海外携行禁止令を打ち出したものの、なお一層銀の流出が激化した（2月2日、上海・信用恐慌勃発）。これを受けて、同財政部は金融顧問委員会（外国人顧問、浙江財閥を中心とした金融資本家など）を組織して、同委員会の提案に基づいて銀の流出防止に当たることとし、その方策として銀流入の誘導（外銀輸入奨励弁法発令）、金融梗塞の緩和をもって、また、銀の再輸出に対しては新輸出税（銀再輸出税減免、雑貨買上法）、平衡税の免除をもって対処することにした。その結果、上海金融市場における銀の流出が緩和に向かったが、その後の4月、海外銀価が暴騰し、上海銀為替との格差を増大させ（上海銀市場とロンドン及びニューヨーク銀市場の銀価の開きが10％以上）、中国銀の暴落に伴う大量の銀流出が懸念されると同時に、銀の密輸出を活発化することになった。こうした事態の下、4月、モーゲンソー財務長官は、アメリカの銀政策緩和及び上海金融市場における在華外国銀行の銀系通貨採用を結論とした報告（米・フォーブス使節団は日本財団〈兒玉謙次正金銀行頭取〉との間で中国の通貨問題及び中国金融恐慌を克服する方法についての意見交換の成果として）を基に今後の対策を検討することとした[101]。他方、南京政府は、銀の流出を抑え、金融の安定化を図るため、在華外国銀行に銀輸出自粛の協力要請を行い、4月13日、在華外国銀行はこの要請に応じて銀の積み出しを差し控えることにし、ここに紳士協定が成立することになった。

　しかしながら、すでに見たように紳士協定の成立後アメリカの銀国有令発動を受けて、銀市場において銀価が急騰し、5月25日、上海中央銀行は現銀（1,660万元）をニューヨークに移すことを余儀なくされ、さらに31日、広東市場においてドルが暴落する事態となった。そこで南京政府は直ちに銀貨流出の禁止を打ち出したものの、この銀流出防止対策が不調に終わり、銀流出が一向に止まず、中国経済は、金融逼迫・デフレ（物価下落）・貿易減少などにより、激烈な銀恐慌に陥った。この結果、国内銀は不足し、上海の金融も一段と逼迫し、これが金融恐慌、産業恐慌（通貨政策が特産市場の混乱）へと発展し、有力な銭荘・銀行の倒産、中小商工業の没落・破産が相次ぎ、さ

らにこれに加えて銭鈔市場も混乱し、銀本位制の維持すらも困難となった。つまり中国の銀輸出は、紳士協定の下に一時的に抑えられはしたものの、他方で、銀の密輸出を激増させることになった。南京政府は、まさに政治的・軍事的・経済的統一はもちろんのこと、通貨・信用の中央統制の実現を図るべく、早急なる貨幣制度の改革が迫られる状況にあった。

　それから、イギリスは東アジアにおいては対日宥和政策に終始し、また香港には銀本位制を敷いていたが、この間アメリカの国際通貨体制の揺さ振り（金銀買上げ政策のエスカレートなど）、日本の大陸政策に対する不安（華北分離工作によるイギリスの在中権益の擁護、中国市場をめぐる日英競争の激化、日本の南京政府の傀儡化など）、さらに中国の民族運動の変化、世界的なブロック的再編の動向などから、積極的に中国経済建設の援助に向かった[102]。まずイギリスは、大蔵省を中心として中国経済への対策を開始し、6月、財政顧問リース＝ロスの派遣を決定した。これを受けて、リース＝ロスは7月、在英の日本関係者（大蔵省・日銀関係者）と中国幣制問題について掘り下げた議論を展開した。すなわち、リース＝ロスは、7月11日に富田勇太郎ロンドン駐在財務官と満州幣制及びこの幣制の中国への適用可能性について意見交換を行い、その後の25日、富田財務官は正金銀行ロンドン支店長加納久朗・日銀監査役宗像久敬を伴ってイギリス大使館を訪問し、満州国において銀を基礎とした管理通貨制の成果を得ることができたが、結局アメリカの銀政策の転換が行われない限り、銀ベースの貨幣制度維持は困難である、との意見を示した。この意見を受けてリース＝ロスは、さらにノーマン・イングランド銀行総裁との意見交換後、中国幣制改革の方向性と管理通貨的銀為替本位制の可能性を考慮し、銀本位制離脱、スターリングとのリンクに転換することを目指し、これをもって正貨、為替の安定を図るなどの中国援助の方針を固めつつあった。そしてリース＝ロスは、中国幣制問題の検討・整理後の9月6日、幣制改革の共同支援をもって中国経済を救済し、同時に東アジアの緊張緩和を図ろうと訪日し、高橋是清大蔵大臣・広田弘毅外務大臣・深井英五日銀総裁・兒玉謙次正金銀行頭取等と会談し、中国幣制改革への協力、中国外債利払いの大連海関税収見合分負担、満州国承認などの提案

をしたものの、ついに日本軍部の反対で挫折を余儀なくされていた。その後の9月21日、リース＝ロスは訪中して、政府要人、上海各界の領袖等と会談し、中国の恐慌切り抜け、幣制改革の方策等について意見交換及びイギリスとの債務交渉を行ったが、幣制改革後の法幣維持に関わる為替安定資金及び借款交渉において交渉が折り合わず、頓挫を余儀なくされた。こうして中国幣制の根本的な改革を迫られた南京政府（宗子文・孔祥熙）は、9月以降アメリカの財政顧問アーサー・ヤング等を交えた財政立案集団の支援をもって、新たな幣制改革プランを作成し、この準備を進めると同時に、幣制改革を断行し、中国の政治的・経済的支配方針を固めていった[103]。また南京政府は、10月9日、日華貿易協会（会長、児玉謙次・正金銀行頭取、この協会は、8月8日に〈須磨弥吉郎総領事宛の申し出により〉、中国実業団〈団長、塩業銀行総経理・呉將昌、他20名〉の訪日を契機に設立）の協力の下に、輸出促進＝外貨獲得を推進する一方、10月8日に国有化されると現銀を売却してその基金を得る政策に基づき、アメリカと交渉を開始し、26日、駐米大使・施肇基を通して、モーゲンソー財務長官に銀売却（2億オンス）を申し入れたのである[104]。

こうした情勢の中で、リース＝ロスは、10月末には有吉明大使を訪れ、借款の具体案（1,000万ポンド）を示して日本の協力を再度要請したのであったが、結局、先に南京政府の作成した幣制改革プランに賛同することとなり、南京政府はこの案をベースに幣制改革の準備を着々と進め、実施の機会をうかがっていたのである。

2．中国の幣制改革と横浜正金銀行の華北占領地金融業務

このように、中国が金融恐慌の影響の下、経済活動はもちろん幣制維持も困難に陥ることとなり、南京政府はこの脱出策として幣制改革を断行するが、これに反対する日本の出先陸軍及び正金銀行等は現銀通貨の引き渡しを拒否し抵抗したものの、日本政府の対中国政策の見直しを受けて、これに応じることとなった。

すなわち、この間中国は為替相場の継続的崩落、さらに35年10月16日、

為替の暴落、標金の暴騰を反映して金融恐慌を一段と激化させ、これが一般商品市場にも一様に連動し、月末には中国紙幣が事実上の兌換停止に陥り、通貨不安が一層深刻化することになった。翌月 1 日には、汪兆銘狙撃事件が勃発し、公債市場の混乱、債券の暴落の結果、上海金融市場は大混乱に陥った。次いで翌日、上海の 3 銀行（中央・中国・交通銀行）、そのほかの銀行において継続的な預金引き出し及び兌換請求が殺到し（いわゆる取り付け状態）、さらに為替及び標金相場も大きく動揺した結果、金融界は大混乱に陥ることになった（金融パニック状態）。この日、南京政府（孔祥熙財務部長）は、張公権(ちょうこうけん)を通じて日本側に幣制改革案の大要を示し、この案は「自力更正」（先に来日した経済使節団が〈高橋蔵相、兒玉正金銀行頭取より〉説示された）の趣旨に沿うものであることを強調して協力を求めた。しかし、日本側は通貨危機の克服はあくまで中国の「自力更正」によるべきであることを繰り返したのに対し、張はそれを逆手に取る形（リース＝ロスの意にも沿う形）で借款を求めたのであるが、もとより日本は、これに応ずる用意はなかった[105]。

一方、汪兆銘狙撃事件は、日本軍が華北分離工作を公然化させる契機となったが、ここに南京政府の対外政策をめぐる汪兆銘（親日派）と対日妥協路線批判（国民党の陳立夫(ちんりっぷ)・宋子文）との対立があらわとなり、これを背景に、蒋介石＝汪兆銘合作政権を中心とする中国の資本主義的発展を阻む対日妥協路線が大きく後退することになった。もとよりリース＝ロスの活動は、中国への経済援助及び日中間の緊張緩和の促進にあり、南京政府の親日政策を側面から援助することにあった。しかし、リース＝ロスの提案に対する日本の拒否反応、日本軍の華北（分離工作）侵攻及びそれに対する抗日民族意識の高揚は、結果として、対日妥協路線との対立を醸成することになった。いずれにせよ、このような民族危機と経済危機に政治的混乱が加わって南京政府が最悪の状態に陥った 11 月 3 日、これを好機として財政部（孔祥熙）は、銀国有令を発布し、銀の使用を禁止して、管理通貨制へ移行するという「幣制緊急令」の布告をもって、翌日、幣制改革の断行を発した[106]。この幣制改革が深化する銀恐慌の中で一挙に断行され、それも銀元から金通貨

でなく、まさに法幣の採用に踏み切ったことは、言うまでもなくこの時すでに世界各国が金本位制を放棄し、管理通貨制を採っていたということから来る必然的な帰結であったといえる。従ってこの新幣制は、3銀行（中央銀行・中国銀行・交通銀行）の発行する銀行券のみを中国法幣（無制限法貨）とし、対英1シリング2ペンス半を基準為替相場とするものであった。

　為替管理により法幣の価値維持を図る南京政府は、一斉に金にリンクした管理通貨制に転換するが、これは一方に長城線を境とする満州の円ブロック圏、他方に関内の中国幣制圏の分裂を顕現化させることとなった。これをもって南京政府は先に見たように、国内に流通している現銀を回収し、発行準備に当てることとし（銀の国有化）、同時に回収した銀をファンドに外国為替の無制限売買に応じ、この法幣価値の安定と対外為替相場（対ポンド相場を中心勢力とする外国為替相場を媒介として）をもって国際信用力を得ることにした。そして、これに続いて貨幣・信用制度の近代化、財政組織の改革などの施策を促進させた南京政府は、ひとまず政治的・経済的統一の基礎条件を整備することになった[107]。南京政府の幣制改革断行は、英中協調を日本側に強く印象づけ、さらに日本を除外した形での米英との提携関係の強化、同時に日本に対しする対抗関係をあらわにすることになったが、南京政府は、米英両国の支援を受けつつ巧みに幣制改革を実現させた。そしてさらに、南京政府は、銀国有令に基づき、在華外国銀行に対しても手持ち現銀の引き渡しを要求した。これを受けてイギリス政府は、英系銀行に対して、法幣の使用、現銀の引き渡しを命じ、南京政府の銀国有化に積極的な協力を打ち出した。またアメリカ（財務省）は、11月13日、国有化された銀購入契約の成立（第一次米中銀協定）とこれ以降銀購入（数次）の約束を果たすことになった。この協定の結果、先にも見たように中国は自己所有の現銀の一部をアメリカに売却し、その代金を法幣安定資金としてアメリカに置き、米英通貨と連携を強め、法幣の対外価値を維持する政策を実施することとした。

　ところが、中国の国家的統一でなく分割支配を進める日本は、この改革を拒否し、新幣制を認めず、直ちに華北からの現銀流出を阻止すると同時に、華中においても現銀を買い占め、これを満州に輸送するなど徹底的な抵抗を

展開した[108]。すなわち、日本陸軍は、35年7月、「北支新政権ニ伴フ経済開発指導案」を作成し、満州国幣の使用、河北省銀行の接収など華北貨幣・金融政策の検討に着手していたが、9月24日、リース＝ロスの中国での活動と並行して、華北分離工作を拡大していった。しかし11月4日、南京政府の幣制改革断行を背景として日本陸軍は、華北金融の分離・独立工作が急務となった[109]。まず、11月8日に磯谷廉介陸軍武官（上海駐在）は幣制改革に断然反対を声明し、本邦銀行の手持ち現銀引き渡し拒否、外国商社・銀行の援助阻止、華北現銀の上海集中阻止などを実施することにした。さらに北支領袖（河北省主席商震、天津衛成司令宋哲元等）は、現銀の南送禁止などをもって阻止に当たった。また関東軍（南次郎司令官）は、新幣制は北支地方を経済的に枯渇させ、満州国の経済的基礎を脅威し、加えて背後にイギリスの強力な支援があり、華北経済の基礎を危うくするとし、新幣制を放棄すると同時に、北支を南京政府より分離し、北支工作を一挙に断行することを決意した。結局、この幣制改革が中国の経済的統一を促進させ、これが華北分離工作を妨害し、先行の見通しが付かなくなると判断した日本陸軍は、上述のように11月25日、冀東政権（自治政府）を樹立し、華北分離工作を急ぐと共に通貨工作も、同様に進めねばならなかった[110]。

　一方、正金銀行は、これより先幣制改革前夜、日本政府の要請に応えて、中国の外国為替準備に介入し、巨額の外国為替を購入し（為替資金の取り崩し）、中国の新通貨制度を破産に至らせようと画策した。さらに幣制改革の実施に伴い、正金銀行天津支店では外貨宛て小切手、中国側銀行券をもって支払いに充てたが、しかしこの改革と満州通貨統一に遭遇した結果、鈔票相場はもとより混乱した。こうした状況の下、日本側は、事態推移の熟視、情勢調査の活動に傾注し、幣制改革の対応策の検討を迫られることになった。さらに、南京政府の外国銀行手持現銀の引き渡し要求に対して、上海外国銀行団は、11月7日に在現銀処分に関する上海銀行協会幹事会を開催し協議を行ったが、正金銀行上海支店長矢吹敬一（日本代表）は、政府並びに同行本店の訓令に基づいて現銀引渡要求が中国の銀国有化及び新幣制確立後の問題であり、また保有現銀が銀払債務の引当金となっている以上、なおさら応じ

得ない旨を回答し、ほかの本邦外国為替銀行（三井・三菱・住友・台銀・朝銀）もこの方針に同調することとなった。その後、正金銀行をはじめとする在華本邦機関は、中国側情報の蒐集、とりわけ中国各地域における通貨流通状況の調査、幣制改革への反応などを継続的に調査したのである[111]。

しかし、35年12月12日、世界銀市場が混乱し、アメリカは銀塊相場の発表を中止するという事態に遭遇した冀東政権は、中央銀行紙幣の流通禁止を余儀なくされた。また、こうした情勢の下で、現銀回収の成果が上がらなかった南京政府は、現銀引渡期限を延長すると同時に、翌年1月、中国側銀行に対し銀ドル・法幣パーの引渡条件を緩和し、それを在華外国銀行にまで適用させる旨を「外国為替銀行組合」に通告し[112]、この場合、イギリス系銀行及びそのほかの外国銀行は、それぞれの交換条件に基づき手持現銀の引き渡しに応じた。しかしながら正金銀行は本邦外国為替銀行と協議の末、依然情勢が変らないという理由をもって引き渡しを拒否し、今後の事態の推移を見守ることにしたのであった[113]。さらに以上に加えて、華北において、外国為替業務のほかに日本銀行の代理店として日本銀行券の受け払いの国庫金事務を担当していた正金銀行は、青島・天津支店において手持現銀の擁護のため、現銀を使わず、一切の支払いを外国銀行宛の小切手もしくは中国側の銀行券で決済することとした。このため同行は、外国銀行宛の小切手、中国側銀行券（3銀行券）、特に中央銀行券の準備・保有という、新たな業務を果さねばならないことになった。またこのほか正金銀行は、天津の外国銀行筋の現銀を上海におけると同様に、特殊便法により河北省に譲渡させるなど、新幣制に徹底的に抵抗した[114]。一方の支那駐屯軍は、2月、この対応処置として華北で天津軍主導の幣制改革「華北自主幣制」を目指し、「華北自主幣制施行計画綱領案」（35年12月の第一次案に続いて、同第二次案）を作成し、自主幣制方針（華北全体を統一）を打ち出し、これに基づいて法幣の排撃と同時に日本側の北支通貨・金融対策を促進することにした。また関東軍は、兵力を山海関に増強配備すると共に、奉天特務機関長（土肥原賢二少将）を北京に送り込んで、自治政権樹立工作と通貨・金融工作を急がせることとした[115]。しかし、2月26日、いわゆる二・二六事件で高橋大蔵大臣が凶弾に倒

れ、これを契機として朝鮮銀行券の日本銀行統一構想も具体化することなく終わり[116]、この異変を好機と見た朝鮮銀行は、陸軍と歩調を合わせるように華北進出を積極的に工作することにした。

　他方、イギリスは、南京政府に協力して銀貨使用禁止、現銀の南京政府への引き渡しを進め、ここにひとまず中国の経済的・財政的覇権を目指すこととなった。これと同時にイギリスは、鉄道や道路の建設を進める南京政府との間に鉄道借款を再開し（20年間途絶していた）、この成果が36年4月17日、奥漢（武昌・広東間）鉄道の全線開通として結実した。この鉄道の完成は、また華北侵攻を進める日本に対抗して、華中・華南市場の支配強化を図る絶好の手段となった[117]。これに対して世界最大の銀産国であり銀購入国となったアメリカ（モーゲンソー財務長官）は、同月、中国と銀価の維持、法幣価値の安定などそれぞれの思惑の中で交渉に入り、5月12日、上海商業儲備銀行総理・陳光甫を団長とする経済使節団と現銀処分をめぐる交渉の結果、「第二次米中銀協定」を締結し、中国は現銀売却の為替基金をアメリカに置くことが可能となった。この協定の核心は、アメリカが中国政府から銀を特別の価格で買い取ること、一方中国がアメリカより受け取る代金を在外正貨としてニューヨークに置き、これを為替安定基金に充てることにあり、双方がこれをもって法幣の対外価値の維持を図ることとした[118]。この協定の締結によって中国は、法幣価値安定の実現を果たしたものの、他方ではアメリカ金融資本への依存関係をも深めることになった。

　さて、この間日本以外の在華外国銀行が、自己の保有する現銀（1,121億7,000万両）を南京政府に譲渡し、幣制改革に協力する態度を示して以降、事態は明らかに変化し始めた。36年5月以降、幣制改革の成功を示す情勢の中で、正金銀行は福建省（福州・厦門）・広東省（汕頭）・湖北省（漢口）などにおいて、現銀回収状況を調査した結果、おおむね良好との報告であった。こうした経過の中で、9月22日、「関東州及び満州国における鈔票の発行禁止に関する勅令」が公布され、10月1日に施行されたが、この場合、正金銀行上海・北京・天津支店の鈔票発行は、この勅令から除かれ従来どおりであった。しかしながら、先に見たように鈔票発行高はすでに100万ドルを割り、

この間長い伝統と信用を維持してきたものの、その役割を終えることになった。また他方で、冀察政権は、5月、既存の省立河北省銀行に新銀行券を発行させ、さらに8月、冀東政権は朝鮮銀行券にリンクした銀行券を発行する冀東銀行を新設し[119]、これに国庫金取扱、農工金融、庶民金融業務などを兼業させ、通貨工作を着々と進めた。しかしそのような通貨工作も、法幣の流通拡大が進む情勢にあって効果なく、ついに華北も法幣流通圏に包摂される状況となり、傀儡政権をベースに円（日満華）ブロックの形成を進める華北分離工作は完全に破綻し、依然先送りの様相を呈するものとなった[120]。

なお一方、南京政府は、幣制改革実施の翌年7月、広東・広西省の幣制統一を果たし、米英支援の下に幣制改革の成功は確定的なものとなり（現銀回収率65％）、金融的な支配を強化することになったが、これは他方に買弁的官僚資本家の肥大化を認めつつ、中国の政治的・経済的支配を強化し、国家的統一を図ることを意図したものにほかならなかった。さらに加えて南京政府は、華北における日本とその支配権をめぐる争奪戦を展開することにし、まず、指令をもって華北の天津・青島に発行準備管理委員会を設置し、幣制改革事業を強力に推進すると同時に、日本軍の摂取を防ぐため、華北の銀行が所有する銀を同委員会の管理下に置いた。そしてこの幣制統一をもって南京政府は、米英等の列国との間に経済援助関係の基礎を確立することになったが、これは同時に半植民地＝中国がイギリスを先頭とする欧米金融資本との依存関係をここに機構的に形成するものであった[121]。

しかしながら、こうした中国幣制改革の成功と米英の思惑及び対中政策の展開の中で、日本は対中政策の見直しを余儀なくされることになった。ここに日本政府は大陸膨脹政策の変更と新たな佐藤和協外交を展開することとし、当面した課題は先に見たように華北分離工作の停止と現銀譲渡であった。後者については、37年3月15日、兒玉謙次（日華貿易協会会長、元横浜正金銀行頭取）訪中使節団の中国派遣が実現し、兒玉と孔祥熙財政部長との話し合いの結果、3月29日、先の欧米外国銀行と合意した条件で、在華日本系銀行所有現銀（広東に限定）の中国政府への引き渡しを約束した。こうして日本の大陸政策変更後の4月、正金銀行は中国銀行と在上海本邦外国為

替銀行（6行）との間で手持現銀引き渡しについて協議の結果、日支経済提携策の一つとして上海・漢口・広東支店に限定して現銀の引き渡しに合意し、この際正金銀行は約192万銀ドルを、そのほかの銀行は合計700万銀ドルを引き渡し、北京・天津・青島支店は後日の課題としたのであった[122]。

この間正金銀行は日本の大陸膨張政策に沿って、外国為替・貿易金融、華北占領地金融、さらに中国の幣制改革に関わり、外国為替の買収、現銀の引渡拒否などに当たってきたが、対中国政策の変更という情勢の中で新たな対応を迫られることとなり、ついに在華本邦外国為替銀行と共に現銀の引き渡しに応じることにしたのである。

むすび

以上、この時期の正金銀行は、世界経済のブロック的解体とその再編が進展する中で、日満ブロックの華北への膨張を図る日本の対外政策に対応して、外国為替・貿易金融、植民地金融上の新たな役割を果たすこととなった。

まず、金輸出再禁止後日本は、管理通貨制を前提として赤字国債の増発と同時に、緊縮財政から膨張財政への転換、さらに日本銀行の制度改革と低金利政策の下、金融の円滑化を図り、満州への軍事侵略、華北への武力侵攻をもって経済危機を打開する一方、準戦時経済の進展と円為替の低落傾向の中で景気回復に向かったものの、金・外貨資金の不足に陥り国際収支の悪化を招くことになった。そこで日本政府は外貨資金及び為替管理の強化を図り、円為替相場の低落阻止とその安定を図ることとした。正金銀行はこの政策に沿って金・外貨資金（米英貨資金）の調達、輸出為替の吸収などの外国為替・貿易金融業務を独占的に担当し、円為替相場の安定・維持に努めた。

満州においては、満州国建国と通貨の統一後、正金銀行は鈔票を通して満州国幣を上海銀為替にリンクさせ、国幣価値の安定と維持に当たった。しかし、日満通貨統一の実施によって金銀比価の変動を取り除き、国幣による一元化統一（円ブロック圏への編入）が実現した結果、大連・新京の銭鈔取引

所が閉鎖され、大連物産市場も金建てとなり、鈔票の日満華間の為替決済通貨としての機能を喪失し、ここに鈔票発行の禁止及びその役割を終えることとなった。

中国本部においては、南京政府の幣制改革の第一段階となった「廃両改元」の断行によって、正金銀行は当面、ほかの在華外国銀行と同様に、従来の基本貨幣銀両を新たな銀元に変更すると共に、為替相場の銀元建、外国銀行間の受け払いの銀元決済に新たな対応を余儀なくされるた。さらに、35年の中国統一化の前提的作業とする幣制改革の断行及びその後において、新幣制（法幣）を進める南京政府の在華外国銀行の手持現銀引き渡し要求に対し、在華本邦外国為替銀行と協調して現銀の引き渡しを拒否し、新幣制に抵抗する一方、華北各支店において現銀を使わず保留し、中国側銀行券で決済するという新たな対応を余儀なくされることとなった。しかし、日本政府の大陸政策の変更に伴い正金銀行は在華本邦外国為替銀行と協議の末、現銀の引き渡しに応じることにしたのである。

以上、30年代後半に至る世界経済のブロック的解体とその再編及び円ブロックの形成・拡大の進む激動の中で、正金銀行はこの間の行き詰まりを打開すべく展開された政治的・軍事的侵攻を補完する日本資本主義の要請に応えて、特殊金融機関の立場から外国為替・貿易金融、植民地・華北占領地金融上の変動に従って、世界経済のブロック的難局の下、国際金融及び国策金融の推進に新たな時代的役割を果たすことになったのである。

【注】引用文献、参考文献
1) 大島清編『世界経済論』勁草書房、1965 年、第二編第一章。慶応義塾各国経済研究会編『イギリス経済及経済政策』改造社、1935 年、57-92、201-210 頁。石垣今朝吉・竹内良夫・松本重一『現代資本主義論』青林書院新社、1977 年、第 3 章第 1・2 節。W. Arthur. Lewis, Economic Survey 1919-1939, London, 1949. A. ルイス、石崎昭彦・森恒

夫・馬場宏二共訳『世界経済論――両大戦間の分析』新評論、1969年、83-88頁。木村一朗「世界経済の解体――ブロック経済の進展と結末」「経済学批判」編集委員会編『経済学批判5　特集一九三〇年代』社会評論社、1979年、45頁。

2) 楊井克巳編『大系経済学　6　世界経済論』東京大学出版会、1961年、297-299、318-320、329-331、338-341頁。A. ルイス、石崎他訳、上掲書、88-92頁。昭和研究会編『ブロック経済に関する研究』生活社、1939年、233-243頁。木村、上掲書。

3) E.M. ジューコフ監修、江口朴郎・野原四郎日本版監修『極東政治史　1840～1949年　下』平凡社、1957年、第9章。A.Whiney Griswold、The Far Easten Policy of the United States. 1939. A.W. グリスウォールド著、柴田賢一訳『米国極東政治史』ダイヤモンド社、1941年、413-454頁。カントロウイチ著、廣島定吉訳『支那制覇戦と太平洋　下』生活社、1938年、279-295頁。

4) 小林英夫「幣制改革をめぐる日本と中国」野沢豊編『中国の幣制改革と国際関係』東京大学出版会、1981年、259-260頁。

5) 臼井勝美『日中戦争』中央公論社、1967年、16-32頁。E.M. ジューコフ監修、江口・野原日本版監修、上掲書、1957年、第9・10章。A.W. グリスウォールド著、柴田賢一訳、上掲書、455-472頁。

6) 松浦正孝「再考・日中戦争前夜――中国幣制改革と兒玉訪中団をめぐって――」日本国際政治学会編『国際政治「両大戦間期の国際関係史」』第122号、1999年9月、144頁。

7) 深井英五『回顧七十年』岩波書店、1941年、269-274頁。日本銀行調査局特別調査室編『満州事変以後の財政金融史』同、1948年、260-270頁。楫西光速・加藤俊彦・大島清・大内力『日本資本主義の没落　Ⅲ』東京大学出版会、1975年、631-653頁。

8) 大内力『大内力経済学大系　第七巻　日本経済論　上』東京大学出版会、2000年、582-584頁。有沢広巳監修『昭和経済史　上』日本経済新聞社、1980年、162-172頁。

9) 森武麿・浅井良夫・西成田豊・春日豊・伊藤正直『現代日本経済史［新版］』有斐閣、2002年、23頁。

10) 山崎広明「満州事変期の日本帝国主義」宇野弘蔵監修『講座　帝国主義の研究――両大戦期におけるその再編成　6　日本資本主義』青木書店、1973年、257-261頁。

11) 楫西他、上掲書・没落Ⅲ、672-678、694-702頁。山崎、上掲書、271-292頁。有沢監修、上掲書、173-174頁。

12) ポポフ監修、ペヅネル著、社会経済調査会訳『日本の財閥（2）』厚徳社、1952年、第五章。

13) 山崎、上掲書、279-292頁。楫西他、上掲書・没落Ⅲ、617、623-636、642-644、659、713-749頁。玉城肇『日本財閥史』社会思想社、1976年、23-68頁。

14) 山崎、上掲書、246-256 頁。楫西光速・加藤俊彦・大島清・大内力『日本資本主義の没落　Ⅳ』東京大学出版会、1975 年、929、935-936、966 頁。神谷克己『国際収支と日本の成長』平凡社、1957 年、252-262 頁。
15) 日本銀行調査局特別調査室編、上掲書、150-153 頁。三菱経済研究所編『日本の産業と貿易の発展』同、1935 年、698-708 頁。神谷克己、上掲書、244-247 頁。
16) 楫西他、上掲書・没落Ⅲ、750、772-773 頁。
17) 日本銀行調査局特別調査室編、上掲書、150-181 頁。三菱経済研究所編、上掲書、706-715 頁。朝日新聞経済部編『朝日経済年史　昭和 10 年版』朝日新聞社、1936 年、68-69 頁。
18) アメリカは、1933 年 4 月 19 日、金輸出絶対禁止令を公布し、6 月 5 日、金約款廃止法の成立と同時に金本位制停止を法的に確認し、終局的に金本位制を廃棄した。続いてローズヴェルト大統領は、6 月 16 日、33 年銀行法（グラス・スティーガル法＝銀行と証券〈投資銀行と商業銀行〉の分離）、33 年証券法（情報開示）の金融規制の整備・強化に当たり、恐慌救済対策を講じたのである（須藤功「大恐慌とアメリカの金融規制─規制型資本主義と銀行─」阿部悦生編『金融規制はなぜ始まったのか─大恐慌と金融制度の改革─』日本経済評論社、2003 年、40 頁）。
19) 加藤國彦「1931 年ドイツ金融恐慌と金融制度改革─金融規制から金融統制へ─」阿部悦生編、上掲書、76 頁。
20) 山本栄治『国際通貨システム』岩波書店、1997 年、64-65 頁。
21) 世界経済調査会編『アメリカに於ける金及び銀問題』同、1941 年、39-45 頁。この協定は、銀価格の安定、銀使用国の対外購買力増進と同時に銀価格の高騰による一般物価の高騰をもって、世界不況を克服しようとするもので、米国、メキシコ、カナダ、ペルー、オーストラリア（5 銀産国）、スペイン、中国、インド（3 銀使用国）の 8 カ国によるものであった。
22) 及川恒忠『支那の幣制』慶應出版社、1944 年、144-151 頁。
23) 栃倉正一『銀経済論』改造社、1936 年、157 頁。鈴木鴻一郎編『日本産業経済研究資料第 6 集　現代アメリカ資本主義年表』東京大学出版会、1968 年、109 頁。
24) アメリカは、1933 年 4 月、金本位制を離脱していたが、翌年金準備法（1 月 30 日、金 1 オンス＝ 35 ドルで再び固定）をもって金の自由輸出を外国通貨当局にのみ認め、またドルの管理責任を財務省に託すという管理通貨制の整備によって、国際金融市場への対応策を講じた。他方、34 年証券取引法（SEC ＝ Securities and Exchange Commission の設置）をもって証券取引ルールの管理を強化し、さらに 35 年銀行法（連邦預金保険制度）をもって、アメリカの金融規制機構を構築したのである（加藤、上掲書、55 頁）。

25) 山本、上掲書、58-65頁。石垣他、上掲書、196-207、211頁。
26) ドイツは1933年の銀行法の成立をもって、ライヒスバンクの行動余地を拡大し、金本位制からの離脱を法的に追認し、さらに34年3月、資本投資法、12月、公債基金法、信用制度法を成立させ、（金融機関に対する統一的な監督制度や信用業務規制にかかわる法的枠組みの創設による）金融機関に対する検査・監督体制の確立をはかったのであった（加藤、上掲書、92頁）。
27) 石垣他、上掲書、236頁。中瀬寿一編著『世界恐慌前後から第二次世界大戦に至る　世界政治経済経営史年表──1917～1945年──』大阪産業大学財閥史多国籍企業史研究センター、1983年、295頁。
28) 世界経済調査会編、上掲書、51-52頁。斉藤叫「アメリカの銀政策の展開と中国」野沢豊編『中国の幣制改革と国際関係』東京大学出版会、1981年、146-147頁。及川、上掲書、159頁。栃倉、上掲書、83頁。
29) 滝田賢治「ルーズヴェルト政権と米中銀協定」野沢豊編、上掲書、165-166頁。
30) Dickson H, Leavens, Silver Money, Bloomington, IN: Principa Pres, 1939, pp.245-247. 栃倉、上掲書、210、252-254頁。及川、上掲書、156頁。
31) 中瀬寿一編著、上掲書『世界政治経済経営史年表』、310頁。及川、上掲書、189頁。橋本寿朗『大恐慌期の日本資本主義』東京大学出版会、1984年、211頁。
32) Everest, A.S., Morgenthau, The New Deal and Silver, King's Crown Press, 1950, p.112. 東京銀行編『横浜正金銀行全史　第四巻』東洋経済新報社、1982年、183-184頁。
33) Arthe N, Young, China's Nation-Building Effort, 1927-1937: The Financial and Economic Record: Stanford:, Hoover Insti tution Press, 1971, pp.241-245. この場合の協定は、米中両国が日本の反対、特に出先陸軍による現銀輸送の妨害・攻撃を恐れて秘密裡に行われ、この結果は、中国に約3,250万ドルが供与された。
34) 濱田峰太郎『中国最近金融史──支那の通貨・為替・金融──』東洋経済新報社、1936年、433頁。及川、上掲書、197-198頁。杉原薫「世界大恐慌と通貨・経済の構造変動」『岩波講座　東アジア近現代史　5　新秩序の模索　1930年代』岩波書店、2011年、136-138頁。樋口季実「一九三五年　中国幣制改革の政治的意義」服部龍二・土田哲夫・後藤春美編著『戦間期の東アジア国際政治』中央大学出版部、2007年、301頁。伊豫谷登士翁「1930年代アメリカ銀政策の展開」『経済論叢』第121巻第1・2号、1978年、79頁。東京銀行編、上掲書・第四巻、86頁。なお、中国の対外金融関係を考える場合、中国と国際的銀価格変動との関連及び金本位制下の欧米各国における金吸収と中国金市場との関係が存在しており、事実中国国内市場で金による決済は基本的に行われていないが、上海金市場は東アジアの中心として機能し、ロンドン金価格と相関しながら変動している。すなわち、中国の対外関係は実は対外金銀比価関係と

して、金問題をも包摂したものであり、金銀比価変動として現われて、在華外国銀行に媒介され、中国は事実上金為替本位圏に包摂されていたのである（濱下武志「中国幣制改革と外国銀行」現代中国学会『現代中国』第 58 号、1984 年 4 月、66 頁）。

35) 山本、上掲書、71-72 頁。
36) 石垣他、上掲書、214-215、252-255 頁。山本、上掲書、73-74 頁。
37) 東京銀行編『横浜正金銀行全史　第三巻』東洋経済新報社、1981 年、554-555 頁。
38) 深井、上掲書、274-278 頁。東京銀行編、上掲書・第四巻、46-61 頁。日本銀行調査局特別調査室編、上掲書、138-144、149-150 頁。大蔵省昭和財政史編集室編『昭和財政史　第十三巻——国際金融貿易——』東洋経済新報社、1963 年、120-138 頁。朝日新聞社経済部編『朝日経済年史　昭和 8 年版』朝日新聞社、1934 年、59-72 頁。
39) 柴田善雅『戦時日本の金融統制』日本経済評論社、2011 年、73-74 頁。大蔵省昭和財政史編集室編、上掲書、139-147 頁。東京銀行編、上掲書・第四巻、50-51、57 頁。
40) 新井慎次『両大戦間の円と為替の話　上』外国為替貿易研究会、1970 年、92-99 頁。伊藤正直『日本の対外金融と金融政策　1914-1936』名古屋大学出版会、1989 年、270-278、307-318 頁。東京銀行編、上掲書・第四巻、92-93 頁。
41) 上海・大連市場における円為替投機は、33 年 3 月、大連銭鈔取引所日商部との取引厳禁通達、同年 10 月 15 日、関東州・満鉄付属地為替管理実施によって消滅する（伊藤、上掲書、270-272 頁）。
42) 立脇和夫『在日外国銀行百年史 1900～2000 年』日本経済評論社、2002 年、75-77 頁。
43) 日本銀行調査局特別調査室編、上掲書、149-150 頁。東京銀行編、上掲書・第三巻、560 頁。朝日新聞社経済部編、上掲書『朝日経済年史　昭和 8 年版』、60、70 頁。
44) 伊藤、上掲書、330-332 頁。
45) 新井、上掲書、118-119、134-135 頁。東京銀行編、上掲書・第四巻、93、119-123 頁。橋本、上掲書、208-209 頁。
46) 朝日新聞社経済部編『昭和財界史　朝日経済史　臨時特号（昭和 11 年)』朝日新聞社、1937 年、154 頁。東京銀行編、上掲書・第四巻、153-154 頁。
47) 東京銀行編、上掲書・第四巻、190-191 頁。
48) 伊藤、上掲書、322-330 頁。
49) 朝日新聞社経済部編、上掲書『昭和財界史　朝日経済年史　臨時特号』、154 頁。朝日新聞社経済部編『朝日経済年史　昭和 12 年版』朝日新聞社、1938 年、70-77 頁。
50) 新井、上掲書、149 頁。東京銀行編、上掲書・第四巻、270-281 頁。なお、日本の為替政策は、いうまでもなく大蔵省・日本銀行・正金銀行の協調の下に、正金銀行が事実上の担当者としての役割を果たしてきた。ところが以上のような事態の中で、正金銀行が市中銀行と競争的立場にある「営利会社」と「国策銀行」との性格を兼備して

いる以上統制に限界があり、これに代って日本銀行を為替政策の中心機関にすえ、当面の危機を脱出すべきである、との要望が各方面から出されることとなった（朝日新聞社経済部編、上掲書『朝日経済年史　昭和12年版』、77頁）。

51) 日本銀行調査局特別調査室編、上掲書、351-352頁。原朗『日本戦時経済研究』東京大学出版会、2013年、147頁。

52) 東京銀行編、上掲書・第四巻、351頁。斉藤寿彦『近代日本の金・外貨政策』慶應義塾大学出版会、2015年、1384頁。

53) 日本銀行百年史編纂委員会編『日本銀行百年史　第四巻』日本銀行、1984年、362頁。原、上掲書、153-155頁。

54) 日本銀行調査局特別調査室編、上掲書、393-394頁。東京銀行編、上掲書・第四巻、347-351頁。日本銀行百年史編纂委員会編、上掲書、211頁。

55) この場合、遼寧・吉林・黒龍江省の主要部を占領した関東軍は、まず、かねてからの「満蒙領有計画」に基づき軍政をしき治安の維持に当たると同時に、奉天軍閥傘下にあった電灯・兵工・迫撃工廠及び火薬工場などの軍工廠を接収し、さらに東三省官銀号・辺業銀行・吉林省永衡官銀号など主要官銀号を閉鎖してこれらを自らの管理下に置くことにした。そしてほぼ1カ月後、関東軍の監督下に工場及び東三省官銀号・辺業銀行を再開し、これによって軍需物資の確保と軍事費・行政費の調達に充てることとしたのであった。

56) 日本国際政治学会・太平洋戦争原因研究部編『太平洋戦争への道　第三巻　日中戦争〈上〉』朝日新聞社、1962年、3-16、247-258頁。古屋哲夫編著『日中戦争史研究』吉川弘文館、1984年、85-87頁。岡部牧夫「日本ファシズムの植民地支配」今井清一編『体系　日本現代史　第二巻　十五年戦争と東アジア』日本評論社、1979年、111-112頁。

57) 古屋哲夫編著、上掲書、88-89頁。島田俊彦『関東軍――在満陸軍の独走』中央公論社、1965年、119-120頁。

58) この場合、『満蒙開発方策案』（1931年12月8日）を基礎とした『満蒙経済統制根本方策案』（1932年7月）を踏まえ、1933年3月、新たに『満蒙経済建設綱要』（――統制経済の基本方針――）が発表された。この『綱要』は、満州経済開発の根本方針として資源開拓・実業振興、万民の共楽、重経済部門の国家的統制、経済開発の門戸解放、機会均等、日満協調、相互扶助関係強化などを掲げ、これに基づき交通の充実、農業開発、鉱工業の振興、金融の整備、商業の助長など経済開発の計画目標を示したものであった。

59) 三菱経済研究所編『太平洋における国際経済関係』同、1937年、518-519頁。野々村一雄『回想　満鉄調査部』頸草書房、1986年、32-41頁。慶應義塾大学金融研究会編『恐慌の新段階と世界経済の動向』森山書店、1934年、473-484頁。鈴木隆史「「満州

国」論」今井編、上掲書、167-170頁。遠藤湘吉「軍部と資本の反撥と親和」江口圭一編『歴史科学大系　第十二巻「日本ファシズム」論』校倉書房、1977年、265-266頁。

60) 満州中央銀行史研究会編『満州中央銀行史』東洋経済新報社、1988年、89-90頁。原朗「一九三〇年代満州経済統制政策」満州史研究会編『日本帝国主義の満州』御茶の水書房、1972年、44-47頁。

61) 枥倉、上掲書、259頁。

62) 枥倉、上掲書、259-267頁。

63) 三菱経済研究所編、『日本の産業と貿易の発展』同、1930年、716-726頁。浅田喬二編『日本帝国主義下の中国』楽遊書房、1981年、30頁。

64) 發智善次郎「商品流通を通じてみたる満支経済関係の現状」南満州鉄道株式会社調査部『満鉄調査月報』第16巻第12号、1936年、57頁。

65) 枥倉、上掲書、286-291頁。

66) 慶應義塾大学金融研究会編、上掲書、473-484頁。満鉄経済調査会編『満州経済年報34年版』改造社、1935年、153頁。

67) 枥倉、上掲書、291-298頁。高木友三郎「日満経済関係の将来」東亜同文会調査編纂部『支那』第24巻　第11号、1933年、37-41頁。

68) 日本国際政治学会・太平洋戦争原因研究部編、上掲書、第一編第二・三章。藤井昇三編『1930年代中国の研究』アジア研究所、1975年、304、310頁。

69) 細川嘉六『殖民史』東洋経済新報社、1941年、460-471頁。秦郁彦『日中戦争史』河出書房新社、1961年、92頁。小林英夫『「大東亜共栄圏」の形成と崩壊』御茶の水書房、1975年、92頁。

70) 中村隆英「日本の華北経済工作」『年報　近代日本研究　2　近代日本と東アジア』山川出版社、1980年、185-192頁。

71) 日本国際政治学会・太平洋戦争原因研究部編、上掲書、168-183頁。秦、上掲書、88-89頁。藤井編、上掲書、322-324頁。中村、上掲書、163-164、173-175頁。今井駿「いわゆる「冀東密輸」についての一考察」歴史学研究会『歴史学研究』第438号、1976年。

72) 藤原彰『日本近代史Ⅲ』岩波全書、1977年、75頁。東亜研究所編『日本の大陸政策の発展』同、1940年、115-144頁。日本国際政治学会・太平洋戦争原因研究部編、上掲書、158-167、206-224、298-312頁。臼井勝美『日中戦争』中央公論社、1967年、21-23頁。

73) 1935年10月、蔣介石等のイニシャチヴによって中華民国赴日経済考察団が組織され、その成果として経済提携・貿易促進をはかるため中国側の提案で、中国側に日中貿易協会（会長、周作民）、日本側に日華貿易協会（兒玉謙次・横浜正金銀行頭取）

が設立、両協会は事実上、合同の一機関であった。

74) 今井清一・野沢豊「軍部の制覇と日中戦争」『岩波講座　日本歴史　20　現代〔3〕』岩波書店、1963 年、292-293 頁。
75) 小林英夫「満州金融構造の再編成過程」満州史研究会編、上掲書、155-164 頁。
76) 栃倉正一編『満州中央銀行十年史』満州中央銀行、1942 年、64-85 頁。満州開発四十年史刊行会編『満州開発四十年史　下巻』謙光社、1965 年、847-848 頁。安藤実編『満鉄──日本帝国主義と中国』御茶の水書房、1965 年、186-200 頁。満州事情案内所（平川栄）『満州に於ける通貨・金融の過去及現在』（満州事情案内報告　36）、1936 年、84-87 頁。
77) 星野直樹『見果てぬ夢──満州国外史』ダイヤモンド社、1963 年、99-103 頁。満州中央銀行史研究会編、上掲書、41-47、63-68 頁。朝鮮銀行史研究会編『朝鮮銀行史』東洋経済新報社、1987 年、467-472 頁。中野正永「金本位制を満蒙に速行せよ」時事新報社『経済雑誌ダイヤモンド』（1932 年 2 月 1 日）。
78) 満州開発四十年史刊行会編、上掲書、849-852 頁。小林英夫、上掲書「満州金融構造の再編成過程」、167 頁。
79) 東京銀行編、上掲書・第三巻、571-573 頁。及川、上掲書、6 頁。
80) 栃倉、上掲書、291-294 頁。越智元治・根岸佶『支那及満州の通貨と幣制改革』東亜同文会、1937 年、585-589 頁。常深隆三「鈔票制度の必要性とその限度（国幣と鈔票との関係）」満州経済研究会『満州国通貨問題の研究並に資料』同、1935 年。
81) 満州国史編纂刊行会編『満州国史　総論』第一法規出版、1971 年、467 頁。小林英夫、上掲書「満州金融機構の再編成立過程」、201-203 頁。栃倉、上掲書、291 頁。井村薫雄「満州国国幣価値の動揺と日満通貨統制」『東亜』第 8 巻第 3 号、1935 年。
82) 小林英夫、上掲書「幣制改革をめぐる日本と中国」、247 頁。増光蔵・松井栄一「東亜共栄圏の通貨および為替体制」土方成美編『支那の通貨と貿易』有斐閣、1942 年、319 頁。星野、上掲書、118-135 頁。
83) 金融制度研究会編『中国の金融制度』日本評論新社、1960 年、412 頁。日本銀行調査局編『図録　日本の貨幣　10』東洋経済新報社、1974 年、214 頁。
84) 朝鮮銀行史編纂委員会（東京）編『朝鮮銀行略史』同、1960 年、46 頁。
85) 満州開発四十年史刊行会編、上掲書、859-863 頁。満州国史編纂刊行会編、上掲書、486 頁。小林英夫、上掲書『「大東亜共栄圏」の形成と崩壊』、57 頁。朝鮮銀行史編纂委員会（東京）編、上掲書、310-316 頁。
86) 満鉄経済調査会『満州通貨金融方策』立案調査書類第 25 編第 1 巻第 1 号、1936 年、659-661 頁。
87) 東京銀行、上掲書・第四巻、203、289 頁。朝鮮銀行史研究会編、上掲書、1987 年、

88) 東京銀行編、上掲書・第四巻、267 頁。栃倉編、上掲書、第 2 章第 2 節。480 頁。満州中央銀行史研究会編、上掲書、72-83 頁。
89) 王承志著・小林幾次郎訳『支那金融資本論』森山書店、1936 年、142-143 頁。東洋協会調査部編『支那幣制改革の回顧』東洋協会、1936 年、22-25 頁。
90) 及川、上掲書、136-137 頁。
91) 濱田、上掲書、48-57 頁。平野和由「中国の金融構造と幣制改革」野沢豊編、上掲書、56-61 頁。
92) 濱田、上掲書、57-70 頁。
93) 吉田政治『最近の支那通貨事情』東洋経済出版部、1939 年、12-13 頁。王、上掲書、144 頁。
94) 及川、上掲書、138 頁。飯島幡司「支那幣制を繞る国際証争」土方成美編『支那の通貨と貿易』有斐閣、1942 年、15-17 頁。
95) 井村薫雄『世界の銀と支那の通貨』東亜経済学会、1935 年、111-112 頁。
96) 東京銀行編、上掲書・第四巻、66-67 頁。
97) 東京銀行編、上掲書・第四巻、86 頁。
98) 満鉄・上海事務所『恐慌の発展過程に於ける支那幣制改革の研究』同、1936 年、286 頁。及川、上掲書、143-144、173 頁。リョウ・パオセイン著、勝谷在登訳『支那幣制の性格的研究』白揚社、1940 年、214-216 頁。東京銀行編、上掲書・第四巻、113-114 頁。
99) 平野、上掲書、71-75、80-81 頁。栃倉、上掲書、269-275 頁。
100) 木畑洋一「リース＝ロス使節団と英中関係」野沢豊編、上掲書、211-214 頁。滝田、上掲書、165-166 頁。
101) 波多野澄男「幣制改革への動きと日本の対中政策」野沢豊編、上掲書、275 頁。
102) 藤井編、上掲書、315-316 頁。
103) 金融制度研究会編、上掲書、48-53 頁。新井、上掲書、121-122 頁。小林英夫『日本軍下のアジア』岩波書店、1993 年、41 頁。
104) 平野、上掲書、88-89 頁。小林英夫、上掲書「幣制改革をめぐる日本と中国」、242-243 頁。
105) 石島紀之「中国の対外関係と経済建設」野沢豊編、上掲書、49頁。及川、上掲書、180頁。
106) 吉田、上掲書、29-36 頁。エドワード・カン著、谷口啓次訳『近代支那貨幣史』慶応書房、1940 年、324-329 頁。リョウ・パオセイン、上掲書、216-218 頁。東洋協会調査部編、上掲書、34 頁。
107) 船越寿雄編『支那経済年報』支那問題研究所、1932 年、189-190 頁。及川、上掲書、180-197 頁。Arthur N, Young, China's Nation Building Effort, 1927-1937: The Financial and Economic (Stanford: Hoover Institution Press, 1971) 1977, pp.231-235.

108) 日本国際政治学会・太平洋戦争原因研究部編、上掲書、142 頁。藤井編、上掲書、315-316 頁。
109) 日本国際政治学会・太平洋戦争原因研究部編、上掲書、143 頁。
110) 波多野、上掲書、281-282 頁。島崎久彌『円の戦略史　円為替本位制度の形成過程』日本経済評論社、1989 年、149-150 頁。
111) 小林英夫、上掲書「幣制改革をめぐる日本と中国」、250 頁。
112) 島崎、上掲書、150 頁。及川、上掲書、185 頁。
113) 東京銀行編、上掲書・第四巻、297 頁。新井、上掲書、144 頁。島崎、上掲書、149 頁。
114) 東京銀行編、上掲書・第四巻、202、288 頁。朝鮮銀行史編纂委員会（東京）編、上掲書、507 頁。
115) 朝鮮銀行史研究会編、上掲書、507-508 頁。多田井喜生編『続　現代資料　11　占領地通貨工作』みすず書房、1983 年、XVIII、XIX 頁。
116) 朝鮮銀行史研究会編、上掲書、453、456 頁。
117) 吉田、上掲書、37-38 頁。金融制度研究会編、上掲書、56-57 頁。東洋協会調査部編、上掲書、42-44 頁。井村、上掲書、371 頁。
118) 世界経済調査会編、上掲書、59-62 頁。東洋経済新報社編『支那の銀恐慌と日・英・米抗争』同、1936 年、52-53 頁。吉田、上掲書、39-40 頁。石井寛治『帝国主義日本の対外戦略』名古屋大学出版会、2012 年、296-297 頁。
119) 朝鮮銀行史編纂委員会（東京）編、上掲書、357 頁。
120) 島崎、上掲書、159 頁。
121) 金融制度研究会編、上掲書、52-59 頁。小林英夫「日中戦争史論」浅田喬二編『日本帝国主義下の中国』楽游書房、1981 年、27-41 頁。
122) 小林英夫、上掲書「幣制改革をめぐる日本と中国」、256-259 頁。

第7章
日中戦争期横浜正金銀行の対外業務

はじめに

　1930年代後半の世界経済においては、ブロック的解体と対立の中で、欧米では、米英仏三国の通貨協定が締結されたが、なおその後においても東欧諸国市場の再分割をめぐる英独の対立、これに社会主義経済圏を含めた未曾有の抗争を激化させ、再び第二次世界大戦の勃発を見ることになった。

　一方、東アジアにおいては、日満華ブロックの形成を目指す日本は華北分離工作の停滞と抗日民族戦線の進展の中で行き詰まり、37年7月には新たに日中戦争の勃発へ至ることになった。ことに日中戦争の全面化は政治的・軍事的・経済的にも完全に泥沼化し、中国への勢力維持・強化を図る米英との対立を深めた。日本はこの局面打開策として南方諸地域（東南アジア）への侵略拡大、いわゆる「大東亜共栄圏」構想を固める一方、ヨーロッパの戦局に連動する日独伊三国同盟と、日ソ中立条約の締結を持って、ついには太平洋戦争へ突入することになる。

　これに従って日本の経済は、国内的には戦時経済統制が強化され、対外的には交易条件悪化の下で欧米諸国とは輸出増進と外貨獲得に専念し、同時に軍需物資を輸入するための外貨資金準備に充てていた。しかし、日本の中国侵攻に対して、米英両国が経済制裁を強化する情勢の下、日本は武力南進を強行したが、これが世界経済関係を途絶させ、結局、円ブロックを基準とする閉鎖経済への移行を余儀なくされることになった。

　この間、対外金融においては国内・世界情勢の変化を反映させて、日本

の円為替は動揺し、これに対して政府は為替管理の強化、為替基準の変更などの統制を持って、その安定を図ることとした。この場合、横浜正金銀行は政府の日本銀行を中心とした為替市場の統制・強化策の中で、外国為替・貿易金融機関としての性格を失いながらも、外国為替基金等を利用しつつ対応し、為替業務を独占的に取り扱い、円為替の安定・維持に努めたが、第三国との経済関係途絶に続く為替相場廃止の下、この業務の終焉を迎えることになった。

満州にあっては、正金銀行は満州国が通貨統一を成立させ、その為替政策に沿って、外貨資金の集中管理、日円資金の調整・管理、為替集中制度の変更に伴う業務などに当たった。また中国本部においては、華北において幣制統一及び外貨転換性の獲得を目指した通貨戦を展開したほか、外国為替基金制度を成立させ、中国聯合準備銀行への資金協力、蒙彊銀行の円資金調達、円系通貨の促進、法幣駆逐及び価値低下工作、天津海関保管などの業務に当たった。そして華中南においては、日本軍の国庫金取扱、円系通貨拡大の支援、上海海関保管、華興商業銀行及び中央儲備銀行への協力支援、円系通貨の価値維持などの業務を持って、戦時経済における新たな対応に向かうこととなった。さらに日本の南方諸地域へ侵攻を背景に、円貨決済制の下、二国間支払い協定を締結し、ジャワ銀行及びインドシナ銀行と支払い金融協定を締結し、この特別勘定相殺制の採用を通じて為替取引の円建制を推進、拡大することになった。

第1節　日中戦争期経済と対外貿易

1．日中戦争期と戦時財政

世界経済のブロック的解体と対立の激化は、欧米では第二次世界大戦に帰結するに至ったが、東アジアにおいては、日本の華北武力侵攻が遂には日中戦争へと発展し、さらに日本は国内的には、経済の戦時統制の強化、対外的には南進政策を強行した結果、米・英・蘭・ソ連との関係は悪化の一途をた

どり、ついに太平洋戦争への伏線が置かれることとなった。ここに日本政府は軍事費の膨張を中心とした戦時財政を推進することとした。

すなわち、30年代後半の欧米では、世界恐慌以降為替抗争、東欧諸国市場をめぐる各ブロックの利害対立を険しくさせたが、1936（昭和11）年9月25日に米英仏三国通貨協定（自由為替圏）が成立し、翌日フランスを中心とする金ブロックが崩壊し、これによってヴェルサイユ体制は終焉を迎えた。三国通貨協定は、第一次世界大戦後イギリスの方針に適ったワイマール的対独宥和政策を基礎にした協定であった。要するにイギリスにとって、反ボルシェヴィズムを掲げるナチスの膨脹は、ドイツのワイマール的発展として許されてきたものであった。ヴェルサイユ体制は、フランスがドイツ経済の強大化を警戒し、東欧諸国との軍事同盟によって、対独、対ソ牽制を意図したものであって、英仏の構想は最初から相違を併せ持っていた。

しかしこの三国通貨協定を持って、為替抗争が決着を見たものの、この後に残された東欧諸国市場をめぐってブロック間の対立がさらに深刻化する。まず、ドイツは東欧諸国との貿易関係を強めていたが、35年3月に再軍備を宣言、さらにその関係を深化させ、ドイツ広域経済圏（経済の再生産構造の一環）として、組み入れていた。ここに東欧諸国市場をめぐる英独の争いが30年代後半に入って展開されることになる。この場合、ドイツは東欧諸国を政治的・軍事的に包摂し、双務的清算勘定を通して再生産を拡大していった。他方、イギリスはこうした双務的清算勘定の矛盾をついて東欧諸国市場への進出を図り、三国通貨協定を通じて支払い協定を締結し、同時に東欧で貿易市場シェアを拡大してきた。結局、イギリスの東欧進出が政治的権益の擁護・拡大でもある以上、ドイツにとっては重要資源の確保を優先し、同時に双務的清算勘定の矛盾を克服して、東欧の政治的覇権・確立へと向かわざるを得なかった[1]。

それから、三国通貨協定成立後の37年10月、アメリカ（ルーズベルト大統領）はこの間推進してきたニューディール政策が経済恐慌によって行き詰まり、景気が急速に後退するという状況の中で、大規模な軍備拡張を、他方で対アジア政策を積極化させた。さらに翌年4月以降アメリカは、ケインズ

的景気政策（赤字財政を前提、スペンディング的解決策〈spending solution〉）をベースに、準戦時体制の構築を促進することとなる²⁾。一方、ヨーロッパにおいては、36 年 3 月以降ドイツのラインライト非武装地帯進駐、ヴェルサイユ・ロカルノ条約破棄宣言、日独伊三国防共協定、イタリアの国際連盟脱退などが進められる中で、ナチス・ドイツの東欧諸国包摂は、併合政策による軍事的包摂であり、ヨーロッパ大陸におけるイギリスの権益を侵すものであった。しかしいずれにせよ、38 年 3 月以降ナチス・ドイツの東方膨張は、オーストリア合併・チェコ-スロバキア・ズデーテン地方割譲要求など世界情勢が急変する中で大規模な軍備の増強へ向かうことになる³⁾。これを契機に、イギリスのワイマール的対独宥和政策の限界を超えるものとして、再び東欧諸国市場の再分割をめぐりナチス・ドイツとイギリスとの軍事的衝突を必然的に引き起こす環境が整いつつあった。これに続いて、8 月以降フランスに政治的、経済的危機の進行問題が起こり、これらをめぐりイギリスは 9 月末、ミュンヘンにおいて 4 カ国（英・仏・伊・独）代表会議を開催し、その成果をミュンヘン協定として成立させた。その内容は、ナチズムに固有な反ボルシェヴィズムを承認・利用し、資本主義体制擁護の立場からナチズムの東方への進出を許容、対独・対ソの安全保障体制を構築する、と言えるものであった⁴⁾。こうして東欧諸国に対する英独の関係は、イギリスが 38 年 3 月 31 日、英・仏・ポーランド相互援助協定を成立させるなど、対東欧諸国向け輸出入を増加させ、さらに翌年 6 月には、英・ポーランド間にクレジット協定を成立させるなど、スターリングブロック以外の諸国との間に協調関係を強化している。また、ナチス・ドイツは、ミュンヘン協定締結後の 38 年 10 月 1 日、チェコ-スロバキアのズデーテン地方に侵入し、翌年 3 月にチェコ-スロバキア全面併合を果たしたのに続いて、中欧紛争に一段落をつけ⁵⁾、東欧諸国とは不可侵条約・信用協定・経済協定等を締結して、大陸の政治的・軍事的・経済的な地位を確立することとなった⁶⁾。

　ところが、東欧諸国をめぐる英独の対立が収斂されつつあった中で、ナチス・ドイツは、独伊軍事同盟調印、独ソ不可侵条約締結後の 39 年 9 月 1 日にポーランドへ軍事侵攻を果たした。これに対して対独宥和政策に限界を抱き

つつあったイギリスは、3日にフランスと共にドイツに宣戦を布告し、ついに東欧諸国市場をめぐる独英の武力衝突（第二次世界大戦勃発）となった。こうして、第一次世界大戦後、ヨーロッパ再編を主導してきたイギリスのワイマール的対独宥和政策が破綻し、この結果、東欧諸国市場をめぐる英仏対独の激突となって爆発することになった。ここに独伊の枢軸国と反枢軸国の帝国主義的利害や対立が武力闘争として激化し、その構図が次第に明確にされていった[7]。これを受けて欧州戦の開始後の9月5日、アメリカは交戦国に対して中立法を適用し、続いて11月4日には中立法を改正して対英仏武器援助を開始し、さらに軍需生産も一段と増強するに至った[8]。

　しかしながらこの大戦は、いわゆる「奇妙な戦争」(Phoney War、約7カ月）として穏やかに経過したが、40年5月、ナチス・ドイツはスカンジナビア諸国への侵攻を開始し、西方作戦における電撃的大攻勢を持って英仏連合軍を潰滅させるに至り、オランダ（5月10日）・フランス（6月10日）の潰滅、イギリス軍のダンケルク撤退とイギリス本土への空爆など、北部・西部戦線の電撃的展開によって西ヨーロッパ全域を一気に席巻し、7月後半にはイギリスを除くヨーロッパ諸国を制圧した。こうした戦局を背景に、アメリカはフランスの降伏（6月14日）後、臨戦体制の確立を急ぎ、7月に国防強化促進法を制定し、続いて両洋艦隊設立法を成立させ、枢軸国に対抗する体制の整備を進めていた。しかし9月の日独伊三国同盟成立を契機に、亡国の淵に立ったイギリスのチャーチル首相の対米援助要請に応え、翌年3月11日、武器貸与法（Lend-Lease Act）を制定し、ほどなく対英援助70億ドルを成立させ、5月に国家非常事態宣言を発した。それに加えて、アメリカは、欧州の戦火がバルカン、地中海方面に波及すると、準戦時体制を強化するため、国防生産管理院などを創設。また対英援助のため武器貸与局を設け、5月下旬には無制限非常事態を宣言して多くの非常時大権を手中に収め、ここにヨーロッパ情勢は急変することとなった[9]。

　こうした情勢を背景に、アメリカが独伊の在米資産を凍結すると、6月14日にドイツはその報復として時を移さずアメリカ資産の封鎖を行い、他方では、ナチス・ドイツは再び反転して独ソ不可侵条約下にあったソ連に突如進

撃し、6月22日に独ソ戦が勃発した。ドイツ軍からの全面攻撃を受けたソ連は、米英に接近し、ここに米英ソ連合が形成されることになった。アメリカは、これに対応して、6月24日に対ソ資産凍結の解除、7月には米軍のアイスランド進駐開始等、対独反撃体制の強化を図った。また、イギリスは7月12日に英ソ相互援助軍事協定を成立させ、26日、対日資産凍結の声明と同時に、日英通商航海条約の破棄を通告し、8月16日には対ソ連クレジット供与通商協定を成立させた。他方、ルーズベルト大統領は、8月にチャーチル首相と大西洋会談を開催し[10]、反枢軸戦争協力（ナチズム打倒、ソ連援助）を内容とした大西洋憲章（12日）を発表し、大西洋をめぐる米独の対立が次第に破局に向かいつつあった9月17日、対ソ軍事資材購入資金貸付（1億ドル）の発表に続いて、11月6日に米ソ間に第一次武器貸与協定（10億ドル）を成立させた[11]。アメリカは、外には武器貸与法の適用拡張と並行して英ソ両国への借款を供与する一方、中南米における枢軸国関係商社に対してブラックリスト政策を強行した。これ以降この独ソ戦線がヨーロッパにおける第二次世界大戦の主戦場と化し、その後熾烈な攻防戦が展開される中、12月7日、日本の真珠湾攻撃によって米英は日本、ドイツとの全面戦争に突入するに至ったのであった。

　一方、東アジア、とりわけ中国大陸においては、西安事件後抗日路線が進展する中で日本の華北分離工作は行き詰まり、これに対し日本は米英の対日宥和政策を背景に和戦両工作を持って対応したものの、結局、北平（北京）郊外の盧溝橋で日中両軍が激突し、その後この日中戦争は全面戦争と化し長期持久・消耗戦の様相を呈した末、南方諸地域へ侵攻（南進政策）を推進することとなった。すなわち37年7月の日中戦争勃発後の過程において、日本軍（支那駐屯軍）は、華北戦線において北京・天津・包頭・太原を占領すると共に、翌月上海に戦火（上海戦争）を拡大した。しかし、華北分離工作の早期解決を目指した日本の予想に反して、南京政府（蒋介石政権）は、国共合作の下で持久・抗戦の態度を執り、日本軍の包囲網を上手く避けて南京から（漢口）重慶へと後退させつつ抗戦を展開した。そして南京政府は、8月20日に中ソ不可侵条約（ソ連の対中軍事的・財政的援助）を締結し、さら

に米英などの支援を背景に抗戦を継続した。これに対して日本（近衛文麿内閣、板垣征四郎陸相）は、11月6日に日独伊三国防共協定を締結し、軍事力の限界と占領地の支配と維持に当面すると同時に、各種の和平工作などを試みた。しかし、この三国防共協定締結は、枢軸体制への対抗路線と抗日戦争が結びつけられる契機となり、日独伊の枢軸国と米英仏の反枢軸国との対立を、また両陣営の間にソ連が介在するという情勢の下、国際的対立を激化させ、一層複雑怪奇な状況を呈することとなった。

　こうした経緯の中で、米英の中国への義勇空軍派遣、軍需物資や借款供与が強められ、日本軍（中支那方面軍）は抗日中国軍の抵抗を打破することはできず、アメリカの中立法発動懸念から宣戦布告のないまま和戦工作を変更し、12月13日に柳川兵団は杭州湾北岸上陸作戦を展開し、南京占領を果たした。そして38年1月16日、日本は「国民政府ヲ相手トセズ」声明を持って、平和の方途を自ら閉ざすことになり、この間の和戦工作の試みは、抗日統一戦線の発展の中でいずれも不調に終わり、一転してこれを放棄することとなった。その結果、日本軍の武力侵攻は中国の華北から華中・華南へと行動を拡大しつつ、ここに日中戦争として中国大陸全土に拡大することとなり、泥沼の状態に陥ることになった[12]。

　このような情勢の下、日本陸軍参謀本部は、広東占領、武漢制圧作戦を持ってこの戦争を決着させ、対ソ戦準備に重心を転換することを計画していたが、38年2月に南京政府はソ連との間に軍事協定（中ソ軍事航空協定）締結に踏み切ることになった。こうした事態の中、現地陸軍は3月の台児荘の戦闘を皮切りに、5月19日に徐州占領作戦（北・中支那方面両軍）を、7月11日に張鼓峰での日ソ両軍の衝突（国境線をめぐる紛争、朝鮮軍第十九師団）を挟んで、8月以降武漢占領作戦（北・中支那方面両軍）を開始。10月7日に広東省バイアス湾（華南）上陸作戦を展開し、27日までに広東（広州）、武漢（漢口・武昌・漢陽）を占領したものの、中国軍の主力を包囲、殲滅は果たせず、失敗に終わった。10月21日の漢口・広州の陥落後には、華南に日本の占領地が形成され、南京政府は、12月8日に重慶へ移動し、重慶政府を発足させ、日中相互の対峙境界がほぼ確定された。日本軍の大規模な

作戦は、38年末でほぼ終わり、中国戦線は膠着状態（対峙段階）に入り、攻めあぐんだ日本軍は占領地の傀儡政権を通して抗日勢力を押さえ込む政策を採らざるを得なくなった[13]。

さて、38年10月、日中戦局が華南に波及すると、イギリスは華南・揚子江流域の在華権益が侵略に晒されることで、その危険性から対日態度を硬化させると同時に対華政策を積極化させた。一方、アメリカも対日武器輸出制限措置を発動し、それぞれ蒋介石政権への支援を本格化させた。この間、中国においては国共合作が進展し、37年8月以降、国共両党軍（西北の共産軍は第八路軍、華中・華南の共産軍は新四軍に改編）の抗日統一戦線が結成され、中国軍（第八路軍、新四軍、人民抗日遊撃隊〈華南〉）は遊撃戦、後方攪乱作戦を展開して、日中戦争は長期持久・消耗戦の様相を呈し、日本軍はここに戦線の再編を迫られることとなった。こうした戦局を背景に、11月3日に日本（近衛文麿内閣）は、日満華を一体とする「東亜における新秩序」建設を声明し、また「東亜新秩序」の建設（経済協力の強化）に基づいた占領地収奪体制を形成し、中国大陸では過渡的な経済復旧工作から次第に資源獲得工作へと対策の進展が見られるようになり、まずは重慶政府と早期和平を目指すことにした。この時期、中国側は国共合作は進んでいたものの、共産党の勢力増強、国民党の内部亀裂が生じていた。日本は国民党の内部分裂を画策して、汪兆銘（副総裁）の重慶からの脱出工作を進め、12月18日、これを成功させた[14]。

このように、中国戦線においては、広大な中国大陸に釘付けとなった日本軍は、この戦局を打開すべく、39年2月に援蒋ルートの遮断を目指し中国沿岸地域を閉鎖した。さらに中国に関する諸政策を集成した「日支新関係調整方針」（2月10日、御前会議）を決定する一方、「東亜新秩序」建設を「帝国不動の方針」として示し、同日、日本海軍は海南島占領作戦を実施した結果占領を果たし、南進政策を積極化させた。その後も、華北・華中両戦線で膠着状態にあったが、日本軍は3月29日に江西省の南昌を占領し、湖南省の長沙作戦及び重慶爆撃を実施し、重慶政府に圧力をかけた。さらに日本軍は占領地区の治安固めを狙って、4月以降治安粛正作戦を繰り広げ、これが華

中・華南において権益を有する米英との対立を激化させることになった[15]。こうした情勢の中、5月12日に満蒙国境（国境線の画定）をめぐり関東軍が「北辺振興計画」に基づき、ノモンハンにおいてソ連（モンゴル軍）との戦闘を交えたがこれに惨敗し、続いて6月14日、北支那軍方面軍が、華北経済・金融の中心地である天津の英仏租界封鎖を断行して占領地を形成した。アメリカはこれに反発し、7月26日に日米通商航海条約の破棄を日本に通告し、なお一方の独ソ不可侵条約の締結（8月23日）という国際的情勢が加わり、日本は国際的孤立に陥り、中国戦線はなお一層膠着状態になった[16]。

しかし、欧州大戦の勃発後、英仏は東アジアから後退を余儀なくされ、重慶政府は、9月6日にソ連と通商協定を締結し、局面打開を果たすことにした。他方日本はドイツの圧勝を信じ、欧州の支配的地位の承認と引き換えに、東アジアにおける日本の支配を拡大・強化する機会と捉え、これに沿って、大本営は中国戦線全体の戦略を統括し、9月23日に蒋介石政権対策担当の支那派遣軍総司令部を南京に新設し、ここに北部方面軍を置き、同時に中支那派遣軍を廃止することにした。これに続いて40年3月30日に中華民国政府（南京、汪兆銘政権）の樹立に成功し、この間の傀儡政権・中華民国臨時政府を華北政務委員会と改称した。同時に中華民国維新政府、蒙彊政府を廃止させ新政権に一本化し、欧州戦争の開始に対応し、新たな体制で日中戦争に対処することになった[17]。

一方、ヨーロッパにおけるドイツの電撃的制圧及びイギリス本土上陸が予想された40年7月、日本は東アジアにおけるイギリス領攻略を主軸とする武力南進構想の下に、直接に閣議で「基本国策要綱」及び「世界情勢の推移に伴う時局処理要綱」を決定したのに続き、大本営連絡協議会が武力行使を含む南進政策を決定した。同時に、日本は独伊の「ヨーロッパ新秩序」に呼応する「大東亜新秩序」の建設、「新体制」と呼ばれる国内のファシズム体制化、さらに「対ソ不敗の軍備充実」の方針を決定した。これを受けて、米英はこれまでの対日宥和政策を変更し、援助や法幣安定資金供与を持って重慶政府への支援を固め、従来の援蒋ルートを中国沿岸地域から仏領インドシナ（仏印）、ビルマへ変更し軍需物資等の搬入を始めた。これに対して、日本軍

は重慶への援蒋ルートの遮断をイギリスに要求し、ビルマ・香港ルートの閉鎖を一時実施させ[18]、これに応じてイギリスは、7月26日にビルマからの援蒋ルートを一時閉鎖した。

しかしながらソ連の対中華援助、米・英・仏の援蒋軍事援助の増大、国共内戦、第八路軍・新四軍の対日「百団大戦」（40年8月、集団的大攻撃）などが展開される中で、重慶・国民党も抵抗を継続し、日中戦争は完全に泥沼と化した。同時に、これ以降戦略物資の禁輸・資産凍結などの対日経済圧迫が強まる中、日本はアメリカとの対立が深まり、結局、米英関係悪化の度を急速に深めることとなった。その結果、日本政府は、9月以降南方資源確保と仏印からの中国向補給（援蒋）ルートの遮断と、また他方では米英依存の経済体制から自給体制への脱却を期して、9月22日、ヴィシー親独政権（Gourenement de Vichy, 1940-44）との間に日仏印軍事協定を締結し、これを契機に翌日、戦線を北部仏印へ移動・武力進駐し（南方作戦）、日中戦争の行き詰まりを打開することにした[19]。なおまた、日本政府は、9月27日に対英米向けの侵略的軍事同盟といえる日独伊三国同盟を締結したが、この同盟締結は日中・東南アジア戦争とヨーロッパの大戦を結びつける決定的な契機となった。これに対してアメリカは日本に対する輸出の制限、中国とイギリスに対する援助の強化によって応えた。ヨーロッパの戦局では独伊の攻勢は停滞し始めた。このような情勢に直面した日本政府は、年末から日米間の国交調整交渉及び経済関係の回復を果たし、日米対立の爆発を防止しようとしたのである。

しかし他方で、日本軍は41年4月以降、浙江省東部の紹興・寧波・奉化等を侵略する作戦を展開するが、中国においては皖南事件（41年1月、新四軍部隊壊滅）の勃発と国共合作の崩壊が表面化し、この結果、統一戦線は国共合作から共産党中核へ転換されることとなった。さらに日本軍は福州及び恵州作戦（5月）、重慶爆撃（7月）、長沙作戦（9月）を実施する一方、占領地の清郷工作（7月以降）や晋察冀辺区粛正討伐作戦（8月）など、治安維持と抗日根拠地の破壊に多くの労力を費やした。しかしながら、中国戦線において日本軍は、アメリカの軍需物資供与（4月）、武器貸与法適用（5月）を中

心とした米・英・ソの支援する中国軍に苦戦を強いられ、さらに 10 月には中国精鋭部隊による宣昌奪回作戦に遭遇するなど、もっぱら占領地域の維持に追われ、戦局の好転を期待すべくもなかった[20]。こうした状況の中で、この間、南方諸地域において米・英・蘭・中の戦略的提携が進み、日本への政治的、軍事的、経済的な圧迫態勢が整った 6 月 11 日、日本は資源獲得の交渉に当たったが、その日蘭会商交渉は難航し打ち切りとなった。これを受けて、翌月 12 日に大本営政府連絡懇談会（永野修身軍令部総長）は「南方施策促進に関する件」に基づき南部仏印への進駐を決定したのである。

ところが、こうした折にヨーロッパでは、ナチス・ドイツが再び反転して、6 月 22 日に独ソ不可侵条約下にあったソ連に突如進撃し、これを契機に独ソ戦が勃発し、日本と反枢軸国側との対立関係が緊迫化することとなった。こうした状況を背景として、すでに進められていた日米交渉が 7 月 23 日に破綻し、これが日米開戦を避けようとする日本の意図とは裏腹に、アメリカの対日態度をさらに硬化させることになった。これを受けて日本軍は同日、日仏印共同防衛協定の締結（7 月 21 日）に基づいて南部仏印への進駐を実行した[21]。しかし三国同盟締結に続く日本の南北部仏印進駐に直面したアメリカは態度を硬化させ、25 日に対日資産凍結を発表し、日本軍の南部仏印上陸を見届けた後、米英会談（大西洋上）がもたれ、太平洋戦争の米英連合体制が確立された。ほどなくアメリカは、石油・屑鉄の輸出許可制、航空用ガソリンの西半球以外への輸出禁止（8 月）、屑鉄と鉄鋼の対日輸出全面禁止（9 月）、さらに対華援助の追加を持って日本の南進政策を牽制し、同時に英・仏・蘭領東インド（蘭印）・加等も対日対策に向かい、日本資産の凍結を持って経済封鎖を強めていった[22]。

これに対して日本はこれより先の 9 月 6 日、御前会議において「帝国国策遂行要領」を決定し、対米英戦争を覚悟の上で南進政策を実施し対米英蘭開戦及び対ソ戦争準備を整え、日本の方向性を明確にし、ここに太平洋戦争への伏線が置かれることとなったのである。

この間、日本の財政は、日中戦争の勃発を契機として準戦時財政から戦時財政に移行し、軍事費の膨張を中心として財政規模の拡大とそれに伴う金融

統制の強化が図られることとなった。

　すなわち、二・二六事件以降の政治情勢の下、広田弘毅内閣（馬場鍈一蔵相）は、巨額の財政需要を追加する一方、他方で公債漸減方針の放棄、大幅増税、低金利政策などの財政政策を持って軍需生産（重化学工業化）の拡大を進めた。その結果、輸入の急増、外貨資金の不足という懸念される事態に直面することとなった。こうした馬場財政の軍事費優先、大増税を恐れた財界はこれに反発した。これを受けて、37年2月に成立した林銑十郎内閣の結城豊太郎大蔵大臣（池田成彬日銀総裁）は予算の削減、増税の緩和を図り軍部と財界の調整を目指して、「軍財抱合」財政の方針を表明した。こうして結城大蔵大臣の経済・財政政策は、翌月以降、生産力拡充を軍備増強・実現に向けて推進すると共に、物資供給を増加してインフレの抑制を図る一方、膨張する軍事費を国債の増発と増税（税制改正、臨時租税増徴法公布）及び日本銀行を通した産業金融により確保し、まかなうことにした。そして5月14日、林内閣は企画庁を新設し、生産力拡充政策の検討を開始したものの、実行なく退陣した。6月4日、これに代わって成立した近衛文麿内閣は、軍部提案の「重要産業五カ年計画」を受けて、これを閣議決定した。他方、賀屋興宣大蔵大臣と吉野信次商工大臣が、財政経済三原則（生産力の拡充、物資需給の調整、国際収支の均衡）を発表したのである。

　日中戦争勃発後、戦時財政の膨張は著しく、一般特別会計における財政膨張の要因が軍事費の急増であり、これを受けて物資と資金両面において本格的な経済統制が開始される。まず9月10日、近衛内閣は第72臨時議会において、財政経済三原則に基づき、臨時軍事費特別会計を設置し、さらに軍事工業動員法適用法、輸出入品等臨時措置法、臨時資金調整法を制定し、経済統制を本格化させた。次いでこれを前提としてすでに公布・改正済みの増税政策（北支事変特別税法、支那事変特別税法及び臨時租税増徴法）を実施に移した結果、税率の引き上げが相次ぎ、国民の租税負担が高められることとなった。さらに10月25日、政府は企画庁と資源局を合併して、戦時経済統計の中心機関・企画院（国策総合機関）を設置後、物資動員計画に基づき経済統制法規の体系を創出し、物資動員計画の策定、軍需工業への優先的

割当などについて統一的に運営を行うことにした。ここに国家の経済統制が物資・資金両面から強化されると共に、とりわけ戦争による軍事費の膨張に伴って財政規模はますます拡大することになった。この増税政策（税制改正）によって、所得課税（所得税・法人税等）中心の税体系が成立し、大衆税（酒税・物品）への重課、軍需工業独占体（生産力拡充）への租税特別減免措置、財政の軍事的中央集権化等が強力に進められた結果、国民の租税負担がさらに加重されることになった。それでも厖大な軍事費をまかなうことができず、依然として日本銀行引き受けによる公債依存（戦費調達）を迫られることになった。この場合、金融においては、公債消化の促進と同時に生産拡充資金を供給するという相容れない政策が障害となることになった。すなわち巨額の公債発行は、インフレを招来することから、政府は公債消化の促進、生産拡充資金の供給と確保自体が同時に、この国債資金と産業資金とは二律背反の経済的関係にあり、もとより金融統制の強化を持ってこれに当たることを余儀なくされた[23]。

それに続いて、39年度予算から国策総合機関である企画院が立案に当たることとなり、39年1月17日の生産力拡充計画（閣議決定）に続き、3月に内閣に生産力拡充委員会が設置され、臨時資金調整法に基づき生産力拡充のため租税特別減免措置が開始されることになった。さらに第二次世界大戦勃発後、経済統制は一段と強化されたが、この場合、物資・賃金・労働にわたって展開される一方、資金統制、金融統制は、軍需産業の資金需要に応じ、なおこれに加えてインフレの悪化を防止する役割を担っていた。また戦費調達のためには日本銀行を通した大量の国債発行が必要であったが、その消化には強制割当、貯蓄運動などが強力に推進された[24]。そして40年3月31日の税制改正で所得税中心の直接税制度が導入され、それ以降増税と新税の創設に加えて納税対象者の拡大を伴った結果、所得税・法人税・臨時利得税を中心に税収が急増したので、公債依存度は低下したのである。

しかしながら、41年度予算において、軍事費の増加を含めて経済統制、基礎産業助成、食糧確保などの経費が増加し、ことに財政規模は年毎に膨張を続けた。この間の生産拡充政策が充分な成果をもたらさず、漸次行き詰まり

を示したことから、41年7月11日、政府（第二次近衛内閣）は財政金融基本方策要綱を制定し、これまで推進してきた諸経済的国策の基礎強化、財政金融関係の改革、公債消化の維持、対軍事産業資金の供給などを強力に進めることによって、生産拡充政策の障害を取り除くことにした[25]。このように、戦時財政への移行及び財界の政府への金融的協力が要請されることになったが、政府はこれに応えて資金管理を補強するものとして金融統制会の創設（8月）、日本銀行の国家機関化、特殊銀行の強化及び各種の政府金融機関などを整備した。こうした金融機関を通して政府は、インフレ的な資金の配分を担当し、同時に経済統制の目的を達成しようとしたが、もとより金融機関としては非常に薄弱な基礎しか持ち合わせていなかった[26]。こうして、政府は日本銀行の国家機関化と政府金融機関化によって、財政資金の散布を補充しつつ通貨面から経済統制を担い、政策を展開することとしたのである。

2．戦時経済統制と対外貿易

　日本資本主義は国家政策の下に戦時統制が進められる中で、国内的には軍需拡張、生産力拡充政策等を推進する経済統制が、対外的には軍備拡張の影響の下、国際収支の悪化、貿易収支の入超が現実化し、この対策として貿易統制が強化されることとなった。

　すなわち、1936年末、軍備拡張財政に伴って巨額な軍事費は、その多くが重化学工業などの物件費（軍需産業）として支払われ、軍需産業の成長・発展を促進する働きを持っていたといえる。しかしこれらの軍需産業は不生産的な生産分野に属し、この間の急速な発展要請による生産の膨張が日本経済に、極めて多くの経済的弊害をもたらしていった。37年6月4日に近衛内閣は、こうした直面する経済諸問題の解決のため、「財政経済三原則」を基本的総合経済政策として、まずはインフレの発展阻止、厖大な予算の遂行・確保に当たることとした。それは、経済に対する国家統制の拡大・強化として策定された「重要産業五カ年計画要綱」に基づいて生産力拡充政策を実行に移し、さらに戦争翼賛の一元的国内体制整備と同時に、国家的統制が日本経済の各分野に実施されることになった。その結果として、近衛内閣は、一方で

財政膨張、他方、軍需生産力拡充の要請が増幅する状況の中で戦時財政へ転換を図り、日本経済にことごとく統制の網を張りめぐらせた。しかし、日本経済は原料・資源及び生産手段等の多くを輸入でまかなっており、ここで軍需生産の拡充を強行すれば、またたく間に国際収支の不均衡、物資需給の不平衡を招き、同時にインフレの高進、生産力の不拡充等の諸問題を併せ持っていたのである。

　しかし、日中戦争勃発後、貿易収支の悪化と国内インフレが顕著になり、日本経済は国際収支逆調の下でインフレを抑制しながら軍備拡張と生産力拡充政策の課題を基に実現しなければならなかった。しかしそのためには、為替管理の強化による輸入制限はもちろんのこと、さらには貿易統制による戦略産業への重点的物資配分を回避させることではなかった。そこで日本政府は統制法規を制定・公布し、戦時経済統制を順次強化することとした。それは、軍需物資の積極的増産を目的としたのと同時に、軍需資材の需要増大に応じて、むしろ一般消費資材の節約を図り、まさに重要原材料及び製品について使用制限、配給統制が実施されることであった[27]。こうして、翌年1月に政府は、物資動員計画を実施することとしたが、戦時下の輸出不振の中で想定していた輸入の実現が不可能になると、民需の抑制、軍需生産力の拡充など経済統制を強化することにした。さらに政府は国家資本を媒介として通貨面からの干渉を加えつつ、独占的資本の蓄積、インフレの恒常化などの政策の下に、その支配体制を強化することとした。また4月1日に政府は国家総動員法の制定に続いて、経済統制法規の体系を整備し、民需の抑制、軍需生産力の拡充などを図り、経済と国民生活にことごとく統制する権限が与えられることになった。この結果、これらの統制は、厖大な予算と金融政策（日本銀行）とを併せ持ち遂行されたのである[28]。

　なおこれに加えて、先に見たように、39年3月11日、内閣に生産拡充委員会が設置されると、直ちに大企業優先の助成策が打ち出される一方、他方では総動員法による統制令の公布に沿って、貿易・資金統制・労働動員・交通電力動員計画等の国家総動員計画の体系が整備され、経済統制が全面化されることになった。しかし、戦争遂行のための軍需生産を最優先とした日本

の経済統制は、資源の不足、経済力自身の脆弱性を補強することができず、特に重要資源を欧米諸国とその植民地からの輸入に依存していたことから一段と行き詰まり、大きな打撃となり、生産力拡充計画の再検討を迫られることになった。さらに8月、独ソ不可侵条約締結に続く、第二次世界大戦の勃発は日本の戦時統制のあり方に大きな影響を与えた。この大戦勃発によって国際関係が緊迫すると同時に、米英勢力範囲との貿易がますます制約されるようになり、日本の輸入は物資の需要を一段と逼迫させ、日本の経済統制は一層強化されることになった。そして9月18日に日本政府は価格統制令を公布して物価を一定の水準に固定したのに続き、39年度から動員計画（資金統制・労働動員・交通電力等）が制定され、ここに経済総動員体制の基盤が形成されたのである[29]。

　ところが、40年9月の日独伊三国同盟締結後、反枢軸国の反撃の中で日本経済は原材料の輸入が一層困難となり、生産縮小、経済活動の鈍化に陥り、この間に推進された経済統制は著しく困難さを増し、結局、大東亜の自給体制に切り換えることによって戦時経済統制を推進する以外に打開を求めることはできなくなった[30]。なおまた、10月に政府は銀行等資金運用令、臨時資金調整法を整備し、運転資金及び設備資金を統制したのに続いて、新たに会社経理統制令の下に配当、積立金、流動資金など企業経理を統制することにした。そして、軍需工業動員法に基づく工場事業場管理令に沿って、民間の主要軍需工場はすべて陸海軍の管理下に入ることになった。この間の日本経済は、すでに日中戦争の長期化・泥沼化により、米・英・蘭などの対日経済制裁の発動などから生産の縮小、経済活動の鈍化が顕著となり、政府は、12月に国家総動員法の改正と同時に、「経済新体制の確立要綱」を発表し、経済機構全体を国家権力の下に全面的に統制することにした[31]。そして、41年3月に国家総動員法を改正して経済団体の規制と企業整備の強制が可能となり、その結果、経済全般にわたる統制を完備することになった。

　続いて7月に第三次近衛内閣は、41年から従来の生産力拡充計画を生産拡充計画に変更し、さらに「昭和16年度生産拡充緊急対策」に沿って「財政金融基本方策要綱」を閣議決定し、資産凍結等に対応することにしたが、同

月 25 日以降米英蘭三国による在外日本資産凍結の断行に伴い、南方諸地域の米・英・蘭植民地からの物資補給が困難になり、結果として日本の貿易額は急速に低下することとなった。これを受けて対抗した日本の逆凍結によって、日本経済は世界経済から途絶され、円ブロックを基準とする閉鎖経済に移行を余儀なくされ、それに伴って国内経済の強化を図る一方で、円ブロックの領域を拡大することに邁進するほかなかった[32]。ここに日本は第三国との対外経済関係をすべて遮断され、次いで 8 月に対日石油輸出禁止が加わった結果、日本戦時経済はその存立の基礎を失い、改めて現実的な存立構想の下に再編されざるを得なくなった。こうした情勢の下で立案された企画院の経済新体制案は財界から強い反発を受け、この財界攻勢によって内容を後退させたものの、ついに重要産業団体令を経て統制会の成立にこぎ着けたのであった[33]。この「経済新体制」は重要産業団体令の制定、統制会の設立、営団の創設などによって進められ、国家及び独占企業は中小企業を自己の傘下に編入させるなど産業界に対する支配力を一層強化し、ここに戦時経済体制を確立することになったのである。

一方、日本の対外貿易は軍備拡張、対満投資が推進される中、国際収支は一段と悪化し、貿易収支も対第三国においては入超であるのに対して、対円ブロック経済圏には巨額の出超を示すことになった。これに対して政府は外貨資金の獲得を目指し、輸出振興、輸入抑制などの統制政策を強力に推進することとした。

すなわち、36 年末、軍備拡張財政に伴って対外貿易は機械や原材料など軍需関係品の輸入急増によって貿易収支が急速に悪化し、この結果、国際収支の赤字と財政収支の赤字が顕著になった。翌年 6 月 4 日、政府は上述のように「財政経済三原則」を具体化して軍需の充足、物価の抑制、輸出の振興をベースとする経済・財政政策を再編した。とりわけ、この間表面化した外貨資金不足は深刻の度を増し大きな問題と化した。これを受けて政府の対外貿易政策は輸入抑制から輸出の振興に移し、まさに外貨資金獲得に転換されることになった。その場合、輸出振興政策は、対外的には世界諸国との通商条約の締結、求償貿易協定による貿易路の確保・強化と、対内的には、第三国

向け輸出品の原料入手を目指した輸出入リンク制の採用に重心が置かれた。この輸出入リンク制は輸出商品の生産者に向けて輸出量とリンクして原料を確保する構造を併せ持つ、すなわち輸入の道を開く仕組みであって、一定量の商品輸出と同時に一定量の輸入が許可されるという制度であった。

　中日事変の勃発と共に、軍需資材及び軍需生産資材の輸入が必要となったが、事変当初、政府は貿易為替政策としても、民需物資の輸入抑制と同時に、軍需輸入確保の下に国際収支の均衡を図るという方針で対応することにした。これ以降、日本経済は軍需品の輸入と重化学工業化の進展により欧米諸国への貿易依存が高まり、結果として第三国貿易における外貨不足問題と国際収支の危機が顕著になった。この場合、外貨不足は米英ブロック圏貿易への依存度を高める一方で、通貨統一を含めた植民地や占領地との連携関係の強化が重要な課題になった。これを受けて、10月11日、政府・商工省は、「輸出入品等ノ臨時措置ニ関スル件」に基づき臨時輸出入許可規制（貿易統制法規）を公布し、これに沿って指定商品の輸出と原料輸入を関連させる輸出入リンク制が実施・拡大された。しかしながら、38年1月の物資動員計画は前年アメリカの経済恐慌の波及により輸出不振に陥ると同時に、海外市場の縮小を余儀なくされ、ここに経済統制が実際に課題となった[34]。この間の輸出入貿易構成を見てみると（第12表：225頁参照）、輸出では37年において綿織物・生糸・絹織物及び人造絹織物・缶瓶詰食品・メリヤス製品などが大宗を成し、これらの商品がアメリカ（23.52％）・中国（15.21％）・英領インド（英印、8.12％）・蘭印（7.06％）・イギリス（4.91％）などの諸国へ向けられた。他方輸入にあっては、37年には実棉及び繰綿・羊毛・機械及び同部分品・繊維素パルプ・豆類などの主要商品が、アメリカ（25.65％）・英印（20.30％）・中国（12.04％）・オーストラリア（7.29％）・ドイツ（2.68％）などの国々から輸入された。

　以上のように日中戦争勃発後における日本の貿易は、37年を絶頂として概して縮小過程にあった。国際収支の均衡を図る輸入抑制策の下に、貿易為替の統制強化は日本の貿易の減退をもたらした。これを受けて、政府・商工省は貿易局（30年5月3日、設立）を通して、所管業務の拡大、戦時貿易

統制の強化を進め、組織を拡大させ、さらに 5 月 19 日に臨時物資調整局の設立を持って、商工省に巨大な統制組織を形成させた。ここで政府・商工省は、輸出貿易の不振、国内物資需給のバランスの逼迫、物価の高騰等を背景として、先の貿易統制法規を 5 月 25 日、「輸出入品等ニ関スル臨時措置法」に改称することにした[35]。その結果、貿易統制、特に輸入に対する厳しい抑制措置によってこの間消費財や中間財の輸入を大幅に減少させる一方、他方でまた輸出用原材料の不足を通じて輸出を減少させ、そして第三国からの輸入を抑制するために円ブロック向け輸出を抑えることになった。しかしながら輸出入リンク制などによる輸出振興策を持ってしても輸出の減少を阻止できなかった[36]。また 39 年以降の貿易外収支については、対円ブロック及び対第三国において同様に赤字を計上し、この間貿易外収支の構成・内容が一変し、これが貿易収支の赤字をむしろ加重することになった。この場合、貿易外収支の赤字は、海運収入が激減する一方で政府対外支払いが増加したことによるものであり、この面でも、第三国に対する日本の収支尻を悪化する条件を併せ持っていた。この結果、国際収支尻の赤字は著しく増加し国際収支の適合どころではなかった。この間、日本の貿易構成は対第三国貿易での入超を対円ブロック地域への出超で相殺していた。その場合、従来貿易構成から外貨決済を伴わない対円ブロック貿易と、他方、外貨決済を伴う対第三国貿易との異質な二局面に分断・変容されていた。30 年代後半期になると対円ブロック貿易における出超と対第三国貿易における入超が拡大し、ついに貿易決済は円貨決済圏と外貨決済圏に分化することになった[37]。そして 40 年以降、政府は欧州戦局の変化に伴い、貿易確保のために貿易新体制の確立を図るが、それは対外的には求償貿易政策（多辺的）とその展開による求償貿易協定締結への努力、対内的には輸出品の統制、輸出の計画化によって、軍需資材輸入を確保することにあった[38]。その後の「奇妙な戦争」の間は、ヨーロッパからの輸入は減退したものの、日本の輸出貿易に関しては欧州大戦による直接の影響はさほど大きくなかった。

　しかし、先に見たように 40 年 5 月以降、ドイツ軍の西部戦線での勝利後における欧州戦局の中で、日本外交方針の大転換が図られ、9 月 23 日、日本

は北部仏印へ進駐し、また同月に日独伊三国同盟に調印。ここに日本と米英との対立は決定的となった。日独伊三国同盟成立は各国が輸入抑制や為替管理を強化しただけでなく、通商航路が危険となり、日本経済の世界市場との連関を不安定なものにした。なおこれに加えて、日独伊三国同盟は交戦国及びその植民地が軍需物資の輸出を制限し、米・英・仏をはじめとする反枢軸国側との対立を激化させることとなったが、結局、対第三国貿易であったポンド圏・ドル圏が日本品輸入禁止を強化させるに至ったため、日本の輸出入各市場は急速に狭隘化を余儀なくされることになったのである[39]。

このように日本経済が極めて厳しい難局に置かれたこの間の輸出入貿易構成を見てみると、輸出では欧州大戦の進展、日本の南進政策開始後の40年には、軍需に必要な生産手段、原材料の輸入を支えるため、生糸・綿織物・絹織物及び人造絹織物・鉄製品・紙類などの主要商品が、アメリカ（28.08％）・中国（26.29％）・英印（6.60％）・蘭印（5.43％）・イギリス（2.24％）などの国々へ向けて積出された。他方輸入にあっては、40年には実棉及び繰綿・鉄類・炭化水素油・機械及び同部分品・米及び籾（もみ）などの軍需資材が増加し、これらの商品がアメリカ（39.98％）・中国（20.47％）・英印（6.33％）・オーストラリア（3.27％）・蘭印（2.80％）などの諸国から輸入された。

しかしながら、41年6月22日の独ソ開戦を捉えて、日本が南部仏印進駐を強行し、これに対して7月25日、米・英・蘭（そのほか米英蘭属領諸国）が断行した対日資産凍結は、日本の対外貿易と為替決済を不可能にし（第三国との経済交流断絶）、日本の戦時経済に深刻な打撃を与えた[40]。こうして、資産凍結後の日本の対第三国貿易は、輸入においては仏印・タイの2国のみとなり、最終的には円ブロック圏内で戦時経済に必要なすべての原材料を確保しなければならなくなったのである[41]。事実、日本の貿易体制は中日戦争を遂行するという目標を超えて、いまや世界戦争への突入を準備する、いわゆる臨戦体制へと転換を余儀なくされ、ここに至ってはじめて、戦争資材確保目標として、「大東亜共栄圏」なる円ブロックの体制を固めると共に、その領域を拡張することが貿易政策の要点となったのである。

第2節　為替統制の強化と横浜正金銀行の対外業務

1. 国際金融市場と国際金銀相場

　1930年代後半の世界経済は、欧米においては三国通貨協定の成立によって為替抗争に決着したものの、東欧諸国市場をめぐる英独の争いは戦争に発展し、この過程においてイギリスが為替管理へ移行し、三国通貨協定はその機能を停止・終焉に向かうが、他方ドイツは、為替を厳重な管理下に置き、多角的決済機構を拡大していった。東アジアにおいては法幣の安定と維持を目指す米英は、南京・重慶政府支援とその関わりの中で、米英中為替安定基金を導入するが、為替管理が大勢を占める情勢において、ついに自由為替市場はその機能を停止することになった。

　すなわち、欧米においては、世界恐慌の過程で米英はフランスから金を吸収され、36年半ば以降には逆にフランスから金を取り込むという経緯の中で、三国通貨協定が締結され、金ブロックは崩壊した。この三国通貨協定は金ブロックを自由為替圏に確保し、ドル・ポンド・フラン間の為替相場を安定させ、為替抗争を終息させると同時に、為替管理地域の拡大を制限するという効果を果たすものとなった。しかし三国通貨協定成立以降、この協定参加国間（米・英・仏・ベルギー・スイス・オランダ等）の収支不均衡及び欧州諸国からアメリカへ資本の移動と金の集中という機構が構築されることとなった。

　まず、アメリカ・財務省は、1936（昭和11）年12月以降流入する金を連邦準備銀行に直接振り向けず、国策として「不活動」勘定（不胎化）に保管し続けた。翌年7月には中国の金準備を支援するために銀を対価として金を売却し、次いで対ブラジル為替相場の安定化を促進する目的で金（60,000万ドル）を売却した。この間欧州資金の移動によるドル需要に対して各国の為替安定（平衡）資金操作が行われ、為替相場は幾分変動を生じたもののほぼ安定を保っていた。しかし、金の不胎化措置はことに効果なく、37年半ば以降アメリカ経済が景気を大きく後退させると、ほどなく不胎化は縮小し、38年4月にはこの政策は完全に廃止になった[42]。また、37年以降国際通貨のフラ

ンス・フランが下落を続けた。こうした中で、38 年 4 月、ダラディエ・フランは経済リベラリズムに基調を置いていたが、翌月にポンドにリンクされることになり、ここにフランス・フランは一国民通貨として自立性を失うこととなった。そして、ポンドの対ドル相場の固定化は、9 月 30 日のミュンヘン協定（独・伊・英・仏協定）頃までは、一応の効果を上げ、10 月危機を収拾し得た。しかし、イギリス経済はアメリカの景気後退の下に貿易収支が悪化し、これを受けてスターリングブロック諸国は同国の残高を引き出して域外諸国への支払いを済ませた。その結果、イギリスは 11 月、ポンドの切り下げを継続し、それによって安定させることができた。ここにドルとポンドの関係が、かろうじて国際通貨体制にとって基軸であるという構造が明確になり、三国通貨協定による協調体制は維持され、この間不安を呈していたフランス・フランは、これ以降安定に向かっていったのである[43]。

しかしながら、39 年半ば、ロンドン金塊市場は不穏な国際情勢を背景に為替安定資金を売り応じ、対米現送点を上回っていたが、イギリス政府はその後欧州政局が緊張の続く 8 月 25 日、為替安定勘定を通して直ちに為替市場の操作を停止した。その結果としてポンドの対ドル相場は暴落し（4.27 ドル）、それ以後はポンドが軟化し始め、4 ドルの水準をも下回った[44]。他方、ドイツはこの間東欧諸国と為替清算協定を締結し、これらの諸国の生産品を高額で購入しマルクで決済する一方では加工品をダンピング輸出して外貨を獲得し、これを軍需品輸入に当て、求償貿易及び金決済を促進した[45]。そして、ミュンヘン協定成立後、ドイツはズデーテン進駐・併合と好景気を背景にライヒス・バンク紙幣発行を増大させ、為替管理の下にこれをズデーテン地方にも適用することとした。その後の 6 月、ライヒスバンクは改組令（中央銀行法、改正）の結果、政府への従属関係強化、制度的障害の撤廃などを通して、政府への貸上をさらに拡大することになった。また 8 月 19 日にドイツは、ソ連及びそのほかの諸国と貿易・信用協定を成立させ、厳重な為替管理を行ったのである[46]。

東アジアにおいては、日本は日中戦争への突入により、中国本部での経済さらには通貨・金融に介入することとなったが、占領地域においては、列強

(米・英・仏・独・露) の利害と衝突の中で、早急に日本の経済圏及び円系通貨圏を育成・強化して行かなければならなかった[47]。すでに見たように日本軍は、軍事的侵攻の下、占領地を拡大すると共に、傀儡政権を通じて各地の海関を摂取し、そして塩税や統税の各種機関を支配下に置いて南京政府 (蒋介石政権) の財政収入・外貨獲得に圧迫を加え、なお一方で円系通貨による本格的な法幣駆逐工作に取り掛かった[48]。

他方、南京政府は法幣の価値を維持するために継続的な支払い準備を確保することが必要であり、そのためには為替を無制限に売り応じると同時に、海外に資金準備 (在外資金) を必要とした。しかし、36年以降、銀貨使用国に大混乱をもたらした自由市場 (ロンドン) を通ずる銀買い上げが停止されることになった。これを受けて6月27日、アメリカ・財務省はこれに代えて銀の処分を希望する外国政府と二国間銀協定 (金銀交換政策) を締結し、この協定に基づき銀を買い上げることにした。この二国間銀協定は、アメリカにとってラテンアメリカ諸国、中国などの国々に対する通貨面からの経済援助策としての性格を持つと同時に、ドルブロック圏創出の有力な一手段となっていた[49]。この協定に沿って、アメリカ・財務省はメキシコやペルーなどのラテンアメリカ諸国から41年までに銀を購入し (3.9億オンス)、これに対してドル為替 (約1.8億ドル) を供与した[50]。また中国に関しても、36～41年までの6年間に銀 (5.2億オンス=2.2億ドル) を買い上げ、在外資金準備 (ドル為替と金) を支援したのである[51]。

ここで米中金銀交換協定について見てみると、アメリカ・財務省はこれまで第一次、第二次協定を成立させ、日中戦争勃発の翌日、新たに第三次協定 (モーゲンソー財務長官=孔祥熙・財政部長、1億5,000万オンス) を成立させた。この取り扱いは銀を数回に分けて買い上げ、支払いは金で行い (1オンス=35ドルのレート)、ニューヨーク連銀を通じてイアマークされるというものであった。この経済援助策は、この間平価切り下げによる金の過剰流入に苦しんでいたアメリカにとっては、自国の過剰金問題を解決すると同時に、南京政府の金準備率を高め (新幣制及び金融的コントロール)、法幣を強化するという一挙両得を意図したものであった。他方、南京政府にとって

も、国内銀の回収、この国有化銀の売却によって得た資金をドル為替と金に換え、ニューヨークの大銀行に預託して在外資金に充当でき、法幣価値の安定・維持に向けられることになった[52]。

なおこれに加えて、37年12月にアメリカ政府はロンドン銀協定（中国・カナダ・メキシコ）の不更新決定を受けて、国内新産銀の買上価格を1オンス77.57セントから64.64セントに引き下げた。続いて翌年3月、アメリカ政府は外国銀の買入価格を44セント4分の3から43セントに引き下げ、メキシコ銀買入中止、米中銀協定改定及び国産銀の買取中止を公表し、さらに銀国有令及び同令付随の大統領令（34年、布告）の廃止を決定した。こうした中で、7月16日にアメリカ政府は米中金銀交換協定の第四次交渉（モーゲンソー財務長官＝陳光甫上海銀行総裁）を成立させ、1億オンスの銀を購入した[53]。なお同年下期、アメリカ政府が外国銀買入価格を引き下げる一方、国内新産銀の高値買上政策（シルバー・ブロックの要求）を続けた。いずれにせよ、この政策は当初目標として揚げられた通貨政策としての性格が放棄され、国内産銀業に対する補助金政策の傾向を強め、1オンス71.11セントに引き上げることになった[54]。その後ロンドン銀塊市場は、39年末に、17セント16分の15ペンス、40年末に、23セント4分の1ペンス、ニューヨーク銀塊市場は、39年末に、37セント4分の3セント、40年末には、40から43セントを上下する変動を示した。また、国内新産銀の買上価格は39年末及び40年末において、71.11セントを維持していた[55]。

しかし、後述のように傀儡政権「中華民国臨時政府」の下に成立した中国聯合準備銀行は、38年3月中旬に同行銀行券（聯銀券）を発行し、同価格において法幣を回収、これを上海に送って外国為替を買い付け、法幣対外価値崩壊の手段とするに至った。こうして華北にこの聯銀券が流通し、これが法幣とパーである以上、聯銀券流通力の増加に伴って法幣は、上海に流れ込むことになるが、上海為替市場においても聯銀券は、対英1シリング2ペンス（日本円の対英貨価格）の貨幣価格を持っていた。この結果、上海の法幣に対する不安を増大させることになったため、3月14日に南京政府財政部は為替の無制限売買を停止して為替統制管理強化の対策を打ち出した。この

時を境として為替相場は急落を始め、6月上旬、上海金融市場は標金現物が急騰し混乱状態に陥ることとなった。なおこれに加えて、これまで香港上海銀行に預けられた関税収入を、これ以降日本（正金銀行）が取り扱うことになり、これを契機に上海海関の摂取を通して日本側は改めて法幣の切り崩しに邁進した。しかし、法幣は上海為替市場に放出されることにもなったが、結局、1シリング1ペンスないし1シリング台を維持し得た[56]。この時期、上海為替市場には法幣の法定（公定）相場のほかに、その闇相場、いわゆる実際相場（法幣の市場相場＝実質相場）が出現し、後者は相次ぐ下落の末、遂に8ペンス前後に落ち込むこととなった。38年後半は香港上海銀行の実際売相場が終始一貫して8ペンス4分の1を推移したことから、法幣の市場相場はこの8ペンス4分の1として、事実、安定し市民からの信頼を得ていた。その後において、南京政府の公定相場は1シリング2ペンス4分の1を維持し、少額の統制売りもこの相場によって取り扱われたのである[57]。

　ところで為替統制売りは売り止めを繰返し、為替市場を悪化させる状況にあったが、38年10月、日中戦局が華南に波及すると、ほどなく漸減することとなった。また、年末の重慶政府の在外資金は、輸入の増大、輸出の不振という状況の中で著しく減少させることとなった[58]。これを受けて、3月以降為替操作を委任されていたイギリス系銀行は、39年3月に為替資金の不足に陥り、その対策として安定資金を設けることとした。ここに米英の法幣工作は、援助から管掌の段階に進むことになった。そして3月8日、イギリスは香港に英中合同の為替安定資金委員会（Chinese Currency Fund Committee）を設置して法幣対策（法幣安定援助）を検討した。その結果、イギリスは自国側から500万ポンド（香港上海銀行300万ポンド、チャータード銀行200万ポンド）、重慶政府側からも500万ポンド（中国銀行350万ポンド、交通銀行150万ポンド）を出資して、3月29日、三国通貨協定に基金的な性格を添加した為替安定基金（Sino-British Stabilization Fund）を設立した。この安定資金の操作機関は香港上海銀行、チャータード銀行の両上海支店が担当して、独立会計を持ってイギリスのイングランド銀行に設置され、5月1日、実際に活動を開始した。なお、この英中為替安定基金の制度は、従来内密的

であった法幣の安定相場を8ペンス4分の1とすること、及び法幣維持の担当者がイギリス系銀行であること、を表面化させた[59]。

しかしながら、この英中為替安定基金は、重慶政府の巨額な入超と法幣を利用した日本側の法幣駆逐工作（上海為替市場に華興商業銀行券が進出）の影響の下で目減りが著しく、これらの対策は、重慶政府の期待した効果を挙げることができなかった。こうした状況の下、6月7日に香港上海銀行は突然に為替安定基金による為替売りの停止を行った結果、法幣は6ペンス台に下落して金融市場はまさに混乱状態を呈した。そして、このほかに14日、天津英仏租界が封鎖されたこと、7月に中南華諸港の日本軍による封鎖が拡大されたこと、華僑の送金が激減したこと、法幣の南下が継続していること等の悪材料を相乗させて、7月半ばには為替安定基金の涸渇が予想されるに至り、またこれと併行して、法幣の相場も7月18日には香港上海銀行は外貨売りの中止によって4ペンス台に急落した。ここに金融市場は混乱し、法幣価値維持工作は破綻を余儀なくされたのである[60]。

一方、戦雲が迫るヨーロッパ政局の中で、アメリカの巨額資金が欧州大陸から流出し、さらに加えて38年後半以降、ナチス・ドイツが偽ポンド紙幣の濫発を戦略方針に導入するという情勢の下に、その影響を危惧したイギリスは、第二次世界大戦勃発の翌日、厳重な外国為替管理令を発布・導入した。その上に、イギリスは「緊急権限（国防）法」（Amergency Powers（Defence）Act, 1939）を公布すると共に、「国防（金融）規則」（Defence（Finance）Regulations, 1939、〈戦時資本統制〉）を制定し、これらの規定に沿って、さらに金及び外国為替管理（金・外貨の国有、金・外貨・証券の輸出禁止）を強化することにしていた。また戦争の激化に伴ってナチス・ドイツが勝利を得、金の廃貨を不安視したアメリカは金を購入し、ヨーロッパの国々は、金準備及び金貯蔵に努めることになった[61]。

そして外国為替取引がイングランド銀行に集中されることになった9月5日、イギリスは外国為替の公定相場（ポンドの対ドル相場4.06～4.02）を設定・公表する一方、イングランド銀行は軍需物資調達のために外貨の計画的割当や保有米貨証券の売却準備を強力に進めることにした。しかし、9月15

日に米英クロスの動揺により対米為替相場裁定が中止され、ポンドの交換性がとりわけドル地域の通貨に対して制限されたことから、米英以外の諸国はスターリングブロックから離脱し、10月25日に米ドルに決済基準を置くことを余儀なくされた。イギリスは、ポンド域内の外国為替決済にはニューヨーク及びロンドン市場を利用し、また為替資金の両地間移動の円滑化を最大要件として、基準変更の決定に続いて、これ以降対米相場はクロス・レート23セント16分の7で裁定して算出することを併せて決定した。これによって三国通貨協定（自由為替圏）も実質的に機能を停止し、スターリング地域の諸国（仏・カナダ等）もイギリスと同様に為替管理を採用し、金・ドル準備をロンドンに集中させた[62]。これを受けてイギリスは40年1月以降、数次にわたる外国為替管理改正令により、外国為替の統制を強化した。しかし他方で、自由ポンド相場の下落は、イギリス政府にとって戦時金融をポンドでまかない、ことさら戦後にポンドの復権（金・外貨準備の温存）を狙うためにも、容赦できるものではなかった。そこでイギリスは、非スターリング地域のポンドについても統制の対象に含めることにしたのである（第二次スターリングブロックの形成）[63]。

　ところが、5月以降ナチス・ドイツが西欧全域の制圧を本格化させたが、イギリスは、この欧州戦局の中で輸入の増加などを背景に外貨売り止めを実施したため、自由ポンド市場におけるポンド相場は急落し、アメリカの支援が急務となった。そして6月以降、イギリスは非スターリング地域諸国との間に、英・仏・ベルギー金融協定（同月7日）、英・仏・オランダ金融経済協定（同月14日）、英・ブラジル支払協定（同月23日）、英・米為替協定（7月18日）などの清算協定、双務的な支払協定を締結し、特別・登録勘定を創設するに至った。このように、欧州開戦により波乱が多い中で英・仏・加などが厳重な為替管理を施行した結果、ニューヨークと上海市場だけが自由為替市場の面目を保つことになり、アメリカ政府は為替委員会を設置して為替相場の過度な動揺防止に努めたものの、対英自由相場は大いに変動した。40年下期におけるイギリスの外国為替は為替管理強化のために自由市場におけるポンド取引はほとんど消滅し、わずかにスイス・中南米為替取引があ

るだけであった。そして41年には、対米公定相場が不変の中で、ポンド域内への振替でも同域内居住者に対してのみこれを認めるなど、ますます域外への資本逃避の取り締まりを厳しくした。と同時に第三国における自由ポンド市場の圧迫を図ったため、ニューヨークの自由ポンド相場は公定相場を上回り、米英間において戦時協調の実施を余儀なくされることになる[64]。そして、アメリカの外国為替は41年上期、欧州市場潰滅の結果、ニューヨーク市場における自由ポンド取引はごく少量で、その相場は4.03ドル2分の1に終始した。下期においては、金の輸入は少額であったが、金イアマーク高は増加し、なお銀の輸入高は少額に留まった。外国為替は、資産の凍結の拡大につれて市場が狭隘化し、結局、ニューヨークの自由ポンド相場は、4.03ドル4分の3を推移していた[65]。

　他方、ナチス・ドイツは、戦局が有利に展開した40年5月以降西北部を占領地域とし、その間にソ連と通商条約を、さらに北欧及び東欧諸国と貿易協定ないし清算協定を締結した。そして、7月25日にフンク経済相（W.Funk、シャハトの後継者、兼ライシス・バンク総裁）が、欧州新秩序構想（New Order、Neu Ordnung、ナチスの戦後経済通貨体制）を発表した（ベルリン）。それは市場原理を否定して経済ブロック化を指向すると共に、通貨面においては、金本位制への復帰を否定して、マルクを本位通貨とし、これに基づき多角的精算機構を確立しようとしたものであった（ベルリンを中心）。その上、ドイツは占領地における通貨工作を着々と進め、外国為替を厳重な管理下に置き、11月15日に独・仏間に清算制度成立、12月4日に独・ルーマニアの経済再建計画援助議定書の調印などを果たした。41年においても、ドイツは外国為替を依然として厳重な管理下に置き、占領地域においては、ベルリン経由で多角的清算機構の範囲を拡大させていった[66]。そしてフランスは、5月2日、外国為替統制新法令の公布、金及びドルの管理方針を決定していたが、戦乱の後、6月22日にドイツとの間に停戦協定を結び、これによってフランス領の一部はイギリスから敵地として取り扱われることになった。フランスの敗退とイタリアの対英仏宣戦を頂点として欧州戦局は一時停滞状態に入ることになった。その後ヴィシー政府は、ドイツ軍政下の7

月9日、外国為替統制局を設置し、資本輸出統制及び為替管理などの業務をフランス銀行に代行させることとした。フランスは、占領地域・非占領地域共にその厳重な管理が続行され、為替取引所は閉鎖され、自由市場もなく、対独公定相場はこの間1マルクに付き20フランと不変であった。その後の11月17日、ヴィシー政府は独仏通貨協定を成立させ、為替管理をさらに強化させていくことになったのである[67]。

しかし一方、東アジアにおいては、第二次世界大戦の勃発により、英仏が対独戦争へ突入して行き、重慶政府（蒋介石政権）を援助し得るのはアメリカのみとなり、ルーズベルト政権は蒋介石政権との協調関係の下に経済・軍需援助を継続させざるを得ない情勢となった。まず、アメリカ・財務省は10月、中国の要請に応じ、蒋介石政権の財務顧問アーサー・ヤングの協力の下、法幣安定資金援助の必要性を認識し、早急なる対策を検討することとした[68]。40年6月、欧州政局の悪化の中で米中は、財政部長孔祥熙が渡米し交渉に当たったが、財務省方針との相違が大きく進展がなく、11月に入りルーズベルトとの間にようやく合意の運びとなった。すなわち、中国側は「中英米協力法案」を提案し、中国の主権と統一を保持する一方で、日本の「東亜新秩序」確立を阻止するために法幣安定資金（2-3億ドル）の供与を要請した。これに対して、ルーズベルトは、モーゲンソー財務長官に交渉を一任し、30日には法幣安定資金並びに同額の物資購入資金の借款供与を表明した。これに従って12月10日にイギリスも法幣安定・物資購入各々500万ポンドの借款供与を公表した[69]。続けて、11月にアメリカは通貨安定のために、米英両国がそれぞれ資金援助（5,000万ドル）を中国に提供する意思を公表した。さらにアメリカ・財務省は12月、米英中三カ国共同の為替安定資金委員会（Currency Stabilization Board of China）の創設を提唱した。その創設準備を進めていたが、41年1月7日、上海で皖南事件が発生し、上海為替市場の不安が増幅される中で、アメリカは急きょ、米中協定を締結し、それと併行して英中協定調印の運びとなり、米英政府は、為替安定基金として米国為替安定資金（5,000万ドル）、イングランド銀行資金（500万ポンド）をそれぞれ重慶政府（中国銀行及び中国銀行）に供与することとした。その結果同日、香

港に米英中三国為替安定基金（The Tripartite Stabilization Fund〈Board〉）が創設された。そして、先の英中為替安定基金の管理もこれに移し、上海における操作銀行を主としてポンドについては香港上海銀行とチャータード銀行を、ドルについてはナショナル・シティ銀行とチエース銀行に割当て、為替安定資金を供与することとしたのである[70]。

　さて、7月26日、アメリカの資産凍結令は中国にも適用されたため、上海の自由為替市場はこの時を境にして終わりを告げ、法幣は崩落に直面した。重慶政府は直ちに「非常時禁止進口物品弁法」による輸入禁止の励行及び輸出為替集中の強化を声明した。また米英の対重慶政府支援は、8月18日以降、上海為替市場における法幣対策を一変させ、米・英・ソ・蘭並びに重慶側（17銀行）に対して5ドル16分の5の相場カバーを供給すると発表した。同時期の市中相場は5ドル16分の5の相場を下回っていたが、ここに闇相場はようやく消滅することになった。こうして、8月18日に活動を開始した同為替安定資金委員会は、上海の租界における中国系の銀行や、蒋介石政権の支配地域のみならず、占領地域との間における外国銀行の為替取引をもカバーすることになった。以上に加えて、11月中旬に米英と重慶政府は貿易管理に関する新協定を成立させ、反枢軸諸国（中国と米英など）との貿易そのほかの金融取引をすべて為替安定資金委員会を経由することとした。ここに至って、上海の国際的な自由為替市場としての機能は完全に停止され、為替管理が採られた結果、上海為替市場における法幣は資産凍結及びこれに関する一連の措置により、外貨への自由交換性を喪失することになった。日本としても法幣を通ずる第三国為替乃至物資の獲得が不可能になった[71]。なお、米英中三国為替安定基金は、12月末、日本の香港占領と共に重慶に移転し、その機能を停止することとなった。こうして、世界的に為替管理が支配的情勢となる中、欧州自由為替市場はほぼ潰滅し、東アジア（上海）自由為替市場もその機能を停止し、ひいては金銀の自由取引市場も機能不全となり、ついに世界経済における外貨交換（自由）は完全に喪失することになったのである。

2. 為替統制の強化と横浜正金銀行の対外業務

　世界・アジア政情不安の中、欧米列国はブロック間対立を激化させ、為替管理の強化及び国内の経済統制を図ることとしたが、こうした中で日本は外貨資金の不足に陥ることとなった。この対策として、政府は外貨資金の確保はもとより、為替相場の安定・維持を課題として、金銀現送、為替市場の統制等を進めたが、第三国との経済関係が途絶され、為替相場は廃止され、ついに正金銀行の外国為替・貿易金融業務は終焉を迎え、欧州各国支店は閉鎖を余儀なくされることとなった。

　すなわち、上述のように国内外の政治・経済情勢の変化を背景として、円為替は動揺し、不安材料を累積させることとなり、ここに外貨の獲得及び国際収支の均衡などの対外経済の主要課題が引き起こされることになった。36年末、政府は37年軍事予算の大膨張に関連した輸入為替の取決めが殺到するという事態が発生したため、38年1月8日、外国為替管理法の改正に続いて為替管理の強化、金現送、為替銀行の国策支援等々の外国為替政策を展開し、輸入貨物代金決済のため為替取引と輸入信用状取得を許可制にし、輸入の統制・強化（貿易管理）を持って、その安定・維持を図ることにした。しかし、輸入為替許可制の導入後においても輸入増は収まらず、日本銀行は3月、金現送を再開して在外資金を補充し、為替相場の維持（1シリング2ペンス）に努めることにした。そして6月以降、輸入激増に直面した大蔵省・商工省は先に声明した財政経済三原則に基づき輸入許可の圧力・強化、輸入の削減に努め、国際収支の均衡と同時に、軍需物資の輸入を実現させるために貿易統制と外国為替管理を強化することとした。こうした事態の中で正金銀行は、36年12月、これまで継続してきた為替買持を見直し為替売持の方針に転換を余儀なくされ、さらに翌年1月以降統制された為替を独占的に取り扱い、3月に金現送に関わり、為替管理の行政補助機関としての性格を強く持つこととなった。この間の同行の為替取り扱いは、輸入漸増、輸出漸減の結果として、巨額の売り越しとなり、直ちに外貨資金の調達を迫られることになった。ここに正金銀行はこれまでのような輸入為替偏重の傾向を改め、すべて米英貨資金の調達に結びつく金融に基づいた、輸出為替の吸収を

目指して邁進することとなったのである[72]。

　日中戦争勃発に伴う国内外情勢を反映して、日本の輸出入貿易、国際収支の変動及び外国為替相場の変動が継続される中、政府は戦時為替政策を積極的に推進することにした。

　まず、政府は、37年7月の特別会議において、日本銀行金買入法の廃止及び日本銀行兌換券膨張の制限外発行対策として、産金法のほか金準備評価法、金資金特別会計法を制定し、政府への金集中を促進した。こうした政策の下に集中された金が現送され、これが対外支払に充当され、外国為替相場の安定・維持に寄与することにもなった。また、政府は、8月9日、この間採用してきた金政策（国際収支の調整、対外支払手段の確保と外国為替相場の安定・維持を目的）を変更し、新たに重要資源輸入資金の金現送引き当てとすることとし、これに基づいて為替資金の調整、産金助成の奨励に関する方針を強化することにした。そして、金現送の代わり金は、政府の在外預金として、正金銀行ロンドン及びニューヨーク支店に預け入れ、まず外貨債元利払いに充当し、後日これが同行に払い下げられ、この手順による金繰りで、正金銀行は一息つくことができた[73]。しかし、為替統制の強化が図られる中、正金銀行の先物取引の独占、輸出ビルの買いあさり等を問題提起していた本邦外国為替銀行は、さらに金現送代わり金の独占的払い下げで同行の外国為替業務が増大する一方、ほかの外国為替銀行のそれが停滞する状況にあると苦言した。この場合、政府の為替統制では、正金銀行の立場を一層有利にするばかりか、本邦外国為替銀行の手許を逼迫させているとし、ここに同行と本邦外国為替銀行間に不和が表面化し、両者の対立を激化させた。その結果として、政府金現送代わり金の払い下げを正金銀行のみでなく、ほかの本邦外国為替銀行でも行うべきだとの要望が生じ、さらに為替相場を公定せよとの要望も現れてきた[74]。これに対して8月23日、政府（大蔵省）は、日本銀行を通して為替相場の自治的協定である「対英為替相場に関する協定」を本邦外国為替銀行に締結させ、為替相場の公定（1シリング2ペンス）によって市場を直接統制することにした結果、この統制力の下に外国為替銀行間の対立・抗争の不安が除かれることとなった（38年2月「対米為替相場協定」

が成立し、4月5日、実施された）[75]。

　また9月16日、政府（大蔵省）は、「外国為替管理法」改正と「輸出入品等ニ関スル臨時措置ニ関スル件」の公布（輸出入リンク制、実施）に続き、為替管理法、無為替輸出の取締及び輸入為替等許可制の強化に着手し、国内資金の調整と国際収支の改善を図り、物資需給の調節を促進することとした。この結果、為替管理と貿易統制が一段と整備され、軍需産業に優先的な資金供給と原材料確保を併せ持つ統制政策が推進されることになった。他方38年において、日本銀行が国際収支の赤字決済のため金現送を続けた結果、保有金はほとんど払い出されてしまった。言うまでもなく日本銀行の正貨準備残高が減少すれば、必然的に国内・対外における信用を損うと同時に、戦時経済の運営を一層困難にする恐れがあった[76]。

　しかしながら、2月以降、欧州政局不安の下に米英為替が軟調に転じ、それが対英相場に波及して相場維持（1シリング2ペンス）が困難となる事態が発生することになった。これを受けて日本政府は、ここで再び日本銀行を通して為替相場協定の強化に乗り出し、4月に各外国為替銀行の同意を得て、銀行間の為替売買に対する包括的許可制を採り、これに法的な強制力を賦与することとした。そしてこの許可制の採用に伴い外国為替銀行間に為替相場維持協定が締結されることになったが、この協定相場は実際に公定相場としてすぐに実施され、為替相場を通じた銀行間競争は排除されることになり、ここに為替相場は直接政府の統制下に置かれるに至った[77]。なお、為替売買に対する為替銀行の許可制は、政府の許可が極めて限定的な許可であったことから（過去の実績を基準、1カ月程度）、その実施に当たって、為替取引は正金銀行に集中される結果になった[78]。こうして米英市場における金融圧迫化の中で、7月に日本政府は輸入資金を円滑にするため、外国為替局（37年11月27日設置）の機構強化及び日本銀行の正貨準備を利用することを決定し、これを受けて7月19日に大蔵省は日本銀行に対し外国為替基金の設置を認可し、同日に日本銀行は3億円の金塊を外国為替基金勘定に組み替え（輸出入リンク基金として）、これを正金銀行に預金し、8月1日にこの基金の運用を実施に移したのである[79]。

実際、この外国為替基金は、輸入決済のために外国為替銀行の外貨資金を中央機関に集中させ、この資金を重点的に使用させる制度であり、この制度に基づいて、外国為替政策は、正金銀行と本邦外国為替銀行に輸出品用の原材料輸入資金を貸し付ける一方で、輸出為替の取り組みで返済させるという仕組みになっていた。そしてこの基金の回転を一層効率的にするために、時を移さず政府はこの間実施してきた外貨資金集中制を抑制し、これに代わる決済資金確保の必要に迫られた[80]。なお、それに加えて政府は、7月末に為替強化策の一環として、為替銀行の余裕外貨資金を日本銀行に集中する外貨資金集中制を採用し、正金銀行がこの集中為替資金を有効に運用すると同時に、日本銀行に強力な為替市場の統制権を与えることを目途に、これを8月より実施することにした[81]。そこで、政府は省令によらず、日本銀行と外国為替銀行との個別的契約による外国為替余裕金の集中を実施し（日銀外国為替集中制度）、集中された余裕外貨資金については正金銀行が効率的な運用を図ることにした。この際、正金銀行は軍需を中心に輸入為替決済のために、輸出為替の取り立てのみを持ってしては応じきれず、ことに外国為替基金及び外貨資金集中制の補強を受けつつ対外経済に対応したものの、なおかつ決済資金に不足して、その差額は金塊現送売却代わり金（外貨）の払い下げを受けて補填せざるを得なかった[82]。そして、正金銀行以外の外国為替銀行へのこの基金の貸出は低調であったが、在外資金の不足に陥っていた正金銀行は、この制度資金を通して、外貨負担を軽減することとなった。この結果、日本の外国為替市場においては、従来営利機関たる同行が外国為替政策の実施機関として位置を占めていたが、この間外国為替基金の設定と外国為替余裕金の日本銀行への集中という措置を通して、日本銀行は強力な為替統制の中心機関となるに至った[83]。

　しかし、10月、日中戦局が華南に波及すると日本軍の華中南攻略による在華権益の侵害を恐れていたイギリスは、日本に抗議すると同時に、ロンドンの反日行動は金融部門にも波及することになった。ことにロンドン金融市場においては対日取引が厳重となり、ロンドン民間銀行の対日信用制限から、正金銀行の金融業務も減少を余儀なくされた[84]。こうした情勢の下、政府所

有銀塊の現送が開始された。これをロンドン及びニューヨーク両市場で売却し、その代わり金は政府預金として正金銀行に預託された後に政府の海外支払資金として利用され、ひいては同行の政府に対する為替売り上げの負担を少なくしていた。なお、当年下期から政府銀塊代金は直接正金銀行へ払い下げられることになった（第12表：225頁参照）。そしてこれ以降、対米英相場自体は1シリング2ペンスの水準に安定・維持することができる体制が整うこととなった。さらに39年1月に政府は正金銀行に対し、ドルとポンド以外の為替相場を1シリング2ペンスに接近させるため、本邦外国為替銀行に正金銀行建値の使用、各種為替に正金銀行建値の公示を指示した。ここに日本の為替相場は、各幣種とも対英1シリング2ペンスにほぼ完全に釘付けされることになった[85]。こうした中で5月には、正金銀行の外貨資金不足が1億6千万円に達したのを受けて、大蔵省と日本銀行は対策を協議した。その結果、日本銀行は金現送を行い、在外正貨を設定する方針を決定し、その後数次の金現送が行われ、日本銀行の保有額にして2億2,857万円の送金が実施された。この場合、売却代わり金（手取額7,348万ドル）は、正金銀行を通じて、アメリカにおける銀行預金・財務省証券に運用された。なお正金銀行は、外貨資金に不足が生じた場合、この運用資金を同行に移管のうえ、使用できることとなった[86]。政府は39年中旬、日本銀行の斡旋の下に、これまでの慣習を破って正金銀行の銀行間取引を開始させることにした。この措置によって、為替市場の統制はほぼ完成されることになったのである[87]。

ところが、欧州の戦局は、39年8月23日の独ソ不可侵条約の締結を境として急速に悪化し、25日にイギリスは為替安定資金の出動を停止して、対米4ドル68セント相場の固守方針を放棄し、同時にポンド相場維持政策を放棄したことにより、ポンド貨は急落し米英クロス相場は大幅な変動を示した[88]。そして、欧州戦争の勃発後、各国の貿易・為替統制が強化され、とりわけイギリス政府はイングランド銀行との対立を含みながらも為替管理強化の方針を容認し、為替管理体制を強化したため[89]、9月5日にイングランド銀行はポンド貨の対米レートを改定した。この影響の下に円為替は急速に不安定性を増し、ポンドは外貨交換性を失うと同時に、イギリスの為替管理の強

化によって、資金の移動に円滑さを欠く恐れが出てきた[90]。こうした状況の下、9月29日に日本銀行はポンド売りによるドル資金の調達に対処し、為替銀行に対し為替集中制からドル資金を供給する措置を実施させた。これを反映し、戦争長期化が必至となった10月、イングランド銀行は正金銀行ロンドン支店が輸出代わり金30万ポンドにドル為替売却を求めると、即座に拒絶するに至った。この結果、日本がポンド圏向け輸出により獲得したポンドでイングランド銀行からドルを調達してドル圏から軍需物資を輸入するというこの間の貿易・決済構造は、致命的な障害に直面した。また、ドイツにおける正金銀行ベルリン及びハンブルグ両支店は、開戦当初英仏側の経済制裁により大きな影響をこうむったものの、その後シベリア鉄道の利用、日独支払の取り決め、満独協定の更新などによって回復し通常業務に戻った[91]。そして日本政府は10月24日にポンドの国際通貨性喪失を確認し、翌日ポンド・リンクよりドル・リンクへの転換を図り、それ以降は為替基準を対米相場（23ドル16分の7）に置くことに改めた。これに伴って、日本の外国為替銀行はこれまでの対米英為替協定を破棄し、同銀行間の新協定を締結することを余儀なくされた。そしてこの結果、正金銀行はこれまで行ってきたロンドン支店がポンド圏への輸出代金をニューヨーク支店に回金し、ドル圏からの輸入資金を充当するという資金移動が困難となり、ここに為替資金循環構造が崩壊することになった[92]。

　なお、この間の外国為替銀行の業務は、正金銀行が売買両為替を急増させ、その取扱比率は5割前後を占めている（第14表）。特殊銀行では、朝鮮銀行が対中売買両為替取引を急減、台湾銀行が広範囲（アジア・欧米・南洋等）の外国為替業務を展開、そして財閥系普通銀行は、第三国との輸出入貿易業務を遂行したものの、縮小を余儀なくされた。また外国銀行は、外貨資金集中制の実施に伴い積極的に参加し、さらにナショナルシティー・香港上海・チャータード銀行が対欧米向け為替を取り扱ったものの、結果としてその取扱量を激減させることとなった（第11表：140頁参照）[93]。この場合、正金銀行以外の本邦外国為替銀行は買為替では各行とも増加させ、売為替では財閥系普通銀行を除いて縮小させた。この結果、正金銀行の取扱高は買為

第14表　横浜正金銀行の為替取扱高

(単位：百万円)

			貿易額			正金銀行為替取扱高			正金取扱比率（％）		
			第三国	円ブロック	計	第三国	円ブロック	計	第三国	円ブロック	計
輸出	1938年	上期	692	509	1,201	404	140	545	58.4	27.5	45.4
		下期	832	657	1,489	483	187	670	58.0	28.4	44.9
	1939年	上期	729	725	1,454	462	188	650	63.2	25.9	44.6
		下期	1,100	1,021	2,121	768	303	1,071	69.8	29.6	52.5
	1940年	上期	801	1,061	1,862	631	342	973	64.8	35.2	52.3
		下期	941	853	1,797	674	312	987	68.3	31.7	55.1
	1941年	上期	836	798	1,634	651	307	958	68.0	32.0	58.3
		下期	155	862	1,017	146	287	433	94.2	33.3	42.6
輸入	1938年	上期	1,081	313	1,394	708	142	850	65.4	45.3	61.0
		下期	1,018	251	1,269	733	75	809	72.0	30.0	63.7
	1939年	上期	1,123	355	1,478	750	121	871	66.7	34.0	58.9
		下期	1,112	327	1,439	741	77	819	66.6	23.5	56.9
	1940年	上期	1,342	370	1,712	810	96	906	60.4	25.9	52.9
		下期	1,387	353	1,741	1,011	76	1,087	72.9	21.5	62.4
	1941年	上期	1,306	458	1,763	845	137	982	64.7	27.4	47.7
		下期	737	398	1,135	432	103	535	58.6	25.9	47.1

出典：(1) 原朗『日本戦時経済史研究』東京大学出版会、2013 年、228 頁。
(2) 原資料は、大蔵省編『外国貿易月表』及び横浜正金銀行編『毎半季為替及金融報告』。

替では新規を含め 8 割以上を獲得し、売為替では外国銀行と本邦外国為替銀行の減少額分だけ増加することになった[94]。

それから、イギリス政府は 40 年 1 月以降に外国為替管理改正令（第一次～第四次）を実施し、ほどなく対日信用供与を削減した。またイングランド銀行総裁も対日追加信用及び信用供与を抑制した。さらに以上に加えてイギリス政府は、イングランド銀行の為替管理強化方針を容認・実施に移した。この結果、国際通貨としてのポンドの地位は喪失し、従って自由為替市場でのポンド取引は急速に減少することになった。こうした円滑を欠いた金融状況の下、正金銀行ロンドン支店は輸出入為替取扱を減少させ、ほどなく消滅

することとなった。この結果、日本の対外経済は、アメリカに金を現送して軍需物資を輸入する求償貿易に矮小化されることになった[95]。そして、アメリカは、日米通商航海条約の廃棄、欧州戦乱の拡大、日独伊三国協定の締結を背景に、対日態度を硬化すると同時に、米英ブロックを強化して対英援助に乗り出す一方、厖大な国防計画の現実に向けた態勢を整えることにした。言うまでもなく、1月26日に日米通商航海条約は失効したが（日米間は無条約状態になった）、この間貿易制限措置実施に向け、その時機を図っていたアメリカ政府は、イギリスと枢軸国に対する経済的・金融的断絶を検討していたが、5月に日本が欧州政局を見取って仏印・蘭印に狙いを付けると直ちに対日禁輸措置を発動し、さらに国防強化促進法を制定して輸出統制品目を追加・拡大することにした[96]。このポンド市場の消滅を契機として、米英間の資金交流が断絶したのを受けて、6月に日本政府は交戦国通貨建輸出の承認制を採用した結果、ポンド建て輸出為替の取組は成立せず、8月には正金銀行ロンドンとニューヨーク両支店間の資金移動は完全に途絶え、この間培われてきた為替資金の世界的な循環構造は崩壊することになった[97]。なお正金銀行はロンドンを利用した取引量を著しく減少させたものの、ポンド系資金が過剰となり、この資金をロンドンに置かず、英印・タイなどに移動することにした。そしてさらに同行は頭取席の過剰資金をボンベイ支店へ移し、必要に応じてロンドン支店へ回金させるという新たな金融方式を持って対応することにした[98]。

　これに加えて9月26日、対日屑鉄全面禁輸を断行したアメリカは、対日経済制裁方針を固め、為替制限や資産凍結の兆しを見取った10月16日、国防強化促進法の発動に基づいた対日禁輸措置を実行し、輸出を禁止した。しかし、日本の外国為替管理法は国際収支の適合及び為替水準の維持に重点を置いたものであり、実際、それは現実的に国際情勢の展開に対応し得るものではなかった[99]。これを受けて、日本は第三国との経済関係が断絶し、円為替もなくなり、円ブロック圏内での自給自足に頼らざるを得ない状態に陥り、従って輸入の一部を中南米・蘭印・仏印などの諸国と求償的な貿易・決済関係の下に追求せざるを得ず、相場封鎖の体制下におけるアウタルキー的な経

済統制となる。結局、日本は、懸案の求償的な貿易・支払協定の締結、対欧米経済圏との訣別を余儀なくされたのであった[100]。

　事実、この対策として正金銀行は、まず手元資金を少額に留め、次いで政局の動きに合わせ、金繰り予算及び在外資金の運用に対応することにした。正金銀行ニューヨーク支店は、ドル為替に依存しない求償貿易や金決済によることになり、他方ロンドン支店の保有公債を現地借入金に充てるほか、所有資金をボンベイ支店に回金させ、事実上の清算措置を行い、ついにロンドン支店はその機能・役割の終焉を迎えることとなった[101]。なお、40年中の政府銀塊の現送は、2,120万オンス（純銀量659グラム）、その代わり金は7,247ドルに上った。イギリスの輸入許可制施行以来、銀の二大市場であるロンドンとボンベイはすでにその自由市場としての機能を喪失し、本邦銀塊に対して門戸を閉ざし、残された自由市場はニューヨークのみとなった。金銀塊の現送及び外国為替基金の運用は、結局、正金銀行在外資金の補充を目的としたものであった[102]。

　こうした情勢の中で、日本政府は中南米や南方との貿易増進に努力をする一方、他方で41年4月に外国為替管理法を根本的に改正・施行することにした。これによって戦時為替管理の体系が構築されることとなり、あらゆる対外経済取引が政府の取締りの下に置かれ、統制体制が整ったことで、ここに外国為替銀行の為替取り扱いの自主性はなくなり、統制による危険の負担は国家がすべてを引き受けることとなった[103]。さらに政府は、この外国為替管理法を全面改正の下、5月に、正金銀行とインドシナ銀行と支払協定、翌月、イギリス系通貨為替の集中制、輸出入為替予約取極制と円貨決済制の拡大を図ることとした。すなわち為替集中制は為替銀行の為替持高をすべて日本銀行を通じて、正金銀行に設置された集中勘定に集め、為替の計画的運営を目的としたものであるが、さらに、政府は外国為替損失補償制度（英貨系為替取引の安定装置）を実施し、為替の集中によって生じた損失を負担することとした（補償の限度、5億円）。この場合、正金銀行は売却高または買入高を特別勘定に集中・移管し、この集中勘定について生じた損失に対し政府の補償を受け、為替リスクの負担及び業務上の利潤がなく、わずかな手数料

のみとなり、普通銀行的存在に化し、特殊金融機関的性格を喪失することとなった[104]。また、ポンド系為替について実施されてきた輸出為替買取事前承認制が7月に米ドル系為替に拡大・適用され、第三国向輸出為替がすべて統制されるに至ったのである。

しかしながら、日本が南部仏印進駐を強行しようとした7月25日、米英が行った対日資産凍結の断行により、米英系通貨との為替関係が断絶され、日本の対外貿易と為替決済は不可能となり、さらに資金受払の禁止によって外国為替基金も運用ができなくなった[105]。日本はここに第三国との対外経済関係を完全に遮断され、戦時経済に深刻な打撃を受けることになり、従来の米英貿易関係を失うと同時に、この依存の下に経済統制が強化されてきた戦時経済は終焉を告げた[106]。そして正金銀行ニューヨーク支店は、アメリカの対日資産凍結が迫る中、為替取組のほかドル資産の移動・処分などに当たったものの、つまり7月25日以降、米・英・蘭の対日資産凍結の断行によって、対欧米経済関係が途絶し[107]、英連邦・蘭印の各支店も同様の状態に陥り、完全に閉鎖することを余儀なくされた。

ここに正金銀行は、創設以来英米金融市場との相互関係が断たれ、日本の国際関係が政治的・経済的に未曾有の困難な局面に際会するに至った。国際金融の多角的決済市場であったロンドンとニューヨーク市場が戦争のためにその機能を停止すると国際貸借の決済方法としては、支払協定によるほかなく、ことに各国の貿易・為替管理の障壁を乗り越え、国家間の物資交換を続けるには、この種の双務協定が唯一無二の手段というべきものであった[108]。

こうして日本は欧米との経済関係に依存しない通貨ブロックを目指して、円為替本位制を基礎とし、日本銀行を中央決済銀行とする多角的総合清算制度を確立すること、これが「大東亜共栄圏」構想が目指したアジアにおける新しい金融秩序の姿であった[109]。これに伴い、正金銀行は外国為替・貿易金融機関として本来的性格と訣別して、「大東亜共栄圏」の支え手（決済機構の運営機関）として、そのものを再編することを余儀なくされた[110]。その結果幕末期以来、欧米諸国との深交関係の下に成立・展開してきた日本の対外決済機構がここに崩壊し、同時に第三国通貨建の為替相場が廃止され、代わっ

て政府公定の円建相場に一元化された結果、外国為替・貿易金融機関としての正金銀行の歴史的役割は終え、事実上の終幕を迎えることになったのである。

第3節 「大東亜共栄圏」の形成と横浜正金銀行の対外業務

1.「大東亜共栄圏」の形成と経済開発

　日満華ブロックの停滞と華北分離工作・経済開発の不調の下、改めて対中国政策の検討を迫られた日本は、華北武力侵攻を契機に日中全面戦争に突入するに至り、戦争の長期化・泥沼化の中で、日中戦争の解決を図るべく、さらに武力南進を強行するが、それは「大東亜共栄圏」の形成に向かうと同時に、進出先において経済開発を強行し、米英との対立を一段と激化させるものとなった。

　すなわち西安事件後、抗日民族統一戦線の進展する中で対中国政策の見直しを迫られた日本は、1937（昭和12）年4月、「第三次北支処理要綱（北支指導策）」を決定し、対ソ国防の強化、国防資源の確保などを推し進めることとした。しかし抗日統一戦線の高まりによる新たな日中緊張関係下にあって、米英の支援を受けた中国の政治的・経済的統一と民族解放運動がさらに進展し、なおソ連の極東軍備も増強された。すでに見たように7月に日中両軍の衝突が勃発し、翌月上海で日中両軍の激突、12月13日の南京占領を持って、日中関係は全面戦争へ発展すると同時に、泥沼化するに至った。その後の38年10月26日、日本軍は、広東・武漢を占領し、華中南に日本の占領地を形成し、他方で米・英・ソによる蒋介石支援体制（援蒋ルート）が確立し、日中戦争は、長期持久・消耗戦を呈し、膠着状態に陥ることとなった[111]。そこで日本軍は、戦線の見直し及び再編を迫られる状況にあった。先に見たように、11月3日に近衛首相は「東亜における新秩序」建設を声明し、重ねて南京政府と早期和平を目指したが、この「東亜新秩序」は言うまでもなく、東

亜における国際正義の確立、共同防共の達成、新文化の創造などを定めた一つの共同社会の建設であり、日本の占領地収奪体制強化を目指し作り上げられた中国占領政策にほかならず、交渉は硬直化し、逆にこれを動因として米英を一層激化させるものとなった[112]。

こうした東アジア情勢の中で、日本は、植民地においては戦時経済体制の早期構築を検討・実施し、占領地にあってはさらなる占領地域の確保と経済の復旧から漸次資源収奪（とりわけ鉱工業資源収奪）を本格化させた。

まず、満州国は戦時的経済再編が急速に進展し、さらに37年5月1日に「満州産業開発5カ年計画」の実施と同時に重要産業統制法が制定され、重要産業に対しては国家統制が強化された。そして日中戦争開始後、日本が経済統制諸立法を制定すると、10月以降満州国はそれに併せて、外国為替管理法（改定）、貿易統制法、臨時資金統制法、労働統制法等を制定させた。さらに加えて翌年7月、日満経済協議会は、日本側の需要に応じ石炭・銑鉄・銅塊等の原材料を日本に供給する一方、他方で開発用機械類を日本から調達することにし、日満を一体とする方針を確認した。その上に満州国は、国務院の下に企画委員会を新設し、また、これより先の5月11日に国家総動員法を施行し、これ以降この戦時統制体制を整えた。こうして満州の植民地経済は戦時経済統制、物資需給など残らず日本戦時経済体制の一環に編成されるに至った[113]。

また、占領地において、現地陸軍は、37年11月22日、内蒙古（張家口）に「蒙彊連合委員会」（日本軍指導）を、続いて12月14日、華北（北平）に「中華民国臨時政府」（北支那方面軍指導、王克敏(おうこくびん)）を、さらに翌年3月28日、華中（上海）に「中華民国維新政府」（中支那派遣軍指導、梁鴻志(りょうこうし)）をそれぞれ成立させ、そこで傀儡政権による非武装地帯の設置を強力に進めた[114]。これに加えて7月13日、近衛内閣は華北に日華経済協議会の設置を、続いて華北経済開発を進めるため、「北支経済開発方針」に基づき、11月7日に「国策投資会社」設立の方針を決定し、半官半民による国策投資会社（巨大な占領地経営機関）として、華北に北支那開発株式会社及び華中に中支那振興株式会社をそれぞれ設立することにした。この両国策会社は、傀儡政権作りと

並んで、これまで占領地の敵産管理を要とした興中公司に代わり、資源獲得工作を目指し華北・華中南経済開発に当たることとなった[115]。なお、近衛内閣は、12月16日には、政府の対中国政策機関（資源獲得工作機関、占領地行政を統括する機関）として興亜院を創設し、この枠組の中で外交を別にして対中国政策の一元化を推し進めることにしたのである[116]。

　それで、30年代に入ると円ブロック圏への依存と期待が高まり、民間企業にとっても満州市場、占領地の魅力は大層大きくなった。要するに、これまで財閥系企業は政治的・経済的リスクから中国・満州への投資にはすこぶる消極的であったが、満州においては、日中戦争勃発後、財閥転向と満州国の経済開発の方針が見直され、財閥排除から誘致（一業一社方式に基づく財閥資金）へと転換し、出資の要請に対応して財閥の投資が増加することとなった[117]。そして占領地においても、38年11月7日以降、国家資本による巨大占領地経営機関（北支那開発株式会社及び中支那振興株式会社）に財閥資本が集中され、鉱山業、交通事業、公共事業等に参加し、それを通じて中国の経済開発を図ろうとした[118]。言うまでもなく新興・既成財閥が植民地・占領地に進出した背景には、日本政府が植民地をも含めた円ブロック圏内において利潤の保障政策を強力に進めたことが上げられる。この政策が満州、華北、華中南の時局産業部門に分け与えられ、これに加え資金、資材、労働力に優先的に配分された。さらに植民地経済開発、とりわけ植民地軍需工業に当たっては、植民地就業構造の維持・保障政策が継続して進められた[119]。

　これに加えて39年1月17日、日本（企画院）は、「満州産業開発5カ年計画」（日満財政経済研究会）を参考に陸軍省が立案した「重要産業5カ年計画」を基礎にして「生産力拡充計画要綱」（閣議）を決定し、「生産力拡充4カ年計画」として38年度に立ち返って実施することにした。なお、生産力拡充計画に伴う物資動員計画（物動計画）は、前年1月に開始されていた。それゆえ、日満華を通ずる「生産力拡充3カ年計画案」が閣議決定されたが、この中心は鉱工業部門で、特に鉄・液体燃料・石炭・電力などの基礎的重要産業を重視したのであった。つまり、「生産力拡充計画」は日本の不足資源の供給と同時に、鉄鋼一貫方式（昭和製鉄所と本渓湖煤鉄公司）の確立

を計画していた[120]。こうして、この間の植民地・占領地域の資源収奪の特徴は、日中戦争の長期化に伴い、「物動計画」と「生産力拡充計画」の一環に包摂されていた点にある。そして、これらの政策を実施するに当たって「国家総動員法」(38年4月)をはじめ一連の統制諸立法が、本国と時を同じくして植民地、占領地域に適用されていた[121]。ところが日中戦争の長期化によって、日本は生産力拡充計画を行き詰まらせ、さらに産業や日常生活に対する統制・強化を図ったが、ついにこれが欧米諸国との関係を悪化させることになった。つまり、日本は、欧米諸国や南方諸地域(欧米植民地)からの機械設備(軍需品や重化学工業用の機械機器など)や資源・原材料(鉄鉱石・鉄屑・原油・棉花・ゴムなど)の輸入に依存し、重化学工業を進展させてきた。その結果、繊維品など第三国向けの外貨獲得産業の縮小をもたらし、外貨不足問題が顕著となった[122]。いずれにせよ、日本は、貿易面では円ブロック圏向けに輸出の増大として現れるものの、事実、そのほとんどは第三国からの輸入によって補い、つまり国際収支は赤字増加、さらに第三国に対する収支尻は悪化し、その上に国際収支の欠損が現実のものとなったのである[123]。

こうした情勢の下、39年2月10日に日本は中国に関する諸政策を集成した「日支新関係調整方針」(御前会議)を決定し、日中戦争の早期解決を目指すこととした。しかし、華北では、6月14日の天津事変を契機に、北支那方面軍は英仏天津租界の封鎖を断行し、経済の混乱を加速させた。また、この間日本経済にとって対米貿易が肝要であったが、こうした折に、アメリカは日米通商航海条約の破棄を通告してきた。これに加えて、8月23日に独ソ不可侵条約が締結され、こうした国際情勢の急速な変化の中で、日本は中国戦線の行き詰まりに相乗させて、国際的孤立を余儀なくされることになったのである。

ところでこの間、政治的・軍事的に先行した日満華ブロックから「大東亜共栄圏」の形成が進む中で、資源、鉱業など経済開発はどのような状況にあったであろうか。

まず最初に、満州においては「満州産業開発5カ年計画」に基づく資源の開発、重工業の総合開発を背景に、既成・新興財閥が積極的に資本輸出を果

たし、経済開発が遂行され、植民地運営を支えた。

　すなわち、満州の経済開発は 30 年代半ばまで満鉄が大部分を保持していたが、陸軍をはじめとして満鉄の権益拡大に対する反発は強かった。日中戦争勃発後、「満州産業開発 5 カ年計画」（軍需産業の拡大）に沿って、日満ブロックの対日原料供給地となった満州経済は、戦時資源の開発（重工業、鉱山業開発）のため重化学工業の総合的経営を強く望んでいた。こうした情勢の中で、新興財閥・日産の満州移駐が実現し、満州国の治外法権撤廃後の 37 年 12 月 27 日、「満州重工業会社管理令」による満州国特殊法人として満州重工業開発株式会社（満業）が設立された。満業は、重要産業を傘下に収め、満鉄に代わって満州産業開発の主要機関となった。いわば満州経済統制の原則である財閥排除から財閥資金誘致へ転換し、総合的開発方針への変更を成すものであった[124]。ここに満業を中心に銑鉄・石炭の増産など本格的な開発が開始され、その後においても満州鉱山、密山炭鉱、満州製鉄などにおいて新たに会社が設立された[125]。つまり日中戦争勃発後、日本の対外投資は満州向けが急増し、これに対華投資も加わり、増大することとなった。対満投資は、満業を中心とする在満主要会社関係へ振り当てられていた。これは満州の産業開発がこれまでの鉄道関係から本格的な地下資源の開発、電気、重工業資材等の現地生産へ重心を移したことを反映したものである[126]。

　さらに加えて「満州産業開発 5 カ年計画」（その名を「満州産業開発 4 カ年計画」へと変更）は、38 年以降、日本及び植民地を含む軍需基礎素材部門（鉄鋼、石炭、非鉄金属、人造石油、硫安、パルプ、電力等）の生産力を強化し、そこで軍需生産の拡充と軍備拡張が可能となった[127]。しかし長期持久・消耗戦の続く日中戦争の中で、設備の拡充を図る生産力拡充（計画）以上に、既存の生産関係を最大限に増大させる物資動員計画が取り急ぎ必要とされた。これを受けて日本は、38 年 1 月から物資動員計画を実施に移したのであるが、6 月には外貨不足が深刻となり、物資動員計画の規模・縮小を迫られ、日本の経済統制の全面的な強化が図られた。その結果として、生産力拡充における日満一体化は、日本の物資動員計画に沿った物資の相互供給計画に転ずることになった[128]。結局、「満州産業開発 5 カ年計画」は、翌年 1 月

17日の生産力拡充3カ年計画に組み込まれ、満州は対日資源供給地への移行を余儀なくされた。これ以降満州国は、生産力拡充を目指し鉱工業・交通通信・農畜産業などの振興を図り、むしろ国防力の充実によって満州を対ソ戦のための兵站基地にしようとする日本の生産力拡充計画と連動させて、これをさらに修正することになったのである。

しかし、それにもかかわらず満州における鉄鉱石や石炭などの資源開発は想定された成果を上げることができず、経済開発地域は順次華北及び華中南に拡大していった。華北占領地においては、鉱工業資源収奪の開発（石炭と鉄鉱石）、とりわけ製鉄用強粘結炭の開発が主な占領政策となった。

すなわち、華北の鉱産資源は日満経済ブロックの不備を補足するものと位置づけられていた。従って日中戦争勃発後、日満華経済ブロックは日満を補充する華北となり、言うまでもなく華北で資源開発事業の整備・強化、道路・鉄道網の拡張に当たったのが興中公司である。興中公司は鉱業へ進出し、華北・華中におけるほぼ全体の鉱山を委嘱経営し、日本の鉱業関係企業（三井、三菱、大倉、貝島などの日本の中心的鉱業資本）に技術協力を要請して炭鉱経営を行っていた。華北の最重要資源が、石炭、とりわけ粘着度の高い製鉄用強粘結炭（灰分、硫黄分が少ない）であり、この収奪が本邦独占資本にとって必要不可欠のものであった。しかし38年7月、「北支那開発各小会社現実に関する金融対策」においては、「北支石炭の開発形態は一業一社」方式を原則としたものの、これまでと同様に興中公司が要となり、龍烟鉄鉱（株）など華北の鉱山は、委嘱運営していた[129]。その後、占領地が華北から華中に拡大する中で、鉱工業支配がより重要視され、新たに興中公司の資金力と本邦財閥資本の積極的な華北進出に基づく本格的開発会社の創設が要請されることになるのである[130]。

こうした状況の下、11月7日に三井、三菱、住友等既成財閥の資本出資の下に北支那開発株式会社が設立され、重工業建設に取り掛かることとなった。この場合、華北に対する日本の経済的な狙いは、日満経済ブロックに不足する原料資源の確保とその本邦への供出、そして石炭・鉄鉱石等の掌握とこれらの資源の輸送手段たる鉄道の整備、さらに港湾の建設に重心が置か

れ、北支那開発株式会社における投融資の大半が軍事行動と石炭輸送のための鉄道を中心とする交通部門に集中した[131]。これは、満業と同じ形態をとり、満鉄は北支那開発株式会社の設立と共に、その傘下会社に移転し華北交通に改組され、交通部門のみにその役割を限定された。いずれにせよ、北支那開発株式会社は華北の「事業ニ投資又ハ融資シ其ノ事業ヲ統合調整」する役割を果たすことになった。しかし、この間石炭業において「一業一社」か「一業数社」かの問題（「地域的責任開発制度」の問題）が発生し、これに北支那開発株式会社の「統合調整」機能問題が相乗し、最後には利権の分け前問題へと発展した。これに対して、12月16日に日本政府は華北石炭販売股份有限会社を設立し、販売の統制、配給と価格の維持を図った結果、北支那開発株式会社の統合調整がひとまず確保されることになった[132]。こうして、39年3月の興亜院・華北連絡部設立と同時に、この日満華ブロックの中に、三井、三菱と新設された北支那開発株式会社が協同・加入し運営していくことになり、北支那開発株式会社は現協力者たる地位から一層前進し、その協力の下華北最大産業たる石炭業開発の中心企業となったのである。

　そして、華中南経済開発は、製鉄用強粘結炭の開発が主であった華北に対し、揚子江沿岸の鉄鉱石採掘にその主力が集約された。実際、漢冶萍煤鉄公司の設立（日本政府借款）とそれによる大冶鉱山及び華中鉱山開発（鉄鉱石、銑鉄の八幡製鉄所に対する供給義務による借款償還）と日本製鉄業の連携的開発は、日中戦争勃発直後から開始された。そして38年10月、日本軍は華中大冶地域を占領すると、直接大冶などの鉄山開発に取り掛かると同時に、漢冶萍公司に対し鉱山管理を命じた。これに従って同公司は日本製鉄株式会社に経営を委任することにしたが、事実上は日本製鉄が実権を持って経営を行った[133]。そして華中経済開発においては本邦・既成財閥、紡績連合会、電力連盟などの資本が積極的に進出し、なおまた11月に華中の事業に「投資又ハ融資」及び「自ラヲ経営」する会社として中支那振興株式会社が設立され、その傘下に各種の子会社が置かれた。この場合の開発の重心は、鉄鉱石、石炭、紡績及び鉄道の確保にあり、その上に上海等都市の機能を復旧維持することにもかなりの力が削がれたが、この際本邦独占資本（五大電力、片倉・

郡是など）が積極的に進出し、経済的支配の先兵の役割を果たした[134]。また中国蚕糸業は、日本占領地域（上海周辺の江蘇、浙江から揚子江に沿って湖北省）に集中していたが、日本は華中蚕糸地帯の占領と同時に、既存の蚕糸生産・流通機構の改編を進め、7月に華中蚕糸業の機関として華中蚕糸株式会社を設立させた。同社の主要株主は、片倉、郡是、鐘紡などの大手製糸・紡績資本によって専有されていた[135]。

　しかし依然として、欧米の政治的・経済的勢力が残存する華中においては、ことさら米英権益の大きい上海租界の経済においては各租界当局が本国（米英仏など）の政策を実際に展開してきた。それゆえ租界においては、本国の政策が上海における自国の権益を維持する一方、他方では蒋介石政権援助、ことに日本排撃に当たることになり、各租界当局もこの方針に基づき、日本排撃及び蒋介石政権擁護を行った。なお、上海租界における民族資本は華北よりも強力であり、むしろ米英資本によって支えられていたことなどから、かなり有利な立場にあった[136]。事実、上海租界の経済は、華中を中心とする米英権益の維持及び上海における実際外国為替相場の維持が諸々の利益を与えた。それゆえ蒋介石政権としても、上海為替市場の放棄及び占領地域法幣の引き上げ・放棄などの方策は採り得なかったのである[137]。

　ところが、欧州大戦の勃発を契機として、日本は対欧米諸国との経済関係が遮断されて、戦時体制に欠くことのできないあらゆる原材料の確保と戦時経済統制の推進のため、日満華ブロックを拡大し、その上に南方諸地域を含む「大東亜共栄圏」を形成して行かなければならなかった。そのころ、日本の武力侵攻は、当然に米英諸国の対日封じ込め政策を招き、これに欧州大戦が重なったために、日本の国際関係は著しく不安定となり、たちまち孤立化することになった。この結果、日本の貿易は対円ブロック圏輸出制限と外貨不足に陥り、大きな影響を受けることになった。とりわけ独英からの機械・器具輸入途絶は、「生産力拡充計画」の妨げとなり、急きょ、アメリカへの転換が計画されると同時に、「生産力拡充計画」の縮小を迫る動因となった。また、貿易構成の変化を見てみると、軍需物資確保の必要性は、貿易尻の赤字を積み重ね、外貨不足を深刻化させたが、つまり、これは外貨獲得のでき

ない円ブロック圏向輸出を抑える一方で第三国貿易を拡大させざるを得ない状況を引き起こさせることになった。30年代後半、円ブロック圏への輸出が外貨獲得に有効でないにもかかわらず、まさしくそのとき植民地でのインフレを利用した円ブロック圏向輸出が増大したため、日本政府は39年9月に「満関支向輸出調整令」を施行した結果、植民地向け輸出は際立った制限を受けることになった。特に欧州大戦勃発後、日本は貿易政策の見直しを迫られ、政策の重心はこれまでの外貨獲得から物資獲得へ、輸出から輸移入へ転換された。要するに円ブロック圏への依存と軍需物資の確保のために、さらに円ブロック圏の拡大が必要不可欠であるという悪循環に陥り、日満華ブロックは南方諸地域まで膨らませた「大東亜共栄圏」の形成へと向うことになったのである[138]。

　こうして植民地経済開発は、日本軍需工業の代替として植民地軍需工業が利潤の保障政策及び植民地就業構造の維持・保障政策に基づき存立していたが、植民地一般労働者確保の困難、対植民地向機械供給能力の鈍化、さらに対植民地向熟練労働力（供給）の喪失などを背景として、その断ち切りによって危機的な事態に遭遇することとなった[139]。つまり、この間軍需工業建設資材の対外投資は、日本経済の苦しい境遇を和らげるよりは、逆にそれを増幅させ、むしろ日本経済に一層難しい問題を生じさせるものであった[140]。その上に、日本経済にとって依存度の高かったアメリカが、40年1月26日に日米通商航海条約の失効を声明し、これを契機として日米間は無条約国となり、そこでアメリカはいつでも通商上の差別待遇（例えば重要品ことに軍需関係物資の対日禁輸）をなし得る立場に立った。事実、大戦の進展はポンドの崩落、通商航海の危険・増大及び輸出入制限禁止措置の強化などをもたらし、急きょ、日本の輸出入市場を狭めることになった。こうした情勢の中で3月30日、南京に成立した中華民国政府（政府主席代理兼行政院長汪兆銘、立法院長陳公博（ちんこうはく）、司法院長温宋堯（おんそうぎょう）、考試院長王揖唐（おうゆうとう）、観察院長梁鴻志）は、傀儡政権である中華民国臨時政府（北京）を華北政務委員会と改称して存続させ、同時に中華民国維新政府及び蒙彊政府は廃止し、これを持って非占領地区（四川、雲南）と支援勢力を結集して反蒋介石政権を樹立し、日本

と平和交渉をまとめようとした[141]。

　しかしながら、5月のヨーロッパ政局の急変により、英・仏・蘭が南方諸地域において宗主国の統治権を弱め、この間開始された日英交渉も断絶に至り、一転して日独伊「防共強化」との駆け引きが展開される中で、イギリス本国及び自治領・植民地から日本への重要物資の輸入は、ほとんど絶望的となった。そのため日本は、欧州輸出の喪失と同時に、日中戦争継続のために必要な武器、機械及び重要物資の確保に重大な支障を来すことになった[142]。
　そのため7月22日、第二次近衛内閣は、四者会談（松岡洋右外相、東条英機陸相、吉田善吾海相）を開催し、新内閣の基本政策の大綱「四者会議決定」を申合わせ、これを南方進出のチャンスとし、南方諸地域を日本の勢力圏に含める政策を体系的に示した[143]。続いて26日、「四者会議決定」に基づいた「基本方針要綱」（閣議）を決定し、「東亜新秩序」を「日満支の強固な結合を根幹とする大東亜の新秩序」とする国策の転換を打ち出した。これは言うまでもなく、資源確保策、南方の重要資源確保と援蒋ルート遮断のために南方進出を決定したものであったが、これまでの資源開発計画の総合性が失われ、唯一対日供給計画に対応するものとなった。すなわち、これは日満華経済圏に南方諸地域を加えた大東亜自給自足経済圏の確立を目指したものであり、その実体は、各国を傀儡政権化・植民地化するいわゆる「大東亜共栄圏」の形成を意味するものであった。これに基づいて翌27日、大本営政府連絡会議は「世界情勢の推移に伴う時局処理要綱」（武力行使を含む南進政策）を決定し、日中戦争の早期解決及び南方諸地域に対する武力南進の方針を確認する[144]。これを受けて、近衛内閣は「対蘭印外交を強化し、重要資源の獲得を策す」方針を固め、8月27日に「対蘭印交渉方針及要求案」を閣議決定し、急きょ、使節団（小林一三商工相、代表）をバタビアに派遣し、蘭印が「東亜共栄圏」の構成員であること、インドネシア人に自治を認めること、さらに蘭印との間に防衛に必要な具体的協定を締結することなどの政治的・経済的要求をすることにしたのである[145]。
　しかし一方で、近衛内閣は9月22日に日仏印軍事協定を締結し、翌日に資源確保と仏印からの中国向け補給ルートの遮断を目指した日本軍の北部仏

印武力進駐を実施に移したが、これに対してアメリカは、26日に対日経済制裁路線を決定的にした。こうした情勢に直面した近衛内閣は、翌日の日独伊三国同盟の締結（ベルリン）を持って、世界の再分割協定、アメリカの対独参戦への牽制、対蒋政策の転換などの構想のほか経済を東亜の自給体制に切り替えることによって活路を開こうとした[146]。しかし、国際情勢は一層悪化し、特に日独伊三国同盟の成立は反枢軸諸国（英米諸国）と対立を生み、ことさらにアメリカは鉄鉱・屑鉄などの対日禁輸措置を実施し、経済制裁を強化した。その結果、日本の第三国貿易の中心であったイギリス系市場及びアメリカ市場では日本品輸入禁止策が継起的に強行された[147]。これに対して、日本は対欧米貿易が継続の余地なしと見なし、シベリア経由の貿易ルートを計画し、日独伊三国同盟及び日ソ中立条約に基づいて、独ソ協力の下かなりの成果を収めた。特にドイツから日本への機械類の鉄道輸入は、大いに寄与した。しかしながらアメリカは、日本の中国侵略阻止を狙い順次経済制裁を強化していった。こうしたアメリカの対日経済制裁の増強により、日中戦争の継続が難しくなったため、41年4月13日に近衛内閣は、日ソ中立条約を締結し、欧州の戦局と連動しつつ、16日に政府レベルでの日米交渉を始めることにした[148]。

それに加えて、近衛内閣は、6月6日の「対南方施策要綱」（大本営）に続いて7月2日に「情勢の推移に伴う帝国国策要綱」（御前会議）を決定し、これに基づき7月21日、「日仏共同防衛協定」（同月26日、公表）を締結し、さらに23日、南部仏印進駐の交渉に当たり、これを妥結した。こうした南方進出政策に対して米英蘭三国は、7月26日以降、在外日本資産の凍結を実施に移し[149]、その上にアメリカは対日石油輸出を全面的に禁止した。これに対応して28日、日本軍は南部仏印進駐を果たした。結局、日本が米英中心の国際秩序を否定して自給的経済圏の構築を目指すためには、中国及び南方の軍需的支配地域における円ブロック圏の拡大と、その圏内での経済連携の強化が唯一残された方針となった。結果として、日本の貿易体制は日中戦争を遂行するという目標を超えて、いまや世界戦争への突入を準備する、いわゆる臨戦体制へと転換せざるを得なくなった。ここに至って、新たに戦争資材の

確保を目指して、「大東亜共栄圏」という円ブロックの体制を確かなものとすると共に、その領域を拡大することが貿易政策の要となった[150]。いずれにせよ日本は対米英蘭開戦に当たり、9月6日に大本営政府連絡会議が、「帝国国策遂行要領」（御前会議）を、22日には、陸軍省整備局資料課が、「南方石油資源取得準備要領」（陸軍大臣、決済）をそれぞれ決定し、10月下旬を目処としてその準備を完了し、さらに11月5日、「帝国国策遂行要領」（及び対米交渉最終案）を最終決定した。その上に日本は、南方に対しても翌日から南方軍の基本的な作戦準備を始めると共に、南方植民地の軍政に関する基本方針を確定した[151]。このように、日本は「南方占領地行政実施要綱」（大本営）を決定し、傀儡国家「満州国」、傀儡政権「南京国民政府」、これに新たに南方諸地域を加えた大植民地圏・「大東亜新秩序」を建設し、ここに帝国の「自存自衛」とした経済的自給自足圏の確立を果たすことを戦争目的としたのである。

　さて、以上のようなアジア・世界情勢の変化の中で、植民地、占領地における経済開発及び経済諸関係が検討され、新たな方針は従来の資源獲得（鉄鉱石・石炭など）から鉱産物、農産物などの日本への優先的供給へと転換されることになった。

　まず、満州においては欧州大戦勃発後、これまでの経済開発・政策が総合開発から徹底重点主義方針に転換され、ついに満州経済は、鉱産材、農産物の供給基地として位置づけられることとなった。

　それゆえ、欧州大戦の勃発は、主に大豆をドイツに輸出して外貨獲得を推し進めていた満州経済に大きな打撃を与え、一層強まる物資不足に直面して（「満関支向輸出調整令」施行）、資金、資材の多くを外国に依存した「満州産業開発5カ年計画」の問題が一層明確になった。欧州大戦の本格化に対応して、40年5月、日本政府（星野直樹総務長官）は第四年度の方針として、満州国の総合的開発方針（満州独自の重工業建設という方針）を諦め、「生産力拡大」抜きの徹底的な重点主義を取る方針に転換すると同時に、鉄・石炭・電力・非鉄金属を重んじるべき部門とし、既存設備による生産の拡大を持って対日供給に当てることとし、ついに対日資源供給への一本化に帰着し

た。従って「満州産業開発5カ年計画」は3年数カ月の間活動・展開されたものの、この40年春の時点で遂に放棄することになった[152]。

　こうした情勢の中で、11月5日、満州国政府は、日本政府発表の「日満支経済建設要綱」に連動して翌日、「日満支経済建設連繋要綱」を発表し、日本の国防経済完成のために鉱業及び電気事業を重視し、重工業及び化学工業にも専念する、というまさに日本に依存した経済統制の方針を決定した[153]。そこで40年末以来、実際に進行していた一業一社方式の放棄が確認され、特殊会社制度もひどく限定されることになった。こうして建国以来推進されてきた満州経済建設はここに崩れ去り、一途に日本の戦時経済需要充足に向けて増産することになった。そして、満州国は11月の日満共同宣言により、華中国民政府との正式国交が開始され、日華両国と伴って「東亜経済圏」の建設に当たることにした[154]。こうして満州での経済統制方針は、日本の経済圏での自給自足体制を重点課題とし、ことに日本本国、植民地、占領地すべてにおいて物資動向（生産・流通・消費）の規制を強化したことに対応したものとなり、この場合、日本が中国本部・南方諸地域へと占領地を拡大する重要な原因は鉱業資源の獲得、食糧の確保であり、結局、満州は重ねて鉱産物・農産物の供給基地として位置づけられた[155]。しかし、満州において資源開発や工業の発達は依然として日本の戦時経済統制をまかなうには充分なものとはいえず、これに中国の治安問題が相乗し、開発が十分な成果を上げるということにはどうしてもいかなかった[156]。つまり戦争の拡大と共に物資動員計画による計画目標と実績との乖離(かいり)は大きく、「満州産業開発5カ年計画」も太平洋戦争勃発前に成果を見ることなく放棄されたのである。

　そして華北においては、北支那開発株式会社が、占領政策の重心を形成する石炭・交通・通信・電力などの主力部門に資金を投下し、それぞれの部門において開発活動を推進することにした。そこで石炭業においては、40年2月に製鉄用強粘結炭を産する井陘、正豊、中興、開灤炭鉱が、資材の不足（輸送力、坑木など）、抗日部隊の襲撃、労働者の確保（食糧不足から来る）などの下に生産が困難な状況にあり、生産実績は、各炭鉱でそれぞれ異なっていた（40年2月、興亜院・華北連絡部主催「北支石炭増産懇談会」）。また、7月

の「北支産業開発5カ年計画」では石炭・電力・輸送と農産物（食糧）の確保に重点が置かれていたが、この場合、地下資源と農産物に重点を絞り、対日供給を最優先としていた[157]。そして、この間投資の圧倒的な部分が交通業へ集中し、しかもその過半が、北支那開発株式会社傘下の最大の子会社たる華北交通に提供されていた。それは、日中戦争下で破壊された鉄道を補修・整理し、新たに交通網を整え備えることが、華北経済開発及び治安維持・確保に当たって不可欠の前提だった。言うまでもなく、華北交通は、対日物資、華北石炭の搬出にもっぱら使用され、従来の農産物輸送量率は急減した結果（38年の15％から41年には8％）、運炭線としては、製鉄用強粘炭の対日供給の増加に伴って強化されたが、この鉄道は対日物資搬出路の切断、軍需物資輸送の阻止に狙いをつける抗日部隊の攻撃の目標ともなった[158]。こうした経緯の下、日本の支配地域が満州から中国本部、さらに南方諸地域へ拡大するにつれて、鉱物資源確保の重要性が益々増加していったのである。

　また、華中南においては、中支那振興株式会社（兒玉謙次総裁〈前横浜正金銀行頭取〉）の活動が鉱業・交通・紡績・恒産（不動産）・水産などの業種に及び、鉱業では、明治期以降、日本製鉄業と厳密に関連する大冶鉄山をはじめとする華中鉄鉱石の採掘にその主力が集められた。

　まず、この間の華中鉱業の鉄鉱石開発状況を見てみると、生産実績において日鉄・大冶鉄山は目標をようやく達成したものの、他方、機械不足、抗日活動などにより、作業の進行に支障を来し、これ以降、計画は難しい状況にあった。要するに、これらの諸要因との関連の下華中鉄鋼業は、初期の開発計画と現実との間に著しい乖離を引き起こし、事実、計画した成果も得られぬままに終末を迎えることを余儀なくされた。また、交通業においては、中支那振興株式会社は、上海を中心に揚子江沿岸地域の鉄道（網）を自己傘下の華中鉄道に維持・管理させ、そして華中輸船、上海内河汽船などを通じて華中・内陸河川輸送（網）の掌握を目指し、さらに、これらの実現を持って物資の確保とその統括を計画した。なおこの間、華中地域における輸送面での特徴は、日本占領軍の必要物資輸送を主に鉄道が担当していたことである。そして、上海生糸は上海租界地において中国資本が生糸生産及びその対

米流出量を増加させ、日本生糸のアメリカ市場を奪い取り、輸出市場を拡大した。その結果、40年9月に日本は、ついに「日支輸出生糸調整案」を打ち出し、華中蚕糸の機能を失わせると同時に、日本国内蚕糸業の維持・拡大を図ろうとした[159]。

しかしながら上海租界においては、米英諸国の政策及び民族資本が強固で、人民の抗日意識が高揚していた。日本の資源供給地・上海は、今まさに長江上流の物流を遮断されたため、やむを得ず外国原料を輸入し、製品を輸出するいわゆる加工専門の工場と化した[160]。そして米・英・蘭等が断行した日本、満州及び支那に対する在米資金凍結後、上海租界経済ないし租界市場は自由性が排除される一方、他方では制約を受けることになった。上海の貿易及び為替取引は、米・英・蒋政権の故意的・適正的なる統制の下に取り仕切られることになった。またフランス租界当局は本国がドイツに屈服されて以降、日本及び中華民国政府と協調する思考に変化してきたのである[161]。

それから南方諸地域においては、欧州大戦の勃発以降、日本の通商貿易は欧米等から遮断され、米英の対日経済圧迫に脅威を感じてきた。日本としては、重要資源の確保と援蒋ルートの遮断を図り、「自存自衛」に基づく「東亜自給圏」の形成を目指し、その一環として南方諸地域に進出せざるを得なくなった。

すなわち、アメリカの日米通商航海条約破棄通告及びイギリスの対日通商貿易遮断を受けて、39年12月28日に阿部信行内閣は欧州大戦が日本経済に及ぼす影響を想定し、「対外施策方針要綱」を決定した。この資源の有力な供給地たる南方諸地域への進出は、過度の米英経済依存の是正と同時に、「国防経済自給圏」の確立を必要条件とする構想に基づくものであった[162]。この結果、日米間は、翌年1月26日以降、通商に関して、無条約関係となった。こうした状況の中で、2月2日、米内光政内閣はオランダ政府に対して、貿易制限の緩和、日本企業進出への便宜・拡大や、日本人入国制限の緩和及び撤廃等を申し入れ、その上に、ナチス・ドイツの占領後の5月20日、オランダ公使へ、蘭印から石油等の軍需物資13品目の対日輸出を強く請い求めた[163]。さらに、7月22日に第二次近衛内閣は、重要資源を外交で確保する

目的で、蘭印へ使節団を派遣する計画を実行に移し、9月13日からこの日蘭印通商交渉(「日蘭会商」)が開始された。日蘭会商は、こうして石油を含めたゴム、錫、ボーキサイトなど、重要物資13品目の購入談判を持って始められたが、蘭印側は非常に消極的であった。これに日独伊三国同盟締結及び米英側の妨害が相乗し、この交渉はこの上なく難航した末、結局、石油購入を成立させたに止まった。これに対して、アメリカは、7月以降、航空揮発油の対日禁輸、航空揮発油の西半球以外への禁輸、鉄鋼屑鉄の対日禁輸と重要物資の対日経済制裁などの強硬手段に出た。これを受けて10月25日、近衛内閣は、「対蘭印経済発展ノ為ノ施策」(閣議)を決定したが、それは従来の経済関係の緊密化を超えて、蘭印を欧米ブロック経済への依存から逃れ、まさに「大東亜経済圏」の一環に組み入れようとする趣意に基づくものであった[164]。

ところが、40年6月14日にフランスがドイツに降伏すると、日本は仏印経由の援蒋ルートの閉鎖を取り付けた[165]。日本としては、中国の継戦能力を遮(さえぎ)るためにこの援蒋ルート、中でも仏印ルートの閉鎖が大きな課題であった。こうして、仏印側が日本軍の封鎖監視団を受け入れ、仏印ルートの監視が始まったために、支援物資の持ち込みは停止された[166]。それは同時に、援蒋ルート遮断による日中戦争の早期終結、長期消耗戦のための軍需物資及び「自存自衛」のための資源確保に帰結し、そこで日本は、当面の問題である米英依存の経済体制から戦時自給体制への脱却を推し進めることとした[167]。それに加えて9月22日、日仏両政府は現地軍事当局を通して交渉した結果、日仏印軍事協定を締結させた。そして、この援蒋ルートを遮断するため日本陸海軍は、翌日に戦線を北部仏印に移動させ、進駐を強行した後も、「対南方問題解決のため武力を行使する」との方針に基づいて、南方作戦の準備を強力に進めていった。しかし、日本軍の武力進駐はイギリスの態度を硬化させると同時に、重慶政府はこの間戦時体制を固め援蒋ルートを通じた米英支援の下、抵抗を継続した。こうした状況の中で、アメリカは26日、屑鉄の対日全面禁輸を持って対応した。この結果、翌日、日本の日独伊三国同盟締結はビルマルート問題に決定的に終止符を打つことになった。さらにイギリスはこれに基づいて、10月8日に3カ月間閉鎖していたビルマルートを再開し、18

日に実施に移した[168]。その上に米英は対重慶政府に借款供与を進めると同時に、抗日戦力を大々的に支持する姿勢を示した。このような情勢の中で、日本は12月30日より日仏経済交渉を本格的に開始した。まず仏印の米の対日供給交渉に入り、41年1月下旬から米の対日輸・移出が実現し、次いで日仏印間の貿易、関税、支払い、居住、航海の諸条件をめぐって複雑そして多岐にわたる交渉の結果、5月6日に「日仏印経済協定」が調印された。そして翌月6日、日本は「対南方施策要綱」（大本営）に基づき、仏印とタイとの間に緊密な軍事的結合関係を設定すること、また蘭印との間に厳重な経済関係を確立することを政略に掲げたのである[169]。

しかしながら、6月22日の独ソ戦開始によりシベリア経由の貿易ルートも途絶した情勢の下、25日に日本は「南方施策促進に関する方針」（大本営）を決定したものの、これが米・英・蘭との対立を激化させ、日蘭会商を破綻させることになった。そして日本は、南方作戦基地の確保をめぐりヴィシー政権と交渉に入り、7月21日の日仏共同防衛協定成立に続き、23日に南部仏印進駐交渉を妥結させた。しかしこれが引き金になって、日米交渉が決裂し、その結果、25日以降米英両国は日本及び満華の米英資産凍結と対日石油禁輸に踏み切り、続いて28日、蘭印が日本資産凍結のほか、対日貿易制限、石油協定の停止に加えて完全禁輸を発令した。これに対して、日本は同日、南部仏印進駐を強行した[170]。日本は援蒋ルート遮断の方針を確認したが、この間、アメリカの石油禁輸を想定し、これに代わる供給国である蘭印から石油等重要物資の供給を求めた日蘭印通商交渉に続いて日米交渉を決裂させ、憂慮していた石油の完全禁輸という経済制裁を真っ向から受けることとなり、事実、包囲的禁輸に遭遇することになったのである。

2. 満州国における為替管理の強化と横浜正金銀行の植民地金融業務

以上のように日本軍の中国大陸侵攻と占領政策の展開に伴って、日本は軍需品の現地調達主義を基本とする既存物資流通機構の再編・整備、日満華の金融的一体化、産業開発資金及び食糧調達を目指し、満州・華北・華中南、

南方諸地域にそれぞれ円系通貨を流通させ、その拡大を図るが、正金銀行は「大東亜金融圏」内の決済機構の運営機関としての役割を果たすことになった。

　まず、植民地・占領地の状況と通貨・金融事情を見てみると、満州事変を皮切りに日中戦局は、植民地・占領地へと拡大された。植民地・満州国はすでに通貨統一に成功し、金融統制の確立を成し遂げ、産業開発へ資金を向けることとなったが、占領地に対して、日本は占領と同時に、占領地支配を継続するために、権力機構の整備と共に、経済の支配、さらに「大東亜金融圏」の形成を目指す強力な通貨・金融政策を実施することとした。この場合、日本軍は、まず武力制圧に続いて行政機構と徴税機構を整備し、その一方で既存物資流通機構の排除と同時に新たな機構づくり及び占領地中枢金融機関を閉鎖・奪取し、占領地における法幣の流通を禁止。軍票を発行して軍需品の現地調達などに使用し、37年11月以降には華北、華中南の各占領地域毎に傀儡政府を通して、それぞれの占領地に中央銀行を設立し、これに本国の資産を持って、円に連結する通貨（中央銀行券）による幣制統一を実施する。さらに散布された軍票及び法幣を回収して日本経済圏に取り込み、新通貨を唯一の強制通用力を持つ法定通貨（円系通貨）にし、占領地域を円系通貨・金融圏の一環に包摂する一方、資本輸出を行って時局経済開発に沿った産業政策を展開することとした[171]。

　このように、日本の大陸侵攻に際しては満州中央銀行券（満中銀券）、蒙彊銀行券（蒙銀券）、中国聯合準備銀行券（聯銀券）及び華中・華南作戦地区における軍票が円系通貨として流通させたが、日本は、初めこれら各円系通貨を日本円と等価の関係に保持し、各地域間の送金等の為替が内国為替と同様になり、従って対第三国通貨価値が日本円の第三国通貨に対する比率と同一となり、圏内の収支が日本のそれと一体化する方針であった。すなわち圏内を円系通貨で統一することを通貨政策の目標とし、それによって日満華の一体化を実現しようとした。だが、日中戦争の進展と共に、日本は第三国との貿易関係を断たれた体制の下に軍事侵略を推進することになり、その収奪の区域を拡張し、支配するための経済ブロックを採ることにした。38年後半

以降中国本部では、過渡的な経済復旧工作から資源獲得工作へと方針の転換を図りつつあったが、この際円系通貨が円ブロックを形成し、経済ブロックを結合する役割を果たした。つまり、円系通貨が実質上円軍票であり、日本軍の軍事作戦に伴う軍費の採用がこれらの通貨発行を増幅されることになった。すでに見たように日本は、軍需品の現地調達を採っていたので、最初は円貨（日本円）を直接流通させるか、あるいは軍票を使用していたが、これが容易にならないと、傀儡政権の下に設立された中央銀行券を借り受け流通させる策略を取った[172]。

　そうして、39年半ば以降東アジアにおける米英の対日政策の変更、さらには欧州大戦の勃発という世界情勢の変化の中で、日本は、占領地（華北、華中南）で既存物資流通機構の掌握と日本側（三井、三菱など）の国策投資会社を通じて新たに物資流通機構の創出に全力を尽くしたが、その成果としては既存物資流通機構を排除させた状態に止まった。つまり、日本は不充分な金融力及び物資供給能力の下、既存の物資流通界で流通する法幣を駆逐することができず、反対に法幣に駆逐され、ついに物資流通機構の再編には至らなかった。事実、華北・華中南での既存物資流通機構再編の不発及び法幣追放に失敗し、その結果日本側の物資調達・確保を困難にし、さらに解放区側の巧妙な通貨政策が、日本の対法幣駆逐政策に大きな痛手を与えていくことになった[173]。

　こうした状況を受けて、各円系通貨は日本円と順次不等価となり、同時に第三国通貨に対する価値も日本円のそれとことごとくかけ離れていった。これらの円系通貨が、現地で軍需物資調達のために支払われるということは、必然的にインフレを起こすことになり、それは、隠された収奪の形にほかならなかった。その結果、これらの通貨と日本円との購買力（価値）には、当然大きな価格差が表れることになった。しかし、もしこれらの円系通貨と日本円の等価交換を自在にして置くことになれば、厖大な円系通貨がすぐに内地へ流入し、最終的には内地のインフレを激化させることになるから、日本政府は円系通貨の内地向け送金を厳しく制限することを余儀なくされた。それで、40年代に入ると、日本は自ら既存物資流通機構を利用せざるを得な

い状況を迎える。すなわち、日本からの物資供給に保証のない通貨の乱発とインフレの進行は、法幣との通貨戦（「物資争奪戦」）でも敗れ、対日供給物資の収集機能を弱体化させることになった。円ブロックの各銀行によって裏付けなしに発行される円系通貨の流通高は年毎に増大し、これに伴うインフレを阻み、止めることが、戦争を推し進める上でも切実で重大な問題となった[174]。この間の円系通貨発行高は、通貨の急膨張、物価の暴騰、インフレの進行をもたらし、要するに「大東亜共栄圏」形成の厳しさを即座に表すものであった。しかしながら、アメリカは、40年9月26日に日本経済制裁の方針を定め、続いて10月16日、対日禁輸措置の実施を明らかにした。これに対して、日本は円貨決済の拡大を進めることにし、12月24日に日蘭印支払協定（双務的清算協定）を締結し、その上に翌年5月6日、日仏印金融協定を締結したのである（円貨による多角的決済機構の確立）。

さらにまた、3月に米英諸国の対日資産凍結実施が懸念される中で、植民地・占領地における傀儡政権下の中国聯合準備銀行（中聯銀）、満州中央銀行（満中銀）、蒙疆銀行（蒙銀）、華興商業銀行（華興銀）、中央儲備銀行（儲備銀）など、円ブロックの中央銀行が、その保有外貨（米ドル・英ポンド）を正金銀行に売却し、その対価としての円貨を特別円預金として正金銀行東京支店に保管することにした。この場合、正金銀行はこの特別円預金を、その入金においては外貨を持ってする一方、その払い出しは外貨及び円貨を持ってすることを原則とした[175]。この特別円制度は、日本の国際金融取引において非常に重要な役割を果たした特殊制度であり、特別円（金・外貨との交換性保証）は、日本以外の諸国（「東亜共栄圏」または枢軸国間）との為替決済に用いられ、一定の外貨交換性を保証された「計算上の通貨」であった。しかし、植民地及び占領地において特別円は、その交換性を剥奪し、結果として外貨交換性は次第に形骸化するに至った。つまり戦争遂行のため強・権力の下、対外支払の制度及び現地通貨の調達手段に限定されたが、日本は戦争遂行に必要な輸入物資代金を、この特別円で決済し（金・国際通貨によらずに）、さらに占領地における物資やサービスをこれで遣り繰りした。それゆえ、特別円勘定相互振替による地域間の多角的決済も実際にはあまり行われ

ず、特別円勘定は、同勘定保有国と日本との間で支払勘定として機能したに留まった。こうして、この特別円制度は当初対米英経済断交を想定し、外国為替の集中・管理の強化として設定されたものであったが、同時に「大東亜金融圏」構想の一環として、アジア経済圏から外貨（米ドル・英ポンド）を駆逐し、特別円をアジアの決済通貨とし、同時に東京を決済市場とする思惑が潜むものであった[176]。

その上に、大蔵省は、41年7月22日に「対支外国為替取引に関する件」（通牒）を出し、特別円為替制度の創設、正金銀行の専管（取引）、損益の政府帰属などの方針を示したが、これによって、従来の軍票為替（「軍票を対価とする邦貨為替」）に対して、新たに特別円為替（「法幣を対価とする邦貨為替」）が登場し、円の対米相場と法幣の対米相場から裁定される特別円の相場が表れることになった。このように円貨による多角的決済が進められる中、正金銀行は、「大東亜共栄圏」内の決済機構の運営機関としての役割をもっぱら担うものとなった。いずれにせよ、特別円は外貨交換性を有する円を持って開始されたが、この間の対日資産凍結と経済断交の結果、正金銀行は、円ブロック圏各銀行（満中銀、蒙銀、中聯銀、華興銀、儲備銀）のためにロンドン及びニューヨーク両支店で保管の外貨資金を、急きょ、特別円預金として東京支店に保管することにした。しかしその5行の預金（約8,259万円）は、ついに外貨交換性を失い、同行に積み立てられた普通円預金にほかならなくなった[177]。

さて、この日中戦争の間、円ブロック圏における通貨・金融事情さらに各地域中央銀行及び正金銀行の業務活動はどのような状況にあったであろうか。

まず満州国においては、すでに満中銀による金融統制が確立し、満中銀券による通貨統一がほぼ完成し、産業開発資金の現地調達、外貨資金の満中銀への集中管理などが促進されることとなり、正金銀行は、これに対応して外貨資金の運用・管理、日円資金の調達・管理、特別円の運用・決済などの業務を果たすこととなった。このころ関東軍は、日本の満州における治外法権の一部撤廃及び為替管理の強化に伴って、満州附属地に満州国の貨幣法が施

行され、35年3月、金票、鈔票を除外した各種紙幣の回収を終了させた（既存物資流通機構の再編・整備）。しかし日本資本の導入による満州産業開発の推進という新たな課題が登場し、満州国は、翌年12月3日に満州興業銀行の設立と同時に、「満州産業開発5カ年計画」資金部門に関する諸前提条件を構築し、日本資本の対満投資の諸条件を整備した[178]。ここに満中銀券は国幣として強制通用力を認められ、また37年2月には貨幣制度及び日満為替関係など満中銀の金融行政権の一元化、さらには国幣価値の安定が一層促進されることとなった。

　そして、日中戦争勃発後の37年12月、満州国は治外法権の全面撤廃、旧附属地金融行政権の譲渡を受けて、満中銀による金票の回収、満中銀券による通貨統一が完了し、同時に満州国の金融統制が整備され、さらに本格的な産業開発へ資金が振り向けられることになった。これ以降、産業開発資金の現地調達は、増加傾向にあったものの、その大部分は満州興業銀行及び満中銀の現地企業に対する貸付の増加によるものであった。こうして産業開発計画は、満州国の存立に関わる肝要な方針であり、緊急を要する策略であった。それで、12月の満業の設立は、日本資本の投資を満鉄から満業ルートに切り換える転機となったが、この産業開発資金ルートの変更は、「臨時資金統制法」の公布（9月）によって実施に移され、「満州産業開発4カ年計画」部門への投資に現れたように、これ以降満州国金融政策の展開に重要な意味を持つことになった[179]。なおこの間、対外為替においては、同年1月27日に満州国は外国為替管理法（1月26日公布）に基づく財政部会を通して、国内で見越輸入（日本）の支払い及び国外での不当な円売りの防止に努めたが、当てにした結果が得られず、日中戦争勃発後の9月に輸出入等臨時措置法を施行し、続いて外国為替管理法改正（日満の為替一元化、10月）、貿易統制法（12月）を公布し、なお一層為替管理の強化を図ることにした。

　しかし、こうした為替関係の整備にもかかわらず、満州国においては、輸入及び為替の許可が、無策同然に放任される一方、他方では国際収支における日満一体化がないがしろにされ、まさに憂慮すべき状況にあった。こうした事態の中で、満独協定及び国際的関連事項等の処理に当たり、輸入業者と

日満両当局の間に介在した正金銀行は、関係各店においてこの板挟みに遭遇して苦しい立場に立たされた。とりわけ正金銀行新京支店は、満州国より「本邦当局と交渉するよう督促」があったが、容易に対応できず、結果として同行の態度を非難する業者も現れた。こうした状況にあって38年7月、「満州産業開発4カ年計画」の遂行上、さらに北支への資金流出に相乗されたインフレの影響を受けて満州国（日満経済協議会）は、為替強化策の一環として、為替許可手続きの一元化、為替政策の一元化方針及び日銀の外貨集中制採用をそれぞれ決定した。そして翌月上旬、満州国は自国の外貨自給自足を建前とする日満新協定を成立させ、その国内為替銀行の外貨を中央銀行に集中し、輸入資金はこの集中外貨の中から公平に分配することになり、これらを実施に移した。加えて10月、華北においては輸出入リンク制と外国為替基金制度が採用され、日満華一体化が進められることとなった。しかし、この間の日本の輸出振興策は、外貨取得につながらない円ブロック地域に対する輸出はまったく抑制され、円ブロック地域の安定や発展と調和するものではなかった。その後この問題は、翌年3月24日、満独修好追加協定の締結と前後して、まさに終息を迎えることになった[180]。

　さらに9月20日、満州国政府は、外国為替管理法の改正、臨時資金統制法の公布に続いて、貿易統制法の制定、第三次改正関税法の公布などを整備し、さし当たり必要とする資材の輸入確保に当たる一方、他方で外国為替が仲介する外貨資金のすべてを満中銀に集中・管理させ、通貨の対外価値の維持に当たった。この間正金銀行は、貿易通貨の不足、外貨獲得量の減少などから外貨の獲得・運用・管理を迫られた満州国政府の依頼を受けて、まず、外国為替銀行が取得した外貨資金の一切をポンドに換算し、これを満中銀に売却・集中させて、この資金をロンドン支店に開設した満州国勘定に送金する、という外貨資金の管理業務に当たることにしたのであった。

　ところがヨーロッパで戦火が始まると、イギリスは為替管理の強化を図り、ポンドはスターリングブロック外の通貨に対して自由な交換性を失うこととなり、これを受けて満州国は、9月27日に資金調達局を設置し、翌月24日、満州国為替決済基準を変更し、ドル・リンクを採用することにした。そ

して満州国は、40 年 3 月 6 日に円資金調達及び日満為替計画に基づき日満原則協定を成立させ、さらに 4 月 9 日、日円資金調整実施要綱を決定し、日本資本市場が困窮する中、軍の必要以外の日本向け送金額を制限して、満州国側の日円為替資金の獲得を持って充当することにした。この通牒を受けて正金銀行は、満州興業銀行と共に対日資金調整のスタンプ制度などを導入・実施し、当面の日円資金の調達・管理に当たった[181]。また「満州産業開発 5 カ年計画」により、重工業化政策を展開し、巨額の投資を続けた満州国は、対華北域際収支の支払超過に苦慮し、支払債務の累積に堪え忍んできたが、7 月 7 日の「関満貿易調整協定」により、関満一体で対関内輸出調整料を取り立て、それを蓄えて輸入補助金を交付する制度を採用して、物価の高い地域への関満側輸出削減に成功した[182]。つまり満州国は、華北側の通貨政策と協調の下に 7 月、外国為替管理法の改正に続いて、9 月に為替集中制の変更など戦時為替政策を持って対応することとした。この場合、満州国の為替集中制の変更に対応して、正金銀行は直接ニューヨーク支店にドル勘定を開設し、外貨の二元的集中業務を果たす一方で、その後の満州国の対外価値基準のドル・リンクの変更の際にも、素早くこれに応じることとしたのである[183]。

　なおこれに加えて、41 年 4 月 1 日に満州国政府は、外国為替管理法を改正し、「対支為替資金集中要綱」を採用して、満関を一体とした対中国為替（華北・華中・蒙彊）の満中銀集中制を実施して買為替の範囲内で売為替の調整を行うなど国際収支の改善を図ると共に、関内との物資移出入の必要から対外為替取引は普通円、円系通貨、軍票で決済し、とりわけ対華収支を平均に維持することにした[184]。このように満州国は日本の経済統制化に呼応して、貿易統制令の公布、外国為替管理規制の改正により、満関貿易為替を一元化し、さらに日満両国の為替貿易の統制を一層強化した。正金銀行はこうした経済統制が進められる中で、満中銀券為替及び普通円為替さらに特別円（双務的・多角的為替決済）の運用・決済などの業務に当たったのである。

3. 中国における通貨戦と横浜正金銀行の占領地金融業務
1) 華北における通貨戦と横浜正金銀行の占領地金融業務

　華北において、日本は円系通貨によって法幣及び解放区通貨を駆逐し、幣制統一に着手すると同時に、外貨交換性の獲得を図ることにし、通貨戦を展開した。正金銀行は、この通貨戦に対応すると同時に中聯銀の資金調達、貿易調整資金、円系通貨拡大・促進、海関保管、特別円の運用・決済などの業務に当たった。

　すなわち、37年7月、日本は日中戦争の短期決戦（構想）の下に、華北においては朝鮮銀行券に続いて河北省銀行券を発行し、その流通拡大を図ったものの、いずれの円系通貨工作も成果が得られず失敗に終った。しかし日本としては、堅調な法幣の流通に打撃を与えて、その価値を低落させ、中国側の経済的抵抗力を弱める必要があった。そこで新たに蒙銀券及び聯銀券を持って通貨工作を展開することとした。

　まず、蒙疆地域においては、11月22日に日本軍が蒙疆連合委員会を樹立し、通貨・金融工作を始め、翌月1日、満州形式の経済統制の施行を基礎として蒙銀を設立させた。同行は蒙銀券を発行し（満州円とパー）、日本軍はこの蒙銀券を持って軍事資金を残らず充当することにした。この際、正金銀行は満中銀、朝鮮銀行、住友銀行などと共に蒙銀とコルレス契約を締結し、国幣・日本円と等価で為替取引を行うこととした[185]。そして華北の占領及び独立工作が進展する中で、38年3月、中華民国臨時政府は新たに中聯銀を創設し[186]、これに日本国内外に通貨力を持つ中聯銀券（聯銀券、元円パー）を発行し、この聯銀券を法貨として、円と等価で流通させた。こうした状況の中で、日本はこの聯銀券によって占領地区（及び占領線内の非区地帯）から法幣及び解放区貨幣を駆逐し、その上に聯銀券を持って上海為替市場での法幣価値を下落させ、南京政府の財政収入・外貨獲得に圧迫を加え、同地区を円系通貨圏に包摂することによって、物資取得が円滑に進められる政策を実施することとした。しかし、日本軍の占領地域は、いわゆる点と線に留まり、一方農村を中心とする広大な面積を領する非区地帯の経済は、従来どおり法幣の流通下にあった。こうして華北における通貨戦は、聯銀券をいかにして

貿易通貨として育成・機能させるか、ということに主眼があった。この間正金銀行は、中聯銀の開業に当たって満中銀、朝鮮銀行と共に、正貨を有しない中聯銀に対応し、保有銀を売却し正貨準備に協力することとした。

しかしながら、南京政府は、3月には「購買外匯請核弁法」を公布し、占領地区後方の上海、香港（金融中心地）と連係して、法幣価値の維持に努めた。また、南京政府は保有外貨が日本側に奪われるという不安の中、為替管理の統制・強化を持ってこれに対抗した。しかし、3月14日、上海における聯銀券及び法幣の対外価値が、8ペンス台に低落したことを契機に、円元パー政策を利用して利ざやを稼ぐ現象が起きた。すなわち、上海の安い法幣を華北へ持ち込み、それを等価で聯銀券に交換しその聯銀券を朝鮮銀行券に換えて華中に持ち帰り、そこで日銀券を仲介して安い法幣を購入するという方法であった。これに対して臨時政府は、華中への朝鮮銀行券の流入が上海の円相場を下落させる原因であったことから、法幣の華北への持ち込みを禁止すると同時に、法幣の価値引き下げを実施した。なお、この間正金銀行は5月3日に天津、秦皇島、その後青島、芝罘、龍口、威海衛において海関の税収保管業務を開始したが、その上に日英関税協定の調印により、新たに関税保管銀行となり、各支店でこの業務を果たすことになった[187]。

それで、こうした問題に加えてインフレが加速し、軍費調達に苦慮した日本は、聯銀券と円を対価とする無制限供給を行う、いわゆる「預け合制度」に基づき資金調達を行うこととした。まず6月16日、朝鮮銀行が中聯銀との間に「預け合契約」（第一次）を結び、この聯銀券調達の仕組みを通して軍事支弁等軍需資金の調達を図ることにした。続いて7月15日、正金銀行と中聯銀間に「預け合契約」が締結され、主に華北開発資金、貿易調整資金等の調達に当てられることになった。また聯銀券の発行準備に当たっても、その実体が日本円による「預け合契約」に基づいた軍費、対日収支決済資金、開発資金など聯銀券の無制限供給というところにあったため、正金銀行はこれに協力すると同時に、現地貸出資金も無制限に応ずることにした[188]。このように、日本側は「預け合制度」に基づき、聯銀券の流通拡大、その価値維持を進める一方、他方で円系通貨の外貨交換性を確保するために法幣の駆

逐、輸出為替集中制など、法幣通貨闘争を展開していた[189]。いずれにしても日本側はこの制度を利用してそれぞれの資金を調達し、華北の軍事的・経済的対策に充てることとした。これに加えて9月13日には、北支那方面軍が華北の幣制統一、金融政策の実行などを含む軍通牒を発布し、これに従って華北における軍費支払通貨が聯銀券に統一されることになった。しかし、法幣は依然として外貨交換性を保有し、貿易通貨としての機能を独占していたため、結局、法幣の回収も進展しなかった。そこで日本側は外貨を集め、聯銀券に外貨交換性を付与するため、10月に第三国貿易に対する外国為替基金制度と輸出入リンク制を実施することにした[190]。その運用に当たった正金銀行は、中聯銀所有の外貨の一部を回転基金として利用し、リンク制輸出入貿易から外貨を獲得しようとしたのであったが、この場合、外銀・外商の圧力の下に実現するまでには至らなかった[191]。

　しかし英仏租界では、聯銀券とパーで法幣が受け入れられ、為替決済においても法幣が使用された。そのため蓄蔵法幣を租界内に持ち込む者が止まらなかったので、日本はそれを防ぎ止めるため、39年3月1日に「金融攪乱暫行処罰法」及び「旧通貨禁止警察取締法」を公布し、ここに日中間の通貨戦が激しく展開されていった。一方法幣は、天津の外国租界において華中南及び外国通貨とリンクし、強固な内外通貨性を兼ね備えると共に、華北の第三国貿易に当たっても聯銀券を法幣に交換してのみ行われるという情況にあった。従って貿易通貨としての聯銀券の工作は、この法幣に換わるべき聯銀券の外貨交換性をまず獲得することから開始されねばならなかった。そこで日本は、3月12日に華北重要輸出品12品目に関する輸移出為替の聯銀集中制を実施することにした。しかし、このような聯銀券工作は、日本軍の支配が及ぶ都市と鉄道沿線地域内に限定されていたことから、さらに加えて臨時政府は農村部（非区地帯）、租界において積極的に法幣駆逐工作を進めることにした。まず農村部においては、聯銀券が充分に浸透せず、内外通貨性を併せ持つ法幣建が使われており、それが天津租界を経由して華中南、外国通貨と連結していた。そこで臨時政府は「旧通貨整理弁法処理要綱」を決定し、聯銀券流通工作を強力に進めた結果、一定の地域において法幣の駆逐、聯銀券

の流通拡大が促進されることになった。しかしこうした聯銀券通貨工作は、聯銀券の都市への還流と法幣の都市滞留に帰結し、結局、農村地帯への浸透は困難を極めざるを得なかったのである[192]。

　また、法幣が支配する天津英仏租界においては、法幣が外貨交換性を保有していただけでなく、匯申相場（上海向法幣相場）を通じて、上海の自由為替市場における第三国通貨とリンクすることによって、完全な貿易通貨として機能を果たしていたことから聯銀券の価値維持、流通拡大工作は容易なことではなかった。華北においては、外国租界を中継する資本逃避に加え、傀儡政権の行政権能がすべて及ばない膨大な陸地につながり続いていたために、陸地を結びつける交易の統制は、ことさら困難を極めた[193]。こうした情況の中で日本は、3月末、法幣の全面流通・使用禁止、円系通貨の華北流通分の回収に当たる一方、唯一聯銀券の使用奨励などを実施することにしていた。しかし、これらの対法幣通貨工作は、英仏の抵抗に遭い、日本は6月14日、ついに天津英仏租界封鎖を断行し、聯銀券通貨工作の強化を図ることとしたが、これが逆に米・英・仏勢力を背後に持つ法幣経済と華北との連携を甚だ狭めることになった。こうした通貨工作に対して、米・英・仏諸列強から金援助を受けた重慶政府は、いわゆる中国の門戸開放・機会均等の原則違反の抗議に続いて、天津英仏租界における聯銀券受入れ拒否と全取引の法幣化、さらに農村未占領地区の法幣の天津英仏租界中継による世界経済との連結などの対抗的措置を講じた。その結果、貿易通貨の聯銀券工作においても、日本軍の支配が点と線に留まる限り、面（農村）地帯の掌握には限界があり、その上に天津英仏両租界の聯銀券忌避政策（＝法幣支持政策）もあって貿易通貨としての一元化は、とうてい願うべくもなかったのである[194]。

　こうした情勢の下で、7月に日本は中聯銀の為替集中制をすべて輸移出品に適用することにしたが、期待されたほどの成果は得られず、華北貿易における法幣建て決済を消し去ることはできなかった。それどころか、こうした貿易・為替統制及び租界の封鎖措置を伴った華北の円ブロックへの強行的編入は、従来の華北と華中南間の国内物資移動を為替決済による外国貿易へと換え物資移動を規制する一方、外国銀行の為替統制に対する反抗から米英と

の経済的・政治的対立をも醸し出していった[195]。なお、華北における為替集中制は、当初、米英貨であったが、9月から米ドルのみとなり、同貨の基準取引が行われていた。もとより華北の為替取引では、華中がかなりの比率を占めていたが、この取引には、米ドル建取引、軍票為替取引及び匯申取引（聯銀券と法幣との直接取引）などがあった[196]。しかし、この事件（天津英仏租界封鎖）を契機に、米・英・仏との外交関係は大きく悪化し、イギリスの東アジア政策の転換、アメリカの日米通商航海条約の破棄通告（7月）、さらには輸出許可制（石油、屑鉄など）を引き起こさせ、中国をめぐる情勢は、一層緊迫するに至った。こうして日本は、華北において、いかにしても聯銀券による貿易通貨工作、すなわち外貨交換性を実現化するに至らなかった[197]。この間、日本軍の占領地拡大に沿って正金銀行は、7月に済南出張所を再開し、経済活動及び円系通貨の進展・拡大に努めることにしたのである。

　さて、欧州大戦の勃発後、法幣はこれまで天津の租界内部（及び農村部）で一般的通貨であったが、その上に重慶政府は、「鞏固金融弁法要綱」、「戦時健全中央金融機構弁法要綱」を公布し、法幣発行及びその準備内容に変更を加え、法幣価値の維持を図り、さらに解放区を中心とした通貨・金融政策の展開が加わって聯銀券は大きな打撃を受ける一方、「関満支向輸出調整令」実施という一連の事態は、侵略戦争の拡大に伴う聯銀券の乱発と重なり、インフレの進行を著しく加速度化させた。しかし聯銀券自体、占領地（点と線）における限定的通貨であると共に増発機構（インフレ）を併せ持つものであったことなどから既存物資流通機構の排除を進める間もなく、聯銀券による幣制統一は不成功に終わらざるを得なかった。事実、戦争経済を運営する通貨戦の行き着くところは、物資争奪戦（食糧）であり、またその敗北でもあった[198]。いずれにせよ日本軍の占領地においては、39年9月には満中銀券の受入停止、そして翌年5月には円系通貨の受け払い制限に続いて聯銀券以外の通貨使用をすべて禁止するなどの工作を持って、法幣及び辺区券（解放区通貨）と三つ巴の通貨戦を展開することとなった。加えて、6月に中聯銀は無為替輸入許可制の導入などの対策を継起的に打ち出し、これを持って為替及び貿易管理を実施して為替取引を集中させた結果、同行の外貨保有が

増加し、外貨交換性を得た聯銀券は強化されることになった。また同じ頃、蒙彊地方に発生した円資金調達問題に当たって、すでに前年の 11 月、張家口に出張所を開設していた正金銀行は、大蔵省の主導の下に日本興業銀行、朝鮮銀行との 3 銀行団を結成し、融資契約（1,500 万円）を成立させ、これによってこの問題を解決させるに至った（40 年 10 月、正金銀行は芝罘出張所を再開）[199]。

　しかし一方の重慶政府は、8 月には「非常時期管理銀行暫行弁法」を公布し、民間銀行に対する統制を強化すると同時に、この時期の金融政策の要点として、これまでの法幣擁護政策から、地方金融機関の支配・強化に方針を換え、それを基に奥地経済開発資金を遣り繰りすることとした[200]。また、41年 1 月 7 日に「皖南事変」が発生し、これを契機に国共両党関係を悪化させ、結局、辺区政府は辺区銀行及び貿易機関の法幣受け入れをことごとく禁止することにした。ここに辺幣の本位貨幣としての地位が定着し、結果として辺幣による統一市場が出現することとなった。これによって辺区内部の経済的関係はこれまでより一段と強化され域内市場も拡大したが、辺区市場においては、辺幣と聯銀券の直接交換による物資争奪戦はなお激しさを増幅させるに至った[201]。

　そして、米英諸国の対日資産凍結実施が確実となった 3 月、中聯銀は保有外貨を日本政府に譲渡すると同時に、その担保として正金銀行に特別円預金勘定を設定することとなった。資金の凍結が実施されるまで、中聯銀と為替銀行との間における外貨建の取引は円に換算され、その上に特別円預金勘定を通じて決済が行われた[202]。しかし各通貨の名目的価値を切り下げることは軍事的・政治的理由から拒否されたので、その対策として、通貨価値の基準には触れず、遠回しに調整する方法が採られ、特別円制度はそのために用いられたが、聯銀券の流通は、同年半ばにあっても、華北の占領地において中国民衆と資本の抵抗の下に支持を得られず、対日物資輸出入の制限、通貨価値の維持さえも容易にならなかった[203]。それは、まず華北の対第三国貿易及び華中南貿易において中聯銀の為替集中制を背景にして使用され、ほどなく華中からの対日輸出に利用された。それでも米ドル・ポンド決済ができなく

なった対日資産凍結実施後には、米英以外の第三国（主に東アジア諸国）の通貨と聯銀券との間には為替相場が立たず、その間連結する通貨が不可欠であった。それゆえ、華北当局は関係海関布告を改正し、米ドルから特別円への基準通貨の変更を実施した[204]。この場合、いわゆる「華北特別円」が華北・華中間の支払いに採用され、従って第三国通貨の為替取引はすべて特別円為替に移行したのである。こうして、米・英・蘭の日本資産の凍結を契機に国際情勢が逼迫の度を増す中、華北政務委員会（通貨当局）は、この対抗措置として当該国人との取引を取り締まり、これに加えてその資金凍結を図った。さらに第三国貿易決済通貨としての機能を喪失した米ドルに代わり、いわゆる特別円（計算上の通貨）を為替集中の基準通貨とすることとした[205]。しかし資金凍結以後、米ドル基準取引が特別円取引に受け継がれてからも、なおこれらの両取引が併存して行われた。また華北の対第三国貿易（対タイ・仏印等）はすべて特別円で行われ、対日満為替取引は普通の円為替（調整科制度）で行われた。いずれにせよ、中聯銀の指定する外貨（バーツ、ピアストル等）を円に値踏みして特別円預金勘定で受け払いされたが、その後これらの為替はすべて特別円建に改められ、直ちに特別円の為替が集中されることになった[206]。

　こうして、ドル貨が華北における第三国貿易決済通貨としての機能を失ったのに伴って、華北政務委員会は、「外国為替管理規則」による為替許可制を採り、華北の為替集中制においては特別円を価値基準とすることを決定していた。これに従って、正金銀行は、中聯銀の関わる華北の第三国貿易、華中・華南交易の為替等を特別円預金勘定において運用・決済することにしたのであった。

2）華中南における通貨工作と横浜正金銀行の占領地金融業務

　華中・華南においては、強力な法幣の支配、租界の存在などを背景として、日本は法幣流通の存続、円系通貨の法幣リンクの下に軍票流通範囲を拡大することとし、正金銀行はこうした通貨工作に対応して円系通貨の流通拡大、海関保管、華興銀及び儲備銀への資金協力、特別円の運用・決済などの

業務を行って、その役割を果たすこととなった。

　まず、法幣支配の強い華中における日本の通貨工作は、円系通貨の流通拡大を持って、法幣価値の下落及び戦争経済力への打撃を狙いとして開始されることとなった。この場合日本軍は、最初軍事支弁（37 年 8 月、上海上陸作戦）の手段として日銀券を使用したが、戦争の長期化に伴い、11 月、柳川兵団の杭州湾上陸作戦に軍票を登場させ、法幣にパーで連結する軍票の使用を開始させた。ここに華中戦線では日銀券と軍票の併用が図られることになった。

　一方、南京政府は、幣制改革以降、豊富な外貨と米英銀行（在上海）の法幣擁護方針を背景に、金融・財政面で戦時体制を強化し、日本軍の法幣攻撃に対抗した。すなわち、南京政府は、37 年 8 月の「非常時期安定金融弁法」をはじめ、一連の通貨安定を目指す法律の公布に続いて匯画制度を活用した法幣擁護政策を強化すると同時に、中国奥地の開発を積極化させ、長期・持久戦体制に備えていた。なおこの間、中国共産党は、国共合作下の日本占領地後方に解放区を設定し、日本軍の占領行政に入り交じり混乱させていた[207]。さらに南京政府は、日本軍の上海侵攻に際しても、外国諸銀行と紳士協定を締結し投機や資金の海外逃避を目的とした外国為替の購入に従わない態勢を採りつつ[208]、他方では政府系銀行に無制限の外貨売りを継続させ、法幣の対外価値維持に努めた。その上に、南京政府は翌年 3 月 13 日に外国為替購入に関する法律を公布し、輸入為替の割当を漢口と香港の連絡事務所に制限する措置を採用し、同時に輸出為替決済の集中、非必需品の輸入制限、バーター貿易の導入、輸入許可制の実施などによる貿易統制を強化した[209]。なお華南においては、早くにイギリス政府系銀行（香港上海、チャータード、マーカンタイルの各銀行）の発行する香港ドルが流通し、日中戦争勃発以降、下落した法幣に代わって香港ドルの流通・拡大が図られた。香港ドルは、通貨価値が安定していたことから、貿易通貨、資産の保全及び資産の海外逃避などの手段に用いられる一方、商品流通市場から引き上げられ、蓄蔵される傾向が強かった[210]。華中においてはこれまで流通している円系通貨もなく、また保有外貨も少なく、こうした状況の下、日本軍は当初軍用通貨として日

銀券を使用し、戦局の拡大と共にその流通量も拡大させたが、流通範囲は邦人居留地域に限定されていた。しかも、同月の南京政府による為替管理統制の下、法幣価値が下落し、円元を循環して華北から大量の円系通貨（朝鮮銀行券・日銀券）を上海に流入させることとなった[211]。こうした中で正金銀行は、日本軍が日銀券を持って戦費の現地調達を行った際、国庫金取扱業務に当たっていた上海支店を通してこれを支援する一方、在華本邦各銀行と協調の下に、円貨預金の一般化、円系手形の交換、日銀券の自由供給などを通して可能な限り円系通貨の流通拡大に努めることにしたのである。

ところで、5月、上海関税措置に関する日英協定が成立したが、これに対して南京政府は、翌月に「申請外匯弁理」を公布し、輸出入許可制の強化、加えて法幣対外価値の下落防止政策を実施に移した[212]。これを受けて日本側は、法幣をただ敵性通貨と見なすことはもはや許されない新たな局面に転じたとし、華中において9月21日以降停止されていた法幣を対価とする円為替取引を復活させ、物資調達を促進させることにした[213]。こうした状況にあった10月、日本軍はバイアス湾上陸作戦を行うが、これを契機に華南占領地でも軍票が使用され、戦線の拡大に伴い、軍票の流通量も増大した。その上11月以降、従来の軍票、日銀券の併用を改め軍票一色化工作が強力に進められ、軍票流通範囲は拡大した。華中においては、法幣との通貨戦が展開されたが、華北に比べ法幣の力が強く、既存物資流通機構の整備に入れず幣制統一は見送られ、ここでも日本軍の軍票流通政策が推進された[214]。しかし、軍票はもとより国内通貨としての機能を有するものの、元々貿易通貨としての役割を持ち得ず、軍票一色化が実施されても、即座に法幣を駆逐することは非常に困難であった。こうした中で南京政府は、11月の聯銀券発行以降華北から多額の法幣が上海に流れ込むことを危惧して、上海為替市場の狭溢化対策を打ち出した。これに加えて、重慶政府は法幣価値の維持を目途として、39年初めに在外資金の充実、金及び銀の積出、輸出入為替の統制、為替市場の統制などの為替対策を持って、円系通貨の攻勢に対応したため、軍票の流通は確かに停滞することとなった。

他方、漢口・広州の陥落に危機感を増幅させた米英は、39年2月以降日本

海軍の海南島占領、南進政策等の華南作戦を契機に法幣支持を打ち出し、アメリカはすでに「法幣安定勘定」を設定し（2月28日）、次いで3月29日、すでに見たようにイギリスも英中共同出資による為替安定基金（法幣維持基金、三国通貨同盟に基金的な性格を添付）を香港に設立して、ここに米英の抗日通貨工作（法幣の対外価値維持）の足並が揃い、上海租界において無制限な為替売買に対応した[215]。こうした情勢の中、中華民国維新政府は、興亜院会議決定の「華興商業銀行設立要綱」に基づき、5月1日に在華本邦銀行の協力の下に華興商業銀行（華興銀）を設立し[216]、同行に外貨準備のある銀行券（華興券、法幣と等価、対英8ペンス）を発行させた。この華興銀はほかの銀行と異なり、中央銀行ではなく特殊な役割を持つ商業銀行として位置づけられると同時に、華興券は貿易通貨から出発して次第に国内通貨に発展させ、ひいては円系通貨による華中の幣制統一を果たそうと企図された。しかし華興券は、日本円とは直接連係せず法幣にリンクして出発する一方、外貨に交換しうる銀行券として発行され、法幣の外貨交換性を突き崩し、輸出為替を買い集める、という矛盾する政策の下に複雑な様相を呈していた。いずれにせよ、正金銀行は条例において同行が株式の引き受けを禁止されている関係上、出資者に加わっていなかったものの、事実、日本興業銀行の出資金（500万円）は便宜上、同行に代わって正金銀行が引き受けたもので、つまり株主権行使は同行が代理することになっていた[217]。また、正金銀行は本邦為替銀行との競合を阻むため、ロンドンとニューヨーク両支店との間に為替取引契約を結び、上海支店において代理貸付及び輸出手形の代理買取・取立などの業務を遂行していくことにした（39年3月、同行は広東出張所を開設）[218]。

　しかしながら、6月以降香港上海銀行は法幣買い支えの中止を決定し、これに伴って法幣が暴落した（対英8ペンスから3ペンス台に）。こうした状況の下、設立間もない華興銀は転じて法幣との切り離しを余儀なくされる一方、他方上海は法幣に加えて円系通貨（日銀券、軍票、華興券など）が入り混じり、激しいさや取引工作が展開されることになった。なおこれに加えて6月7日、香港の英中為替安定資金委員会は上海の香港上海銀行、チャーター

ド銀行に対して、現時点の相場（8ペンス4分の1）において外国為替の供給をしばらく停止させたが、ついに7月8日、再び外国為替の売り止めを実施し、この安定基準もほどなく放棄させた[219]。この為替安定基金を通した抗日通貨工作は、上海貿易の逆調、華興銀の開業、さらに華北・華中南における日本の貨幣政策の影響の下、成立後間もなく資金を喪失し、すべて行き詰まることになった。しかし、7月に法幣が外国為替銀行による外貨売り止めを背景として下落した際、華興券は法幣リンクから離れたものの、法幣価値を上回っていたため、法幣を押しのけ流通量を拡大することはできなかったのである[220]。

なお、この間華中において、日本は軍票流通政策を打ち出し、8月には中支那軍票交換物資配給組合（上海、いわゆる軍配組合）を設立し、これが軍票の流通拡大に大きな役割を果たすこととなった。これ以降、軍票は価値維持資金と軍配組合の支援の下流通を推し進められることになる[221]。このため占領地においては、華興券は強制通用力を持つ軍票に、また非占領地区にあっては、上海の外国銀行勢力や法幣流通量によって圧倒されて遂に流通から押しのけられ、ここに幣制統一の試みは失敗に終わることになった。いずれにせよ、この法幣と円系通貨による通貨戦において、外貨交換性を有する法幣に対してこれを持たない円系通貨が法幣への依存性を実証されることになった。それと同時に、これが円ブロック全体の通貨問題、ひいてはブロック的世界経済戦の問題においても同様な立場にあることを証明されることにもなった[222]。こうした中で、正金銀行は6月以降、現地調弁によって増発される軍票の価値を安定資金操作によって維持し、これによって対外価値の低落が対内価値に及ぼす影響を減少させた[223]。なお、正金銀行はこの間日英関税協定に基づき、占領地区海関税の寄託銀行となり関税収人の保管業務を独占的に取り扱ってきたが、この功績の下9月1日、海関徴収税事務担当が中央銀行から同行上海支店に移されることになった[224]。

ところが、欧州大戦勃発後、イギリスは海外のポンド支持を放棄し、同時に自国・東アジア支配地域が為替統制を強化した。そのために9月8日、香港政庁は対外為替取組を禁止し、為替安定基金は外貨獲得に努めざるを得な

くなった。こうした状況の下、日本は 12 月に上海における円系通貨の軍票一色化政策を大方完成させ、軍票が華中・華南における円系通貨の代表として法幣との通貨戦に当たることとなった。しかし、軍票は法幣に対し独自の価値を持たないため、法幣の対外価値が下がった場合でも軍票の価値は、もとより上がらなかった。なおこの間、解放区においては、華北の場合と同様の政策、すなわち法幣駆逐を避け、法幣を基本通貨とし、法幣の日本側への流入を押し止める、という方策的状況下にあった[225]。こうして 40 年 5 月以降、日本は重慶側地区への物資輸送ルート封鎖作戦を展開させ、6 月 24 日以降、南寧、浙東沿岸ルート、いわゆる援蒋ルートを封鎖することにした。これを受けて重慶政府は、戦時経済の下、法幣価値維持のための諸統制工作、貿易の統制、振興政策を中心的課題としつつも、海外ルートも重要な問題であるとした。もし日本の封鎖作戦が進展し、これが寧波、温州ルート、広州湾、雷州半島ルート、仏印ルート、ビルマルートに及ぶと、重慶政府にとって抗戦継続の道は、空輸による外援への依存に限定されることになる[226]。さらに 7 月、「中国沿岸封鎖声明」にまでエスカレートすると、重慶政府はイギリスの援助を受けて、仏印、ビルマルートを通じて物資搬出入が続行されることになる。結局、華中における法幣と軍票の通貨戦は、泥沼の「物資争奪戦」を生み出す一方、他方で日本軍の援蒋ルート遮断という形で、北部仏印進駐を生み出し（9 月 23 日）、米英との対立、抗争関係が避けられぬ事態となった[227]。こうした状況の下、5 月 2 日、為替安定資金委員会は外国為替の売止めを断行したため、香港上海銀行の公定相場も 3 ペンスに下落し、その後、法幣実際相場も騰落し、対日資金凍結前の時期に為替安定基金は上海自由為替市場に全く出動していなかった。なお、香港上海銀行の公定相場は実際相場の代表的なものであるが、しかしながら市場における現実の相場は、必ずしもこれに一致して変動しているとは限らなかった[228]。

　しかし一方、日本は華興銀の創設によって、法幣を駆逐しようとする方策が挫折するのに伴って、華中における通貨工作の再検討が迫られることになった。とりわけ 11 月、日本と汪兆銘との間で締結された平和条約の交渉と並行して華中の通貨処理が問題となった。日本軍のこれまでの様々な軍票

の価値維持工作が効果を示し、軍票相場は安定から上昇へと向かい、軍票流通領域も奥地占領地へと広がり始めた。その際、この間強化された奥地軍票片交換制度の実施がこの拡大に大きく関わった。続いて 12 月には、興亜院の指導の下に「中央儲備銀行法」及び「整理貨幣暫行弁法」の公布、ここに汪兆銘の基幹銀行として儲備銀が設立され（南京、開業は 41 年 1 月）、華興券に代わって儲備券の発行と同時に流通を開始した。儲備券は法幣リンクを決定し、これを法幣攻撃の基本として法幣撃滅及び儲備券の流通拡大など通貨作戦を展開することとしたが、法幣流通力が強く、儲備券の流通拡大は想定したほどの成果が上がらなかった[229]。いずれにせよ、日本の占領地通貨工作は日本軍の意向を代弁する軍票工作（軍票・軍配政策）と、興亜院の意向を代弁していた儲備銀の通貨工作が相乗した形で展開され、すなわち華中の日本側通貨は軍票、儲備券の二本建てを採り、両者は状況に応じて対立と協調の下に対華中通貨工作を展開していった[230]。この場合、儲備銀・現金準備の内容は、すでに見た中聯銀、蒙銀の場合と同じく、外国貨幣による預金すなわち日本円預金であって、正金銀行と儲備銀との「預け合契約」締結によって、円預金を見返りに無制限に儲備券資金が調達されるシステムであった[231]。もとより、儲備銀設立の経緯から、また役員の構成からして正金銀行は同行の活動を側面から援助すると同時に、代理貸し付けを行い、その上に為替取引をも支援したのである（41 年 4 月、同行は南京出張所を開設）。

　そうして、41 年 7 月 21 日に日本が、仏印との間に共同防衛協定を成立させ（公表、7 月 26 日）、「大東亜共栄圏」建設の計画に取り掛かると、南方諸地域の経済・政治において重大な事態の判断を迫られることになったアメリカは、7 月 26 日の対日資産凍結実施によって、上海の貿易・外国為替取引をすべて管理下に置き、これ以降上海租界の自由為替市場は消え去った。この措置で、本邦側為替銀行等の外貨獲得、つまり法幣攻撃の通貨工作も消滅することになった[232]。また、この間日本と華中との貿易が軍票為替で行われていたが、日本政府は「対支外貨為替取引ニ関スル件」（大蔵省通牒）を持って、特別円為替制度を創設し、ここに新たに法幣を対価とする特別円為替（特別円相場）を加えることとし、その上、法幣為替補償制度を設け、法幣資金の

利用を図ることとした。さらに米英などの対日資産凍結発令に伴い、華中南における対日為替決済に当たり、円対法幣の直接為替を設けた。それと同時に、これまでの軍票決済と併存させ、法幣為替補償制度を前提として為替集中を実施し、円系通貨を除く為替持高をみな新機構下に置くことにした[233]。この際、正金銀行は、アメリカの対日資金凍結前に中国各地の中央銀行から肩代わりした特別円預金見返り外貨資金（410万ドル）を安全な場所に移す必要があったため、急きょ、上海市場において処分し、同月、海南島に海口出張所を開設し、法幣（7,700余万元）を獲得したのである。

こうした状態の中で、日本軍が南部仏印に進駐した7月28日以降、日本の法幣攻撃は一層強行され、日本の上海における外国物資の利用は可能であったが、法幣の逃避、対外貿易の逆調は逃れることができず、その上、上海遊資の集積を促進して非生産的事業を盛行させた結果、法幣実際相場の下落は重慶政府が強力に進める輸出入為替統制を困難に陥らせることになった[234]。しかし、米英の対日資産凍結に対応して日本軍部は在外外貨を上海に回金して法幣資金として管理し、特別円制度が創設したものの、軍部の物資調達とりわけ軍需米の調達は一段と急迫し、儲備券の流通拡大も、結局、占領当局にはいくらかの恩恵ももたらさなかった。これを受けて、対日資金凍結後の米英は自らの上海における権利と権益の現状維持を守るために、上海為替市場の自由性を消し去り、為替管理を持って対応することとしたが、この間香港に設けられた米英中三国の為替安定資金委員会（40年12月創設）は、上海の外国為替と貿易において強力な為替管理を実施し、合理的な安定資金運用の体制を整えた[235]。こうして米中・英中法幣安定協定の成立と時を同じくして米英中三国為替安定基金が創設され活動を開始したが（4月25日）、この際イギリスはポンド資金の米ドル交換禁止を信用供与の条件とするに至り、8月1日、ことに為替安定基金操作にはナショナル・シティーとチェース両行が参加し、これ以降米英中三国為替安定資金委員会の実権はアメリカ側に移ることとなった[236]。また、10月1日より、法幣の外国為替相場は上海の為替銀行が外国為替割当のために新たに公定相場基準に引き下げられた（対米5ドル16分の5、対英3ペンス32分の5）。この際、実際相場

は、闇相場とされ、これを絶滅させる方策が採られる一方、米英中三国為替安定資金委員会の新公定相場によって、占領地区と非占領地区との法幣対外為替相場は統一に向かうことになったのである[237]。

　また、先に見たように、11月中旬、米英は重慶政府との間に新協定を成立させ、枢軸諸国の貿易金融取引のすべてを為替安定資金委員会を経由することにしたため、上海を国際的な自由市場とした機能は全く停止し、日本側の法幣と結びつく第三国為替及び物資獲得が不可能となり、これが反対に日本の南方進出政策の必須条件として、円貨決済制度拡大の間接的要因（遠因）を成すことになった[238]。その結果、先述のように対日資産凍結実施後、特別円は特別円預金として保管され、そのうち華興銀が本邦国債の購入に、儲備銀が借款の担保にそれぞれ充当されたが、この間の法幣対外為替相場統一政策の進展及び自由為替市場の停止を受けて特別円が外貨交換性を喪失するという事態の下、正金銀行は特別円預金勘定を通して円ブロック圏の為替決済業務に当たることになったのである。

4. 南方諸地域における通貨・金融と横浜正金銀行の占領地金融業務

　南方諸地域において、日本は占領開始後、直ちに軍票を発行し、これを現地通貨と等価で通用させて軍事費を調達し、さらに支払金融協定を締結し円系通貨の流通拡大を進めるが、こうした中で正金銀行は、国庫金取扱、円為替決済、特別円の運用・決済などの業務に当たることになった。

　すなわち、すでに見たように欧州大戦が勃発するや、ほどなく日本の対南方政策も大きく旋回し、日本軍は日中戦争の早期終結を目指し武力南進を強力に進めることにした。そして日本政府は40年6月14日、フランスの屈服後に仏印経由の援蒋ルートを塞ぎ止める目的で監視団を派遣し、仏印当局と日本軍通貨の談判を開始した。そして7月、日本政府は「基本国策要綱」（閣議決定）及び「世界情勢ノ推移ニ伴フ時局処理要綱」（大本営政府連絡会議決定）において、武力行使を含む南進政策を正式に決定し、ここに南方諸地域は「大東亜共栄圏」の一環に組み入れられることになった。こうした急旋回

の結果は、9月、日本軍による北部仏印への進駐及び日独伊三国同盟となって具体化した。南方諸地域においては中国占領地と異なり、現地通貨の利用を原則とし、日本は当面の策として軍票を発行し、これを現地通貨と併せて流通させることにした。従って南方諸地域での軍票は円表示ではなく現地通貨表示とし（外貨表示）、その目的は、軍票と現地通貨の価値関係の複雑化に伴う通貨戦と、さらに占領地インフレの余波が日本国内に及ぶことを避けることにあった[239]。

まず、仏印においては、9月22日の日仏印軍事協定締結を受けて、翌日、日本軍が北部仏印への進駐開始に伴い、日本政府はすでに決定していた「南方外貨表示軍用手票取扱手続」に従って軍票を発行した。占領各地域における現地日本軍は、現地通貨表示の軍票（ピアストル軍票）を携帯し、これを持って等価で流通させ、軍費調達を図ることとした。この場合、仏印（及びタイ）は「対策要綱」において「乙地域」とされ、重要な資金調達及び物資調達の地域であったが、日本軍は進駐するに留め軍政を実施しない地域としていた。こうしたことから、仏印において日本軍は進駐の時には軍票使用を軍隊内に留め、現地通貨の自主性を認め、現地通貨と日本円との連携の下に流通させ、これ以降、結果として仏印は日本の南方侵略の拠点となり、通貨的連携を深めていった[240]。

一方、蘭印（甲地域）においては、40年5月10日のオランダの対独屈服後、日本軍は現地通貨表示の軍票（グルデン〈ギルダー〉軍票）を現地通貨と等価で通用させ、なおその上に一挙に大量の軍票が投入された結果、現地経済はグルデン軍票に支配された状態を呈することになった。そして日本は、外国為替においては資本逃避の防止、輸出入為替決済相場の公表、自由ポンドによる為替取引の禁止などの対応処置を講じた結果、ジャワ為替市場は閉鎖されて対蘭印相場はなくなった。こうした中で、蘭印政府は外国為替管理法の決定に続いて公定相場を発表し、さらに7月6日、外国為替管理令を公布し、国際情勢の変化に対応した為替管理の強化・推進を図ることとした[241]。以後正金銀行のジャワ向け為替相場は、売買取引がグルデン建で行われ、非常に不便であった。そしてこの条件下において、12月24日に正金銀

行とジャワ銀行との間で支払金融協定（為替清算協定、双務的清算協定）が締結され、対日為替は原則として円為替決済（円貨決済）となったのである[242]。

ことに円貨決済の拡大は、貿易領域の維持・拡大を図ろうとしたものであり、二国間の支払い協定（域間決済方式）の締結によって実現された。この際、正金銀行は同行にグルデン貨勘定を設けると同時に、ジャワ銀行に円貨勘定（当座勘定）を設置し、必要に応じて相互にグルデン貨資金または円資金を調達・供給し（相手勘定への貸方記入）、残高は米ドルによって決済することとした。この協定によって円建が可能となり[243]、41年1月から実施された（41年2月、同行はハノイに出張所を開設）。現地陸軍は仏印・蘭印向け軍票の印刷を開始し、また参謀本部第一部内でも翌月以降南方植民地の通貨対策が非公開で検討されていた。これに対して日本政府は、「外国為替管理法」（41年4月）に基づき為替管理の戦時体制、円為替決済の拡大など戦時為替政策、とりわけ対外金融取引を円ブロックとの円為替決済制を中心として展開することとした。しかしながら対蘭印金融協定では、対蘭印通商交渉（第二次日蘭会商）と関連して締結されたものであるが、米英陣営の圧迫によって6月11日、日蘭印経済交渉は不調のうちに打ち切りとなった[244]。

そして仏印においては、41年5月6日に日本と仏印間に「日仏印金融（経済）協定」が成立し、貿易決済等の支払いについては正金銀行及びインドシナ銀行を通じ、円貨及びピアストル貨により決済（為替精算）することにし、それぞれの取引について外国為替を必要としないことが協定された。この決済協定は円対ピアストルの双務的清算勘定（100ピアストル対98円1/8売り）で取り決められた。また7月4日に日仏印間貿易決済協定が締結され、この協定の一環として日本と仏印間の貿易決済が円貨でも可能となると同時に、正金銀行とインドシナ銀行との間にピアストル貨の対日供給が可能となり、翌日から効力を生ずることとした。これに基づいて正金銀行とインドシナ銀行との間で支払金融協定（関税制度、貿易及び決済に関する協定）が結ばれた[245]。これにより両行は円貨またはピアストル貨による相互供給が可能となったが、しかし相殺超過残高については必要に応じて米ドルでの支払い

とし、これが不可能な場合は金または外貨（金に交換可能な通貨）での決済について協議することになった。

こうして日本の戦時新為替政策は、円ブロック圏内では円建てによる直接決済が中心となる一方、ブロック以外の仏印地域には円貨決済による金融協定を持って決済するというように円為替決済を順次南方諸地域へと拡大する形で推し進めることになった。つまり日本は円貨決済取引を中心として、従来の円ブロック以外の地域に対しても政治的・軍事的圧力を加え、これを円ブロックに誘い入れる方向へと向かっていた[246]。なおこれに加えて、7月11日に日本政府は「財政金融基本方策要綱」（閣議決定）において、「東亜共栄圏」の通貨と金融及び為替が日本を中心として展開されると同時に、ほかの経済圏との円滑化を図るために対策を協議することにした。その結果、この間の日本と米英との関係緊迫化、在米英資産凍結懸念の下で、米英貨に依存しない決済方法が求められ、ここに円貨決済制の拡大が促進されていった[247]。

しかしながら、日仏印協定や日蘭印協定、さらに日仏印共同防衛の調印（7月21日）、日本軍の南部仏印進駐協定の交渉・妥結（7月23日、公表26日）は、米英を刺激し、25日、アメリカは在米資産凍結を[248]、続いてイギリスが同様に在英資産凍結を発表した。そして翌日、蘭印政府は日本資産の凍結を発布、正金銀行・ジャワ銀行間金融協定を停止、日蘭印石油協定を停止、対日貿易の途絶、さらに貿易統制の強化を図り、その上に米英との連携を厳密に軍備の充実及び自給経済の確立など戦時体制の整備を急ぐことにした。このため金融協定についても7月27日に蘭印側から廃棄が通告され、28日の対日資産凍結と共に為替精算勘定が閉鎖され、日蘭印関係はすべて断絶した。対日資産凍結実施後、外国為替市場では、対日相場が立つことはなく、資金移動が完全に停止されたのである[249]。

しかし、日本経済は米・英・蘭などの対日資産凍結と日本の対抗処置としての逆凍結によって、米ドル、英ポンドを基軸とする国際金融界から絶縁状態となり、日本の貿易は円ブロックに重心を置くほかなくなった。日本の貿易体制は日中戦争を成し遂げるという目的を超越して、今や世界戦争を見据

えた、いわゆる臨戦体制へと換えざるを得なくなった。つまり戦争資材確保を目標として、「大東亜共栄圏」なる円ブロックの体制を固めると共にその領域を拡張することが貿易政策の要となったわけである[250]。仏印では、通貨協定に基づき、銀行間「預け合勘定」と特別円制度、すなわち円建ての「預け合勘定」を通じて現地通貨を調達し戦費をまかなった。仏印における軍費調達は、当初為替送金によるピアストル貨の獲得という形で行われてきたが、3月以降、いわゆる仏印特別円等によって外貨決済を必要としない円貨決済圏の拡大が図られた[251]。しかし、米英通貨と日本の円貨との関係はすでに完全に途絶し、ここに対外金融取引は円ブロック諸地域との円貨決済取引が中心となり、それまでの為替統制の役割は次第に縮小することになった[252]。こうした状況にあって、6月、正金銀行はサイゴン支店（日銀代理店）を再開し、為替送金によりピアストル貨を獲得し軍事費の支払いを行ったのである。

このように、日本が、外国為替管理の強化によって本来の活動領域である外国為替業務の営業活動から疎外され、円建による直接決済の方向へ重心を移すという状況の中で、正金銀行は、特別円預金勘定によって受け払いの業務に当たり、政府より一定の手数料を受け取るという、戦時特有の政府統制の代行機関としての性格を強めるものとなっていたのである。

むすび

以上、日中戦争期の正金銀行は、二・二六事件後から「大東亜共栄圏」の形成へと歩を進める日本の対外政策に応えて、外国為替・貿易金融、植民地及び占領地金融などの業務を遂行することとなった。

すなわち、世界経済の激動の中で円為替の動揺に対し、政府は日本銀行を中心にした為替市場の統制のほか、為替管理の強化を持ってこの安定を図ることとした。正金銀行はこの対策に協力し、外国為替基金等を通した外国為替業務を担当し、円為替の安定・維持に努めた。しかしながら、欧州・アジア政局が大きく動揺する中、各国の為替管理強化さらには第三国との為替

相場の廃止、自由為替市場の停止という事態に遭遇し、同行は本来の外国為替・貿易金融における業務活動が阻害され、ここに外国為替・貿易金融の実行機関としての本来の役割を果たし得なくなったのである。

そして植民地・占領地において正金銀行は、日本軍の侵攻に伴って諸々の業務を担うこととなったが、まず植民地・満州においては、満州の経済統制の強化が推進される中、外貨資金の管理、日円資金の調整・管理、為替集中制度の変更及び特別円の運用・決済に伴う処理などの業務に当たった。また中国本部・華北占領地域において、蒙銀及び中聯銀を支援して資金調達、為替資金の調達、円系通貨の流通・促進、天津海関保管、華北特別円の運用・決済などの業務に当たり、華中南にあっては、華北と同様に円系通貨の拡大・支援、上海海関保管業務などのほか、日本軍の国庫金取扱、華興銀及び儲備銀への協力・支援、特別円の運用・決済など、時局の方針に沿った新たな業務を推し進めることとなった。その上に南方諸地域においては、蘭印・ジャワ銀行、仏印・インドシナ銀行とそれぞれ特別円支払金融協定を結び、為替取引の円建化を推進した。

しかし米英諸国等の対日資産凍結が実施されると、日本は国際金融界との関係断絶を余儀なくされ、特別円がアジア各地域間の決済手段の一つとして用いられた。その結果正金銀行は支払金融協定あるいは特別円協定の当事者となって、特に政府統制の代行機関（円決済機関）として新たな占領地金融業務を成し遂げることになったのである。

以上のように正金銀行は、日中戦争期世界政治的・軍事的激動の過程において、いわゆる「大東亜共栄圏」の形成を推し進める日本資本主義の要請に応えて、戦時経済統制下の外国為替・貿易金融、植民地及び占領地金融、特別円の運用・決済などの業務に対応し、国家的支援の下に、新たな役割を果たすこととなったといえよう。

【注】引用文献、参考文献

1) 石垣今朝吉・竹内良夫・松本重一『現代資本主義論』青林書院新社、1977年、248-249、260-261、264-265頁。
2) 斉藤孝『戦間期国際政治史』岩波書店、2015年、303頁。安保哲夫「ニューディールの「反独占政策」と三七年恐慌」経済学批判編集委員会『経済学批判 5 特集 一九三〇年代』社会評論社、1979年、70頁。
3) C.P.Kind1eberger, The world in Depress in 1929-1939. University of California Press, 1973. C.P.キンドルバーガー、石崎昭彦・木村一郎訳『大不況下の世界』東京大学出版会、1982年、251-252頁。
4) 斉藤、上掲書、265-267頁。
5) ヨーロッパでは、この時期ファシズム諸国に対抗する西欧民主主義国とソ連の対立関係、英米独伊の一時的和解とソ連の孤立という形勢が現れた(斉藤、上掲書、267頁)。
6) 戸原四郎『ドイツ資本主義──戦間期の研究──』桜井書店、2006年、191頁。石垣他、上掲書、270-271頁。
7) ナチスの台頭は、ワイマール・ヴェルサイユ両体制の限界に基礎をもった。後者の体制は、経済的には賠償問題を軸とし、金本位制の論理が前提とされていたが、前者の体制は、階級対立の宥和という課題を達成するためには、管理通貨制度に基づくインフレ的経済体質を必要とする。この両体制の併存はもともと多くの困難を抱え、恐慌を迎えればいち早く限界を露呈し、その相克のうちに経済も破綻せざるをえなかったのである(戸原、上掲書、192頁)。
8) 斉藤、上掲書、304頁。
9) C.P.キンドルバーガー、石崎他訳、上掲書、257-262頁。
10) 木板順一郎「大日本帝国の崩壊」歴史学研究会・日本史研究会編『日本史講座 10 近代 4』東京大学出版会、1985年、294-295頁。
11) 波多野澄雄『「大東亜戦争」時代』朝日出版社、1988年、210頁。
12) 斉藤、上掲書、250-252頁。揖西光速・加藤俊彦・大島清・大内力『日本資本主義の没落 Ⅳ』東京大学出版会、1964年、918-919頁。山室信一「新秩序の模索 1930年代」『岩波講座 東アジア近現代通史 5 新秩序の模索 1930年代』岩波書店、2011年、27-29頁。
13) 小林英夫「日中戦争史論」浅田喬二編『日本帝国主義下の中国──中国占領地経済の研究──』楽游書房、1981年、45-47頁。西川博史「中国のインフレーション」長岡新吉・西川博史編著『日本経済と東アジア──戦時と戦後の経済史──』ミネルヴァ書房、1995年、73-74頁。小島晋治・丸山松幸『中国近現代史』岩波書店、1986年、

167-168 頁。

14) 小林、上掲書、48、50-53 頁。揖西他、上掲書・没落Ⅳ、1035-1038 頁。
15) 波多野、上掲書、134、136 頁。小林英夫「軍票工作と華興商業銀行」伊牟田敏充編著『戦時体制下の金融構造』日本評論社、1991 年、133-136 頁。
16) 君島和彦「「東亜新秩序」と植民地・占領地」藤原彰・今井清一編『十五年戦争史 2 日中戦争』青木書店、1988 年、107-108 頁。斉藤、上掲書、30 頁。
17) 君島、上掲書、135 頁。藤原彰『昭和の歴史 第5巻 日中全面戦争』小学館、1982 年、232 頁。岩村三千夫・野原四郎『中国現代史』岩波書店、1964 年、144 頁。
18) 小林、上掲書「日中戦争史論」、48-49、50-53 頁。
19) 臼井勝美『日中戦争』中央公論社、1967 年、110-116 頁。石島紀之『中国抗日戦争史』青木書店、1984 年、74 頁。
20) 岩村他、上掲書、158 頁。鈴木隆史「日中戦争」藤原他編、上掲書、39-40 頁。
21) 岩間敏『アジア・太平洋戦争と石油──戦備・戦略・対外政策──』吉川弘文館、2018 年、73 頁。
22) A.Whitney Griswold, The Far Eastern Policy of the United States, 1939. A.W. グリスウォールド著、柴出賢一訳『米国極東政治史』ダイヤモンド社、1941 年、472-499 頁。E.M. ジューコフ監修・江口朴郎・野原四郎日本版監修『極東政治史 1840〜1949 年・下』平凡社、1957 年、第 10 章。
23) 杉山伸也『日本経済史 近世―現代』岩波書店、2012 年、396、424、426-427、429-432 頁。大蔵省昭和財政史編集室編『昭和財政史 第三巻』東洋経済新報社、1955 年、第三章。揖西他、上掲書・没落Ⅳ、928、941、967 頁。
24) 原朗『日本戦時経済史研究』東京大学出版会、2013 年、20 頁。揖西他、上掲書・没落Ⅳ、942-949 頁。
25) 揖西他、上掲書・没落Ⅳ、972-973 頁。杉山、上掲書、438 頁。伊藤正直「財政・金融」大石嘉一郎編『日本帝国主義史 3 第二次世界大戦期』東京大学出版会、1994 年、128 頁。
26) 揖西他、上掲書・没落Ⅳ、972-973、1185 頁。
27) 揖西他、上掲書・没落Ⅳ、929-930 頁。杉山、上掲書、426-427 頁。
28) 揖西他、上掲書・没落Ⅳ、930-931、935-936 頁。
29) 杉山、上掲書、428-430 頁。原、上掲書、13-15 頁。
30) J.B. コーヘン著、大内兵衛訳『戦時戦後の日本経済 上巻』岩波書店、1950 年、39-45 頁。中村隆英『戦前期日本経済成長の分析』岩波書店、1971 年、第 9 章。
31) 揖西他、上掲書・没落Ⅳ、966-968 頁。
32) 杉山、上掲書、438-439 頁。

33) 原、上掲書、281-282 頁。
34) 杉山、上掲書、376、428 頁。楠西他、上掲書・没落Ⅳ、1041-1042、1046-1047 頁。
35) 柴田善雅『戦時日本の金融統制』日本評論社、2011 年、85-87 頁。楠西他、上掲書・没落Ⅳ、1175 頁。
36) 斉藤寿彦「「大東亜共栄圏」と横浜正金銀行」伊牟田編著、上掲書『戦時体制下の禁輸構造』、37 頁。
37) 原、上掲書、57-73 頁。
38) 楠西他、上掲書・没落Ⅳ、1048-1049、1059-1063 頁。
39) 斉藤寿彦、上掲書、41-44 頁。日本銀行調査局特別調査室編『満州事変以後の財政金融史』同、1948 年、384 頁。
40) 鈴木武雄『円：その履歴と日本経済』岩波書店、1963 年、214 頁。
41) 原、上掲書、283 頁。
42) A・ヌスバウム、浜崎敬治訳『ドルの歴史』法政大学出版局、1967 年、199 頁。島崎久彌『金と国際通貨』外国為替貿易研究会、1983 年、203-204 頁。東京銀行編『横浜正金銀行全史　第四巻』東洋経済新報社、1982 年、496 頁。
43) 馬場宏二「国際通貨問題」宇野弘蔵監修『講座　帝国主義の研究 ── 両大戦間におけるその再編成 ── 2　世界経済』青木書店、1975 年、186 頁。石見徹『国際通貨・金融』有斐閣、1995 年、81 頁。東京銀行編、上掲書・第四巻、392 頁。
44) 安保哲夫「ニューディールの対外経済」東京大学社会科学研究所編『ナチス経済とニューディール』東京大学出版会、1979 年、371 頁。
45) 平智之「経済制裁下の対外経済」原朗編『日本の戦争経済 ── 計画と市場 ── 』東京大学出版会、1995 年、145-149 頁。
46) 戸原、上掲書、186、190 頁。
47) 伊牟田敏充「第二次世界大戦期の金融構造」伊牟田編著、上掲書、25-26 頁。
48) 鈴木隆史、上掲書、61-62 頁。吉田政治『最近の支那通貨事情』東洋経済出版部、1939 年、121-123 頁。
49) 斉藤叫「アメリカの銀政策の展開と中国」野沢豊編『中国の幣制改革と国際関係』東京大学出版会、1981 年、157-158 頁。
50) A.S.Everest, Morgenthau, the New Deal and Silver, King's Crown Press, (N.Y., 1950), pp.98-100.
51) Arthur N.Young, China's Nation building Effort, 1927-1937: The Financial and Economic Record (Stanford Hoover Instituion Press, 1971), pp.481-483.
52) 滝田賢治「ルーズベルト政権と米中銀協定」野沢編、上掲書、192-193 頁。
53) 世界経済調査会編『アメリカに於ける金及び銀問題』同、1941 年、60-62 頁。滝田、

上掲書、182 頁。東京銀行編、上掲書・第四巻、346、387 頁。
54) J.A.Brennan, Silver and the First New Deal (Nebada, 1969), pp.152-153.
55) 東京銀行編、上掲書・第四巻、520、625、718 頁。中瀬寿一編著『世界恐慌前後から第二次世界大戦に至る　世界政治経済経営史年表─1917～1945 年─』大阪産業大学経営財閥史多国籍企業史研究センター、1983 年、404 頁。
56) 及川恒忠『支那の幣制』慶應出版会、1944 年、212-219 頁。
57) 吉田、上掲書、55-57、98-99 頁。宮下忠雄『支那戦時通貨問題一班』日本評論社、1943 年、191-192 頁。
58) 吉田、上掲書、100-101、117 頁。
59) 渡邊長雄『新中国通貨論』世界経済調査会、1948 年、52-53 頁。東京銀行編、上掲書・第四巻、512 頁。
60) 鈴木隆史、上掲書、62 頁。及川、上掲書、219-222 頁。
61) 島崎、上掲書、204-205 頁。中瀬編著、上掲書、407 頁。
62) 石見、上掲書、82 頁。東京銀行編、上掲書・第四巻、546-547、550 頁。新井慎次『両大戦間の円と為替の話　上』外国為替貿易研究会、1970 年、134-135 頁。
63) 上川孝夫『国際金融史　国際金本位制から世界金融危機まで』日本経済評論社、2015 年、169-171 頁。
64) 馬場、上掲書、187 頁。東京銀行編、上掲書・第四巻、597、687 頁。島崎久彌『円の侵略史──円為替本位制度の形成過程』日本経済評論社、1989 年、242 頁。
65) 東京銀行編、上掲書・第四巻、488、497、603-606、694、697 頁。新井慎次、上掲書、134 頁。
66) 東京銀行編、上掲書・第四巻、600、690 頁。
67) 東京銀行編、上掲書・第四巻、632、689 頁。中瀬編著、上掲書、410 頁。
68) Arthur N.Young, China and the helping Hand, pp.166-168.　山室、上掲書、192-193 頁。
69) John Morten, Blum, From the Morgenthau Diaries, Years of Crisis, 1928-1938 (Boston: Houghten Mifflin, 1959), p.363.　U.S.Department. of State, Foreign Relations of the United States, 1940,: Diplometic Papers, Volume on the Far East, vol.IV, Washington, D.C., GPO. pp.658-659.　鈴木隆史、上掲書、63 頁。
70) 渡邊、上掲書、58-60 頁。
71) 東京銀行編、上掲書・第四巻、760-761 頁。
72) 東京銀行編、上掲書・第四巻、347-349 頁。日本銀行百年史編纂委員会編『日本銀行百年史　第四巻』日本銀行、1984 年、362 頁。大蔵省昭和財政史編集室編『昭和財政史十三巻──国際金融政策──』東洋経済新報社、1963 年、263-264 頁。
73) 斉藤寿彦、上掲書、35-36 頁。東京銀行編、上掲書・第四巻、361 頁。新井、上掲書、94 頁。

74) 大蔵省昭和財政史編集室編、上掲書、263-264 頁。さらに、本邦外国為替銀行は正金銀行の営利及び統制機関の二面的機能を有する矛盾の指摘と、外国為替銀行を統制する機関及び外国為替政策の主体として日本銀行が中心機関たるべきである、との要望を出すこととなった（朝日新聞経済部編『戦時體制下の日本経済』朝日経済年史臨時特輯、1938 年、165-166 頁）。
75) 日本銀行調査局特別調査室編、上掲書、393-394 頁。
76) 東京銀行編、上掲書・第四巻、352 頁。柴田善雅、上掲書、121-122 頁。
77) 楫西他、上掲書・没落Ⅳ、1045-1046 頁。
78) 大蔵省昭和財政史編集室編、上掲書、267-268 頁。東京銀行編、上掲書・第四巻、415 頁。
79) この際日本銀行は、金塊をアメリカへ現送し、その一部をニューヨーク連邦銀行におけるイアマーク金として保留していたが、その売却代わり金は外貨資金（米ドル・英ポンド）に代えて、正金銀行に預金され、これを正金銀行に対する外貨預金として寄託し、ここに基金関係金塊についての外貨資金化並びにその正金銀行ロンドン・ニューヨーク両支店への分割寄託後、直ちに輸出入の回転資金として運用されることとなった（新井、上掲書、141-142 頁）。
80) 平、上掲書、142-143 頁。
81) 柴田、上掲書、122-123 頁。新井、上掲書、142 頁。
82) 原、上掲書、281-283 頁。斉藤寿彦、上掲書、37-39 頁。
83) 大蔵省昭和財政史編集室編、上掲書、276 頁。日本銀行調査局特別調査室編、上掲書、378-382 頁。日本銀行百年史編纂委員編、上掲書、375-378 頁。東京銀行編、上掲書・第四巻、426-429、433-434 頁。
84) 平智之「経済制裁下の横浜正金銀行――ニューヨーク市場を中心として――」横浜市立大学学術研究会編『横浜市立大学論集・社会科学系列』第 44 巻 1・2・3 合併号、1993 年、119-120 頁。
85) 大蔵省昭和財政史編集室編、上掲書、264-266 頁。新井、上掲書、141 頁。
86) 日本銀行百年史編纂委員編、上掲書、398-399 頁。
87) 大蔵省昭和財政史編集室編、上掲書、267-268 頁。
88) 大蔵省昭和財政史編集室編、上掲書、276 頁。
89) 斉藤寿彦、上掲書、41-44 頁。
90) R.S.セイヤーズ著『イングランド銀行　1891-1944 年　下』（西川元彦監訳、日本銀行金融史研究会訳）東洋経済新報社、1979 年、777-780 頁。
91) 東京銀行編、上掲書・第四巻、633 頁。新井、上掲書、134-135 頁。平、上掲書「経済制裁下の対外経済」、156 頁。

92) 日本銀行調査局特別調査室編、上掲書、396-398頁。東京銀行編、上掲書・第四巻、433-434頁。
93) 原、上掲書、230-232頁。立脇和夫『在日外国銀行百年史 1900〜2000年』名古屋大学出版会、1989年、77-78頁。
94) 原、上掲書、225-229頁。
95) 平、上掲書「経済制裁下の正金銀行」、120頁。東京銀行編、上掲書・第四巻、633頁。
96) 東京銀行編、上掲書・第四巻、640-641頁。
97) 平、上掲書「経済制裁下の対外経済」、158頁。
98) 東京銀行編、上掲書・第四巻、546-550、641-643頁。日本銀行百年史編纂委員会編、上掲書、381頁。朝日新聞社経済部編『世界騒乱と日本経済──朝日経済年史 昭和十五年版──』朝日新聞社、1941年、164-165、167-170頁。
99) 大蔵省昭和財政史編集室編、上掲書、293-97頁。
100) 鈴木武雄、上掲書、214頁。
101) 平、上掲書「経済制裁下の正金銀行」、141-142頁。
102) 東京銀行編、上掲書・第四巻、637-638、640頁。
103) 斉藤寿彦、上掲書、36-37頁。大蔵省昭和財政史編集室編、上掲書、293-297頁。
104) 日本銀行百年史編纂委員会編、上掲書、381頁。大蔵省昭和財政史編集室編、上掲書、299-303、306-312頁。津島壽一「戦時下に於ける我が為替政策の推移」高垣寅次郎編『戦時の貨幣金融問題』日本評論社、1942年、127-129頁。東京銀行編、上掲書・第四巻、681-682、734頁。
105) 日本銀行百年史編纂委員会編、上掲書、379頁。
106) 原、上掲書、224-225頁。斉藤寿彦、上掲書、41-44頁。平、上掲書「経済制裁下の対外経済」、168頁。
107) 大蔵省昭和財政史編集室編、上掲書、293-297頁。日本銀行調査局特別調査室編、上掲書、382-384頁。東京銀行編、上掲書・第四巻、642-643頁。朝日新聞経済部編『朝日経済年史──昭和十六年版──』朝日新聞社、1942年、108頁。
108) 支払協定は、その成立の形式から見て、国家間協定と銀行間協定とに分けられる。前者は国家間の貿易協定により授権されて締結される。後者は、政治や外交の絆を離れ、順経済的な立場から技術的にことを運ぶ方がその成立を容易にした（東京銀行編、上掲書・第四巻、742、745、749頁）。
109) 原薫「東アジアにおける工業化型通貨秩序の成立」秋田茂・龍谷直人編『1930年代のアジア国際秩序』渓水社、2001年、81-82頁。
110) 平、上掲書「経済制裁下の正金銀行」、119-120頁。
111) 小島他、上掲書、168頁。波多野澄雄・戸部良一・松元崇・庄司潤一郎・川島真『決

定版　日中戦争』岩波書店、2018 年、184 頁。
112) 楫西他、上掲書・没落Ⅳ、1035 頁。日本国際政治学会・太平洋戦争原因研究部編『太平洋戦争への道　第四巻　日中戦争〈下〉』朝日新聞社、1963 年、第二編第二・三章。
113) 鈴木隆史「戦時下の植民地」『岩波講座　日本歴史 21　近代 8』岩波書店、1979 年、218、220 頁。
114) 桑野仁『戦時通過工作史』法政大学出版局、1965 年、8 頁。
115) 君島、上掲書、100-102 頁。楫西他、上掲書・没落Ⅳ、1036-1038 頁。
116) 小林英夫『「大東亜共栄圏」の形成と崩壊』御茶の水書房、1975 年、25、191 頁。
117) 杉山、上掲書、377-378 頁。
118) 楫西他、上掲書・没落Ⅳ、1060-1061 頁。
119) 小林英夫『増補版「大東亜共栄圏」の形成と崩壊』御茶の水書房、2006 年、360-361 頁。
120) 君島、上掲書、108-110 頁。
121) 小林、上掲書「日中戦争史論」、75-76 頁。
122) 杉山、上掲書、436 頁。
123) 楫西他、上掲書・没落Ⅳ、1062 頁。
124) 満州国史編纂刊行会編『満州国史各論』第一法規出版、1971 年、501 頁。
125) 杉山、上掲書、434 頁。
126) 楫西他、上掲書・没落Ⅳ、1037-1038 頁。
127) 小林、上掲書『増補版「大東亜共栄圏」の形成と崩壊』、11-12 頁。
128) 鈴木隆史、上掲書「戦時下の植民地」、220 頁。原朗「1930 年代の満州経済統制政策」満州史研究会編『日本帝国主義下の満州』御茶の水書房、1972 年、6 頁。
129) 小林、上掲書『増補版「大東亜共栄圏」の形成と崩壊』、184-186 頁。
130) 君島、上掲書、99-100 頁。
131) 原、上掲書、93-101 頁。小林英夫「総力戦体制と植民地」今井清一編『体系日本現代史　第二巻　十五年戦争と東アジア』日本評論社、1979 年、83 頁。
132) 君島、上掲書、122-126 頁。
133) 小林、上掲書『増補版「大東亜共栄圏」の形成と崩壊』、228-229 頁。
134) 臼井、上掲書、85 頁。原、上掲書、100-101 頁。
135) 小林、上掲書『増補版「大東亜共栄圏」の形成と崩壊』、224-227 頁。
136) 桑野、上掲書、109 頁。
137) 宮下、上掲書、130-135 頁。
138) 杉山、上掲書、436-437 頁。
139) 小林、上掲書『増補版「大東亜共栄圏」の形成と崩壊』、13-14 頁。
140) 楫西他、上掲書・没落Ⅳ、1062-1063 頁。

141) 桑野、上掲書、8頁。小島他、上掲書、172頁。
142) 佐藤元英『経済制裁と戦争決断』日本経済評論社、2017年、22頁。
143) 笠原十九司『日中戦争全史』高文研、2017年、108-109頁。鈴木隆史、上掲書「日中戦争」、32-33頁。
144) 鈴木隆史、上掲書「戦時下の植民地」、295頁。
145) 佐藤、上掲書、55頁。
146) 笠原、上掲書、114頁。
147) 楫西他、上掲書・没落Ⅳ、1048頁。
148) 岩間、上掲書、1頁。佐藤、上掲書、6頁。
149) 杉山、上掲書、376-377、437頁。
150) 楫西他、上掲書・没落Ⅳ、1049-1050頁。
151) 小林、上掲書『「大東亜共栄圏」の形成崩壊』、373-380頁。岩間、上掲書、83頁。
152) 君島、上掲書、37頁。原、上掲書「1930年代の満州経済統制政策」、6-7頁。
153) 満州国史編纂刊行会編、上掲書、501頁。細川嘉六『植民地史』東洋経済新報社、1941年、471-480頁。
154) 東京銀行編、上掲書・第四巻、624頁。
155) 君島、上掲書、138-139頁。
156) 楫西他、上掲書・没落Ⅳ、921-922頁。
157) 君島、上掲書、133-134頁。
158) 小林、上掲書『増補版「大東亜共栄圏」の形成と崩壊』、215-217頁。
159) 小林、上掲書、221-229頁。
160) 桑野仁「中国占領地区における日本の貨幣金融政策（中国本土）」金融制度研究会編『中国の金融制度』日本評論新社、1960年、455頁。
161) 宮下、上掲書、135-137頁。
162) 佐藤、上掲書、50-51頁。
163) 岩間、上掲書、46-47、51頁。
164) 佐藤、上掲書、46-47頁。
165) 援蒋ルートは、当時、ソ連ルート（ソ連―新疆省―甘粛省）、仏印ルート（ファイフォン―ランソン―南寧、百色）、ビルマ・ルート（ラングーン―ラシオ―昆明）、沿岸ルート（華中、華南沿岸、広東湾、香港）などがあり、これを通して諸々の支援物資が送り込まれていた（岩間、上掲書、58頁）。
166) 岩間、上掲書、58頁。笠原、上掲書、111頁。
167) 佐藤、上掲書、13頁。
168) 藤原、上掲書、253頁。

169) 藤原、上掲書、305 頁。
170) 佐藤、上掲書、22、66 頁。
171) 大蔵省昭和財政史編集室編、上掲書、444-445 頁。
172) 楫西他、上掲書・没落Ⅳ、1038-1039 頁。
173) 小林、上掲書『増補版「大東亜共栄圏」の形成と崩壊』、362-363 頁。
174) 小林、上掲書、364-366 頁。
175) 大蔵省昭和財政史編集室編、上掲書、448-453 頁。山本有造「「大東亜金融圏」論」京都大学人文科学研究所『人文学報』第 79 号、1997 年 3 月、14 頁。
176) 島崎、上掲書『円の侵略史』、408-410 頁。大蔵省百年史編集室編『大蔵省百年史 下』大蔵財務協会、1969 年、147 頁。
177) 日本銀行調査局「特別円制度の現状と招来」日本銀行調査局編『日本金融史資料　昭和編　第三十二巻』大蔵省印刷局、1971 年、230-231 頁。東京銀行編『横浜正金銀行全史　第六巻』東洋経済新報社、1984 年、134 頁。
178) 小林、上掲書『増補版「大東亜共栄圏」の形成と崩壊』、53-57、63 頁。
179) 谷良平「中国占領地区における日本の貨幣金融政策（満州〈東三省〉）」金融制度研究会編、上掲書、417-418 頁。小林、上掲書『「大東亜共栄圏」の形成と崩壊』、232-235 頁。
180) 東京銀行編、上掲書・第四巻、415-416、447 頁。日本銀行百年史編纂委員会編、上掲書、363 頁。大蔵省昭和財政史編集室編、上掲書、268-276 頁。朝日新聞社経済部編『再編成過程の日本経済――朝日経済年史特号　昭和十四年版――』朝日新聞社、1940 年、242-244、248 頁。
181) 東京銀行編、上掲書・第四巻、345 頁。
182) 柴田、上掲書、111-114 頁。
183) 満州国史編纂刊行会編、上掲書、49-51 頁。満州中央銀行編『満州中央銀行十年史』同、1942 年、157 頁。
184) 日本銀行調査局編『図録 日本の貨幣 10――外地通貨の発行(1)』東洋経済新聞社、1974 年、240、283-284 頁。
185) 日本銀行調査局編、上掲書、235 頁。桑野、上掲書、31 頁。
186) 中国聯合準備銀行顧問室編『中国聯合準備銀行五十年史』中国聯合準備銀行、1944 年、25 頁。
187) 東京銀行編、上掲書・第四巻、458 頁
188) 日本銀行調査局編、上掲書、222 頁。閉鎖機関整理委員会編『閉鎖期間との特殊清算』在外活動関係閉鎖機関特殊清算事務所、1949 年、224-225 頁。
189) 桑野、上掲書、26-27 頁。

190) 島崎、上掲書『円の侵略史』、174-175 頁。
191) 東京銀行編、上掲書・第四巻、566 頁。
192) 東亜研究所編『支那占領地経済の発展』同、1944 年、485 頁。
193) 島崎、上掲書『円の侵略史』、176 頁。
194) 東亜研究所編、上掲書、486-494 頁。古屋哲夫編『日中戦争史研究』吉川弘文館、1984 年、253-257 頁。
195) 西川、上掲書、81-83 頁。
196) 大蔵省昭和財政史編集室編、上掲書、461-462 頁。
197) 日本銀行調査局編、上掲書、227-229 頁。古屋哲夫編、上掲書、253 頁。
198) 桑野、上掲書、38-39 頁。小林、上掲書『「大東亜共栄圏」の形成と崩壊』、165-166 頁。
199) 東京銀行編、上掲書・第四巻、652 頁。島崎、上掲書『円の侵略史』、154-156 頁。
200) 小林、上掲書「日中戦争史論」、80-83 頁。
201) 西川、上掲書、90-93 頁。
202) 島崎、上掲書『円の侵略史』、177-178 頁。
203) 島崎、上掲書『円の侵略史』、184 頁。
204) 大蔵省昭和財政史編集室編、上掲書、465-466 頁。
205) 日本銀行調査局編、上掲書、229、259 頁。
206) 大蔵省昭和財政史編集室編、上掲書、461-462 頁。
207) 小林、上掲書「総力戦体制と植民地」、77-78 頁。
208) 宮下、上掲書、130-133 頁。
209) 島崎、上掲書『円の侵略史』、189-194 頁。
210) 島崎、上掲書『円の侵略史』、228-229 頁。
211) 西川、上掲書、85-86 頁。
212) 小林、上掲書「日中戦争史論」、81 頁。
213) 東京銀行編、上掲書・第四巻、762 頁。
214) 小林、上掲書「軍票工作と華興商業銀行」、133-136 頁。
215) 閉鎖機関整理委員会編、上掲書、223 頁。
216) 華興商業銀行設立に当たって、正金銀行は、「資金・人事・業務など協調関係の下に多大な役割を遂行した。資金（5,000 万円）は維新政府（上海海関金）及び六銀行（興銀、朝銀、台銀、三井、三菱、住友）が折半で引き受けた。」また役員は、総裁・陳錦涛（維新政府財政部長）、副総裁・鷲尾磯一（正金銀行出身で満州中央銀行理事）、理事に沈爾昌（浙江興亜銀行重役）、海老原竹之助（正金銀行門司支店長）、載克階（中国銀行経理）、岡崎嘉平太（日本銀行参事）で構成されていた（小林、上掲書「軍票工作と華興

商業銀行」、148 頁）。
217) 東京銀行編、上掲書・第四巻、459 頁。
218) 東京銀行編、上掲書・第四巻、560-561 頁。島崎、上掲書『円の侵略史』、210 頁
219) 宮下、上掲書、125-126 頁
220) 西川、上掲書、87-89 頁。
221) 柴田、上掲書、111-114 頁。
222) 渡辺佐平・北原道貫編『現代日本産業発達史 第二十六巻 —— 銀行』交詢社出版局、1966 年、465 頁。金田近二「支那事変と経済作戦」土方成美編『支那の通貨と貿易』有斐閣、1942 年、83 頁。
223) 桑野、上掲書、110-112 頁。
224) 東京銀行編、上掲書・第四巻、460 頁。
225) 東亜研究所編、上掲書、499-501 頁。吉田、上掲書、57 頁。
226) 桑野、上掲書、125-126 頁。
227) 小林、上掲書『増補版「大東亜共栄圏」の形成と崩壊』、132-134 頁。
228) 宮下、上掲書、126-127 頁。
229) 日本銀行調査局「戦時金融統制の展開」日本銀行調査局編『日本金融資料　昭和編 第二十七巻』大蔵省印刷局、1970 年、29、231-233 頁。
230) 小林、上掲書「軍票工作と華興商業銀行」、137、139 頁。
231) 桑野、上掲書、120 頁。
232) 柴田善雅『占領地通貨金融政策の展開』日本経済評論社、1999 年、345 頁。
233) 東京銀行編『横浜正金銀行全史　第五巻（上）』東洋経済新報社、1983 年、32-33 頁。東京銀行編、上掲書・第六巻、134 頁。日本銀行調査局、上掲書「戦時金融統制の展開」、464 頁。
234) 宮下、上掲書、53-54 頁。
235) 渡邊、上掲書、58-60 頁。
236) 桑野仁「国民党政権下の貨幣金融」金融制度研究会編、上掲書、70 頁。
237) 東京銀行編、上掲書・第四巻、762-763 頁。
238) 東京銀行編、上掲書・第六巻、135 頁。大蔵省昭和財政史編集室編、上掲書、468-469 頁。
239) 波形昭一「南方占領地の通貨・金融政策」伊牟田敏充編著、上掲書、159-162 頁。
240) 小林英夫『日本軍政下のアジア』岩波書店、1993 年、161-162 頁。
241) 日本銀行調査局編、上掲書、311-312 頁。
242) 東京銀行編、上掲書・第四巻、614-615 頁。
243) 東京銀行編、上掲書・第四巻、733-750 頁。日本銀行調査局特別調査室編、上掲書、

385-386、398-402 頁。
244) 日本銀行調査局編、上掲書、289 頁。
245) 斉藤寿彦、上掲書、47 頁。大蔵省昭和財政史編集室編、上掲書、312 頁。東京銀行編、上掲書・第四巻、706 頁。
246) 楫西他、上掲書・没落Ⅳ、1064 頁。
247) 斉藤寿彦、上掲書、46 頁。
248) 凍結された在米資金は、アメリカ商務省発表によれば、1 億 3,800 万ドルであるが、この金額よりも小額で、ニューヨークの横浜正金銀行の手持ち現金も 600 万ドル程度であった（佐藤、上掲書、29 頁）。
249) 東京銀行編、上掲書・第四巻、704 頁。
250) 楫西他、上掲書・没落Ⅳ、1048-1050 頁。
251) 日本銀行調査局編、上掲書、290 頁。
252) 大蔵省昭和財政史編集室編、上掲書、293-304 頁。日本銀行調査局特別調査室編、上掲書、398-402 頁。

第Ⅳ部

太平洋戦争期・戦後の横浜正金銀行

第8章

太平洋戦争期横浜正金銀行の対外業務

はじめに

　1940年代前半の世界経済は、帝国主義的利害の激突を基礎として勃発した第二次世界大戦とその戦時経済として推移した。すなわち1939年、ナチス・ドイツのポーランド侵攻に始まった大戦は、社会主義ソ連をも巻き込み、ヨーロッパ全域にわたって拡大されるに至ったが、戦局は独ソ戦線のスターリングラードの攻防をめぐって転回し、5年有余にわたったヨーロッパの大戦は、結局、ナチス・ドイツの軍事的敗北を持って終結を迎えた。

一方アジア・太平洋においては、日・米・英・蘭戦争の勃発と同時に、日本は南方諸地域（東南アジア）への電撃的侵攻を展開し、戦争経済をまかないうる資源の開発・確保を目指して「大東亜共栄圏」の確立を急ぐこととしたのであった。しかし、アメリカ軍を主力とする連合国側の反抗の前に後退に次ぐ後退を重ね、枢軸国側の一員として最後まで残ったものの、ついには1945年8月に至って敗戦を迎えたのであった。

　この間、日本の戦時経済は日中戦争期に続き、統制が一段と強化され、総力戦としての「国防」経済統制が強力に推進されることとなった。欧米第三国貿易の途絶と国際資金移動の停止状態の中で、国際金融面については、日本政府は戦時為替政策に基づき為替管理、対円ブロックの円貨決済を強力に進めることとし、この場合、横浜正金銀行は、為替持高の集中、円貨の決済など政府の代行機関としての役割を果たすこととなった。

　満州にあっては、正金銀行は満州国政府の金融制度改革が進む中で外国為替・貿易金融及び軍費調達などの植民地金融業務に当たった。また中国本部においては、華北・蒙彊地域で円系通貨の拡大、特別円為替決済、軍費調達を、他方華中・華南地域で、特別円為替決済及び中央儲備銀行（儲備銀）との間に「預け合制度」を媒介とした軍費調達などの占領地金融業務に、それぞれ当たることとなった。

　そして新たに南方諸地域の占領地においては、正金銀行は各占領地へそれぞれ進出し、現地軍の要請に応えて預金・送金、そのほか短期開発事業資金・商業資金の貸付、特別円の運用の決済などの占領地金融業務を行った。さらに45年に外資金庫が設立されると、同行は「預け合制度」を通して軍費の現地調達に当たり（中国聯合準備銀行〈中聯銀〉・儲備銀を媒介として）、これが政府支払勘定・資産（外資金庫）に納入される、という仕組みの中で新たな対応をすることになった。

　以上、ここでは太平洋戦争期の正金銀行の対外業務を取り上げ、これを国際関係との関連で検討を加え、「大東亜共栄圏」の確立を目指す日本資本主義の要請に対応した、新たな役割と歴史的意義を省察することとしたい。

第1節　太平洋戦争下の経済と横浜正金銀行の対外業務

1．太平洋戦争と戦時「国防」経済統制

　1930年代の世界経済のブロック的解体と帝国主義的利害の激突は、結局、1939（昭和14）年9月のナチス・ドイツのポーランド侵攻に始まる第二次世界大戦の勃発として帰結したが、アジア・太平洋においては、ヨーロッパの戦雲に連動した日本の武力南進を契機として41年12月の太平洋戦争の勃発に至り、日本は国内的には国家総力戦体制の中で経済の戦時「国防」統制化を一段と強力に図ることとなった。

　まず、第二次世界大戦の過程を瞥見しておこう。ナチス・ドイツのポーランド侵攻後、小康状態にあったヨーロッパでは40年6月、反転したドイツ軍が電撃的に西ヨーロッパを制覇し、イギリスを包囲することに成功すると共に、さらには再び反転して独ソ不可侵条約下にあったソ連に突如進撃し、これを契機に独ソ戦が勃発した。これ以降この独ソ戦線がヨーロッパにおける第二次世界大戦の主戦場と化し、その後激烈な攻防戦（41年冬、モスクワ、レニングラード、42年夏、スターリングラード）が展開されたが、42年11月には連合国側米英軍が北アフリカ上陸作戦を敢行し、ここにいわゆる第二戦線も開始されることとなった。しかし43年1月のスターリングラードの攻防戦においてドイツ軍は降伏し、さらに7月のクルスクの戦いにおいてドイツ軍が撃滅され、戦争の主導権はソ連側へ移り、同時に第二次世界大戦の戦局全体も転機を迎えるに至った。アフリカ戦線にあっては、43年5月に連合国側がアフリカ全戦線を制圧し、さらに7月、米英軍がシチリア島へ上陸、間もなくイタリアが無条件降伏した。また西部戦線において連合国軍が44年6月、ノルマンディ半島北岸に上陸し、他方では東部戦線のソ連軍も45年1月、ヴィスラ川からオーデル川線の攻防戦を優勢に展開した。こうしてヨーロッパ戦線は、5月、ベルリン陥落とその後のナチス・ドイツの無条件降伏によって終結することになった。

　一方アジア・太平洋においては、41年12月8日、日本軍は米・英・蘭との戦闘と南方諸地域への侵攻を開始する。短期決戦を課題とした日本の初

期奇襲作戦（ハワイ空襲、英領マラヤ上陸、フィリピン空襲）は成功し、日本は西太平洋からビルマ、インド洋方面に至る広大な地域を占領すると共に米・英・蘭諸国の勢力を一掃した。しかし諸戦の勝利は、連合国側の防備体制の空隙をついたものであり、やがてアメリカの機動部隊による反攻が開始され、42年6月のミッドウェー沖海戦における日本艦隊の敗北が戦局の転機となった。8月以降のガダルカナル島での日米両軍の激突、攻防と翌年2月の日本軍の撤退によって日本は攻勢能力を喪失し、これ以降太平洋戦線の主導権は連合国側の手に移ることとなった。9月、日本は防衛線、いわゆる「絶対国防圏」を決定したが、太平洋戦線では、43～44年にかけてラバウル、トラック島、パラオ、さらにサイパン、グアム、フィリピンなどの壊滅を余儀なくされ、アメリカ軍の直接空爆圏内となり、「絶対国防圏」は崩壊した。また中国戦線における大陸打通作戦も敗北が明確となり、さらにインパール作戦の敗北によるビルマ・英領インド（英印）戦線も潰滅し、ついに太平洋戦争は最終局面を迎えることになった。45年に至って硫黄島、沖縄が陥落した後、国力を消耗した日本は、結局アメリカの原爆投下とソ連の対日参戦の衝撃の中でポツダム宣言の受諾を決定し、8月15日、ここに太平洋戦争は終結した[1]。

　この間の日本経済は、すでに日中戦争の長期化、米・英・蘭などの対日経済制裁の発動などから生産の縮小、経済活動の鈍化が顕著となり、政府は40年12月に国家総動員法の改正と同時に「経済新体制の確立要綱」を発表し、経済機構全体を国家権力の下に統一的に統制することとしていた。そしてこの「経済新体制」は、翌年8月以降重要産業団体令の制定、統制会の設立（国家権力の代行機関）、営団の創立（統制機関）などによって進められ、国家及び独占企業は中小企業を自己の傘下に編入させるなど産業界に対する支配力を一層強化し、ここに戦時経済体制を確立することになった。こうした中で太平洋戦争の勃発に伴って日本の財政規模は飛躍的に増大し、42年度予算は戦費を中心に極度の重点主義を持って編成されると同時に、陸海軍経費が一般会計から臨時軍事費会計に移され、この結果、以前にも増してインフレの激化と経費の増大が促され、財政規模はさらに加速度的に拡大すること

となった。この間、財政金融基本方策要綱が狙いとした生産拡充政策も行き詰まって成果が上がらず、42年2月以降、戦時金融政策（公債消化の促進・軍需資金の供給など）の見直しが進められた。まず政府は日本銀行法を制定し、その実施に伴って日本銀行は、管理通貨制の下産業資金・財政資金の供給、商業中心から産業への進出など政府の金融政策の実行機関としての役割を増強することになった。そして43年、戦局が守勢に転じたのに伴い政府は、「戦時行政特例法」、「戦時行政職権特例法」を制定し、重点産業の生産拡充、産業政策の一元化など一層の統制強化を図る一方、11月に軍需省（企画院と商工省を廃止し、統制の一元化を図る）を開設し、これに軍需工業全般の行政権を付与することにした。さらに戦局の悪化と共に、戦時金融政策を展開し、これと併せて軍需生産増強方針の促進を図ったが、これ以降インフレ防止の熱意は薄れ、インフレ対策は無方策状態となるに至った。また44年度では、政府は予算の「徹底的単純化」を実施し、戦時財政に関する政府の権限の強化及び議会の予算・決算に関する統制力の削減を進め、結局、戦局の苛烈化の中でいわゆる財政の民主的運営もまったく葬り去られ、唯一ファシズム体制が露骨に打ち立てられることとなった[2]。

　このようにして軍需生産は、大企業への巨額融資、資材・労働力の重点的配給の下で増大させるべく推進されたが、しかしこうした統制の徹底化に加えて、やがて船舶の大量喪失に伴う原料補給の激減、空海輸送の途絶などが相乗し、ついに戦時「国防」経済統制は行き詰まりを余儀なくされ、ここに日本戦時経済は国力・戦争遂行能力の枯渇と全面的な崩壊の過程に向かわざるを得なかったのである[3]。

2．戦時貿易・為替統制と横浜正金銀行の対外業務

　太平洋戦争の勃発と同時に日本の輸出入貿易は著しく減退し、これに対して政府は貿易統制及び新為替政策を持って当たることとし、正金銀行は為替管理、円貨決済業務など戦時為替政策に対応することとなった。

　すなわち、戦争勃発後の日本の貿易は、第15表のように輸出入とも激減すると同時に、欧米第三国貿易の消減を受けてこれまでの円域に南方占領地

第 15 表　輸出入貿易額

(単位：千円)

年　　次	貿易総額	輸出額	輸入額	差　　額	
1941（昭和 16）年	605,901	294,944	310,957	16,014	入超
1942（〃 17　）年	400,344	208,849	191,494	17,355	出超
1943（〃 18　）年	430,654	192,684	237,971	45,287	入超
1944（〃 19　）年	324,541	129,820	194,721	64,901	入超
1945（〃 20　）年	134,500	38,840	95,660	56,820	入超

出典：大蔵省・日本銀行編『昭和23年　財政経済統計年報』大蔵省財務協会、1948年、714頁。

域を加えた範囲に限られることになり、このため42年4月以降、政府は貿易の一元的統制（及び機構）化を強力に進めることとした。さらに翌年3月、貿易統制会と重要物資管理営団とを合体改組して交易営団を設立し（閣議決定）、7月にこの交易営団は重要物資の保護及び交易業務を開始し、商品の輸出入関連物資の取引を統制した。しかしこうした貿易の国家統制・強化は、南方諸地域との交易が除外されたものの、いずれにせよ貿易機構の一元化と取扱業者の整理統合が強行され、一挙に貿易の国営化が推し進められていった。こうして、日本の貿易構成は重化学工業製品の比重を強めるものとなったが、これは戦時経済統制の破綻を露顕するものでもあった[4]。

　この間の輸出入貿易構成を見てみると、輸出では41年において綿織物・生糸・絹織物及び人造絹織物・紙類・鉄製品などが中心を成し、これらの商品が中国（40.78%）・アメリカ（20.41%）・蘭領東インド（蘭印、6.96%）・英領インド（英印、6.13%）・香港（1.21%）などの国々へ向けて積み出されたが、戦局が悪化した44年（第16表）には、紙類、絹織物及び人造絹織物、綿織物、水産物、小麦粉など中国大陸向けの生活物資が増大し、これらの商品が中国（85.60%）・フィリピンなどの諸国へ向けられていた。

　他方、輸入では、41年には実棉及び繰綿・炭化水素油・米及び籾・鉄類・石炭・豆類・油糟などの主要商品が、中国（29.62%）・アメリカ（22.31%）・タイ（シャム、5.68%）・英印（5.49%）・オーストラリア（3.89%）・蘭印（3.89%）などの国々から、また44年（第17表）には、実棉及び繰綿・鉄類・石炭・

第16表　主要商品目別・相手国別貿易構成表―輸出―

1944(大正19)年　(単位：千円)

	中　国	フィリピン	計
小 麦 粉	16,096		16,096
精　　糖	1,448		1,448
水 産 物	22,905		23,075
石　　炭	9	259	268
綿 織 糸	206		206
メリヤス製品	1,044	812	4,296
綿 織 物	33,227		48,669
絹織物及人造絹織物	58,213		68,012
陶 磁 器	12,968		15,114
紙　　類	65,794		70,155
鉄 製 品	6,791		8,346
マッチ	4,836		5,809
セメント	222		243
ゴムタイヤ	480		943
ブラッシュ	2,764		3,046
玩　　具	3,462		3,530
麦　　酒	1,006		1,137
計	231,471	1,071	270,393
%	85.60	0.4	100

出典：(1) 大蔵省・日本銀行編、上掲書『財政経済統計年報』、731-735頁より作成。
　　　(2) 原資料は、大蔵省『外国貿易月表』。

豆類・油糟など戦争遂行に不可欠な戦争資材、食糧が大半を占め、これらの商品が中国（86.27%）・蘭印（4.70%）・英領マラヤ（2.81%）・タイ（シャム、0.96%）・英印（0.61%）などの諸国から輸入された。

　また対外為替においては、41年7月の米・英・蘭の対日資産凍結実施を契機に日本経済は、国際金融界（ドル・ポンド通貨）と絶縁的状態となり、資金移動が完全に停止された（為替相場の米英基準撤廃と円表示による為替

第17表 主要商品目別・相手国別貿易構成表―輸入―

1944（大正19）年 （単位：千円）

	イギリス	ドイツ	アメリカ	中国	タイ(シャム)	フイリピン	英領インド	蘭領東インド	英領マラヤ	オーストラリア	計
米 及 籾					8,287						15,614
豆 類				118,158							119,053
炭化水素油			676					19,432			35,497
硫酸アンモニウム			174								174
実棉及繰棉				230,289			5,295				236,700
羊 毛										1,800	10,816
石 炭				126,642							126,642
鉄 類		79	5	142,996							143,342
機械及同部分品	2	244	19								756
油 槽				63,707							63,707
芋 麻 類				18,293		238					18,583
塩				43,418							43,615
錫								21,014	24,244		47,317
計	2	323	874	743,503	8,287	238	5,295	40,446	24,244	1,800	861,816
%			0.01	86.27	0.96		0.61	4.69	2.81	0.02	100

出典：(1) 大蔵省・日本銀行編、上掲書『財政経済統計年報』、740-747頁より作成。
(2) 原資料は、大蔵省『外国貿易月表』。

換算率公定の断行）。これに対して政府は、「外国為替管理法」（41年2月）に基づき為替管理の戦時体制、円貨決済制の拡大など戦時為替政策、とりわけ対外金融取引を円ブロックとの円貨決済制を中心として展開することとした。そして日本の戦時新為替政策は、円ブロック圏内には円建てによる直接決済法が中心となる一方、ブロック以外の地域（仏領インドシナ（仏印）、蘭印など）には円貨決済による金融協定を持って決済する、というように円為替決済を次第に南方諸地域へと拡大する形で推進されることになった[5]。つまり米英通貨と日本の円貨との関係は戦争突入と同時に完全に断絶し、ここに対外金融取引は円ブロック諸地域との円貨決済取引が中心となり、それま

での為替統制の役割は順次縮小することになったのであった。

ところで42年1月政府は、「大東亜建設」宣言に続いて通貨金融面からのいわゆる「大東亜金融圏」の確立を声明し、これと併せて「外国為替管理法ニ基ク外国為替相場ニ関スル命令ノ件」(41年12月、大蔵省令) に基づき為替相場の公定を決定すると同時に、2月、日本銀行法を公布し、日本銀行の「外国為替基金」(38年) を廃止すると共に (外貨・国際収支の制約が完全に忘れ去られる)、5月1日に日本銀行法が施行され、日本銀行が出資組織の新銀行となった。同行は円貨を管理通貨とし、必要に応じ為替売買を行うほか、新たに外国金融機関に対する出資及び金融と為替決済取引を加えて、すでに中国大陸占領地で実施されている円系通貨圏ないし円貨決済圏を南方地域にまで拡大・適用することにした。また、戦局が次第に悪化する情勢の中で、政府は、「大東亜共栄圏」内各地における相互の為替決済手段として特別円制度を用いることとし、このため従来の多角的決済は急減し、2国間決済が増大することになった[6]。

この間正金銀行は、政府の新為替政策に従って、まず為替管理強化策の一つである為替持高集中制度の実施に対応して、為替銀行の持高を同行に集中させ、為替の計画的運営に当たると共に、外国為替損失補償制度の実施の際にも (41年6月) 米英為替集中勘定を設置し、外国為替銀行の為替持高を全面的に取り扱った。この場合、正金銀行は為替リスクの負担がなかった反面、業務上の利潤もなく、いずれもわずかな手数料を得るのみであった。こうして正金銀行は、外国為替管理の強化によって本来の活動領域である外国為替・貿易金融の営業活動から疎外され、やむなく円貨決済制 (円建てによる直接決済) の方法へ重心を移すことにならざるを得なかった。そして外国為替業務については、これに加えて公定為替相場制の下で米英以外の第三国通貨との間で一定の業務を行ったものの、その後も正金銀行は、「大東亜共栄圏」各地間の決済を特別円勘定 (東京支店に開設、政府の損失補償) によって受け払いの業務に当たり、政府より一定の手数料を受け取るという、戦時に特有の政府統制の代行機関としての性格を強めるものとなっていった (42年12月、同行は福岡支店を開設)[7]。このようにして正金銀行は、外国為替取

扱による営利追求機関、すなわち外国為替・貿易金融機関としての本来的な性格の一面を後退させると同時に、「大東亜共栄圏」内の決済機構の運営機関としての役割をもっぱら担うものとなったのである。

第2節　「大東亜共栄圏」の確立・崩壊と横浜正金銀行の対外業務

1．「大東亜共栄圏」の確立・崩壊とアジア・太平洋

　太平洋戦争の過程については、前節で見た通りであるが、日本にとって太平洋戦争の過程とは、自らが「大東亜戦争」と呼称したように、武力南進による「大東亜共栄圏」の確立と崩壊の過程そのものにほかならなかった。

　すなわち日本は、1941（昭和16）年7月、日米交渉の傍ら南部仏印進駐を強行し、11月5日に「帝国国策遂行要領」（御前会議）を、さらに20日、「南方占領地行政実施要領」（大本営政府連絡会議）を決定し、ここに日本の戦争目的を、傀儡国家満州国、傀儡南京政府・汪政権下の中国占領地、これに新たに南方諸地域を加えた大植民地圏の建設と重要国防資源の確保に置く「大東亜新秩序」の建設及び帝国の「自存自衛」（南方軍需資源の確保）としていた。従って太平洋戦争開戦後の緒戦の電撃的勝利と占領地域の拡大の中で日本は、42年1月、いち早く「大東亜建設宣言」を内外に明らかにし、南方占領地における重要国防資源の収奪による戦争経済の遂行、占領地に対する政策の一元的強化、大東亜省の設置（11月）、さらに東亜諸地域の支配経営の中心機関の確立などを整備すると共に、直ちに軍需物資の現地調達・占領地開発資金の創造に当たることにした。これを契機に、日本は従来の重慶政府を崩壊させる作戦を諦め、改めて中国本部占領地をアジア・太平洋戦争を戦うための食糧・資源・労働力などの供給兵站基地と位置づけ、これに従って日本軍は、これらの地域の統治安定・確保を、さらに同地域の拡大を狙い、大規模かつ周密な作戦を展開することとした[8]。

　まず事実上の植民地満州においては、41年12月23日に満州国政府は、

日満一体化の方針に基づき、「戦時緊急経済方策要綱」を決定し、従来の資材自給率の向上、軍需物資の対日供給（満鉄・満重工などの日本企業中心）の経済政策から戦時経済の遂行を可能な限り支援する経済機構の再編（日本の軍事的必要に即応する生産拡充を最優先）に重心を置くと同時に、農業面にあっても農産物増産、重要農産物の流通を満州農産公社に一元化するなどの経済統制を強化することにした。

　また中国本部においては、日本軍は開戦後間もなく米英などの上海租界及び香港を占領し、北京・天津・上海などの経済侵略を推進した。とりわけ米英租界においては、日本軍は米英及び中国企業の資産を接収し、「経営委託」の名目で日本の国策会社、財閥系の民間会社に引き渡すと共に、華北で水力発電、製鉄、石炭、化学、棉花、そして華中・南では軽工業、食糧供給部門などの開発が推進され、その結果、鉄鉱石、石炭、塩、棉花など重要資源の日本向け輸出の増加が図られることとなった。しかし、中国占領地の内外において反日勢力が拡大し、日本軍はこれを制圧すべく三光政策を展開する一方、掃討作戦に乗り出したものの（さらには重慶進攻作戦構想）、こうした占領地支配強化政策はさしたる成果を得られず、ついに破綻せざるを得ないことになった[9]。なお中国占領地においては、日本軍は「現地自治」を原則として武力による食糧の強制供出、都市配給制の強行（八路軍との激烈な食糧争奪戦）を行い、また日本資本の搾取と収奪などによって著しい物不足、インフレ、現地民の生活苦がもたらされ、一転して経済は危機的状況に陥ることになった。

　一方、南方諸地域においては、日本軍は42年5月までにほぼ主要地域の占領を完了したが、これと同時に「占領地軍政処理要綱」（42年3月14日）に基づき占領地統治、軍政体制をひとまず施いた。ビルマ、蘭印、フィリピン、英印の諸民族の一部（地主、資本家）は、日本軍の侵攻を歓迎したが、ほどなく占領政策の帝国主義的実態が明らかとなるにつれ、ビルマ、蘭印、英領マラヤ、フィリピン、タイ、仏印などではいち早く抗日闘争が開始された。南方諸地域は、かつて植民地宗主国（英・米・蘭・仏）を通して世界経済と結びつき、工業国向け資源（フィリピン、蘭印、英領マラヤ）及び米（ビル

マ、タイ、仏印など）を輸出する貿易立国（依存）経済であったが、日本の占領によってこれらの地域は、一転して重要国防資源の対日供給地へと変貌することとなった。すなわち日本軍は12月、「南方経済対策要綱」の基本方針に基づき、英領マラヤ、蘭印などの占領と共に三井、三菱系各社を現地に進出させ、接収した欧米・反日華商系などのプランテーション、油田、鉱山を「委任経営」とし、それに加えて新資源の開発、資源の加工と日本への輸送、さらに日本からの工業製品の輸入、米を中心とする共栄圏の物資交易に当たらせることとした[10]。

　ところで、43年2月のガダルカナル島撤退以後、攻勢能力を喪失して守勢に転じた日本は、南方軍政方針の転換を図ることとし、5月、御前会議において「大東亜政略指導大綱」（43年9月、「絶対国防圏」）を決定、続いて11月に「大東亜共同宣言」（大東亜会議〈日・満・タイ・フィリピン・ビルマ・汪兆銘政権・英印仮政府参加〉を開催、米英の足かせからの解放と「自存自衛」を宣言）を発表し、戦争完遂の決意と「大東亜共栄圏」の確立を誇示した。しかし、こうした「大東亜宣言」の発表は、「大東亜共栄圏」の確立が同時に連合国軍の本格的反攻の前に事実上の崩壊を始め、日本の支配維持・強化を目指した政治的処理以外の何物でもなかったことを立証するものとなった。43年の「大東亜共栄圏」内の物資流動は、華北が原料補給基地とされ、日本向けの物資供給量は夥しく、そして同様に華北・華中の貿易が対日輸出超過という構図を示していた。事実、これ以後の「大東亜共栄圏」は、日本の相次ぐ軍事的敗退の中で占領地資源の収奪という目的の喪失と「自存自衛」の破綻によって、ついにはその崩壊を余儀なくされることになったのである[11]。

　この間満州においては、43年以降南方作戦に基幹兵力を抽出し、さらには中共・八路軍の冀察熱挺進軍の熱河省への進入・活動に対する討伐などによって兵力保有量を激減させ、満州国の軍事体制はソ連の参戦を目前にした45年にはすでに解体寸前の情勢にあった。経済関係においても軍費支出の累増などから財政支出が膨張し、満州国政府は増税、赤字公債などでこれをまかなったものの激しいインフレに見舞われ、一方農業面における統制も農

業構造の矛盾、流通機構の国家統制及び農産物増産計画の失敗などから成果が得られず、経済の混乱と闇市場の横行を招き、満州経済統制は完全な行き詰まりを呈することとなった[12]。また中国本部においては、43年に大本営は大陸打通作戦を計画し、翌年1月に実施に移したが、抗戦体制強化（国共合作を軸とした抗日民族統一戦線から中共の指導する「革命的諸階級」の統一戦線）の前に翌月には大陸打通作戦の占領地域から後退を余儀なくされると同時に、本土決戦に備えて華中・華南の奥地から支那派遣軍を撤退させ、ついに日本の占領地支配も破綻せざるを得なかった。そしてこの間資源の生産と日本への輸出は、食料買収政策の破綻、資材と労働力の不足、抗日ゲリラの鉄道破壊と船舶喪失による輸送能力の衰えなどから急激に低下することになった[13]。

さらに南方占領地においては、日本の占領下に激しい収奪が強行された結果、各地域（フィリピン・ビルマ・英領マラヤ・仏印）で抗日運動が高揚し、これに対して日本軍は「親日政権（勢力）」の育成・強化と態勢の立て直しを図ったが、ほどなく抗日勢力の拡大のまえに崩壊せざるを得なかった。この間の南方諸地域占領地からの重要国防資源の対日供給は、南方諸地域の工業製品の不足とそのインフレ、さらには船舶・タンカーの大量の喪失に伴う輸送力の低下などから大幅に減少した。また農業経済にあっても、とりわけゴム、砂糖、パーム油などの世界市場向け輸出用作物（フィリピン・英領マラヤ・蘭印を中心）、輸出用米（ビルマ・タイ・仏印）が同様に激減し、日本軍政下の経済資源の収奪、国防資源の対日供給は挫折し、ついに共栄圏自給体制も破綻することになったのである[14]。

2. 満州国の通貨・金融統制と横浜正金銀行の植民地金融業務

以上のように「大東亜共栄圏」の確立を目指す日本の通貨・金融面は、当然、いわゆる「大東亜金融圏」の確立をも併せ持つものとなった。日本銀行法の制定・実施により日本銀行が共栄圏における中央銀行としての第一歩を踏み出したが、特別円決済機構の運用など海外での業務に当たる正金銀行は、一層日本銀行と協力・競合関係の下、国策の遂行に努めることとなった。

すなわち国際金融界との関連を自ら断った日本は、先に見たように42年2月、日本銀行法を制定（第79議会、3月20日施行）し、戦時金融政策の一環として日本銀行に対外金融の機能を新たに拡充して「大東亜共栄圏」の中央銀行としての役割を付与すると共に、圏内全域にわたって円系通貨の配備及び円貨決済制の強要を持って、日本銀行の総合決済制（「大東亜金融圏」

第18表　植民地・占領地関係日系通貨発行高

（単位：百万円）

年月	1941.12	1942.6	1942.12	1943.6	1943.12	1944.6	1944.12	1945.3	1945.8
日本銀行銀行券	5,979	5,545	7,149	7,364	10,266	12,323	17,746	20,526	42,300
朝鮮銀行券	742	668	909	865	1,467	1,817	3,136	3,574	7,987
台湾銀行券	253	250	289	322	416	520	796	1,012	2,285
満州中央銀行券	1,262	1,106	1,670	1,800	3,011	3,512	5,877	6,223	8,800
蒙彊銀行券	114	83	143	176	379	416	1,058	1,423	3,600
中国聯合準備銀行券	964	937	1,581	1,949	3,762	5,995	15,841	27,836	132,603
支那事変軍票	244	251	381	471	487	436	671	1,230	2,516
中央儲備銀行券	237	1,172	3,477	9,122	19,150	38,359	139,699	245,197	2,697,231
（百万元）									
南方開発金庫券	--	34	463	945	1,955	4,246	10,623	13,006	19,408
——内訳——									
フィリピン	--	73	106	229	497	1,115	4,918	5,400	--
（百万ペソ）									
北ボルネオ	--	--	5	11	14	22	36	46	70
（百万海峡ドル）									
ジャワ	--	--	57	60	134	358	666	862	1,443
（百万グルデン）									
スマトラ	--	--	26	85	235	447	798	980	1,349
（百万グルデン）									
英領マラヤ	--	--	144	233	411	730	1,402	1,972	5,570
（百万海峡ドル）									
ビルマ	--	34	137	327	664	1,544		3,746	5,656
（百万ルピー）									

出典：(1) 日銀調査局『日本金融史資料　昭和編　第27巻』大蔵省印刷局、1970年、384頁。
　　　(2) 原資料は、日銀統計局『戦時中金融統計要覧』。

の多角的決済制度）の確立を進めた。さらに加えて、5月には南方開発金庫を設立し、ひとまず南方占領地については現地通貨表示軍票（ペソ軍票、グルデン〈ギルダー〉軍票等）を現地既存通貨と等価で流通させ、物資の調達に充てることとした。そして7月、「大東亜金融財政交易基本方策」（大東亜審議会）を決定し、中国大陸、南方占領地域に円系通貨圏をつくり、円貨決済制を強行し得る圏内総合決済制、いわゆる「大東亜金融圏」（第18表）を確立することとした。しかし、「大東亜金融圏」の確立は、圏内諸地域に対する収奪の激化と同時に、現地インフレの高進（物資の欠乏と現地民生活の破壊）をもたらすことになった[15]。

　もっとも対華政策転換後の43年4月、日本は華北・華中・華南（満州国は44年4月以降）においては軍費調達の方式を変更すると同時に、南方占領地においては外貨表示軍票の通用策を廃止して、南方開発金庫に無制限の銀行券（南発券）の発行を承認したが、この南発券の増発が南方占領地のインフレを一挙に激化させることとなった。そこで、45年3月に外資金庫を設立し、インフレ防止とインフレの日本本土上陸を防ぎ止めることとしたのであった[16]。

　以上の過程について、ここでまず、傀儡とはいえ国家的独立の形をとった満州の事情から見ていこう。

　太平洋戦争前夜の41年4月、満州国政府は外国為替管理法を改正し、満関を一体とした対中国（華北・華中・蒙彊）為替の満州中央銀行（満中銀）集中制を実施して国際収支の改善を図ると共に、大陸隣接地域との物資交流の必要から対外為替取引は普通円、円系通貨資金、軍票資金で決済することとしていた。しかし戦争勃発後は、諸地域間の物価調整が必要となり、翌年5月、「満州経済安定資金」を設立して、タイ・仏印・ドイツ・華中の一部との間に特別円制度による決済を行なうことになった[17]。と同時に、この間のインフレの高進から金融制度の改革及びインフレ対策を迫られた満州国政府は、10月26日に満州中央銀行法を改正し、満中銀を特別法に基づいて、政府と一体化した金融統制の中心機関としたのであった。さらに43年4月、追加対策として金融機構改革の推進、金利水準の引き下げ、資金の重点的供給

などを展開したのであった。そして戦局の悪化した44年4月には、満州国政府は従来、国庫送金により決済されてきた日本の対満軍事費を、国幣の一部を軍票化してこれに充てることとし、国幣を増発すると同時に満中銀もこれに従って日本銀行との間に新たにクレジット（3億円）を契約し、これを基礎に軍費の調達に当たることにしたのである[18]。

この間正金銀行は、満州国政府の「満州国基本国策大綱」（42年12月8日）に基づく金融改革（機構・整備）に当たって業務分野の取り決めが行われたことに従い、その活動は原則として外国為替・貿易の関連業務に限定されることとなり、従来の国庫事業に対する融資業務は満州興業銀行または普通銀行に移譲されることになった[19]。こうして正金銀行は、為替業務に専念することとなったが、43年2月、満中銀との間に借越契約（5億円を限度）を成立させ、ここに国幣使用（限度額まで）が可能となってこれを契機に対日為替を（新京支店において）一元的に調整し、その出合いを満中銀に求めることにした。そして翌年4月、臨時軍事費予算の節約のため在満日本軍費の満州現地調達が開始された際、同行は満中銀との間に借入契約に続いて特別円決済協定を締結し、満中銀から無担保で資金を借り入れ、これを政府へ貸し上げるという役割を果たすこととなったのである[20]。

第3節 「大東亜金融圏」の確立と横浜正金銀行の対外業務

1. 中国における円系通貨・金融工作と横浜正金銀行の占領地金融業務

太平洋戦争勃発後の中国本部においては、日本は特別円為替決済及び軍費の現地調達などを通して円系通貨の流通・拡大を企図したが、占領地には激しいインフレを引き起こすことになり、このため調達資金の使途を制限することにならざるを得なかった。この場合、正金銀行は特別円為替、特別円の運用・決済、開発・軍事資金の調達などの業務をもっぱら果たすことと

なった。

　まず華北においては、天津租界の占領以降、天津租界、北京、煙台、威海衛の外国銀行・代理店（香港上海銀行、ナショナル・シティ銀行など）を接収した日本軍は、中国聯合準備銀行（中聯銀）の設立以来課題となっていた天津租界の現銀（約5,253万元）をついに手に入れると共に、法幣もその対外価値の基盤を失う一方、中国聯合準備銀行券（聯銀券）相場は騰貴し、聯銀券対法幣闘争はほぼ決着することとなった[21]。しかし、この間インフレの高揚が激しくなり、さらに1942（昭和42）年の凶作が相乗し、現地民の生活に大きな影響をもたらすことになった。これより先日本は、ドル貨が華北における第三国貿易決済通貨としての機能を喪失したのに伴って、「外国為替管理規則」（41年8月11日）による為替許可制を採用し、華北の為替集中制においては特別円（日本円＝外貨資金）を基準とすることを決定していた。これに従って、すでに正金銀行に「特別円預金勘定」を所有していた中聯銀は、華北の第三国貿易、華中・華南交易の為替を特別円為替集中制を持って決済することにしていた[22]。

　そして華中・華南においては、開戦後間もなく日本軍は上海租界に進駐、接収し、これに続いて香港を攻略した。すでに日本は、汪兆銘下の傀儡政権（中華民国政府）の中央銀行として中央儲備銀行（儲備銀）を設立し、これに銀行券（儲備券）を発行させ、法幣にパーリンクを決定し、これを法幣攻撃の基本策として法幣撃滅及び儲備券の通貨拡大策などの通貨工作を展開することとした。また軍費については、42年8月、儲備銀と正金銀行との間の「預け合契約」により、円預金を見返りに無制限に儲備券が調達され、これが軍費に充てられることとなり、華中・華南に激しいインフレをもたらすことになった[23]。それに加えて、従来日本と華中の貿易が軍票為替で行われていたが、政府は「対支外貨為替取引ニ関スル件」（41年7月、大蔵省・通牒）を持って特別円為替制度を創設し、ここに新たに法幣を対価とする特別円為替を加えることとし、42年3月、軍票が儲備券建てに変更された際に特別円為替もこれに従って変更することにしたのである（42年12月、正金銀行は金華出張所を開設）[24]。

ところで43年1月、汪兆銘政権の参戦を契機に日本の対華政策は上述のように転換されることとなったが、これに伴って4月1日以降、軍票の新規発行の停止と儲備券による華中・華南の幣制統一の推進が同時に進められ（興亜院会議、決定）、中国本部における軍費調達も政府貸上げの方法によることになった[25]。同時に華北においては、日本は華北・蒙彊分の軍費を朝鮮銀行・正金銀行の現地「預け合契約」により聯銀券を持って資金調達を図り、これを日本銀行北京代理店に納入するという軍費調達方式に変更することとした。これにより、従来臨時軍事費特別会計の公債発行により調達していた軍費は、中聯銀と朝鮮銀行及び正金銀行との「預け合契約」により現地調達され、これを朝鮮銀行の政府貸上げ金によることにした。しかしながらこの場合も、間もなくインフレの高進を引き起こすこととなり、中聯銀は43年6月に朝鮮銀行と正金銀行との「預け合契約」を改正し、ここに預け合制度による調達資金の使途を軍費、経済開発資金、対日国際収支決済資金に制限することにした。さらに続けて翌年8月には、中聯銀は朝鮮銀行と正金銀行との間で新たに「預け合協定」を締結し、預け合いによって調達した資金の使途範囲をさらに日本政府国庫金（臨時軍事費特別会計など）に限定することにした[26]。華中・華南においても、同年8月に儲備銀は正金銀行との「預け合契約」を新たに締結し、調達資金の使途を日本政府国庫金に限定したが、儲備券の増発を食い止めることができず、華中のインフレは一層激化することとなった。なお、こうした変更を契機として華北対華中・華南交易における特別円為替の決済は、極めて小さいものとなり、大陸における特別円制度は事実上終焉することになった[27]。

　この間正金銀行は米・英・蘭の対日・中資産凍結実施後、華北においては第三国通貨の為替取引をすべて特別円為替を持って決済していたが、42年1月からは中聯銀統制下に法幣為替勘定を通して法幣資金の受け払いを行った。これに対し、華中・華南においては先述のように8月、儲備銀との間に「預け合契約」を成立させ無制限に儲備券を持って資金調達を行い、この資金を軍費またはそのほかの資金に振り替えることになった[28]。

　しかし軍費の現地調達への転換に伴い、華北においてはこれが朝鮮銀行

の政府貸し上げ方式によることに変更された。この場合、正金銀行の関係した華北経済開発資金の調達は従来どおり、中聯銀と同行の「預け合契約」によるものとされたが、しかしその後の調達資金の使途の制限により、これらの業務も限定されることになった。さらに華中・華南においては、儲備券を持って政府貸上げ（軍事資金の供給）を行ったが、これを受けて正金銀行は間もなく儲備銀との間で軍票対儲備券のよる「預け合契約」を日本円と儲備券に変更する契約調印に当たった。

　その上43年3月25日、日本は、中国における軍事費支払い資金の華北・蒙彊分は朝鮮銀行に、また華中・華南分は正金銀行より、借り入れることにし、「預け合契約」により調達し（入り用聯銀券は中聯銀と朝鮮銀行間、儲備券は儲備銀と正金銀行間）、現地で納入することに決定した（政府借入証文の交付に対して）。さらに、正金銀行は、「大東亜金融圏」の多角的決済制度を進める日本銀行と競合しつつ、交易・交易外共に特別円取引とし、共栄圏各域間の決済が同行東京支店（タイのみ日銀本店）に開設された特別円勘定に統合し、これによって生ずる損益を政府に帰属させ、一定手数料を受け取る特別円決済制度を確立することとした。そのほか新たに法幣為替持高集中勘定を設定し、華中・華南の対日為替は上海支店（東京支店における華中・華南特別勘定）に集中し、その持ち高を集中勘定に連係することにした（44年1月、同行は蚌埠、杭州に続いて3月にマカオ、8月に徐州に出張所を開設）[29]。44年8月以降は儲備銀との間に新たに「預け合契約」を成立させ、唯一、政府の国庫金調達に当たることとなった。

　なおこうした華北・華中・華南における政府貸し上げ方式による軍事資金調達は、45年2月以降は外資金庫に継承され、同金庫から政府借入金という形を取ることになったのである[30]。

2. 南方諸地域における円系通貨・金融工作と横浜正金銀行の占領地金融業務

　南方諸地域においては、日本は占領開始後、直ちに軍費の現地調達を実施に移したが、各占領地域でインフレを激化させ、相次ぐ政府の通貨・金融政

策も効果なくインフレを加速させるのみに止まった。正金銀行はこの中で、特別円の運用・決済、占領地金融などの業務に当たることとなった。

　すなわち日本軍の南方諸地域の占領開始に伴い、日本政府はすでに決定していた「南方外貨表示軍用手票取扱手続」に従って軍票を発行し、これを持って現地軍費調達を図ることとした。占領各地域における現地日本軍は、現地通貨表示の軍票（ペソ、グルデン、海峡ドル軍票等々）を携行し、これを現地既存通貨と等価で流通させたのであった。と同時に、南方経済対策としてその開発方法及びその機関などの整備を必要としていた日本政府は、42年1月6日に「南方開発金庫法案要綱」（第79議会）を決定し、2月19日、「南方開発金庫法」（法律第33号）を公布すると共に、3月30日に同金庫を設立、4月1日、開業した[31]。同金庫の任務は、南方占領地の開発資金と軍事費の調達にあったが、実際には長期投資機関、商業銀行、為替銀行など広汎な機能を持った南方占領地全体の中央銀行にほかならなかった。こうして同金庫が臨事軍事費を無制限に借り入れ、この資金（軍票）を開発資金として各地域に注ぎ込むこととなったため、南方占領地はいずれも大々的な軍票インフレに見舞われるに至った[32]。また南方占領地の拡大に伴って、6月以降日本は圏内相互決済のすべてを円為替として日・蘭印、日・仏印、日・タイなどの2国間決済協定、さらに日本・タイ及び日本・仏印などについては特別円勘定を設置し、一層の円系通貨、円貨決済制の拡大を図ることとした[33]。

　しかし、やがて戦局の苛烈化に伴い、臨時軍事費の急激な膨張によって現地通貨・外貨表示軍票の併用が不可能となった日本政府は、43年1月に「南方開発金庫法」の規定（第21条）に基づき、これまでの外貨表示軍票の通用等を廃止して新たに同金庫に銀行券の発行権を付与し、政府貸し上げを義務づける、という方針に転換した。この結果、同金庫は43年4月、ビルマ、英領マラヤ、蘭印、フィリピンなどで銀行券の発券を開始するに至ったが、銀行券の膨大な投入散布は、南方占領地のインフレをさらに加速させると共に、日本への輸入インフレとしての波及という危機をもたらすこととなった。そこで日本は、45年3月1日に特殊機関・外資金庫を設立し、「預け合制度」を利用して各現地銀行の負担においてインフレを処理させ、ひとまず

第Ⅳ部　太平洋戦争期・戦後の横浜正金銀行

占領地域の破局的インフレの日本円への波及を防ぐことにした。この場合、外資金庫は正金銀行・朝鮮銀行・南方開発金庫との間に「預け合勘定」を設定し、これを活用して資金操作を行ったのち現地通貨預金を引き出し、これを政府支払勘定としてその資産に計上（実際には納入金）処理することとし

第19表　横浜正金銀行南方地域各店一覧

地　域　別 （使用軍票）	店　　　　名
ジャワ （グルデン軍票）	ジャカルタ・ノートウェイク（分）・セラン（出）・ボゴル（出）・スカブミ（派）・バンドン・チレボン（出）・ブルオケルト（出）・ペカロンガン（出）・スマラン・バテー（出）・マゲラン（出）・ジョクジャカルタ・スラカルタ・マデウン（出）・ケデリー（出）・マラン・スラバヤ・ジェンベル（出）・パメカサン
スマトラ （グルデン軍票）	ブキチンギ・パダン・シボルガ（出）・タルトン・（派）・コタラジャ（出）・ロスマウエ（派）・メダン・ペマタンシャンタル（出）・バルンバル（出）・ジャンビー（出）・バレンバン・ラハト（派）・テルックペトン（出）・ベンクーレン（出）・パンカルピナン（出）
英領マラヤ （海峡ドル軍票）	シンガポール（昭南）・タンジョンピナン（出）・ジョホールパル（出）・マラッカ（出）・スレンバン（出）・コーランポー・イポー・タイピン・ピナン・コーラリピス（出）・クワンタン（出）
北ボルネオ （海峡ドル軍票）	アビ・クダト（派）・サンダカン（出）・タワオ（出）・クチン・シブ（出）・ミリ（出）・コーラブライト（出）・ブルネイ（出）
フィリピン （ペソ軍票）	マニラ
ビルマ	ラングーン・パセイン（出）・プローム（出）・モールメン（出）・タボイ（出）・メルギー（出）・ミンジャン（出）・マンダレー（出）・シュエポー（派）・メイミョ（出）・ラシオ（出）・タウンジー（出）

出典：(1) 日本銀行調査局編『図録　日本の貨幣　第10巻』東洋経済新報社、1974年、305頁。
　　　(2) 原資料は、閉鎖機関整理委員会編『閉鎖機関とその特殊清算』(在外活動関係閉鎖機関特殊清算事務所、1949年)。

たが、一方で巨額の軍事費を支弁した結果、以前にも増して占領各地域の破局的インフレは進行せざるを得なかった[34]。

　この間の正金銀行は、軍の要請により戦争勃発と同時に南方占領地へ進出し、各地に支店、出張所を設け（42 年 4 月、同行はラングーン〈ビルマ：ヤンゴン〉に、翌月、ハイフォン〈仏印〉及びバンドン〈蘭印：ジャワ〉に出張所を開設）、通貨交換、現地軍の預金・送金、開発資金（とくに運転資金）の貸し付けなどの業務に当たった。これと併せて同行は、日本政府の要請に応えて 42 年 7 月、南方開発金庫が南方占領地において業務を開始する以前の措置として、既設店舗において金融業務を行う一方、陸軍軍政地区（英領マラヤ、スマトラ、北ボルネオ、ジャワ、ビルマなど）に新店舗を開設し（第 19 表）、短期の商業金融の貸し出し、一般為替取引を行い、これ以降開戦によって失った欧米諸国との為替取引関係をこの南方諸地域で挽回することとした[35]。これを受けて 43 年 1 月 30 日、正金銀行は、サイゴン支店（41 年 6 月、再開）と仏印政府との交渉で仏印軍費（上期分軍費 1 億 2,300 万円）を同行からの政府借入金制に変更し、同行現地（ハノイ、ハイフォン）支店がインドシナ銀行から資金（ピアストル）を受け取り、日銀代理店へ振り込むと同時に大蔵省へ円貨で貸し上げる業務を果たすことになった[36]。

　ところがこうした中で、南方占領地において正金銀行・台湾銀行・南方開発金庫の競合関係が表面化することとなり、日本政府は 43 年 4 月、総軍通達を持って業務分野の取り決めを行った。その結果、南方開発金庫には中央銀行的機能が集中的に付与され、正金銀行は短期開発事業資金及び商業資金の貸し出しなどの業務を担当することになった[37]。なお、翌年 4 月 1 日、正金銀行は、南方占領地「外国為替管理規則」を海軍地域にも拡大適用し、陸海軍地域の物資・資金の交流開始につき、台湾銀行との間で為替取引契約を締結することとなった。そして、その後の 45 年 3 月、朝鮮銀行・南方開発金庫と共に外資金庫との間に上記の「預け合契約」を締結し、外資金庫が引き出す資金の相当額を中国本部の中聯銀と儲備銀との間に設定された「預け合勘定」から引き出し、これに充てることとした。この結果、正金銀行では、外資金庫に対する預け金が増大する一方、中聯銀と儲備銀の同行に対する預け

金も同様に増大し、その残高が一段と累積することにならざるを得なかったのである[38]）。

むすび

　以上、この時期の正金銀行は、第二次世界大戦の一部となった太平洋戦争の下、「国防」経済統制が推し進められる中で「大東亜共栄圏」内の決済機構の運営機関として、為替管理をはじめ、植民地・占領地金融上の新たな役割を果たすことになった。
　すなわち、世界的な戦時情勢の下で、欧米第三国貿易の消滅に伴って国際資金の移動が停止状態となり、政府は戦時為替政策を持ってこれに対応することとしたが、正金銀行はこれに沿って為替持高の集中及び円貨の決済に当たり、この政策の推進に協力した。満州においては、金融制度改革の実施に伴い、その業務は外国為替・貿易金融に限定されることとなったが、その後軍費の現地調達の開始により植民地金融業務がこれに加わることとなった。そして中国本部においては、華北・蒙疆方面における特別円為替決済、軍費の調達、他方華中・華南にあっては、同様に特別円為替決済、儲備銀及び外資金庫を通して軍費の調達などの占領地金融業務に当たった。
　さらに南方占領地においては、各占領地へ進出し現地軍の預金・送金、開発資金の貸し付け、短期の商業資金貸し付け、特別円の運用・決済などの占領地金融業務を行った。そのほか外資金庫が設立された際には、同金庫との「預け合制度」を通して軍費調達に協力することとなった。
　以上のように正金銀行は、太平洋戦争下の激動の過程で、いわゆる「大東亜共栄圏」の確立を推進する日本資本主義の要請に応えて、戦時「国防」経済統制に特有の為替管理、植民地・占領地における金融上の新たな業務を果たす機関にほかならなかったといえよう。

【注】引用文献、参考文献

1) 日本国際政治学会・太平洋戦争原因研究部編『太平洋戦争への道　第7巻　日米開戦』朝日新聞社、1963年、第一・二編。E. M. ジューコフ監修、江口朴郎・野原四郎日本版監修『極東政治史　1840～1949年　下』平凡社、1957年、第11章。エドガー・スノー、森谷厳訳『アジアの戦争』筑摩書房、1988年。
2) 大蔵省昭和財政史編集室編『昭和財政史　第四巻——臨時軍事費——』東洋経済新報社、1955年、46-64頁。楫西光速・加藤俊彦・大島清・大内力『日本資本主義の没落 Ⅳ』東京大学出版会、1964年、979-981頁。杉山伸也『日本経済史近代——現代』岩波書店、2012年、440頁。
3) B. J. コーヘン著、大内兵衛訳『戦時戦後の日本経済　上巻』岩波書店、1950年、第2章。アメリカ合衆国戦略爆撃調査団、正木千冬訳『日本戦争経済の崩壊』日本評論社、1950年、第2・3章。中村隆英『戦前期日本経済成長の分析』岩波書店、1971年、263-275頁。
4) 東京銀行編『横浜正金銀行全史　第六巻』東洋経済新報社、1984年、1074-1081頁。
5) 大蔵省昭和財政史編集室編『昭和財政史　第十三巻——国際金融・貿易——』東洋経済新報社、1963年、293-304頁。日本銀行調査局特別調査室編『満州事変以後の財政金融史』同、1948年、398-402、612-613頁。
6) 大蔵省昭和財政史編集室編、上掲書・第十三巻、431-437頁。渡辺佐平・北原道貫編『現代日本産業発達史　第二十六巻　銀行』交詢社出版局、1966年、459頁。楫西他、上掲書・没落 Ⅳ、1064-1067頁。東京銀行編、上掲書・第六巻、139頁。
7) 東京銀行編『横浜正金銀行全史　第四巻』東洋経済新報社、1982年、726-727、733-735頁。
8) 小林英夫『「大東亜共栄圏」の形成と崩壊』御茶の水書房、1975年、373-380頁。笠原十九司『日中戦争全史　下』高文研、2017年、237頁。
9) 石島紀之『中国抗日戦争史』青木書店、1984年、161-163頁。
10) J.M. Pluvier, South-East Asia from Colonialism to Independence, 1974、ヤン・M. プルヴィーア、長井信一監訳『東南アジア現代史植民地　植民地・戦争・独立　上・下巻』東洋経済新報社、1977年、第二・三・四部。今川英一『東南アジア現代史』亜紀書房、1972年、277-278頁。
11) 小林、上掲書、528-532頁。笠原、上掲書、252-253頁。
12) 具島兼三郎『東南アジアの国際政治』評論社、1972年、155頁。
13) 石島、上掲書、181-186頁。
14) 今川、上掲書、279-283頁。具島、上掲書、156-163頁。
15) 楫西他、上掲書・没落 Ⅳ、1064-1065頁。日本銀行調査局特別調査室編、上掲書、

615-617 頁。
16) 大蔵省昭和財政史編集室編、上掲書・第十三巻、441-444 頁。
17) 日本銀行調査局編『図録　日本の貨幣　10——外地通貨の発行(1)』東洋経済新報社、1974 年、283-284 頁。日本銀行調査局「特別円制度の現状と将来」日本銀行調査局編『日本金融史資料　昭和編　第三十二巻』大蔵省印刷局、1971 年、230-231 頁。
18) 満州国史編纂刊行会編『満州国史各論』第一法規出版、1971 年、499-500、508 頁。満州国経済部・内藤敏男「新満州中央銀行の成立」日本銀行調査局編、上掲書『日本金融史資料　昭和編　第三十二巻』、631-635 頁。
19) 東京銀行編『横浜正金銀行全史　第五巻（上）』東洋経済新報社、1983 年、168-170、282-283 頁。
20) 東京銀行編、上掲書・第四巻、575 頁。東京銀行編、上掲書・第六巻、151 頁。渡辺他編、上掲書、461 頁。
21) 桑野仁『戦時通貨工作史論』法政大学出版局、1965 年、168-172、182-185 頁。
22) 日本銀行調査局、上掲書「特別円制度の現状と将来」、221-229 頁。東京銀行編、上掲書・第五巻（上）、325-327 頁。
23) 東亜研究所編『支那占領地経済の発展』同、1944 年、501-502 頁。桑野仁、上掲書、118-124 頁。
24) 東京銀行編、上掲書・第五巻（上）、32-33、327-329 頁。日本銀行調査局「戦時金融統制の展開」日本銀行調査局編『日本金融史資料　昭和編　第二十七巻』大蔵省印刷局、1970 年、464 頁。
25) 東京銀行編、上掲書・第六巻、144 頁。
26) 東京銀行編、上掲書・第五巻（上）、292-296、577-578 頁。
27) 東京銀行編、上掲書・第五巻（上）、310-312 頁。島崎久彌『円の侵略史——円為替本位制度の形成過程』日本経済評論社、1989 年、223-228 頁。
28) 日本銀行調査局編、上掲書『図録　日本の貨幣　10』、265-266 頁。東京銀行編、上掲書・第五巻（上）、320-323 頁。
29) 東京銀行編、上掲書・第六巻、144-145 頁。
30) 東京銀行編、上掲書・第五巻（上）、648-649 頁。日本銀行調査局特別調査室編、上掲書、634-636 頁。
31) 閉鎖機関整理委員会編『閉鎖機関とその特殊清算』在外活動関係閉鎖機関特殊清算事務所、1949 年、257-260 頁。日本銀行調査局編、上掲書『図録　日本の貨幣　10』、307-311 頁。
32) 東京銀行編、上掲書・第五巻（上）、102-103 頁。日本銀行調査局特別調査室編、上掲書、618-619 頁。横浜正金銀行調査部『南方経済建設方策』（調査資料第五十二号）

1942 年 2 月、25-29 頁。
33) 日本銀行調査局、上掲書「戦時金融統制の展開」、29、231-233、465 頁。東京銀行編、上掲書・第六巻、140 頁。
34) 閉鎖機関整理委員会編、上掲書、250-255 頁。東京銀行編、上掲書・第五巻（上）、648 頁。渡辺他編、上掲書、466-467 頁。
35) 東京銀行編、上掲書・第五巻（上）、214-215、242 頁。
36) 東京銀行編、上掲書・第六巻、145 頁。
37) 島崎、上掲書、333-338 頁。
38) 渡辺他編、上掲書、467-468 頁。桑野、上掲書、241-243 頁。

第9章

日本の戦後処理と横浜正金銀行

はじめに

　1940年代後半の世界経済は、第二次世界大戦の終結とその戦後世界経済の再編として推移した。すなわちヨーロッパにおいては当初、米・英・仏・ソの占領下に置かれたドイツは、冷戦の激化に伴い、結局、アメリカの世界政策の下に東西両ドイツとして分割され、ヨーロッパは東西へ分裂すると共に、西ドイツの復興を軸とするヨーロッパ資本主義の再建・復興として事態は進むことになった。

　一方アジア・太平洋においては、当初日本の軍国主義の解体を進めたアメリカの初期対日占領政策は、冷戦のアジアへの波及、中国の革命情勢の進展などを背景に転換されることになり、日本はアジア・太平洋における「反共の防壁」として再建・復興されることとなった。

　この間、敗戦によって崩壊した日本経済は、冷戦の波及と初期対日占領政策の下で漸次復興の途に付きつつあったが、政策転換によって急速な再建・復興が図られることになった。外国為替・貿易金融においては当初、貿易・経済はすべて占領軍の管理下で進められたが、政策転換により「民間貿易・為替金融」が開始され、貿易総額も急増するに至った。

　こうした中で横浜正金銀行は、満州・中国本部・南方諸地域（東南アジア）において円系通貨が回収されるのと相前後して、それぞれ海外各店が閉鎖・接収されることになった。そして正金銀行は従来の特殊銀行としての業務はすべて喪失し、一般国内金融のみに限定される一方、戦時の補償交渉に当

たったが、連合国軍最高司令官総司令部（Supreme Commander for the Allied Powers: SCAP/General Headquarters: GHQ、以下 SCAP と略す）による正金銀行改組の勧告後は、これに加えて同行再組織の検討を進めざるを得ないこととなった。

しかし、SCAP の正金銀行解散指令に続いて戦時補償の停止が打ち出され、正金銀行は新たに新銀行設立の準備、同行の整理（譲渡・清算）など閉鎖に伴う作業に当たることを余儀なくされることになった。

以上、ここでは太平洋戦争終結後の正金銀行を取り上げ、日本の戦後処理を進める SCAP の対日占領政策下における正金銀行最後の役割とその歴史的意義を省察することとしたい。

第1節　日本の敗戦──アジア・円系通貨圏の終焉と横浜正金銀行

1．日本の敗戦とアジア・太平洋

　第二次世界大戦後世界経済の再編は、アメリカの戦後世界政策の下で進められることとなったが、ヨーロッパにおいては軸心を成したナチス・ドイツの戦後処理は、徹底したドイツの非軍事化・弱体化を目指すものとして行われた。またアジア・太平洋においても、アメリカは一方で中国・国民政府を戦後アジアの支柱として想定しつつ、他方で日本の軍国主義とその経済的基礎の解体を「戦後改革」として推進することとなった。

　しかしヨーロッパにおいては、「人民民主主義革命」の進行する東欧諸国と、全土を米・英・仏・ソ4国における分割占領下に置かれたドイツ問題をめぐって米ソの対立が激化し、1947（昭和22）年3月の「米英仏ソ4国外相会談」（モスクワ）はついに決裂するに至り、これを受けてアメリカは「トルーマン・ドクトリン」の宣言（3月）に続いて6月には「マーシャル・プラン」を発表し、これによってソ連の進出に牽制・対抗するものとした。これに対してソ連は、10月に「コミンフォルム」を設置し、「ジダーノフ・テー

ゼ」を発表してアメリカの「反共政策」を非難すると共に、植民地の武力解放闘争の強化を図ることとし、ここに米ソの「冷たい戦争＝冷戦」が本格化することになった。さらにその後東欧諸国（対ソ緩衝地帯）の社会主義化に伴って、49年1月、ソ連は経済相互援助会議（コメコン、東欧6カ国）を創設した。これに対して4月、アメリカは北大西洋条約機構（NATO、西欧11カ国）を創設し、対ソ包囲の軍事同盟を結成するに至った[1]。こうして5月以降、ドイツは冷戦の激化と共に東西に分割され、ドイツの戦後処理は反共国家西ドイツ資本主義の再建・復興として転換されることとなり、アメリカのドル散布を媒介にヨーロッパの資本主義的復興を図るべく再編されることになった。

　一方、アジア・太平洋地域においては、日本の戦後処理は初期対日占領政策の下に「戦後改革」として推進されたのであったが、日本の植民地・侵略下にあった地域では、日本の敗戦による帝国主義的支配の空白化に民族解放運動が激化し、また米ソ冷戦の波及によって戦後危機的状況が進行することとなった。

　まず満州においては、8月15日、満州国政府は防衛行為の即時停止、治安の安定、生産施設の保全、行政機構の存続と運営など応急善後措置を講ずる一方、8月17日に「満州帝国緊急参議府会議」（大栗子(だいりっし)）を開催して満州国皇帝（溥儀）の退位を決定し、翌日午前1時、32年建国以来の満州国はここに終わりを告げた。そして10月に国民政府の満州接収が開始されると、国共間の勢力争いが激化し、さらに翌年4月ソ連軍の満州撤退が開始されると共産軍が猛攻に転じ、4月末までに長春・ハルビン・チャハルなどを占領し、中国革命を一段と進展させることになった[2]。また中国本部においては、対ソ戦略上、中共がソ連と手を結ぶことを強く警戒したアメリカが国共合作、及びアメリカの経済援助によって安定した中国資本主義を創建し、アジア・太平洋支配の支柱とすべく構想した対中国政策を打ち出した。これに従って、46年1月に国共停戦協定が成立したが、6月、再び国共内戦が本格化することとなった。この場合、アメリカの軍事援助を受けた国民党は東北地方（ソ連軍撤退後の満州）の支配権を一挙に獲得することを目指し、共産軍と武力

衝突を起こし情勢を有利に展開したが、その後共産軍は農民支持、第三勢力の結集などを持って勢力を拡大し、各地で（47年夏、東北・華北、48年、都市部）反撃に転ずると共に、49年1月に北京を占領し、10月、ついに中華人民共和国を樹立させるに至った[3]。

東南アジアにおいては、各地域で民族独立とその経済的自立が課題となったが、連合国軍の進駐による宗主国（英・米・仏・蘭など）の政治的・経済的支配の復活に直面することとなって民族解放運動が高揚し、これによってインドネシア（45年8月）・ベトナム（9月）・フィリピン（7月）が独立した。以上に加えて冷戦のアジアへの波及の中で旧宗主国の支配力の強化・維持への執拗な試みにもかかわらず、パキスタン（47年8月）・インド（8月）・ビルマ（48年1月）・セイロン（2月）などが相次いでそれぞれ国家的独立を果たした[4]。

以上のようにアジア・太平洋においては、民族解放運動の高揚と冷戦の波及の中で、民族の独立が相次いだが、とりわけ中国革命の成功はヤルタ合意による戦後アジアの枠組みをも同時に崩壊させ、ここに戦後アジア・太平洋政策の決定的な転換を迫るものとなった。そしてアメリカのアジア・太平洋政策は、一転して中国をソ連と共に封じ込め、東アジアにおける「反共の防壁」（48年1月）として日本を再建・復興させると共に、朝鮮半島の南北分割の固定化、台湾・国民党政府の確保、対東南アジア工作（フィリピン・インドネシア借款、ベトナム介入などの工作）などを強力に進め、日本を中核とするアジアの「冷戦」体制の構築として再編を進めることになったのである。

2. アジア・円系通貨圏の終焉と横浜正金銀行

日本の敗戦によってアジア・太平洋におけるいわゆる「大東亜金融圏」も崩壊し、円系通貨は回収され、正金銀行は外地の本邦金融機関と共に閉鎖・接収されることとなった。

すなわちアジア・太平洋においては、大戦終結後に至ってもなおその大部分の地域は新たな戦乱の場となり、各地域における円系通貨の行方についても不明確なところが多く、従って円系通貨の結末も部分的な確認を余儀なく

されることとなった。と同時に、正金銀行は、海外店舗（135カ所）のすべてを閉鎖・接収され、その在外資産も全面的に喪失することになった。

まず満州においては、ソ連軍の満州侵入後の8月19日、ソ連軍により業務停止命令を受けた満州中央銀行（満中銀）は、26日に接収されソ連軍の管理下に置かれるに至ったが、同銀行券（満中銀券）はその後もソ連軍軍票と並行して軍費調達などに使用されることとなった。しかし10月、長春に到着した国民党政府（東北接収委員）は、ソ連軍と東北接収に関する交渉を成立させると同時に、東北行営を設立し（10月12日）、満州経済の接収・再建問題に取り組み、時を移さず国民党政府の中央銀行を要所に進出させて満州興業銀行などと共に満中銀を接収した。さらに10月31日、国民党政府は「東北九省敵偽鈔票及金融機関処理弁法」に続いて「中央銀行発行東北省流通券弁法」（11月4日）を公布し、ここにいち早く「東北九省流通券」を発行し、これを持って満中銀券の回収に当たることとした。このように満州国崩壊後、なお信頼される通貨として流通していた満中銀券は、翌46年3月までに「東北九省流通券」と等価で回収されることになった[5]。

この間の正金銀行はソ連軍の統治下で満州、内地間の交通・通信などをすべて遮断され、辛うじてハルビン支店が8月20日まで預金・送金業務を行ったが、同支店は9月20日、ソ連軍に接収された。また新京・奉天・大連各支店にあっては、唯一大連支店が預金・払出業務を続けていたが、11月8日に閉鎖、国民党中央銀行に接収されたのである[6]。

そして華北・蒙疆においては、8月に蒙疆銀行（蒙銀）が中共軍に接収され、その後晋察冀辺区行政委員会が「晋察冀辺区勝利後施政要領」を公布し（9月26日）、辺区貨幣の一元化の決定がなされて蒙疆銀行券（蒙銀券）も回収されることとなり、同時に中国聯合準備銀行券（聯銀券）も華北方面へ流出することになった。また10月17日、中国聯合準備銀行（中聯銀）は国民党中央銀行に接収されたが、聯銀券はその後も華北金融の混乱防止のため引き続き発行されることとなったものの、インフレの加速する中で聯銀券価値が上昇するという事態を受けた国民政府は、11月21日に「偽聯銀鈔票収換弁法」（4ヵ条）を公布し、聯銀券を法幣1に対し5の割合で回収すること

を決定したため、これに従って 46 年 1 〜 4 月の間に交換されることになった[7]。これを受けて正金銀行は、8 月 14・15 日、天津及び上海支店において日本政府の要請により、手持金塊（約 5 トン）を中聯銀・中央儲備銀行（儲備銀）に売却し、両行との「預け合」勘定の借越金の返却に充てた。また張家口支店は終戦後外蒙軍によって閉鎖され、やむなく北京に引き揚げ整理事務を行ったが、これに続いて 10 月 17 日、北京支店（及び張家口支店、東城分店）をはじめとして天津支店（10 月 23 日）・青島支店（46 年 1 月 18 日）・芝罘支店（同日）・済南支店（1 月 29 日）が、それぞれ国民党中国銀行によって接収されることになった[8]。

また華中・華南においては、9 月 13 日、儲備銀は国民党中央銀行に接収され、同行による業務が再開されたが、金融恐慌防止の見地から中央儲備銀行券（儲備券）は引き続き流通されることとなり、これに加えて上海の国民党軍が法幣を、さらにアメリカ軍も米ドルをそれぞれ携行・使用したため、上海は一時、儲備券、法幣、米ドル札が混流する状況となった。このため 9 月 27 日、国民政府財政部が「偽中央儲備銀行鈔票交換弁法」を公布し、上海及び華中一帯に法幣 1 対儲備券 200 の交換比率で強制通用させたため、儲備券は 11 月 1 日〜翌年 3 月末の間に回収されることになった[9]。またこれより先、香港においては 45 年 8 月 30 日、イギリス兵が上陸し、翌 31 日、「在香港島邦人は明 1 日午後 4 時迄に香港島を退却すべし」との命令を発し、これを受けて正金銀行は香港支店を閉鎖（同日）し、全くの未整理のまま接収された。やがて華中・華南においても 9 月 19 日、上海支店をはじめ、臨時休業中の南京支店（10 月 2 日）・杭州支店（10 月 18 日）・蚌埠支店（11 月 20 日）・徐州支店（翌年 2 月 24 日）がそれぞれ国民党中国銀行に接収されることになった[10]。

南方諸地域においては、戦時末期の 45 年 5 月 20 日、イギリス・英領インド軍のビルマ侵攻（ラングーン入城）以前に正金銀行ラングーン支店が閉鎖され、終戦後、連合国軍がさらに仏領インドシナ（仏印）に進駐してその管理がフランスに移り、ほどなく正金銀行サイゴン支店は 9 月 13 日、イギリス軍に、続いてハノイ・ハイフォン支店が翌月に中国（重慶）軍に差し押さ

えられ、中国銀行に接収された。北部仏印においては、中国（重慶）軍が一時ピアストル券のほか法幣・関金券の中国紙幣を使用したため、これらの紙幣が併流することとなったものの、円系通貨はすでに終戦前にほとんどがインドシナ銀行券によって回収されていたため、問題は生じなかった[11]。またタイにおいては、9月11日、タイ政府が対日諸条約・協定の廃棄通告に続いてタイ特別円決済「日・タイ金融協定」の停止を発表（14日）し、これに従って9月16日、正金銀行ハジャイ派出所及びバンコク支店が閉鎖・接収された[12]。

他方、英領マラヤ・ボルネオ（北）においては、9月5日、イギリス軍がシンガポールに上陸し、即日モラトリアム実施と同時に本邦金融機関の閉鎖を指令し、これによって正金銀行昭南支店は同日閉店、7日に財務整理の後、イギリス側に引き継ぎを完了した。さらに9月16日にイギリス軍は、南方開発金庫銀行券（南発券）の無価値を宣言してその焼却を命じ、現地邦人の生活資金・事業資金の封鎖を行った。またスマトラ地区においては、正金銀行は戦後治安の関係上店舗の一部を閉鎖し、残りの店舗で営業を続けていたが、翌年1月31日にジャンビー出張所を最後に、すべて連合国に閉鎖・接収された。そしてジャワ地区においても正金銀行は、閉鎖指令がないまま唯一ジャカルタ支店の業務を続けていたが、1946年3月7日に、急きょ、連合国に閉鎖・接収されることとなった。この両地区（ジャワ・スマトラ）においては、終戦後も南発券の流通が引き続き認められていたが、この日以降、ジャワ地区にあっては南発券の流通禁止と同時に、南発券1グルデン（ギルダー）対新通貨3セントの比率でこれが回収されることになったのである[13]。

第2節　日本の戦後処理と横浜正金銀行

1．日本の戦後処理と経済の再建・復興

　日本の戦後処理はヤルタ・ポツダム会談の決定を基礎にSCAPが進めるこ

ととなったが、事実上アメリカの単独占領となり、アメリカの世界政策の一環を構成する対日占領政策の下に展開された。

すなわちアメリカの初期対日政策の基本目標は、1945（昭和20）年9月22日、「降伏後における合衆国の初期対日政策」の発表のとおり日本の「非軍事化」「民主化」にあり、その政策対象は政治、制度、文化、経済にまで及ぶものであった。経済に関しては、日本の軍国主義とその経済的基礎の解体を根幹とし、その中心がいわゆる経済制度（財閥解体、労働改革〈労働三法の制定〉、農業改革〈農村改革〉を3本柱とする）の民主的改革を狙いとするものであった。

敗戦によって、日本は植民地・半植民地の領土・勢力圏及び資源の喪失、交易の途絶と同時に、戦争によって多大な直接・間接の被害をこうむった結果、経済構造及びその機能は壊滅し、ほぼ崩壊に至っていた。従って日本政府は、当面の対策として食糧そのほかの必要物資及び原料資材などの輸入を促進し、飢餓とインフレを克服する一方、生産を再開すると共に、経済の早急な立直しを図ることにした。すなわち、加速するインフレ防止総合対策として46年2月17日、政府は「金融緊急措置令」を発令し、金融非常措置（「新円切替、預金封鎖、五百円生活」）を断行すると同時に、食糧輸入緊急措置を発表し、ひとまずインフレの抑止に当たることとした。それに加えて翌年1月、政府は経済危機緊急対策として傾斜生産方式を採用し、石炭・鉄鋼・電力・肥料の重点産業に輸入資材の投下、生産費の保証、「傾斜」融資（復興金融金庫）などの優遇措置を行い、生産の復興を促進するものとしたが、こうした方式は、言うまでもなく他方に中小企業の倒産、失業の増大を伴わざるを得ないものでもあった[14]。

米ソ冷戦の激化とアジアへの波及は、上述のようにアメリカの対日占領政策の転換を余儀なくさせることになった。すなわち、48年1月、アメリカ陸軍（ロイヤル長官）の日本「（極東）反共防壁」構想・声明は、日本経済の急速な再建・復興への政策的転換を公然化したものであったが、10月7日、アメリカはこれを「NSC（国家安全保障会議）13/2」文書として具体化し、これを受けてSCAPの占領政策は経済復興優先、賠償中止、警察力の強化、

国家地方公務員の団体交渉権・争議権の否認など一転するに至った[15]。こうして経済制度の改革は大きく後退し、農地改革、労働改革で一定の結果を見たものの、財閥の支配力の排除は曖昧となり、また財閥解体と併せて経済力の分散を図った集中排除政策（47年12月）は、48年5月のドレーパー使節団によるジョンストン報告後に急速に後退し（均衡財政の確立、為替レートの設定、集中排除政策の緩和などを含む）、ついに取り止めとなった。さらに12月にSCAPは、日本経済の安定のための原則、いわゆる「経済安定九原則」を発表し、これを持って日本経済の安定・自立化（日本の放漫財政と対日援助資金に対する依存体質の清算、戦後インフレの収束など）及びその世界市場への編入（単一為替レートの設定など）を早急に促進することにした。そしてこれが49年5月のいわゆるドッジ・ライン（49年度の「超均衡予算」と財政金融政策）として実施されることになり、見返資金制度（資金8億500万ドル）を通じた独占的資本復興の道が開かれると共に、他方で大量の企業倒産と失業をもたらし、ここに日本経済の「合理化」と「改善」が一挙に推進されることになった[16]。

　日本の戦後処理はこうした事情の下で、当初の日本軍国主義の経済的基礎の解体は不徹底に終わり、合理化された戦後的形態で再建・復興されると共に、戦後アジアにおける資本主義世界の安定（経済復興の要）と「反共の防壁」としての役割を担うべく再編されることになったのである。

2．対日占領下の貿易・為替金融と横浜正金銀行

1）管理貿易・為替金融と横浜正金銀行

　戦後当初の日本の輸出入貿易は、占領下のいわゆる管理貿易・為替政策の下に展開され、ここに特殊銀行としての特権的地位を喪失した正金銀行は唯一、一般国内金融業務に当たることとなったが、特権的地位の喪失以上に同行の存続自体が危惧されることとなった。

　敗戦直後の日本の対外貿易は、市場の喪失、為替金融関係の壊滅、輸出産業の消滅などから貿易量を激減させ、早急な貿易機構の再建が課題となっていた。こうした中でSCAPは、45年10月の「必要物資の輸入に関する覚書」

に続いて翌年3月、「輸出手続きに関する覚書」を発表し、対日貿易方針を明らかにしたが、周知のようにこれは最低限度の国民生活を維持するに必要な限りで、占領軍の管理下にいわゆる管理貿易を実施するというものにほかならなかった。従って日本政府は、45年12月13日に貿易庁を開庁し（11月27日商工省の外局に設置決定）、これを輸出入の専管政府機関に指定すると共に（46年4月3日）、貿易臨時措置令を発令し（6月19日）、ここに政府貿易以外を原則として禁止した政府貿易体制を確立した。それと同時に、47年4月14日に貿易公団法を公布し、7月には貿易公団（鉱工品・繊維・食糧・原材料）を設置し、管理貿易機構の整備・強化を図ることとした[17]。

こうしてSCAP管理下の日本輸出入貿易は、第20表のように戦後ほどなく増加に転じ、年々拡大へ向かうに至った。いまこの時期の輸出入貿易構成を見てみると、46年には、輸出では生糸・木材・茶・石炭・鉄道車輛及び部分品などの商品が大宗を成し、これらがアメリカ（65.05%）・朝鮮（9.97%）・中国（9.19%）・香港（2.58%）・琉球列島（1.55%）・イギリス（1.44%）などの国々へ向けて積み出された。他方、輸入では、棉花・穀類・原油及び粗油・塩・燐鉱石など国民生活の最低限度をまかなう食糧（飢餓の救済）、輸出製品加工原料など復興用資材が大半を占め[18]、これらの商品が、アメリカ（87.12%）・中国（3.47%）・エジプト（3.44%）・ドイツ（1.09%）・アラビア（0.14%）などの諸国から輸入された。

第20表　輸出入貿易額（1945～1950年）　　　　　　　　　　　（単位：千円）

年次	貿易総額	輸出額	輸入額	差　　額	
1945（昭和20）年	1,344,998	338,339	956,599	618,260	入超
1946（〃 21）年	6,329,082	2,260,407	4,068,674	1,808,267	〃
1947（〃 22）年	30,412,792	10,148,004	20,264,788	10,116,784	〃
1948（〃 23）年	112,309,244	52,022,102	60,287,141	8,265,039	〃
1949（〃 24）年	454,297,938	169,842,674	284,455,264	113,612,590	〃
1950（〃 25）年	646,216,635	298,021,052	348,195,583	50,174,531	〃

出典：(1) 総理府統計局編『第五回日本統計年鑑1953』日本統計協会、1954年、236頁。
　　　(2) 原資料は、大蔵省主税局税関部『日本外国貿易年表』。

これに対して、対外為替決済は45年9月、SCAPが発令した「金、銀、有価証券及び金融上の諸証券の輸出入の制限」と「金融取引の統制」の覚書に基づき、10月15日、政府は「為替取引禁止」（勅令578号、大蔵省令第88号）令を公布し、これを持って為替手段の輸出入及び金銀、在外資産、外国為替取引の一切を禁止することとし（為替なき時代）、事実上大蔵省がSCAPの監督の下に一元的に運営に当たることになった[19]。これに加えて政府は貿易に関する円資金の受け払いを行うため、12月21日、「貿易資産設置ニ関スル法律」を公布し、貿易庁に「貿易資金」を設置した。そして翌年11月12日、「貿易資金特別会計法」を公布してこの「貿易資金」を「特別会計」と改め、23日より「貿易資金特別会計」を通す円貨の受け払いを実施することにした[20]。

　この間正金銀行は、前節で略述したように敗戦と共に海外各店との連係途絶や連合国側による接収、また外国為替・貿易金融の途絶という情況の中で植民地金融、政府関係代行業務など一切を喪失したが、上述の45年10月の大蔵省令第88号令によって公式に外国為替・貿易金融に関する特権的業務を完全に喪失し、業務は一般国内金融及び連合国軍関係預金の一部の取り扱いにのみ限定されることとなった。こうして、日本資本主義の黎明期の1879（明治12）年創建以来、ほぼ専管的に対外金融に当たった正金銀行は、膨大な在外資産の喪失と政府補償問題の未措置という情況の中で、従来の存立形態の崩壊と同時に、改めてその存続・改組問題に直面せざるを得ないこととなったのである[21]。

2）「民間貿易・為替金融」の再開と外国銀行

　戦後日本の「民間貿易・為替金融」は、上記のアメリカの初期対日政策の転換を契機に開始され、政府は新たに貿易・為替金融体制の整備を迫られることとなったが、同時に外国銀行の日本進出とその業務を拡大せざるを得ないこととなった。

　すなわち、アメリカの初期対日政策の転換と共に、SCAPは制限付き民間輸出貿易（「民間貿易」）の再開を許可するに至り、47年4月、「貿易公団法」

公布、各貿易公団設立及び営業開始を経て、8月に「民間貿易」が再開された。この「民間貿易」は、言うまでもなく占領下の政府管理貿易の中に「民間貿易」の形が部分的に導入されたものであったが、48年12月、「経済安定九原則」の発表後はさらに政府管理貿易範囲の限定、「民間貿易」の拡大が図られ、翌年2月には「民間貿易」の輸出高が総輸出高の90%を上回るに至った（輸出は依然政府管理）。そしてドッジ・ラインの実施、単一為替レートの設定、通商産業省の設置（経済安定九原則の実施に当たり、貿易機構の改革を検討）など貿易体制の整備・強化が進められた後、貿易は順次拡大することになった。それに加えて11月30日、政府は「外国為替及び外国貿易管理法」の成立を持って輸出の自由化及び輸入の民間への転換を図り、ここに輸出入とも管理貿易から民間貿易へ全面的に移行することにしたのであった[22]。

こうして冷戦進展後の日本の輸出入貿易は激増した。輸出では49年には綿織物・鉄鋼材・生糸・陶磁器・絹織物などの主要商品が、アメリカ（13.87%）・イギリス（9.23%）・インド（7.38%）・インドネシア（6.83%）・タイ（4.82%）などの諸国へ向けられ、他方輸入では、同年に穀物・綿花・石炭・化学肥料・砂糖などの商品が、アメリカ（64.14%）・中国（5.82%）・エジプト（2.67%）・タイ（2.61%）・オーストラリア（2.60%）・マライ連邦（2.53%）などの国々からそれぞれ輸入されるに至った。以上のように「民間貿易」の再開と共に日本の貿易額はその規模が急速に拡大したが、しかし貿易構成では対米依存度が高く、その入超額の大半はアメリカの「占領地救済援助金」（ガリオア及びエロア資金）でまかなわれていた。アメリカの対日援助は、当初、日本の最低生活維持のための緊急輸入に対するものであったが、48年4月26日の「ジョンストン報告」を契機として経済復興のための輸入を含むものとして許可基準が転換されることになった[23]。

ところで戦後当初のIMF・GATT体制下の世界経済は、いわゆる西側世界にあっては傾向的に「ドル不足」に見舞われざるを得なかったが、ドル貨地域に属した日本は、非ドル地域との貿易が伸び悩みの状況にあった。そこで日本は、非ドル地域間の貿易を双務的貿易を持って行うものとし、48年6月、スターリング地域との協定・締結を手始めに、各地域間の協定・締結を

進め、これを持って当該地域との貿易の拡大を図ることにしたのである[24]。また対外為替においては、47年8月15日、大蔵省は「民間貿易」の再開に当たって貿易庁と協議のうえ、本邦為替取引銀行9行（三井・三和・神戸・住友・野村・安田・東京・東海・帝国）を指定し、輸出為替の取り組みに関する国内手続事務に当たらせることとした[25]。しかしこれは、貿易資金の委託経理事務ということであって、本来の外国為替業務とはいえないものであった。従って、その後の48年8月15日、大蔵省は「民間貿易輸出新手続」を公布し、貿易・為替決済もそれまでの変則的な方法（貿易庁や貿易基金の介入など）から為替銀行の直接担当へ変更し、為替銀行の役割は一段と増大することとなった。なお、大蔵省はその後SCAPの指令（49年2月1日）に基づき49年3月16日に「外国為替管理委員会」を設置し、続いて4月23日、1ドル＝360円の単一為替レートを設定した（大蔵省告示第237号）。これによって、日本経済の国際経済との直接連結と安定的な貿易・為替制度確立の前提条件が与えられると同時に、早くも戦後日本資本主義の国際通貨体制と世界市場への新たな復帰を見るに至ったのであった[26]。そして10月25日、SCAPの政令第353号「外国為替銀行の臨時措置などに関する政令（ポツダム政令）」の公布を受けた大蔵省は、11月8日に大蔵省告示第879号を発令し、11日に外国為替銀行として本邦市中銀行11行（千代田・大和・神戸・東京・帝国・第一・富士・勧業・三和・東海・大阪）を改めて認定することになった[27]。

他方、これに先立ち47年8月15日、SCAPは「民間貿易」の再開を契機に外国銀行（ライセンスド・バンク）の日本進出を許可し、すでに6月5日に日本進出を果たしていたナショナル・シティ銀行に加え、進出銀行は翌年9月末には9行（ナショナル・シティ銀行、アメリカ銀行、チェース銀行、香港上海銀行、チャータード銀行、オランダ銀行、蘭印商業銀行、インドシナ銀行、中国銀行）に上った。外国銀行の業務は、主に占領軍の財政受け払い、米国向け送金、米国船員の日本における通貨交換など占領軍関係の業務であったが、8月の一般為替取引の一部解除後にあっては漸次預金・貸金、一般為替取引業務が拡大することになった。とりわけアメリカの3行は、在日

米国商社をバックに外国為替・貿易金融を行い、ドル地域とのパイプラインとしての役割を果たすことになり、これによって邦銀は事実上外国銀行との依存・下請関係に置かれることとなったのである[28]。

第3節　戦後金融制度改革と横浜正金銀行

1．金融制度改革と横浜正金銀行

　日本経済の戦後改革の一環として金融制度の改革が課題とされ、日本銀行、特殊銀行、さらに外地進出金融機関などの制度的改革が進められたが、正金銀行はSCAPの改組勧告に従って、再組織の検討に入らざるを得ないことになった。

　すなわちSCAPは、日本経済の「民主化」のための一環として、財閥解体との関連で1945（昭和20）年9月に金融制度の改革（臨時資金調整法・銀行等資金運用令・軍需資金等特別措置法・金融統制団体令の廃止）を断行し、その軍事色を排除することとした。まず特殊銀行制度については、12月、SCAPは「旧来の特殊銀行制度の廃止」に続いて「大蔵省預金部資金の運用の限定」を指令し、資金運用に当たっては国家財政、地方財政の必要に応じる範囲に留めることにした。このため特殊銀行は運用資金が封鎖されることとなり、重大な特権を喪失することになった。さらに48年6月、SCAPは「特殊銀行に関する覚書」を発令したが、これに応じて政府は50年3月、特殊銀行法によって特殊銀行制度の廃止を決定した（日本興業銀行・日本勧業銀行・北海道拓殖銀行は普通銀行へ）。この結果、大戦時、軍需融資を中心にした特殊銀行の変則的な統制機構はついに廃止されることになった。

　また、日本銀行の制度については、戦後のインフレ、戦時補償の打ち切りなど金融的混乱の続く中で金融制度の見直しを迫られた政府は、46年12月に金融制度調査会を設置し、戦後の新情勢に即応する金融制度整備方策を諮問したものの、通貨・信用制度の基礎を成す日本銀行の制度については手付かずの状態にあった。SCAPは48年8月、「新立法による銀行制度の全面的

改正」(銀行行政・中央銀行・市中銀行等の改革案)を勧告し、これを受けて政府は9月、金融会・産業会等各界を網羅した金融制度懇談会を組織し、新金融立法の研究に着手した。しかしながら翌年2月、SCAPは全面的な金融制度の改正は見合わせ、通貨金融政策等決定の最高機関としての日本銀行の内部に政策委員会の設置を勧告したため、政府は6月3日、「日本銀行法の一部を改正する法律」を公布すると同時に「日本銀行政策委員会」を設置し、日本銀行の「民主化」を促進することとした。これによって戦時下の日本銀行法制定以来(42年)、著しく国家機関的な性格を強めていた日本銀行は、中立性及び自立性の回復と同時に、民主的運営に向けて制度の改革が図られることとなった[29]。しかし、これらの銀行改革は冷戦の進展と共に、結局、形式的に終わることになり、とりわけ特殊銀行は50年以降、新設銀行が相次ぐ結果となった。

他方、外地進出銀行など特別戦時機関については、従来の日本の国際金融制度の全面的改革を企図していたSCAPは、45年9月30日、戦争及び植民地に直結した特殊銀行の廃止に向けて「外地銀行並びに外国銀行及び特別戦時機関の閉鎖に関する覚書」を大蔵省に指令し、この指令に基づき大蔵省は、実施の具体案を作成し、10月26日に「ポツダム勅令に基づく外地銀行、外国銀行及び特別戦時機関の閉鎖に関する件」(大蔵省・外務省・内務省・司法省令第1号)を公布・施行した。これによって従来の対外活動機関(朝鮮銀行・台湾銀行・朝鮮拓殖銀行などの特殊銀行)、外地植民開発会社(東洋拓殖会社・満鉄・満州重工業など)及び戦時金融金庫、資金統合銀行等が廃止・閉鎖され、続いて47年3月、勅令74・75号により、蒙銀・中聯銀・儲備銀・南方開発金庫などの機関が閉鎖を指定されるに至り、清算手続きに入ることになった[30]。

ところで閉鎖指定から除外されたものの、正金銀行が戦時において軍費の調達や占領地金融政策による協力機関であったことにかんがみ、SCAPは同行の戦時業務が朝鮮銀行や台湾銀行のそれと大差ないものとして、改めて同行の存続を否定することになった[31]。すなわち、これより先の45年11月、ASCP経済科学局金融部長トーマス(C.F.Thomas)は、正金銀行頭取・副頭

取と同行の存続・改組問題などについて懇談した。この際トーマスは正金銀行の普通銀行として存続することが望ましいと勧告した。同時に同行内に民主化委員会を設置し、存続・改組ついて研究するよう提案した[32]。そこで正金銀行は、行内に民主化委員会を新たに設置すると同時に、その研究に着手し、ASCP に対し普通銀行としての存続を強調し説得を繰り返していた。

　ところが翌年 1 月 23 日、金融制度調査会が「横浜正金銀行条例を廃棄し特殊銀行たる正金銀行を普通銀行に改組」すべきよう答申。次いで SCAP は、2 月中旬、正金銀行に同行の自発的改組案を至急作成することを要求、さらに 3 月、改組につき大蔵省と日本銀行と協議の上、具体案を提出するよう勧告。これを受けて正金銀行は、大蔵省と日本銀行の関係者を招いて協議会を開催し、論議の結果、債権債務の継承方法、資本金の払込方法などの主要問題（課題）を「正金銀行整理再組織案」としてまとめ上げた。この再組織案を 3 月 22 日、大蔵大臣に提出し、その上 4 月 13 日、大蔵大臣の付帯書付文書と共に SCAP（中央終戦連絡事務局）へ提出したのである[33]。

　他方、これと併せて正金銀行は、敗戦直後から在外資産の補償など政府戦時補償について政府との交渉を進めていたが、46 年 4 月、SCAP は日本政府に対して健全財政の再建を強く要請すると同時に、補償支払の一時停止、諸債務に対する政府補償行為の停止等を指示したため、同行にとって戦時補償の実現もほぼ絶望的な状態に立ち至っていたのである[34]。

2. 横浜正金銀行の閉鎖と東京銀行への譲渡

　以上のような正金銀行の改組や戦時補償の問題は、結局、SCAP の解散通告、さらに戦時補償打ち切り指示が決定的となり、正金銀行は、新銀行設立とその整理業務に専念せざるを得ないこととなった。

　すなわち、46 年 7 月 2 日に SCAP は、先に正金銀行が提出した同行再組織案に対して、正金銀行解散の覚書を同行に通告し、さらに 7 日、政府の戦時補償打ち切りもまた決定され、同行はもっぱら国内業務を担当する一般普通銀行として再組織されざるを得ないことになった。これを受けて 8 月 15 日、政府は戦時補償の打ち切りに伴う経済再建の一環として「金融機関再建整備

法」と「金融機関経理応急措置法」を公布したが、これに従って正金銀行は資産・負債諸勘定の新・旧勘定への分離などの作業に着手することになった[35]。

こうして正金銀行は9月10日、同行の新勘定受入機関として新銀行の設立申請（「東京銀行」設立発起人代表・浜口雄彦）を大蔵大臣へ提出し、これを大蔵大臣がSCAPに承認申請するルートを経た後、10月11日、SCAPの承認、翌日に大蔵省の認可を得て新銀行の設立に至ることとなった[36]。これ以降正金銀行は、10月11日、「金融機関再建整備法」と共に両院を通過した「金融機関経理応急措置法」に従って新・旧勘定を分離し、このうち純国内商業資産を新銀行に譲渡する方針の下に新銀行設立準備を進め、12月に大蔵省へ新銀行（「東京銀行」〈名称決定、資本金50,000千円〉）の営業許可を申請し、17日、ここに新生東京銀行が発足することとなった。これによって12月30日に正金銀行は、新勘定残高と内地支店・国内資産を東京銀行に譲渡し、47年1月4日に閉店すると同時に、これに代わって別個の普通銀行として発足した東京銀行が開業することになった[37]。

そして東京銀行開業後の正金銀行は、残された旧勘定（東京銀行使用の旧正金建物等）の清算にもっぱら専念することになったが、旧勘定の負債は「金融機関再建整備法」に基づき、閉鎖機関令との調和を図りつつ進めることとしたものの、評価基準の決定が遅延し、譲渡未定のまま、結局、すべて整理するまでに至らなかった[38]。こうした経緯のうえで6月30日、SCAPは正金銀行の清算促進に関して「正金銀行の旧勘定の資産及び負債の整理の特例等に関する政令」（政令第115号）の発令を持って、旧勘定の国内資産のうち当局の指定するものを除き、これを東京銀行に信託譲渡（法定信託譲渡の形）させた上、同行を閉鎖機関として指定した[39]。これに従って大蔵省が正金銀行を閉鎖機関に指定し（大蔵省告示第130号）、同時に正金銀行は、信託譲渡された国内資産は同行を委託者及び受益者とし、他方、東京銀行を受託者とする信託財産という形を取り、これ以降この政令第115号と閉鎖機関令とを持って整理業務を進めることにした[40]。

こうして正金銀行の整理は、同行と東京銀行の信託関係を通して進められたが、49年7月28日のSCAPによる「正金銀行解散案（SCAPIN1049/1）」

覚書に続いて7月30日、「正金銀行の旧勘定の資産の整理に関する政令」（ポツダム政令第288号）の発令を持って最終的に処理・決定され、9月1日、大蔵省告示第614号を持って終了することとなった。これに従って9月1日現在、信託財産が東京銀行から正金銀行に再び移転（換金化）され、これを持って信託関係も終了することになった同行は、残務処理を閉鎖機関整理委員会に委ね[41]、東京銀行設立[42]からほぼ3年後の財産の整理（譲渡・清算）を持って、長期にわたる転変の歴史をここに終えることとなったのである。

むすび

　以上、日本の敗戦に始まるこの時期の正金銀行は、日本の戦後処理を進めるSCAPの対日政策の下で、国内一般金融、同行再組織の検討に当たったものの、戦時補償打ち切り後、新銀行設立準備及び同行の整理（譲渡・清算）等の業務を余儀なくされることとなった。

　すなわち、戦後危機の進む満州・中国本部・東南アジアの各地において、正金銀行は円系通貨の回収が図られるのと前後して各店が閉鎖・接収されることとなった。

　また同行は、一般国内金融業務が唯一残されることとなったが、同時に政府との戦時補償の交渉、さらにSCAPの正金銀行改組勧告を受けて、正金銀行再組織の検討に当たらざるを得ないことになった。

　次いで、SCAPによる正金銀行の解体指令及び戦時補償の打ち切り指示という事態の中で、同行は新銀行の設立準備、及びこれと並行して同行の閉鎖整理（譲渡・清算）など閉鎖機関としての業務に専念することを余儀なくされたのである。

　以上のようにこの時期の正金銀行は、日本の敗戦と戦後処理の過程で、SCAPの管理の下、同行の再組織、東京銀行設立準備、同行の閉鎖整理（譲渡・清算）等の業務を成し遂げ、ついに、創建以来67年に及ぶ日本資本主義の転変と共にあった長期の歴史的役割を終えたものといえよう。

【注】引用文献、参考文献

1) 東京大学社会科学研究所編『戦後改革 2 国際環境』東京大学出版会、1974 年、323 頁。藤原彰「現代史序説」『岩波講座 日本歴史 22 現代Ⅰ』岩波書店、1977 年、4 頁。
2) 歴史学研究会編『日本同時代 1 敗戦と占領』青木書店、1990 年、2-4 頁。
3) アメリカ国務省編『中国白書――米国の対華政策――』朝日新聞社、1949 年、五～八章。
4) J.M. Pluvier, "South-East from Olonialism to Independence," 1974、ヤン・M・プルヴィーア、長井信一監訳『東南アジア現代史――植民地・戦争・独立――下巻』東洋経済新報社、1977 年、第四・五部。今川英一『東南アジア現代史』亜紀書房、1972 年、291-292、308-309、330-331、342-355 頁。
5) 渡辺長雄『新中国通貨論』世界経済調査会、1948 年、111-112 頁。日本銀行調査局編『図録 日本の貨幣 10――外地通貨の発行（1）』東洋経済新報社、1974 年、331-332 頁。満州中央銀行史研究会編『満州中央銀行史』東洋経済新報社、1988 年、237-239、244 頁。
6) 東京銀行編『横浜正金銀行全史 第五巻（上）』東洋経済新報社、1983年、739-740 頁。
7) 桑野仁『戦時通貨工作史論』法政大学出版局、1965 年、249 頁。渡辺、上掲書、109-110 頁。日本銀行調査局編、上掲書、332 頁。
8) 東京銀行編、上掲書・第五巻（上）、798-803 頁。桑野、上掲書、249-250 頁。
9) 渡辺、上掲書、106-109 頁。日本銀行調査局編、上掲書、333-334 頁。
10) 東京銀行編、上掲書・第五巻（上）、740-741 頁。
11) 東京銀行編、上掲書・第五巻（上）、812-815 頁。日本銀行調査局編、上掲書、334-335 頁。
12) 東京銀行編、上掲書・第五巻（上）、741-742 頁。
13) 日本銀行調査局編、上掲書、335-336 頁。
14) 歴史学研究会編、上掲書、181-185、203-208 頁。中村隆英『日本の経済統制』日本経済新聞社、1974 年、152-155 頁。
15) 藤原彰『日本近代史 Ⅲ』岩波書店、1977 年、188-189 頁。楫西光速・加藤俊彦・大島清・大内力『日本資本主義の没落 Ⅴ』東京大学出版会、1975 年、1470-1472 頁。大蔵省財政史室編『昭和財政史 終戦から講和まで 第三巻――アメリカの対日占領政策――』東洋経済新報社、1976 年、第四章。
16) 柴垣和夫「財閥解体と経済復興」上掲書『岩波講座 日本歴史 22 現代 Ⅰ』、327-334 頁。歴史学研究会編、上掲書、186-191 頁。B.J.コーヘン著、大内兵衛訳『戦時戦後の日本経済 下巻』岩波書店、1976 年、第七章。玉城肇『日本財閥史』社会思想社、1976 年、終章。持株会社整理委員会編『日本財閥とその解体』原書房、1973 年、

第9章　日本の戦後処理と横浜正金銀行

　　　第二部。
17) 日本銀行調査局特別調査室編『満州事変後の財政金融史』同、1948年、786-790頁。経済企画庁・戦後経済史編『戦後経済史（貿易・国際収支編）』大蔵省印刷局、1962年、18-22、30-38頁。東京銀行編『東京銀行五十年史　第一分冊　第一部　新生日本の新銀行（1945～54年）』同、1988年、75-76頁。東銀史編集室編『東京銀行史──外国為替専門銀行の歩み──』株式会社、東銀リサーチインターナショナル、1997年、36頁。
18) 通商産業調査会編『戦後日本の貿易20年史』丸善、1967年、3-6頁。
19) 市村斌「わが国の終戦後における貿易再開の経緯と外国為替公認銀行の歴史について（一）」外国為替貿易研究会『外国為替』第133号、1955年3月、26頁。
20) 日本経済調査協議会編『日本の為替・貿易金融』至誠堂、1965年、35-36頁。東京銀行編、上掲書・第五巻（上）、783-785頁。
21) 閉鎖機関整理委員会編『閉鎖機関とその特殊清算』在外活動関係閉鎖機関特殊清算事務所、1949年、217頁。日本銀行調査局特別調査室編、上掲書、803頁。東京銀行編『横浜正金銀行全史　第五巻（下）』東洋経済新報社、1983年、246-247頁。
22) 日本経済調査協議会編、上掲書、36-37頁。市村、上掲書、26-28頁。経済企画庁・戦後経済史編、上掲書、59-61頁。東京銀行編、上掲書『東京銀行五十年史』、76頁。
23) 経済企画庁・戦後経済史編、上掲書、23-26頁。通商産業調査会編、上掲書、7-8頁。
24) 経済企画庁・戦後経済史編、上掲書、23-25、62-63頁。
25) 大蔵省財政史室編『昭和財政史　終戦から講和まで　第十五巻──国際金融・貿易──』東洋経済新報社、1976年、116-118頁。
26) 日本経済調査協議会編、上掲書、45-46頁。通商産業調査会編、上掲書、6-7頁。
27) 大蔵省財政史室編、上掲書、123-124頁。市村斌「わが国の終戦後における貿易再開の経緯と外国為替公認銀行の歴史について（二）」外国為替貿易研究会『外国為替』第114号、1955年4月、9頁。
28) 立脇和夫『在日外国銀行百年史1900～2000年』日本経済評論社、2002年、117-121頁。日本銀行調査局特別調査室編、上掲書、804頁。大蔵省財政史室編、上掲書・第十五巻、114-116頁。政治経済研究所編『日本における外国資本』同、1955年、121-125頁。市村斌「わが国の終戦後における貿易再開の経緯と外国為替公認銀行の歴史について（三）」外国為替貿易研究会『外国為替』第115号、1955年5月、28-29頁。東京銀行編、上掲書『東京銀行五十年史』、76-77頁。
29) 日本銀行百年史編纂委員会編『日本銀行百年史　第五巻』日本銀行、1985年、306-323頁。楫西他、上掲書・没落V、1222-1223、1294-1302頁。
30) 東京大学社会科学研究所編『戦後改革　7　経済改革』東京大学出版会、1974年、299-

31) 日本銀行調査局編、上掲書、331 頁。
32) 閉鎖機関整理委員会編、上掲書、270 頁。大蔵省財政史室編『昭和財政史　終戦から講和まで　第十三巻──金融(2)企業財務、見返資金』東洋経済新報社、1976 年、558 頁。
33) 東京銀行編、上掲書・第五巻（上）、753-754 頁。東京銀行編、上掲書『東京銀行五十年史』、6-13 頁。
34) 東京銀行編、上掲書・第五巻（上）、773-774 頁。
35) 日本銀行調査局特別調査室編、上掲書、803-804 頁。閉鎖機関整理委員会編、上掲書、270-271 頁。朝日新聞社経済部編『危機にあえぐ日本経済──朝日経済年史（昭和二十二年版）』朝日新聞社、1948 年、24 頁。
36) 大蔵省財政史室編、上掲書・第十三巻、558-563 頁。日本銀行百年史編纂委員会編、上掲書、65-66 頁。
37) 閉鎖機関整理委員会編、上掲書、279 頁。東京銀行編、上掲書『東京銀行五十年史』、19-38 頁。
38) 東京銀行編、上掲書・第五巻（下）、184-185 頁。
39) 閉鎖機関整理委員会編、上掲書、271-276 頁。大蔵省財政史室編、上掲書・第十三巻、562-563 頁。
40) 東京銀行編、上掲書・第五巻（下）、253-254 頁。
41) 閉鎖機関整理委員会編、上掲書、276 頁。大蔵省財政史室編、上掲書・第十三巻、564 頁。東京銀行編、上掲書・第五巻（下）、254 頁。
42) 普通銀行として出発した東京銀行は、その後の 1954 年「為替専門銀行法案」が国会を通過した結果、同年 8 月に改組され、ここに為替銀行として再出発することとなる。正金銀行は、1879（明治 12）年 11 月創立以来、国策銀行として世界各地に進出し、日本銀行から低利資金の融資を受けることによって外国銀行に対し競争力を維持してきた。しかし戦後のこの時期においての為替専門銀行の設立は、東京銀行に日本銀行からの低利資金融資が予定されていたものと推測できると同時に、これは正金銀行の再現を意図したものにほかならないものともいえる。日本経済の再建・復興を目指す政府は、この為替専門銀行の設立を持って政治的・軍事的背景の上に立つアメリカ系 3 銀行に対抗する一方、他方ではドルのみに依存する日本の情勢に変化を与え、ポンドの自由交換性の回復に当たり、ここに日本の自主性の早期回復を図ることとしたとも見える。こうして、後発資本主義国であった敗戦後の日本が旧正金銀行の復活という形態を取ったことは、結局、日本銀行の低利資金という国家の保護以外、世界経済に対抗する手段を持ち合わせていなかったことを物語るものであったといえよう（政

治経済研究所編、上掲書、125、129 頁。渡辺佐平・北原道貫編『現代日本産業発達史 第二十六巻　銀行』交詢社出版局、1966 年、602-603 頁）。

第 V 部

横浜正金銀行の経営制度
——人物——

第 10 章
横浜正金銀行の経営制度と人物

はじめに

　横浜正金銀行は、1880年の開業以来輸出増進、正貨吸収・供給など明治政府の財政・金融政策に対応して対外金融に当たり、日本資本主義の転変過程に沿って重要な役割を担うこととなった。しかし、すでに見たように維新期の貨幣・金融事情は近代化に大きく立ち遅れ、対外金融の決済は外国銀行に委ねられていた。こうした情況の中で、政府は貨幣・金融制度の整備を進めると同時に、対外金融を取り扱う対外特殊金融機関として横浜の地に横浜正

金銀行を創設した。従って同行は、「監理官制度」、「官選取締役制度」、「官命頭取任命」など大蔵省及び日本銀行の進める国家政策に基づき、監督・指導に沿って、また戦後においてはSCAPの管理の下に運営に当たることになった。

　正金銀行の経営事情を見てみると、同行は開業当初、日本資本主義の不況に加え経営の不慣れのために債権回収の延期が続出し、大損失を招き、早くも経営不振に、そして1890年恐慌下に経営危機に陥った。その結果、経営方針をめぐり内紛が勃発したが、日清戦争後には日本の大陸進出に伴うと同時に、経営方針の改革を断行し業務拡大を図ったのである。その後日本の金本位制採用時には、対外特殊金融機関として賠償金処理等の役割を果たしたが、日露戦争後においては、世界的な銀価暴落の影響下に金融難に陥り、経営方針・経営体制の整備・改革が図られた。第一次世界大戦期には貿易の飛躍に遭遇したが、その後においては沈滞・危機及び経済統制の下、大蔵省の監督（監理）及び日本銀行の指導に沿って運営に当たったものの、営業成績は順調と言えるものではなかった。さらに太平洋戦争期になると、特殊金融機関の役割・機能は大きく薄れ、その上に大戦後においては閉鎖機関に指定され、新銀行設立に向けて整理・譲渡業務に当たることを余儀なくされたのである。

　ここで正金銀行運営における人事（役員）構成について見てみると、まずその首脳人事については、設立当初から大蔵省の「監理官制度」「官選取締役制度」の下に、日清戦争後には、日本銀行総裁の推薦を持って決定され、従って大蔵省の監督及び日本銀行の指導の下に人事構成も行われた。そして日露戦争後には、「官命頭取任命」の下、大蔵省の監督、指導・強化が図られ、大蔵省の意向が強く反映されることになった。さらに第一次世界大戦中においては外国為替・貿易金融業務の拡大に対応して、大蔵省の監督及び日本銀行の指導の下に、人事機構の整備・改革を断行すると同時に、経営基盤の安定を図り、結局、大蔵省の監督と日本銀行の指導を反映させた人事構成を持って運営に当たったのである。

　しかしながら、両大戦間期には、正金銀行の首脳人事はこれまでの大蔵省

や日本銀行の意向（監督・指導）が薄れ、同行出身者による頭取が誕生し、この体制の下で人事機構の整備・改革が進められ、新たな人事構成を持って時局に対応したのであった。だが、日中戦争・太平洋戦争を反映させて、反転。これ以降再び大蔵省の監督及び日本銀行の指導が強化され、ここに大蔵省・日本銀行・正金銀行組織の緊密化が図られ、これに沿って人事構成が進められることになった。

　なお、戦後においては、SCAP（連合国軍最高司令官総司令部）の対日占領政策の下、正金銀行は東京銀行への譲渡過程において、人事機構の維持・運用の下に、人事構成を行い運営に当たったのである。

第1節　日本資本主義の形成・確立期

　1880年に開業した横浜正金銀行は、間もなく経営の行き詰まりから経営体制の整備・見直しを余儀なくされ、これが明治政府の財政・金融政策の一環としてその支援の下に進められることとなった。首脳人事については大蔵省の「監理官制度」「官選取締役制度」の下、頭取が任命され、これに従って人事構成が進められた。

　明治維新から約10年後の1878年頃、貿易商人等の間で横浜の地に正金銀行の構想が持ち上がっていた。すなわち、早矢仕有的（丸屋商社の経営者——薬品輸入、書籍商）と中村道太（豊橋藩出身、丸屋商社勤務）は、経営的に行き詰まる丸屋商社の立て直しを図るべく銀相場に手を出し、再三再四の失敗の末、この挽回を目指し、銀貨・紙幣（それぞれ半額）で構成する小銀行（資本金20～30万円）を設立し、その営業活動としては貿易商人または投機業者の間に介在して日歩取りを本業とし、さらに自らも時に投機を試みようという構想を練っていた。中村道太は、こうした新銀行の設立構想を福沢諭吉（豊前中津藩出身）に相談し[1]、この構想が当時福沢の強調する貿易金融機関の構想と一致し、これがさらに洋銀騰貴防止を進める大隈重信大蔵卿（佐賀藩出身）との間でも取り上げられ、政策的観点（藩閥関係、国立

銀行設立制限などの問題も含めて）から検討されて実現に向けて進むことになった。

　こうして1879年11月、中村道太ほか22名が発起人となり、横浜正金銀行の創設願いが大隈大蔵卿に提出された。この時の発起人は以下のとおりである。中沢彦吉（東京、京橋）・喜谷市郎右衛門（東京、京橋）・市川好康（東京、京橋）・山口俊作（東京、日本橋）・佐藤理兵衛（山形）・前川太郎兵衛（東京、日本橋）・笠原恵（新潟、中頸城）・西脇悌二郎（新潟、北魚沼）・服部弥八（愛知、渥美）・稲垣藤次郎（愛知）・中尾寛二（愛知、宝飯）・木村利右衛門（横浜）・中村惣兵衛（横浜）・安田卯之助（東京、日本橋）・塚本定次（東京、日本橋）・小林吟次郎（近江）・堀越角次郎（東京、日本橋）・水野忠精（東京、芝）・井伊直憲（東京、麹町）・桜井恒次郎（横浜）・早矢仕有的（横浜）・中村道太（愛知、三河）であって、これらの発起人の出身地は、東京11名、横浜5名、愛知4名、新潟2名、山形1名で、職業としては商人（東京・横浜）、地方華士族、銀行家が多く、福沢・大隈・中村等の銀行経営構想及び懇意に共鳴して参加したものと考えられる[2]。こうして12月11日、「監理官制度」の下に設立を許可された正金銀行は、すぐに株式の募集に入った。この場合の大口株主は、まず積極的に協力したのが近藤良薫、大谷嘉兵衛、大西吉松、安部幸兵衛、田中平八、原善三郎（発起人を除く）等横浜の商人・銀行家であり、そのほかに貿易商の杉村甚兵衛（東京）、朝吹英二（東京）、中村円一郎（静岡）、柿沼真志（東京）、銀行家の安田善次郎、川崎八右衛門（川崎財閥）、間島冬道（第十五国立銀行）等が加わり、構成されることになった。

　この正金銀行の株主構成を見ると、国家による強力な保護はもちろんのこと、これに同行の規模や設立意義及び業務等に大きな期待が託された結果によるものと思われる[3]。そして正金銀行の内部人事機構について見ると、定款（第7・8条）には役員として30株以上所有する株主の中から5名以上の取締役を選挙し、その互選により頭取1名を決定する、と記載されていた。この規定に基づき、12月21日、株主創立総会が開催され、8名の役員が選出。互選の結果、頭取に中村道太（初代）、取締役には木村利右衛門、堀越角次郎、

第Ⅴ部　横浜正金銀行の経営制度——人物——

小野光景、西脇悌二郎、小泉信吉、水野忠精、中村惣兵衛の7名が選任され、この人事構成を持って80年2月28日に開業することになったのである[4]。

　ところでその後、すでに若干触れたように、この間大隈大蔵卿らの組織した改進党と薩長・明治政府（伊藤博文・山県有朋・西郷隆盛・井上馨・大山巌等）との対立が激化し、81年10月に薩長派による大隈大蔵卿ら肥前派の政治中枢からの追放[5]、いわゆる「明治14年の政変」が起こり、ここに薩長勢力の支配権が確立されることとなった[6]。これと併せて大蔵卿に就任した松方正義（薩摩藩出身）は、直ちに兌換制を確立するために紙幣整理に着手し、デフレ政策を強力に進め、これが一転して日本経済に不況をもたらすことになった。翌年2月、松方大蔵卿は、「官選取締役制度」の設置及び「新荷為替法」の制定を含めた正金銀行の育成案を打ち出したが、正金銀行はこの間デフレ政策が推進される中で直輸出貿易の促進に努めたものの、その営業は不振に陥り、多額の取立て困難な貸付金[7]を抱え込むことになった。こうした損失問題が表面化して間もない7月、大隈という後楯を失った中村頭取は、松方大蔵卿から経営責任を追求され、ついに頭取を辞任することとなった。その後任として、小野光景が頭取に就任し（第2代）、取締役には村田一郎、木村利右衛門、小泉信吉、堀越角次郎、中村惣兵衛が、そして補欠取締役には深沢勝興がそれぞれ選任され、また新たに設置された「官選取締役制度」に基づき、官選取締役に白洲退蔵（三田藩出身）、相馬永胤（彦根藩出身）が特選された（初代官選取締役に就任したのは河瀬秀治と村田一郎であった）。小野頭取は就任直後損失金の補填を図るべく、正金銀行の経営体制の整備・見直しを断行することとしたが、不良貸の整理が容易に進まず、経営危機からの脱出は先送りという状況にあった。ここで改めてこの経営危機を打開すべく、正金銀行救済策が論議されることになったが、この際松方大蔵卿と同行取締役の一部に人間的なつながりの欠如に加えて、経営方針及び体制の整備・見直しをめぐって論議の分裂が生じることになった。まず薩長・明治政府との関係回避を主張する反藩閥派（政府干渉排除論）[8]は、正金銀行の経営基盤を在来小生産者（製糸・製茶）に置き、業務の重点を国内金融にすべきであり（外国為替廃止、国内業務のみ取扱）、これによって巨額の損失が補

填できる、と主張した。これに対して、薩長・明治政府との関係強化を図る藩閥派は、正金銀行の外国為替業務の一層拡大と国内業務促進の努力によって、同行の衰運を挽回できるとした。いずれにせよこの反藩閥派の主張は、松方大蔵卿の政策方針（対外金融の要を正金銀行とする）を遵守する藩閥派の経営陣によって退けられ、結局、この間の経営損失問題もこれに沿って解決を見ることになったのである[9]。

　このようにして、松方大蔵卿は正金銀行を正貨蓄積機関として重要な役割を果たす機関であることを強調し、即座に同行の救済に当たることにした。まず、83年1月、小野頭取の辞任と同時に、その後任に白洲退蔵（第3代）を就任させ、副頭取に小泉信吉、取締役には村田一郎、相馬永胤、木村利右衛門、堀越角次郎、中村惣兵衛、深沢勝興（官選取締役、神戸支店支配人）を選任したが、この場合経営の実権を深沢取締役に与え、正金銀行の経営方針及び体制の整備・改革を断行することとした。しかし深沢取締役が病死したためこの計画の実現は不可能となり、松方大蔵卿は時を置かずに原六郎（第百国立銀行頭取、鳥取藩出身）を官選取締役に特選して体制を整えることにした。3月、松方大蔵卿は原六郎を正金銀行の頭取候補に任命し、これが白洲頭取、小泉副頭取、中村取締役の退任と同時に選任され（第4代）、そして新たに取締役には村田一郎、相馬永胤、木村利右衛門、桜井恒次郎、村松彦七を選任したのである。5月、原頭取は松方大蔵卿の承認（原の「正金銀行改革案」〈4月25日承認〉）の下に不換紙幣整理策を強調させた正金銀行改革、すなわち松方大蔵卿の不換紙幣整理策の達成を支援して、紙幣が平価となることを見越して資本金の銀貨を時価の銀相場で売却し、この売却益を持って損額の64％を補填し、残余分は今後5年間の経費節約と業務拡張の利益により補うなどの改革を実行することにした。こうして正金銀行は、ほぼ2年半の間に創業以来の損失補填に成功することができたのである[10]。

　そして、その後の85年5月、日本銀行（81年10月開業、初代総裁・吉原重俊、大蔵小輔、正金銀行初代監理長、薩摩藩出身）が兌換券を発行することになり、この場合正金銀行は横浜における日本銀行代理店としての業務を行うため、日本銀行総裁代理・副総裁・富田鐵之助（仙台藩出身）との間

に「兌換券取扱方式之件約定書」を取り交わしたが、依然として反薩長系政党は薩長・明治政府の保護下にある同行を激しく批判していた。日本銀行においても、以前から外国為替の同行取り扱いを希望していたが、12月、吉原日銀総裁は期限の迫る政府と正金銀行間の御用外国為替の取り扱いを問題として取り上げ、同行業務の一部譲渡を原頭取に要求した[11]。これに対して原頭取は、翌年1月、松方大蔵大臣（85年12月22日、内閣制採用、伊藤博文内閣）に「御用外国為替取扱期限の継続」を願い出て、松方大蔵大臣はただちにこれを許可した（89年3月まで延期）。この際、再び薩長・明治政府攻撃が開始されたが、今度はその標的となったのが正金銀行であり、原頭取は、同行がこうした政争に巻き込まれることを大いに危惧することになった[12]。事実、薩長・明治政府攻撃と結びついた日本銀行と正金銀行との不穏な対立は、非常にデリケートな問題を含むものであった。しかも、正金銀行内部においても、松方大蔵大臣をバックとする原頭取系と大隈をバックとする中村道太系とに分裂し、常に暗闘が絶えなかったのでる[13]。

　以上のような経緯の中で原頭取は、88年1月に認可された「正金銀行条例」に基づき、とりわけ「官選取締役制度」の廃止、これに代わって株主の中から調査員選挙制の創出という新たな条件の下で、相馬官選取締役の退任と同時に、若尾逸平（横浜、生糸売込商、甲州出身）を普通取締役に選任し、また株主の中から矢島作郎、茂木惣兵衛を調査員に選出し、これに旧取締役の木村利右衛門、毛利元昭（東京、華族）、桜井恒次郎を加えた、7名による役員構成を持って運営に当たることとなったのである[14]。

第2節　日本資本主義の帝国主義的発展期

　1890年代の正金銀行はこの間世界・アジア情勢の下に経営が安定せず、経営方針及び体制の整備・改革を迫られることとなったが、これが同時に明治政府の財政・金融政策の一環としてその支援の下に推進されることとなった。首脳人事については大蔵省の「官命頭取任命」に基づき、頭取が任命

され、その下に人事構成が行われた。

　設立以来、正金銀行は大蔵省の監督を受けていたが、1887年の同行条例制定時に「官選取締役制度」が廃止された。このためその後政府へ特別監督の請願を続けていたが、89年2月、政府はこれを受け入れ正金銀行条例が改正されることになった（89年2月6日公布、勅令第10号、6月1日施行〈特別監督制度〉）。この改正によって正金銀行には、同行取締役の大蔵大臣の許可制、監理官の派遣など大蔵省の同行に対する監督権の強化が図られ、これに従って4月、同行の初代監理官として鈴木利亨（大蔵省書記官）が任命され、同行の保護・育成が促進されることになった。これに加えて正金銀行は、「御用外国荷為替制度」の廃止後の為替資金が同行の利害に留まらず、外国銀行の専横の再来をもたらすなど日本経済上の大問題であるとし、この解決の善後策を政府・大蔵省に陳情した。これを受けて松方大蔵大臣は、6月に正金銀行を日本銀行の責任代理店とし外国為替業務を取り扱わせ、そして同行に低利資金を供給することとし、これを日本銀行に要請した。ところが日本銀行総裁・富田鐵之助（第2代）はこの方針に抵抗し、ここにいわゆる松方・富田論争が展開されることになった。この結果、9月13日に、富田は日本銀行総裁を辞任し、その後任には川田小一郎（第3代、三菱財閥、土佐藩出身）が就任し、翌月、原頭取は川田日本銀行総裁との間に「外国為替手形再割引」の契約を締結した。正金銀行は、この制度を通して低利資金の供給を受けられることが可能となった[15]。と同時に、これ以降同行の本店支配人は日本銀行総裁が指名するという条件が付けられることになった。

　このように、この論争を契機としていわゆる「反藩閥派」大株主[16]は、正金銀行と日本銀行との関係不良、同行の官庁的性格及び営業成績の低迷、金銀比価の変動による損失、国内外の恐慌に伴う取引先の破産（損失・渋り貸）などを理由として、原頭取の辞任、株主臨時総会の開催を要求する運動を展開した。この結果、11月に原は頭取辞任を固め、この後任に国際金融に明るい園田孝吉（ロンドン領事、薩摩藩出身）を推薦し、この危機に対応することにし、松方大蔵大臣の了承と同時に、園田の入行内諾を得ることになった。そして90年3月、正金銀行は株主定式総会を開催し、ここで取締役の選挙

を実施することとした。この場合、取締役候補者 11 名中「藩閥派（系）」8 名（木村利右衛門、桜井恒次郎、若尾逸平、外山脩造〈大阪、商人〉、毛利元昭、相馬永胤、原六郎、園田孝吉）が当選し、「反藩閥派（系）」の 3 名（加藤恒〈東京府、士族〉、肥田景文〈東京府、士族〉、牟田口元学〈東京府、士族〉）が落選となり、取締役互選の結果、園田孝吉が頭取に選出されることになった。そして原の頭取辞任と同時に園田が第 5 代正金銀行頭取に就任し、選出された取締役に調査員（柏村信、肥田景文）を加えた役員構成で運営に当たることとなった[17]。

　しかしながら、90 年恐慌後、正金銀行の経営は、依然として低迷状況（利益の減少、役員賞与金の減少など）にあったため、91 年初旬、「反藩閥派」株主は、再び正金銀行と日本銀行の関係改善（正金銀行の日本銀行依存からの脱出と独立を主張）を必要とする「正金銀行改革議案」を園田頭取へ提出し、同行を国内金融機関化すると同時に、経営に参画して株主の利益を守ろうとした。さらにこれと関連して 3 月 10 日、正金銀行株主定式総会において「反藩閥派」株主は、いわゆる利益至上主義に基づいて配当率の原案修正を主張したのに対し、園田頭取はこの主張を受け入れて修正を余儀なくされ、頭取の再選を果たしたものの、先行き多難の情況にあった[18]。その後においても「反藩閥派」株主は、中村道太頭取時代から引き続き勤務している行員と連係の下に、正金銀行経営の実権を獲得すべく策動を展開したのである[19]。

　こうした情勢を見て取った松方大蔵大臣は、大蔵邸に正金銀行の関係者（川田日本銀行総裁、園田頭取、相馬・原取締役、大蔵省の鈴木・正金銀行監理官）を参集させ、同行の経営状況などの討議を行った結果、園田頭取の続投と早期なる正金銀行の綱紀粛正の徹底と同時に、同行内の反対派（「反藩閥派」）を一掃する人事改革案が作成された。まず 3 月 30 日、この人事改革案に基づき園田頭取は、人事の改革を断行した。この場合、園田頭取は日本銀行との関係を重視して、日本銀行から小泉信吉を支配人として招き、これに加えて日本銀行行員（3 名）を正金銀行行員に採用し、さらに副支配人としてロンドン支店の山川勇木（大聖寺藩〈加賀国〉出身）を召還する一方、中村道太等「反藩閥派」株主と結びついて行動していた行員（6 名）を解雇し、

ここに日本銀行との親密な協調関係を図ることにした[20]。

　こうして正金銀行は、人事改革の断行に続いて自らを外国為替銀行とする方針を確定し、経営の安定化を図ることとしたが、92年10月、摂州灘の酒家銀行の破綻に伴う神戸支店の渋り貸問題を契機として、同行内部において、園田頭取と頭取復帰への意思の強い原取締役との間で対立が起こり、相馬取締役が仲介・調整に当たるという事件が起きた。従ってこの間の正金銀行の営業成績は依然として低迷を脱する状況になかった。そこでこうした事態に対応すべく、川田日本銀行総裁は、翌年2月、正金銀行の役員（園田頭取、原・木村・桜井・外山・相馬取締役）と日本銀行の重役を招集し、これに渋沢栄一の立ち合いを得て、正金銀行役員の奮起と綱紀粛正の徹底、園田・原の紛争終結など同行経営に関わる訓示を与え、園田体制を支援して同行の安定的経営体制を築くことを強く要望したのである[21]。

　日清戦争後の95年8月、正金銀行は臨時取締役会を開催し、前年12月に病死した小泉支配人の後任人事を川田日本銀行総裁に依頼することを決定した。これを受けて川田日本銀行総裁は、高橋是清（日本銀行支店長、仙台藩出身）を同行本店の支配人として、また毛利取締役の辞任に伴う後任として山本達雄（日本銀行営業局長、三菱財閥、豊後臼杵藩出身）を日本銀行在勤のまま取締役としてそれぞれ推薦した。これによって、正金銀行と日本銀行との関係はより一層強化が図られ、同行は園田頭取、木村・原・若尾・相馬・山本取締役と調査員（2名）の人事構成で運営に当たることとなった[22]。そして翌年3月、園田頭取は株主定式総会において取締役の定例改選に当たり、業務の増進を考慮して役員の増員を提議した。この提議に沿って人事が進められた結果、高橋本店支配人が取締役に推薦され、高橋は本店支配人と取締役を兼務する形で業務に当たることになった。これによって正金銀行の役員は、園田頭取、相馬・木村・山本・原・若尾・高橋取締役と新たな調査員として田島信夫・渡邊福三郎が加わり、経営の強化が図られるに至った。

　こうした経緯を経て97年3月、山本取締役が日本銀行理事への昇任のため辞任し、続いて4月、園田頭取が体調不良を理由に辞任することとなり、正金銀行はこの場合も前例に従えて日本銀行総裁に後任の人選を依頼するこ

とにした。これを受けて、日本銀行総裁・岩崎彌之助（第 4 代、96 年 11 月、川田の死去に伴い就任、三菱財閥、土佐藩出身）は、相馬取締役を頭取に、そして高橋取締役兼本店支店長を副頭取にそれぞれ推薦し、ここに相馬体制（相馬頭取〈第 6 代〉、高橋副頭取、園田・木村・原・若尾取締役、調査員〈2名〉）がスタートすることとなったが（10 月、貨幣法実施、金本位制確立）、これ以降正金銀行の首脳人事には日本銀行側の意思が強く反映されるようになった[23]。こうして、正金銀行は、高橋副頭取を中心とした日本銀行との協調関係を基軸として、資金運用方針、同行全体の経営方針及び行内派閥の解消など、外国為替・貿易金融機関としての改革を実施に移すことにしたのである。

ところが、1890 年代後半〜1900 年代前半の正金銀行は、日清戦争後の東アジア情勢の中で欧米列国と伍する日本の大陸進出に伴い、大陸・中国（清国）への経営の進出・拡大を図り、これに沿った経営体制の整備・改革を余儀なくされることとなった。

98 年 1 月、高橋副頭取は、正金銀行の在外支店・出張所の事務及び金融事情の調査等に当たることとなり、欧米へ出張することになったが、出発後の 5 月、ロンドンにおいてパース銀行のシャンド（元大蔵省顧問、ロンドン支店副支配人）と再会し、彼の協力によりロンドン金融界[24]との間に緊密なつながりをつくるなどの成果を上げ[25]、9 月、海外出張から帰国した。しかし 10 月 20 日、岩崎日銀総裁がこの間の公定歩合引下げ交渉をめぐって松田正久大蔵大臣（自由党→憲政党→立憲政友会、肥前国、小城藩出身、大隈重信第一次内閣）と衝突し、ついに辞任することとなり、この後任に山本達雄（第 5 代、日本銀行理事、豊後臼杵藩出身）が就任することになった[26]。けれども翌年 1 月、山本日銀総裁は、営業局長の後任選出をめぐって理事（鶴原定吉、川上謹一等）との間で衝突し、これが 2 月、いわゆる「日銀ストライキ事件（日銀騒動）」[27]へと発展することになった。要するに、山本日銀総裁は日本銀行経営陣との意思の疎通を図ることなく、むしろ間隙を拡大させ、ついには理事等の退陣という結末に終わらざるを得なかった[28]。こうした事態の中で翌月、この日本銀行の騒動の収拾を図るべく松方正義大蔵大臣の要請

第10章　横浜正金銀行の経営制度と人物

を受けた高橋副頭取は、直ちに日本銀行副総裁に就任することとし、これに従って正金銀行の副頭取、取締役を辞任することになった。これを受けて正金銀行は、株主定式総会を開催し、相馬頭取の推薦により、高橋取締役の補欠として中井芳楠（正金銀行ロンドン支配人）を選出し、同時に同行ロンドン支店支配人の兼務（同地取締役常駐の嚆矢）を委嘱し、副頭取については当分の間空席とすることとした。なおこの間、正金銀行は中国へ業務拡張を図るため、その本部を神戸支店に置き、同支店支配人に山川勇木（正金銀行本店支配人）を任命し、その業務に当たらせると同時に中国の貨幣制度及び為替の実情などを調査させ、この成果の下に業務の拡大を図ることにした。

　そして1900年3月、正金銀行は株主定式総会で取締役の増員（1名）を決議し、これに従って三崎亀之助（正金銀行本店支配人、取締役を兼務）を選出し、時を置かず取締役会（相馬、園田、木村、原、若尾、中井、三崎）を開催して高橋是清辞任後欠員となっていた副頭取に互選の結果、三崎取締役が就任することとなり、同時に本店支配人代行に戸次兵吉（筑後・柳川藩出身）が選出された。さらに、この総会で新商法の実施（松方大蔵大臣、山県有朋内閣）に伴う新たな監査役（1899年12月、株主臨時総会を開催し定款を改正し、調査員制度の廃止と監査役制度の創設を決定）には、田島信夫・渡邊福三郎（前調査員）が選任され、この人事構成を持って大陸に向けた経営の強化が図られることになった。こうした中で03年2月、取締役の中井芳楠が病死した。そこで正金銀行は、9月に株主定式総会後臨時総会を開催し、減員となっていた取締役（1名）及び欠員となっていたロンドン支店支配人の選出を行うこととし、山川勇木が取締役に選出され、同時にロンドン支店の支配人をも兼務することになった[29]。

　ところで10月19日、桂太郎内閣（桂太郎、長州藩出身、後に立憲同志会）は山本日銀総裁の品位を問題として更迭を決定し、この後任には松尾臣善（大蔵省理財局長、宇和島藩出身）を選出し、松尾は第6代日本銀行総裁に就任することになった[30]。こうした状況の中で、年末に上述のように日本銀行の正貨準備が急減したため、正金銀行は政府の正貨吸収対策を受けて、日本銀行との間に話し合いを持ったものの、調整が付かず兌換制度の危機に

433

瀬することとなった。この場合、原、園田の両正金銀行取締役が仲介した結果、日露開戦までには同行による輸出為替の買い入れと輸入為替の買い控えを実施することで、この事態を収拾することにしたのである[31]。

そして日露開戦後の04年2月24日、高橋日本銀行副総裁は外貨発行の大役を担い、秘書兼助手として深井英五を伴ってロンドンへ赴いたが、翌月正金銀行は高橋日本銀行副総裁の指揮下で香港上海銀行、パース銀行とシンジケートを組織し、当時国際金融を主導していたイギリスのロスチャイルド家、カッセル家、ベーリング兄弟商会及びアメリカのクーン・ローブ商会（代表、ヤコブシフ）などの大口引受け者との間で軍事外債の募集に当たり、これを成功裡に導いた[32]。こうして翌年7月、政府は満州地方金融の枢軸に正金銀行を利用する方針を打ち出し、同行に一覧払手形（「鈔票」）を発行させると同時に、軍用切符（軍票）の整理、満州地方各支店の監督の任に当たらせることにした。

それから、日露戦争後から第一次世界大戦前夜における正金銀行は、日本の大陸進出に伴い、これまで以上に金融的側面の拡大・強化及び経営体制の整備・改革を図らねばならなかった。しかも首脳人事については、従来より大蔵省の監督と日本銀行の指導の下に運営・強化が図られ、大蔵省（阪谷芳郎・松田正久大蔵大臣〈第一次西園寺公望内閣〉、桂太郎大蔵大臣〈第一次桂太郎内閣兼務〉、山本達雄大蔵大臣〈第二次西園寺公望内閣〉、若槻禮次郎大蔵大臣〈第二次桂太郎内閣〉、高橋是清大蔵大臣〈第一次山本達雄内閣〉）の意向がとりわけ強く反映されることとなった。

まず06年3月、正金銀行は株主定式総会で重役の改選と同時に、取締役の増員（1名）を行うことにしたが、この際三崎副頭取が病気を理由に再選を辞したのを受けて、相馬頭取は高橋是清、小田切萬壽之助（元海上総領事）の両名を推薦し、取締役会において両名共ほかの取締役と共に当選したものの、高橋については日本銀行副総裁在任中のために認可されなかった。しかし、間もなく相馬頭取が健康上の理由を持って頭取再任を固辞したため、西園寺公望内閣の大蔵大臣・阪谷芳郎（06年1月、大蔵大臣就任、元大蔵次官、備中後月郡出身）は、直ちに日本銀行副総裁の高橋是清に正金銀行頭取の兼

任を命じることになった。この人事は、官命頭取の嚆矢となった。こうして3月10日、正金銀行第7代頭取に高橋是清が就任し、副頭取を欠いたまま7名の取締役（相馬、園田、木村、原、若尾、小田切、山川）に2名の監査役（田島、渡邊）を加えた人事構成を持って、当面の戦後経営に対処することにした。また、これより先の日露戦争中に政府の軍票整理・回収と満州金融上の経営に当たらせる方針に基づいて、同行は満州統括店規定を定め、小田切萬壽之助を顧問に雇用してきたが、この度取締役に選任されたのを受けて満州統括店の監理を委嘱することにした[33]。

　その後の7月、高橋頭取は山川取締役兼ロンドン支店支配人に本店支配人の兼務を委嘱し、本店に総務部を設置し、ここに支配人席の強化を図ることとしたが、高橋頭取の海外出張（政府の特派財務員）のため、その実施は先送りされることになった。高橋頭取は9月に欧州（ロンドン、パリ）に出張し、日露戦争後に加わったフランスとの交渉が紛糾したものの再々の交渉の末、英仏団（ロンドン・ロスチャイルド家、パリ・ロッチルド家）を承服させて、これより先の「四分利付英貨公債（2,500万ポンド）」（05年11月）に続いて、07年3月、「五分利付英貨公債（2,300万ポンド）」の発行・引受を成功させ、ここに日本の国際的募債の形を整えることになった[34]。また、正金銀行は株主定式総会において取締役の増員（3名）を決定し、選挙の結果、旧取締役7名を再任し、新たに3名（三島彌太郎〈貴族院議員、薩摩藩出身〉、川島忠之助、戸次兵吉）が当選した。なお取締役会において、山川取締役の総支配人兼務、戸次取締役の支配人兼務、三島・川島両取締役には各店の業務調査をそれぞれ委嘱したのであった。

　そうして08年11月、正金銀行取締役会は、この間の職制の改正について検討を進めてきたが（07年3月、取締役会、翌年4月、東洋支店長会議〈第1回〉）、ここにきて恐慌及び銀価暴落が大きく影響し、こうした中で業務の統轄指揮を高めるために早急に内規を改正し実施することにした。この改正によって同行は、頭取直轄の下に総務部（総支配人を部長とし、副総支配人を助役として置く）及び検査部（部長を置き統轄させる、初代の検査部長に戸次取締役を委嘱）を置き、この職制を持って本支店間の意思の疎通と

営業の統一を確保することとした。しかしながら翌年10月、正金銀行神戸支店において買弁不正事件が明るみになり、山川総支配人が調査に当たった結果、神戸支店支配人の職務怠慢と判断し、11月、取締役会は同支配人の免職と損失の弁償を決議すると同時に、買弁制度を廃して新たに為替仲買人保証制を採用することにした。その後の10年3月、取締役改選に際し、若尾取締役が高齢を理由に再選を辞退したが、1名欠員としたまま全員（9名）が再選され、監査役は浅田徳則、若尾民造の両氏が新たに就任した。そして翌年3月の株主定式総会において、取締役の増員が図られ、旧取締役9名の再選と同時に新たに岩崎小彌太（男爵）と井上準之助（日本銀行支店長・営業局長、日本銀行ニューヨーク代理店〈正金銀行〉監査役、大分県日田郡出身）の両名が選出された[35]。さらにまた6月に高橋頭取が日本銀行総裁（第7代）に昇任を命じられ、これと同時に頭取の兼務を免じられたため、取締役会は互選で三島取締役を頭取に（第8代）、井上取締役を副頭取に選任し、ここに06年以降欠員となっていた副頭取が再び置かれることになった[36]。

　しかしながら13年3月20日、山本権兵衛内閣が成立し、この大蔵大臣に高橋是清（日本銀行総裁）が入閣したため、28日に日本銀行総裁の後任に三島彌太郎が任命され（第8代、松方正義の推薦）、頭取及び取締役を辞任することになった。こうした事情の下で高橋大蔵大臣は、時を移さず水町袈裟六（日本銀行副総裁、元大蔵次官・海外財務官）を正金銀行の頭取兼任（第9代）に命じた。これが条例による第2回目の官命頭取となった[37]。しかし9月、水町頭取が頭取兼任を辞し、日本銀行副総裁に専念することとなり、これを受けて取締役会は、互選により井上副頭取が頭取に昇任し（第10代）、副頭取には山川取締役が就任すると共に、総支配人の兼務を委嘱されることになった[38]。そして、14年3月、正金銀行は株主定式総会において、戸次取締役の死去（12年1月）以来欠員のままであった取締役の補充を含めて取締役の選出をすることとし、その結果、旧取締役9名が再任され、新たに巽孝之丞（ロンドン支店支配人、日仏銀行取締役、紀州藩出身）が当選した。なお、ロンドン支店には、従来取締役を常置する慣例となっていたことにより、同支店の支配人の兼務を巽取締役に委嘱されることになったのである。

ところが、第一次世界大戦期・戦後期における正金銀行は、外国為替市場の変動に伴う為替業務とその資金調達、外貨資金の対外投資（資本輸出）、救済融資、外貨間の為替繰り調整などの業務が加わる中で、これらに対応し得る経営体制の整備・改革を迫られる状況にあったが、結局、この場合も首脳人事については大蔵省の意向及び日本銀行の指導を反映させるものとなった。まず大戦勃発時の人事は、これより先の14年3月に遡り、井上頭取、山川副頭取、そして8名の取締役（相馬、園田、木村、原、小田切、川島、岩崎、巽）と2名の監査役（浅田、若尾）という構成で運営されていた。その後、戦時期、若槻礼次郎・武富時敏大蔵大臣（大隈重信内閣）から寺内正毅大蔵大臣兼務・勝田主計大蔵大臣（寺内正毅内閣）へと代わる中でも異動なく、ほぼ従前どおりの人事構成で運営されてきた。しかし17年2月に監査役の若尾民造が死去したため、正金銀行は、3月の株主定式総会において、この補欠として前監査役の渡邊福三郎を選出した。そして翌年3月、同行は、株主定式総会において重役の改選に当たり、取締役及び監査役の増員（各1名）を決定し、選出することにした。ところが、この際川島取締役が再選を辞退したため、改選の結果、旧取締役9名が再選され、新たに梶原仲治（日本銀行調査局長）と鈴木島吉（正金銀行総支配人）が当選し、また監査役には旧監査役2名が再選され、新たに高橋捨六（正金銀行調査課長）が当選した。これに続いて同月、正金銀行は、取締役会において頭取・副頭取の選出に当たったが、この際山川副頭取が病気を理由に再選を辞退したため、これを受けて互選の結果、頭取には井上準之助が再任され、そして副頭取には取締役に選出されて間もない梶原仲治が新たに選任された。このほか鈴木取締役には総支配人の兼務が委嘱されることになった[39]。

　大戦終結後の19年3月、正金銀行は株主定式総会において重役の選出に当たり、選挙の結果、11名の旧取締役及び2名の監査役が再選され、またこれと併せて前年8月に死去した高橋監査役の補欠として新たに松尾吉士（正金銀行検査課長）が選任された。それに加えて、日本銀行総裁の三島彌太郎が病死したため、その後任として井上準之助が任命され（第9代、原敬内閣〈18年9月成立〉、高橋是清大蔵大臣の推薦）、これに就任すると同時に正金

銀行の頭取及び取締役の職を辞任することになった。こうした緊急事態の中で、正金銀行は同月4日、取締役会において互選によって副頭取の梶原を第11代頭取に、鈴木取締役を副頭取にそれぞれ選出した[40]。さらに翌4月、取締役の園田、木村、原が老齢を理由として辞任し、これに続いて監査役の渡邊も辞任することになった。これを受けて5月10日、正金銀行は株主臨時総会を開催し、取締役7名（補欠4名、増員3名）及び監査役1名（補欠）の選出に当たり、選挙の結果、取締役については補欠として渡邊福三郎、松方巌、三井守之助、森村開作の4名が、そして増員の3名には一宮鈴太郎（正金銀行ニューヨーク支店支配人）、兒玉謙次（正金銀行上海支店支配人）、武内金平がそれぞれ当選し、また監査役には酒井忠亮が選出されたのである。

　続いて20年3月、正金銀行は株主臨時総会において定款の一部改定を行い、この際重役の増員（取締役、監査役各1名）を図ることにし、取締役に穗積太郎（正金銀行本店支配人）、監査役に安部成嘉（正金銀行大阪支店支配人）が新たに選任された。さらにまた7月、戦時中から東京執行の業務が増加したため、従来横浜本店に設置されていた頭取直轄の事務局の総務部（総務部と検査部）を本店内に留めず、東京支店内に延長し、すなわち頭取席を伴う同店へ一部移駐することとした。この際、同行は内規の一部を変更し（頭取席の機構改革）、まず総支配人、検査部長の職制を廃止し、新たに課長及び検査人の両職を設けることにした。それと同時に総務部、検査部を廃止して6課（総務・借款・調査・検査・人事・庶務）を新設し、さらに総務課を5係（文書・信用〈調査〉・電信・金融・計算）に分けるという全面的な機構改革を断行し、これを8月1日から実施に移すことにした。そして翌年3月、正金銀行は、内規改正により、頭取席・庶務課を6課（国内・欧米・東洋・計算・文書・電信）に分割し、これに従来の5課（借款・調査・検査・人事・庶務）を加えた11課制が施かれ、この機構改革に伴い常勤取締役の頭取席事務管掌も変更され、小田切取締役が借款課、巽取締役が検査・文書・電信の各課、兒玉取締役が東洋・計算・庶務の各課、武内取締役が国内・調査課をそれぞれ担当することになったのである[41]。

コラム①
人物・渋沢栄一：日本資本主義の父

渋沢栄一は、1840（天保11）年2月13日、武蔵国榛沢郡血洗島村に生まれ、1931（昭和6）年11月11日、91歳の生涯を遂げた。この間栄一は、幕末の尊王攘夷の志士、幕臣、明治政府の官僚、実業家、財界人などの局面を駆け抜けた。特に明治維新後、栄一は、大蔵省の機構改革から始まって、租税制度の改革、貨幣・信用制度改革、藩札の処理、立合略則（会社の起業規則）の制定など日本資本主義の制度設計に関わった。

写真提供／埼玉県深谷市

まず、栄一は、第一国立銀行（後の第一銀行、第一勧業銀行、みずほ銀行）の創設（総監役、後に頭取）をはじめ多くの銀行設立・運営に携わった。だが、横浜正金銀行の設立には関わらず、1884年7月から数年間、株主に止まった。実業界においては、第一国立銀行を足場に興した日本郵船、帝国ホテル、日本興業銀行、東洋紡績、清水建設、秩父セメント、新日本製鉄など480社。さらに東京商法会議所や東京株式取引所の設立にも中心的な役割を果たした。また公益事業においては、東京市養育院、結核予防会、盲人福祉協会、日本赤十字社、聖路加国際病院などの設立・運営に携わった。そして教育事業でも、商法講習所（後の一橋大学）、早稲田大学、同志社大学などそうそうたる学校の創設に関与し、そのほか日本資本主義や社会的基礎を作り上げた。以上に加えて栄一は、後発日本資本主義は財界人の存在と機能を必要とし、国策に基づく企業経営、企業と国家政策の協力関係の下で、財界団体で勢威をふるう財界人としての役割を果たした。まさしく「日本資本主義の父」「銀行の父」「実業界の父」と呼ばれるに相応しい活躍を続けていったのである。

ところで栄一は、日本資本主義の確立に当たり「義利両全」（東洋的儒

教思想）を主張した。これは、価値法則による公正な取引を原則とする資本主義の経済倫理（資本主義は競争を通じて一物一価を成立、等価交換を貫徹する市場経済）を表現したものであった。しかし、栄一はそれを認めつつも、資本主義ビジネスの最大の動機づけは利潤追求である。これに従って栄一は、論語を礎として商工業を営み、算盤をとって士道を説く（道徳経済合一説、合本主義、実業家の地位向上）経営倫理論（日本資本主義が生み出す社会システムの合理性による資本の近代化）の下に、経済活動で得た富を分散し事業育成を行っていった。さらに、栄一は 1891（明治 24）年 5 月に渋沢同族会（道徳的な「家法」制定〈「家法」87 条及び「家訓」29 条〉、認定同族：渋沢宗家、穂積陳重家〈長女・歌子の嫁ぎ先〉、阪谷芳郎家〈次女・琴子の嫁ぎ先〉、渋沢武之助家〈次男〉、渋沢正雄家〈三男〉、明石照男家〈愛子の嫁ぎ先〉、渋沢秀雄家〈四男〉）を設立・開催した。この同族会は、各家主たちが親の七光りで得た職を無難に続けると同時に、家法を忠実に遵守していけば生計を立てていけるという制度を併せ持っていたが、1915（大正 4）年 1 月、渋沢同族株式会社に改組された。三菱財閥を築いた岩崎彌太郎は、あくなき資本集積の論理（独占主義）を体現した資本家だったのに対して、栄一は資本制社会（合本主義）を牽引する主唱者であり続けようとした。

　こうして、栄一は三井や三菱と違って、鉱山や鉄鋼業などの基幹産業を持つことは一切しなかった。結局、財の源泉となる土地と装置に、生涯無縁だった栄一は、反独占資本を呼号し、三菱、三井、住友のような財閥を作らなかったのである。

第 3 節　両大戦間期

　1920 年代の正金銀行は、慢性的不況の中で救済融資、対外的には外国為替・貿易金融の業務に当たったが、救済資金及び外貨資金の不足に陥り、国家的支援の下に経営体制の整備・改革が推進されることとなった。首脳人事については、これまで大蔵省の監督、日本銀行の指導を反映させてきたが、ここにきて同行出身者によって占められることになった。

　すなわち 1922 年 3 月、正金銀行は、株主定式総会において重役を選出することとしたが、この際梶原頭取及び鈴木副頭取が同時に退任、さらに巽取締役が常勤を辞退することになった。これを受けて株主定式総会は、森廣蔵（正金銀行横浜本店支配人）、最上国蔵（正金銀行東京支店支配人）を新たに取締役に昇任させ、その上で兒玉取締役を第 12 代頭取に、副頭取には一宮取締役をそれぞれ選任し、そして 14 名の取締役（小田切、武内、森、最上、相馬、山川、岩崎、梶原、渡邊、松方、森村、穂積、巽、鈴木）と 4 名の監査役（浅田、松尾、酒井、安部）を選任し、この人事構成を持って運営することにした。なお以上に加えて、小田切・武内・森・最上の各取締役に、それぞれ所管業務の範囲において銀行を代表することを委嘱することにした[42]。また 4 月、正金銀行ロンドン支店長の大久保利賢は、日本銀行の深井英五理事と共に、森賢吾等全権委員の随行員としてジェノア会議（金為替本位制の採用を勧奨した）に参加した。

　そして 23 年 3 月、井上日本銀行総裁は、台湾銀行の整理に当たるため為替業務に精通した人物として、正金銀行の森取締役を大蔵省（市来乙彦大蔵大臣〈加藤友三郎内閣〉）の内諾の上、台湾銀行の副頭取に推挙した。これを受けて森取締役が同行を辞任したため、正金銀行はこの補欠として五十嵐直三（正金銀行本店支配人）を選任した。こうした人事異動の中で、常勤取締役の頭取席事務管掌も変更され、小田切取締役が借款課、武内取締役が借款・東洋課、最上取締役が国内・文書・検査の各課のほかに国内課長事務取扱、東京支店支配人兼務、五十嵐取締役が欧米・検査・計算・電信の各課のほかに計算課長・欧米課長事務取扱を、それぞれ担当することになった[43]。

しかし9月の関東大震災後にあっては、政府がこの復興対策として米貨・英貨国債を発行するに当たり、米英引受銀行団との交渉が難航した。この際、正金銀行は、一宮副頭取と巽取締役をアメリカとイギリスに出張させ、森賢吾財務官に協力し、この募集を成功させることとなった[44]。そして翌月、梶原取締役が日本勧業銀行総裁の就任につき同行を辞職することとなったが、正金銀行はこの取締役の補充を当分の間見合わせることにしたのであった。

その後の26年3月、正金銀行は、株主定式総会で取締役1名を増員することを決議し、直ちに選出に当たった。これは25年7月、鈴木取締役が朝鮮銀行総裁に就任することが決定し（浜口雄幸大蔵大臣、市来乙彦日本銀行総裁〈第10代〉）、同行を辞職することになったことの措置であった。この際、山川取締役は老齢と病弱のため辞任し、同時に小田切取締役が常勤を解かれ平取締役となったため、大久保利賢・水津彌吉の両名が取締役に選出された[45]。そして、金融恐慌勃発後、一段落を告げた27年6月、松方取締役が辞任し、さらに兒玉頭取は重役会において、一宮副頭取の新銀行頭取（川崎第百銀行、9月18日実現）への就任の旨を報告した。しかし、一宮副頭取は、病気のためこれを辞退し、同時に副頭取も辞任し、平取締役としてのみ留任することになった。こうした事態を受けた翌月の重役会において、一宮副頭取の後任として武内取締役が互選の末、選任されることになった[46]。また9月、正金銀行は、取締役会において、頭取席の分課に関する規定を改定し、新たに為替課を創設すると同時に、日本銀行の支援の下に円資金の過不足を調整し、全体を総括することとした。この実施に伴い常勤取締役の頭取席事務管掌が変更され、最上取締役が内国課・検査課・庶務課、五十嵐取締役三が為替課・調査課・計算課、大久保取締役が欧米課・借款課・文書課、水津取締役が東洋課・電信課をそれぞれ担当することになった[47]。その後の29年3月、正金銀行は、株主定式総会において、前年8月に死去した酒井監査役の後任として、新たに杉琢磨（前宮内省内蔵頭取）を選任したのであった。

ところが30年1月11日、井上準之助大蔵大臣（浜口雄幸内閣）は金解禁を実施に移し、この影響の下に内外銀行の在外正貨の払い下げ要求が殺到することになった。こうした情勢下の3月、正金銀行は臨時の取締役会を開催

し、その善後策を検討することにしたが、この取締役会において、五十嵐取締役が一身上の都合により常勤を辞退したため（さらにその後の 5 月 22 日、平取締役も辞任）、直ちに事務管掌を一部変更することにした。この際、最上取締役が内国課・検査課、大久保取締役が欧米課・為替課・借款課・電信課、水津取締役が東洋課・文書課・調査課をそれぞれ新たに委嘱された。さらに 7 月、正金銀行はこれに続いて内規の大改正を行い、時を移さず実施することにした。この場合、頭取席を従来の 12 課 1 係制（庶務課の株式係）から 9 課 3 係制に改組し、頭取席が銀行の総括的な事務を取り扱うこととし、その各課長が頭取または分掌取締役の指揮を受け、当該課の事務処理に当たることにしたが、頭取席の基本的な機能と権限系統についてはなんらの変更もなく、従前どおりのものであった。そして、ここで再び常勤取締役の頭取席事務管掌を変更し、最上取締役が内国課・検査課・秘書課、大久保取締役が為替課・借款課・調査課、水津取締役が外国課・計算課を担当することとし、この間、無制限の為替統制売りを推進する体制を整えることになった。そして翌年 3 月、正金銀行は、株主定式総会において重役の選出を行い、巽取締役の死去に伴い、その後任の取締役に津山英吉（正金銀行東京支店支配人）を、また監査役には大塚伸次郎（正金銀行本店支配人）をそれぞれ選任した。すなわち、兒玉頭取及び武内副頭取ならびに 9 名の取締役（小田切、岩崎、渡邊、森村、一宮、最上、大久保、水津、津山）を、また監査役には、4 名（浅田、安部、杉、大塚）を選出し、この人事構成の下に運営された。この結果、常勤取締役の頭取席事務管掌も変更され、最上取締役が内国課・検査課、大久保取締役が為替課・借款課、水津取締役が外国課・検査課、津山取締役が計算課・秘書課を委嘱されることになった[48]。こうした人事機構を持って正金銀行は、満州事変、イギリスの金本位制放棄後のドル買いに対し、日本銀行と協議し、無条件で売り応じたが、その後の対応をめぐって、兒玉頭取は、井上準之助大蔵大臣（浜口雄幸内閣）、日本銀行・土方久微総裁・深井英五副総裁と協議し、その善後処理の検討を余儀なくされることになった。

それから、30 年代の正金銀行は、準戦時・戦時経済統制が進められる中で、救済融資、対外的には外国為替・貿易金融、植民地・占領地金融などの業

務に当たった。しかし正金銀行は国内・世界情勢の影響の下に外貨資金の不足に陥り、より一層経営体制の整備・見直しを迫られる状況にあったが、この間の首脳人事については、大蔵省の意向、日本銀行の指導等を反映、同行出身者によって固められてきた。ただし、時局を反映させて、再び大蔵省・日本銀行の監督・指導が強化され、大蔵省・日本銀行・正金銀行の組織の緊密化が図られることになった。まず33年3月、株主定式総会において、武内取締役が副頭取を辞退したため、これに代わって大久保取締役が副頭取に選出された。また、この際取締役の増員が図られ、新たに柏木秀茂（正金銀行東京支店支配人）が取締役に選任された。こうした人事の異動の結果、副頭取及び常勤取締役の頭取席事務管掌も変更され、大久保副頭取が為替課・借款課、最上取締役が内国課・検査課、水津取締役が外国課・調査課、津山取締役が計算課・秘書課をそれぞれ担当することになった。そして、この年の5月17日、正金銀行ロンドン支店の支配人・野原大輔は、ロンドンにおいて開催された世界経済会議（the Monetary and Economic Cnoference）に参列の日本全権委員（石井菊次郎・松平恒雄・深井英五）の随員に命じられ、関係業務に当たることになった。続いて、9月の株主定式総会において、4月に死去した浅田監査役の後任として、池田仲博（侯爵）を選出した[49]。そして34年3月、正金銀行は重役会において退任する安部監査役の後任として、西巻畏三郎を選出した。10月には、柏木取締役が頭取席常勤となり、東京支店支配人兼丸の内出張所主任の委嘱は解除され、後任には渡邊禮（正金銀行東京支店支配人）が支配人兼主任として、着任することになった。翌年3月、正金銀行は株主定式総会において、前年に死去した渡邊取締役、津山取締役、小田切取締役の後任に矢野勘治（正金銀行大阪支店支配人）、渡邊禮を取締役に選任し、いずれも現職の兼務を委嘱した。

　ところで36年、二・二六事件後、正金銀行は株主定式総会において、取締役を再選し、互選の結果、頭取に兒玉謙次、副頭取に大久保利賢がそれぞれ再選された。しかしこの際、取締役の再選に対して、成立して間もない広田弘毅内閣の馬場鍈一大蔵大臣の認可を得ることになった。これを受けて副頭取及び常勤取締役の頭取席事務管掌についても変更され、大久保副頭取が

為替課・借款課、水津取締役が内国課・調査課・検査課、柏木取締役が外国課・計算課・秘書課を委嘱された。続いて同年9月、株主定式総会において、この間の為替の激動期に大任を果たした兒玉頭取が辞任することになったため、すぐに臨時の取締役会を開催し、互選の結果、頭取には大久保副頭取（第13代）が、副頭取には水津取締役がそれぞれ選出された。また、この際矢野取締役の大阪支店支配人及び渡邊取締役の東京支店支配人兼務の委嘱を解いて、常勤の取締役に昇任し、この結果、副頭取及び常勤取締役の頭取席事務管掌も変更され、水津副頭取が為替課、柏木取締役が外国課・計算課・秘書課、矢野取締役が検査課・調査課、渡邊取締役が内国課・借款課を、それぞれ担当することとなった[50]。また、この間の国内・海外情勢の変化の下で、正金銀行と日本銀行との組織上の連携等が見直されることになった。すなわち37年3月、池田成彬日本銀行総裁（第14代）は、日本銀行条例を改正し、新たに参与理事（7名）を置くことにした。この際正金銀行頭取の大久保利賢が理事の1人に任命され、6月、同行は取締役会において、大久保頭取の日本銀行参与理事への就任を承認し、人的な面から、その緊密化が図られることになった。7月に政府は議会に「横浜正金銀行条例中改正法律案」を提出した。その要点は、大蔵大臣が必要と考える場合には正金銀行の副頭取を1名増員し、そのポストを日本銀行理事と兼任とすることができる、というものであった。ほどなくこの議案が成立し、9月10日に施行され、直ちに日本銀行理事の山内静吾が初代の正金銀行副頭取に就任し、これと共にほかの日本銀行の理事が正金銀行の取締役会に出席する従来の慣行は自然消滅することとなった。こうして、大蔵省・日本銀行・正金銀行の3者間の関係は、組織の緊密化が一層強化されて、当面の非常事態に対処することになった[51]。

そして38年3月、正金銀行は株主定式総会において、一宮・武内・最上の3取締役及び西巻監査役が辞任することになり、これに代わって野原大輔（東京支店支配人兼丸の内出張所主任）・西山勉（大阪支店支配人）・有馬長太郎（横浜本店支配人）を取締役に、また監査役には山崎秀太郎が選任された。この際副頭取及び常勤取締役の頭取席事務管掌については、水津副頭取

が為替課、柏木取締役が外国課・計算課・秘書課、矢野取締役が検査課・調査課、渡邊取締役が内国課・借款課、西山取締役が外国課（分掌）、有馬取締役が外務課（分掌）を委嘱することを決議した。なお、兒玉謙次取締役は11月に中支那振興株式会社総裁に任命され、池田成彬大蔵大臣の承認を得ることになった[52]。次いで翌年1月、正金銀行は重役会において、西山取締役の大阪支店支配人の兼務及び有馬取締役の横浜本店支配人の兼務を解任し、両取締役に頭取席の外務課の事務分掌の委嘱を決議した。続いて、3月、臨時の重役会が開かれ、前年9月、大塚監査役が辞任し、欠員となっていた監査役の後任として、伊東愛吉（頭取席人事課長）を新たに選出した。なお4月、西山取締役は、大蔵省財務官に内定し（石渡荘太郎大蔵大臣、平沼騏一郎内閣）、また5月、水津副頭取が、台湾銀行頭取に任命され、それぞれ取締役を辞任したため、同行は15日に重役会を開催し、互選の結果、柏木取締役が副頭取に就任することになった。この異動に伴い、副頭取及び常勤取締役の頭取席事務管掌も異動し、柏木副頭取が為替課、矢野取締役が調査課・秘書課、渡邊取締役が内国課・借款課、野原取締役が計算課・検査課、有馬取締役が外国課をそれぞれ担当することを決定した。

　その後の41年3月、正金銀行は株主定式総会において、矢野取締役及び杉監査役が辞任したため、その後任として西一雄（正金銀行ニューヨーク支店支配人）を現職のまま取締役に、また監査役には三矢宮松をそれぞれ選出した。この異動により、副頭取及び常勤取締役の頭取席事務管掌も変更され、柏木副頭取が為替課、渡邊取締役が内国課・借款課、野原取締役が計算課・検査課・秘書課、有馬取締役が外国課・調査課をそれぞれ委嘱された。またこの際、柏木副頭取の日仏銀行取締役への就任、並びに岩崎取締役の三菱銀行取締役への就任を承認した。そして5月、同行は重役会において、頭取席の事務に部長制を敷くこととし、8部（人事・検査・内国・外国・為替・計算・調査・秘書）4課（借款・文書・株式・電信）の改造案を採択し、同時にこれに伴う内規の改定を決議した。この改造によって、部・課長は頭取または管掌取締役の指揮を受け、部課の業務に当たることになった。翌月、正金銀行は重役会において、この度の頭取席機構改革に伴い、副頭取及び常勤

取締役の頭取席事務管掌も変更し、柏木副頭取が為替部・電信課、渡邊取締役が内国部・検査部・借款課、野原取締役が計算部・秘書部・株式課、有馬取締役が外国部・調査部・文書課をそれぞれ委嘱することにした[53]。さらに9月、正金銀行は株主定式総会において、5月に山崎監査役が日本蚕糸統制株式会社の常務理事に就任のため辞任し、この間空席となっていた監査役に竹岡菊三（元正金銀行東京支店支配人）を選任した。また、柏木副頭取は現職のまま日本蚕糸統制会社の理事を兼務することとなり、小倉正恒大蔵大臣（財界〈住友総理事〉→貴族院研究会）の認可を得ることになった[54]。こうした経過の中で、山内副頭取は、健康上の理由で日本銀行の理事を退職することになり、11月8日に副頭取の職を解任となった。これに代わって、荒川昌二日本銀行理事が現職のまま、副頭取に就任し、さらに組織の緊密化が図られることになったのである。

第4節　太平洋戦争・戦後期

　正金銀行は、これまで外国為替・貿易金融、外貨資金調達、重要物資の輸入金融に努めてきたが、太平洋戦争期に入り、為替取扱等の業務はなくなり、一方日本銀行を中心とする「大東亜共栄圏」内決済方式の政策の下に、決済機構の運営機関と化した。首脳人事については、戦時期同行出身の頭取が任命されたが、戦後には同様にSCAPの管理の下に同行出身の頭取が任命され、これに従って人事の構成が進められた。

　すなわち、戦時期には賀屋興宣・石渡荘太郎大蔵大臣（東條英機内閣）の監督及び結城豊太郎日銀総裁の指導の下に、正金銀行は人事機構の組織強化と共に人事構成を進めた。そして正金銀行は、1942年3月に株主定式総会を開催し、この際渡邊取締役が退任することになり、これに代わって岡田重吉本店支配人・浅田振作大阪支店支配人が取締役に就任し、大久保頭取以下、副頭取に柏木秀茂、荒川昌二、取締役には引き続き岩崎、森村、兒玉、野原、有馬、西、岡田、浅田（8名）、監査役に池田、伊東、三矢、竹岡（4名）の

人事構成で運営に当たることになった。これに伴って副頭取及び常勤取締役の頭取席事務管掌が決定され、柏木副頭取が為替部・電信課、野原取締役が内国部・計算部、有馬取締役が外国部・調査部、岡田取締役が秘書部・文書課・株式課、浅田取締役が検査部・借款課・厚生課をそれぞれ担当することとなった。

しかし43年2月、ガダルカナル島撤退以後、戦局が守勢に向かいつつある中で、太平洋といわゆる第三国との連係が遮断され、外国為替市場なるものは完全に姿を消し、為替自体もその性格を一変するものとなった。こうした情勢下の3月、正金銀行は株主定式総会を開催したが、この際、大久保頭取が辞任することになり、柏木副頭取が頭取（第14代）に、浅田取締役が副頭取に昇格、また野原・有馬・西取締役及び、伊東監査役が辞任し、これに代わって取締役には加納久朗・岸浪義質・大村哲太郎・伊藤和雄が、監査役には清瀬次郎が当選した。こうした人事構成の下に、副頭取及び常勤取締役の頭取席事務管掌を次のように決定した。浅田副頭取が検査部、岡田取締役が内国部・秘書部・株式課、加納取締役が調査部・借款課・中国各店監督、岸浪取締役が計算部・文書課・南洋各店監督、大村取締役が外国部・厚生課・満州各店監督、伊藤取締役が為替部・電信課をそれぞれ担当することにした。なお4月に頭取席の機構改革を行い、人事・検査・総務・業務・東亜・南方・外国・計算・調査・文書の10部、このほかに頭取席直属の秘書室を置くことを決定した。これに伴い6月、副頭取及び常勤取締役の頭取席事務管掌を、浅田副頭取が検査部・秘書室、岡田取締役が業務部・計算部、加納取締役が調査部・東亜部・外国部、岸浪取締役が南方部、大村取締役が東亜部・外国部・文書部、伊藤取締役が総務部長をそれぞれ担当することを決定した。そして44年3月、正金銀行は株主定式総会を開催し、この際児玉・岩崎取締役及び竹岡監査役が辞任、取締役の後任には上海支店支配人河村二四郎が現職のまま当選、監査役の後任には頭取席人事部の平井勇が当選した。この人事後、同席の事務管掌を決定し、浅田副頭取が検査部・秘書室、岡田取締役が業務部・計算部、加納取締役が調査部・東亜部・外国部（華北）、岸浪取締役が南方部・外国部、大村取締役が文書部・東亜部（満州）、伊藤取締役が総

務部長を各々担当することにした。

　さて、すでに見たように 44 年 6 月 6 日、ヨーロッパ戦線において連合国軍がノルマンディ上陸、翌年 4 月 22 日にソ連軍がベルリン市内に突入、6 月 5 日以降、ヨーロッパの戦後処理に当たり、連合国軍はドイツの分割管理につき米・英・仏・ソの四国協定（ベルリン協定）を成立させ、ドイツを東西に分裂させる構想を進めつつあった。他方、アジア・太平洋戦争にあっては 44 年 6 月 15 日、アメリカ軍がサイパン島上陸、翌年 4 月 1 日には、沖縄本島に上陸するという戦局を背景に、日本の情勢は逼迫化する事態にあった。こうした非常事態下の 6 月 21 日、日本政府（大蔵省）は、「戦時非常金融措置要綱」及び「戦時非常金融予備措置要綱」を決定し、これを各金融機関に指令した。こうした情勢の中、正金銀行は 45 年 4 月 12 日、頭取席の東亜部・南方部・外国部を廃止し海外部を新設、文書部の庶務課・株式課を秘書室所属とし、副頭取及び常勤取締役の頭取席事務管掌を次のように決定した。浅田副頭取が頭取席検査部・電信課・秘書課、岡田取締役が頭取席業務部・計算部、加納取締役が頭取席調査部・厚生部・防衛課・北京統務室、岸浪取締役が昭南統務室、大村取締役が頭取席文書部・庶務課・株式課・新京統務室、伊藤取締役が頭取席総務部・海外部、河村取締役が上海支店支配人・上海統務室をそれぞれ担当することにした。

　続いて 6 月 9 日、正金銀行は株主臨時総会を開催したが、この際柏木頭取、浅田副頭取、岡田・大村・森村・大久保各取締役、平井監査役が辞任することになり、この結果、荒川副頭取、加納・伊藤・岸浪・河村各取締役が重任を帯びることとなった。そこでこの総会において補充人事選挙を実施し、平井勇・松本一雄（前監査役）・北村孝治朗・今川義利・越智兵一郎を取締役に、山本恒男を監査役に選出し、互選の結果、荒川副頭取が頭取に（第 15 代）、伊藤取締役が副頭取に各昇任し、柳田誠二郎日銀理事が現職のまま副頭取に就任することになった。そしてこれに従って副頭取及び常勤取締役の頭取席事務管掌を次のように決定した。伊藤副頭取が頭取席総務部・海外部・検査部・秘書室秘書課、平井取締役が頭取席文書部・計算部・調査部・秘書室秘書課・同電信課・同株式課、加納取締役が北京統務室、岸浪取締役が昭

南統務室、河村取締役が上海支店支配人・上海統務室、松本取締役が大阪支店支配人、今川取締役が東京支店支配人・頭取席秘書室防衛課・頭取席及び東京支店特設防護団長、越智取締役が頭取席人事部・厚生部、北村取締役が欧州各店・欧州各地取引先銀行事務をそれぞれ担当することになった[55]。この時点で、戦局は急速に重大な段階に到達し、日本経済は、円系経済・通貨圏もすべての地域で破局の様相を呈すると同時に、これに経済基盤の動揺が加わり、この戦時経済統制も著しく弱体化に陥ることとなった。

しかし45年8月14日、日本がポツダム宣言を受諾して降伏し、翌日太平洋戦争は終結した。9月2日、SCAPは日本を占領し、対日占領政策の下に日本の戦後処理を展開することとした。これを受けて正金銀行は首脳人事についてはSCAPの管理の下に進めることを余儀なくされた。その上に同行は、これまで対外金融機関の主力として世界で活躍してきたが、これが日本の国力、政府の保護に基づくものであるとし、ついに閉鎖機関に指定されることになった。こうした中で、正金銀行は、戦争終結後の9月17日、副頭取及び常勤取締役の頭取席・各店事務取扱の変更を行い、伊藤副頭取が総務部・業務部・検査部・秘書室秘書課・同室企画課、平井取締役が文書部・計算部・調査部・秘書室電信課・同室株式課、加納取締役が北京統務室、岸浪取締役が昭南統務室、河村取締役が上海統務室、松本取締役が大阪支店支配人、今川取締役が東京支店支配人、越智取締役が人事部長・厚生部、北村取締役が欧州各地取引先銀行事務をそれぞれ担当することにし、翌月、日本銀行理事の小林正一郎が副頭取に就任した（渋沢敬三日銀総裁〈第16代、横浜正金銀行、第一銀行副頭取、渋沢栄一は祖父〉）。なお12月10日、正金銀行は株主定式総会を開催し、監査役の補欠選挙を実施し、林昇太郎本店支配人を選任した[56]。

これより先の11月1日、前章で見たようにSCAP経済科学局金融部長トーマスと正金銀行首脳陣との懇談に際し、トーマスは同行の普通銀行化を勧め、正金銀行もSCAPに対し普通銀行としての存続を継続的に説得していた。ところが、12月5日、金融制度調査会（渋沢敬三大蔵大臣〈幣原喜重郎内閣〉）は正金銀行改組案の検討を開始し、翌年1月23日、「正金銀行を普

通銀行に改組」すべきよう答申。これに沿って 2 月中旬、SCAP は正金銀行に同行の自発的改組案を作成するよう要求し、それに加えて翌月には改組につき大蔵省と日本銀行と協議の上、具体案を提出するよう勧告。これに従って正金銀行は、大蔵省と日本銀行の関係者（新木栄吉日銀総裁〈第 17 代〉）と協議し、「同行整理再組織案」をまとめ上げ、これを 3 月 22 日、大蔵大臣に提出した。

こうした状況下の 31 日、加納取締役が終戦連絡中央事務局長に就任のため退職することになったが、さらに 2 月 28 日、正金銀行の役職員も閣命・内務省令により官公職と指定され、追放令の該当者となった。これを受けて 4 月 1 日、荒川頭取は改組・譲渡及び人事問題等の経過を行員に説明し、その上に 13 日、「正金銀行整理再組織案」を渋沢大蔵大臣の付帯書付文書と共に SCAP へ提出した。そして、18 日、正金銀行は、取締役の頭取席事務取扱の委嘱を変更することにし、伊藤副頭取が総務部・業務部・秘書室秘書課・同企画課、河村取締役が検査部（上海支店より帰朝）を担当することになった[57]。

さらに 5 月 27 日、正金銀行は、株主臨時総会を開催し、岸浪・河村・平井・北村取締役及び池田・三矢両監査役の退任を受けて、荒川頭取・伊藤副頭取、松本・今川・越智の 3 取締役及び清瀬・林両監査役が最少法定員として 6 月 22 日の株主定式総会まで留任することにした。また翌日、副頭取及び常勤取締役の頭取席事務取扱の委嘱を変更し、伊藤副頭取が頭取席総務部・同秘書室秘書課・電信課・株式課・同検査部・同計算課、越智取締役が頭取席人事部長・同教務部・同文書部・同厚生部・同調査部、松本取締役が大阪支店支配人、今川取締役が横浜本店兼東京支店支配人をそれぞれ担当することにした。なお、6 月 1 日、小林副頭取が日銀理事退任につき辞任することになった（日本銀行総裁〈第 18 代〉、一萬田尚登）。そして正金銀行は 6 月 22 日の株主定式総会において、取締役に高田逸喜・立花馨・久米邦武・奥村俊一・首藤清・山崎幸一郎、監査役に粕谷富太郎・鶴田龍を選任した（出席株主の株金額が法定数に満たないため仮決議となり、7 月 15 日に第 2 回総会を開き本決議とすることに決定）。こうした中で、7 月 2 日に SCAP は正金銀行に一般普通銀行としての改組案を承認した。これを受けて正金銀行は新銀

行設立に向けた作業に着手した。また株主臨時総会において、前回仮決議とした取締役・監査役の選挙結果を認定、荒川頭取以下最少法定役員の任期満了・高田取締役以下新役員の確定し、この後取締役会で互選の結果、高田取締役が頭取（第16代）に当選した。そして常勤取締役の頭取席事務取扱の委嘱を次のように変更した。立花取締役が頭取席業務部・秘書室・調査部・教務部、久米取締役が東京支店支配人、奥村取締役が横浜本店支配人、首藤取締役が頭取席総務部長・検査部、山崎取締役が頭取席文書部・厚生部・計算部・改組準備室をそれぞれ担当することになった。なお、頭取席に就職委員会を設置することとなり、委員長に立花取締役が就任することになった[58]。

　こうした情況の中で、正金銀行は9月、石橋湛山大蔵大臣（第一次吉田茂内閣）を経由してSCAPへ提出し（「東京銀行」設立発起人代表〈浜口雄彦〉）、10月11日、これが認可され、新銀行（東京銀行）が設立されることとなった。そして11月、頭取席事務の分課分掌のうち総務部・改組準備室を廃止、融資部を新設する一方、改組のため整理第一部・同第二部を設けることを決定し、これに従って常勤取締役の頭取席事務取扱の委嘱が変更され、立花取締役が頭取席業務部・融資部・秘書室・調査部、久米取締役が東京支店支配人、奥村取締役が横浜本店支配人、首藤取締役が頭取席整理第一部、山崎取締役が整理第二部・検査部を担当することになった。その後の12月16日、正金銀行は、東京銀行設立総会を開催し、頭取に浜口雄彦、常勤取締役に大江清、小山省三、伊集院虎一、取締役に堀江薫雄、監査役に船越光輔、福岡陽道を選任した[59]。

　しかし12月31日、正金銀行は営業停止、資産負債を国内勘定と海外勘定に分離、さらに金融機関再建整備法に準拠して国内勘定を新旧両勘定に分離し、12月31日現在の新勘定を東京銀行（46年12月17日、設立）に営業を譲渡することとなった（譲渡による新銀行設立・旧銀行解散）。そして47年1月に正金銀行が東京銀行へ営業譲渡後の準則な営業が展開できるように、東京銀行支店長の正金銀行支配人・出張所主任兼務に関し大蔵省へ認可申請、併せて東京銀行の正金銀行業務処理契約に基づき、次のような人事を発令した。東京銀行本店営業部長・太田輝夫（正金東京支店支配人）、横浜支

店長・永沼政久（正金本店支配人）、大阪支店・濱中義忠（大阪支店支配人）、神戸支店長・玉伊辰良（神戸支店支配人）、名古屋支店長・細見信平（名古屋支店支配人）、京都支店長・吉井友武（京都支店支配人）、松本支店長・高階武雄（松本支店支配人）、岡谷支店長・高山勝秀（岡谷支店支配人）、福岡支店長・竹下松次郎（福岡支店支配人）、門司支店長・土井田唯一（門司支店支配人）、長崎支店長・山本三郎（長崎支店支配人）、小樽支店長・筧隣太郎（小樽出張所主任）、札幌支店長・橋場由之（札幌支店支配人）、丸の内支店長・三島志郎（丸の内出張所主任）[60]。

　こうして 1 月 4 日、東京銀行は実際に営業を開始した。一方 6 月 30 日、正金銀行は、閉鎖機関に指定され、未整理勘定の一部を東京銀行に信託、また残留勘定は閉鎖機関整理委員会の特殊整理下に置かれ、その事務処理機構として旧重役室・頭取席を総務室とした。さらにこれに整理部・計算部・庶務部を置き、旧正金銀行取締役 4 名（高田逸喜・立花馨・奥村俊一・山崎幸一郎）が特殊整理人の指名による嘱託として命令監督に当たることになった。また同日、正金銀行は、閉鎖と同時に、役員は解任された。なお、この際閉鎖機関正金銀行整理部長を命じられたのが小野英輔（元ハノイ支店支配人）であり、彼はこの閉鎖処理終了後の 9 月、正金銀行を退職すると同時に、東京銀行へ入行し、その後の 49 年 5 月、東京銀行取締役に就任することになる。

　最終的に、同年 9 月 1 日、正金銀行は、東京銀行と同行との信託関係終了後、信託財産が同行に移転され、それ以降、同行の整理は閉鎖機関整理委員会が直接に当たることになったのである[61]。

コラム②
人物・渋沢敬三：経済人（銀行家）、民俗学者

渋沢敬三（渋沢栄一の孫）は、1896（明治29）年8月25日、東京府東京市深川福住町9番地に生まれ、1963（昭和38）年10月25日、67歳の生涯を閉じた。この間敬三は、経済人（銀行家）、民俗学者、そして渋沢同族株式会社の社長も歴任した。

敬三は、経済人としては、大学卒業後の1921（大正10）年4月、将来、第一銀行入りが決まっていたが、祖父・栄一の直接息のかかってない横浜正金銀行（後の東京銀行、現在の三菱UFJ銀行）を選び、入行した。翌年敬三は、同行ロンドン支店に赴任し、3年後の25年7月、帰国した。12月に同行を退職し、翌年7月、第一銀行に入行し、取締役に、その後の41（昭和16）年12月、第一銀行副頭取に就任した。こうした情況の中で、翌年3月、敬三は賀屋興宣大蔵大臣（東條英機内閣）の説得により日本銀行副総裁に任命され、2年後の3月に同行総裁（第16代）に就任した。当時、太平洋戦争は、敗戦に向かって直進、同時に軍の圧力によるインフレが進行（軍需国債の濫発、日銀貸出の増加）するという情況にあった。そして戦後の10月9日、敬三は幣原喜重郎内閣の成立に伴い大蔵大臣に任ぜられ就任した。敬三の大蔵大臣在任期間は、半年余りであったが、この間「金融緊急措置令」（46年2月17日）に基づき、預金封鎖、新円切り換え、財産税導入などを原因として発生した戦後インフレを是正し、日本の経済状況を満州事変以前の状態に戻すための緊急金融政策がその主要な任務となった。

しかし、敬三は銀行業務が自己同一性（identity）とはならず、他方で教養人として民俗学に没頭し、日本の民俗学の発展に寄与した。その業績は、柳田国男、折口信夫と並び称され、34（昭和9）年に民間伝承の会（49

年設立、日本民族学会の前身）を設立（理事）し、さらに 37 年 10 月に民俗学博物館を開設した。つまり敬三は、渋沢家と合本主義との相克に苦しみながら、学問発展の引き立て役という教養人の立場を全うしようとしたのである。

　また、敬三は 1915（大正 4）年 1 月、渋沢同族会を渋沢同族株式会社へ改組すると同時に社長となった。しかしこれ以降渋沢同族株式会社は、実業では定まった財産を持たず、「日本資本主義の父」と呼ばれる栄一を元祖にもちながら、実業家を出すこともなく、戦後、SCAP による財閥解体の持株会社指定を受けたが、その後財閥解体指定の解除の通達で、「財なき財閥」が明らかとなった。

　SCAP の財閥解体の狙いは、日本の産業経済に支配力を持ち、軍国主義の主柱となった「十五大財閥」（三菱、三井、住友、安田など）を解体し、戦後日本経済の民主化を図ることにあった。「渋沢財閥」も一応解体の対象となったが、三菱、三井などに比べ、実質的には財閥とは名ばかりの存在だった。結局、47 年 10 月、渋沢同族株式会社は、解散となったのである。

むすび

　正金銀行は、日本資本主義の要請に応えて輸出市場の確保、利権獲得等の業務に当たる対外特殊金融機関として設立され、後発日本資本主義の転変過程において外国為替・貿易金融等対外金融の重要な役割を遂行すべく人事機構を整え、時局業務に対応した的確な人事（役員）構成下、運営に当たった。

　日本資本主義の形成・確立期においては、開業早々経営不振・危機に陥った正金銀行は、綱紀粛正の徹底、経営改革に努め、大蔵省の「監理官制度」、「官選取締役制度」による監督及び日本銀行の指導・支援の下に首脳人事の選任が行われ、これを受けて人事機構の整備・見直し及び人事構成に取り組む

ことになった。

　そして、日本資本主義の帝国主義的発展期においては、従来通り大蔵省の監督・日本銀行との指導の下に首脳人事が行われ、これを受けて行内派閥の解消に努め、その後新商法の実施に際しては調査員に代えて監査役制度の下に人事構成に取り組んだ。しかし正金銀行は、日清戦争前後の一時期、日本銀行の指導・支援の下に選任されてきた首脳人事が、日露戦争後には大蔵省の「官命頭取任命」が加わり、これ以降第一次世界大戦時期にかけてはこれまで以上に大蔵省の監督及び日本銀行の指導強化の下に人事機構の整備・見直しを断行し、人事構成を行ったのである。

　ところが、両大戦間期に入ると、正金銀行はこれまでの大蔵省や日本銀行の影響力が薄れ、首脳人事に同行の出身者が就任し、これに基づいて人事機構の整備・改革を図り人事構成を進めた。しかしながら、二・二六事件以降太平洋戦争期においてはこれまで以上に大蔵省の監督及び日本銀行の指導が強化された。すなわち日本銀行理事の正金銀行副頭取への就任、正金銀行取締役の他機関への兼任人事に対する大蔵大臣の承認などが新たに加わり、正金銀行はこうした情勢の下で人事機構の整備・改革を実施し、これに沿って人事構成に当たった。

　戦後には、SCAPの管理の下、正金銀行は閉鎖機関に指定され、東京銀行への譲渡が進められる中で、人事機構の維持・運用による人事構成が行われ、さらに東京銀行の人事機構の整備及び人事構成も整え、47年6月に譲渡後、役員はすべて解任されたのである。

【注】引用文献、参考文献
1) 中村道太と福沢諭吉の関係は、これより先中村が31歳のときに西洋哲学を学ぶために福沢を訪ねたときに遡る。その後財政・経済などを学ぶことになるが、当時の門下生の中には、小幡篤次郎、早矢仕有的、朝吹英二、中上川彦次郎、小泉信吉、藤田平五郎などが含まれていた。

2) 東京銀行編『横浜正金銀行全史　第二巻』東洋経済新報社、1981 年、29 頁。
3) 原司郎「横浜正金銀行の設立とその性格」横浜市編『横浜市史　第三巻　下』有隣堂、1963 年、518-519 頁。
4) 原、上掲書、522-523 頁。なお、当時第一国立銀行頭取の渋沢栄一は、朝鮮の釜山に同支店の開業（1878〈明治 11〉年 3 月）を果たし、続いて上海に為替銀行の開設を計画していたが、アーラン・シャンド（Alexander Allan Shand、1844-1930）の忠告（為替業務の危険性）を受け入れてこれを中止した。また、この時分正金銀行の設立（1879 年 12 月）が進められていたが、73 年 5 月に大蔵省から解放されて以降、大隈重信大蔵卿と疎遠となっていた頃であり、従ってその相談もなく、関わることはなかった（「雨夜譚会談話筆記　上巻」第 302-308 頁〈1926 年 10 月-1927 年 11 月〉、渋沢青淵記念財団竜門社編、渋沢栄一記念資料刊行会刊、デジタル版『渋沢栄一伝記資料』第 5 巻、221-222 頁）。
5) この抗争の中で、大隈大蔵卿は金力を利用し、福沢諭吉と組んで薩長政府の転覆を企てていたようであるが、いずれにせよ激しい権力政争が展開されていたのである。
6) 大島清・加藤俊彦・大内力『人物　日本資本主義　2　殖産興業』東京大学出版、1974 年、235 頁。
7) 中村頭取の放漫経営は、商権回復を目指し直輸出商社を保護する考えを強く持っていたこと、また無欲括淡で、他人を助けることに尽力する人のよい人物であったことなどがその原因として上げられる（小山伝三「中村道太と福沢諭吉——特にその友好関係に就いて——」神奈川大学商経法学会『商経法論叢』XIII-4、1963 年 2 月）。
8) 国家干渉を排除しようとしていた点で三田（慶應義塾）の福沢や福沢の考えを受けた人々との関わりが強かった。福沢はこれより先の 81 年 10 月 1 日の大隈宛の書簡の中で、正金銀行・中村等大隈・福沢派以外の勢力が侵入するのを警戒すると共に、さらに翌年正金銀行は私立銀行であることを強く主張し、官選取締役制の採用を批判すると同時に、自ら自由主義的立場を強く強調した。そして日本銀行設立後、自由民権運動の展開につれて政府攻撃が急速に高揚することとなったが、この場合薩長政府を倒すには日本銀行を味方にして財政上の権利を握る一方、伊藤・井上・松方ら薩長派の保護下にある正金銀行勢力を削がねばならないとし、薩長政府攻撃は正金銀行攻撃と呼応して行われることになった。薩長政府攻撃と結びついた日本銀行と正金銀行の不穏な対立があったかどうかはいずれにせよ、改進党と薩長派との政治上の対立が解決しなければ、正金銀行における原六郎の勢力が薩長政府を背景としていることからして、大隈、三田派の妨害は依然として続けられる情勢であった（日本銀行百年史編纂委員会編『日本銀行百年史　第一巻』日本銀行、1982 年、389-390 頁。原邦造編『原六郎翁伝　中巻』文生書院、1937 年、38-39 頁）。

第Ⅴ部　横浜正金銀行の経営制度――人物――

9) 日本銀行百年史編纂委員会編、上掲書、389 頁。斉藤寿彦「外国為替銀行の成立」国際連合大学『人間と社会の開発プログラム研究報告』同、1983 年、23 頁。
10) 東京銀行編、上掲書・第二巻、42-45 頁。なお、渋沢栄一は 84 年 7 月から数年間原六郎頭取（松方正義大蔵卿）の時分、正金銀行の株主となっていた（「横浜正金銀行第十回半季実際考課状並諸報告（自 1884 年 7 月至同年 12 月）、渋沢青淵記念財団竜門社編、渋沢栄一記念資料刊行会刊、上掲書・資料、第 5 巻 221 頁）
11) 斉藤、上掲書、55 頁。
12) 日本銀行百年史編纂委員会編、上掲書、384 頁。古沢紘造「横浜正金銀行条例の制定と為替政策」渋谷隆一編著『明治期　日本特殊金融立法史』早稲田大学出版部、1977 年、93-95 頁。
13) 日本銀行百年史編纂委員会編、上掲書、384 頁。吉野俊彦『忘れられた元日銀総裁――富田鐵之助傳――』東洋経済新報社、1974 年、117 頁。
14) 東京銀行編、上掲書・第六巻、東洋経済新報社、1984 年、192-194 頁。
15) 日本銀行百年史編纂委員会編『日本銀行百年史　第一巻』日本銀行、1982 年、396 頁。東京銀行編、上掲書・第二巻、63-65 頁。服部之総・入交好脩監督、日本経済史研究会編『近代日本人物経済史　上巻』東洋経済新報社、1955 年、144-145 頁
16) この「反藩閥派」は、初代正金銀行頭取・中村道太を中心とした福沢諭吉の門下生からなる株主（加藤恒・岡村義昌・平沼専蔵・谷元道之・種田誠一など東京府・士族、横浜、商人）で構成されていた。なお、これに関しては原邦三編『原六郎翁伝　中巻』、文生書院、1937 年、131-138 頁を参照されたい。
17) 原邦三編『原六郎翁伝　上巻』文生書院、1937 年、144-148、151、162-163 頁。東京銀行編、上掲書・第六巻、194 頁。
18) 専修大学相馬永胤伝刊行会編『相馬永胤伝』専修大学出版局、1982 年、299 頁。
19) 小山伝三「中村道太と福沢諭吉――特にその友好関係に於いて――」神奈川大学商経法学会『商経法論叢』XIII-4、1963 年 2 月、104-110 頁。
20) 東京銀行編、上掲書・第二巻、68-69 頁。原編、上掲書・中巻、157 頁。
21) 専修大学相馬永胤伝刊行会編、上掲書、318-319、322 頁。
22) 横浜正金銀行編『横浜正金銀行史』西田書店、1976 年、179-180 頁。東京銀行編、上掲書・第二巻、75 頁。東京銀行編、上掲書・第六巻、195 頁。服部他監督、上掲書、149 頁。なお、1895 年 8 月、高橋是清は正金銀行本店支配人として就任した。これは創設以来、正金銀行の内部においては、派閥（頑迷な仲間意識）があり、日本銀行から派遣された支配人の意見を全く聞き入れることなく、従って日本銀行との連係が不十分なものとなっていた。こうしたところを改革すべく高橋が正金銀行へ送り込まれることになったのである（大島清『高橋是清』中公公論社、1969 年、51-52 頁）。高

橋本店支配人は、正金銀行入行後、行内派閥（相馬系、戸次系の２大派閥）の解消と人物養成（支店長級）のための役員採用の門戸拡大に努めることとなった（高橋是清（上塚司）編『高橋是清自伝（下）』中央公論社、1976年、88頁）。

23) 東京銀行編、上掲書・第二巻、77、81頁。東京銀行編、上掲書・第六巻、195頁。
24) この出張に際して、高橋は井上馨大蔵大臣（長州藩出身）より欧米における外債募集及び発行等の環境調査依頼を受けていたこともあり、ロンドン金融界（手形取扱銀行業者のフレーザー、パース銀行の重役、ウイリアム・ダン、同じくロンドン支店の支配人・ホーエ、ロンドン商業会議所の会頭・モールレー、スターチスト誌のロイド、チャーター・バンクのバッドなど）との間につながりを付けることとなったが、これは後の軍事外債の募集・発行などに当たって大きな意義を持つものであった（高橋（上塚）編、上掲書、102、112-114頁）。
25) 遠藤湘吉・加藤俊彦・高橋誠『日本の大蔵大臣』日本評論社、1964年、179頁。
26) 遠藤他、上掲書、101頁。日本銀行百年史編纂委員会編『日本銀行百年史　第二巻』日本銀行、1982年、92-95頁。
27) この騒動で日本銀行を去った、いわゆる「岩崎弥之助・友睦励精の一団」（高橋（上塚）編、上掲書、100頁）は、その後以下のようなところに迎えられている。理事・鶴原定吉は大阪市長、理事・川上謹一及び西部支店長・志立鉄次郎は住友財閥、大阪支店長・片岡直輝及び北海道支店長・渡邊千代三郎は大阪瓦斯、大阪支店長・町田忠治は山口銀行（吉野俊彦『日本金融政策史の研究　歴代日本銀行総裁論』毎日新聞社、1976年、70-86頁）。
28) 高橋（上塚）編、上掲書、132-140頁。服部他監督、上掲書、153-155、243-247頁。
29) 東京銀行編、上掲書・第六巻、184-185、196頁。東京銀行編、上掲書・第二巻、88、91、96、98頁。大島、上掲書、53頁。横浜正金銀行編、上掲書、203-204、238頁。
30) 桂太郎内閣（桂太郎総理大臣、曽禰荒助大蔵大臣〈長州藩出身〉）は、山本日銀総裁の態度が心証を害し、人々に好感を持たれていないとの理由で更迭することにした（日本銀行百年史編纂委員会編、上掲書・第二巻、151-153頁）。
31) 日本銀行百年史編纂委員会編、上掲書・第二巻、176頁。
32) 深井英五『回顧七十年』岩波書店、1941年、64-65、60-70頁。大島、上掲書、54-57頁。高橋誠『明治財政史研究』青木書店、1964年、200頁。東京銀行編、上掲書・第六巻、185頁。
33) 東京銀行編、上掲書・第二巻、107-108頁。東京銀行編、上掲書・第六巻、195-196頁。横浜正金銀行編、上掲書、274-275頁。
34) 日本銀行百年史編纂委員会編、上掲書・第二巻、188-189頁。高橋（上塚）編、上掲書、288-300頁。深井、上掲書、68-71頁。横浜正金銀行編、上掲書、281、289、

304-307 頁。
35) 東京銀行編、上掲書・第二巻、111、119-120、130-131、139-142 頁。東京銀行編、上掲書・第六巻、186-187、197 頁。横浜正金銀行編、上掲書、308-310、331、352 頁。
36) 大島、上掲書、58-59 頁。吉野、上掲書、109 頁。
37) 吉野、上掲書、118 頁。東京銀行編、上掲書・第二巻、151 頁。東京銀行編、上掲書・第六巻、186-187、198 頁。
38) 服部之総・入交好脩監督、日本経済史研究会編『近代日本人物経済史 下巻』東洋経済新報社、1955 年、5-6 頁。横浜正金銀行編、上掲書、425-426 頁。
39) 横浜正金銀行編、上掲書、428-429、467-468 頁。東京銀行編、上掲書・第二巻、157、164-169 頁。東京銀行編、上掲書・第六巻、198-199 頁。
40) 吉野、上掲書、133-134 頁。服部他監督、上掲書・下巻、15 頁。横浜正金銀行編、上掲書、482-483 頁。東京銀行編、上掲書・第二巻、208 頁。
41) 横浜正金銀行編、上掲書、494 頁。東京銀行編、上掲書・第二巻、209、249-250、311-312 頁。東京銀行編、上掲書・第六巻、199 頁。
42) 東京銀行編『横浜正金銀行全史　第一巻』東洋経済新報社、1980 年、546-547 頁。東京銀行編『横浜正金銀行全史　第二巻』東洋経済新報社、1981 年、373 頁。遠藤湘吉・加藤俊彦・高橋誠『日本の大蔵大臣』日本評論社、1964 年、157-177 頁。
43) 東京銀行編、上掲書・第二巻、374、438-439 頁。東京銀行編『横浜正金銀行全史　第六巻』東洋経済新報社、1984 年、50-51 頁。
44) 深井、上掲書、174-175 頁。
45) 東京銀行編『横浜正金銀行全史　第三巻』東洋経済新報社、1981 年、103-105 頁。
46) 東京銀行編、上掲書・第三巻、220-222 頁。東京銀行編、上掲書・第六巻、202 頁。吉野、上掲書『日本金融政策史の研究　歴代日本銀行総裁論』、165-166 頁。
47) 東京銀行編、上掲書・第三巻、281-282 頁。東京銀行編、上掲書・第六巻、222 頁。
48) 東京銀行編、上掲書・第三巻、352、408-409、494-495 頁。東京銀行編、上掲書・第六巻、203-204、225-226 頁。
49) 深井、上掲書、279-310 頁。東京銀行編『横浜正金銀行全史　第四巻』東洋経済新報社、1982 年、62-65、73 頁。東京銀行編、上掲書・第六巻、204 頁。
50) 東京銀行編、上掲書・第四巻、125、200、281-283 頁。東京銀行編、上掲書・第六巻、98-99、101-106、205 頁。
51) 東京銀行編、上掲書・第四巻、364-365 頁。日本銀行百年史編纂委員会編『日本銀行百年史　第四巻』日本銀行、1984 年、211-212 頁。大蔵省昭和財政史編集室編『昭和財政史　第十三巻――国際金融貿易――』東洋経済新報社、1963 年、276 頁。吉野、上掲書、213 頁。

52) 東京銀行編、上掲書・第四巻、461-462 頁。東京銀行編、上掲書・第六巻、115、206 頁。
53) 東京銀行編、上掲書・第四巻、461-462、571-572、770-773 頁。東京銀行編、上掲書・第六巻、121、132-133、206 頁。
54) 日本銀行百年史編纂委員会編、上掲書・第四巻、212 頁。東京銀行編、上掲書・第六巻、132-135 頁。
55) 東京銀行編『横浜正金銀行全史　第四巻』東洋経済新報社、1982 年、206-208 頁。東京銀行編『横浜正金銀行全史　第六巻』東洋経済新報社、1984 年、138、143-146、150、156-159 頁。
56) 日本銀行調査局特別調査室編『満州事変以後の財政金融史』日本銀行、1948 年、803-804 頁。東京銀行編、上掲書・第四巻、208 頁。東京銀行編、上掲書・第六巻、162-163 頁。
57) 東京銀行編『横浜正金銀行全史　第五巻（下）』東洋経済新報社、1983 年、247 頁。東京銀行編、上掲書・第六巻、164-165 頁。東京銀行編『東京銀行五十年史　第一分冊　第一部　新生日本の銀行（1945〜54 年）』同、1988 年、1-23 頁。佐野眞一『渋沢家三代』文藝春秋、1998 年、242-247、288-294 頁。
58) 東京銀行編、上掲書・第六巻、166-167 頁。
59) 東京銀行編、上掲書・第六巻、169 頁。
60) 東京銀行編、上掲書・第六巻、170-171 頁。
61) 閉鎖機関整理委員会編『閉鎖機関とその特殊清算』在外活動関係閉鎖機関特殊清算事務所、1949 年、270-276、279 頁。東京銀行編、上掲書『東京銀行五十年史』26-27、31 頁。東京銀行編、上掲書・第五巻（下）、253-254 頁。東京銀行編、上掲書・第六巻、172、188、190 頁。

初出一覧（本論部分）

第Ⅰ部
- 第1章 「幕末・維新期の日本経済と貨幣・金融」『中央学院大学商経論叢』第19巻第2号、2005年3月。
- 第2章 「日本資本主義の確立過程と横浜正金銀行の対外業務」『中央学院大学商経論叢』第20巻第2号、2006年3月。

第Ⅱ部
- 第3章 「日本資本主義の帝国主義化と横浜正金銀行の対外業務」『中央学院大学商経論叢』第21巻第1・2合併号、2007年3月。
- 第4章 「日本資本主義の帝国主義的発展と横浜正金銀行の対外業務」『中央学院大学商経論叢』第22巻第2号、2008年2月。

第Ⅲ部
- 第5章 「日本資本主義の沈滞・危機と横浜正金銀行の対外業務」『中央学院大学商経論叢』第25巻第2号、2011年3月。
- 第6章 「日本の大陸膨張と横浜正金銀行の対外業務（1）－（4）」『中央学院大学商経論叢』第30巻第1・2合併号、2016年3月～第31巻第2号、2017年3月。
- 第7章 「日中戦争期横浜正金銀行の対外業務（1）－（5）」『中央学院大学商経論叢』第34巻第1号、2019年9月～第35巻第2号、2021年3月。

第Ⅳ部
- 第8章 「太平洋戦争期の横浜正金銀行」『中央学院大学商経論叢』第7巻第1号、1992年9月。
- 第9章 「日本の戦後処理と横浜正金銀行」『中央学院大学商経論叢』第7巻第2号、1993年3月。

第Ⅴ部
- 第10章 「横浜正金銀行の経営制度と人物」書き下ろし

あとがき

　本書の刊行に当たり、資料の追加や加除・修正により、重複を取り除き、全体の整合性を保たせ、初出時に含まれていた不備や誤謬を出来る限り修正した。

　また、『横浜正金銀行：マイクロフィルム版』（丸善）については、諸般の事情で参照出来ず、大変心残りである。

　なお、大学院時代には、岸本誠二郎、小林義雄、古賀英正、水田博、安藤良雄、高木幸二郎の諸先生には、指導を受けると共に多くのことを学んだ。そして中央学院大学に就職してからは、研究方法論及び研究資料の解析について数多くの教示、指導をくださった松本重一先生に、心から感謝を申し上げたい。

　本書の執筆に当たり、図書・雑誌・資料等の閲覧に関して、国立国会図書館、東京大学経済学部図書館、同農学部図書館、千葉商科大学図書館、そして中央学院大学図書館など多くの資料収蔵機関にお世話になり、改めて感謝したい。

　出版事情が厳しい中で、本書の出版を承諾してくださった（株）現代図書代表取締役の池田廣子氏に厚くお礼を申し上げたい。そして編集を担当し、原稿等の適切な助言をいただいた石原恵子氏に改めてお礼申し上げたい。

2024 年 5 月 15 日
菊池 道男

索　引

人　名

あ行

浅田振作　447
浅田徳則　436
安部成嘉　438
阿部信行　332
荒川昌二　447
新木栄吉　451
有馬長太郎　445
五十嵐直三　441
池田成彬　445, 446
池田仲博　444
石橋湛山　452
伊集院虎一　452
石渡荘太郎　447
一萬田尚登　451
伊東愛吉　446
伊藤和雄　448
伊藤博文　19
犬養毅　185
井上準之助　436, 437, 442, 443
今川義利　449
岩崎小彌太　436
岩崎彌之助　432
ヴィシー, G.　287, 334
大江清　452
大久保利賢　441, 442, 444, 445
大隈重信　27, 36, 44, 118, 424
大塚伸次郎　443
大村哲太郎　448
岡田啓介　221

岡田重吉　447
奥村俊一　451
小倉正恒　447
小田切萬壽之助　154, 434
越智兵一郎　449
小野英輔　453
小野光景　426

か行

柏村信　430
柏木秀茂　444, 447
梶原仲治　437
粕谷富太郎　451
桂太郎　433
加藤高明　172
加藤友三郎　119
加藤恒　430
加納久朗　259, 448
賀屋興宣　289, 447
川島忠之助　435
川田小一郎　50, 429
河村二四郎　448
岸浪義質　448
北村孝治朗　449
木村利右衛門　425, 426, 427, 428, 430
清浦奎吾　182
清瀬次郎　448
久米邦武　451
ケインズ, J. M.　280
小泉信吉　426, 427, 430
兒玉謙次　259, 266, 438, 444, 446

索　引

後藤新平　154
近衛文麿　220, 248, 289
小山省三　452

さ行

酒井忠亮　438
阪谷芳郎　434
桜井恒次郎　427, 428, 430
佐野常民　44
幣原喜重郎　170
渋沢栄一　431
渋沢敬三　450
シャハト, H. O.　217
首藤清　451
勝田主計　437
白洲退蔵　426
水津彌吉　442
杉琢磨　442
鈴木島吉　437
鈴木利亭　429
相馬永胤　426, 427, 430
園田孝吉　429, 430

た行

高田逸喜　451
高橋是清　142, 222, 259, 431, 433, 434
高橋捨六　437
武内金平　154, 438
竹岡菊三　447
武富時敏　437
田島信夫　431, 433
立花馨　451
巽孝之丞　436
田中義一　171, 172, 183
チャーチル, W. L. S.　282
津山英吉　443

鶴田龍　451
寺内正毅　128, 437
トーマス, C. F.　414, 415, 450
戸次兵吉　435
富田鐵之助　50, 427, 429
富田勇太郎　259
外山脩造　430

な行

中井芳楠　433
中村惣兵衛　426, 427
中村道太　424, 425, 430
西一雄　446
西原亀三　154
西巻畏三郎　444
西山勉　445
西脇悌二郎　426
野原大輔　445

は行

馬場鍈一　444
浜口雄幸　173, 183, 194
浜口雄彦　452
早矢仕有的　424
林昇太郎　450
林銑十郎　220, 222, 289
原敬　118, 142
原六郎　49, 427, 430
土方久徴　443
肥田景文　430
ヒトラー, A.　217
平井勇　449
広田弘毅　222, 238, 259, 289, 444
フーヴァー, H. C.　228
深井英五　259, 434, 441, 443
深沢勝興　426, 427

福岡陽道　452
福沢諭吉　43, 424
船越光輔　452
ブルム, L.　233
フンク, W.　305
穂積太郎　438
堀江薫雄　452
堀越角次郎　425, 426, 427

ま行

松尾臣善　433
松尾吉士　437
松方厳　438
松方正義　36, 84, 426, 432
松田正久　432
松本一雄　449
三崎亀之助　433
三島彌太郎　435, 436
水野忠精　426
水町袈裟六　436
三井守之助　438
三矢宮松　446
牟田口元学　430
村田一郎　426, 427
村松彦七　427
毛利元昭　428, 430
モーゲンソー, H. M.　258, 260, 306
最上国蔵　441
茂木惣兵衛　428
森賢吾　441
森廣蔵　441
森村開作　438

や行

矢島作郎　428
柳田誠二郎　449

矢野勘治　444
山内静吾　445
山川勇木　430, 433
山崎幸一郎　451
山崎秀太郎　445
山本権兵衛　182, 436
山本達雄　431, 432
結城豊太郎　289, 447
吉野信次　289
吉原重俊　427
米内光政　332

ら行

リース＝ロス, F. W.　259, 260, 261
ルーズベルト, F. D.　228, 229, 231, 232, 283, 306

わ行

若尾逸平　428, 430
若尾民造　436
若槻礼次郎　172, 192, 437
渡邊禮　444
渡邊福三郎　431, 433, 437, 438

事　項

あ

預け合制度　343, 393
アメリカ銀行　412
アメリカン・エキスプレス銀行　141, 189, 191
安政一分銀　11, 12, 18

い

イアマーク　228, 234, 300, 305
石井・ランシング協定　115, 155, 158, 171
イングランド銀行　180, 302, 303, 312, 313, 314

索引

インターナショナル銀行　91, 141, 189
インドシナ銀行　89, 395, 412
インフレ的救済政策　172

う

ヴェルサイユ体制　116, 129, 157, 169

え

英貨為替本位制　178
円貨決済圏　296, 388
円貨決済制　316, 359, 381, 382, 387, 393
円為替圏　187, 188
円系通貨圏　388
円系通貨工作　342
円ブロック　172, 252, 262, 297
円ブロック圏　320, 321, 326, 328, 338, 356, 359, 381

お

大蔵省　310, 312, 412, 414, 428, 430, 434, 441, 444, 451
オランダ銀行　412

か

海外荷為替法　43, 58
外貨決済圏　296
外貨交換性　343, 345, 347
外国為替貸付金制度　99, 132, 145, 235, 240
外国為替管理法　236, 239, 308, 310, 316, 319, 339, 340, 341, 358, 381
外国為替銀行　132, 137, 139
外国為替金融機関　139, 188, 189, 237
外国為替資金循環　186, 188
外国為替政策　137, 138, 142
外国為替手形再割引制度　90, 94
外国為替余裕金　311

外資金庫　392, 393, 394, 395
外資導入　74
華興商業銀行　337
貨幣条例　21
貨幣制度　4, 5, 6, 7, 9, 18, 28
華北分離工作　219, 245, 246, 263, 266, 283, 318
為替安定基金　230
為替安定資金委員会　302, 307
為替管理　217, 228, 230, 232, 235, 236, 238, 262, 304, 307
為替管理政策　136
為替清算協定　217, 228, 299
為替出合法　95, 98
為替統制売り　183, 185, 192, 194, 195, 196
官営企業　38
関税自主権　73, 76, 198
官選取締役制度　48, 424, 426, 428, 429
関満貿易調整協定　341
官命頭取　435
漢冶萍煤鉄公司　153
監理官制度　48, 424
管理通貨制　170, 175, 176, 181, 220, 222, 227, 233, 234, 249, 259, 261, 262, 378
管理貿易機構　409

き

救済インフレ政策　182
求償貿易協定　294, 296
金円通貨流通圏　148, 149, 150, 151
金解禁　172, 194
金解禁政策　173, 195
金為替本位制　79, 199
金銀複本位制　5, 11, 19, 22, 23, 24, 25, 47, 51, 52, 78, 180
金銀輸出禁止　125, 135, 137, 192, 235
銀行制度　44, 46, 48

467

金ブロック　181, 217, 218, 229, 230, 233, 234, 239, 280, 298
銀ブロック　231
金本位制　19, 22, 23, 24, 25, 45, 47, 52, 72, 78, 80, 82, 83, 84, 86, 125, 128, 131, 169, 184, 230, 235, 262
銀本位制　19, 21, 22, 23, 53, 83, 179, 233
金本位制放棄　195
金融機関再建整備法　452
金融緊急措置令　407
金融制度調査会　413, 450
金融統制会　291
金輸出禁止　186
金輸出再禁止　196

く

クレディット・アンシュタルト　170, 180
軍需インフレ政策　223
軍票為替　98
軍票流通政策　350, 352

け

経済新体制　377
経済的自給自足圏　329

こ

交易営団　379
興中公司　246, 323
交通銀行　155
国際金銀相場　22
国際金銀複本位制　79, 80
国際銀相場　25
国際金本位制　80, 82, 125, 129, 177, 192
国際金融市場　59, 80, 82, 125, 142, 147, 176, 177, 186, 188, 196, 228, 229
国際金融資本　73, 87

国際決済機能　228
国際通貨会議　23, 25, 52, 77
国際通貨制度　82
国際通貨体制　125, 177, 181, 184, 228, 299
国際的金銀比価　6, 7, 11, 18, 20, 22, 23, 25, 51, 53
国際的資金循環機構　169, 177
国際的募債　435
国防経済自給圏　332
国立銀行条例　27, 28, 45
国立銀行制度　45, 46
国家総動員法　292, 293, 319, 377
コマーシャル銀行　13
御用外国荷為替制度　43

さ

在外正貨制度　94
再建金本位制　170, 176, 181, 217
財政経済三原則　289, 291, 308
鎖国政策　4
薩長・明治政府　426, 427, 428
産業資本家　38
産業資本の確立　35
三国協商　71
三国通貨協定　298, 299
三国同盟　71

し

紙幣整理　35, 36, 37, 43, 44, 47, 49
資本逃避防止法　235
シャーマン銀買上法　50, 53, 76, 77, 82
上海為替市場　342
上海金融市場　187, 188, 200, 257
修好通商条約　3, 5, 6, 8, 9, 11, 13
自由貿易　3, 4, 5, 8, 9, 12, 25, 54
準戦時経済体制　175, 222

索引

正金銀行　48, 49, 50, 55, 58, 59, 82, 83, 84, 85, 86, 88, 90, 91, 92, 93, 95, 97, 98, 100, 101, 102, 103, 104, 105, 106, 121, 132, 133, 136, 137, 139, 143, 144, 146, 147, 148, 149, 151, 152, 153, 156, 159, 181, 182, 184, 185, 186, 188, 190, 191, 192, 194, 196, 201, 203, 204, 205, 207, 234, 235, 236, 238, 240, 248, 249, 250, 251, 252, 253, 256, 260, 263, 264, 265, 267, 308, 309, 310, 311, 312, 313, 315, 316, 335, 338, 340, 341, 343, 344, 348, 350, 351, 352, 354, 355, 356, 357, 358, 360, 382, 386, 389, 390, 391, 392, 394, 395, 404, 405, 406, 408, 413, 414, 415, 416, 426, 427, 428, 429, 430, 431, 432, 433, 434, 437, 441, 442, 443, 446, 448, 449, 451, 452
鈔票　149, 152, 192, 201, 202, 204, 207, 249, 250, 251, 252, 253, 265, 339
商品経済　4, 9, 15
新貨条例　19, 45
新東洋銀行　55, 89

す

SCAP　406, 407, 408, 410, 412, 413, 414, 415, 416, 450, 451
スターリングブロック　181, 217, 218, 225, 227, 231, 233, 281, 304
住友銀行　137, 139

せ

正貨準備　73
政府管理貿易　411
世界経済会議　444
戦後改革　401, 402
戦後処理　402
戦時金融政策　378
戦時経済統制　292, 379

戦時貿易統制　125
セントラル銀行　13
鮮満経済一体化　103
占領地インフレ　357
占領地通貨工作　354

そ

双務的清算勘定　280
増量貿易銀　21
組織的独占　222, 223

た

対外特殊金融機関　48, 49
対華21カ条要求　115, 117, 118, 148, 157
大西洋憲章　283
大東亜共栄圏　297, 317, 318, 321, 325, 354, 360, 382, 383, 385
大東亜金融圏　335, 338, 386, 388, 403
対日経済制裁方針　315
対日資源供給　329
大連取引所建値問題　151
台湾銀行　133, 137, 138, 139, 154, 155, 156, 188, 395
多角的清算機構　305
兌換銀行券条例　47
兌換制度　44, 46, 47, 48
ダナート銀行　170, 180

ち

チェース銀行　307, 412
チャータード銀行　54, 55, 57, 85, 89, 90, 141, 189, 196, 302, 351, 412
チャイナ・ナショナル銀行　89, 90, 91
中央銀行制度　44, 46, 47, 48
中央儲備銀行　337, 390, 405
中華匯業銀行　149, 155

469

中国銀行　191, 412
中国聯合準備銀行　337, 390, 404
朝鮮銀行　81, 103, 133, 137, 138, 139, 148, 150, 151, 152, 153, 154, 155, 156, 159, 188, 202, 252, 343, 391, 394

つ
通貨制度　45, 47, 78, 83

て
帝国国防方針　74, 247

と
ドイツ銀行　26
ドイツ広域経済圏　280
東亜新秩序　285, 318
東京銀行　416, 453
東三省官銀号　149, 201, 205
頭取席事務管掌　438, 441, 442, 443, 444, 445, 447, 448, 449
頭取席事務取扱　451
東洋銀行　26, 54, 55, 58
東洋拓殖株式会社　148, 151, 152, 153
独亜銀行　87, 91, 189, 191
独墺関税同盟　170, 179, 181
独ソ不可侵条約　281, 286, 288, 293, 376
特別円為替制度　338, 354, 390
特別円決済制度　392
特別円制度　337, 338, 347, 355, 360, 382, 388, 391
特別関税会議　197
特権的政商　38
ドルブロック　217, 218, 300

な
ナショナル・シティ銀行　141, 189, 196, 307, 390, 412
南進政策　285, 286
南方開発金庫　394, 395, 414

に
西原借款　115, 116, 154, 155, 156, 157, 158
日英銀行　92
日英通商航海条約　69, 90, 121, 283
日英同盟　70, 115, 117
日独伊三国協定　315
日独伊三国同盟　282, 287, 293, 328, 333
日独伊三国防共協定　284
日独防共協定　220
日仏銀行　92, 189
日米銀行　91
日米通商航海条約　69, 121, 286, 315, 326, 332, 346
日米和親条約　3, 4
日満華経済ブロック　323
日満華ブロック　245, 248, 318, 321, 324, 325, 326
日満通貨統一　252
日満ブロック　169, 218, 219, 220, 225, 226, 242, 243, 244, 251, 322
日蘭会商　288
二・二六事件　220, 222, 224, 238, 264, 289
日本銀行　37, 46, 47, 49, 58, 84, 85, 88, 93, 100, 103, 104, 121, 132, 133, 153, 156, 183, 184, 185, 189, 196, 221, 234, 237, 238, 239, 240, 309, 310, 311, 312, 313, 378, 382, 387, 414, 427, 428, 429, 430, 432, 433, 434, 436, 437, 441, 444, 445, 451
日本銀行条例　46
日本銀行法　378, 382, 414

索引

日本興業銀行　88, 133, 137, 153, 154, 155, 156
ニューディール政策　280

は
廃両改元　250, 254, 255, 256
跛行本位制　22, 24, 25
パリ国立割引銀行　57, 89
パリ割引銀行　13, 26, 54, 55
藩閥派　430
反藩閥派　426, 427, 429, 430

ひ
ピットマン法　128, 146
ヒンドスタン銀行　13

ふ
不換紙幣　18, 36, 42, 44, 45
武器貸与法　282
物資争奪戦　346, 347, 353
物資動員計画　292
不平等条約　7
ブランド＝アリソン法　21, 76

へ
米英ソ連合　283
米英仏三国通貨協定　218, 280
閉鎖機関整理委員会　417, 453
幣制改革　245, 255, 259, 260, 261, 262, 263
幣制統一　266
米中金銀交換協定　300
辺業銀行　201

ほ
貿易一円銀　19, 20, 21, 42, 45, 53
貿易銀行条例　43
貿易金融　43, 44

貿易公団法　410
貿易統制会　379
貿易臨時措置令　409
ホーレー・スムート関税法　170, 179
本位制論争　80
香港上海銀行　13, 26, 54, 55, 85, 89, 90, 141, 189, 196, 302, 351, 353, 390, 412
香港ドル　349
本邦外国為替銀行　309

ま
マーカンタイル銀行　13, 26, 54, 57
マルクブロック　217, 218, 231, 233
満州経済開発　222, 242, 244, 251
満州興業銀行　252, 404
満州事変　195, 201, 207
満州中央銀行　242, 244, 249, 337, 388, 404
満州通貨統一方針　202
満蒙経済開発　241

み
三井銀行　137, 139
三菱銀行　137, 139
民間貿易　411

も
蒙彊銀行　337, 404

ゆ
輸出振興政策　294
輸出入リンク制　295, 340, 344

よ
洋銀対策　19
横浜正金銀行　43, 424
横浜正金銀行条例　49

ら

ライヒスバンク　180, 299
ラテン貨幣同盟　23, 24, 52, 77, 79, 129, 130
蘭印商業銀行　142, 189, 191, 412

り

両洋艦隊設立法　282

ろ

露亜銀行　92, 141, 189
露国極東銀行　189, 191
露清銀行　89, 90

わ

ワシントン体制　115, 117, 152, 157, 158, 170, 171, 172
和蘭銀行　142, 189